스웨덴 리포트
2008-2011

스웨덴 리포트 **2008-2011**

발행일	2024년 6월 17일
지은이	조희용
펴낸이	조희용
기획	이양
펴낸곳	조앤리 Jo & Lee
출판등록	2022년 10월 17일(제 2022-000199호)
주소	서울 서초구 논현로 19길 15 양재빌딩 4층 1호
전화번호	010-2574-2017
이메일	joandlee1955@gmail.com

편집/제작 (주)북랩 김민하

ISBN   979-11-981140-2-0 93340 (종이책)   979-11-981140-3-7 95340 (전자책)

스웨덴 리포트
2008-2011

**전 스웨덴 대사가 경험한
작지만 강한 나라**

조희용 지음

SWEDEN

LATVIA

Jo&Lee
조앤리

1979년 5월 직업외교관으로 출발하여 근무 30년 차인 2008년 6월 전통적 우방국인 스웨덴에 처음으로 대사로 부임하였다. 스웨덴에 상주하면서 라트비아 대사(비상주)로도 활동하게 되었다.

그간 외교관으로서 일본, 대만, 중국(상해, 북경), 미국, 필리핀에서 2등서기관부터 공사까지 차례로 근무한 후 특명전권대사라는 직책 수행은 처음이었다. 국제사회에서 4950만 인구(2008년 당시)의 대한민국을 대표하는 100여 명 대사 중의 한 명이 된 것이다. 항상 자신의 부족함을 느꼈으나 이제 그간 쌓아 온 모든 역량을 최대한 쏟아야 하는 직책이라고 생각했다.

유럽 근무는 처음이었다. 그간 외교관으로 활동한 나라에서 근무하다 보면, 사람 사는 것이 어디든 비슷하다고 느꼈다. 그런데 스웨덴에서는 부임 첫날부터 같은 21세기를 살면서도 여기 사람들이 세상을 참 다르게 살고 있다는 느낌을 받았다. 신선하면서도 무언가 자극이 되었다. 2년 10개월간 재임 기간 중 그들이 여러 면에서 우리와 다르다는 점이 매우 흥미로우면서 우리가 따라갈 수 없는 점이 적지 않다고 느꼈다. 도전적인 여정이 되었다.

여름휴가 5~6주와 출산 후 육아휴가 480일에, 신문 1면 톱 기사가 보통 사람의 육아, 건강 등 일상생활과 관련된 이슈 위주라는 데 놀랐고, 국민의 선거 참여율이 80% 이상이며 국회의원 절반이 여성이며, 30·40대 장관, 차관 밑에 50·60대 국장, 과장이 근무하고 있는 것이 신기했고, 사회 전체에 부정부패가 없다는 것이 부러웠다.

국제사회에서 소위 국정 전반(governance)에 관한 국가경쟁력, 부패지수 등 다양한 지표(index)에 있어서 200여 개 나라 중 항상 10위권 이내에 들면서도 그들 스스로가 자랑하지 않는 것 또한 이상했다. 국가 지도자의 연설에서는 거의 예외 없이 자신들은 유럽 변방에 있는 '작은 나라(small country)'로 규정하면서 그렇기 때문에 국익 확보를 위해 국제사회에 기여하는 것이 필요하다고 강조하고 개발협력, 평화유지활동 등 구체적인 방안을 제시하였다. 한국과 같이 5년 단임 정부 지도자들이 온 국민이 그간 수십 년간 함께 노력하여 축적해 온 결과 가운데, 재임 기간 중 괜찮게 나온 특정 분야의 국제순위만을 자신의 정부 업적인 양 홍보하면서, 하위권에 있는 정말로 심각한 국제순위(자살률, 빈곤율, 출산율, 부패지수 등)에 대해서는 침묵하는 풍토와는 완전히 다르다고 느꼈다.

운이 좋게도 재임 중 한-스웨덴 양국 관계에 있어서 의미 있는 계기가 이어져 양국 정부와 국민의 관심과 지원하에 다양하고 활발한 외교활동을 전개할 수 있었다. 2009년은 양국 수교 50주년이며 하반기에는 스웨덴이 EU 의장국을 맡았다. 2010년은 한국전 발발 60주년이 되는 해였다. 이러한 계기를 통해 2009년에는 이명박 대통령의 스웨덴 공식방문, 한-EU FTA 협상 종결선언, 군사비밀보호협정과 과학기술협력협정 체결 등이 이루어지고, 2010년에는 천안함 피격에 관한 국제 조사에 스웨덴 전문가 참여, 한국전 60주년 기념행사 공동개최, 워킹홀리데이 프로그램(working holiday program) 협정 체결 등이 이루어졌다. 양국 간 명실공히 포괄적 협력관계(comprehensive partnership)가 더욱 확대되었다.

겸임국인 라트비아와의 관계에 있어서도 재임 중 운이 좋게도 1991년 양국 수교 이후 2009년 라트비아 총리의 최초 방한이 이루어지는 등 양국 관계의 제도적 발전이 가속화되었다. 비상주대사로서 현지 외교활동의 한계를 인식하여 11회에 걸친 라트비아(리가) 방문을 통해 라트비아 정부와 긴밀히 협의하면서 관계 발전을 도모하였다. 제1차 양국 외교부간 정책협의회 개최, 한국-라트비아 의원친선협회 대표단의 라트비아 최초 방문 등 처음으로 실현된 교류협력 사업이 적지 많아서 나름대로 보람을 느꼈다. 무엇보다도 수교 20주년(2011)을 앞두고 양국 정부와 국회 간에 네트워크가 활성화되어 긴밀하게 소통할 수 있게 되었으며 라트비아 총리의 두 번째 방한(2011.6)과 라트비아 상주공관 설치(2012.12 리가 분관 설치)를 위한 우호적 분위기를 조성할 수 있었다.

대사는 나라를 대표하는 영광스러운 자리이자 책임이 엄중한 자리이다. 대사는 주재국에 부임하는 날부터 이임하는 날까지 그 나라에서 대사의 직책을 '항상' 수행하게 된다. 대사가 전권을 갖고 자체적으로 지휘하는 대사관의 일상 활동은 바로 주재국 정부와 국민의 한국에 대한 인식과 태도에 지속적으로 영향을 미친다. 따라서 대사의 개인 역량과 리더십에 따라 우리 대사관의 현지에서의 가시성(visibility)과 평판(reputation)이 달라지고 궁극적으로 양국 관계의 발전과정에 상당한 영향을 미치게 된다. 대사는 재임 중 외교활동 전개과정에서 우리 입장을 전하고 주재국의 다양한 관심사안에 대응하면서 양국 간 교류협력을 추진한다. 대사가 부임 초기부터 시간계획을 갖고 교류대상(주재국, 외교단, 한인사회, 본국 방문단)을 각각 상대하여 지속적으로 활동하다 보면, 대사의 개별적인 활동 간의 상호 추동적인 역학관계(dynamics)와 자신의 외교활동 공간을 자각하게 되면서 주재국 및 외교단 내에서 대사의 존재감과 입지가 확립된다. 따라서 대사가 재임 중 '해야 할 일'을 제대로 하기 위해서는, 대사(부부)가 각계인사와의 교류에 있어서 단계별로 성과를 확인하면서 이를 반영하여 다음 단계의 교류계획을 수립하여 활동하여야 한다.

　이러한 대사 활동이 지속적으로 가능하기 위해서는 대사는 우선 공관(인원과 예산)과 관저의 주어진 제반 여건을 '있는 그대로' 받아들이고, 거기에서 개인 역량과 리더십을 발휘함으로써 공관을 효율적이며 투명하게 운영하여야 한다. 대부분의 대사가 처음 가보는 나라에서, 공관 직원들을 처음 만나서 그들을 지휘하면서 양국 관계를 책임지게 된다. 대사는 공관의 최고경영자로서 임지 도착 첫날부터 마지막 날까지 큰 일, 작은 일 가릴 것 없이 모든 사안에 대해 최종적인 책임을 지고 그것을 결정하고 실행하지 않으면 안 된다.

이 책에서 스웨덴에 대한 이해와 한-스웨덴 관계와 한-라트비아 관계에 있어서 2008~2011년간의 짧은 외교사와 첫 번째 대사 경험을 소개하고자 한다. 1979년 외무사무관부터 대사 직전까지 나름대로 쌓아온 외교역량을 바탕으로, 2008년 6월~2011년 3월간 '특명전권대사'라는 외교관의 일상적 외교활동과 주재국에 대한 견문내용을 당시 개인 메모와 자료 등을 바탕으로 정리하였다.

스웨덴과 라트비아 및 대사라는 직업에 관해 관심 있는 독자에게 참고가 되기를 바란다.

2024년 3월
조희용

| 차 례 |

3부 · 한-스웨덴 관계 평가 및 관찰

4부 · 주 라트비아 대사(비상주) 활동

5부 · 대사라는 직업

1부

스웨덴의 이해

1.
자연환경: "세상에는 나쁜 날씨라는 것은 없다.
오직 나쁜 옷만 있을 뿐이다"

___

부임 전에 과거 주 스웨덴 대사관 근무 경험직원들로부터 스웨덴은 여름 5개월, 겨울 7개월 날씨이지만 전반적으로 자연환경이 좋으며 자연적응을 위해 겨울 스포츠와 실내 스포츠가 보편화되어 있다고 들었다. 바리외 주한 스웨덴 대사는 스웨덴 국민 모두가 자연을 즐기며 야외활동이 보편화되어 있다면서 숲속 산보나 골프 등 야외활동 시에 가끔 진드기(tick) 등 벌레에 물려 곤혹을 치르거나 뱀이나 곰을 만나는 경우가 있으니 조심해야 한다고 조언하였다.

우리 부부는 2008.6.4(수) 저녁 8시 스톡홀름 알란다(Arlanda) 국제공항에 도착하였다. 저녁 시간이었으나 백야가 시작되어 밝았다. 신선한 공기, 푸른 녹음, 새소리가 어울리는 자연 속으로 들어온 느낌이었다. 긴 겨울이 지나고 5월의 짧은 봄이 끝난 후 6월은 초여름을 맞이하여 6.6 스웨덴 국경일(National Day)과 6.20 하지(Midsummer day)가 있는 달로서 한 학년이 끝나서 여름방학이 시작되는 시절이기도 하다. 스톡홀름 기후상 최고의 계절이 시작하는 6월에 부임한 덕분에 스웨덴에 대한 첫인상은 더욱 좋았다.

만나 본 사람들 대부분이 겨울 지내기가 다소 힘드나 자연환경이 전반적으로 좋다고 하였다. 부임 초기에 스웨덴 인사에게 스웨덴 자연환경이 참 좋다고 말을 건넨 적이 있는데 그는 주저하면서 선뜻 동의하지 않았다. 알고 보니 겨울을 지내보고 얘기하라는 뜻이었다. 한편 여름이 시작되었는데 기온 차이와 날씨 변화가 심했다. 여름에 기온이 떨어지자 밍크 코트를 입고 다니는 사람들도 목격했다. 스웨덴 사람들은 계절에 맞는 모든 옷은 항상 옷장에 걸어 놓고 매일 그날 날씨에 맞추어 입고 나간다는 사실을 알게 되었다. 그들이 왜 일상 생활에서 "세상에 나쁜 날씨라는 것은 없다. 오직 나쁜 옷만이 있을 뿐이다"라는 격언에 따라 지내는지 이해할 수 있었다. 주어진 자연환경에 적응하면서 그들의 삶의 방식이 자연스럽게 진화되었다는 생각이 들었다.

외교업무 수행에서도 그들은 같은 방식으로 대응하였다. 2009년 이명박 대통령의 7.11~13 스웨덴 공식방문 준비의 마지막 단계에서는 스톡홀름의 날씨 변화에 주목하였다. 당시 방문 직전의 기상예보에 따르면 7.11(토) '비', 12(일) '비', 13(월) '흐림'이었다. 우천 시에도 대비해야 했다. 스웨덴 외교부는 날씨 변화에 익숙해서 그런지 민감하게 생각하지 않는 것 같았다. 양측이 합의한 시나리오를 기본으로 하고 그때 상황이 변하면, 거기에 맞추어 진행하면 된다는 입장이었다. 다행히 방문 기간 내내 맑은 날씨였다.

6~8월 중에 스웨덴 사람은 대부분 5~6주 휴가를 떠난다. 7월 외

교부 방문 시 외교부도 텅 빈 듯한 느낌을 받았다. 그들의 표현에 의하면 스웨덴 사람은 현대적 도시인의 역할이 아직 어색한 듯 깊은 산속에 있는 자그마한 붉은 오두막으로 다시 돌아가고 싶은 마음이 가슴속에서 끝없이 요동친다고 한다. 한편 한국의 각계 대표단은 이러한 본격적인 휴가 기간에 몰려오는 경향이 있다. 한국인 대부분은 예외 없이 스웨덴의 국가운영 전반에 대해 높은 평가를 하면서 특히 스웨덴의 최고 날씨를 즐길 수 있는 시기인 만큼 스웨덴에 대한 인식과 인상은 더욱더 좋아질 수밖에 없었다.

부임 첫해를 지내다 보니 스웨덴 생활에서는 역시 겨울 지내기가 관건이라는 것을 알게 되었다. 2008. 9 빌트(Carl Bildt) 외교장관은 첫 면담에서 나에게 재임 중 양국 관계발전에 기여해 줄 것을 기대한다고 하면서 스웨덴 사람들은 날씨 얘기를 좋아하는데 자신은 "11월을 좋아한다"고 말하였다. 그가 일부러 11월 날씨를 거론한 것은 스웨덴 환경에 잘 적응하라는 격려의 말로 들렸다. 기상 통계에 의하면 스톡홀름의 경우 11월, 12월, 1월 각 달 모두 매일 평균 일조량(average sunlight hours)이 1시간이다. 12월은 눈이 내리고 루시아 축제(12.13), 크리스마스(12.25)로 연말 활기가 있으며 1월 역시 새해가 시작된다는 분위기가 있어 지내기가 수월하나 11월은 어둡기 시작하면서 다소 침체되는 분위기였다.

부임 초기 제3국 대사들에게 현지사정과 외교활동에 대해 조언을 들었다. 그중 독일 대사(Wolfgang Trautwein)는 나에게 "스웨덴의 일상생활 중 겨울 기간을 잘 보내는 것이 중요하다. 10월에서 2월 사이에는 대부분의 도로가 얼어 있기 때문에 걷거나 운전에 주의해야 한다"고 하였다. 그러면서 "2월이 되면 대사관 직원들의 행동이 다소 비정상적인 경우가 있으며 개인 건강과 공관 내 인화에 문제가 생기는데 관찰해 보니 햇볕이 거의 없는 오랜 겨울을 지내면서 정신적, 육체적으로 균형이 깨진 결과라고 생각한다. 2월에는 스톡홀름을 떠나 있는 것이 좋다. 그 외에는 스웨덴의 자연환경 및 사회적 분위기는 아주 좋다"고 하였다. "2월 현지 생활을 조심하라"는 재미있는 조언은 실제로 살아보고 관찰해 보니 상당히 일리가 있었다. 첫 겨울을 지낸 후 신임 외국 대사와 아태지역 대사들에게 이 조언을 전했다. 캐나다 대사(Mrs. Alexandra Volkoff)는 스웨덴 생활 중 11월이 햇볕이 거의 없는 최악의 달(worst month)이며 겨울이 길기 때문에 평소에 비타민D를 섭취하는 것이 필요하다고 조언하였다.

스페인 대사(Enrique Viguera Rubio)는 스웨덴에서의 생활은 전반적으로 좋다며 겨울 지내기가 어렵다고 하는데 경험상 겨울 스포츠 등을 통해 체력을 관리하면 무난히 지낼 수 있다고 하였다. 관저 주변에서 겨울에도 날씨에 관계없이 새벽부터 뛰는 스웨덴 사람들을 많이 목격할 수 있었다. 브라질 대사(Antonio Goncalves)는 겨울이 따뜻하며 어둠 정도가 북구권의 다른 나라와 비슷하며 견딜 만하다고 하였다. 제3국 대사들 대부분은 브라질 대사와 비슷한 자세로 현지에 적응하면서 지내는 것 같았다. 2008년 첫 겨울 중에는 그간 미술관에서 보았던 북유럽의 풍경을 소재로 한 많은 그림의 실제 광경을 목격할 수 있었다. 북유럽 자연의 신비스러운 모습을 즐길 수 있었다. 부임 첫해부터 매년 11월에는 평소보다 더 바쁜 일정계획을 미리 수립하여 활동하였다.

부임하니 스웨덴의 맑고 깨끗한 환경이 무척 신선했다. 스톡홀름 중심에 있는 호수에서 수영하고 낚시를 즐기고 있었다. 그들은 자연을 사랑하고 존중하는 마음이 스웨덴 사회의 핵심 요소라고 하였다. 스웨덴 사람은 1900년 스웨덴 인구의 70%가 농촌에 사는 등 역사적으로 자연과 친밀한 관계를 유지해 왔기 때문에 천연자원이 무한하지 않다는 것을 깨달을 수 있었다고 하였다.

1970년대부터 국내 환경 보호에 적극적으로 나섰다고 하였다. 비스랜더(Gunnar Wieslander) 통상차관은 1970년대까지도 스톡홀름도 오염도시였다고 하였다. 2009년 7월 이명박 대통령이 스웨덴 공식 방문 시 제일 먼저 찾은 환경 도시인 하마비(Hammarby) 시 역시 과거에는 산업항만시설과 화학폐기물 매립장이었다. 그들은 30여 년의 노력으로 스웨덴의 물과 공기, 숲이 한결 좋아졌다는 사실을 자랑스럽게 생각했다.

스웨덴이 1995년 유럽연합(EU) 가입 후 유럽연합 내에서 환경 사안에 관해 가장 진보적인 입장을 취하고 있다. 2009년 2월 EU 집행위원회는 2010년부터 매년 유럽의 한 도시를 올해의 유럽환경도시로 지정하기로 하고, 최초로 스톡홀름을 2010년 유럽환경수도(European Green Capital 2010)로 지정하였다. 구스타프 국왕은 2010.6.6(일) 스웨덴 국경일 축사에서 "스웨덴은 원조공여, 평화유지활동, 환경, 자유무역 등 다양한 국제협력 분야에 적극적으로 참여하고 공약하는 나라"임을 강조하고 "스톡홀름이 '유럽녹색수도 2010'로 지정되어 자랑스럽다"고 하였다. 국왕은 신임장 제정 계기 외국대사와의 면담에서 환경과 에너지 문제에 관해 깊은 관심을 표명하였다. 멕시코 대사(Mrs. Norma Moreno)에게는 "스웨덴 국민이 쓰레기를 제대로 치우지 않는다"며 스웨덴 국민이 쓰레기 처리에 보다 더 높은 관심을 갖고 대응해야 한다고 말했다고 한다. 이임 면담 시 여수세계박람회 개요에 대한 설명을 듣고 국왕은 자연과 환경문제에 관심이 많다고 하였다. 여수세계박람회에 대한 국왕의 관심을 환기시킴으로써 스웨덴의 참가 결정을 가속화할 수 있었다. 언켈(Per Unckel) 스톡홀름 주지사는 2000. 9월 면담에서 스톡홀름 주는 과학과 국민보건을 연계시켜 환경 보호를 우선으로 하는 아파트 단지를 건설하는 등 새로운 시도를 하고 있다고 설명하면서 "최근 지하철 공사로 스톡홀름시내 6~7킬로 거리에서 교통 체증이 심하다"고 전했다. 내가 한국의 교통 체증상황에 비하면 아무것도 아니라고 화답했더니 그가 웃었다. 그의 웃음이 '우리의 세상 사는 법은 다른 나라 사람들과 기본적으로 다르다'라는 의미로 느껴졌다.

이러한 자연환경과 환경 중시 사회에서 내가 만난 대부분의 한국인과 외국인은 스웨덴 현지 생활에 만족하며 스웨덴의 자연환경이 좋아 새로운 삶을 즐기고 있다고 하였다. 특히 스웨덴에 2~3년 정도 체류해 본 대부분의 외국인이 스웨덴이 살기에 '최고의 나라'라는 평가를 한다는 사실을 알게 되었다.

2.
사람

———   ———

　직업외교관으로서 그간 30년간 여러 나라 사람과 교류하여 왔다. 특히 6개 재외공관(일본, 대만, 상해, 북경, 워싱턴, 마닐라)에서 2~3년간 체류하면서 현지인과 함께 생활하면서 지냈다. 외국 사람과 만나 지속적으로 교류하다 보면, 처음 받았던 '서로 다르다'는 느낌이 자연스럽게 '공통점이 있으며 비슷하다'는 느낌으로 조금씩 바뀌어 간다는 사실을 경험하였다. 어디든 별의별 사람이 많으며 개인에 따라 행태가 다르며, 결국 사람들이 주어진 현지 상황에 적응하여 사는 자세는 대체로 비슷하다고 느꼈다. 그런데 부임 전부터 스웨덴을 비롯한 북유럽 사람들은 전반적으로 다른 나라 사람들과 다소 다르다는 애기를 많이 들었다. 스웨덴에서 근무했던 외교관들은 스웨덴에 대해 공사로 좋은 기억을 갖고 있다고 하면서 스웨덴 사람은 "정직하고 신뢰할 수 있다. 처음부터 안 된다고 하면 끝까지 안 된다. 다만 마음의 문을 쉽게 열지 않아 가깝게 지내기 어렵다. 무뚝뚝하고 쌀쌀하고 부끄러워한다(shy). 속이 넓지 않으며 탁 트인 맛이 없다. 그러나 사귀면 좋은 친구가 된다"고 하였다.

스웨덴인의 자체 평가

우선 스웨덴 사람 스스로가 자신들에 대해 어떻게 생각하고 있는지가 궁금했다. 먼저 막 대사관 근무를 시작한 대사비서 테레사(Ms.Therese Karlsson)와 연구원 카밀라(Ms.Camilla Bauer)에게 자연스럽게 스웨덴 사회와 사람의 특성에 대해 지속적으로 물었다. 그들은 각각 비슷하게 다음 요지로 전했다.

1) 스웨덴 사람은 사생활을 매우 중시한다. 자신의 사생활이 중요하므로 남의 사생활도 똑같이 존중을 받아야 한다고 생각한다. 서로 마주 보고 대화할 때는 양팔로 원을 그릴 정도의 적당거리를 유지한다. 가까운 사이라도 적당한 거리를 유지하고 싶어한다.

2) 남과의 약속은 꼭 지키며 자신이 들은 말은 진실이라고 믿는다. 3) 남을 방해하는(disturb) 것은 무례하다고 생각한다. 4) 매우 사려가 깊고 남을 도우려 하고 친절하다. 그렇게 보이지 않을 때는 아마 부끄러움과 불확실성 때문일 것이다.

5) 이메일을 많이 사용한다. 면담보다는 전화통화, 전화통화보다는 이메일을 더 선호한다. 왜냐하면 이메일의 경우 시간이 있을 때 다시 읽고 상대방과 무엇을 합의했는지 확실히 알 수 있기 때문이다. 6) 주변사람들과 협력을 많이 한다. 자신의 경험과 역량이 있으면 기꺼이 남과 나눈다. 개인적으로는 시간이 걸릴지 모르나 조직 전체로서는 장기적으로 시간을 더 버는 것으로 일반적으로 여긴다. 7) 계획

을 미리 세운다. 특히 스톡홀름 사람이 그렇다. 8) 일할 때 다른 나라 사람들보다 다소 조용한(calm) 편이다. 급한 일이 있어도 그렇지 않게 보이도록 노력한다. 9) 스웨덴 사람 중 '일 중독자(workaholics)'는 거의 없다. 특히 스톡홀름 이외 지역은 더욱 그렇다. 스톡홀름에서 일과 커리어를 생활 양식(lifestyle)로 점차 받아들여진 것은 최근의 일이다.

대부분의 내용이 기본적으로 선진 문명사회에서의 사회생활에 있어서 '모범적인 구성원'의 자세와 마음가짐이라고 생각했다. 30대 초중반의 젊은 스웨덴인이 똑같은 얘기를 하니 이에 대한 문화적 전통과 사회적 공감대가 있으며 보통사람의 행동 양식이라고 느꼈다. 현지에서의 외교활동에 항상 염두에 두어야 할 내용이었다. 이어 만나 본 대부분의 스웨덴 인사들 역시 〈스웨덴 정신(Swedish Mentality)〉을 저술한 민속학자 오케 다운(Åke Daun)교수가 지적한 대로, 스웨덴 사람들은 '1) 친절하고 예의 바르며, 2) 시간을 준수하고, 3) 의견 충돌을 피하며, 4) 자연을 사랑하며, 5) 동질성, 연대감을 매우 중시하여 이질성을 받아들이기 어려운 성향이 있으며, 6) 제도와 규칙 안에서 활동한다'는 데 대해 동의하였다.

스웨덴 인사들과 교류하면서 그들이 중시하는 개념이 북구의 일반적인 정서인 '러곰(Lagom: 적당히, 평균 지향)' 정신과 '얀테의 법(Janteslagen: 자신을 드러내지 않고 남들과 비슷한 수준을 유지하려는 경향)' 및 '트뤼겟(Trygghet: 안정, 안전)' 정신이며 이러한 정서가 사회 전반에 큰 영향을 미치고 있음을 이해할 수 있었다. 이러한 정서는 바이킹 시대의 풍습에서 유래되었다고 한다. 바이킹들은 모두가 모여 큰 술사발을 돌려 마시는데 각자 '적당히' 마셔야 모두 마실 수 있다는 사실을 깨우쳤으며 바이킹의 전리품을 모두 공평하게 1/n로 나누었다고 한다. 이는 '모든 사람이 평등하고 평등한 기회를 가져야 한다'는 사회주의 사상과도 통하여 평등과 분배 정책의 근간이 되었으며 사민당이 장기간 집권하게 된 배경이기도 하다.

스웨덴인들은 자신을 드러내지 않고 적당히 남들과 비슷한 수준을 유지하려는 특성이 강하다. '얀테의 법'은 남들과 비교해서 자신이 '특별하거나, 똑똑하거나, 낫다거나, 더 많이 안다거나, 같은 위치에 있다거나, 더 나은 위치에 있다거나, 더 중요하다거나, 모든 것에 능하다고 생각하지 마라' 나아가서 '남들을 비웃지 말고, 남들을 가르치려 들지 말고, 누구도 당신에게 신경 쓴다고 생각하지 마라'고 한다. 따라서 스웨덴 사람들은 다른 사람과 같아지고 다른 사람과 잘 맞추려고 부단히 노력한다고 한다. 학교에서는 한 학생만 특별히 잘한다고 절대로 칭찬하지 않으며 대신 이 아이는 이런 부분을 잘하고, 저 아이는 다른 부분을 잘한다고 모두 칭찬한다고 한다. 한편 이러한 러곰과 얀테의 법이 조화로운 사회를 만드는 데 기여하였으나, '적당히'보다 더 나은 삶을 살고자 하는 의욕을 꺾으며 특히 교육에 있어서 합의와 협동은 좋은 것으로 보고 경쟁은 좋지 않게 보는 경향이 생기는 부작용을 낳고 있다는 지적도 있다.

다만 이러한 성향이 대외관계에서도 표출된다고 느꼈다. 부임하여 스웨덴 인사와의 교류 시 내가 스웨덴의 한국전쟁 이후 그간 한반도에서의 평화와 안정 및 한국 발전에 있어서의 기여에 관해 설명하면 대부분의 스웨덴인은 대수롭지 않게 여겼다. 그들은 특별히 양자관계에 있어서 생색을 낸 적이 없었다. 일부 인사는 "스웨덴인은 자기가 한 일을 자랑하지 않는다. 그것이 스웨덴 방식(Swedish way)이다"라고 설명했다.

또한 스웨덴인은 항상 '트뤼겟(안정 또는 안전)'을 추구한다고 한다. 스웨덴 사람은 모든 가능성과 장단점을 살펴본 후 결정을 내린다. 이에 따라 사전 계획과 합의 형성과정이 필수적이다. 반대가 있으면 좋은 결정이 아니다. 그들은 결정이 되면 틀림없이 지키고 무엇이든 말한 대로 행동한다. 스웨덴의 복지제도가 바로 '트뤼겟' 개념에서 출발했다고 한다. 정부는 국민이 불편하거나 불행한 상황을 겪지 않도록 보호하고 안정적인 계획을 세우고 평온하게 살도록 지원한다. 정부는 모든 공문서를 국민에게 공개하며 모든 국민은 자기 자신과 관련된 모든 서류를 볼 권리가 있다. 이러한 제도는 모든 국민에게 안정감을 주기 때문에 매우 중시된다. 스웨덴에 살면서 자동차의 안전성, 자동차 앞뒤 좌석벨트 의무화, 약 처방전의 엄격화 등의 사례를 보고 그들의 안전 중시 생활을 이해할 수 있었다. 영화 검열에서는 성(性)에 관한 것보다는 폭력을 사회안정에 더 큰 위협요소로 보고 까다롭게 검열한다.

부임하여 얼마 안 되어 주요신문 1면에 "맥도널드 햄버거 판매점의 어린이 놀이터에 비치되어 있는 장난감의 소음이 어린이의 청력에 나쁜 영향을 주고 있다", "화장실에 콘돔을 아직도 비치해 놓지 않은 중학교가 있다", "중학생의 익사 사고가 생겼으니 학교의 수영교습 지침을 개정하여 좀 더 길게 수영할 수 있도록 체력을 길러 주어야 한다"는 기사를 보고 놀라면서도 신선했다. 그러면서 매일 신문을 살펴보니 1면에 보통사람의 일상생활에 밀접한 건강, 복지, 후생, 세금에 관한 기사가 많았다. 솔직히 처음에는 우리나라 동회나 구청의 동네 소식지와 비슷하다는 느낌을 받았다. 그러나 시간이 지나면서 스웨덴 언론이나 정치가 보통사람의 안전하고 안정된 일상생활에 최우선 순위를 두고 자신의 본업을 충실하게 수행하고 있다는 사실을 깨닫게 되었다. 또 스웨덴의 도로공사는 겨울이 길고 날씨 변화가 심해 단계별로 점검 공정이 많아서 전체 건설 시간이 오래 걸리나 일단 건설되면 이후 사고가 없다고 한다. 미래의 비용과 시간을 미리 당겨서 씀으로써 중장기적으로 가장 경제적인 현명한 방식이라고 생각했다.

한국인의 관점

스웨덴에서 오래 체류한 한인 여러분도 스웨덴인에 대해 비슷하게 전했다. "상대하는 스웨덴인이 기쁜지, 섭섭한 것인지, 화가 난 것인지 제대로 알기 어려운 인상을 받는다. 서로 마음을 열어 친구가 될 때까지 시간이 걸린다. 서로 마음을 연 후에는 믿을 수 있는 인간관계를 맺을 수 있다. 주변 사람들에게 매우 친절하다. 예를 들어 길을 묻거나 도움을 청하면 너무나 친절하게 안내해 준다. 모든 계획을 여유 있게 결정한 후에 모두에게 알려 주어 같이 일하기 쉽다. 같이 일하면서 절대로 스트레스를 주지 않는다. 다만 스웨덴인과의 오랜 직장 생활에서 보이지 않는 인종차별 경험을 겪기도 했다." 원로 한 분이 전해준 에피소드가 있다. "1990년대 중반쯤 시내에 자전거를 타고 나섰다가 자전거가 고장 났다. 지나가던 사람이 길을 멈추어 자전거를 고쳐 줄까 하면서 말을 건넸다. 어디서 많이 본 사람 같았다. 자세히 보니 막 퇴임한 칼 빌트 전 총리였다"고 하였다. 물론 선거 유세기간이 아니었으며 주변 사람에 대한 그러한 배려가 평상시 스웨덴 보통사람의 행동이라고 했다. 선거 때에만 입바른 소리를 떠드는 얄팍한 일부 한국 정치인의 모습과는 판이하다고 생각했다.

스웨덴 대학에 일시 체류 연구 중인 한국인 교수는 1) 스웨덴 사회 전체가 느리고 신중하게 돌아 가면서 삶의 질을 우선하고 있으며, 2) 스웨덴 교육 현장에서는 학생이 서로 비교를 당하지 않고, 숙제가 없으며 결과보다는 과정을 중시하고, 지식 전달보다는 인간적인 부분이 강조되면서 교육의 목표가 고교, 대학교 졸업 후 기능인과 사회인의 역할을 제대로 할 수 있도록 이끌어 주는 데 있는 것으로 보이며, 3) 경쟁이 너무 없는 것이 문제라고 지적되나 학업성취도가 떨어진다고 해서 인간적인 삶을 영위하는 데 문제가 있는 것은 아니라고 생각한다고 하였다. 물론 보편적 복지제도의 문제점으로 의료 혜택의 문턱이 높아서 암 정도 걸려야 의사를 볼 수 있다는 애기도 들었다고 했다. 이어 18세 이후 독립한 후 남녀가 동거하는 경우가 있으나, 동거 역시 결혼과 마찬가지로 신중하게 결정하는 것으로 보이며 동거가 흔하다고 해서 남녀관계가 쉽고 개방적이라는 생각은 맞는다고 할 수 없을 것이라고 하였다.

제3국 대사의 스웨덴에 대한 평가

재임 중 90여 개국 대사들과 교류하면서 스웨덴 사회와 스웨덴 사람에 관해 자연스럽게 대화를 나누었다. 그들 모두가 스웨덴 사회를 전반적으로 높이 평가하며 다음 요지로 언급하였다.

스웨덴 사람

스웨덴 사회는 매우 안정적이며 정치가 순조롭다. 보건, 교육, 세금 등 보통사람의 삶의 문제가 큰 뉴스이다. 스웨덴 사람은 예의 바르며 친절하며 신사적이다. 남을 가르치려 하지 않는다. 시간을 잘 지키며(punctual), 투명하며(transparent), 직설적이다(straightforward). 어릴 때부터 남녀가 모든 면에서 평등하며 능력이 같다고 가르치기 때문에 성인이 된 후에 이러한 생각이 사회생활과 결혼생활에 그대로 반영되고 있는 것 같다. 스웨덴 사람이 "안 된다(No)"고 하면 결국 안 된다. 그들은 개방적이며 신의가 있고 신뢰할 수 있다(러시아 대사가 나에게 특별히 강조한 것이 인상에 남는다). 스웨덴 사람은 한쪽 편을 들지 않는다(neutral)는 것을 자랑스럽게(proud) 생각한다. 그런데 사실은 특별히 중립적은 아니라고 생각한다. 알고 보면 비공식적으로 항상 한쪽 편을 든다.

다만 스웨덴 사람들은 자신들이 우수하고 특수하다고 생각하며 자

존심(pride)이 매우 높다. 부모 자식 간에 서로 관심이 없다. 스웨덴 사람들이 좋고 친절하여 대사 업무 수행에 어려움이 없었으나 무언가 진정으로 통하는 관계를 갖기는 쉽지 않았으며 역시 진정한 친구를 만들기는 어려웠다. 스웨덴 사람들은 휴가를 중시하고 일을 더 하는 데 거부감이 강하고 알레르기가 있다. 전반적으로 스웨덴인은 독일인과 같은 이미지를 갖고 있는데, 독일인과는 부지런함, 시간 엄수 등의 기질이 비슷하기는 하나, '열심히 일한다(hard working)'는 면에서는 거리가 멀다.

다른 유럽인(특히 남부 유럽의 스페인, 포르투갈, 그리스 대사 등)조차 스웨덴을 경험한 후 스웨덴에 대해 이상하게 생각한다. '스웨덴은 같은 유럽국가라고 할 수 없을 정도로 다른 나라이며 살기에 재미가 없는 나라'다. 스웨덴 사람이 다른 나라 국민에 비해 나체와 성(性)에 대해 다소 개방적인 태도를 견지하고 있는 것은 사실이나 성에 대해 자유롭다는 것은 오해라고 생각한다. 과거 포르노 잡지 등의 영향 탓이며 그렇지 않다는 것이 대부분의 외국 대사들의 관찰 결과다.

스웨덴 정부와의 교류

스웨덴은 일하기 편하고(easy) 개방적인 나라이기 때문에 정부를 비롯한 각계 주요인사에의 접근이 용이하다. 국회의원들이 국제관계에 대해 다른 나라 국회의원에 비해 상대적으로 관심이 높다. 스웨덴 정부는 개방적이며 모든 공무원에 접근이 가능하다. 단 이슈가 있어야 한다. 면담 중 보통 차나 커피는 없으며 실질적인 면담(substantive talk)이어야 한다. 공무원의 수준이 매우 높다. 특히 중간층 공무원이 매우 해박하며(very knowledgeable) 전문적이며(professional), 면담 목적이 분명하면 늦어지더라도 시간을 내어준다. 정부 내에서 실무자와 전문가의 판단을 중시한다. 다만 웬만한 일이면 면담보다는 전화 협의를 선호한다. 정부 고위인사의 면담은 쉽지 않으나 외교단 주최 리셉션에는 빈번히 참석하는 경향이 있다. 공무원 역시 휴가, 휴일 및 사생활을 중시하므로 이를 유의하여 교류해야 한다.

3.
스웨덴 모델 발전과정: 국민적 합의

스웨덴에 부임하여 국회의원, 언론인, 교수(웁살라 대학 마그누손 (Lars Magnusson) 교수[1] 등)를 비롯한 많은 인사로부터 전해 들은 소 위 '스웨덴 모델'의 성립배경과 특징 및 전망은 다음과 같다.

1) 성립배경

1930~40년대 형성된 '보편성의 원칙'에 입각한 복지제도와 1930년대까지 격렬했던 노사분쟁을 위한 노사정협의체를 구축하 면서, 유사한 사회조건을 북유럽 노르딕(Nordic) 모델로도 불리는 스웨덴 모델의 기반이 마련되었으며 1945년부터 본격 운영되어 세계적으로 주목을 받았다.

---

1 그는 노벨경제학상 심사위원, 왕립과학한림원 회원으로 활동하며 2010년 6월 제1차 한-스웨 덴 공동위원회의 대표단 일원으로 방한하였다. 방한 전 5.26(수) 관저만찬에 참석하여 의견을 교 환한 바 있었다.

2) 스웨덴 모델의 특징: 보편적 복지제도와 협력적 노사관계

(1) 보편적 복지제도:

- 영국이나 남유럽 모델과 달리, 모든 국민을 대상으로 일반적(general)이고 관대한(generous) 지원을 통하여 기본적인 생활을 보장한다. 영국은 '저소득층 지원'의 개념으로, 남유럽은 일반적이나 지원규모가 적은 복지제도(general, not generous)를 운영하고 있다.

- 복지제도 운영을 위해 공공분야 규모가 여타국에 비해 크며, 국민의 세금 부담률이 높지만 국민의 세금저항은 매우 낮다. 이는 스웨덴 국민이 개혁이나 충돌을 피하는 성향이 있으며, 지금까지 복지 서비스를 통해 세금이 실질적으로 가계에 환원되고 있다고 인정하기 때문이다. 정부는 세율을 지속적으로 조정하여 복지운영과 세금저항 간 균형을 찾기 위해 노력한다. 담세율은 1960년대 초반까지 30%미만이었으나, 공공재정의 팽창과 지속 증가추세로 50%를 초과했으나 2000년대 이후 50% 미만 수준을 유지하고 있다.

(2) 협력적 노사관계(3자 협력구도):

- 협력적 노사관계의 핵심은 '노사정(勞使政) 3자가 서로의 기본적 요구와 역할'을 인정하는 것으로 1938년 살트쉐바덴 협약을 통해 구축되었다. 1920~30년대까지 격렬했

던 노사분쟁과 대공황에 따른 경제위기를 극복하기 위해 생산직 노조총연맹(LO)과 고용주협회(SAF)가 2년간의 협상 끝에 협약이 체결되었다. 동 협약으로 노조와 고용주가 국가의 개입을 배제하고 자율적인 협상을 통해 분쟁을 해결하였다. 즉 노사가 서로의 요구와 역할을 인정하고 정부가 경제성장과 복지제도 간 균형을 잡는 역할을 해왔다.

- 1990년 사민당정권과 노조가 너무 가까워진 데 대해 이의를 제기한 고용주협회(SAF)가 임금협상에 불참을 선언함에 따라 노사간 교섭은 중앙 단위에서 각 산하 단위별로 실시하게 되었다.

3) 스웨덴 모델의 성공 배경

그 기반은 '스웨덴의 국가적 연대와 협의문화'이며 이는 오랜 역사에 거쳐 발전해 왔다.

(1) 우선 중세 봉건제도가 없었으며 왕권과 영주의 영향력이 미약하면서 사회계층간 구별이 엄격하지 않았다. 12세기부터 농민은 '농노'가 아닌 '시민'계급으로 활동하고, 스웨덴 의회는 600년의 역사를 갖고 있는데, 15세기부터 의회가 구성되어 왕의 권력을 제한하고 계층간 소득격차가 크지 않았다. 이로 인해 협의문화가 발달하였다.

(2) 15~17세기간 발트 지역, 핀란드, 독일북부, 프러시아까지 차지한 북구 지역의 강국으로 군림하였으나 점차 쇠퇴하였다. 이에 대해 아쉬워하는 스웨덴 사람도 있으나 국가적인 큰 부담에서 벗어났기 때문에 대체로 긍정적으로 평가하고 있다. 이후 1809년 오늘날의 국가형태를 구축한 후 중립노선을 선언하여 200년간 전쟁에 휘말리지 않았으며, 특히 1차, 2차 세계대전 시기에도 전쟁을 피할 수 있었다. 이를 통해 갈등이 적고 내부 단결이 심화되는 평등 사회를 구축할 수 있었다.

(3) 산업혁명의 후발주자로서 경제성장이 지속되고 노동자의 실질임금이 상승하였으며, 그 결과 여타 유럽 국가에 비해 사회적 갈등이 상대적으로 적었다. 이에 따라 내부 단결이 심화되는 일관성 있는(coherent) 사회를 구축할 수 있었다.

(4) 단일 민족이며 인구 규모가 작은 환경으로 인해 국가 내 단결과 연대가 형성되었다. 1970년대까지만 해도 총인구 중 외국 비율이 5% 미만이었다. 민족 단일성이 스웨덴 모델의 주요한 배경의 하나라고 할 수 있었으나 최근 30년간 상당한 변화가 생겨 외국인이 오늘날 총인구의 20%로 증가함에 따라 스웨덴 사회에 새로운 도전과제가 되었다.

4) 스웨덴 모델 전망

1960년대부터 시작된 세계화와 더불어 자본과 노동시장 확대, 1990년대 초반 금융위기 등 국내외 환경과 정세변화에 따라 지속가능 여부가 주목되었으나, 시대변화에 신속히 적응하여 지속 유지 발전해 왔다. 가속화되는 글로벌 경쟁하에서 인구고령화에 따른 재정구조 악화, 복지서비스 비용 증가, 소득수준 향상에 따른 복지서비스 수요의 증가 등 도전과제에 대응하기 위해 제도 개선을 지속적으로 도모할 것이나 '스웨덴 모델에 대한 광범위한 국민적 합의가 있기 때문에 주요 골격은 계속 유지될 것'으로 전망한다.

내가 만난 스웨덴인과 제3국 대사들은 스웨덴 모델이 스웨덴 사회의 동질성, 사회적 신뢰와 연대, 상대적으로 작은 나라라는 특징 등에 기초하여 타국에의 전파 가능성에는 회의적인 시각이 많았다. 마그누손 교수 역시 나에게 "한 국가의 모델은 그 나라의 역사와 문화를 반영하는 것이므로 스웨덴 모델이 그대로 다른 나라의 국가발전의 청사진이 될 수 없지만, 상호간에 자체 발전 모델을 구축하는 데 서로 배울 점이 있을 것"이라고 답변하였다.

스웨덴 국회의원 역시 여야에 관계없이 한국 국회의원과의 면담에서 스웨덴은 경제성장과 분배를 동시에 중시하는 전통을 유지하면서 보편적 복지의 기본 틀을 지속적으로 유지하고 있으며, 세계화와 고령화 추세에 따라 세금, 연금, 이민 등 다양한 대응과제에 대해 모든 정당 간 끊임없는 대화로 타협의 정치를 하고 있다고 일관되게 설명하였다.

그럼에도 불구하고 스웨덴 모델의 핵심 요소인 '복지제도의 부작용'을 지적하고 제도 개선을 위한 목소리도 적지 않았다. 한국계 입양아 출신 리벤달(Tove Lifvendahl) 스웨덴기업연합 홍보국장[2]은 한손(Per Albin Hansson) 총리(사민당)가 1928년 '국민의 집(folkhem-met)' 개념을 도입한 이래, 정부 여야 간 공통적 이해하에 국민 개개인의 삶을 포괄하는 복지제도를 구축해 왔으나 그 부작용으로 1) 강한 동질성과 공통적 문화를 갖게 되었으나, 남들과 다른 것 또는 공통 이해와 반하는 행동을 수용하지 못하는 경향이 심화되었으며, 2) 세계적으로 높은 담세율[3], 3) 수동적 사고와 책임전가 현상이 심각하다고 하였다[4]. 스웨덴인들은 '나보다 다른 사람들이 더 잘한다' 하는 의식을 갖고 있다. 얀테의 법(Jantelagen, Jante's Law)[5]

---

2   그녀는 1974년생으로 2000년 보수당 청년연맹(Moderate Youth League) 전국의장으로 선출된 이후, 작가, 정치평론가로 활약하고 있었다. 재임 중 그녀는 스웨덴 사회에서의 한국 홍보방안에 관해 수시로 조언하고 대사관 주최 행사에 적극 참여하고 지원하였다. 현재 2013년 이래 주요일간지 스벤스카 다그블라뎃(Svenska Dagbladet)의 정치 편집국장을 맡고 있다.

3   1900년 7.7%였던 담세율은 1901년 최초의 사회보장제도 실시 이후 점차 인상되어 1945년 18%, 1962년 30%를 넘어 점차 늘어나 1989년 56.5%까지 인상되었다 스웨덴은 덴마크와 번갈아가며 담세율 세계 1위를 기록하였으나 2001년부터 50% 미만 수준을 유지하여 지속하여 세계 2위를 기록하고 있다. 2006년 48.8%, 2007년 47.9%, 2008년 46.9%, 2009년 47.2%였다.

4   2008년 12월 리벤달 홍보국장이 대사관 정례토론회 연사로 초청되어 스웨덴 복지에 관해 표명한 요지의 일부이다.

5   스웨덴 사람은 '적당한 것이 최고(Lägom ar bäst)'라고 생각하는 경향이 있어서 다른 사람과 같아지고, 다른 사람을 따르고, 다른 사람과 잘 맞추려고 노력한다고 한다. '얀테의 법'은 다른 사람 앞에서 자신을 자랑하거나 추켜세우지 말라고 조언한다. 구체적으로는 "스스로 대단한 사람이라고 생각하지 말라", "다른 사람들보다 똑똑하다고 하거나, 낫다고 하거나, 더 많이 안다고 하거

으로 명명되는 이러한 문화는, 개인의 삶 깊숙이 관여하는 복지제도와 함께 사회문제가 발생했을 때, 남 탓, 혹은 공공기관의 탓으로만 여기고 국민 개개인이 책임지고 변화를 만들어야 한다는 생각을 하지 못하게 하는 경향을 조성하였다. 문제가 발생하면 누군가 다른 사람(someone else)의 책임이며 다른 사람이 문제를 해결해야 하다는 '책임전가 현상(someone-else-nism)'이 생긴다는 것이다. 이러한 부작용을 시정하기 위해서 바람직한 대응으로는 1) 정치 지도자가 스웨덴 사회의 변화(고령화, 혼혈국가화, 노동시장의 확대 등)를 기회로 인식할 필요가 있으며, 2) 순혈 민족적 동질성에서 벗어나 사회구성원 모두에게 적용되는 가치, 연대감을 재정립하고, 3) 국민 개개인 자신이 주체로서 책임과 권리를 갖고 사회문제에 대응해야 하며, 4) 사회문제에 대해 스스로 책임감을 갖고 기존의 사고방식을 깨고 새로운 방식에 도전할 용기가 있는 사람이 각계에 많아져야 한다고 주장하였다. 그녀는 청소년 시절부터 보수당 당원으로 활동해 온 경험을 통해 '보편적 복지' 제도를 구축한 스웨덴 사회의 문제점을 날카롭게 비판하고 구체적인 대응방안을 제시하고 있다는 생각이 들었다.

나, 월등하다고 생각하지 말라", "다른 사람을 비웃지 말라", "다른 사람에게 무엇이든 가르치려 들지 말라" 등의 내용이다.

4.
보통 사람의 생활

부유하게 사는 것이 아니라 알뜰하게 산다

부임하여 얼마 지내니 스웨덴 국민의 대다수가 거의 동등한 지위에 거의 비슷한 구매력을 갖고 있다는 사실을 알았다. 누진세를 적용하는 세금제도 덕분에 결과적으로 비슷한 월급을 받게 되어 중산층의 확대에 기여하였다. 유재홍 초대 스웨덴 상주대사(1963~1967년)[6]의 아들인 유태종 부장은 에릭슨(Ericsson)에서 27년간 근무하고 있다고 하면서 "자신의 봉급 수준이 초임 때의 20배를 받으나 세금을 약 60% 내니 막상 소득은 큰 차이가 없다. 스웨덴에는 빈부의 차가 별로 없다. 모든 사람이 사는 방식이나 수준이 다비슷하다. 주변의 가난한 사람에 대한 심리적 부담이 없다. 다른 사람에 대해 죄스럽다(guilty)는 감정을 가질 필요가 없다. 국민 모두가 낸 세금으로 나라가 불쌍한 사람, 약한 사람, 병든 사람을 돌

---

6   양국은 1959년 3월 외교관계를 수립하고 1959년 5월 김유택 주 영국대사가 초대 스웨덴 대사(비상주)로 신임장을 제정하였다. 이후 1963년 7월 주 스웨덴 대사관이 설치되어 그해 9월 유재홍 초대 상주대사가 신임장을 제정하고 4년 근무하였다.

보아 주기 때문이다"라고 전했다.

보통 사람들은 세금을 낸 후 복지제도에 따른 각종 수당을 되돌려 받아야 가계 수지를 겨우 맞출 수 있다고 하였다. 주말이면 맥도날드 햄버거 식당이 꽉 차고, 중저가 상품으로 중산층을 공략하는 가구업체 이케아(IKEA)와 의류업체 H&M 가게에 사람들이 몰리는 이유를 이해할 수 있었다. 스웨덴인은 정원이 있는 집에 볼보 자동차를 갖고 있고 자녀 2명에 애완견이 있으면 더 이상 부러울 것이 없다고 하는 얘기를 들었다. 외교부 식당의 점심메뉴가 80크로나(당시 환율로 1만 2천 원 정도)였는데 외교부 간부는 나에게 자신들의 생활수준에 딱 맞는 가격이라고 하였다.

휴가와 사생활 중시

스웨덴 사회에서 휴가와 사생활 보호는 절대적이며 정치인이나 언론도 이에 대해서는 아무런 이의를 제기할 수 없다고 들었다. 스웨덴인들은 상당한 기간 전에 휴가 계획을 세우고 시행한다. 연초에 스웨덴 행정원이 1년간 자신의 휴가 계획을 제출하여 의아했으나 그러한 생활방식이 매우 합리적임을 이해할 수 있었다. 결국 개인 비용을 절약할 수 있고 조직에도 폐를 끼치지 않게 된다. 6월 초에 부임하여 제일 먼저 놀란 것은 스웨덴인들이 여름휴가를 5주씩 다녀온다는 것이었다. 2008.7월 중순 샌드베리(Sandberg) 외교부 인사국장(우리의 기획관리실장 해당) 면담이 잡혀 외교부를 방문하였다. 휴가철이라 외교부가 텅 빈 듯한 느낌을 받았다. 그는 휴가철이라 외교부 필수 직원만 근무하고 있다고 하면서, 자신도 곧 5주간 휴가를 간다면서 3주는 스웨덴 중부 달라르나 (Dalarna)주에서, 2주는 프랑스에서 보낼 예정이라고 하였다. 한국 외교부 주요간부의 5주 휴가는 상상할 수 없는 일이라서 속으로 엄청 놀랐다.

2009년 7월 이명박 대통령 방문 준비 중에도 스웨덴 관계자들의 휴가계획으로 다소 당황한 적이 있다. 대통령 방문행사 준비의 막바지 단계에 외교부 한국담당과장이나 의전을 총괄하는 의전차장이 대통령 방문 1주일 전까지 휴가를 간다 하니, 솔직히 의아하고 불안하면서도 부러웠다. 한편으로는 그들의 관례에 따라 정부 조직 내 협업과 분업체제가 제대로 돌아가서 대통령 방문 준비에 차질 없기를 바랄 뿐이었다. 한-스웨덴 경제인(CEO) 간담회 준비 중에 스웨덴무역협회(Swedish Trade Council) 베리만(Mattias Bergman) 부회장이 스웨덴 분위기와 관련하여 "대통령의 15분 말씀을 듣기 위해 기업 회장 일부는 미리 계획한 여름휴가를 연기하지 않을 것"이라고 한 말이 계속 마음에 걸렸다.[7]

한편 2006년 7월 구스타프 국왕의 중국 국빈방문에 이은 중국 후진타오 국가주석의 2007년 6월 8일(금)~10일(일) 국빈 방문 시에 라인펠트 총리는 9일(토) 국왕주최 국빈만찬에 부인의 생일을 이유로 불참하였으며, 10일(일) 스톡홀름에서 후 주석과 정상회담을 했다고 하였다. 천밍밍(陳明明) 중국대사에게 2007년 6월 후진타오

---

7   다행히 우리 경제사절단(조석래 전경련 회장 등 16명)에 맞추어 한국에 관심있는 주요 기업 (에릭슨, 볼보, 사브 등)의 회장 다수(12명)가 참석하였다.

주석의 스웨덴 방문 준비에 관해 문의하니, 천 대사는 스웨덴 정부와 의전 문제협의로 매우 힘들었으며 휴일(토·일) 일정 마련이 어려웠다고 하였다. 스웨덴 외교부 대변인과의 면담에서 한국의 경우 외교부 대변인은 휴일 없이 기자를 상대해야 한다고 하니 그녀는 매우 놀란 표정으로 그럼 언제 쉬느냐고 물었다. 자신도 기자들을 계속 상대하나 휴일은 쉰다고 하였다. 스웨덴 기자도 휴일에 연락하는 일이 거의 없다고 하였다. 나는 양국 간 언론 환경의 차이인 것 같다고 하고 스웨덴 시스템이 한국에서는 작동하기 어려울 것 같다고 하였다.

5.
평등주의: 권력 간격 지수가 낮다

스웨덴은 소위 권력 간격 지수(power distance index: PDI)[8]가 낮다. 한국은 상대적으로 높은 나라로 알려져 있다. 스웨덴 교원의 약 5%만이 교직이 사회적으로 존중을 받는다고 대답하였다. 특권층이나 나이를 크게 인정하지 않는 경향이 있다. 국회의원직은 특권층이 아니며 '자원봉사'라는 인식이 사회전반에 정착되었다. 국민 모두가 국회의원 역시 많은 직업 중 하나일 뿐이라고 간주하고 있다. 국회의원은 공사로 모범적인 시민이어야 하며 높은 도덕성이 요구된다.

젊은 지도자가 많은 것이 신선했다. 30대 장관이나 40대 국가 지도자와 50·60대 직업공무원 간의 분업과 협업이 별 문제 없이 기능하는 것 같았다. 장유유서 관념이 뿌리깊은 우리나라와 완전

8　네덜란드 사회학자 홉스테드(Geert Hofstede)의 연구 결과의 하나인 '권력 간격 지수'는 특정 문화가 위계질서와 권위를 얼마나 존중하는지를 나타낸다. 권력 간격 지수가 낮다는 것은 권력층을 특권층으로 받아들이지 않으며, 나이 많은 사람을 존중해야 한다 거나 두려움의 대상이 되지 않는다는 것을 의미한다.

히 다르다. 내가 만난 사브니(Nyamko Sabuni) 통합양성평등 장관
(Minister of Integration and Gender Equality, 1969년생 39세), 빌스트램
(Tobias Billström)[9] 이민난민정책 장관(Minister for Migration and Asylum
Policy, 1973년생, 35세), 크란츠(Tobias Krantz: 1971년생 38세, 2002년 이래
자유당 의원) 고등교육연구 장관(Minister for High Education and
Research)은 모두 30대 후반이었다. 제브렐(Håkan Jevrell) 국방차관
(1968년생, 43세)[10] 부부 초청 관저만찬에 함께 참석한 국방부 정무
차관보(Johan Raeder, 1964년생, 47세, 국방부 내 민간인 중 최고위직)는 스
웨덴 정부 내 젊은 세대의 고위인사 기용문제에 대해서 "젊다는
것과 경험이 다소 부족하다는 것이 잘못됐다는 것은 의미하지 않
는다"고 생각하며 "나이 듦이 반드시 경륜과 경험으로 이어지느냐
여부는, 사람에 따라 각양각색인 것 같다"고 하였다. 일리가 있다
고 생각했다.

조직 운영은 소위 '평면식 경영(flat management)'으로 대응하는 경
향이 있은 것 같다. 중간관리자의 결재 등 불필요한 형식을 없애
고 책임자와 실무자의 직접소통으로 문제를 바로 해결한다. 신속
한 정책 결정이 가능하며 책임소재가 분명해진다. 스웨덴 인사들
로부터 자신들은 실무자와 전문가 입장을 최대한 존중하며 대부
분의 경우 그들의 의견을 따른다는 말을 많이 들었다. 2010.3 천

---

9 2022년 10월부터 스웨덴 외교부장관을 맡고 있다.
10 제브렐 차관은 전 주한대사 실벤(Sylvén) 대사 사위로서, 2010~2012 국방차관 역임 후, 싱가
포르 대사(2013~2018), 대만 대표(2018~2020), 조직범죄 담당 특사(2020~2022)를 역임하고,
2024년 현재 외교부 국제개발협력 통상차관(State Secretary to Minister for International Develop-
ment Cooperation and Foreign Trade)으로 근무 중이다.

안함 폭침사건 국제적 조사를 위해 스웨덴은 우리의 요청을 수락하여 조사단을 파견하였다. 벨프라게(Frank Belfrage) 외교차관은 "스웨덴의 문화와 전통에 따르면 전문가(expert)의 의견을 그대로 존중하는 것이며 그 이상의 별도 추정(second guess)은 하지 않는다는 것"이라고 강조하고 스웨덴조사단의 조사결과를 그대로 믿는다고 하였다.

6.
양성평등: 국회의원 남녀 50대 50

우리 대사관과 관저가 공원 지역에 위치하여 언제나 산책을 다니는 사람들을 많이 볼 수 있었다. 처음 부임하여 놀란 광경 중의 하나가 많은 젊은 남자들이 유모차를 끌고 나와서 여유롭게 책도 보고 커피도 즐기는 모습이었다. 처음에는 이들이 다 이혼한 친구들인가 생각했다. 스웨덴에서는 부부가 480일 유급으로 육아휴직을 보낼 수 있다[11]는 사실을 알고서야 이해가 갔다.

2010년 2월 스웨덴 외교부 한국과장이 "8월까지 육아휴직 예정"이라는 소식을 듣고 외교부 주요과장이 6개월 이상 기간을 육아휴직을 한다고 하니 스웨덴은 별세계처럼 느껴졌다. 비슷한 시기에 외교부 의전차장 역시 9월까지 육아휴직으로 독일에 갔다고 하였다. 이후 스웨덴 외교관의 장기 휴가에는 크게 놀라지 않

---

[11] 1974년 부모 보험이 소개된 이래, 출산휴가로 아빠도 휴직할 수 있게 되었으며, 1995년 휴직 기간(당시 13개월) 중 한 달은 반드시 아빠가 써야 육아수당을 받을 수 있도록 제도를 바꾸었으며, 2002년 출생 아이부터는 출산휴가 480일이며 부모가 나누어 사용하되 어느 한쪽도 60일 미만으로 사용해서는 안 된다.

게 되었다. 육아휴직은 부부가 합쳐서 480일이며 연 휴가는 5~6주(토, 일요일 불포함)이니 스웨덴 공무원은 이를 염두에 두고 몇 년 계획을 미리 짜는 것 같았다. 그런데 30년 전만 하더라도 여성의 사회진출은 거의 없었다고 하였다. 1980년 직장에서의 남녀평등법 제정을 계기로 양성평등을 본격적으로 제도화하기 시작하였다. 사민당이 1994년 총선부터 후보명부를 남녀 비율 50:50으로 구성하는 결단 등을 계기로 각 당이 그러한 추세에 합류하면서 자연스럽게 국회의원이 남녀 50:50의 방향으로 발전해 왔다고 하였다. 그럼에도 불구하고 재임 중 적지 않은 인사로부터 여전히 남성 위주사회라면서 앞으로 양성평등을 위해 할 일이 많다고 들었다.

페르손 전 총리 부인(Anitra Steen[12])은 관저오찬에서 전직 고위공무원답게 자신의 의견을 분명히 전했다. 스웨덴의 양성평등 현황이 부럽다고 하니 그녀는 스웨덴도 아직 갈 길이 멀다면서 최근 노력의 결과에 불과하다고 하였다. 최근 30년간 정부와 국민의 총체적인 노력으로 어느 정도 양성평등이 진전이 있었지만, 자신이 어렸을 때는 학교 선생님, 공무원들 모두가 남성이었으며 지금도 금융(finance) 분야에서는 남성이 압도적이라고 하면서 아직 갈 길이 멀다며 정부와 국민 모두의 지속적인 노력이 필요하다고 강조

---

[12] 그녀는 1949년생(61세)으로 페르손 전 총리의 세번째 부인(2003년 결혼)이었다. 1981년 재무부공무원으로 출발하여 페르손 교육부장관(1989~1991) 시절 교육부 차관(State Secretary), 페르손 재정부 장관(1994~1996) 시절 재정부 차관(State Secretary), 국세청장(1996~1999), 정부소유 국영주류판매회사 Systembolaget CEO(1999~2009) 역임 후 2009. 5월 60세로 퇴직하였다.

하였다. 전직 주 알제리 대사(Helena Nisson Lannegren)는 스웨덴의 여성대사 비율은 아직도 30%에 불과하다고 하면서 지적하였다. 외교부 아태국장(Klas Molin)은 외교부 인사위원회는 본부 고위직 및 대사 후보에 각각 3인을 추천하며 그중 여성이 반드시 1명 이상 포함되어야 한다고 하였다.

스웨덴 국회의원들과 지속적으로 교류하면서 그들이 남녀를 불문하고 양성평등 구현 노력을 자랑스럽게 여기고, 더욱더 이를 제도화하기 위한 노력을 지속적으로 경주해야 한다는 데 모두 공감하는 것 같았다. 나는 스웨덴의 국정체제(거버넌스)를 조금씩 이해하면서 양성평등 실현을 위해 가장 실효적이며 중요한 방안은 국회의원 정원의 50% 여성 진출을 제도화하는 것이라는 결론에 이르렀다. 여성의원이 모든 입법과정에 50% 참여하여 여성의 입장과 이익을 대변함으로써 모든 법률과 제도에 반영된다면 사회전반에 양성평등이 정착화되는 것은 시간문제일 뿐이라고 생각한다.

스웨덴 모든 정당의 1994년부터의 노력으로, 여성 국회의원의 비율은 1991년 33%에서 1994년 40.4%를 기록하고 이후 계속 증가하여 2006년 47.3%로 최정점(전체 349명 중 남성 184명, 여성 165명)을 찍고, 2010년 45%(남성 192명, 여성 157명), 2014년 43.6%, 2018년 46.1%, 2022년 46.1%를 기록하고 있다. 복지의 다양한 분야와 과정을 살펴보면 여성의 권리와 밀접한 관계가 있다. 스웨덴이 국내외의 다양한 도전에도 불구하고 경제성장과 분배를 동시에 중시하는 전통을 유지하면서 보편적 복지의 기본 틀을 유지할 수 있는 배경 중 하나가 바로 여성이 국회의원의 반수를 차지하고 있기 때문이라고 생각한다.

7.
국민의 높은 정치적 참여: 투표율 80% 이상, 부정부패 불용

___

부임 초기에 스웨덴 언론이 국민의 일상생활에 대해 중점 보도를 많이 하여서 신선하게 느꼈다. 이에 대해 스웨덴인들에게 이유를 물었더니 그들은 "스웨덴 국민 모두가 안정되고 안전한 일상생활을 원하고 있으니 언론과 정치가 이에 따르는 것에 불과하다. 국민 대부분이 정치가 자신의 일상생활과 직결되어 있다는 인식이 강하기 때문에 정치에 대한 관심이 매우 높고 그래서 선거 투표율이 항상 80% 이상 나온다"고 하였다. 1970~2022년 스웨덴 국회의원 선거의 투표율을 살펴보면, 최고 91.8%(1976년), 최저 80.1%(2002)로 항상 80% 이상을 유지하여 왔다. 21세기 들어서는 80.1%(2002)~87.2%(2018)를 유지하고 있으며 가장 최근 2022년 총선에서는 84.2%였다. 부러울 뿐이다.

1920년대 초부터 5개 정당의 경쟁구조가 정착화되어 변화가 없다가 1990년대 전후 환경당, 기독민주당이 들어서서 7개 정당체제가 되었고, 2010년 스웨덴민주당 진출로 8개 정당체제가 확립되었다. 대부분의 스웨덴인은 중학교 때부터 각 정당정책의 공통점과 차이점을 배우면서 20세 전후부터 지지정당을 정한다고 한다. 80% 이상의 투표참여를 통해 국민 대표를 뽑으니 자연스럽게 정부나 공공기관에 대한 신뢰도가 높다. 각 기관의 책임자 및 고위인사가 직접 공개적으로 정책을 설명함으로써 국민과 직접 소통한다.

국민 입장에서는 무엇보다도 국민이 납부한 세금은 오직 국민을 위해서만 써야 한다는 인식이 보편적으로 깔려 있으며 어떠한 특권이나 정치인의 부정부패는 용납할 수 없다고 하였다. 이렇게 해서 사회 전체에 소위 상식과 원칙이 통하고 부정부패가 거의 없는 사회를 만들었다. '나 먼저'가 없다. 더 배웠다거나, 돈이 더 많다거나, 관계(connection)가 있다고 해도 별 힘은 못 쓴다. 스웨덴 사회에서 제일 부러운 것이 부패 제로(zero)였다. 가끔 소위 '친분 부패(friendship corruption)' 사례가 있으나 내가 만난 스웨덴 인사 모두가 부패가 거의 없다고 하였다. 국회의원 자신은 물론, 국회사무총장, 정부 고위인사, 언론인 등 각계인사 모두가 이구동성으로 부패가 거의 없다고 단언하였다. 어떤 언론인은 스웨덴 국민은 "아직도 정치인에 대한 신뢰도가 매우 높으나 문제는 우수한 정치인이 없다는 것"이라고 지적하였다. 포스베리(Forsberg) 국회사무총장은 (2008년 당시) 국회의원의 월급은 5만 2~3천 크로나(당시 미화 1불=7크로나 적용시 미화 7500불) 정도이며 세금을 제하면 3만 크로나(미화 4300불) 수준이라고 하고, 일부 국민과 시민사회는 "국회의원이 택시를 왜 타야 하느냐"고 문제를 제기할 정도로 의원의 모든 활동을 철저히 감시하고 있다고 설명하였다.

모든 공무원 역시 국가 예산을 투명하게 최대한 아껴 쓰며 모두 공개한다는 것이 신선했다. 내가 방문한 장관, 차관의 방은 모두 작았다. 베스트베리(Olle Wästberg) 대외홍보처장(Direct-General, Swedish Institute)은 홍보물밖에 없는 작은 방에서 커피 한잔을 직접 대접했다. 이명박 대통령 공식방문(2009.7) 중 국회에서의 의장면담 시 집무실이 작아서 우리 측은 3인만 배석할 수 있었다. 정부 고위인사들이 관저만찬에 올 때 공용차를 쓰지 않고 택시나 자전거로 오가는 것을 보고 놀랐다. 나중에 스웨덴 공무원은 근무시간 중에는 아주 특별한 경우에 한해 공용차를 쓸 수 있으며 근무 시간 이외에는 공무수행 시 택시를 탈 수는 있으나 그 경우 자신이 먼저 지불한 후 상세 명세서를 제출해야 경비를 되받을 수 있다(refund)는 것을 알았다. 스웨덴 외교부 고위인사가 관저만찬 등의 답례로 외교부 구내식당으로 오찬을 초청하곤 하였다. 3가지 코스에 80크로나(미화 12불 상당) 정도였다. 스웨덴인의 평균적인 점심값이라고 하면서 그래야 가계수지가 맞는다고 하였다. 공무원끼리 소위 회식할 수 있는 예산이 제로라고 하였다. 국민 모두가 세금의 중요성에 공감함에 따라 이렇게 모든 예산을 엄격히 집행하고 있었다. 소위 '눈먼 돈'이 없었다. 국민 담세율이 1인당 GDP의 50%에 가까운 수준이라도 세금을 더 내도 좋다는 여론이 50% 이상이라고 하였다. 내가 낸 세금이 나에게 반드시 복지 혜택 등으로 다시 돌아온다고 믿는다는 것이다. 국세청장에게 세금을 100% 거두고 있느냐고 물었더니 90% 정도 세금을 거두고 있다고 보며, 탈세 10%는 이민 등의 유입으로 길거리 장사 및 일부 기업의 조직적 탈세 등이 원인이라고 하였다. 결국 공동체 내에 신뢰

와 투명성을 확보함으로써 사회적 비용을 절감하며 그 혜택은 모
두에게 돌아간다는 것이다.

8.
정치의 중도화와 금후 정치발전

——   ——

정치의 중도화

재임 중 스웨덴 7개 정당의 의원 및 국제국장과 교류하였다. 그들 모두가 스웨덴 정치가 점차 중도방향으로 나아가면서 국내외 정책이 온건화되고 정당 간의 정책 차이가 점점 줄어들고 있다고 하였다. 당시 보수연합을 이끄는 보수당(Moderate Party)은 'New Moderate Party'라고 불릴 정도로 반대 의견의 수용을 통한 정책 조정에 힘쓰며, 사민연합을 이끄는 사민당은 정책연합의 일원인 좌파당(Left Party)의 지나친 정책주장을 사실상 부담스러워하는 등 국내정치가 점차 중도(moderate, central)화되는 경향이 있었다. 언론인도 사민당과 보수당의 정책 차이가 점점 없어지고 있으며, 특히 외부 관찰자(outsider)는 큰 차이를 못 느낄 것이라고 하면서 결국 복지의 수준을 몇 프로 인상할지, 인하할지의 차이 정도라고 하였다.

당시 린드(Ann Linde) 사민당 국제국장(2019~2011 외교장관)은 나에게 "사민당은 온건한(moderate) 당이다. 스웨덴의 관점에서 보면 솔직히 한국의 정당은 극우(too right) 또는 극좌(too left)로 보인다. 그래서 한국의 특정 정당과 특별한 협력 관계를 갖기는 어렵다"고 하면서 물론 한국 정당 대표단이 오면 언제라도 환영한다고 하였다. 스웨덴 각계인사는 이구동성으로 "국내외 정세 변화로 지금 스웨덴 사회는 1970년대와 완전히 다르다"며 세계화와 고령화에 따른 도전에 대응하기 위해서는 최대 양당인 사민당과 보수당의 정책이 비슷하게 될 수밖에 없으며 스웨덴과 같은 작은 나라에서 사회인이 되는 과정에 같은 학교 같은 교수 밑에서 같이 배우니 다들 생각이 비슷해질 수밖에 없다고 하였다.

2010 총선결과: 양당 체제의 구축

(총선 전 동향) 2010년 총선은 연초부터 보수연합정권이 스웨덴 정치역사상 20세기 처음으로 연임할 수 있는지 여부가 주목되었다. 여론조사는 5~6월을 분기점으로 사민연합의 우세가 줄어들면서 양 진영의 지지율이 백중세를 보여 선거 직전까지 결과를 예측하기 어려웠다.

스웨덴 통계청의 정당지지도 조사라는 흥미로운 제도에 주목하게 되었다. 스웨덴 통계청은 의회의 결정에 따라 1972년부터 연 2회(5월, 11월) 정당 지지도 조사를 실시해 왔다. 2010년 5월 조사에서 '오늘 선거가 진행될 경우 어느 정당을 지지하느냐?'라는 질문에 대해 5월 현재 사민연합 지지율이 50.2%로 보수연합 44.2% 지지율보다 앞서 있었다. 다만 2006년 총선과 2009.11월 결과와 대비하여, 지지율이 보수당(29.2%)은 증가세였고, 사민당(33.8%)은 하락세였다.

양 진영 모두 '일자리 창출'과 '복지 향상'을 주장하면서 세수확보 방법을 중심으로 대립하였으나 어느 진영이 집권하든 스웨덴 복지모델은 지속 유지하면서 개선해 나가겠다는 것이었다. 선거운동은 정책 토론을 중심으로 이루어졌으며 후보자에 대한 인신공격이나 개인 비리 같은 보도는 접해 보지 못했다. 총선 일주일 전인 9.12(일) 발표된 국내 각종 여론조사를 평균하여 스웨덴 국영방송사가 작성한 결과에 의하면, 집권 보수연합의 지지율이 50.3%, 사민연합의 지지율은 42.6%를 기록하였다. 언론에서 지적한 주요 선거이슈는 '교육, 고용, 경제, 보건(health care), 사회보장 순으로 16위 난민/이민…19위 EU… 30위 국제관계'라고 보도하였다. 모든 여론조사가 비슷했으며 보통 사람들도 선거 결과를 예측할 수 있었다.

(총선 결과) 9.19(일) 총선은 보수연합의 승리였다. 보수연합은 총 349석 중 과반수에 미치지 못하는 173석(49.28%), 사민연합 156석(43.6%), 극우정당 스웨덴민주당이 20석(5.7%)을 얻었다. 22세부터 77세 의원으로 여성의원 45%, 투표율 84.63%였다.

⑴ 스웨덴 정치역사상 처음으로 보수계열 정권이 재집권에 성공하고, ⑵ 보수당은 역대 최대 득표율(30.06%)을 기록한 반면, 지

난 76년 중 68년을 집권했던 사민당은 최저 득표율(30.66%)을 기록하고, (3) 2006년 지방의회에 진출하였던 스웨덴민주당이 5.70% 지지율로 국회 진출에 성공하였다. 보수연합 정권은 지난 4년 집권기간 중 복지모델을 유지하면서도 경제성장 수준을 유지할 수 있음을 증명하였으며, 특히 국제금융위기를 맞이하여 정부의 강력한 지도력으로 양호한 경제실적(2010년 4.5% 경제성장 예측 등)을 실현하였다.

사민당의 패배 배경으로 물론 모나 살린(Mona Sahlin) 당수의 리더십 부재 등이 지적되는 가운데, 보다 근본적인 배경은 역시 시대의 흐름에 적응하지 못했다는 점이었다. 스웨덴의 사회변화로는 미국의 영웅주의 문화가 도입되고 개인주의가 상승하고, 세계화(globalization) 확산으로 사민당의 근간인 집산주의(collectivism)와 단합주의(solidarity) 이데올로기의 쇠퇴 추세가 지적되었다. 사민당은 그간 국가가 주인이 아닌 조력자(servant)로서 안정된 노동조합 구축을 지원하고 시장경제 발전을 지원함으로써 국가경제기반 구축에 기여해 왔다. 그러나 1) 극우, 극좌를 회피하는 유권자로부터 중도 좌파적인 사민당이 높은 지지를 얻을 수 있었던 냉전시대의 종결, 2) 노동자 계층의 규모 축소, 3) 투표 성향의 다양화·개인화, 4) 좌-우 진영의 연합정치 등장 등 시대적 변화 등에 적응하지 못했다는 것이다. 사민당의 그간 총선 지지율은 1994년 45.3%, 1998년 36.4%, 2002년 39.9%, 2006년 35.0%, 2010년 30.7%로 점차 지지율 하락 추세를 보여 왔다.

한편 스웨덴민주당이 지지율 5.70%로 국회진출에 성공하였다. 스웨덴 정치역사상 극우정당의 국회진출은 1991년 선거 이후 두 번째가 되었다. 사민당에서 전향한 남성 유권자와 스웨덴의 관대한 이민정책에 반대하는 우파 성향의 유권자가 지지하였다. 지역적으로는 농업 위주의 남부 스코네 지역에서 우세를 보였으며 당원은 젊은이, 실업자, 저학력자의 특색이 있었다. 총선 후에는 내가 선거전에 만났던 모든 각계 인사들에게 들었던 "극우정당 출현 자체가 전혀 스웨덴답지 않으며(not Swedish) 부끄럽다"는 의견은 점점 사라지기 시작했다. 그렇다 해도 당시 스웨덴의 전반적인 국내 분위기로 보아 스웨덴민주당이 10여 년이 지나 당세를 확대하여 2022년 총선에서 제2의 정당(지지율 20.5%)이 될 것이라고 상상할 수는 없었다.

금후 정치발전

2010년 스웨덴 총선 이후 정치인과 언론에서는 스웨덴 정치가 조금씩 변하고 있는 가운데 보수당의 재집권이 가능했다고 지적했다. 이제는 과거와는 달리 같은 사람이 같은 당을 평생 지지하는 시대로부터 조금씩 바뀌고 있으며 연령과 주변 환경 변화에 따라 지지 정당이 달라지는 현상이 지속되고 있다고 지적하고, 보수당과 사민당을 중심으로 한 양쪽 진영이 번갈아 정권이 교체되는 것이 바람직하다는 의견이 적지 않았다.

폰 시도우(Björn von Sydow) 전 국회의장(사민당, 1945년생, 1997.2~

2002.9 국방장관, 2002.9~2006.10 국회의장)은 관저만찬(2010.10)에서 "스웨덴 정치가 그간 사민당 중심으로 지속되어 왔으나, 최근 세계화와 국민 고령화, 국제 정세변화 등과 맞물리면서 정당 간의 역학 관계가 자연스럽게 조금씩 변화하고 있다. 이번 선거에서 사민당과 보수당이 각각 30%대의 비슷한 지지율을 확보한 데에서 보듯이 앞으로 정당연합을 통한 '양당 중심 체제'로 진화될 것으로 전망한다"고 하였다. 특히 "사민당은 교육과 의료복지 분야에서의 점진적인 불평등 심화 현상에 주목하여 사민당의 창당 이념에 따라 국가경쟁력을 확보함으로써 국민의 지지를 확보해야 한다"고 표명하였다. 보수연합은 2006~2014년 집권 후 사민연합이 2014~2022년 집권하고, 이어서 2022.9월 이후 보수연합이 다시 집권하고 있다.

9.
국회의원의 품격

———   ———

스웨덴에서 대사로 재임 중 상대한 스웨덴 인사 그룹 중 가장 자주 교류하고 접촉한 인사들이 국회의원이었다. 부임 초기부터 의원내각제 국가에서 국회의원과의 접촉이 매우 중요하다고 인식하였다. 부임 전 면담한 바리외 주한대사와 부임 후 스웨덴에 주재하는 대부분의 외국 대사들이 스웨덴 국회의원이 기본적으로 개방적이라면서 적극적인 접촉을 권유하였다.

신임장을 제정하기 전인 2008년 8월 방한 의원단과의 오찬을 시작으로 국회의원 및 국회사무총장과 교류하기 시작하였다. 마침 스웨덴 국회의원이 의원친선협회 활동에 중요성을 부여하고 있음을 알게 되어 스웨덴-한국 의원친선협회 소속 의원을 중심으로 교류를 확대해 나갔다. 2008년 11월부터 의원친선협회 의원을 대상으로 대사관 간담회 및 관저만찬을 정례적으로 개최하고 주요 의원과의 별도 면담, 오찬 및 관저만찬을 지속적으로 시행하였다. 관저만찬에 모든 국회의원이 택시나 자전거를 타고 왔다. 관저만찬 후에는 대부분의 의원이 손편지이든 이메일이든 감사 메시지를 보내왔다. 일부 국회의원은 국회식당에서 오찬이나 커피를 대접하는 형식으로 답례하였다.

국회의원 배경

만나 본 스웨덴 국회의원의 전직과 연령은 다양했다. 먼저 국회의원 구성이 남녀 각 50%라는 것이 신기했다. 고졸 출신의 국회의원이 적지 않았으며 공개 이력서에 학벌 소개가 없는 것이 흥미로웠다. 그들은 주로 30~60대로서 10대 말부터 정당에 가입하여 청년조직원부터 시작한 의원들부터 교사, 농부, 농업경영자, 간호사, 치과의사, 요리사, 사회복지사, 선교사, 엔지니어, 경제학자, 정치학자 등 사회 각계의 출신이었다. 물론 20대 국회의원도 70대 국회의원도 있었다. 60대 초반의 국회의원은 국회의원도 스웨덴 사회의 일반적인 퇴직연령인 65세 정도에 은퇴하여 후진들에게 길을 열어주는 관례가 있다고 하고 자신도 그 무렵 은퇴할 것이라고 하였다. 2008년 당시 65세 이상 국회의원은 2%에 불과했다.

국회의원 일상: 출퇴근 시간이 따로 없는 보통사람

스웨덴에서 근무 시간 9~5시가 지켜지지 않는 유일한 직업이 국회의원이라면서 대부분의 국회의원이 자원봉사라고 생각하여 임기 4년 후에 재출마하지 않고 '이제 가정으로 돌아가겠다'는 국회의원이 상당수(1/4 내외)가 된다고 하였다. 한-스웨덴 의원친선협회 의원이었던 프리드(Egon Frid, 좌파당) 의원은 2010.9월 총선 낙선 후 나의 위로 메시지에 대해, "다시 본업인 사회복지사(social worker)로 돌아간다"면서 앞으로 시간이 더 많아져서 본업과 가정에 충실하게 살 수 있게 되어 기쁘다고 하였다. 자신의 지방자택(Skövde)에 언제라도 방문해 달라고 하였다. 국회의원 4년간 봉사를 하고 낙선으로 결과적으로 다시 본업에 돌아간 그는 그렇게 스웨덴식의 삶을 계속 이어가는 것 같았다.

그들은 국회 내 작은 방에서 혼자 일하는 모습을 공개하고 대화에 개방적이었으며 태도는 늘 겸손하고 소탈하였다. 부임하여 2008.9 처음으로 국회 내 구스탑손 의원(Holger Gustafsson, 1946년생, 1991년 이래 5선, 기독민주당, 한-스웨덴 의원친선협회 회장) 사무실을 방문하였다. 조그만 사무실에 의원 이외에 아무도 없었다. 그는 의원 관련법(의원입법활동지원법)에 의하여 '의원은 한 명의 보좌관을 운영하는 예산을 지원받는다'고 되어있으나 실제 운영방안은 각 정당이 자체 결정에 따라 운영한다고 하였다. 기독민주당은 모든 보좌관이 국회 내 당사무실에 모여서 함께 당 전체 업무에 중점을 두고 일하며, 그중 보좌관 1명이 2명의 의원 업무를 지원하고 있으나 보좌관이 당 전체 업무로 바쁘기 때문에 계속 밀려오는 민원인 질문과 요청에 대한 답신 등을 포함한 모든 의정활동 업무를 자신이 직접 해야 한다고 설명하였다. 스웨덴에서 출퇴근이 없는 유일한 직업이 국회의원이라고 하였다. 이어 며칠 후 방문한 토렐(Olle Thorell) 의원(사민당) 사무실은 아주 작았다. 그는 2006년 막 당선된 초선이라서 의원사무실 중 가장 작은 사무실을 쓰다면서 당선

횟수가 늘수록 사무실이 조금씩 커진다고 하였다.[13] 국회 출퇴근
은 보통 대중교통편이나 자전거로 한다고 하였다. 국회에는 국회
의장과 3명의 부의장이 공식활동에만 사용하는 3대의 공용차만
있다고 하였다. 대부분의 국회의원이 매일 쏟아지는 상당수의 민
원에 대해 의원이 직접 회신한다고 하였다. 2008년 당시 국회의
원 메일 시스템에 비로소 자동 응신장치를 부착하기 시작하여 시
간적 여유를 다소 갖게 되었으나 그래도 국회의원이 직접 회신하
지 않으면 안 되는 상황은 변하지 않았다고 하였다. 매일 보통 일
은 아니나 선거주민과의 일상적인 소통이므로 당연히 해야 할 일
이라고 하였다.

많은 직업 중 하나

스웨덴 사람은 평등의식과 동질감을 공유하고 있으므로 국민
모두가 국회의원 역시 많은 직업 중 하나일 뿐이라고 간주하고 있
으며, 무엇보다도 국민이 납부한 세금은 오직 국민을 위해서만 써
야 한다는 인식이 보편적으로 깔려 있다. 따라서 국민은 국회의원
을 권력을 휘두르는 대단한 사람이라고 생각하고 있지 않으며 평
소에 그들을 알아보지도 못한다. 중앙당 부대표를 지낸 의원(Hele-
na Nisson Lannegren)은 "스웨덴에서는 국회의원은 보통사람(one of
them)이며 남의 눈에 띄지 않으며 아무도 그들을 알아보지 못한다.
중앙당 부 대표 시절에 TV 토론에 나가니 그때 후에야 사람들이

---

13   토렐 의원은 현재 양국 의원친선협회 회장(2011. 1월 이래)을 맡고 있는데, 2022년 총선 당선
으로 5선의원이 되었으니 좀 더 큰 사무실을 쓰고 있을 것으로 짐작된다.

자신을 조금 알아보는 것 같았다"고 하였다.

    따라서 국회의원 스스로도 특권 계급이라고 생각하지 않는다고 하였다. 어떤 한국 국회의원이 "스웨덴 국회의원은 무슨 급이냐"는 질문에 대해, 스웨덴 국회의원들이 질문의 취지를 이해하지 못하겠다면서 굳이 대답하자면 자신들은 "중앙정부부처의 국장과 과장 사이의 직책이라고 생각한다"고 대답하였다고 한다. 스웨덴 국회의원들은 평소 정부예산안이나 정부정책에 대해 궁금한 것이 있으면 관계부처 과장, 국장에게 전화하여 물어보고 협의한다고 하였다. 스웨덴 국회 상임위원회별 회의실을 가 보더라도 의원들 좌석과 정부 답변석 뒤에 몇 개의 실무자용 의자만이 있을 뿐이다.

    내가 스웨덴 국회의원들의 질문에 대해, 한국 국회의원의 특권과 대우(특히 보좌관 8~9명)를 설명하면 놀란 표정으로 이구동성으로 너무나 부럽다고 반응하였다. 그러면서도 일부 국회의원은 자신들에 대한 대우 역시 스웨덴 국정의 경쟁력과 도덕적 우월성을 유지하기 위한 수많은 제도적 장치 중 하나일 뿐이라고 냉정하게 설명하였다.

부정부패 있을 수 없다

    제일 궁금했던 정치인의 부정부패 유무에 대한 질문에 대해서, 모든 국회의원 및 국회사무총장은 정치인의 부패는 있을 수 없다며 거의 없다고 단언하였다. 공무원, 언론인, 지식인들도 똑같이 대답하였다. 국회의원은 언론과 시민사회의 국회의원에 대한 일상적인 감시를 피할 수 없으며, 특히 돈 문제에 민감하기 때문에 투명하게 대응해야 한다고 하였다. 재임 중 유일하게 정치인의 부정부패 사례로 들어 본 것은 2010년 9월 총선 전후로 모나 살린(Mona Sahlin) 사민당 당수의 리더십 부족을 거론하면서 과거 경력으로 1990년대 중반 그녀가 장관 재임 시 공용카드의 사적 사용 전력으로 정치지도자로서 결함이 크다는 지적이었다. 당시 내가 만난 모든 스웨덴 언론인은 그녀는 그러한 과거 때문에 절대로 총리가 될 수 없다고 단언하였다. 이렇듯 공용카드의 사적 사용이 평생 꼬리표가 된다는 사실이 스웨덴의 미래를 더욱 밝게 해 준다는 생각이 들었다. 해외 출장 시 상대국 정부나 인사가 대접한 식사에 참석한 경우에는 귀국 후 출장비에서 미리 받은 식사 수당을 반납해야 한다고 하였다. 구스탑손 의원친선협회 회장은 의정활동 중 가장 번거로운 일 중 하나가 어쩌다 부득이 택시를 탄 경우, 어떤 상황에 택시를 탈 수밖에 없었는지에 대해 소명서를 제출해야만 자신이 미리 지불한 택시비용을 되받을 수 있다(refund)고 전했다.

대사 선물 퇴짜 에피소드

2008년 12월 연말 선물로 한-스웨덴 의원친선협회 회원인 엘리슨 의원(Karin Granbom Ellison, 자유당)에게 보낸 보드카('Absolut') 한 병이 그녀의 12. 18자 정중한 편지와 함께 되돌아왔다. "선물에 감사하나 국회의원의 직무상 비싼 선물을 받을 수 없다."고 하였다.

스웨덴의 보통사람이 즐기는 스웨덴 산 보드카 한 병을 비싼 선물이라고 하니, 당황스럽고 의아했으나 신선하고 부러웠다. 스웨덴 이해에 한 걸음 더 나아갔다. 나는 2009년 연초 구스탑손 의원친선협회 회장과 오찬 시, 작년 연말에 회장을 비롯한 친선협회 의원들에게 크리스마스 선물로 보드카를 보냈는데 그중 엘리슨 의원으로부터 거절당해서 무척 당황스럽다고 전했다. 회장은 웃으면서 선물에 감사하다고 하고, 사실 몇 년 전에 외국 대사의 선물 수령 문제에 관해 국회 내 토론이 있었으며 의견이 분분하였으나 국회의장이 직권으로 스웨덴 주재 외국 대사 선물은 받아도 좋다고 결론을 냈다고 하면서 크게 괘념하지 말라고 하였다. "스웨덴 정치인은 부패와 부조리에 매우 민감하고 시민사회의 감시에 항상 신경을 쓰므로 국회의원은 각자 소신에 따라 책임 있게 행동하는 것"이라고 설명하였다. 이어 입양아 출신 폴피에드(Jessica Polfjärd) 의원과의 오찬 시에도 동 경험을 전하고 국회의원의 직업 윤리에 관해 물어보았다. 폴피에드 의원은 구스탑손 회장과 같은 얘기를 하면서, 자신도 "선물 받은 구체적인 품목에 관해 국회의장에게 문의하여 허락을 받은 적이 있다"고 하고, "의원들에 대한 선물로 초콜릿이나 보드카 정도는 괜찮을 것"이라고 하였다. 21세기 같은 시간대를 살고 있는데 이렇게 정치인의 처신이 다르니 참으로 부러운 세상이었다.

이후 엘리슨 의원은 2009년 11월 한-스웨덴 의원친선협회 의원 초청 대사관 간담회와 관저만찬에 다른 의원 8명과 함께 참석하였다. 그녀는 양국 관계발전을 높이 평가하고 자신의 지역구인 린쇼핑 지역(Saab 본사 소재지)과 한국 간의 산업, 과학기술 분야에서의 협력 확대를 기대하였다. 나는 2009. 3월 린쇼핑 방문 시 사브 본사 방문과 주지사 면담 내용을 전하고, 특히 방산분야에서의 양국 간 협력 여지가 크며 확대 추세에 있다고 설명하였다.

국회 운영

재임 중 많은 한국 국회의원이 다녀갔다. 2009년 15명, 2010년 49명의 국회의원이 스톡홀름을 방문하였다. 스웨덴 국회의장을 비롯한 국회의원 및 국회사무총장은 우리 국회의원을 정중히 맞이하고 면담과 오찬을 주최하였다. 스웨덴 국회의원들의 스웨덴 국정 및 의정활동 전반에 대한 진지한 설명은 실질적이고 유익하였다. 우리 국회의원은 면담 결과에 만족하였다. 동석한 나도 그런 기회를 통해 스웨덴을 더욱더 이해하게 되었다.

면담 시에는 우리 의원의 질문에 대하여 여야 의원이 공통입장을 먼저 설명한 이후, 각각 다른 입장을 전달함으로써 여야 간 특정 정책의 쟁점을 부각시켜 상대방의 이해를 도왔다. 여야 의원 간의 공조 관례에 따른 형식이라고 느껴졌다. 모든 국회의원이 총선 결과에 따라 여야 입장이 바뀌어도 모든 정당 간의 '보편적 복지'에 대한 기본 합의는 항상 지켜진다고 하고, 국회 토론과정에서 여야 간에 협의와 타협의 문화를 지키는 데에 기본적인 합의가 있다고 하였다. 그래서 여야 간 특정 이슈에 대해 입장이 다를 때에도 첫째 몸싸움이 없으며, 둘째 토론 과정에서 여야의원 전원이 끝까지 자리를 뜨지 않으며 거의 자리에서 일어나지도 않는다고 하며, 셋째 여야 간 토론이 장기화될 때에는 경우에 따라서 의장단에게 관련 내용을 전달하고 조언을 구한다고 하였다.

국회에서의 여야 간 협의나 장관과의 토론과정을 보면 서로 상대방을 존중하고 배려하는 자세가 느껴졌다. 국회의원 선거(2010.9) 과정과 TV에서 가끔 중계하는 국회 토론 과정에서 상대방에 대해 인신공격을 하거나 불유쾌한 표정을 짓거나 목소리를 높이거나 하는 감정적 태도를 보이는 광경을 본 적이 없었다. 스웨덴 사람들은 각자의 입장 차이를 인정하면서 모든 일에 분업과 협업의 정신으로 모든 구성원이 함께 참여한다는 기본적인 인식을 공유하는 것 같았다. 국민을 위하는 국가정책을 논하는 자리의 품격은 이렇게 지켜지는 것이라 생각했다.

폰 시도우 전 국회의장(사민당 출신)은 2010.10 총선에서 사민연합이 패배한 후 보수연합이 과반수에 미달하고 극우당인 스웨덴민주당의 원내 진출을 계기로, 사민당 내 일부에서 자신을 국회의장으로 내세우려고 했으나 이를 단호히 거절했다면서, 정통성이 없으면 정치인의 생명은 유지할 수 없다고 하였다. 관저만찬(2010.10.28)에서 스웨덴 정치현실에 대한 의장의 담담한 설명을 듣고, 1개 정당이 아닌 스웨덴 정계 전체의 원로의 품격을 느낄 수 있었다.

2010년 10월 총선을 앞둔 선거전에서는 사민연합(사민당, 환경당,

좌파당)은 스웨덴의 아프간 철군을 주장하였다. 사민당과 환경당은 선거 후 야당이 되었지만 당론을 변경하여 12.15 정부 여당의 아프간 파병 연장안에 찬성함으로써 관련법안이 찬성 290, 반대 20, 기권 19로 압도적으로 통과하였다. 대외관계에 있어서 이러한 초당적인 대응으로 국제사회에서의 신뢰를 확보해 나가는 과정을 보고 '작은 나라' 스웨덴 외교의 강력한 국제경쟁력을 느낄 수 있었다. 이러한 정치원로의 정치의 정통성을 지키려는 자세와 대외관계에 있어서 초당적인 대응 역시 스웨덴 정치인들이 자신의 본분에 충실하기 때문에 가능한 일이라고 생각했다.

이렇게 재임 중 스웨덴 국회의원의 언행과 국회를 둘러싼 동향을 주의 깊게 보면서, 21세기 같은 시간대에 살고 있는데 우리의 모습과는 너무 다르다는 것이 참으로 부러웠다.

10.
소국 정체성과 외교

———   ———

부임 전에 스웨덴에 근무한 외교관들로부터 스웨덴의 외교 및
경험에 관해 다양한 얘기를 들었다. 부임 후 다른 나라 대사들로
부터도 스웨덴의 외교행태에 대해 또 많이 들었다. 대부분 인사가
다음과 같은 요지를 표명하였다.

스웨덴 대외관계의 중심은 북구제국과 EU이며, 자유무역, 인권,
개발협력, 기후변화 등 글로벌 이슈에 대해 확고한 입장을 갖고 있
다. 아시아 외교의 중심은 중국, 일본, 인도이다. 개방적이며 접근하
기 쉬운(easy) 나라다.

스웨덴 외교관이나 정부 인사가 처음부터 안 된다(No)고 한 것은
끝까지 안 된다. 신의가 있고 신뢰할 수 있다. 남을 가르치려고 하지
않는다. 형식적인 면담보다는 실질적인 협의를 중시하여 전화로 협
의하는 것을 선호한다. 외교관이나 공무원과의 접촉은 용이하나 반
드시 이슈가 있어야 하며 면담 시에는 실질적인 내용이 있어야 한다.
정부 내에서 실무자의 판단과 의사결정을 중시한다. 정부의 중간층

공무원이 매우 해박하며 전문적이다.

재임 중 활동을 통해 상기 관찰 내용이 상당히 정확하다고 느꼈다. 전반적으로 스웨덴인은 외교관이든 아니든 대부분의 인사가 항상 정중하고 사려 깊게 말하며, 말한 것은 모두 사실이라고 믿어도 될 만큼 신뢰할 수 있었다. 그들과의 대화와 교섭에 큰 어려움이 없었으며 인내심이 필요한 경우는 가끔 있었으나 진행 과정이나 결과에 있어서 실망한 적은 없었다.

스웨덴의 소국 정체성과 글로벌 이슈에 대한 적극 대응

부임하여 스웨덴의 대외정책을 관찰하면서 처음에 다소 의아했던 점은 스웨덴 지도자가 국정연설이나 정책연설을 할 때 먼저 '우리 스웨덴은 유럽 변방에 있는 작은 나라(small country)'라고 시작한다는 것이었다. 작은 나라이기 때문에 국제사회에서 개발협력, 평화유지활동(PKO), 인권, 기후변화, 환경 등 글로벌 이슈 대응에 적극 참여해야 한다는 식으로 외교정책 방향을 풀어 갔다. 우리나라 지도자들이 주요 연설 계기에 대한민국이 '세계의 중심'이라고 하거나, 아니면 곧 '세계의 중심'이 될 것이라고 하고 세계 '몇 위'의 국가가 되었다고 강조하는 것과는 전혀 다른 현상이었다. 신선한 충격으로 다가왔다.

마침 부임 다음 해인 2009년 우리나라는 OECD의 개발원조위원회(DAC: Development Assistance Committee)에 24번째 회원국으로 가

입해 '원조공여국 클럽'의 일원이 되었다. 스웨덴 국회의원이 정부 예산 심사에서 개발협력(ODA) 예산은 GNI 대비 1%(2009년 당시 약 50억불) 수준이 되어야 한다는 총의(consensus)가 있기 때문에 동 예산 규모에 대해 여야 간 특별히 논쟁이 없다는 말을 듣고 참으로 부러웠다. 외교부 기획예산과장(1999~2000) 시절에 개발협력 예산을 어떻게든 증액하기 위해 노력할 때, 예산당국이나 국회에서 개발협력 예산을 늘리려면 외교부의 다른 예산을 줄이라는 요구를 들었을 때의 참담한 기억이 떠올랐다. 스웨덴 외교부 개발협력국장(Torgny Holmgren)은 ODA 예산 확대를 위한 여론 설득 방안 문의에 대해, 스웨덴은 시민사회의 상향식 요구에 따라 ODA정책이 추진된 역사적 배경이 있어서 ODA 예산이 감축될 경우에는 오히려 시민사회로부터 비판 여론이 형성된다고 설명하였다. ODA에 관해 민간 부문(종교단체, 기업, 국제 NGO 등)이 보다 적극적인 경향이 있어 정부로서는 이들과 긴밀히 협력하면서 관련 사업을 시행하고 있다고 하였다.

스웨덴 인사 초청 관저만찬에서도 밤늦게까지 일부 인사들은 아프리카 기아문제, 기후변화, 환경 등 다양한 글로벌 이슈를 거론하고 이에 대한 한국 입장을 물어보았다. 특히 북한 인권을 비롯한 각국의 인권문제에 대한 대응을 궁금해하는 등 인류 공통과제에 대한 공동 대응 필요성과 시급성을 강조하였다. 부임 초기에는 솔직히 그들의 의례적인 질문이라고 생각했다. 그러나 시간이 지나면서 스웨덴 사람들의 그러한 관심이 단순히 형식적인 것이 아니며 실제 행동으로 이어지는 진정성이 있는 것이며 스웨덴의 오래된 역사와 전통에 따른 사회분위기를 반영한 것이라는 것을 이해할 수 있었다.

외국어(영어) 중시: "뉴욕과 스톡홀름의 차이가 무엇이냐"

한편 그들은 일찍부터 작은 나라가 국제사회에서 생존해 나가기 위해서는 외국어를 잘해야 한다고 깨우친 나라였다. 대학을 나오지 않더라도 영어는 물론 독일어, 러시아 소통이 가능한 사람들이 많았다. 특히 스웨덴 국민의 영어 실력이 국가 경쟁력의 일부임을 확인할 수 있었다. 돌이켜 보면 스웨덴어를 모르면서 대사직을 무난히 수행할 수 있었던 것은 정직하고 솔직한 스웨덴 국민의 대부분이 영어에 능통하여 그들과의 소통과 대화에 문제가 없었다는 데 힘입은 바 컸다고 생각한다. 2009년 여름휴가에 스웨덴 남부 스코네 지역의 한적한 시골에 차를 몰고 가다가 농부에게 길을 물어본 적이 있었는데 친절한 영어 설명으로 제대로 길을 찾을 수 있었다. 스웨덴은 비영어권 나라에서 네덜란드와 함께 영어가 가장 잘 통하는 나라로 알려져 있다. 스웨덴에서 일하고 있는 미국인 기업가에게 "뉴욕과 스톡홀름의 차이가 무엇이냐"라고 물었더니 그는 "스톡홀름의 택시운전사는 영어를 한다"고 대답하였다고 한다.

스웨덴 외교정책 기조

스웨덴은 오래된 중립주의 외교로 알려져 왔다. 스웨덴의 중립주의는 국제주의에 근거하거나 강대국 보장하의 중립도 아니며

헌법에 명시된 것도 아니다. 능동적 중립주의를 유지하겠다는 단호한 의지와 국제적인 공신력 확보를 통해 대내외적으로 중립주의의 원칙을 견지해 올 수 있었다. 2차 세계대전 후 스웨덴은 국내건설에 집중하면서 스스로를 미소 양대 강대국 사이의 완충국으로 규정하고 국제사회에서 저자세를 유지하였다. 이후 1960년 후반부터 올로프 팔메(Olof Palme) 총리는 미국의 베트남전과 소련의 체코슬로바키아 침략을 강력히 비판하고, 도덕에 기반한 행동주의(morally based activism)를 외교정책에 도입하였다. 국제적 이슈에 규범적 기준을 세우고 국제 여론을 선도하였다. 대외원조 프로그램을 시행하여 1974년 GNI 대비 0.7% 규모를 전 세계 처음으로 달성하고, 아파르트헤이트(Apartheid) 정책을 반대하고 서방 국가 중 처음으로 아프리카 민족해방운동을 지원하였다.

한국과 관련된 사례로서는 이러한 대외정책을 기반으로 스웨덴은 1975년 베트남 패망 이후 억류된 이대용 공사와 2명의 영사 석방을 위한 협상을 지원하였고, 레이프란드(Leif Leifland) 외교차관이 최종단계에서 직접 특별항공기 편으로 사이공(현 호찌민 시)으로 들어가서 1980년 3월 15일 3명 외교관의 신병을 인수하고 바로 서울로 들어와 한국정부에 그들을 인계하였다. 당시 윤하정 주 스웨덴 대사는 "모든 공로는 스웨덴 외교차관에게 돌아가야 할 것이며 모든 것이 그의 강한 의식과 높은 인도주의 정신의 승리에 의한 것이다"라고 회고하였다.[14]

14   윤하정, 「월남 패망과 억류된 한국외교관 석방교섭」, 페이지 44~66, 『외교관 33인의 회상』, 여강출판사, 2002년

이러한 중립정책은 복지국가 정체성과 함께 결합되어 스웨덴 정체의 일부분이 되었다. 그 배경에는 200년간 평화를 기반으로 한 사회민주주의 가치(안정, 복지, 합의, 정의 실현 등)가 반영된 것으로서 유럽 변방의 상대적 소국으로 제한된 역량을 지닐 수밖에 없는 스웨덴의 전략적 선택이었다. 탈냉전 이후 스웨덴은 안보상황이 개선된 것으로 인식함에 따라 1994년 NATO의 PfP(Partnership for Peace) 가입 및 1995년 EU 가입 등으로 중립주의의 성격이 조금씩 변하였다. EU의 공동외교안보정책에 동참하고 NATO 파트너 국가로서 NATO 주도의 군사작전에도 참여하기 시작하였다. 2002년 스웨덴의 모든 정당은 스웨덴이 군사동맹에는 불참한다는 방침을 재확인하였으나 NATO 가입문제에 관한 정치적 논란은 계속되었다. 재임 중(2008~2011) 여론조사에서는 NATO 가입 지지도가 열세였으며 보수연합 정부는 NATO 가입에 관한 검토는 하지 않는다는 입장을 견지하고 있었다. 다만 사회일각에서는 장기적으로 NATO 가입 가능성을 배제할 수 없다는 분위기가 있었다.

그런 가운데 스웨덴은 스스로를 약소국으로 인식하면서 강력한 국내 지지 기반하에 도덕적 우위에 기초한 규범 외교(인권, 개발원조, 군축, 자유무역, 기후변화, 환경 등)를 수행해 왔다. 스웨덴은 이러한 규범 외교를 통해 자국의 안보 유지와 경제적 실리를 취하면서 모든 국가에 공통적으로 적용되는 원칙에 근거한 입장을 국제사회에 일관되게 견지하기 때문에 일정한 영향력을 유지하여 왔다. 이임 후인 2014년 10월 사민연합정부 출범 후 발스트룀(Margot Wall-ström) 외교장관은 "외교정책에서 여성주의를 최우선시하겠다"고 선언함으로써 여성의 기본인권 향유가 국제적 책무라는 관점에서 의무이자 궁극적으로 개발, 민주주의, 평화, 안보라는 스웨덴의 외교정책의 기본목표를 달성하기 위한 필수조건이라는 인식을 표명하였다. 명확하지 않은 자기선언이라는 비판도 있으나 규범적 측면을 강조함으로써 국제사회에서 '새로운 틈새'를 찾는 스웨덴의 적극적 외교의 일면이라 할 수 있다. 이렇게 국제사회에서 스웨덴은 노르웨이 등 여타 노르딕 국가와 함께 여전히 '세계의 양심(Conscience of the World)' 또는 '도덕적 강대국(Ethical Superpower)'의 평판을 유지하고 있다.

북구제국 및 EU 중심 외교

스웨덴의 대외관계 중심은 북구지역 및 EU이다. 스웨덴은 북구지역 내 협력은 5개국 협의체인 북구이사회(Nordic Council)를 통해 주도적 역할을 하면서, 발트 3국을 포함한 발트해 연안국 이사회와도 공동회의 개최 등을 통해 북구지역 전체의 일체성 강화에 노력하고 있다. 스웨덴은 1995년 EU 가입 이래 공동외교안보정책 및 EU 외연 확대 등 통합과정에 적극적으로 참여하고 일정한 지도력을 발휘하고 있다. 스웨덴은 바이킹의 역사 등으로 영국 및 독일과 가까우며 발트 3국은 과거 스웨덴 왕국이었으므로 매우 가깝게 느끼고 있다. 영국 대사(Andrew Mitchell)는 "스웨덴은 북구제국 다음으로 영국과의 관계를 중시한다"고 강조하였다. 독일 대사(Wolfgang Trautwein)는 "인접국으로서 독일과 스웨덴과의 관계는 역사, 경제 통상, 인적 교류 등 모든 면에서 특별하다"며 독일어와 스웨덴어도 비슷하며, EU 차원에서 이민 문제, EU 확대 문제에 관해 다소 이견이 있으나 대부분 이슈에 있어서 동일한 입장이라서 사실상 양자 간 심각한 외교 이슈가 없다고 하였다.

　재임 중 스웨덴의 대외정책을 관찰하는 과정에서 눈에 띈 것은, 바로 스웨덴 정부 대부분의 공무원이 이들 기구 및 회원국들과 일상적으로 협의하고 협상한다는 것이었다. 특히 스웨덴은 2009년 하반기 EU 의장국 수임을 앞두고는 거의 1년 전부터 정부 전체가 이를 준비하는 것 같았다. 평상시에도 EU 내 회의 참석이 일상화되어 있으나, 의장국이 되면 모든 실무회의부터 정상회담까지 합치면 거의 매일 회의를 주최해야 한다고 하였다. 스웨덴 주변국 대사들도 나에게 스웨덴 정부와의 협의가 일상적으로 이루어지고 있다고 하였다.

　스웨덴의 이러한 대외관계 덕분에 모든 외교관 및 대외관계 담당 공무원이 초임때부터 다자 외교활동에 참여하여 다양한 경험을 함으로써 자연스럽게 대외협상 역량을 점진적으로 강화할 수 있을 것으로 짐작하였다. 사실 외교관의 역량 측면뿐 아니라 회원국 간의 양자관계에 있어서도 중장기적으로 현명한 교류협력 방안을 모색할 수 있을 것으로 생각했다. 무척 부러웠다. 우리에게는 아직 이렇게 일상적으로 참여하는 지역협력체가 없다. 다자기구가 있는 해외 공관에 근무하는 경우에 한해 다자업무를 제한적으로 경험할 수 있을 뿐이다. 이런 점도 고려하여 우리가 앞으로 우선 소다자(小多者) 협의체를 주도하고 활성화하며, 지역협력체에 보다 적극적으로 나설 필요가 있다고 생각했다.

북구제국 간의 관계: 가치와 미래 발전 방향 공유

북구제국 간의 관계 역시 인접국 간의 관계이므로 과거 역사 문제 등으로 상호간 다소 미묘한 측면이 있으나 3개국 대사 공히 다음과 같이 스웨덴과의 관계를 높이 평가하였다.

노르웨이 대사(Odd L. Fosseidbråten): 스웨덴과의 양자관계에 아무런 문제가 없다. 양국 간에 1년에 60~70회 정책협의회를 개최한다. 휴가 기간을 빼면 1주일에 2번꼴이다. 역사문제와 같은 현안이 없으며 거의 모든 국정을 상의한다고 보면 된다. 물론 경제통상교류, 지도자의 교류를 중시하며, 최근 환경, 에너지, 의료서비스 분야의 협력 확대를 추진하고 있다.

핀란드 대사(Markus Lyra): 북구제국 중 핀란드, 스웨덴, 노르웨이 3국간 단합이 잘 되고 있다(덴마크와의 관계는 조금 다르다는 뉘앙스였다). 스웨덴과 핀란드는 글로벌 기업의 주식을 공유하는 등 경제 통상 분야에서의 협력관계가 양호하다. 핀란드가 다소 뒤떨어지고 있으나 양국 모두 이민, 투자 분야에 개방적이다. 스웨덴과 민감한(thorny) 현안은 없는 편이다. 다만 스웨덴이 자신의 영토 국방조차 소홀히 하고 있어 스웨덴의 국방 태세를 우려하고 있다. 핀란드는 러시아의 위협을 우려하여 나토 가입과 유로화 사용을 결정했다.

덴마크 대사*(Tom Risdahl Jensen)*: 스웨덴과의 관계는 '우호적 경쟁관계'이며 매우 친밀하며 감정이 없다. 덴마크는 대외 관계 대부분의 이슈에 있어서 스웨덴과 유사입장을 공유하고 있다. 양국 간 심각한 현안은 없으며 이민정책만이 다를 뿐이다. *EU* 가입 전부터 북구관세동맹 등을 통해 긴밀한 관계를 유지하여 왔다. *EU* 대사 그룹과 북구제국 그룹 모임을 통해 대사들이 자주 모인다.

재임 중 스웨덴 인사로부터 북구제국과의 교류협력에서 비판적인 의견을 들어 본 적은 없었다. 다만 북구제국 간에도 핀란드, 노르웨이가 상대적으로 스웨덴에 대해 더 관심이 많다고 하였다. 한편 노동조합(Trade Union)의 옴부즈만(Ombudsman)으로 활동하고 있는 외교부 간부 부인은 만찬자리에서 나에게 덴마크와의 관계에 대해 "덴마크인이 스웨덴인을 싫어한다. 양국 국민 간에 역사적인 감정의 찌꺼기가 있다. 미묘한 감정이 남아있다"고 하고, 북구 4개국은 스포츠 경기로 경쟁하고 있다면서 4개국 차이로 "덴마크는 핸드볼과 축구, 노르웨이는 스키와 스케이트, 핀란드는 아이스하키, 스웨덴은 아이스하키와 축구가 상대적으로 강하다"고 하였다. 지방 출장을 다녀 보니 스톡홀름 지역 주민과 덴마크와 일일경제권을 이루고 있는 말뫼 중심의 남부지역 주민의 덴마크에 관한 생각과 자세는 다소 다르다는 것을 느낄 수 있었다.

이렇게 어느 인접국 간에도 역사와 지정학적 관계로 인해 교류협력과 갈등 마찰의 양면의 관계를 갖고 있다. 그러나 이들 북구국가 모두는 인류의 보편적 가치와 미래 발전방향을 공유하고 있기 때문에 과거에 연연하지 않고 원만히 교류협력을 확대하여 호혜적인 관계를 발전시키고 있음을 목격하였다.

스웨덴 인사와의 교류

재임 중 스웨덴 외교관이나 공무원과 대화하면서, 스웨덴 사람은 정직하고, 직선적(honest and straightforward)이라서 외교활동에 큰 불편함이 없어 상대하기 편한 상대이며, "되면 되고 안 되면 안 된다"는 그들의 언행과 일상적 사회관례(휴가, 사생활 중시)를 이해하면 협상을 효과적이며 효율적으로 진행시킬 수 있을 것 같다고 생각하게 되었다. 재임 중에 헝가리 대사를 비롯한 여러 대사로부터 '스웨덴은 Yes면 Yes, No라면 No'라는 입장이라서 편한 때도 있으나 한편으로는 다른 나라와 같이 유연성(flexibility)이 없어 아쉬울 때도 있다는 얘기를 여러 번 들었다.

재임 중 스웨덴 인사와 업무협의를 하는 데는 큰 어려움이 없었다. 물론 장관과 차관들을 수시로 만날 수는 없었다. 양국 간 아주 중요한 이슈가 아니면 장관, 차관을 굳이 만날 필요도 없었다. 내가 들은 대로 스웨덴 인사들은 면담 목적과 실질적 이슈가 분명히 하지 않으면 면담 약속을 잡기 힘든 것 같았다. 아울러 스웨덴 사람은 누구라도 시간 계획을 상당한 시간 전에 미리 세우기 때문에 갑작스러운 약속을 꺼려 했다. 따라서 부임 초기에는 상대방의 일정에 따라 면담을 진행하였다. 이후에는 면담 인사를 미리 상정하고 상당한 기간 전에 면담 요청을 하여 활동하였다. 면담과 함께 충분한 시간을 두고 오찬 및 관저만찬을 제의하면서 교류 범위를 확대해 나갔다. 그들은 실질적인 내용과 이슈에 관해 대화하기를 원했다. 대화 중에 농담을 들어본 적이 거의 없었다. 한국과 양국 관계에 대한 주요 논점을 짧은 시간에 제대로 전한 것이 매우 중요했다.

스웨덴 외교부와는 아태국장을 중심으로 주요 간부와의 정기적인 교류를 갖기 위해 노력하였다. 주중에 전화 통화를 통한 업무협의는 전혀 문제가 없었다. 정기적으로 오찬을 통해 업무협의를 하였다. 스웨덴 외교관과 공무원은 주말이나 연휴 중 전화에 대해서는 거의 응하지 않았으며 메시지에 대해서도 주말 중 회답이 오는 경우는 거의 없었다. 다음 주 월요일이나 연휴가 끝나면 통화할 수 있었다. 그들이 중시하는 휴가를 떠날 때에는 업무 대리직원을 지정해 알려 주어 연락과 협조에 별 문제가 없었다. 재미있는 현상은 사무실에서의 면담, 식사 기회 이외에 정부 고위인사와 국회의원들이 외교단 행사에 매우 적극적으로 참석하는 경향이 있다는 것이었다. 이런 기회에 여러 주요인사와 다양한 대화를 나눌 수 있었으며 자연스럽게 우리 입장을 전달할 수 있었다. 일부 인사들은 오히려 이러한 사무실 이외 제3의 장소에서 자신들의 입장을 더 솔직하게 직선적으로 전해주기도 하였다.

11.
스웨덴은 특별한 나라인가

그럼 스웨덴은 어떻게 우리와 다른 그런 나라로 발전할 수 있었을까? 역사, 문화 등 보다 심층적이며 다각적인 연구가 필요한 문제라고 생각한다. 다만 재임 중 스웨덴의 최근 발전과정에 대해 듣거나 읽은 바에 따르면, 그들 역시 모든 것을 하루아침에 이룬 것이 아니며 부단한 노력을 해 온 결과이며 여전히 도전과제가 적지 않음을 알 수 있었다. 즉 어느 한 시점의 청사진에 따라 완성된 것이 아니라, 국내외 상황 변화 및 국민의 다양한 요구에 대응하는 정책의 단계적 변화를 통해 스웨덴 사회를 점진적으로 발전시켜 왔다는 사실을 알 수 있었다.

19세기 말~20세기 초 전체인구의 25%가 미국 등으로 이주할 정도로 최빈국이었으며, 후발산업국가로서 도시화 과정에 시골 처녀가 상경하여 12시간 이상 공장 근무 후에도 끼니를 채우기 어렵다고 하였다. 노벨만찬으로 유명한 스톡홀름시청은 1923년 완공된 건물로서 100년이 안 되었다. 50년 전 스톡홀름도 심각한 오염 도시였다. 한인 원로의사는 "1960년대 초 스웨덴에 처음 왔을 때에는 지금과는 다른 계급 사회의 분위기가 있었다. 전화가 보편적으로 보급되기 전인 그 당시에는 전화번호부 책에 직업과 함께 전화번호가 함께 적혀 있었다. 병원에서도 환자들은 의사에게 인사를 깍듯이 하고 무릎도 구부리는 등 존경심을 표시하였다"고 하였다. 이렇게 50여 년 전에는 '보이지 않는 계급사회' 분위기가 있었다. 1960년대 중반에 들어서서 상대방을 존칭하는 대명사(Di')대신 '당신(Du)'으로 부르자는 움직임이 생겨 이제는 정착화되었다. 스웨덴은 지위고하, 나이에 관계 없이 상대방을 '당신'이라고 부르고 있다. 스웨덴에서도 20~30년 전에는 골프가 일부 상류층의 스포츠였다고 하였다. 30년 전만 하더라도 여성의 사회진출은 흔하지 않았으며 1980년 직장에서의 남녀평등법 제정을 계기로 양성평등을 본격적으로 제도화하기 시작하였다. 사민당이 1994년 총선부터 후보명부를 남녀 비율 50:50으로 구성하는 결단 등을 계기로 각 당이 그러한 추세에 합류하면서 자연스럽게 국회의원이 남녀 50:50으로 정착되었다고 하였다. 그럼에도 불구하고 재임 중 적지 않은 인사로부터 여전히 남성 위주 사회라면서 앞으로 양성평등을 위해 할 일이 많다고 들었다.

이렇듯 스웨덴 역시 다른 나라와 마찬가지로 지금의 스웨덴으로 발전하기까지 많은 도전과 과제가 있었다. 이를 깨끗한 정치, 효율적인 정부, 깨어 있는 시민사회 간 끊임없는 대화와 소통으로 해결하려고 노력해 왔으며 그 결과가 지금의 스웨덴을 만든 것이었다. 이어지는 국내외 환경변화에 따라 파생되는 문제 해결을 위해 이러한 노력이 계속되고 있다고 이해했다. 어느 제도 하나 처음부터 지금의 형식이나 내용과 똑같은 것은 없었다고 해도 과언은 아닐 것이다. 주변 여건 변화에 시의적절하게 끊임없는 변신과 개혁으로 대응함으로써 꾸준히 경쟁력을 유지할 수 있었다. 그래서 세계통화기금(IMF)은 스웨덴의 이러한 끊임없는 노력을 '호박벌(bumblebee)'과 같다고 비유하였다. 즉 스웨덴이 호박벌이 '좌우 날개를 끊임없이 흔들어 항상 공중에 떠 있듯이 무언가 항상 배우고 수정하면서 노력하고 있다'고 평가했다. 여기에는 언론과 시민사회가 정치와 정부에 대한 비판과 견제 역할을 끊임없이 수행하고 있다는 점도 간과할 수 없다고 생각했다.

따라서 스웨덴은 여전히 완벽한 사회는 아닌 것 같았다. 특히 1980년 중반 주 스웨덴 대사관에 근무했던 동료 외교관의 전언처럼 "그때 스웨덴 사람들은 스스로 걱정이 없었다고 하였다. 그들은 굳이 걱정거리가 있다면 휴가를 어디로 가야 할지 고민하는 정도라고 말했다"고 했던 시대는 분명히 지난 것 같았다. 스웨덴 언론인, 지식인과 원로들로부터 스웨덴의 교육제도, 산업의 국제경쟁력 유지, 세대에 따른 인식차이 등 자체 문제에 대한 솔직한 생각을 청취할 수 있었다. "미국을 가 보고 느꼈으나 스웨덴의 경쟁력이 떨어지고 있으며 특히 교육이 국제추세에 뒤떨어져 심각하다고 본다", "솔직히 앞으로 스웨덴 미래가 걱정이다. 국제경쟁력 유지를 위해서는 국내 제도 전반에 경쟁요소가 필요하다", 스웨덴이 그간 쌓아 온 국정체제(governance)의 전반적인 경쟁력은 인정하나, 일상생활에서 모든 것이 너무 느리며 비효율적인 면이 많다" 등의 자아 비판의견을 들었다. 다른 나라와 마찬가지로 다음과 같은 문제가 수시로 거론되었다.

교육 문제

교육현장에서 학생은 학생대로 학업의욕이 저하되고, 교직에 대한 낮은 선호도로 교사의 질이 저하되고 있다고 하였다. 21세기 어느 나라이든 당면하고 있는 교육문제의 공통적 이슈가 대부분이었으나, 기업형 사립학교 출현 등으로 스웨덴 교육의 기본('A School for All')이 변질되고 있다는 스웨덴 사회구조와 연관된 문제도 있었다. 즉 스웨덴 내에 자율고와 사립고가 증가하는 현상이 사회 내 불평등을 조장하고 사회분리 현상(segregation)을 초래한다고 우려하였다. 다만 고부담을 전제로 한 보편적 복지를 유지하며 완전고용과 평등을 추구하는 소위 '스웨덴 모델'의 유지에 대해서는 큰 이견이 없었다. '스웨덴 모델' 유지를 전제로 국내외 변화에 적응하면서 교육제도를 진화 발전시켜 나갈 것으로 보인다.

가족 관계

이러한 사회에서 가족 관계나 타인과의 관계에서 다소 독특한 현상이 있는 것 같았다. 자녀가 18세가 되면 독립해 출가하기 때문에 이후 부모와 자녀 간의 관계가 깊지 않다고 들었다. 부모가 아프면 병원에 가보라고 말만 하면 된다고 하였다. 스웨덴 대학에 연구체류 중인 한국 교수는 동료 스웨덴 여교수가 아들에게 "다음주 엄마 결혼한다"고 알리는 통화 내용을 우연히 듣고 매우 놀랐

다고 하였다. 유럽(특히 남유럽)의 일부 대사들은 스웨덴 가족 간에
서로 정이 많지 않으며 타인과의 관계처럼 사무적인 경향이 있다
고 지적하였다. 2008년도 당시에 65세 이상 독거 노인 44.5%, 노
부부 세대까지 합치면 95%에 이르렀다. 스웨덴 사람은 나라가 국
민 모두가 낸 세금으로 사회적 약자를 돌보기 때문에 주변 사람에
대해 상대적으로 심리적 부담이 없다고 들었다. 돌이켜 보면 이러
한 사회 분위기는 선진국의 일반적인 경향인 측면이 있으며 다만
스웨덴이 다소 시대에 앞선 것이 아닌가 하는 생각이 든다.

의료제도 문제

보편적 복지 제도의 혜택으로 병이 나도 자담 비용은 매우 적지
만, 진료 예약이나 의료검사의 대기 시간이 길어서 불편하거나 시
의적절한 치료를 받지 못하는 경우가 많다고 들었다. 암 정도 걸
려야 의사를 제때에 볼 수 있다는 얘기도 들었다. 한인 의사는 자
신도 검사에 몇 개월 기다린 적이 있다고 하였다. 스웨덴 의사가
병이 나면 자신은 딴 나라로 가서 치료를 받는다는 반 농담조의
얘기도 들었다. 보편적 복지의 한계를 보여주는 사례로서 2010년
10월 총선에서는 의료 체제의 개선 문제가 주요이슈로 떠올랐다.
보수연합은 '환자 대기시간 축소 노력'을, 사민연합은 '응급실 추가
개설, 가정방문의 확충' 등을 공약하기도 하였다. 의료 체제 문제
는 지속적으로 정치과제로 남을 것이다.

극우정당 득세

극우정당인 스웨덴민주당이 2010년 10월 총선에서 원내 진출 (5.7% 지지율, 349석 중 20석 확보)하였다. 당시 선거전후 내가 만난 대부분의 스웨덴 인사들은 동 당이 이민에 반대하는 배타적인 정책을 내세우는 등 전혀 스웨덴답지 않으며(not Swedish) 부끄럽다고 하면서, 원내 진출하더라도 기존의 7개 정당 모두가 동 당과의 협력을 거부한다는 입장을 견지하고 있으므로 결국 큰 힘을 쓰지 못할 것으로 전망하였다. 2011년 이임 후 주목했던 현상 중 하나는 스웨덴 역시 유럽 여타국에서 극우세력 확산 추세와 비슷하게 스웨덴민주당이 당세를 확대하여 2018년 총선에서 17.5% 지지율로 62석을 확보하여 제3당으로 부상하였다는 사실이었다. 그간 동 당과의 협력을 거부해 왔던 기독당, 보수당이 2019년부터 동 당과 협의를 시작하였고 2022년 총선에서는 동 당은 보수연합의 일원으로 선거에 임해 20.5% 지지율(73석)로 제2당으로 부상하였다. 동 당도 2010년 국회진출 이래 지난 10여 년간 극단주의자, 범법자, 인종차별자들을 완전히 배제한다는 방침을 밝히고 극우 색채를 지우려는 노력을 해 왔다.

그러나 불과 10여 년 전만 하더라도 대부분의 지도자, 언론인, 지식인이 '전혀 스웨덴답지 않은 당'이라고 규정했던 스웨덴민주당의 최근 10여 년 당세 확장 추세를 보고 개인적으로 상당히 놀랐다. 스웨덴 국민 역시 대외적으로 밝히기 꺼려 하는 문제의 제기를 자제해 오다가 스웨덴민주당이 자국중심주의 차원에서 이러한 문제를 제기하는 것을 내심 환영하고 있는지도 모른다는 생각이 들었다. 앞으로 스웨덴민주당이 보다 중도 보수 방향으로 갈지, 아니면 극우 성향을 유지하면서 당세를 확장해 나갈 수 있을지 여부 등이 흥미롭다. 앞으로 스웨덴 정치의 진화과정이 주목된다.

사회통합 문제

재임 중 스웨덴 인구는 2009년 930만 명이었으나 2022년 현재 1045만 명이 되었다. 외국인 태생이 200만 명에 이른다. 적극적인 난민과 이민 수용정책이 국가발전 및 국가브랜드에 기여해 온 측면도 분명히 있으나 최근 언론 보도[15]에 의하면 지난 10년간 외국 출신 이민자의 사회통합이 제대로 이루어지지 못하여 유럽 내 총기 범죄 발생률이 알바니아에 이어 2위가 되었다고 한다. 스웨덴민주당은 스웨덴 사회에 동화되지 못한 난민은 추방해야 한다고 주장하고 있다. 앞으로 스웨덴이 국제사회에서 높이 평가를 받아온 전통적 난민과 이민 개방 정책을 사회통합 문제와 어떻게 조화롭게 조정해 나갈지가 주목된다.

---

15 "난민의 망명천국 스웨덴, 10년만에 북유럽 최악의 범죄국가 됐다", 조선일보, 2023년 12월 6일.

12.
스웨덴의 미래

국제사회의 스웨덴에 대한 평판

2008년 부임하여 2년 10개월 재임 당시, 스웨덴의 특징 및 국제적 평가는 15년이 경과한 지금도 크게 변화하지 않았다고 할 수 있다. 2022년 현재 스웨덴의 국제적 평가는 행복지수 세계 7위(한국 61위, 이하 괄호는 한국순위), 유럽 성평등지수 1위, 인간개발지수 세계 6위(19위), 부패지수 4위(32위), 민주주의 지수 4위(16위), 수질지수 4위(24위)[16] 등에서 알 수 있듯이 여전히 10위권 이내 수준을 유지하고 있다.

재임 중 인상 깊었던 지표는 '2008년 민주주의 지수 1위(한국 28위)', '국가경쟁력 2006년 세계 3위, 2010년 2위(WEF 발표)', '2006 유럽혁신평가 1위(EU 보고서)' 등이었다. 또한 개발협력 분야에서는 특히 국제적으로 압도적인 평가를 받았다. '2008년 개발협력

---

16   최연혁, 『스웨덴 패러독스』, 뉴스핌, 2023년, 8쪽.

1위(OECD의 개발협력위원회 발표, 스웨덴 GNI의 0.98% 달성)'였으며 미국의 싱크탱크 세계개발센터(Center for Global Development)가 2008년 12월 발표한 '2008 개발공헌지수(Commitment to Development Index: CDI)' 평가에서 스웨덴은 22개국 중 2위(1위는 노르웨이)였으며 한국은 꼴등인 22위를 기록하였다. 2023년 CDI지수는 40개국 중 스웨덴은 여전히 1위이며 한국은 24위이다.

2008년 11월 스웨덴의 컨설팅회사(Weber Shandwick and Futurebrand)의 30개국 국가브랜드(country trademark) 조사에서 스웨덴은 10위에 올랐다. 외국(인)과의 관계에서 정직함(honesty), 시간 준수(being punctual), 합의 준수에 따른 신뢰(trust)를 기반으로 비즈니스와 관광 대상국으로 높은 평가를 받았다. 물론 이러한 호의적인 평가에 안주해서는 안 된다는 경계의 목소리도 있었다. 스웨덴 내 '사업하기 쉬운지 여부'에 관한 지표에서는 2010년 세계은행의 조사결과에 의하면 회사설립에 43위, 회사폐쇄에 19위, 노동자 고용에 117위, 투자보호에 57위, 자금 융자에 71위를 기록하는 등 종합적으로 18위를 기록했다며 "스웨덴의 앞선 국제적 평가를 자축하는 것을 피해야만이 스웨덴다운 것이다(Swedish)"라는 의견을 들었다.

2010년 8월 뉴스위크(Newsweek)가 '지금 이 순간 어느 나라에서 태어나면 건강하고 안전하며 적절히 부유하고 신분상승이 가능한 삶을 영위할 기회가 많을까'라는 '최고의 나라(best country)'의 답을 찾기 위해 교육, 건강, 삶의 질, 경제적 역동성, 정치적 환경 등 5

가지 지표로 100개국을 평가한 결과, 스웨덴은 3위에, 한국은 15위에 올랐다. 2010년 국가브랜드 지수(Anholt-GfK Nation Brands Index: NBI)에서 50개국을 6개 분야(거버넌스, 사람, 사업, 관광, 문화, 탤런트 흡수)로 평가한 결과 스웨덴은 10위로 평가되었다. 이에 대해 스웨덴 내에서는 여전히 과거의 영광에 안주하는 경향이 있고 해외에서는 스웨덴의 이미지를 팔메(Palme) 총리, 아바(Abba), 베리만(Bergman) 영화감독, 함마슐드(Hammarskjöld) 유엔사무총장과 연계하는 분위기가 있다면서 국내외 환경의 급속한 변화로 심각한 도전 과제에 직면하고 있다는 지적도 있었다. 이에 따라 '현대 스웨덴'의 매력을 확대해 나가야 한다고 주장하고 결국 스웨덴의 미래는 "앞으로 스웨덴이 국제사회에서 인정받을 수 있는 행동하는 나라(relevant actor), 환경 모범(environmental model) 및 혁신(innovation)의 나라로서 위상을 지속적으로 유지할 수 있을지 여부가 관건"이라고 하였다. 상당히 타당성 있는 담론이라고 생각했다.

이렇게 스웨덴이 국내외적인 여러 지표에서 국제사회에서 높은 위상을 유지할 수 있는 가장 중요한 기반이 그들의 국정체제(governance)라고 판단하였다. 당시 그러한 체제가 하루아침에 이루진 것이 아닌 만큼 앞으로도 상당기간 유지 발전될 수 있을 것이라고 생각했다. 지금의 스웨덴 모델은 길게는 12세기부터 오랜 기간의 역사적 문화적 배경을 바탕으로, 최근 100년에 걸쳐 국내외 환경에 최대한 적응하면서 보편적 복지제도와 협력적 노사관계를 확립하여 국내 단결과 연대를 형성함으로써 사회적 갈등을 줄이면서 평등사회를 구축한 결과라고 할 수 있다.

스웨덴의 미래

스웨덴 현지에서 일상적인 생활을 하고 외교활동을 전개하는 과정에서 나름대로 스웨덴을 관찰한 결과, 스웨덴은 국내적으로는 국민적 합의에 따라 모두가 '다 함께' 인간답게 잘 살기 위해 지속적으로 노력하며, 대외적으로는 '작은 나라'의 정체성을 인식하고 '국제사회와 함께 살아가야 한다는 국민적 공통인식'을 일찍이 확립하여 국제적 기여를 실행하고 있는 나라라고 생각했다. 이를 위해 다른 나라에서 흔히 볼 수 없는 사회적 관습과 관례를 정착화시키고 제도를 개선하는 노력을 지속적으로 해 왔다.

2011년 이임 시 여러 송별 계기에 스웨덴은 '작지만, 강한 나라'이며 '국내적으로는 투명성, 공정한 경쟁, 양성평등 실현, 컨센서스 문화 등이 강점이며 국제사회에서는 소국으로서 규범적 외교 및 실질적 기여를 통해 선도적 위상을 확립하였다'고 평가하며 이러한 기조하에 국정체제가 유지되는 한, 스웨덴의 미래는 여전히 밝을 것으로 전망했다. 이임시에도 스웨덴의 미래에 낙관적이었으나 지금도 그 생각은 크게 변하지 않았다. 스웨덴의 국가발전 모델에 대한 국민적 합의 및 신뢰도가 높은 국정체제를 바탕으로 국내외 환경 변화에 적시에 대응하며 지속적으로 발전해 나갈 것이라고 생각한다. 2024년 3월 국민적 합의에 의해 스웨덴의 나토(NATO) 가입이 이루어진 것처럼 이민으로 인한 사회통합 문제 등 도전과제도 스웨덴식(Swedish way)으로 점진적으로 대처해 나갈 것으로 예상한다.

2부

주 스웨덴 대사 활동

1.
부임 준비

주 스웨덴 대사 내정

  2008. 2. 25(월) 이명박 정부가 출범하였다. 2. 29(금) 송민순 외교통상부 장관이 이임하였고 유명환 장관이 취임하였다. 2008년 2월 정부와 외교장관이 바뀐 만큼 자연스럽게 1년 4개월의 대변인 업무를 마치고 3. 24(월) 후임 문태영 대변인에게 업무를 인계하였다. 대변인 직책을 대과 없이 마무리할 수 있어 안도하였다. 앞으로 공관장의 길은 여태까지 살아온 대로 큰 흐름에 맡기면 된다고 생각했다. 다만 직업외교관 30년 차에 처음으로 공관장으로 나가는 만큼, 총영사보다는 대사로 나가기를 희망하였다. 4. 14(월) 오후 스웨덴 대사 내정 통보를 받았다. 5월 하순 부임을 염두에 두고 부임 준비를 시작하라고 전해왔다. 6. 4(수) 부임 한 달 반 전이었다.

  주 스웨덴 대사관은 스웨덴 외교부에 4. 15자 구상서(note verbal)를 통해 나에 대한 아그레망(agrément)을 조속 부여해 줄 것을 요청하였다. 스웨덴 외교부는 한 달 후인 5.14 자 구상서를 통해 스웨덴 국왕이 아그레망을 부여하는 데 동의한다고 알려 왔다. 외교부는 신정부가 출범한 만큼 신임 공관장들이 가능한 한 5월 말까지 부임할 수 있도록 관련 일정(재외공관장 회의, 공관장 교육, 대통령의 신임장 수여 등)을 추진하였다. 새로운 정부가 출범했다는 사정이 있어 어쩔 수 없는 측면도 있었다.[17]

재외공관장 회의(4.23~28)

4.23(수)~28(월) 2008년도 재외공관장 회의에 참석하였다. 114명(지역대사 104명, 대표부대사 5명, 1인 공관장 5명) 공관장 전원이 회의에 참석하였다. 신정부의 국정 지표('선진 일류국가')에 대한 이해 제고, 2008년도 외교목표('안보를 튼튼히 하는 외교, 경제를 살리는 외교, 세계에 기여하고 신뢰받는 외교')를 달성하기 위한 재외공관의 적극적 역할 강구에 중점을 두고 협의하였다. 신정부의 국정 방향이 과거 정부와 다르다는 차별성을 강조하면서 1948년 건국 60주년인 2008년을 선진화 원년으로 삼아 국익확대를 위해 공관장이 외교 일선에서 최선의 노력을 경주할 것을 촉구하였다.

재외공관장 회의는 초임 공관장 내정자인 나에게 매우 의미 있

---

[17] 그러나 공관장 인사가 항상 늦어지면서 공관장은 충분한 준비 기간을 갖지 못한 채 부임하는 현상이 계속되고 있다. 상당수의 공관장은 부임 1~2달 전까지 어느 나라에서 근무하게 될지 모르며, 더욱이 공관장 교육을 제대로 받지 못하고 나가는 경우도 있다. 우리 외교 체제의 고질적인 문제 중 하나로서, 외교부 안팎에서 끊임없이 문제 제기가 있으나 여전히 변화가 없다.

고 크게 깨치는 시간이었다. 공관장이 되기 전에, 실무자로서 재외공관장 회의를 지원하던 때에는 회의가 본국 방문에 초점을 둔 위로 성격의 형식적인 행사가 아닌가 생각한 적이 있었다. 그러나 입장이 바뀌어 당사자인 대사로서 참석하다 보니 그 의미와 성과는 제3자가 짐작하는 것보다는 훨씬 컸다. 우선 정부의 최고위 인사들로부터 신정부의 국가 비전(선진일류 국가), 외교분야 국정지표(성숙한 세계국가), 행동 규범(창조적 실용주의)에 대한 직접 설명을 듣고 외교기조의 기본 방향에 관해 청취할 수 있었다. 일반적으로 국익이라 함은 안보, 경제번영, 국제사회에서의 위상 제고라고 할 때 신정부의 3대 외교기조가 국익 확보라는 차원에서 새삼스러울 것은 없었다. 그러나 신정부가 들어서면서, 적어도 우리 외교의 우선순위 변화와 조정이 있으므로 공관장은 이를 염두에 두고 활동해야 한다고 생각했다.

한편 초임 공관장으로서 1주일간 같은 숙소에서 체류하면서 100여 명의 선배, 동료 공관장과 하루 2~3끼 식사를 함께 하고 모든 일정을 같이 소화하는 과정에 공적, 사적인 다양한 얘기를 나눌 수 있다는 것이 그 어떤 공관장 교육과정보다 의미와 성과가 있었다. 대화 중에 많은 깨우침과 영감을 주어 공관장 업무 수행에 크게 도움이 되었다. 직업외교관으로서 공관장이 되려면 외교부에 들어온 지 보통 25년 정도가 걸린다. 따라서 입부 후 30년 차에 첫 공관장으로 내정된 만큼, 일부 정치적 임명대사(political appointee)를 제외한 대부분 공관장과는 최소 25년 이상 서로가 누구인지 알고 지낸 사이였다. 공관장 회의 기간 중 그들로부터 축하와 격려도 받고 스스럼없이 대화하면서 첫 공관장의 궁금증을 풀고 많은 것을 배울 수 있었다.

공관장 교육 참석(5.1~2)

이어 5.1(목)~5.2(금) 외교안보연구원에서 시행된 초임공관장(21명) 교육 과정에 참석하였다. 그중 특임공관장 6명은 먼저 4.29~4.30 2일간 별도 교육을 받고 합류하였다. 특임공관장은 4일 교육받고 공관장으로 나가고, 직업외교관은 외교부에서 25년간 이상 근무한 후 2일 교육받고 공관장으로 나가게 되었다. 초속성 코스였다. 5.1(목) 이규형 주 러시아대사, 5.2(금) 노창희 전 주영대사의 강의가 인상적이었다. 6개 재외공관(동경, 타이베이, 상해, 북경, 워싱턴, 마닐라)에서 14년간 근무 중 10명 공관장의 활동을 보좌하였다. 두 분 대사의 강의가 평소 느꼈던 공관장 리더십의 주요 요소와 거의 일치하여 완전히 공감할 수 있었다. 특히 공관장 부부의 일상적 외교활동 공간으로서 관저의 위상 및 관저행사의 중요성에 관해 새삼 인식하게 되었다. 직업외교관 제도가 상당 시간에 걸쳐 선배와 상사의 활동을 직접 보고, 가르침을 받고, 따라 해보면서 개인의 전문적인 역량을 기르는 도제 제도와 비슷하다는 평소 생각을 확인할 수 있었다. 초임 공관장으로서 나름대로 현지 활동 지침을 구상하는 데 크게 도움이 되었다.

부임 일정(6.4) 결정

5.14(수) 스웨덴 외교부에 4.15 아그레망을 공식 요청한 후, 꼭 한 달 만에 아그레망을 접수하였다. 스웨덴 외교부가 통상 5~7주 정도 소요되는 일정을 우리의 요청에 따라 신속하게 처리해 준 결과였다.[18] 이에 따라 이준희 대사의 5.31 귀임 일정과 나의 6.4 부임 일정이 정해졌다. 아그레망 접수 후 3주 뒤에 부임하게 되었다.

주 라트비아 대사 아그레망 신청(5.27) 및 접수(7.18)

스웨덴 부임 일정이 확정됨에 따라 주 스웨덴 대사관은 5.27 라트비아 외교부에 나에 대한 아그레망 부여를 요청하였다. 6.4 스웨덴에 부임한 이후, 라트비아 정부는 7.18 아그레망을 부여하였다. 외교부 본부는 동일자로 나를 주 라트비아공화국 특명전권대사로 겸임 발령하였다.

신임장 수여식 참석 및 정식 발령(5.23)

이어 5.23(금) 오후 이명박 대통령의 청와대에서의 신임장 수여식에 부부 동반으로 참석하였다. 국가 원수로부터 특명전권대사로 임명 받는 영광스러운 자리였다. 동일자로 주 스웨덴 대사로서

---

[18] 후임인 엄석정 대사의 경우에는 2011. 1. 11. 아그레망을 요청하여 2.18. 아그레망 부여 통보를 받았다. 5주 걸렸다.

다른 18명의 대사와 함께 정식 발령을 받았다. 의전과장 시절 (1996~1998) 이러한 대통령의 신임장 수여식 행사를 수차례 준비하여 그 자리에 임석한 적이 있었다. 이번에는 직업외교관 30년 차에 처음으로 대통령으로부터 직접 신임장을 받게 되어 감회가 새로웠다. 청와대에서 외교부 청사로 돌아오는 버스 속에서 직업외교관의 마지막 종착역에 왔다는 감회에 젖었을 때 아내가 내 두 손을 잡고 그동안 수고했다고 격려해 주었다. 마주 보고 웃었다. 그날 직업외교관으로서 대통령으로부터 처음이자 마지막으로 신임장을 받았다.[19]

바리외 주한스웨덴 대사(Lars Vargö)[20] 부부 초청 오찬(5.28)

나의 면담 요청에 대해 5.28(수) 바리외 주한 스웨덴 대사 부부가 우리 부부를 오찬에 초청하였다. 그들은 오찬 내내 우리 부부를 세심히 배려하면서 겸손한 자세로 대화를 이끌었다. 우리 부부는 스웨덴과의 첫 번째 공식 접촉인 바리외 대사 부부와의 오찬을 통해 스웨덴에 대해 신선하고 긍정적인 인상을 받았다. 바리외 대사는 한국인의 스웨덴에 대한 호감을 바탕으로 양국 관계발전 추세를 높이 평가하고 한국에 대한 이해 제고에 노력하고 있다고 하

---

19 나는 4년 후인 2012년 7월 당시 공석이었던 주 캐나다 대사로서 오타와에 서둘러 부임하게 되어 대통령으로부터 직접 신임장을 받지 못했다. 이후 외교행낭을 통해 대통령의 신임장을 받았다.
20 바리외 대사는 1947년생 직업외교관 출신으로 1978년 주 일본 대사관 3등서기관으로 시작하여 리비아, 미국 근무 등을 거쳐 주 리투아니아 대사, 국회 국제국장을 역임한 후, 2006년 1월부터 주한대사로 활동하고 있었다. 일본 전문가로서 문학에도 조예가 깊어 한국 문화계 인사들과 폭넓게 교류하였다.

였다. 내년 양국 수교 50주년을 계기로 대사관 주관으로 양국 50년 외교관계사 발간, 스웨덴 영화제 개최, 학술회의 개최, 대학생 교류 등을 추진할 계획이라고 설명하였다. 특히 바리외 대사는 국회 국제국장(Head of the International Department)의 경험을 소개하고 스웨덴은 내각책임제이며 국회의원의 한국에 대한 이해가 상대적으로 낮은 편이므로 국회의원 및 사무총장과의 교류를 적극 권유하였다. 한국인 입양인 현황에 대한 문의에 대해서는 한국인 출신 입양인이 1만 명 가까이 있으나 그들 대부분은 스웨덴 국민으로서 문제없이 잘 적응하고 있으며 스웨덴 일반 국민들로서는 특별한 일이 아니라고(not sensitive) 대답하였다. 스웨덴 국민 모두가 자연을 즐기는데 가끔 진드기(tick) 등 벌레에 물려 곤혹을 치르거나 뱀이나 곰을 만나는 경우가 있으니 숲속 산보나 골프 등 야외활동에는 조심해야 한다고 조언하였다.

우리 부부는 스웨덴 인사를 대상으로 한 '첫 번째' 관저만찬을 8.14(목) 일시 귀국 중인 바리외 대사 부부를 주빈(guest of honor)으로 하여 주최하였다. 재임 중 그와 긴밀히 교류하면서 양국 관계 발전을 함께 도모하였다.[21]

---

21 2011년 3월 주 스웨덴 대사를 마치고 귀임 후에도, 바리외 대사는 주한대사로 계속 재임하고 있었다. 나는 스웨덴에서 2년 10개월 근무한 반면, 그는 5년 반에 걸친 서울 근무를 마치고 64세에 주일대사로 떠나게 되었다. 우리 부부는 2011년 7월 말 바리외 대사 부부를 위한 송별 만찬에 참석하여 양국 관계발전에 기여한 그간의 노고에 사의를 전했다.

이준희 전임대사 부부 오찬(6.2)

6.2(월) 우리 부부는 부임 이틀 전에 귀임한 이준희 대사 부부와 오찬을 함께 했다. 이 대사 부부는 현지 사정과 스웨덴, 라트비아와의 관계, 근무경험에 관해 소상히 설명해 주었다. 주요인사 소개, 대사관 직원에 대한 평가 및 관저 관리 등에 관해 진솔하게 전했다. 특히 이 대사는 재임 중 양국 간 정상 방문 교류가 실현되도록 외교 노력을 경주할 것을 조언하였다. 구스타프 국왕과의 이임 면담 시 국왕의 공식 방한을 제의하였으며 국왕은 이에 대해 긍정적이었다고 하고 내년 수교 50주년을 계기로 대통령의 스웨덴 공식 방문을 추진해 보라고 권유하였다. 나는 평소 양자 관계의 가장 중요한 객관적인 평가 지표가 고위인사의 정기적 교류이며 그 중에서 당연히 정상 방문이 결정적이라고 생각했다.

2.
초기 3개월 활동(2008.6~8)

1) 부임 시 마음가짐

1979년 직업외교관으로 출발하여 30년 만에 처음으로 대사로 서 부임하게 되니 개인적으로는 영광이자 특권이라고 느끼면서도 한편으로는 어깨가 무거울 수밖에 없었다. 6.4(수) 스톡홀름으로 향하는 비행기 안에서 마음가짐을 다음과 같이 정리하였다.

먼저 한국의 대표로서 스웨덴 내에서 '남의 눈에 보이는 최고 대표 (visible chief representative)'인 만큼 밥값, 자리값, 나잇값을 제대로 해야 하며 특히 대사라는 자리값의 엄중함을 잊지 않고 행동한다.

대사 부부는 24시간 내내 주목받는 환경하에서 항상 행동하고 말하게 된다. 주재국 국민과 외교단은 우리 부부를 통해 대한민국과 국민을 보고 있다는 사실을 잊어서는 안 된다. 따라서 우리에게는 공적 영역과 사적 영역이 따로 없다.

그간에 쌓아온 모든 역량과 인격을 바탕으로 제대로 말하고 행동함으로써 모든 사람에게 나의 있는 그대로를 보여주면서 최대한 신뢰를 확보해 나간다. 특히 사람들 앞에서 우리 생각을 영어와 한국어로 전하는 데 주저하지 않는다. 사전에 반드시 대화 요점(talking points)을 준비한다.

국제사회에서 최고의 선진국으로 인정받는 스웨덴에 근무하게 된 것은 행운이자 특권임을 인식한다. 따라서 우리 부부에게 주어진 모든 환경과 여건, 외교 자원(인원, 예산 등)에 대해 절대로 불평과 불만을 토로하지 않는다. 주어진 여건을 있는 그대로 받아들이고 거기서 최선을 다해야만 대사로서 먼저 '해야 할 일'을 할 수 있으며 나아가서는 '하고 싶은 일'도 할 수 있을 것이다.

한국과 스웨덴 모두가 상대국과 양국 관계에 관한 관심과 지원이 상대적으로 높지 않다는 객관적 현실을 받아들이되, 재임 기간 중 한국 알리기와 스웨덴 배우기에 힘쓰면서 양국 관계를 선도하면서 양국 관계를 눈에 보이게 격상시키는 데 최선의 노력을 다한다. 특히 내년도 수교 50주년 계기와 2010년 한국전 발발 60주년 계기를 최대한 활용한다. 겸임국 라트비아와의 관계는 현지 외교 활동의 한계를 인정하되 가능한 한 교류협력 확대에 최선을 다한다. 대사관은 관련 규정과 규범에 따라 정석대로 운영하고 기본적인 매뉴얼을 정착시킴으로써 직원들의 외교역량을 제고한다.

2) 초기 3개월의 중요성

어디든 재외공관에 부임하여 외교관으로서 제대로 활동하려면 '초기 3개월간 활동과 네트워크 확보'를 통해 공관과 주재국 정부와의 관계에 있어서 자신의 존재와 위상을 확실히 정립하는 것이 첫 번째 할 일이라고 생각했다. 재임 중 외교관의 성패와 실적이 초기 3개월의 활동에 크게 좌우되며, 근무 6개월이 지나면 주재국 각계, 외교단, 한인사회에 일정한 평판이 자연스럽게 정착된다. 그간 30년 동안 직접, 간접으로 경험하고 다른 외교관의 활동을 보고 내린 결론이기도 하였다. 따라서 대사로서 스톡홀름에 부임하여 초기 3개월의 활동은 그간 근무했던 다른 임지 어느 곳보다 중요했다. 외교관은 누구나 현지에서 일상적으로 '5개 그룹'을 상대해야 한다. 먼저 1) 공관 직원, 2) 주재국 정부 및 각계 주요인사, 친한 단체, 3) 한인사회, 4) 외교단, 5) 본국 방문단이다. 본국 방문단은 미리 접촉계획을 세울 수 없지만 다른 4개 그룹과의 교류는 자신이 세운 계획에 따라 추진할 수 있다. 부임 전 본부와 대사관과의 업무협의를 계속 진행한 결과, 스웨덴과 라트비아와의 양자 관계에 있어서 부임하자마자 당장 대응해야 하는 시급한 현안은 없었다. 따라서 부임하면 바로 일상적인 외교활동을 시작하면 되는 상황이었다. 부임하기 전에 공관 차석에게 '6월 4일 부임한 후 최소한 2주 정도의 일정'을 준비해 줄 것을 지시하였다. 과거 공관 근무 경험에 비추어 공관장 부부가 부임한 후, 바로 가능한 대외활동을 시작하는 것이 모든 면에서 바람직하다고 생각하였다.

3) 첫 달 6월 활동

(1) 스톡홀름 부임(6.4)

우리 부부는 2008.6.4(수) 저녁 8시 스톡홀름 알란다(Arlanda) 국제공항에 도착하였다. 관저에서 직원 부부들과 인사를 교환하였다. 저녁 시간이었으나 백야가 시작되었으며 신선한 공기, 푸른 녹음, 새소리가 어울리는 자연 속으로 들어온 느낌이었다. 스톡홀름 기후상 최고의 계절이 시작하는 6월에 부임한 덕분에 스웨덴에 대한 첫인상은 더욱 좋았다. 6.5(목) 대사관에 출근하여 대사의 본업을 시작했다. 부임하기 전에 직원들이 수시로 업무 보고를 해주어 전반적인 업무 파악에 어려움이 없었다.

(2) 스웨덴 외교부 첫 접촉

신임장 사본 제출(6.9)

6.9(월) 오전 스웨덴 외교부를 처음으로 방문하여 트롤(Herman af Trolle) 의전장(1943년생, 65세, 1972년 입부, 주 EU대사 역임)을 면담하였다. 작지만 품위 있는 사무실에서 신임장 사본을 전달하고 15분간 면담하였다. 트롤 의전장은 부임을 환영하고 여름휴가 기간 때문에 신임장 제정식은 3개월 후인 9.4(목) 10시 다른 나라 대사와 함께 진행될 예정[22]이라고 하였다. 신임장 제정 전까지 대사 활동에

---

22 9월 4일 레바논, 이란, 보스니아헤르체고비나, 우크라이나 대사와 함께 신임장을 제정하였다.

관해서는 기본적으로 융통성이 있어서(flexible) 외교부의 국장 (Director General)[23]급 접촉, 외교단 접촉 및 외교단 행사 참석은 자유롭다고 하고 다만 국회의원 접촉은 곤란하다고 하면서 먼저 접촉을 제의하지 말아 달라고 하였다. 신임장 제정 후에는 외교부 3명의 차관(외교, 통상, 개발협력) 중 한 명의 차관(State Secretary) 주최로 12명 규모로 대사 부임 환영오찬이 개최될 것이라고 설명하였다. 처음으로 외교부 간부와 업무 위주의 실용적인 대화를 나눔으로써 스웨덴 외교 행태를 체험하기 시작하였다.

모린(Klas Molin) 아시아 태평양 국장 면담(6.13)

6.13(금) 오후 외교부를 방문하여 모린(Klas Molin) 아태국장(1959년생, 49세, 1985년 입부)과 40분간 면담하였다. 조대식 공사와 베이어(Paul Beijer) 한반도문제 특별보좌관[24]이 동석하였다. 모린 국장은 먼저 내 이력을 보니 2000~2003년간 워싱턴에 같이 있었다고 친근감을 표명하였다. 나는 1959년 수교 이래 양국 관계발전 평가, 고위인사 교류 확대, 2009년 수교 50주년 계기 양국 관계 격상 방안에 관해 언급하였다. 모린 국장은 한국이 동아시아 국가 중

---

23 스웨덴 외교부 직제에 따르면 장관(Minister), 차관(State Secretary) 바로 밑에 'Director General'이 있다. 우리나라 등 여타 국에서의 '차관보(assistant minister)' 제도가 없다. 따라서 스웨덴의 경우 Director General은 다른 나라의 국장 겸 차관보 역할을 겸한다고 할 수 있다. 편의상 '국장'으로 호칭한다.

24 페르손(Göran Persson) 총리(1996~2006)는 2005.9 국회 시정연설에서 6자회담 지원을 위해 스웨덴 특별사절 임명계획을 발표하였으며, 이에 따라 2006.1 베이어 대사가 '한반도문제 특별보좌관'으로 임명되었으며 2008.9 임무가 종료되었다.

다섯 번째 교역 대상국이며, 에릭슨(Ericsson)의 경우 한국이 세 번째로 큰 시장이 될 만큼 한국은 중요한 경제협력과 통상 대상국이며 IT 분야 이외에도 환경, 대체 에너지 분야에서의 상호투자 및 협력 잠재력에 특히 주목하고 있다고 강조하였다. 이어 오는 10월 북경 개최 ASEM 정상회의 개최 계기에 양국 정상회담 개최를 제의하였다. 베이어 대사는 자신이 주 북한대사를 역임(2001~2005)한 경험으로는 남북한이 겉으로는 비슷하나 남북 문제 대응에 있어서 상당한 차이가 있다고 하면서 주 불가리아 대사로 내정되어 9월 말경 부임할 예정이라고 하였다.

나는 모린 국장이 자신의 업무가 아프가니스탄부터 호주, 뉴질랜드까지 광범위한 지역에 걸쳐 있다는 설명을 듣고, 우리 유럽국장도 사실 비슷한 사정이지만 스웨덴 외교에 있어서 한국과의 관계가 결코 우선순위가 되기 어렵다는 객관적인 현실을 새삼 인식하였다. 한편 모린 국장으로부터 밝고 긍정적인 인상을 받고 좋은 파트너를 만났다고 생각했다. 이후 재임 2년 10개월간 모린 국장과 지속적으로 원만한 협력 관계를 유지하면서 기탄없이 양국 교류협력 방안을 논의하였다.

(3) 본국 대표단의 방문 및 관저 행사 개시

부임 3일째이자 국경일인 6.6(금)부터 본국의 각계 대표단이 연이어 방문하였다. 부임 한 달도 안 되어 본국 방문단을 위한 관저 만찬을 연이어 5번 주최하였다. 한국언론사 방문단(6.6), 건국대 오명 총장 일행(6.8), 김상열 대한상공회의소 상임부회장 일행

(6.11), 정윤 한국과학창의재단 이사장 일행(6.22), 전직 수반회의 (Interaction Council) 참석차 방문한 이홍구 전 총리[25] 일행 초청 관저 만찬(6.27)을 주최하였다. 관저 첫 만찬부터 부부 손님을 모시게 되어 우리 부부가 함께 주최하였다. 관저 행사는 처음부터 끝까지 대사 부부가 호흡을 맞추는 것이 중요한데, 우리는 부임 3일째부 터 연습하기 시작하였다. 일단 관저행사를 하기로 결정하면, 모든 과정에서 세심하게 배려하고 성심성의껏 마음을 전하고 최선을 다하는 자세를 보여주는 것이 당초 의도된 성과를 거둘 수 있다고 느꼈다. 이어 제주평화연구원 방문단, 구미시 시장개척단, 전주 한지페스티벌 준비위원장 일행 등 본국 대표단은 현지 방문 활동 을 전하고 양국 간 교류협력 확대 방안에 대해 다양한 아이디어를 전해주었다. 그들은 모두 이구동성으로 스웨덴에 대해 높은 호감 을 표명하고 스웨덴이 중요한 파트너로서 교류협력의 잠재력이 매우 크다고 강조하였다.

부임하자마자 스톡홀름에서 한 달 간 한국 각계의 많은 인사를 만나 그들의 스웨덴 활동과 경험을 청취할 수 있었던 것은 대사로 서 첫 발걸음을 내딛는 나에게 크게 도움이 되었다.

(4) 한인사회 교류

대사는 부임하자마자 주요 한인인사를 먼저 찾아가서 부임 인 사를 전하고 그들의 애기를 직접 듣는 것이 바람직하다고 생각하

---

25 이홍구 전 총리는 스웨덴 대사로서 처음으로 공항에서 영접한 본국 손님이었다. 주미대사관 근무 시절(2000~2003) 대사로 모신 이 전 총리는 특별히 대사 부임을 축하하고 격려해 주었다.

였다. 6월 한 달간 주요한인 인사, 유학생, 기업인을 지속적으로 만났다. 우리 부부는 부임 후 첫 주말인 6.7(토) 한인회[26]와 한서협회[27] 공동 주최 야유회에 참가하였다. 차창선 한인회장과 브릭스트(Kurt Blixt) 한서협회 회장(1999~2000년 중립국 감독위원회 스웨덴 대표 역임, 소장 예편)과 인사를 나누고 150여 명 앞에서 확성기를 통해 부임 인사를 하였다. 부임한 후 공개된 자리에서 첫 번째 인사말이었기 때문에, 원고를 읽지 않고 참석자의 눈을 맞추면서 내 생각을 한국어로 먼저 전하고, 이어서 영어로 전달하였다. 4시간 넘게 대화를 나누면서 스웨덴 인사 모두가 영어 소통에 문제가 없음을 알게 되었다. 이어 우리 부부는 6.14(일) 스웨덴 유학생회(KOSAS: Korean Students And Scholars Association In Sweden) 주최 바비큐 파티에 참석하였다. 조정우 회장을 비롯한 40여 명의 유학생 및 가족과 만나 부임 인사를 전하고 현지 생활을 격려하였다. 대사관이 항상 개방적이며 유학생과의 대화를 계속 해 나가겠다고 밝혔다. 6.5(목) 대사관에서 한종운 코트라 무역관장과 면담한 후 6.11(수) 오전 코트라 무역관을 방문하고 이어 오찬을 함께 하면서 양국 관계 확대 방안에 관해 협의했다. 이어 6.16(월) 오후 주요 진출기업인 기아자동차(김진하 법인장), 삼성전자(황성수 법인장), 대우전자(나동호 지사장), LG전자(송광석 법인장) 사무소를 차례로 방문하였다. 부임 인사를 하고 사업현황을 청취하고 양국 간 경제 통상 교류 확대 방안에 관해 의견을 교환하였다. 그들은 대사의 첫 방문

---

26 1962년 창립된 한인회의 회원은 300여 가구, 1500여 명이었다.

27 한서협회(Korean Association in Sweden)는 1961년 창립되어 한국전 참전의사, 간호원 및 중립국감시위원회 근무 군인, 입양아 및 부모 등의 회원 약 1600명이었다.

에 감사하며 대사관과 긴밀히 교류해 나가겠다고 하였다.

(5) 외교단 교류: 9개국 대사 면담

외교관은 어디에서 근무하든 제3국 외교관과의 교류는 필수적인 업무이다. 그간 6개 재외공관 근무 중에도 제3국 외교관과 항상 교류하면서 현지 활동에 크게 도움을 받았으며 한국의 외교정책을 포함한 전반적인 사정에 대한 설명으로 그들의 한국에 대한 이해를 높였다. 우선 주요 40여 개국 대사를 선정하여 면담을 요청한 후 일정이 주선되는 대로 면담을 바로 시작하였다. 스톡홀름에는 2008년 6월 당시 95여 개국 상주대사가 체류하고 있었다. 한국의 대외관계를 고려하여, 주변 4국, 아태지역 국가, 한국전 참전 16개국 및 스웨덴의 주변국, EU 주요국 등을 우선 대상으로 정했다.

주 스웨덴 대사로 활동한다는 것은, 스웨덴에서 한국 대표로 양국 관계발전을 위한 외교활동을 전개하면서, 동시에 한국 대사로서 국제사회에 한국을 널리 알리고 위상을 제고하는 임무를 갖고 국제사회에 등장(debut)하는 의미가 있다. 이전에 6개 재외공관 근무 시에도 당연히 한국을 대표했으나, 이번에는 특명전권대사로서 한국의 모든 것을 대변해야 하는 엄중한 자리였다. 한편 대사의 이점이자 특권은 바로 제3국의 대사관과 관저를 방문함으로써 대사(부부)와 보다 깊은 친교가 가능하다는 점이다. 대사 간의 교류는 서로 도움이 될 뿐 아니라, 국제사회에서 상대국의 위상과 수준을 가늠할 기회를 얻게 된다. 아울러 현지 외교활동뿐만 아니라 우리 공관 활동과 관저 운영에 배우고 참고할 사항이 적지 않을 것으로 기대하였다. 제3국 대사 면담에 앞서 상대방 대사의 이력과 그 나라와 우리나라와의 관계 현황을 파악하고, 그가 관찰하고 경험한 스웨덴 사정 및 스웨덴과의 양자 관계에 대해 질문을 준비하였다. 그들의 예상 질문사항인 남북한 관계, 우리나라와 미국, 일본, 중국, 러시아 등 주요국과의 관계, 스웨덴과의 관계 등에 대한 답변도 준비하였다. 사실 대사 간의 면담은 대사 역량이 그대로 드러나는 '보이지 않는' 시험(test)과 같다. 일단 10분, 15분 정도 영어로 얘기해 보면 서로 상대방의 외교역량, 지적수준 및 인격을 자연스럽게 알게 되기 마련이다. 서로 상대방 대사를 평가하고 이후에 그와의 교류 빈도와 심도를 정하게 된다. 그런 과정을 거쳐 특히 주요국 대사와는 국경일 리셉션 참석은 물론이고 관저 행사, 공공외교행사를 주고받는 특별한 관계를 만드는 것이 매우 중요하다.

6월 중 9개국(일본, 중국, 미국, 베트남, 튀르키에, 캐나다, 스리랑카, 인도네시아, 라오스) 대사와 면담하였다.

일본, 중국, 미국 대사 면담(6. 17, 6. 19)

부임 2주 후인 6. 17㈔ 오전 나카지마 아키라(Nakajima Akira, 中島明) 일본 대사를 시작으로 6. 19㈍ 오전 천밍밍(Chen Mingming, 陳明明) 중국 대사에 이어 마이클 우드(Michael Wood) 미국 대사와 각각 면담하였다. 우연히도 내가 근무했던 일본(1984~87, 2등서기관), 중국(1993~96, 1등서기관), 미국(2000~2003, 참사관) 순으로 면담하였다.

　나카지마 대사는 자신의 북한과의 관계 개선 업무 및 방북 경험을 소개하면서 김정일은 사실상 황제(emperor)라서 다루기 힘든 존재라고 느꼈다고 하였다. 스웨덴과의 관계는 현지 대사로서 특별히 어려움은 없으며 국회의원 등 고위인사 교류가 빈번히 이루어지고 있다고 하였다. 칼 빌트(Carl Bildt) 외교장관은 자신의 블로그에 해외방문 마일리지를 소개하는 등 '재미있는(funny) 인물'이라고 평하였다. 양국 대사관 차석인 공사 간 정기적 협의를 갖기로 합의하였다. 나카지마 대사 부부는 이후 우리 부부를 항상 정중하고 친절하게 대했다. 관저만찬에 빈번히 상호 초청하였다. 한일관계에 있어서는 서울, 도쿄에서의 대화 못지않게 제3국에서의 대화가 더 효과적인 경우가 적지 않다. 천 대사는 한중관계 발전에 만족을 표명하면서 자신은 주로 미국업무를 수행했으며 신정승 대사, 석동연 대사 등 한국 외교관과의 친교 경험 등을 거론하였다. 스웨덴 정부와 국민이 중국에 대해 제대로 몰라서 홍보에 주력하고 있다고 하였다. 북경에서 파견된 대사관 직원은 40여 명이라고 소개하였다. 천 대사는 내 부임 직전인 5. 28 신임장을 제정하였으며 2011년 봄 비슷한 시기에 이임하였다. 천 대사와 스웨덴, 북한 관계 등에 관해 지속적으로 의견 교환을 하였다. 천 대사는 리희철 북한 대사와 거의 교류를 하지 않는다면서 북한 도발에 대해 비판적 시각을 감추지 않았다.

　우드 대사는 자신은 정치적 임명대사(political appointee)라며 솔직히 외교업무를 잘 모른다고 하였다. 다만 스웨덴의 대체에너지 기술(Alternative Energy Technology) 분야에서의 양국 협력을 전략적으로 선택하여 많은 성과를 거두고 있다고 설명하였다. 특히 글로벌 이슈가 된 기후변화에 따른 지구적 온도 상승 현상에 시의적절한 대응이 되었다고 자체 평가하고 있다고 강조하였다. 부시 대통령에게는 대사로서 1) 대체에너지 기술협력, 2) 스웨덴의 나토(NATO) 가입 추진, 3) CIS(Commonwealth of Independent States: 독립국가연합, 구소련의 공화국 중 11개국의 정치공동체)의 민주주의 정착을 위한 측면 지원 활동에 대해 중점적으로 보고하고 있다고 말하였다. 한미 간 동맹관계이며 대사관이 서로 가깝게 있으니 자신과 외교업무에 정통한 공관 차석인 실버만(Robert Silverman) 공사와 긴밀히 지내자고 하였다. 미국의 경우에는 대사가 정치적 임명인 경우가 적지 않기 때문에 한국 대사로서는 미국 대사와 함께 미국대사관 내 외교업무를 실무 총괄하는 공관 차석(DCM: Deputy Chief of Mission)과도 평소 업무연락 관계를 구축해 놓는 것이 바람직하다. 7.4(금) 미국 국경일 리셉션에서 실버만 공사와 인사를 나누었다.

베트남, 튀르키예, 캐나다, 스리랑카, 인도네시아, 라오스 대사 면담

이어서 6.23(월) 베트남 대사(Trinh Quang Thanh), 6.24(화) 튀르키예 대사(Necip Egüz), 6.26(목) 캐나다 대사(Alexandra Volkoff, 여성), 스리랑카 대사(Ranjith Pemsiri Jayasooriya), 인도네시아 대사(Linggawaty Hakim, 여성), 6.30(월) 라오스 대사(Done Somvorachit)를 그들 대사관에서 각각 면담하였다.

아태지역 대사들은, 스웨덴 근무 환경이 전반적으로 좋아서 외교활동에 큰 어려움이 없으며 대사는 주로 외교부 국장(모린 아태국장)을 상대하고 있다고 설명하였다. 아태지역 대사(14개국, 2008년 8월 뉴질랜드 대사 부임으로 15개국)들은 부부동반 월례 관저만찬에서 다양한 의견 교환을 하고 있으며 북한, 이란은 불참하고 있다고 하였다. 베트남, 인도네시아 대사는 스웨덴이 인권 문제를 중시하고 있다고 하였다. 라오스 대사는 한국과의 관계발전을 높이 평가하고 스웨덴과의 양국 관계가 부진하여 유감스럽게도 주 라오스 스웨덴대사관이 곧 철수할 예정이라고 하였다. 캐나다 대사는 스웨덴의 외교 중점 대상이 유럽연합(EU)과 주변 북구제국이기 때문에 이들 국가에 대해서는 정부의 브리핑이 수시로 이루어지고 있는 반면에 아태지역이 상대적으로 소외되고 있다고 강조하고, 따라서 "국제사회에서 유사입장 국가(like-minded country)인 캐나다, 한국, 호주, 뉴질랜드 등이 스웨덴 정부에 공동 대응할 필요가 있다"고 말하였다. 스웨덴 생활 중 11월이 햇볕이 거의 없는 최악의 달(worst month)이며 겨울이 길기 때문에, 평소에 비타민D를 섭취하는 것이 필요하다고 조언하였다. 물론 그때에는 4년 후인 2012년 6월 대사로 캐나다로 부임할 줄은 상상할 수 없었다.

튀르키예 대사는 튀르키예와 한국이 형제의 나라로 일컬어지듯이 스톡홀름에서는 자신의 대사관과 한국 대사 관저가 붙어 있는 쌍둥이 건물로 인연이 깊다고 하였다. 2년 전에 스웨덴 국왕이 튀르키예를 공식 방문한 이래 양국 관계가 더욱 긴밀하게 발전하고 있다고 하고 스웨덴 내 튀르키예 동포가 11만 명 체류하고 있다고 하였다. 대사관에 들어가 보니 튀르키예가 대국임을 충분히 느낄 정도로 실내 장식을 품위 있게 잘 꾸며 놓았으며 상당히 정돈된 느낌을 받았다. 우리 부부는 이후 튀르키에 대사 부부와는 8개국 대사 간의 구루메(Gourmet) 만찬그룹의 멤버로서 공사로 가깝게 지냈다.

(6) 대사관 운영

대사의 리더십 확립

6.4 부임 후 첫 달 동안은 상기와 같은 대외활동을 전개하면서 대사관의 투명하고 효율적인 운영을 위해 업무체제를 정비하고 외교관의 기본활동 수행을 독려하였다. 무엇보다도 공관을 보다 생산적이며 활기찬 분위기로 만들고, 모든 직원이 대사관의 '존재 이유'에 걸맞게 각자 '해야 할 일'을 수행할 수 있도록 선도해 나가야 한다고 생각했다. 외교관의 공관근무 기간이 보통 2~3년이며 대부분 외교관이 그 나라에 처음 근무하기 때문에, 현지에 적응하고 분위기를 따라가다 보면, 전임자 수준으로 활동하면 평균 정도는 한다고 생각하는 경향이 있다. 따라서 대사는 부임 초기에 전 직원에게 외교업무 추진방향과 공관운영 방침을 확실히 이해시키고 이에 따라 팀워크를 맞추어야 한다. 동시에 대사는 '건전한 의심'을 갖고 그간의 관행을 평가하고, 주어진 여건과 자원을 객관적으로 파악한 후에 업무체제의 효율성과 투명성을 제고하는 노력을 선도해야 한다.

그래야 모든 직원의 생각과 움직임이 달라질 것이며, 모든 직원의 활발한 활동이 쌓이다 보면 스톡홀름과 서울에 대해 동시에 우리 대사관의 존재와 위상을 보다 두드러지게(visible) 인식시킬 수 있을 것이라고 생각했다.

대사관 내 팀워크 구축: 외교관 모두가 스웨덴에 처음 근무

원만한 팀워크를 위해 부임 초기에 직원과의 지속적인 대화와 토론이 필요하다고 판단하였다. 외교관 6명과 행정원 13명(한국인 7명, 스웨덴인 2명, 제3국적 4명)이 근무하고 있었다. 외교관 5명 중 공사 이외에는 모두 초면이었으며 외교관 전원이 스웨덴 근무는 처음이었다. 행정원 중 전문직은 1년 6개월 근무한 허서윤 전문관과 이제 근무하기 시작한 스웨덴 연구원 등 2명뿐이었다. 물론 이러한 현상은 스웨덴 대사관만의 특별한 사정은 아니었다.[28] 먼저 모든 직원의 신상을 비롯하여 업무 수행 능력 및 업무 만족도를 파악했다. 각자의 업무보고를 받으면서 오찬 등을 통해 대화를 지속하였다. 우리 부부는 6.18(수), 6.25(수) 행정원과 외교관의 만찬을 관저에서 각각 주최하였다. 나는 모두에게 '한국 대사관'이라는 같은 배를 탔으니 똑같은 공식구성원(formal member)으로서 서로 믿고 일하자고 하였다.

---

28 주요국 공관 이외에 대부분 해외 공관의 사정이 비슷하다. 공관장을 비롯한 외교관 전원이 임지에 처음 근무하는 경우가 많다. 현지 행정원 대부분은 업무 보조를 할 뿐, 전문직 행정원(특히 주재국 국적의 연구원)이 장기 근무하는 사례는 거의 없다. 외교부가 공관의 외교역량 강화 과제의 하나로 항상 거론하고 있으나, 여전히 효과적으로 대응하고 있지 못하고 있다.

또한 직원(가족 포함) 모두에게 관저가 공관장 부부의 외교활동 공간임을 인식시키는 것이 필요하며 관저에서 그들과 함께 회동하는 것은 사기 면에서나 공관 팀워크에 중요하다고 생각했다. 이후 외교관이든 행정원이든 모든 직원의 이·부임 시에는 특별한 사정이 없는 한, 관저에서 함께 식사하면서 교류를 이어갔다. 부임 초부터 이렇게 나를 '있는 그대로' 보여줌으로써 그들과 신뢰 관계를 쌓아가는 데 주력하였다. 그들이 대사의 외교와 공관 운영에 관한 철학과 기본구상을 이해하고 존중해 주기를 바랐다. 아울러 모든 공관원이 훌륭한(smart) 외교관이나 직업인으로 성장하는 데 도움을 주는 것도 대사의 중요한 업무 중 하나라고 생각하였다. 1996년 처음으로 과장 보직을 받은 이래 소위 '장(長, leader)'이 '해야 할 일' 중의 하나가 조직 구성원의 역량 강화를 위해 그들의 교육훈련에 힘써야 한다고 생각했다. 외교관의 성장과정은 도제 제도와 같아서 선배, 상사에게 배우면서 자기 자신을 계발해 나가게 된다.

양국 관계 선도 업무 체제 구축

이렇게 직원과의 토론을 통해 대사관으로서 '당연히 해야 할 일'에 관해 현지 사정에 맞게 업무계획을 수립하였다. 그 과정에 전임 4대 대사의 외교활동 및 관저 행사 내용을 가능한 한 파악하였다. 최근 10여 년 양국 관계의 발전 과정을 바탕으로 업무계획을 현실적으로 구상할 수 있었다. 대사관이 양국 관계를 선도해야 한다는 평소 생각을 더욱 굳혔다. 연이어 스웨덴을 방문하는 본국 각계의 대표단을 접하고 양국 간의 모든 교류현황이나 정보는 자연스럽게 대사관으로 모이게 되어 있음을 새삼 확인하였다. 특히 인적 교류에 있어서는 서울 외교부를 통해 방문 계획을 알려 오기도 하나, 각계 기관과 지방자치단체가 방문 전후에 대사관으로 직접 연락하여 일정 주선을 요청하는 경우도 적지 않다. 따라서 대사관은 자연스럽게 양국 간의 전반적인 교류협력 현황을 종합적으로 파악하게 된다.

일단 업무계획을 세우면, 가능한 한 조기에 실행해 나가고 관련 활동을 적극 펼쳐 나가고 그 결과를 바로 서울에 보고할 것을 독려하였다. 외교관의 공관근무 목적은 '현지에서의 네트워크 관리 및 확대와 본부 보고'이므로 대사관 밖으로 나가서 외교활동비에 구애를 받지 말고 각계 인사와 면담, 식사 등 적극적인 교류활동을 전개해 줄 것을 계속 독려하였다. 또한 제3국 외교관과의 네트워크를 확대해 나가라고 권유하였다.

대사관과 관저 현황 파악 및 보수 결정

부임하니 듣던 대로 대사관과 관저는 스웨덴 국민과 외교단이 부러워할 만큼 외양상 손색이 없었다. 우선 대사관과 관저를 훌륭한 외교의 장(venue)이라고 판단하고 이를 대외적으로 가능한 한 자주 공개하는 외교활동을 적극 추진해 나가기로 하였다.

우리 대사관과 관저는 스톡홀름에서도 아름답다고 알려진 '노라

유르고든(Norra Djurgordon)' 지역 외교가에 위치해 있다. 이곳은 미국, 영국, 독일, 일본, 이태리 등 주요국의 대사관과 관저가 있으며 베르발드할렌(Berwaldhallen) 콘서트홀, 오페라 학교, 해양박물관, 노벨공원 등이 어우러져 있어 많은 관광객이 찾는 지역이기도 하다. 우리 대사관은 1919년 스웨덴의 대표적인 건축가 이바르 텡붐(Ivar Tengbom)[29]이 설계하고 건축한 건물로서 세계적인 가전제품회사 일렉트로룩스(Electrolux)의 창설자인 실업가 액셀 웨너그렌(Axel Wenner-Gren: 1881~1961)이 오랫동안 거주하여 '웨너그렌의 궁(Wenner-Gren Palace)'이라는 별칭으로도 알려져 있다. 한때는 박물관으로도 활용되었다. 스웨덴 당국이 설정한 건물의 문화적 보존가치 분류기준상 가장 높은 가치대상인 '블루 존(Blue Zone: 건물 외형 변경 불가)'으로 분류되어 있다. 1992년 스웨덴 금융위기로 소유자가 파산하는 바람에 경매로 나오게 되었으며 우리 정부가 1993년 4월 구매하였다. 그간 임차건물에 있었던 우리 대사관은 1994년 2월 입주하였다. 부임해 보니 지하 1층, 지상 3층 건물이 워낙 커서 전체 공간을 제대로 활용하지 못하고 있었으며, 특히 지하 공간은 오랜 기간 방치되어 있었다. 국경일 리셉션은 대사관 1층과 정원을 활용해 개최해 왔다. 관저는 1925년 건축된 문화재급 건물이며 1977년 1월 구입하였다. 지하 1층 지상 3층 건물인데 1층은 연회장, 2층은 대사 부부 생활 공간으로 쓰고 있었다. 3층은

---

29 이바르 유스투스 텡붐(Ivar Justus Tengbom, 1878~1968)은 스웨덴의 대표적 건축가로서 1910~20년대 스웨덴을 풍미한 신고전주의 건축을 대표하는 인물로 평가된다. 주요 설계작품으로는 스톡홀름 콘서트홀(Konserthuset: 매년 12월 노벨상 시상식 개최), 스톡홀름 경제대학(Stockholm School of Economics), 주요 은행 및 신문사 사옥이 있다.

폐쇄된 상태였다. 아담한 정원을 함께 활용하여 오찬, 만찬이나 다과회(Tea Party) 등 행사를 주최하는 데 손색이 없었다.

대사관과 관저에서 6월 한 달간 생활하면서 수시로 건물 상태를 살펴보았다. 두 건물 모두 일단 외양상으로는 그럴 듯하게 보였으나 체계적인 정기점검 없이 적시에 필요 부품 교체나 손상 부분 수리가 제대로 이루어지지 않은 상태였다. 수리 및 관리 기록 역시 매우 부실한 상황이었다. 두 건물의 노후 배관으로 수돗물에 녹물이 나오고 건물 내 부패된 곳이 적지 않아서 상태가 전반적으로 심각하다고 판단하였다. 특히 관저는 1977년 국유화 이후 30여 년간 체계적인 관리가 이루어지지 않아 노후화가 심각한 상황이며 보안 체제가 허술하여 안전에 취약하였다. 3층은 오랜 기간 폐쇄되어 있었다고 하여 곽 서기관과 같이 올라가 살펴보니 폐허 수준이었다. 오래된 카펫(carpet)을 걷어 보니, 나무 마루와 벽을 유지하는 대들보가 반은 썩어 있었다. 방치해 두면 관저 건물의 한 벽이 무너지는 것은 시간 문제라고 느꼈다. 대사관과 관저의 안전 확보와 경제적 가치 보존을 위해 전문적인 보수작업이 시급하다고 판단하였다. 그간 관행대로 행정원이 외양상 그때그때 단순히 땜질하는 수준으로 대처할 일이 아니었다. 두 건물의 현재 상태를 전문적인 건축관리 회사에 맡겨 점검하기로 하고 우선 긴급 보수가 필요한 데가 있는지 살펴보기 시작하였다. 이렇게 손색없는 국유재산을 확보하고도 오랜 기간 적시에 제대로 관리를 하지 않아 손상되는 것은 안타까운 일이었다. 기획예산과장(1999~2000) 경험에 비추어 재외공관과 관저 관리를 위해서는 관련 예산의 지속적

확보와 함께, 외교부 본부와 공관과의 체계적인 상시 대응이 필요하다고 항상 느껴왔다. 부임하자마자 왠지 재임기간 내내 두 건물을 보수해야 할 것 같은 예감이 들었다. 외교부 본부에의 지속적인 건의로 2009년 5월 노후공관 리모델링 공관으로 선정되었으며 이후 예산 지원을 받아 재임 중 보수 공사를 계속 진행하였다.

부임 후 6월 한 달간은 이렇게 대사로서 일상적으로 교류해야 하는 5개 그룹(스웨덴 인사, 외교단, 한인사회, 본국 방문단, 공관직원)과 처음으로 교류를 시작하였다. 현지 환경에 적응하고 주어진 여건과 재원(resource)을 파악하면서 양국 관계를 선도하는 앞으로의 대사관의 활동계획을 나름대로 구상할 수 있었다. 무엇보다도 공관원과의 지속적인 대화 노력으로 대사관이 침체된 분위기에서 조금씩 벗어나 활력을 찾기 시작했다고 느꼈다.

4) 7~8월 활동

〈활동 개요〉

6월에 이어 7~8월간의 접근 방식은 간단한 것이었다. '기본에서 출발한다. 투명성과 효율성을 높이면서 변화를 추구한다.' 그리고 '스웨덴에 대해 계속 배우면서 외교활동의 중점을 어디에 둘지 연구하고, 거기에 따라 인적 네트워크를 확대하여 활동한다'라고 할 수 있다. 부임 초기 구상대로 6월에 이어 7~8월간 대사관 내의 진지한 협의와 가능한 조치의 조기 시행으로 9.4 신임장 제정을 앞두고, 대사관의 업무체제를 보다 투명하고 효율적으로 개선했다.

결국 모든 일은 사람이 하는 것이니 공관 직원의 업무 분장을 명확히 하고 직원 사기를 진작시키는 것이 중요했다. 대사관의 '존재이유'에 걸맞은 상시적인 외교활동을 독려하였다.

아직 신임장 제정(9.4) 전이며 6.20 하지(Midsummer) 이후 7~8월 휴가가 본격적으로 시작되는 기간이기는 하나, 우선 스웨덴 인사 면담에 중점을 두었다. 먼저 전(前) 주한 스웨덴 대사들을 먼저 접촉하기로 하고 면담이 가능한 스웨덴 인사와의 면담을 계속 추진하였다. 8월에는 방한 예정인 국회의원단 초청 오찬(8.19), 모린 아태국장 초청 오찬(8.21), 포이에(Mats Foyer) 주 북한 스웨덴 대사와의 관저면담(8.23)을 주최하였다. 이어 개별 면담한 29개국 대사를 비롯하여 외교단(당시 약 95명 대사 상주)의 반 이상 되는 대사들과 친교를 맺고, 체류 경험과 스웨덴 외교에 대한 평가 청취를 통해 스웨덴 외교 전반에 대해 단기간에 어느 정도 이해할 수 있었다. 신임장 제정을 앞두고 구스타프 국왕, 빌트 외교장관에 대한 개인적 정보와 평가도 크게 도움이 되었다. 이렇게 부임 후 3개월간 주재국 정부와 국민, 외교단, 한인사회와 지속적으로 교류하면서 스웨덴 현지사정에 대해 나름대로 이해를 높이면서 한국 대사관의 존재와 위상을 어느 정도 확립하고 한국 대사로 '조 아무개'가 왔다는 사실을 나름대로 알렸다. 대사로서 비로소 앞으로의 외교활동 방향과 구체계획을 수립할 수 있었으며, 스웨덴에서 한국의 '눈에 띄는 대표(visible representative)'로서 역할을 나름대로 수행할 수 있겠다는 자신감이 생겼다.

(1) 스웨덴 인사 교류

전 주한대사 면담 및 관저만찬

우선 3명의 전 주한 대사[30]들에게 연락하여 부임 인사를 전하고 싶다는 뜻을 전달하여 샌드베리(Harald Sandberg) 대사와 실벤(Chris-ter Sylvén) 대사를 먼저 만났다. 또한 휴가차 일시 귀국중인 바리외 대사 부부를 위해 8.14(목) 스웨덴 인사를 대상으로 처음으로 관저만찬을 주최하였다.

샌드베리(Sandberg) 인사국장 면담(7. 15): '5주 휴가'에 놀랐다

7.15(화) 오후 샌드베리 외교부 인사국장(우리의 기획관리실장 해당)과 면담하였다. 휴가철이라 외교부 필수 직원만 근무하고 있으며 자신도 곧 5주간 휴가를 간다고 하였다. 한국 외교부 주요간부의 5주 휴가는 상상할 수 없는 일이라서 속으로 엄청 놀랐다. 외교관으로 첫 번째 해외 근무가 한국이며 1977~1999년 근무 중 첫딸도 낳고, 대사로 다시 2003년 12월~2006년 2월간 근무하여 한국과 특별한 인연이 있다고 하였다. 양국 간 심각한 현안이 없다고 평가하면서, 대사관이 한국 문화 홍보 활동을 적극 펼쳐 나가기를

---

30 크리스터 실벤(Christer Sylvén) 대사(72세, 1987~1992년 제3대 한국 대사, 왕실의전장, 뉴질랜드, 이집트 대사, 한서협회장 역임), 한스 그뢴발(Hans Grönwall) 대사(69세, 1992~1996년 제4대 한국 대사, 필리핀 대사 역임, 부친이 1960~1963년 동경 상주 초대 주한대사, 부자가 주한대사 역임), 해럴드 샌드베리(Harald Sandberg) 대사(58세, 2003~2006년 제7대 주한대사, 주 인니대사, 현재 외교부 인사국장)

기대한다고 하였다. 스웨덴 사회가 개방적이며 한국에 대해 일정한 관심이 있으니 접촉에 큰 어려움이 없을 것이나 "스웨덴은 동아시아에 대해 전반적으로 일본, 중국에 대한 관심이 더 높다는 현실을 감안해야 할 것"이라고 조언하였다. 이후 그와 지속적으로 교류하였다. 또한 우리 대사관의 스웨덴 외교부 현황을 파악하기 위한 실무직원 면담 요청에 대해, 샌드베리 대사는 우리 직원을 직접 만나서 설명해 주는 등 최대한 지원하였다.[31] 신선한 충격이었다.

바리외 주한대사 부부 초청 관저만찬(8.14)

우리 부부는 8.14(목) 일시 귀국 중인 바리외 대사 부부를 주빈으로 스웨덴 인사 대상으로는 처음으로 관저만찬을 주최하였다. 부임 이래 두 달여의 관저행사 경험 및 우리 부부가 이태리 대사(7.29)와 태국 대사(8.6) 주최 만찬에 참석한 경험 등을 살려 최대한 정성껏 준비하였다. 바리외 대사의 추천으로 포스베리(Anders Forsberg) 국회사무총장 부부와 로젠(Staffan Rosén) 스톡홀름대학 한국어과 교수 부부를 함께 초청하였다. 2009년 수교 50주년 기념행사에 관해 여러 제안이 나왔다. 로젠 교수는 한국 현대문학 심포

---

31 우리는 대사를 역임한 외교부 차관보급 고위간부가 주한대사관 실무직원을 면담한다는 것은 상상할 수 없는 일이다. 스웨덴 사람은 우선 조직 내에서 지위고하에 관계 없이 기본적으로 평등하며 상사와 부하 간에 분업하고 있다는 관념이 정착되어 있었다. 외부 면담에서는 상대자의 지위보다는 면담 주제가 중요하며 그 주제에 가장 정통한 직원이 나오는 것이 일반적이었다. 따라서 연이은 본국 실무방문단과의 면담에 스웨덴 기관장이 직접 나와 브리핑을 해 주는 경우가 적지 않았다.

지엄 개최를 제의하였으며 노벨문학상과 관련해 한국 작품이 많이 번역되기를 기대한다며 한국의 유력한 후보로 알려진 모 인사에 대한 일부 한국 작가들의 반대 의견도 들었다고 하였다. 부끄러운 얘기였다. 포스베리 사무총장은 2006년 4월 폰 시도프(von Sydow) 국회의장 방한 시 수행했던 경험을 전하고 양국 국회 간 교류 확대 필요성을 강조하였다. 한국처럼 고위공직자 재산등록 제도는 없으나 "스웨덴 정치인의 부정부패 사례는 거의 없다"고 하였다. 참석자 모두 신선로와 비빔밥에 대해 높이 평가하였다. 만찬 후 포스베리 사무총장은 8.18자 감사 손편지를 보내왔다. 재임 중 그는 든든한 후원자였다. 로젠 교수 역시 정중하게 감사서한을 보내왔다. 지난 40여 년간 한국 대사관의 '단골 손님'(영어 편지에 한국말로 표기)이라는 특권을 누렸으며 내년 봄 퇴직 이후에도 한국과의 인연을 계속 살려 나가겠다는 희망을 피력하였다.

실벤 대사 면담(7.25) 및 관저만찬(8.27)

실벤 대사 부부가 7.25(금) 오전 대사관을 방문하였다. 실벤 대사는 주한대사(1987~1992) 경험을 소개하고 스웨덴이 한국 민주화 과정에 기여한 데 대해 자랑스럽게 생각하며 양국 관계발전에 만족을 표명하였다. 한국의 발전을 높이 평가하며 스웨덴과는 자연과 역사유물에 있어서 공통점이 있다고 강조하고 스웨덴 국민에게 잘 알려지지 않은 한국의 문화(도자기, 음악, 영화, 음식 등) 소개활동을 권고하였다. 그는 신임장 제정 후 국왕과 15분간 단독 면담을 하게 되는데 일상적 대화(small talk)를 나누면 되며 내년도 수교

50주년 행사 계획을 거론하면 좋을 것 같다고 조언하였다. 이어 우리 부부는 8.27(수) 실벤 대사 부부를 주빈으로 스웨덴 인사로는 두 번째로 관저만찬을 주최하였다. 실벤 대사의 추천으로 프릭 (Lennart Frick) 장군(75세, 1986~1987년 제18대 중립국 감독위원회 스웨덴 대표, 한서협회 회장 역임) 부부와 본 시도프(Åke von Sydow) 원로 경제인 (82세, Advancing Marketing AB의 CEO, 한서무역위원회 부회장 역임) 부부를 함께 초청하였다. 그들은 1988년 서울올림픽 등 한국발전의 주요 계기를 상기시키면서, 한국을 무조건 지지한다고 하였다. 그간 50년 동안의 교류를 통해 스웨덴 내에 든든한 지원 세력이 있음을 확인하였다. 그리고 동양 사회에서 '60'이라는 숫자가 의미가 있듯이 스웨덴 사회에서는 '50'이라는 숫자가 의미가 있다는 사실을 알게 되었다. 실벤 대사는 자택 만찬에 초청한다면서 가능하면 1박을 하라고 권유하였다.[32] 며칠 후 실벤 대사, 프릭 장군, 본 시도프 회장 모두가 정중하게 감사서한을 전해왔다. 이렇게 관저오찬, 만찬 후에는 대부분의 스웨덴 인사는 감사 메시지나 서한, 그 중 반 정도는 손편지를 보내왔다. 우리 부부는 이렇게 스웨덴 인사 초청 관저만찬을 2회 개최한 후, 주최자로서 저녁 3시간 이상 처음부터 끝까지 영어로 모든 참석자와 양국 관계는 물론, 다양한 세상사에 대해 의견을 교환하면서, 참석자들로 하여금 관저만찬에 만족감과 호감을 느끼게 하는 것은 결코 쉽지 않은 일임을 충분히 인식하게 되었다.

---

[32] 우리 부부는 2년 후인 2010. 7월 실벤 대사의 지방 자택을 방문하여 1박 2일 시간을 같이 보냈다. 후술한다.

그뢴발 전 주한대사 초청 오찬(9.8): 부자 주한대사

한스 그뢴발(Hans Grönwall) 대사와는 9.8(월) 그랜드 호텔에서 오찬을 함께 하였다. 그뢴발 대사는 선친 때부터 한국과 깊은 인연을 맺어 왔다고 하면서 부친(Tage Grönwall)은 1955년 중립국감독위원회 스웨덴 대표였으며 1959년 양국 수교 후 동경에서 1960~1963년 초대 주한대사를 역임하여 부자(父子)가 주한대사를 지냈다고 하였다. 자신 근무 시절(1992~1996) 성북동 소재 대사관저를 지었다고 하면서 한국에 대한 좋은 추억이 많다고 회고하였다. 양국 간에는 특별한 현안이 없으며 양국 간 주요 경제통상 문제를 EU 차원에서 협상하는 것과 마찬가지로, 북한과의 관계 역시 양자 차원보다는 EU 차원에서 다루는 것이 보다 바람직하다고 본다고 하였다. 그간 활약했던 외교부 베이어(Paul Beijer) 한반도문제 특별보좌관의 후임이 없는 것으로 알고 있다 하니 "잘된 일"이라고 하였다. 한반도문제에 대한 스웨덴의 개입이 스웨덴의 외교역량이나 6자회담을 통한 국제사회의 노력 등에 비추어 한계가 있다고 판단하는 것 같았다. 그는 해운 및 의료, 기후, 환경, 대체에너지 등 새로운 분야에서 양국 간 협력의 잠재력은 크니 교류 협력이 확대되기를 바란다고 하면서 스웨덴에서는 영화 등 한국문화 홍보활동이 효과적일 것이라고 조언하였다. 그뢴발 대사는 바로 그 다음날 9.9 이메일을 통해 2004년경 양국 간 문화교류 추진 사례를 전하면서 참고하라고 하였다.

이렇게 3명의 전 주한대사(부부)는 외교관 선배로서 부임 초기부터 우리 부부에게 친절하고 정중하게 양국 관계와 스웨덴 사정에 관해 설명해 주고 현지 외교활동에 대해 다양한 조언을 해 주었다. 돌이켜 보면 우리 부부에게는 그들과 초기부터의 교류는 훌륭한 오리엔테이션(orientation) 과정이었다고 생각한다.

외교부 주요인사 교류

키소우(Ingolf Kiesow) 대사 면담(7.24): 한국에 대한 인식 변화

7.24(목) 오후 키소우 전직 대사[33]를 면담하고 스웨덴의 대북한 정책, 남북한 관계 등에 대해 의견을 교환하였다. 그는 스웨덴 국민의 한국에 대한 평가는 한국전쟁 시 가난하고 비참한(poor and miserable) 상황, 민주화를 위한 반정부 운동, 광주 사건 등의 부정적 기억에서, 그간 경제발전과 민주주의 성취라는 드라마틱한 변화를 목격하고 매우 긍정적으로 바뀌었다고 설명하였다. 스웨덴 조선산업은 한국 때문에 망했다는 인식이 있을 정도로 한국 기업의 급속한 성장을 주목하고 있고, 한국 문화에 대해서는 다소 생소한 편이나 유교적 환경에서의 한국 성장에 관심이 크다고 스웨덴 사회 분위기를 전했다. 키소우 대사는 스웨덴이 한반도 문제에 좀 더 관심을 가져야 한다고 주장했다.

---

[33] 그는 스웨덴 외교부에 1964년부터 2007년까지 43년간 근무 후 2007년 말 퇴직하여 안보개발정책연구소(ISDP: Institute for Security and Development Policy)연구원으로 활동하고 있었다. 1979~1982년, 1988년 서울올림픽 전후에 2번에 걸쳐 주 북한대사 대리로 근무하고 일본에서도 장기간 근무하고, 쿠웨이트, 베네수엘라, 홍콩에서 공관장을 지냈다.

모린(Molin) 아태국장 초청 오찬 협의(8.21): 스웨덴의 대북한 정책

8.21(목) 모린 국장과 오찬을 함께 했다. 그는 9.3(수)~8(월) 자신과 베이어 대사가 방북하여, 스웨덴은 2006.9 북한 핵실험 이후 중단된 대북 교류사업은 '북핵문제 진전 등 북한 입장의 변화가 전제되어야 한다'는 확고한 입장을 견지하고 있기 때문에, 북한 측 입장을 주로 청취하는 수준에서 대응할 것이라고 설명하였다. 금년 2008년이 양국 수교 35주년인 점도 고려하였으며, 3년 전 국장(Director-General)급 인사 방북[34] 이래 자신이 최고위급 인사(같은 급)라고 하고, 귀국길에 서울에서 방북 결과 브리핑과 양자관계 협의 일정을 희망한다고 하였다. 2001~2005년 주 북한 대사 역임 후 2006년 1월 이래 한반도문제 특별보좌관으로 활동한 베이어 대사(주 불가리아 대사 내정)의 후임을 임명하지 않는다는 방침에 따라, 북한 관련 업무의 인수인계를 겸한 방북이었다.

모린 국장은 수교 50주년인 2009년 상반기에는 스웨덴이 EU Troika의 일원으로서 활동하고, 하반기에는 EU 의장국을 수임할 예정이므로, 스웨덴의 이러한 EU 내 지위를 적극 활용하여 양자관계와 한국의 EU 관계가 한층 더 격상되도록 계속 협의해 나가

---

[34] 2005.11 유엔의 북한인권결의안 채택으로 EU-북한 간 인권대화 중단 및 EU troika 대표단 방북 취소 등 EU-북한 관계가 악화된 상황에서 스웨덴 정부는 EU가 보다 적극적(proactive)으로 대북한 개입정책을 추진할 필요가 있다고 표명하였다. 이에 2005.12 외교부 개발협력국장(Director General)이 방북하여 인도적 지원문제를 협의하였다. 스웨덴은 인도적 지원은 지속하되, 개발지원은 북핵문제의 실질적 진전이 있을 때까지 중단한다는 EU 방침에 따라 2008년 현재 개발지원은 중단한 상태였다. 다만 2007.7부터 개발지원 중 역량강화분야 지원을 재개하였다.

겠다고 하였다. 내가 2001년 5월 당시 페르손(Göran Persson) 스웨덴 총리가 EU 의장국 대표 자격으로 남북한 동시 방문을 환기시키자, 모린 국장은 "내년에도 한반도 문제에 있어서 한국 입장을 적극 지원해 나갈 것"이라고 하였다. 이어 스웨덴의 EU 의장국 임기 중에 한-EU FTA(자유무역협정)이 서명될 수 있도록 노력해 줄 것을 요청하자, 모린 국장은 양측간 협상이 내년까지 진행될 경우 스웨덴이 리더십을 발휘해 나갈 수 있을 것이라고 언급하였다. 이어 라인펠트(Fredrik Reinfeldt) 총리의 관심사항은 기후변화, 첨단 기술이며 구스타프 국왕의 관심사항은 환경, 에너지라고 전해 주었다.

모린 국장 방한, 방북 결과 설명(9.9)

모린 국장은 9.3~8 방북 후 북경을 경유하여 9.9(화) 서울에서 우리 외교부와 방북 결과와 양국 관계에 관해 협의하였다. 모린 국장은 북한은 현재 아사(starvation) 상황은 아니어도 상당히 심각한 식량문제가 있는 것으로 보였으며 스웨덴은 비핵화 문제에 진전이 있을 경우 스웨덴 및 EU 차원에서 기여할 수 있을 것이나 북한은 여전히 경제 개혁을 위한 외부도움을 받아들일 준비가 되어 있지 않은 것 같다고 하였다. 김정일 건강 이상설에 대해서는 그런 추측이 평양 내 외국인 사회에 나돌고 있으나 아무도 알 수 없는 것 같다고 하였다. 우리 측은 스웨덴이 한국전쟁 당시 의료단 파견, 중립국감독위원회 참여, 페르손 총리의 남북한 방문 등을 통해 한반도 평화와 안정에 기여해 왔으며 북한의 경제제도 개혁 지원을 위한 지식전수사업 및 북한주민 생활 향상을 위한 그간 역할과 기여에 대해 높이 평가한다고 전했다. 양측은 2009년 수교 50주년 계기에 정상간 축하 메시지 교환, 고위인사 교류 등 협력을 추진하기로 하였다. 모린 국장은 10월 말 북경 ASEM 정상회의에서의 양자 정상회담 개최를 다시 제의하였고 우리 측은 검토 중이라고 답변하였다. 결국 우리 측 사정으로 북경에서의 정상회담은 이루어지지 못했다.

포이에(Mats Foyer) 주 북한 스웨덴 대사 면담(8.23)

8.23(토) 오전 2008년도 스웨덴 재외 공관장회의(8.25~30) 참석차 일시 귀국 중인 포이에 주 북한 스웨덴 대사를 관저에 초청하여 면담하였다. 포이에 대사는 체코, 러시아(2회), 중국 근무 후 2005년 8월 이래 주 북한 대사로 이미 3년간 근무 중이며 다시 2년 연장 근무하기로 하였다고 하였다. 포이에 대사는 시종일관 매우 진지하고 겸손한 자세로 다음 요지로 북한에 대한 관찰 내용을 설명하였다.

1) 3년 전 부임 이후 현재까지 북한 내 특별한 변화의 조짐은 없다. 여전히 정권의 존립(survival of regime)을 위해 총력을 기울이고 있는 것으로 보인다. 2) 북한은 한국의 신 정부 출범 이후 한국을 지속적으로 비난하고 있는데 북한 체제의 개인 신격화(personality cult) 특성상, 김정일이 한국 대통령과 합의한 6.15/10.4 등 2건의 남북한 공동선언에 대한 한국 정부의 평가를 지도자에 대한 모독 행위(insult to

the leader)로 간주하는 것으로 보인다. 이에 따라 북한은 당분간 남북 관계 개선을 추구하지 않을 것으로 보인다. 3) 북한은 6자회담을 가능한 한 최대한 지연할 것이며 핵무기가 자신의 협상카드(bargaining chip)로 최고의 활용도를 가지고 있고, 최후의 수단(last resort)임에 따라 이를 결코 포기하지 않을 것으로 본다. 4) 북한주재 중국 외교관들은 북한과의 관계에서 매우 신중하며 조심스럽게 활동하고 있다. 이는 중국이 북한에 대한 레버리지(leverage)가 제한적이라는 인식을 갖고 있기 때문인 것으로 보인다. 따라서 중국 외교관은 북한 관련 정보를 파악하는 데 그다지 도움이 되지 않는다. 그들은 "북한을 이해할 수 없으며 북한인을 대함에 있어 종종 좌절감을 느낀다"고 토로하고 있다. 물론 중국은 북한정권 붕괴를 원하지 않는다는 입장인 것으로 보인다. 5) 현재 스웨덴의 북한과의 관계는 현상유지 수준이다. 스웨덴은 기본적으로 EU 공동외교안보정책 차원에서 EU와 여타 회원국들과 공동 입장을 취하고 있으며 시장경제 교육훈련 프로그램을 지속 실시하고 있는 등 우호관계를 유지하고 있다. 주 북한 스웨덴 대사관이 미국의 이익대표부 역할을 수행하고 있어 미국과도 긴밀히 협의하고 있다. 6) 주 북한 스웨덴 대사관에는 외교관 2명(대사, 1등서기관), 북한인 행정원 7명(공관 5명, 관저 2명)이 근무 중이며 북한인은 모두 북한 당국을 통해 채용한다.

포이에 대사가 전해준 내용은, 당시 스웨덴의 남북한 관계를 전반적으로 이해하는 데 크게 도움이 되었다. 1년 후인 2009.8월 말 일시 귀국 중인 포이에 대사를 다시 관저오찬에 초청하여 면담하는 등 북한에 관한 대화를 이어갔다. 돌이켜 보면 2008년 당시 포이에 대사는 3년간 평양 근무 경험을 바탕으로 북한 상황, 남북한 관계, 북한의 대외관계에 대해 균형적이며 객관적 분석과 평가를 기탄없이 전해주었다는 생각이 든다.

국회의원과 첫 번째 교류(8. 19): 국회의원 교류의 중요성 인식

스웨덴 국회 외교위원회 소속 의원(6명)이 8월 말 한중일 3개국 방문 계획을 추진 중임을 파악하였다. 국회의원 모두에게 오찬 초청의 뜻을 전하였으며 그중 스웨덴-한국 의원친선협회 소속 의원 3명이 수락하였다. 8.19(화) 중앙당 룬드그렌(Kerstin Lundgren) 단장, 사민당 토렐(Olle Thorell) 의원[35], 보수당 블릭스(Gustav Blix) 의원과 그랜드 호텔에서 오찬을 함께 하였다. 트롤 외교부 의전장이 신임장 제정 전에는 국회의원과의 접촉을 삼가 달라고 했으나, 방한 의원에 대한 사전 브리핑은 대사로서 당연히 해야 할 외교활동이라고 판단하고 의원들의 반응도 볼 겸 제의해 성사된 것이었다. 그들 모두 첫 번째 방한이었다. 부임 인사와 함께 남북관계, 북핵 문제 등에 관해 설명하고 특히 한중일 3개국을 동시에 방문하게 되니 3국에서의 한국의 독특한 위상과 역량을 살펴볼 것을 권유하였다. 그들은 국제관계에 대한 식견이 풍부하지 않으며, 더욱이 지정학적으로 스웨덴이 유럽 중심일 수밖에 없기 때문에 동북아 정세 전반에 대한 이해가 깊지 않았다. 앞으로 양국 의원친선협회 소속 의원을 우선 접촉대상으로 한 지속적인 외교 활동이 절실하

---

[35] 토렐 의원은 2011년 초 이래 한-스웨덴 의원친선협회 회장을 맡고 있다. 나와 2008년 8월 처음 만났을 때에는 그는 초선의원으로 한국에 대해 막 관심을 갖기 시작할 때였다.

다고 느꼈다. 동 방문단은 8.29~30 방한 후 오찬 브리핑이 도움이 되었다고 전해왔다.

(2) 한인사회 및 친한 협회 교류

"젊은 대사를 환영한다"

차창선 한인회장 면담(7.3), 민주평통위원(마무원, 강진중, 한기숙) 초청 오찬(7.16), 한인원로(18명) 초청 관저만찬(8.21), 한인교회 창립행사 참석(8.24) 등 활동을 통해 한인사회 현황을 청취하고 한인사회 및 한-스웨덴 관계 발전 방안 등에 관해 협의하였다. 한인사회 발전과 화합 노력에 사의를 전하고 대사관은 항상 개방되어 있으니 관심사안에 대해 지속적으로 협의해 나가자고 하였다. 한인회장을 역임한 70대 원로분(박근홍, 조장원, 송요승, 천세충, 최병은 등)은 "젊은 대사가 왔다"면서 더욱 환영하며 기대가 크다고 하였다. 전직 대사에 대해 일부 비판적인 의견도 있었으나 대사관의 그간 활동을 전반적으로 긍정 평가하였다. 우리 부부는 그간 경험으로 동포사회 일부에서 떠도는 전임 외교관들의 신상에 관한 얘기에 절대로 편승해서는 안 된다는 것은 익히 알고 있었다. 관저만찬 후 일부 한인은 손편지를 보내거나 전화로 감사의 뜻을 전해왔다. 이어 오찬이나 자택 만찬에 초청하였다. 우리 동포가 외국에 오래 살다 보면 일상생활과 대인관계에 있어서의 언행이 그 나라 국민과 비슷하게 된다고 느꼈다.

한인사회 분위기

7~8월 중 스웨덴 한인사회(약 1500여 명)를 스톡홀름 중심으로 살펴보았다. 1960년대부터의 유학생과 전문인 위주의 이민 1세대는 고령화되고 있으며, 현지화될 수밖에 없는 2세, 3세 세대는 한인사회와 대사관 활동에 대한 관심이 자연스럽게 감소될 수밖에 없는 구조적인 상황에 처해 있었다. 65세 이상의 한인은 약 120명에 달하고 이들은 그간 어떠한 형태로든 한인회에 한 번 이상 봉사한 세대였다. 한인 2세, 3세는 사생활 보장과 자기책임 하의 시민의식을 중시하는 스웨덴 교육을 받아왔기 때문에, 스웨덴 사회의 일원으로서 일상생활 중에 본국과의 연계도 그리 강하지 않은 상황이었다. 그들에게는 한인회나 대사관과의 교류가 우선순위나 인센티브(incentive)가 될 수 없겠다는 생각이 들었다.

"스웨덴은 살기에 최고의 나라"

7월 상사협의회 초청 운동회(골프) 참가 등을 통해 진출기업 상사원들과 어울렸다. 대사가 대화하기 편한 상대임을 인식시켜서 현지에서 실제로 상거래를 하는 그들의 경험과 활동을 지속적으로 청취하는 것이 매우 중요하다고 생각했다. 대사관이 앞으로도 현지 상사 활동을 최대한 지원하겠다는 뜻을 전했다. 대부분의 상사원 가족은 현지 생활에 만족하며 스웨덴의 자연환경이 좋아 새로운 삶을 즐기고 있다고 하였다. 이후에 스웨덴에 2~3년 정도 체류해 본 대부분의 외국인이 스웨덴이 살기에 '최고의 나라'라는 평가를 한다는 사실을 알게 되었다.

하그만(Hagman) 예테보리 명예총영사 면담(7.8)

7.8(화) 하그만(Carl Johan Hagman) 예테보리 명예총영사(1966년생, 42세)[36]가 부임 축하차 대사관을 방문하였으며 이어 오찬을 함께 하였다. 하그만 총영사는 1994년 이래 해운업계에 종사하여 2002년 이래 한국 Eukor Car Carriers 회장 겸 CEO, 2006~2008 주한 EU 상공회의소 회장을 역임하는 등 한국과의 교류협력 경험을 바탕으로 스웨덴 현지사정과 양국 관계발전 방안 등을 설명해 주었다. 스웨덴은 국내외 대응에 있어서 너무 느리고 한국과 같은 빠른 속도의 변화가 없다고 하면서 "이제 스웨덴은 한국으로부터 배울 점이 많다"고 하였다. 하그만 총영사의 평가를 듣고 양국 간 여러 분야에서의 협력 잠재력이 크다고 느꼈다. 첫 지방 출장으로 예테보리(11.6~7)를 방문할 때 하그만 총영사는 볼보(Volvo) 회장 면담 등 일정 주선에 크게 도움을 주었다. 그는 2009년 7월 이명박 대통령의 스웨덴 공식방문 때까지 양국 관계와 스웨덴 현지 사정에 관해 수시로 유익한 의견을 전해주었다.

---

36 그간 대사관은 스웨덴 제2의 도시인 예테보리(Göteborg)에 명예총영사관 설치를 추진하여 부임 직전인 5월 5일 개관식을 개최하고 하그만 명예총영사를 정식 임명하였다. 예테보리에는 교민 40여 명과 유학생 10여 명이 거주하고 있으며 말뫼(Malmö) 등 인근지역을 포함하면 약 200명의 교민이 체류하고 있었다. 아쉬웠던 점은 부임하기 직전에 Transatlantic 회사의 CEO인 하그만 총영사는 자신의 고용주가 변경됨에 따라 2009년 초에 노르웨이 오슬로로 가게 되었기 때문에 유감스럽게도 2008년 말까지 명예총영사직을 수행하겠다고 알려 온 상황이었다.

브릭스트(Kurt Blixt) 한서협회 회장 면담(8.12)

8.12(화) 오후 대사관에서 브릭스트 한서협회(Korean Association in Sweden) 회장과 면담하였다. 그는 퇴역 육군소장으로 1999~2000년 중립국감독위원회 스웨덴 대표를 역임하였다. 지난 6.7 한인회와 한서협회, 입양한인협회의 공동주최 야유회에 이어 다시 만나 반갑다고 하고 그간 양국 관계발전에 있어서 한서협회의 역할과 기여를 높이 평가하였다. 브릭스트 회장은 최근 한국의 발전 상황이 자동차, 전자제품 등 수출 제품과, 스포츠, 음악, 영화 등 문화 분야를 중심으로 스웨덴에도 점차 알려지고 있어 한국에 대한 인식이 긍정적으로 변화하고 있다고 하면서 한서협회 차원에서도 내년도 수교 50주년을 계기로 한 문화행사 등을 추진해 나가겠다고 하였다. 나는 한서협회의 활동에 필요하면 대사관 공간을 제공하겠다고 하였다. 11.14(금) 한서협회 회장단을 부부동반으로 관저만찬에 초청하여 대화를 이어갔다. 한서협회 회원들은 대사관의 활동을 항상 적극적으로 지원하였다.

(3) 외교단 교류: 국제사회에서의 한국의 위상 및 기대 확인

6월 중에는 일본, 중국, 미국 대사 면담을 시작으로 베트남, 튀르키예, 캐나다, 스리랑카, 인도네시아, 라오스 등 9개국 대사를 그들 대사관에서 각각 면담하였다. 7~8월 중에도 20개국 대사 개별면담 등 외교단과의 교류 접촉 활동을 활발히 전개하였다.

7월 중에는 11개국 대사(방글라데시, 파키스탄, 프랑스, 말레이시아, 태국,

인도, 이태리, 라트비아, 벨기에, 호주, 독일)와 면담하고, 미국 대사 주최 리셉션(7.4), 프랑스 대사 주최 리셉션(7.14), 이태리 대사 주최 관저 만찬(7.29, 부부동반, 외교단 첫 번째 만찬)에 참석하였다. 8월 중에는 9개국 대사(핀란드, 덴마크, 스페인, 뉴질랜드, 헝가리, 필리핀, 오스트리아, 그리스, 멕시코)와 면담하고, 태국 대사 주최 관저만찬(8.6, 부부동반), 인도대사관 주최 문화행사(8.9), 인도 대사 주최 리셉션(8.11), 헝가리 대사 주최 리셉션(8.20), 인도네시아 대사 주최 리셉션(8.26), 라트비아대사관 주최 음악회(8.28)에 참석하였다. 20개국 대사들 모두가 45분~1시간의 개별면담에서 부임을 환영하고 매우 우호적이며 친절한 자세로, 자신 부임 이래의 스웨덴 생활과 스웨덴 정부와의 접촉 경험을 솔직히 전해주었다. 최근 한국의 국제사회에서의 위상 제고 추세, 자국과 한국과의 관계에 대한 긍정적 평가 및 한류 등에 따른 한국에 대한 호감을 표명하면서 우리 대사관 및 우리 부부와의 가까운 교류를 희망하였다. 국제사회에서 한국의 높아진 위상 및 한국에 대한 기대를 느낄 수 있었다.

이태리 대사(7.29), 태국 대사(8.6) 주최 관저만찬 참석

이태리 대사(Mrs.Anna Della Croce Brigante Colonna, 7.7 면담)와 태국 대사(Apichart Chinwanno, 7.4 면담)의 연이은 초청으로 우리 부부는 부임 이래 처음으로 이태리 대사(7.29), 두 번째로 태국 대사(8.6) 주최 관저만찬에 참석하였다. 유럽과 아시아 대표적 국가의 관저에서의 외교활동 내용과 수준, 외교의 장으로서 관저 준비상황(전반적 분위기, 문화 소개 방식, 만찬 진행 과정, 음식 내용 등)을 관찰할 수 있었다. 만찬에는 특히 와인과 디저트가 중요하므로 메뉴판을 챙겨 와서 가격 수준과 평가를 알아보았다. 우리 관저행사 준비와 우리 부부의 행동 요령에 크게 참고가 되었다. 돌이켜 보면 이러한 제3국 대사 주최 관저만찬 참석은 처음 부임한 우리 부부에게는 예상하지 못했던 현지 오리엔테이션 과정과 같았다. 이는 부임 직후 나의 요청으로 이루어진 대사들과의 면담을 계기로 그들이 나를 알게 되어 우리 부부를 초청하게 된 것이다. 면담과 만찬은 교류의 성격과 수준이 다르다. 대사의 선제적인 외교활동이 그 이후 어떠한 파급효과와 성과가 있을지 예상할 수 없다. 따라서 대사는 현지에서 인적 네트워크를 확대하는 외교활동을 끊임없이 전개하다 보면 네트워크와 선순환의 궤도가 만들어진다. 대사는 그렇게 현지에서 한국의 입지를 강화하고 한국 대사의 존재감(presence)을 확대해 나간다.

외교단 주최 행사

6.4 부임 후 한국 대사 앞으로 온 외교단의 초청 행사에는 예외 없이 계속 참여하였다. 스웨덴 인사 및 외교단과의 교류를 확대하고, 행사의 실질적 내용과 형식, 참석자 규모와 수준 등을 유심히 관찰하고 앞으로 우리 대사관의 활동에 참고하였다. 외교단 주최 행사로는 처음으로 7.4(금) 미국 대사 주최 국경일 리셉션에 참석하였다. 300여 명 정도 참석한 것으로 보여 예상보다 참석자가 적었다. 실버먼 공사(차석)와 부임 인사를 나누었다. 카나페(canape) 3~4개에 음료수 위주였다. 이어서 7.14(월) 프랑스 대사 주최 국경일 리셉션에 참석하였다. 미국 리셉션보다는 손님도 많고 보다 활발한 분위기였다. 샌드위치, 치즈, 빵 및 포도주, 음료수 등이 준비되었다. EU 27개국 대사와 외교관이 모두 참가한 것 같았다. 폴란드 참사관이 스웨덴 외교부가 내년 하반기 EU 의장국 수임을 앞두고 벌써부터 준비를 시작했다고 전했다. 이어 8.11(월) 인도 대사 주최 국경일 리셉션에서는 리희철 북한 대사를 처음으로 만났다. 이어 8.20(수) 헝가리 대사 주최 국경일 리셉션, 8.26(화) 인도네시아 대사 주최 국경일 리셉션에 계속 참석하였다. 외교단 주최 문화행사에도 참석하였다. 8.9(토) 인도대사관 주최 야외행사(감라스탄 광장), 8.28(금) 라트비아 독립기념 음악회(베르왈드할렌 음악당), 8.30(토) 스페인대사관 주최 음악회에 참석하였다. 이러한 활동을 통해 자연스럽게 스웨덴 국회의원 등 주요인사, 제3국 대사들과 부임 인사를 나누고 환담하면서 교류를 확대하였다.

북한 대사와 첫 번째 환담(8.11)

부임한 지 2달여 지난 8.11(월) 오후 5시 30분 스칸딕 세르겔 프라자(Scandic Sergel Plaza) 호텔에서 개최된 인도 대사 주최 이임 리셉션에서 리희철 북한 대사를 처음으로 만났다. 리 대사에게 다가가서 서로 명함을 교환하고 "언제 부임했느냐?"고 물었다. "4월 초에 부임하였다"고 대답하였다. 나는 "6월 초에 부임하였다. 한번 따로 보자"고 제의하였다. 그는 "나중에 그럽시다"라고 대답하였다. 그는 일단 긴 대화를 원하지 않으며 나를 피하고 싶은 것 같았다. 부근에 있던 파키스탄 대사 쪽으로 갔다. 리셉션장에서는 리 대사를 수행한 키가 큰 서기관이 영어통역을 하였다. 그와의 첫 대면에 인상이 나쁘지 않았다. 물론 그가 2003년 6월 이후 5년 가까이 근무하고 이임한 전인찬 대사의 후임으로, 2008년 4월 8일 부임하여 5월 23일 신임장을 제정하였음을 알고 있었다. 북한은 1974년 3월 스웨덴 상주 대사관을 개설한 후 북구 거점 공관(북구 5개국, 라트비아, 리투아니아, 네덜란드 등 8개국 관할)으로 운영하고 있었다. 리 대사와는 재임 기간이 겹쳐서 2008.6~2011.3 재임 전 기간 중 외교단 행사 및 스웨덴 정부 주최 행사에서 리 대사(부부)를 가끔 만나 대화를 이어갔다. 리 대사 부부는 항상 정중한 태도로 우리 부부를 우호적으로 대해 주었다. 같은 연배(리 대사 1954년생, 부인과 우리 부부가 모두 1955년생)라서 대화가 더 잘 통하는 것 같았다. 민감한 주제는 되도록 삼가면서 남북관계, 스웨덴에서의 일상 생활 등에 관해서 편하게 대화를 나누었다. 뒤에서 계속 다룬다.

(4) 본국 대표단 지원

스웨덴이 본격적인 휴가철에 들어간 7~8월에도 본국 각계 대표단은 끊임없이 스웨덴을 방문하였다. 대사관은 가능한 한 일정 주선에 힘쓰고 체류 활동을 지원하였다. 방문단의 구성과 성격 등을 고려하여 간담회(사법연수생, 주한 스웨덴 대사관 대구명예영사단 등), 관저오찬 및 만찬(전직 부총리, 전직 국회의원, 총리실 방문단 등)을 주최하였다. 현지 사정에 대한 브리핑을 실시하고 그들의 방문 목적에 따른 스웨덴과의 협력 확대 방안을 협의하였다. 대부분의 방문단은 예외 없이 스웨덴의 국가운영 전반에 대해 높은 평가를 하였으며, 특히 7~8월은 스톡홀름의 최고 날씨를 즐길 수 있는 시기인 만큼 그들의 스웨덴에 대한 인식과 인상은 더욱더 좋아질 수밖에 없었다.

(5) 대사관 운영

부임 석 달 동안은 대사로서 전 직원에게 외교업무와 공관운영에 관한 기본 방향을 전하고, 이에 따라 직원과의 지속적인 대화와 토론을 통해 팀워크를 맞추고 모든 직원이 대사관의 '존재이유'에 걸맞게 각자 '해야 할 일'을 수행할 수 있도록 분위기 조성에 노력하였다. 또한 대사관이 양국 관계를 선도해야 한다는 현실을 제대로 인식하도록 하여 외교관의 공관근무 목적은 '현지에서의 네트워크 관리 및 확대와 본부 보고'이므로 대사관 밖으로 나가서 적극적으로 활동할 것을 독려하였다.

직원과의 팀워크

모든 일은 인간 관계로부터 출발한다. 공관장 부부는 부임 초부 터 자연스럽게 모든 직원에게 있는 그대로 인격과 역량이 노출되 며 거기에 따라 직원(가족)과의 신뢰 관계를 쌓아간다. 우선 7~8월 휴가철에 외교관 2명 및 행정원 3명의 교체가 이루어지면서 무엇 보다도 우선 원활한 업무 인수인계를 통해 원만한 공관 운영에 주 력하였다. 특히 대사와 직접 관련 있는 스웨덴인 비서와 스웨덴인 연구원이 교체되어 이들과의 업무 호흡을 맞추는 것이 중요했다.

나는 처음부터 대사관뿐 아니라 관저 역시 공관장 부부의 생활 공간을 넘어서서, 기본적으로 외교활동을 위한 공간임을 모든 직 원에게 인식시킬 필요가 있으며 이에 따라 전 직원(가족)에게 관저 를 공개하는 것은 중요한 의미가 있다고 생각했다. 스웨덴 방문 중인 행정원 부모 초청 관저만찬(7.7), 무관 송별 관저만찬(7.30), 신 임 스웨덴 행정원과 관저오찬(7.31) 등을 통해 직원들의 화합과 사 기를 진작시켰다. 특히 스웨덴 행정원의 잦은 이직에 주목하였다. 그들의 문제인지, 한국인 직원 전체의 문제인지 불분명했다. 나는 스웨덴 직원이 대사관의 소위 친한화(親韓化) 사업의 첫 번째 대상 이라고 생각했다. 그들이 한국적 환경과 문화에 적응하도록 도와 주어 한국대사관 근무가 그들의 전문적 커리어에 도움이 된다는 확신을 갖도록 업무 환경을 만들어 줌으로써 최대한 능력을 발휘 하도록 하는 것이 필요한 일이라고 생각했다. 8월 초부터 스웨덴 직장에서 보편적으로 실시하고 있는 '커피 브레이크인 피카(Fika)'

를 대사관 일상 중 오후에 실시하기 시작했으며 고틀란드로 1박2일(8.15~16) 행정원 워크숍을 시행하였다.

대사관의 기본자료 및 체제 정비

대사를 비롯한 전 직원별로 주간 및 월간 업무계획 수립 및 관내 공유, 대사관의 접촉 대상자 명단 정비, 양국 관계 및 한국 소개자료 갱신, 공관 비치 필수 홍보자료('Facts about Korea', 'Tourist Map of Korea', 'Korea Travel Guide', 'Welcome to Korea', 'Korean Food' 등) 및 도서 확보, 대사관 명의 영문 뉴스레터 발송 계획 추진, 한국영화 관내 상영계획 추진, 행정원 인사기록 카드 정비, 행정원의 업무 매뉴얼(일, 주, 월별) 작성 등을 통해 효율적인 대사관 운영 체제 및 홍보 체제를 제도화하는 데 지속적으로 노력하였다. 특히 허 전문관의 진지한 노력으로 대사관 홈페이지의 업데이트가 꾸준히 진행되어 제대로 구색을 갖추게 되었다. 인터넷 시대에 공관의 홈페이지는 공관의 얼굴이다. 공관 홈페이지를 방문하면 양자관계 등 현황에 대한 지식과 정보를 얻을 수 있을 뿐 아니라 공관장의 활동 수준 과 공관 분위기를 느낄 수 있다. 부실한 홈페이지는 단순히 해당 공관뿐 아니라 외교관과 외교부에 대한 부정적인 평가로 이어지기 마련이다. 나는 모든 직원에게 공관 홈페이지가 공관 재임 중 자신의 얼굴과 같은 것이니 다 같이 업데이트 등 관리 작업에 적극 참여할 것을 지속적으로 촉구하였다. 한편 관저행사(오찬, 만찬) 지침을 작성하여 전 직원이 공람함으로써 대사(부부)와 담당직원 및 행정원 간의 분업 체계를 제도화하여 관저행사의 준비과정 및 예산 집행에 있어서 투명하고 효율적으로 진행할 수 있도록 하였다.

대사관과 관저 수리 본격 추진

6~8월 중 29개국 대사관 또는 관저를 방문하고, 특히 이태리 대사와 태국 대사 주최 관저만찬에 참석하여 그들의 대사관과 관저 관리 상황을 살펴볼 수 있었다. 우선 우리 대사관과 관저의 허술한 보안 체제를 점검하고 미비한 점을 보완하여 보안 체제를 강화하였다. 이어 대사관과 관저 수리를 더욱더 서두르기 시작하였다. 외교단과 스웨덴 인사들이 우리 대사관과 관저를 부러워하는 상황에서 외부 손님이 막상 실내로 들어왔을 때 그들의 실망감을 상상해 보았다. 대사관과 관저 상태를 외교부 본부에 보고하고 8월 초 대사관과 관저의 수리 우선순위 목록을 작성하였다. 공관 예산 중 가용한 범위 내에서 외부 인사가 대사관이나 관저에 초청될 경우, 실내 동선을 고려하여 눈에 보이는 공간의 외양부터 우선 가능한 수리를 시작했다. 결국 공관과 관저의 유지보수는 공관장이 어느 정도 관심을 갖고 일시적인 불편을 감수하더라도 시의적절한 조치와 행동을 취하느냐가 관건이라고 생각했다.[37]

---

[37] 사실 공관의 모든 직원이 2~3년간의 일시적인 체류자 신분인 만큼 공관과 관저 관리는 어느 누구 일도 아니라고 생각하는 경향이 있다. 재외공관의 현지 행정원 인사관리 문제와 함께 외교 당국의 상시적인 외교행정 과제임에도 불구하고 국유재산의 지속가능한 효과적인 관리방안을 여전히 찾지 못하고 있다.

3.
2008.9~12월 활동

〈활동 개요〉

　2008. 6. 4(수) 부임하여 3개월 후인 9.4(목) 구스타프 국왕에게 신임장을 제정하였다. 대사로서 부임하여 3개월 활동 및 대사관 운영 경험을 기반으로 이제부터 '대사(부부)가 아니면 할 수 없는 외교활동'에 보다 더 집중함으로써 한국 대사의 존재감을 부각시키고 활동공간을 서서히 확대해 나갔다. 인적 네트워크 확대에 노력하고 대사관과 관저를 활용한 외교활동을 확대하고 2009년 수교 50주년 계기 양국 관계 제고 방안을 마련하였다. 부임하여 5~6개월 정도 지나니까, 한국 대사에 대한 평판이 주재국 각계, 외교단 및 한인사회에 점차로 정착되는 것을 느낄 수 있었다. 스웨덴 언론 보도 동향을 매일 살펴보면서 스웨덴 사회에 대해 조금씩 이해의 폭을 넓혀갔다. 2008.9.12 주요신문이 톱 기사로 '맥도날드 햄버거 식당의 어린이 놀이터에 비치되어 있는 장난감이 어린이의 청력을 해칠 우려가 있다'고 보도하였다. 무척 의아했으나 신선했다. 바로 일반시민의 삶과 직결되는 문제를 1면 톱으로 지적한다는 의미에서 스웨덴 언론이 진정으로 국민 친화적(people-friendly)이라고 생각했다. [38]

주재국 정부, 국회 및 언론계, 학계 각계의 주요인사, 외교단, 한
인사회 등 3개 그룹과의 지속적인 교류와 접촉으로 기본적인 네
트워크를 구축하고 스톡홀름에서 한국 대사의 존재(presence)를 알
리고 공공외교활동을 통해 양국 관계와 한국을 널리 알리기 위해
노력하였다. 본국의 각계 방문단에게는 일정지원과 현지사정 설
명을 통해 방문성과 제고를 지원하였다.

나는 스웨덴 인사에게 한국이 스웨덴의 '적절하며 합당한(rele-
vant)' 파트너로서 양국 간 교류협력 확대 필요성을 강조하기 위하
여 나름대로 3개 논점을 강조하였다. 즉 1) 스웨덴의 한국전쟁 이
후 한반도에 대한 기여와 투자에 걸맞은 정당한 몫(legitimate share)
을 챙겨라, 2) 한국의 스웨덴에 대한 높은 인지도와 호감도를 최대
한 활용해라, 3) 한국의 국제사회에서의 위상과 역량을 제대로 이
해하라고 강조하였다. 이에 대해 대부분의 스웨덴 인사는 설득력
이 있다며 공감하고 한국에 대해 그리 높은 수준은 아니지만 관심
과 호감을 표명하였다. 방한 경험 인사나 일부 과학계 인사들로부
터 "이제 스웨덴이 한국으로부터 배워야 할 점이 많다"는 고무적
인 얘기도 지속적으로 들었다. 다만 전반적으로 스웨덴의 한국에
대한 인식이 결코 깊지 않으며 과거에 머물러 '현대한국(contempo-

---

38 이후 내가 스웨덴 언론인들에게 스웨덴 언론이 '국민 친화적(people-friendly)'인 것 같다고
평하였더니, 자신들은 국민 다수의 관심사에 대해 보도하는 것은 당연한 일이라고 생각한다면서
아주 좋은 표현이라고 마음에 든다고 하였다.

rary Korea)'에 대한 인식이 매우 낮다는 것을 확인할 수 있었다.

스웨덴은 한국전쟁 이후 의료단 파견, 중립국감독위원회 참여, 남북한 외교관계 수립 및 상주공관 유지, 한국의 경제발전과 민주주의 발전에의 기여, 남북한 관계개선에의 일정한 기여 등을 통해 한반도에 지속적으로 개입하고 한국을 지원하여 왔으나, 1990년 후반에 이르러서야 한국의 금융위기 극복시기인 수교 40주년 (1999년) 계기에 한국을 '매우 중요한 파트너(very important partner)'로 규정하였다. 21세기 들어서서 양국 간 고위인사 교류를 비롯해 각 분야의 교류 협력이 조금씩 확대되어 왔으나 2008년 현재 스웨덴 국민은 여전히 '협력 파트너'로서 한국의 중요성에 대한 인식은 그리 높지 않았다. 스웨덴의 주요 외교 상대국은 북구제국과 EU 회원국이 중심이며, 아시아의 주요 관심국가는 중국, 일본, 인도임을 확인하였다. 양국 관계 격상을 위한 스웨덴 정부의 선제적이며 주도적 행동(initiative)은 기대하기는 어려울 것으로 느꼈다. 결국 현지 대사가 해야 할 일은 스웨덴 각계 인사와의 교류를 통해 한국에 대한 긍정적 인식을 확산시키고 이를 바탕으로 한국과의 교류 협력관계에 실제 행동으로 나서도록 만드는 것이라고 생각했다.

공공외교활동 전개

대사관과 관저를 가능한 한 공개하여 외교활동의 장(場)으로 최대한 활용하였다. 대사관에서 국경일 리셉션을 비롯해 스웨덴 기업인 초청 설명회, 한국 영화의 밤 행사(2회), 정례토론회(강사: 7월 코트라 무역관 이동현 과장, 8월 김상열 외대교수, 9월 욘손 스톡홀름대학 한국학과 교수, 10월 최연혁 남스톡홀름대학 교수, 11월 김현덕 정신과 전문의학 박사, 12월 리벤달 스웨덴기업협회 홍보국장) 등 개최를 통해 한국 알리기와 스웨덴 배우기에 힘썼다. 관저 오찬과 만찬의 지속적 개최(2008.6~12월간 40회)를 통해 관저행사의 체계를 잡고 관저 활용도를 높여서 4개 그룹(스웨덴 인사, 외교단, 한인사회, 본국 방문단)과의 교류를 돈독히 하였다.

수교 50주년 기념행사 추진

2008년 연말까지 스웨덴 사회를 전반적으로 관찰하면서 스웨덴은 어느 분야이든지 제한된 자원(resource)의 효율적 배분을 우선하고 있으며 이러한 경향 또한 실용주의 외교행태로 이어지고 있음을 확인할 수 있었다. 스웨덴 외교부 간부들에게 내년이 양국 수교 50주년이라고 하면, 그들은 스웨덴은 내년 상반기에는 EU Troika 일원으로 활동하며, 하반기에는 EU 의장국을 수임한다는 얘기를 계속 강조하면서 EU 관계가 최우선 순위임을 밝혔다. 한-스웨덴 간 고위인사 교류나 스웨덴 국민의 관심을 끌 만한 특별한 계기가 없으면 양국 관계는 별 문제 없이 그럭저럭 현상 유지로 흘러갈 것으로 보였다. 대사관 차원의 수교 50주년 기념행사의 연중 계획을 스웨덴 외교부에 전달하였다. 스웨덴 정부 및 각계 기관의 지원은 크게 기대하지 않지만 가능한 한 협력을 받는 만큼 받아서 함께 시행하는 형식으로 추진하면 된다고 생각했다. 특히 비요르크 웁살라 주지사, 톨리포쉬 국방장관과 양국 의원친선협회 구스탑손 회장, 폴피에드, 토렐 의원을 비롯한 소속의원들, 전임 주한대사(실벤, 그뢴발, 샌드베리 대사)의 전폭적인 지원 입장을 확인한 것이 큰 힘이 되었다.

한-라트비아 관계

한편 겸임국인 라트비아 대통령(Valdis Zatlers)에게 10.14(화) 신임장을 제정하였다. 2주일 후인 10월 말 라트비아 외교부가 '고드마니스 총리의 방한'을 제의하였다. 이에 대해 12월 중순 우리 정부가 동 제의를 수락함으로써 '총리의 2009.1.18.~21 방한'이 확정되었다. 비상주 대사로서 예상치 않게 행운의 기회가 찾아왔다. 1991년 양국 수교 17년 만에 라트비아의 정상이 처음 방한하는 역사적 계기를 준비하게 되었다. 총리 방한을 준비하면서 자연스럽게 양국 관계 현황을 점검하고 교류 협력 확대방안을 모색할 수 있었다.

2008.9~12월간 주요 활동은 다음과 같다.

1) 신임장 제정(9.4) 및 의전 절차

스웨덴의 신임대사 부임에 관한 외교관례에 따라, 6.9(월) 신임장 사본을 제출한 후 다음과 같이 3개월 후 ① 외교장관 면담(9.3), ② 신임장 제출 및 국왕면담(9.4), ③ 국왕내외 주최 리셉션(10.28), ④ 외교차관 주최 부임 환영오찬(12.3) 순으로 참석하였다. 이어 관례에 따라 재임 중 국왕내외 왕궁 만찬에 참석하게 되는데 운이 좋게도 이임 한 달 전인 2011년 2월 국왕내외 주최 만찬에 참석하였다.

(1) 빌트(Carl Bildt) 외교장관[39] 면담(9.3)

신임장을 제정하기 전날 9.3(수) 오후 빌트 외교장관(59세)을 20분간 면담하였다. 외교 관례에 따른 외교장관과의 첫 번째 면담이었다. 부임한 이후 다른 나라 대사들로부터 빌트 장관에 대해 "똑똑하고 실무에 밝고 날카로운 질문을 많이 한다"는 등의 거의 일치된 얘기를 들었다. 빌트 장관은 접견실 문 앞으로 나와서 나를 영접하였다. 양국 관계에 대한 평가 및 발전방안, 고위인사 교류, 스웨덴의 대 한반도 정책 등에 관해 기탄없이 대화를 나누었다. 빌트 장관은 부임을 축하하며 스웨덴의 대 한국 투자, 한-EU 간 FTA 추진 현황, 스웨덴의 한반도 평화 정착을 위한 기여 등에 관해 언급하였다. 나는 한국전쟁 이래 한반도의 평화와 안정 및 한국의 경제와 민주주의 발전 과정에 있어서의 스웨덴의 지원과 기여에 대한 평가, 금년 4월 국왕내외의 비공식 방한에 이은 고위인사 교류 확대 필요성, 2009년 수교 50주년 계기 교류 협력 방안 등을 거론하였다.

장관은 1993년 4월 총리 재임 시절 방한을 거론하고 내년 봄 방

---

[39] 그는 30세에 국회의원을 시작하여 37세부터 13년간 보수당(Moderate Party) 당수를 지내고 그 기간 중 1991~1994년 총리를 지냈다. 2006년 10월 출범한 라인펠트(Reinfeldt) 총리가 이끄는 중도우파 연립내각의 외교장관을 맡고 있었다.

한계획을 검토하겠으며 하반기에 EU 의장국직 수행 과정에 양자 관계와 한-EU 관계 발전을 유념하겠다고 언급하였다. 장관은 특히 내년 1월 출범할 미국의 신행정부가 하반기경에 제대로 가동할 것으로 예상되므로 하반기 EU 의장국인 스웨덴의 책무가 상당히 중요하다고 강조하였다. 장관은 대사 재임 중 양국 관계발전에 기여해 달라고 하면서, 스웨덴 사람들은 날씨 얘기를 좋아하는데 자신은 "11월을 좋아한다"고 말하였다. 그가 일부러 11월 날씨를 거론한 것은 스웨덴 환경에 잘 적응하라는 격려의 말로 들렸다. 첫 면담에서 장관이 자신의 방한계획을 밝히고, 스웨덴이 EU 의장국을 수임하는 2009년 수교 50주년의 하반기 기간을 양국 관계 발전을 위해 최대한 활용하자는 데 대해 인식을 같이 했다는 것이 매우 좋은 출발이라고 생각하였다. 이후 빌트 외교장관의 공식방한 (2009.2.26~3.1) 전인 2009. 2. 20⒡ 오후 장관과 다시 면담하였다.

(2) 신임장 제정 및 국왕 면담(9.4)

신임 대사로서 주재국 국가원수에 대한 신임장 제정이 가장 중요한 외교 행사이다. 부임 전에 스웨덴 외교부 홈페이지[40]에 게재된 외국 대사의 이부임과 관련된 외교관례 및 관련자료를 살펴보았고, 대사관 보고를 통해 진행 절차를 대충 이해하고 있었다. 구스타프 국왕(62세)의 그간 방한 등 한국과의 인연 및 관련 자료를 살펴보았다. 1973년 9월 27세에 국왕으로 즉위하여 35년간 근면

---

40 어느 나라 든 외교부 홈페이지에 들어가면 그 나라의 외교와 국정체제(governance)의 수준을 어느 정도 짐작할 수 있다.

검소하고 박식하고 활발히 활동하고 있어 국민의 존경을 받고 있다고 알려졌다. 왕실 폐지 여론이 일부 유럽국가와는 달리 매우 낮은 편이었다. 국왕은 그간 5차례 방한[41]하였으며 최근 2007년 9월 스웨덴을 방문한 한덕수 총리와 면담, 2008년 4월 방한 중 이명박 대통령과 면담[42], 2008년 5월 이임하는 이준희 대사와 면담하였다. 한국 인사와 면담 시마다 국왕은 방한 시 목격한 한국의 급속한 발전과 수교 후 50년에 걸친 양국 관계 발전을 높이 평가하였다.

스웨덴 외교부는 신임장 제정 2주 전인 8. 19(화) 신임장 제정 절차 및 참고사항을 알려 주었다. 신임장 제정 후 국왕과의 환담은 15분이며 국왕은 정치적 발언을 할 수 없음을 숙지하기 바라며 환담 주제는 국왕 관심 사안(환경, 자연 사랑, 스카우트 활동), 최근 2008년 4월 국왕 방한, 북경 올림픽, 양국 수교 50주년 등이 될 것으로

---

41 국왕은 그간 1) 1987년 9월 세계스카우트지원재단 이사회 참석차 비공식 방한, 2) 1988년 9월 IOC 총회 참석차 비공식 방한, 3) 1991년 8월 세계잼버리대회 참석차 비공식 방한, 4) 1994년 11월 스웨덴 왕립공학한림원 사절단 인솔 방한, 5) 2008년 4월 세계스카우트지원재단 총회 참석차 비공식 방한(실비아 왕비 동반) 등 5차례 방한하였다. 특히 1977년 이래 세계스카우트지원재단 명예이사장으로 활동하고 있는 관계로 동 재단의 김석원 이사장과 오랜 기간 친분이 있다고 알려졌다.

42 2008년 4월 이명박 대통령이 국왕에게 특히 국왕의 1994년 11월 방한(The Royal Technology Mission)이 양국 간 과학기술 및 경제 교류에 크게 기여했다고 언급한 데 대해 국왕은 자신의 방한 활동으로 양국 간 교류가 활성화되었다는 평가에 대해 사의를 표명하였다. 양 정상은 양국 간 기후변화 대응, 환경 보호 및 대체에너지 분야에서의 협력 확대 필요성에 인식을 같이 하였다. 실벤 전 주한대사는 관저만찬에서 나에게 당시 1994년 방한 시 국왕은 스웨덴 과학자들과 같이 버스를 타고 수원, 대전, 울산, 포항을 방문하는 등 소탈하면서도 진지한 자세로 양국 간 과학기술 협력을 적극 추진할 것을 독려하였다고 전해주었다.

예상된다고 하였다.

신임장 제정 당일 활동

6.4(목) 스톡홀름에 부임한 지 꼭 3개월 후인 9월 4일(목) 10시
~10시 40분 왕궁에서 구스타프 국왕에게 신임장을 제정하고 국왕
과 환담하였다.

신임장 제정 직전 절차

아침 8시 45분 수행하는 조대식 공사, 윤석준 무관, 최형석 서기
관, 곽경환 서기관 등 4명이 관저에 모였다. 주재국 의전 관례에
따라 모두 정장 예복(white tie)[43]을 차려 입었다. 무관은 정복을 입
었다. 9시 15분 외교부 리무진 2대가 관저에 도착하였다. 동행하
는 허드만(Sven Hirdman) 의전대사(Marshal of the Diplomatic Corps)를
맞이하여 관저에서 잠시 환담을 나눈 후 외교부로 출발하였다. 9
시 35분경 외교부에 도착하여 대기하였다. 9시 45분 허드만 대사
와 함께 마차에 탑승하여 왕궁으로 향하였다. 4명의 수행원은 별
도 마차로 뒤따라왔다. 허드만 대사는 마차 안에서 자신의 주 러
시아 대사 경험을 간단히 언급하는 등 편한 분위기를 만들기 위하
여 사려 깊게 대화를 이끌어 갔다. 가는 길에 관광객으로 보이는
사람들이 환호하고 반가운 표정으로 사진을 찍었다. 한국말도 들

---

43 정장 예복은 흑색 연미복(바지 포함), 백색 조끼, 백색 셔츠, 윙 칼라(wing collar), 백색 보우
타이, 흑견 양말, 흑색 에나멜 구두(patent leather), 실크 모자, 백색 장갑으로 구성된다.

리는 것 같았다. 밖을 보고 손을 흔들었다.

10시 왕궁의 외곽 궁정(outer courtyard)에 도착하니 근위병들이 '받들어 총' 자세로 환영하였다. 내부 궁정(inner courtyard)에 도착하여 하차하니 군악대 연주가 있었다. 시종(Chamberlain) 2명이 나를 영접하여 왕궁 안으로 안내하였다. 알현실로 올라가는 계단에 근위병으로 구성된 의장대가 도열해 있었다. 알현실의 옆방에서 행사총괄대사(Grand Master of Ceremonies: Magnus Vahlquist 대사, 전 주일대사)의 영접을 받고 대기하였다. 수행원은 거기서 그대로 대기하고, 나는 비드(Lars-Hjalmar Wide) 왕실의전장(First Marshal of Court)의 안내로 알현실에 입장하였다.

신임장 제정 및 환담

국왕과 나만 있는 알현실에서 국왕에게 신임장을 제정하였다. 연설은 없었고 바로 착석하여 환담하였다. 국왕은 차분한 자세로 내 눈을 맞추면서 대화를 하였다. 국왕은 먼저 "하계휴가와 자신의 일정 등으로 신임장 제정식이 늦어졌다. 이제 스웨덴 사회가 다시 가동하기 시작했다"라고 사려 깊게 말문을 열었다. 부임을 축하하고 재임 중 양국 관계의 확대 발전에 기여해 줄 것을 기대하며, 지난 4월 방한 때 대통령과 환담 시 관심분야에 관해 진진한 의견 교환이 이루어져 만족한다고 말하였다. 그간 세계 스카우트 활동을 적극 지원하고 있는데 청소년들이 스카우트활동을 통해 국제사회의 모범적인 시민으로 성장할 수 있다는 신념을 갖고 있다면서 한국의 스카우트 활동을 높이 평가하였다. 한국 경제와 남북관계에 대해서도 관심을 표명하였다. 5번의 방한을 통해 목격한 한국의 경이로운 발전에 감탄하며 그간 양국 관계발전을 높이 평가한다고 하면서 2009년 수교 50주년을 계기로 양국 경제 통상 분야의 교류와 협력이 긴요하며 특히 경제 협회 간 협력이 강화되기를 기대한다고 강조하였다. 나는 국왕의 언급에 부언하는 형식으로 말하였다. 대통령의 안부를 전하고 한국전 이래 양국 관계발전 및 한반도 평화와 안정 유지에 있어서 스웨덴의 기여에 대해 한국 국민이 높이 평가하며 재임 중 수교 50주년 계기 등을 활용하여 고위인사 교류를 비롯한 실질 협력이 확대되도록 노력하겠다고 언급하였다.

환담 종료 후 비드 왕실의전장의 안내로 접견실을 나왔다. 10시 40분경 왕궁에서 허드만(Hirdman) 외교부 의전대사와 외교부 리무진에 동승하여 관저로 향했다.

신임장 제정 후 활동

11시경 관저에 도착하였다. 허드만 대사와 외교부 의전직원에게 사의를 전하고, 허드만 대사는 신임장 제정을 축하한다고 하였다. 허드만 대사와 공관직원들과 함께 샴페인으로 축배를 들고 기념사진을 찍었다. 11시 30분경 허드만 대사 등 외교부 직원이 떠난 후, 우리 부부는 관저에서 직원 부부 및 행정원 전원의 축하를 받으면서 뷔페 형식으로 점심을 같이 하였다.

이러한 입헌군주제하에서의 신임장 제정행사를 마치고 보니, 스웨덴이 나름대로의 의전 관례를 정착시켜 신임 대사가 스웨덴의 전통과 문화 및 국가의 품격을 느낄 수 있도록 그 절차를 정교하고 사려 깊게 진행한다는 느낌을 받았다. 무엇보다도 신임 대사와 동행하는 의전관에 퇴직한 원로 대사를 활용한다는 점이 신선했다. 부임한 지 얼마 안 되는 신임 대사는 사실 주재국 환경이 생소한데다 국가 원수를 만나는 행사로 긴장하기 마련이다. 그런데 원로 외교관이 신임장 제정 과정에 동행하면서 현지 사정을 설명하고 대사의 질문을 풀어주니 훨씬 편안한 마음으로 행사에 임할 수 있었다.[44] 관저에서 직원들과 오찬 후, 오후 3시 바로 대사관에서 발레니우스(Wallenius) 해운 부사장 면담, 이어 5시 30분 말레이시아 대사 주최 국경일 리셉션, 6시 사이프러스 대통령 공식방문 기념리셉션 참석에 이어 7시 우리 전직 국회의원을 위한 관저만찬을 주최하였다. 참으로 바쁜 하루였다.

---

[44] 1996~1998년 외교부 의전과장을 하면서 외국 대사의 신임장 제정 행사를 기획하고 진행해 본 경험이 있었다. 우리는 관례적으로 주로 초임 사무관을 의전 직원으로 활용한다. 돌이켜 보니 실용적인 측면은 있으나 무언가 배려가 부족하다는 느낌이 들었다. 신임 대사를 진정한 친한 인사로 만드는 종합적 노력이 처음부터 결여되어 있다고 생각했다. 외교부 본부에 스웨덴 사례를 보고하고 퇴직 외교관의 의전관 활용 방안을 건의하였다. 처음에는 다들 좋은 의견이라는 반응을 보였으나 지금까지 아무런 변화가 없다.

왕실의전장 및 외교부 의전장 초청 관저만찬(9. 10)

9. 10(수) 신임장 제정에 관여한 비드(Wide) 왕실의전장(First Marshal of the Court)을 주빈으로 트롤 외교부 의전장, 허드만 의전대사, 호칸손 의전대사를 관저만찬에 초청하였다. 8월 중 바리외 주한 대사 부부(8.14), 실벤 전 주한대사 부부(8.27) 초청 관저만찬 후, 이제 스웨덴 인사를 대상으로 한 3번째 관저만찬이었다. 3시간 진행되었다. 그들 모두 공용차가 아닌 택시를 각자 타고 오가는 것이 인상적이며 신선했다.[45] 주요 요점을 미리 정리하여 사의를 전했다. 이제 여러분 덕분에 신임장을 제정하였으니 양국 관계발전을 위해 최선을 다하고자 하니 지속적인 지원과 조언을 바란다고 하였다. 비드 왕실의전장은 스웨덴은 이제 한국의 '매우 스마트한 대사(extremely smart Ambassador)'를 맞이했으니 양국 관계의 전망이 밝다고 답사를 하였다. 모두 한국 음식을 즐겼다고 하고 특히 식당방에 걸린 이대원 작가의 그림을 높이 평가하였다. 비드 왕실의 전장은 이후 12. 4(목) 왕궁 연회장에서 부부가 주최하는 40여 명의 소규모 만찬에 우리 부부를 초청하였다. 왕실과 각계 주요인사를 만나는 좋은 계기였다. 재임 중 스웨덴 국가의전을 책임지는 이들 왕실과 외교부 고위인사와의 교류를 지속 유지하면서 2009년 7월 이명박 대통령의 공식 방문을 비롯한 고위인사 교류에 관해 긴밀히 협의하여 최대한 협력을 확보해 나갔다.

---

45 나중에 스웨덴 공무원은 아주 특별한 경우가 아니면 공용차를 쓸 수 없다는 것을 알았다.

(3) 국왕내외(Their Majesties the King and Queen of Sweden) **주최 리셉션 참석**(10.28)

10.28(화) 오후 3시 50분~5시 20분 최근 신임장을 제정한 11개국 대사 부부를 위한 국왕내외 주최 왕궁리셉션에 우리 부부가 참석하였다. 복장은 검은 신사복(dark suit)이었다. 국왕내외가 각 대사 부부를 접견하였다. 중국 대사 부부에 이어 우리 부부를 3분 정도 접견하였다. 국왕내외는 미소를 띠고 맞이하였다. 실비아 왕비는 환한 모습이었다. 국왕내외는 먼저 지난 4월 방한을 거론하고 국왕은 자신은 5번째 방한이라고 하고 왕비는 첫 번째 방한[46]이라고 하면서 매우 인상적이었다고 말했다. 대통령 내외에게 안부를 전해달라고 하였다. 나는 한국 국민이 한국전쟁 이래 한국 발전과정에 스웨덴의 지원에 감사하게 생각한다고 말했다. 국왕은 지금 세계경제가 어려우나 장기적으로 보고 대응함이 필요하다고 하고, 북한을 다루는 데에는 인내심이 필요하다고 언급하였다. 나는 지난 1300여 년 동안 한반도에서는 통일된 한 나라만 있었으며 최근 60년의 남북 분단 기간은 예외적 경우이며 짧은 시간이라고 화답하였다. 부임하여 5개월 가까이 지낸 시점에 왕궁 리셉션을 다녀온 후, 나는 21세기 국제 정세와 국제 관계에 대한 객관적인 이해를 바탕으로 우리의 국력과 위상에 맞는 양자관계 설정이 중요한 외교 과제이며, 현지 대사는 주재국 주요인사의 기존 고정관념을 조금씩 긍정적으로 변화시키는 일을 선도적으로 해야 한다고

---

46   실비아 왕비는 2008년 4월 3~5일 국왕내외 비공식 방한 중, 경기도 부천소재 다니엘 종합병원 내 스웨덴 노인센터 개소식에 참석하였다.

생각했다.

(4) 비스랜더(Gunnar Wieslander) 통상차관 주최 부임 환영 오찬 참석 (12.4)

12.4(목) 외교부 내 연회장 오찬에서 비스랜더 통상차관은 먼저 외교부 내부사정으로 부임 환영 오찬이 신임장 제정 후 3개월이 나 늦게 개최된 데 대해 양해를 구하고, 2009년 수교 50주년 계기 로 빌트 외교장관의 방한을 추진하고 있으며 경제단체 대표단 교 류 등 다양한 행사를 추진해 나가자고 하였다. 나는 부임하여 6개 월이 지난 시점의 환영 오찬 자리가 앞으로의 현지 외교 활동에 매우 중요한 계기라고 생각했다. 비스랜더 차관의 환영사에 대해, 나는 원고를 읽지 않고 차관을 비롯한 참석자 전원과 눈을 맞추면 서 짧지만 강한 메시지를 전했다. "부임 후 스웨덴 인사를 계속 만 나면서 느낀 점은 우리 두 나라 사이에 공통점이 많으며 우리가 스웨덴과의 관계를 중시하듯이 스웨덴 국민도 똑같이 한국과의 관계를 중시한다는 사실을 인식하였다. 과거의 50년 관계를 되돌 아보고 다음 50년 동안 어디로 갈지 이정표(milestone)를 정립하는 데 지혜를 모을 바로 그 시간(right time)이라고 생각한다. 양측이 함 께 서로에 대한 이해를 위한 더 많은 교류와 미래의 건설적이며 복원력 있는 관계(constructive and resilient relations)를 위한 호혜의 프 로젝트를 추진해 나가자"고 주장하였다. 참석자 모두가 수긍하는 표정을 지었다. 나와 최 서기관 이외에 스웨덴 인사는 10명이 참 석하였다. 호칸손 의전실 대사, 모린 아태국장, 노르드룬드 한국

담당관 등 외교부 인사, 브릭스트 한서협회회장 외에 환경부의 함마슐드 대사(Erik Hammarskjold), 국방연구소(FOI)의 프리스크 고문(Lars Frisk), 스칸디나비아 바이오 가스[47]의 다니엘손(Erik Danielsson) 회장, 스웨덴 연구고등교육 국제협력재단(STINT: Swedish Foundation for International Cooperation in Research and Higher Education)[48]의 래브하겐(Mattias Löwhagen) 담당관이 참석하였다. 한국과 협력 확대 추세에 있는 환경, 국방 및 방산, 바이오가스, 과학연구 분야의 책임자를 특별히 선정한 것 같았다. 이로써 부임한 후 비스랜더 통상차관과 2회 면담(9.29, 11.10)에 이어 오찬(12.4)를 갖게 되었다. 나는 이후 관저 오찬 초청 및 한국 외교차관, 국회의원 면담 계기 등을 통해 차관과 교류를 이어갔다. 그는 항상 정중하고 진지한 자세로 양국 관계발전 방안 협의에 임했다.

2) 주요인사 교류 및 활동

(1) 외교부

신임장 제정에 따른 관례에 따라 빌트(Carl Bildt) 외교장관 면담(9.3)과 비스랜더 외교부 통상차관 주최 부임 환영 오찬(12.4)에 참

---

47 동 사는 2007년 7월 울산시와 투자양해각서를 체결하였으며 이에 따라 음식물처리시설 및 바이오가스 생산처리시설을 울산시 용연하수처리장 내 설치를 추진 중이었다.

48 한국과학기술재단(KOSEF)과 동 재단은 2005년 12월 교류협력에 관한 양해각서(MOU)를 체결한 후 2006년부터 공동세미나, 대학생 교류, 과학자파견 등 협력 사업을 진행 중이었다. 특히 2008년 9월 특별협력사업관련 양해각서를 체결하여 양국 연구자 간 신규 네트워크를 구축하여 2008년 8건, 2009년 20건을 지원하고 있었다.

석하였다. 이와는 별도로 비스랜더 통상차관의 10월 방한(10.5~6) 전후에 2번 면담(9.29, 11.10)을 하였다.

기본적으로 모린(Molin) 아태국장을 상대로 정기적으로 교류 (9.30 오찬, 11.10 오찬, 12.3 관저오찬)하면서 외교부 간부와의 면담, 오찬, 만찬 활동을 전개하였다. 모린 국장은 모친 별세 직후에도 불구하고 사전약속에 따라 오찬(9.30)에 응하면서 당일 중국리셉션에는 불참하는 등 한국을 배려하는 자세를 보였다. 그는 방북(9.3~8) 결과와 스웨덴-북한 관계를 상세히 설명하는 등 한국 중시 입장을 전하면서 일본, 중국 동향에 대해 의견을 묻곤 하였다. 연말에는 외교부가 관례적으로 개최하는 루시아(Lucia) 리셉션에 참석하여 외교부 간부들과 환담하였다. 이러한 활동을 통해 외교부와의 기본적 네트워크는 확립할 수 있었다. 부임인사 겸 벨프라게(Frank Belfrage) 정무차관 면담을 계속 추진하였으나 회신이 없었다. 일정한 시간 후 다시 물어보면 비서관은 "급한 일이냐"고 반문하였다. 2008년 내에는 결국 면담이 이루어지지 않았으며 2009년 1월 26일(월) 벨프라게 차관과 면담하게 된다. 우리 대통령 방문이나 자신의 상사인 외교장관의 방한 정도의 실질적 이슈가 있어야 정무차관이 직접 나선다는 것이었다.

부임 직후부터, 스웨덴 외교부 장관, 차관은 만나기가 어렵다는 외교단의 일반적인 불만은 계속 들었다. 외교부 고위인사 대부분이 실질적인 주제가 없는 의례적 면담은 지양하며, 전화나 이메일 연락을 선호하고 있음을 확인하였다. 다만 나는 외교단 행사에 지속적으로 참석하면서 외교부 고위인사들이 대사가 다수 모이는 외교단 행사에는 적극적으로 참석한다는 것을 알았다. 2008년 연말까지 스웨덴 사회를 전반적으로 관찰하면서 어느 분야이든지 제한된 자원(resource)의 효율적 배분을 우선하고 있으며 이러한 경향 또한 실용주의 외교행태로 이어지고 있음을 조금씩 이해하기 시작했다.

(2) 정부 고위인사 교류

한편 스웨덴 정부부처의 주요인사들이 30대부터 60대까지 골고루 분포되어 있다는 사실도 신선한 충격이었다. 30대 후반~40대 초반의 장관과 주요간부들의 개방된 자세와 활력을 느꼈다. 젊은 정치적 임명 공무원과 상대적으로 나이와 경력이 많은 직업 공무원과의 상하관계 및 분업이 원만히 이루어지는 것이 부럽기도 하고 신기하기도 하였다. 어느 조직이든지 장유유서(長幼有序)가 상당한 영향을 미치고 있는 한국과는 완전히 다른 세계라는 느낌을 받았다. 젊은 주요인사들과 일정한 신뢰관계를 쌓으면 상당기간 지속될 수 있을 것이므로 젊은 주요인사 그룹과의 교류는 중장기적으로 대응함이 바람직하다고 판단했다.

10.24(금) 오후 유엔의 날을 기념하는 사브니(Nyamko Sabuni) 통합양성평등 장관(Minister of Integration and Gender Equality) 주최 리셉션에 참석하였다. 동 장관에게 부임 인사를 전하고 양성평등 분야에 있어서의 양국 간 협력 방안에 대해 의견교환을 하고 계속 협

의해 나가기로 하였다. 이어 2009년 1월 29일(목) 동 장관을 공식 면담하고 한국 여성가족부와의 교류에 관해 협의하였다. 동 장관은 1969년생 39세로 아프리카 브룬디(Brundi) 출신 흑인 여성이며 자유당(Liberal Party) 소속으로 2006년 9월 국회의원에 당선되었다.

11.25(화) 오전 '국제 감자의 해(International Year of the Potato)'를 기념하기 위한 왕립과학한림원 주최 세미나에 초청받아 참석하였다. 그 기회에 축사를 한 얼란손(Eskil Erlansson) 농업장관(1957년생, 51세, 중앙당 소속)과 잠시 환담하였다. 내가 스웨덴에 대한 한국 국민의 높은 호감과 친밀감을 전하니 장관은 한국을 좋아하며 그러한 평가에 감사하다고 하고, 양국 관계의 발전 잠재력이 크다는 데 대해 완전히 동의한다고 하였다. 앞으로 양국 관계에 보다 높은 관심을 가져 달라고 요청하였더니 "물론이다"라고 대답하였다.

12.5(금) 빌스트램(Tobias Billström)[49] 이민난민정책 장관(Minister for Migration and Asylum Policy)이 주최하여 노동이민개혁 정책을 설명하는 리셉션 장에서 장관과 잠시 환담하였다. 그는 밝은 표정의 청년 정치인(1973년생, 35세)으로 스웨덴 정치의 활력을 느낄 수 있었다. 장관에게 그간 한-스웨덴 의원친선협회 의원으로서 양국 관계발전에 기여해 온 데 대해 사의를 전하니 장관은 최근 양국 관계발전을 평가하면서 한국에 대해 계속 관심을 갖겠다고 하였다. 이후 동 장관은 2009년 7월 이명박 대통령 공식방문 일정 중, 첫

---

[49] 2022년 10월부터 스웨덴 외교부장관을 맡고 있다.

날 하마비(Hammarby) 환경도시 방문을 영에 수행장관으로 안내하고 자신의 아파트를 소개하였다. 2010년 9월 나는 동 장관과 함께 양국 간 워킹홀리데이 프로그램(WHP) 협정에 서명하였다.

톨리포쉬(Sten Tolgfors) 국방장관 초청 오찬 면담(11.26)

나는 9.4 신임장 제정 후, 톨리포쉬 국방장관의 면담을 계속 추진하였다. 장관은 면담 대신 나를 11.26(수) 오찬에 초청하였다. 장관(1966년생, 42세)은 1994년(28세) 국회의원 당선 이래 보수당의 차세대 지도자로 주목받아 왔으며, 2006년 10월 출범한 라인펠트 총리의 초대 내각에서 통상장관(Minister for Foreign Trade)을 지낸 후 2008월 2월 국방장관에 취임하였다. 한-스웨덴 의원친선협회 회장을 역임하였으며 통상장관 시절인 2007.6월 방한하였다. 장관의 젊고 활기찬 모습에 신선함을 느꼈다. 장관은 1994년 국회의원이 된 이래 한국에 대해 높은 관심을 갖고 양국 관계의 발전 과정을 배우면서 양국 관계를 지원했다면서 1만 명의 입양아는 스웨덴의 모범적인 시민이자 귀중한 인적 자산(asset)으로서 양국의 가교(bridge) 역할을 수행할 것으로 기대한다고 하였다. 2007년 6월 방한 시 양국 간 상호 보완적인 협력관계가 보다 확대될 수 있다는 확신을 갖게 되어 양국 관계의 미래를 낙관하게 되었다고 강조하였다. "대사가 부임 후 짧은 시간 내에 매우 중요한 인사(very important dignitaries)들을 계속 만나고 있다"고 듣고 있으며 언제라도 만나겠다고 하였다. 장관이 한식을 좋아한다고 하면서 스톡홀름 시내에 한국음식점을 추천해 달라고 하여 나는 우리 관저가 최고의 한식집이니 언제라도 환영한다고 대답하면서 관저 초청 의사를 전달하였다. 그는 재임 중 가장 가깝게 지낸 장관이었다.

(3) 국회 교류

9.17(수) 구스탑손(Holger Gustafsson) 한국-스웨덴 의원친선협회 회장 면담을 시작으로 한-스웨덴 의원친선협회 소속 의원(26명) 중 일부 의원, 주요의원, 국회사무총장, 국제국장을 개별적으로 국회 내 의원사무실이나 의원식당에서 면담하였다. 11.12(수) 대사관 주최로 12명 국회의원을 대상으로 처음으로 양국 관계 설명회와 관저만찬을 주최하였다. 국회의원들은 개방적이며 겸손한 자세로 스웨덴 국회 사정을 설명하고 양국 관계 발전과정을 높이 평가하고 앞으로의 협력 확대 및 양국 국회 간 교류확대를 위해 나름대로의 역할을 수행해 나가겠다고 하였다.

앞서 서술했듯이 국회의원이 특권의식 없이, 봉사직이라는 인식하에 국회 내 작은 방에서 보좌관 없이 일하는 모습을 보고 스웨덴의 국격과 국제사회에서의 경쟁력을 느낄 수 있었다. 그들 대부분이 방한한 적이 없으며 한국에 대한 이해가 높지 않아 한국 현황과 한-스웨덴 관계 발전전망에 대해 지속적으로 설명할 필요를 절감하였다.

구스탑손(Holger Gustafsson, 1946년생, 62세, 기독민주당, 1991년 당선) 한국-스웨덴 의원친선협회 회장 면담(9.17), 디스모르(Ann Dismorr)

국회 국제국장 면담(9.19, 바리외 주한대사 후임으로 외교부 파견대사), 토렐(Olle Thorell) 의원(41세, 사민당, 2006년 당선) 면담(9.23), 폴피에드(Jessica Polfjärd, 1971년생, 37세, 입양아 출신, 보수당, 2006년 당선) 의원 면담(10.1), 포스베리(Anders Forsberg, 1944년생, 64세) 국회사무총장(Secretary General) 초청 오찬 참석(10.8), 셀렌(Birgitta Sellén, 1945년생, 63세, 중앙당) 국회부의장 면담(10.21), 닐슨(Nils Oskar Nilsson, 1935년생 73세, 보수당) 국방위원장 면담(10.22), 해밀톤(Björn Hamilton, 1945년생 63세, 보수당) 의원 면담(10.23) 등 활동을 전개하였다. 일부 의원이 방한 경험이나 부친이 군 장성으로 한국전쟁 직후인 1954년 중립국감독위원회 스웨덴 대표를 지낸 인연, 입양 등으로 한국에 대해 특별히 관심을 표명하였다.

한-스웨덴 의원친선협회 의원 초청간담회 및 관저만찬(11.12)

9.17 구스탑손(Holger Gustafsson) 의원친선협회 회장 면담 후, 지속적으로 추진해 온 한-스웨덴 의원친선협회 소속의원 초청 행사를 11.12(수) 저녁 6시 30분~10시 대사관 간담회, 관저만찬 순으로 주최하였다.

구스탑손 회장을 비롯하여 셀렌(Mrs.Birgitta Sellén) 국회 제2부의장, 룬드그렌(Mrs.Kerstin Lundgren), 아스트램(Mrs. Alice Aström), 린드브라드(Göran Lindbrad), 폰 시도우(Henrik von Sydow), 다니엘슨(Staffan Danielsson), 프리드(Egon Frid), 토렐(Olle Thorell), 폴피에드(Mrs. Jessica Polfjärd) 의원(10명)과 협회고문인 비요르크(Anders Björck) 웁살

라 주지사가 참석하였다. 7개 정당 중 자유당과 환경당을 제외한 5개 정당 소속의원이 참석하였다.

먼저 대사관 간담회에서 한국의 주요정책(북핵 문제 등 남북관계 등)과 양국 관계(현황, 수교 50주년 행사 계획 등), 국제금융위기 관련 한국 경제상황과 정부 대응조치 등에 대해 브리핑을 하였다. 이어 질의 응답 시간을 가진 후 관저로 자리를 옮겨 만찬을 하면서 대화를 이어갔다. 비요르크 주지사와 구스탑손 회장은 한국의 경제발전과 민주화에 경의를 표하고 스웨덴의 그간 기여에 걸맞게 앞으로도 양국 관계발전을 위해 노력해 나가겠다고 하였다. 주지사는 만찬답사에서 특히 1976년 첫 방한 시 경험을 거론하면서 한국의 눈부신 발전은 감동적이며, 한국 대사들의 현지 스웨덴에서의 외교 활동에 감탄하며 무엇보다도 한국 음식이 참으로 맛있었다고 덕담을 하였다. 구스탑손 회장은 내년 상반기 의원단의 한국 방문 계획을 검토하겠다고 하였다.

참석자 모두가 불고기, 김치 등 한식을 남기지 않고 즐겼다. 참석 의원들은 이러한 한국대사관의 행사는 참신한 시도로서 한국과 양국 관계를 이해하는 데 시의적절하고 유용했다고 평가하였다. 일부 의원은 스웨덴 국민이 한국에 대한 인식을 제고할 수 있도록 한국문화 소개 활동을 적극 전개해 줄 것을 조언하였다. 입양아 출신 폴피에드 의원은 자신의 선거구를 방문해 달라고 하고 아들이 코리아(KOREA)와 이케아(IKEA)를 아직 구별을 못 한다고 농담을 건넸다. 나는 의원들에게 이러한 행사의 정기적 개최를 제의하였고, 의원들은 의회 일정이 허락하는 한 지속적으로 참여하겠다고 하였다.

스웨덴 정계 거물인 비요르크 주지사와 보좌관도 없는 10명의 의원이 3~4시간 동안 한국 대사와 함께 보낸다는 것은 그들에게는 대단한 투자였다. 그 시간이 자신들의 정치 활동에 도움이 된다고 느끼게 해야 했다. 우리 외교관들이 깔끔하게 영어 브리핑을 하고 자신 있게 토론에 나섬으로써 한국 대사관의 수준과 역량을 숨김없이 보여줄 수 있었다. 동 행사 후 구스탑손 회장은 11.14자 다음 요지의 감사메일을 보내왔다.

'(스웨덴) 한국의원친선협회(Parliamentary Korea Association)는 11월 12일 조 대사의 초청에 높은 가치를 부여하며(put great value), 참석자 모두가 한국과 양국 관계에 대한 브리핑이 전문적으로 이루어지고, 내용이 매우 재미있고 유용했다고 평가했다. 풍부한 만찬 초청에 매우 감사(large thanks)하여 분위기가 무척 좋았다. 의원 모두가 적절한 시기에 다음 기회를 갖게 되기를 기대한다.'

이어 한 달 후 12.18(목) 구스탑손 의원친선협회 회장이 국회식당에서 11월 관저만찬의 답례로 오찬에 초청하였다. 자비로 식사비용을 지불했을 것이라고 생각했다. 회장은 지난 11.12 대사관 브리핑 및 관저만찬에 감사하며 참석의원 모두가 크게 만족했다고 하였다. 대사관 초청행사를 일단 분기별로 추진하되 양국 관계 추이 및 스웨덴 국회사정을 보아 가면서 구체 일정을 잡기로 하였다. 이후 재임 중 2009년에 2회(3월, 11월) 2010년에 3회(4월, 6월, 12월) 같은 형식으로 의원친선협회 의원을 초청하여 대사관 간담회 및 관저만찬을 이어갔다.

(4) 각계 주요인사 교류

상기와 같이 먼저 외교부, 주요 부처 각료 및 국회와의 기본네트워크 구축이 가장 중요하다고 생각했다. 이어 정계, 국방, 경제, 언론, 문화계 인사를 각각 면담하였다. 부임 인사를 전하고 양국 관계 교류 협력 확대를 위한 관심과 지원을 요청하였다. 주요 활동은 다음과 같다.

(정계) 먼저 보수당 정부와 가깝다고 알려진 주요인사를 면담하기 시작하였다. 언켈(Per Unckel) 스톡홀름 주지사[50] 면담(9.19, 주지사 관저), 브라드홀름(Bo Bladholm) 스톡홀름 시장[51] 면담(9.24)이 이어졌다.

언켈 주지사는 교육부장관 시절 방한 경험을 소개하면서 양국 간 교육기술분야 교류가 이루어졌으나 스웨덴 국내에서는 제대로 알려지지 않았다고 아쉬움을 표명하였다. 나는 한국 발전과 스웨덴의 남북한 대사관, 중립국감독위 대표단 등 3개 대표부(mission)

---

[50] 그는 60세 보수당(Moderate Party) 출신으로 빌트 보수당 정부 시절에 1991~1994년 교육부장관, 2003~2006년 북구각료이사회(Nordic Council of Ministers)의 사무총장을 역임하고 2007년부터 스톡홀름 주지사로 재임하고 있었다. 빌트 외교장관과 아주 가깝다고 알려졌다

[51] 1942년생 보수당 출신으로 보수당 지도부와 가까운 고위인사였다. 2006년부터 스톡홀름 시의회 의장을 맡고 있었다.

유지를 통한 한반도 평화와 안정에의 기여를 강조하고, 스웨덴의 한국전 이래 그간 대 한반도 투자에 대한 정당한 몫을 이제 챙겨야 하는 것 아니냐고 반문하고 앞으로 스웨덴의 더 많은 투자, 더 많은 방문을 기대한다고 하였다. 이제 국제사회에서 한국의 위상과 역량을 제대로 이해하기 바란다고 하였다. 이에 대해 언켈 주지사는 아주 좋은 지적(very good points)으로 스웨덴 지도부 인사와 공유하겠다고 하였다. 빌트 장관과는 30년 이상 오래된 친구라고 하면서 언제라도 자신을 방문하라고 하고 무슨 일이라도 도와주겠다고 하였다. 이후 나는 주지사 부부를 관저만찬에 초청하는 등 교류를 이어갔다. 내가 2011년 3월 이임한 후 안타깝게도 2011년 9월 주지사 재직 중 63세로 암으로 별세하였다.

스톡홀름 시청청사는 외양보다 안에 들어가보니 훨씬 아름답고 품위가 있었다. 매년 노벨상 수상식 후 국왕 주최 만찬이 시청 홀에서 진행된다. 브라드홀름 시장은 시청 실내를 직접 안내하였다. 시청 시의회 회의실 천장에 바이킹의 배를 뒤집어 놓은 형상이 매달려 있다. 바이킹들이 배를 뒤집어 놓고 그 속에 들어가서 결론이 날 때까지 토론했던 전통에 따른 것이라며 외부 영향을 받지 않고 협의하여 결론을 내라는 뜻이 있다고 설명했다. 시장 사무실은 풍경화로 가득 차 있어 정원 안에 있는 것 같았다. 시장은 빌트 외교장관과 오랜 기간 친교를 나누고 있으며 그는 일밖에 모르는 일 중독자(workaholic)이며 그에게 늘 너무 일하지 말라고 충고한다고 하였다. 사실 보수당 원로 지도자의 딸과 결혼하여 출세하기 시작했다고도 하였다. 양국 관계 현황 설명에 대해 그는 특히 스웨덴이 환경, 에너지, 노인복지에 높은 경쟁력이 있으며 70~80개 한국 진출한 스웨덴 기업으로는 부족할 것 같다고 하였다. 시장은 시청 주관 사업에 참가하는 경제인들에게 한국을 널리 홍보하겠다고 하고 언제라도 연락을 주라고 하였다. 이후 시장 부부를 관저만찬에 초청하는 등 가깝게 교류하였으며 시장은 2009.7 대통령 공식방문 및 한국 국회의원 대표단 면담 등 계기에 적극 지원하였다.

비요르크(Anders Björck) 웁살라(Uppsala) 주지사[52]는 면담 요청에 대해 스톡홀름 교외에 있는 유서 깊은 식당(Ulriksdals Vardshus: 영어명 Inn of Ulriksdal)에 오찬을 초청(10.24)하였다. 주지사는 최근 2년 전 방한을 포함하여 12번 방한하는 등 한국과 깊은 인연이 있다면서 이종찬 전 국정원장 등과 친하다고 하였다. 양국 관계에 대해서는 스웨덴 내 그 누구보다도 잘 알고 있으며 한국의 발전상에 감명받고 있으며 양국 관계발전을 위해 할 수 있는 일은 계속 해나갈 생각이라고 하였다. 박정희, 김대중 등 한국 지도자 대부분을 만났으며, 앞으로 한국과 안보 국방 분야에서의 정보 교환이 확대되기를 바란다고 하였다. "스웨덴이 중립국감독위원회에 계속 참여하는 것은 한반도의 미래가 불투명한 상황하에서 앞으로의 효용 가능성이 있다고 보기 때문"이라고 설명하였다. 북한의 지속된 방문초청에도 불구하고 방북하지 않는 이유는 북한이 방

---

[52]　비요르크 주지사(1944년생 64세, 보수당)는 스웨덴 정계의 원로로서 1968년 24세 때부터 국회의원(1968~2002)을 시작하여 빌트 총리 내각의 국방장관(1991~1994), 국회부의장(1994~2002), 한-스웨덴 의원친선협회회장(1980~1987, 1994~2000 2회)을 역임하고 웁살라 주지사(2003~2009)이자 국가국방정보이사회(National Defense Information Board) 의장(총리 임명)을 맡고 있었다. 빌트 외교장관과 가깝다고 알려져 있었다.

북을 정치적으로 이용할 가능성이 높다고 보기 때문이라고 하였다. 이후 그는 11. 12 한-스웨덴 의원친선협회 고문 자격으로 국회의원들과 함께 관저만찬에 참석하였다. 나는 다시 2009. 2. 2 주지사 내외를 주빈으로 관저만찬에 초청하였으며 이어 웁살라 주를 공식 방문하였다. 주지사는 2009년 7월 이명박 대통령 방문 시 '스웨덴 유공자 만찬간담회'에 참석하는 등 양국 관계발전을 적극 지원해 주었다.

이어 에가르트(Peter Egardt) 스톡홀름 상공회의소 회장[53] 면담 (10.30) 시 나는 내년 수교 50주년 계기와 한-EU FTA 타결 전망을 감안하고 최근 세계금융위기 극복을 위해서는 양국 경제계의 협력 확대가 절실하다고 강조하였다. 회장은 전적으로 동감하며 스웨덴 기업이 성숙하고 안정된 한국 시장의 잠재력은 어느 정도 이해하고 있다고 하면서 한국 경제사절단 방문을 환영한다고 하였다. 이후 그는 2010년 봄에 비요르크 주지사 후임으로, 웁살라 주지사로 취임하여 2010~2016년까지 지냈다. 2010년 웁살라 주의 외교단 초청 계기에 다시 만나 한국과 웁살라 주 간의 교류협력 방안에 관해 협의하였다. 피셔스트램(Johan and Babro Fischerström) 전직 왕실의전장[54] 부부를 대사관에서 면담(11.3)하였다. 부부는 한국

---

53 에가르트 회장(1949년생, 59세)은 빌트 총리 내각의 총리실 사무차관(1991~1994)을 지냈으며 빌트 장관과 가까운 사이로 알려졌다. 1995년 취임 이후 현재까지 재임 중이었다. 언켈 스톡홀름 주지사의 권유로 그와의 면담을 추진하였다.

54 그는 군인 출신으로 비드(Wide) 현 왕실의전장(First Marshal of the Court)의 전임자로서 1998~2007년간 근무하였으며, 부인은 법무부 차관보, 알란다 공항 이사장을 지내고 현재 스웨덴 신문 협회회장을 맡고 있었다. 중앙일보 홍석현 회장과 친하다고 알려져 있었다. 사실 홍 회장은

2회 방문과 홍 회장을 비롯한 한국 인사와의 교류 등 그간 경험을 자상히 설명하고 실벤 전 주한대사와 가깝다고 하면서 한국 홍보에 가능한 역할을 하겠다고 하였다. 한국 대사와는 영어가 잘 통해 좋다고 하고, 대사관저는 가 보았으나 대사관 방문은 처음이라고 하고 훌륭한 문화재급 건물을 확보했다고 평가하였다. 이후 관저만찬 및 대사관 주최행사 등을 통해 교류했으며 2009.7월 대통령 방문 시 왕실일정 마련에 측면지원을 아끼지 않았다.

(국방 분야) 11.4(화) 호름그렌(Gunnar Holmgren) 방위사업청(Swedish Defense Material Administration: FMV) 청장 면담, 11.24(월) 시렌(Håkan Syrén) 총사령관(해군 대장) 면담, 12.15(월) 샌드스트램(Madelene Sand-ström: 여성) 국방연구소(Swedish Defense Research Agency: FOI) 소장을 면담하고 양국 간 국방분야에서의 교류협력 확대 방안을 협의하였다.

각각의 면담에서 나는 한국전 이래 스웨덴의 한국과 양국 관계 발전에 있어서의 기여와 지원에 감사하며 특히 스웨덴이 중립국 감독위의 일원으로서 한반도의 평화와 안정 유지에 크게 기여해 온 것을 높이 평가한다고 하고 양국 간 국방 및 방산 분야에서의 협력이 확대되는 추세가 고무적이라고 설명하였다. 2007년 4월 체결된 양국 국방연구소(스웨덴 FOI-한국 ADD)간 양해각서에 따른 구체 협력사업 진행, 군사비밀보호협정 및 국방부간 교류협정 체

내가 부임 후 이틀 후인 6월 6일 나에게 전화를 하여 예테보리에서 개최된 세계신문협회 총회 참석 후 연락한다고 하면서 동인의 연락처를 알려 주고 동인과 접촉할 것을 권유하였다.

결 문제, 방산물자 품질보증 협정 등을 거론하고, 내년 수교 50주년 계기에 1) 고위인사 교류, 2) 양국 간 교섭중인 모든 협정의 체결 완료, 3) 국방 방산 분야 세미나 개최 등을 제의하였다. 스웨덴 측은 시의적절한 제의라면서 동의하며 모든 사업이 이루어질 수 있도록 최대한 노력해 나가겠다고 하였다. 시렌 총사령관은 1994년, 2007년 방한 시 한국의 산업 발전상에 깊은 감명을 받았다고 하고, 한국이 차세대 전투기 사업(FTX) 추진 과정에 스웨덴의 그리펜(Gripen) 전투기에도 관심이 있는 것으로 알고 있는데 그리펜 전투기는 첨단기술을 보유하고 있다고 자부하니 동 분야에서도 협력을 기대한다고 하였다.

(경제계) 베리만(Mattias Bergman) 스웨덴 무역협회(Sweden Trade Council[55])의 아시아담당 부회장 면담(9.25)과 샌드룬드(Per-Erik Sandlund) 스웨덴 투자청장(CEO, Invest in Sweden Agency) 면담(9.26)을 통해 스웨덴 경제계의 동아시아에서의 주 관심 지역은 중국, 일본이며 "한국에 대한 관심은 상대적으로 적다"는 솔직한 애기와 스웨덴의 앞으로의 유망시장으로 "우선 중국, 일본, 캐나다, 인도를 주목하고 있으며, 이어 브라질, 한국도 유념하고 있다"는 설명을 들었다.

---

55 'Swedish Trade Council'은 1972년 수출확대 목적을 위해 조직되었다. 내가 2011년 이임한 후 2013년 "Invest Sweden'과 통합되어 'Business Sweden'이 되었다. 동 기관의 주한 스웨덴무역투자 대표부(Swedish Trade & investment Council)가 양국 간 무역투자 분야에서의 교류협력을 지원하고 있다.

요한손(Leif Johansson) 볼보 회장을 면담(11.7, 예테보리 볼보 본사)하였다. 동 내용은 에피소드에서 후술한다.

에릭슨(Ericsson)[56] 본사 방문(12.16)을 통해 페르손(Ulf Pehrsson) 부회장 및 비요르크(Per-Olof Björk) 아태지역 담당이사와 면담하고 에릭슨은 한국과의 교류 협력에 있어서 한국 기업과 시장을 높이 평가하고 매우 적극적인 자세를 취하고 있음을 확인할 수 있었다.

(홍보 및 언론계 교류) 리벤달(Tove Lifvendahl)[57] 스웨덴 기업협회 홍보국장(Director of Communication, Confederation of Swedish Enterprise) 초청 오찬(9.26)을 하면서 스웨덴 현지 사정과 양국 관계에 대해 의견을 교환하였다. 그녀는 누가 봐도 참한 한국 여성과 같은 인상이었다. 내가 스웨덴 7개 정당 중 왜 보수당(Moderate Party)을 선택했느냐고 물으니 "평등하고 일률적인 스웨덴 사회에서 보수당은 사유권과 사기업활동을 철저히 옹호하고 다른 것을 추구하는 개인을 좀 더 중시한다고 생각했기 때문"이라고 하였다. 그녀를 바로

---

56   에릭슨은 1876년 설립되어 2008년 현재 유무선 통신장비와 서비스를 선도하는 세계적인 기업으로서 175개국에 1,000여 개의 네트워크를 설치 운영 중이었다. 1896년 고종황제를 위해 궁내부에 최초로 교환기와 전화기를 공급하였으며 1982년부터 한국의 통신 현대화를 위한 디지털 교환기(AXE-10)를 공급하고, 합작사 설립을 통해 기술 이전을 해 주는 등 한국의 통신 시스템 선진화에 적극 참여해 왔다.

57   그녀는 1974년생 한국 입양아 출신 보수당 당원으로 스웨덴기업협회 산하의 싱크탱크 'Timbro의 프로젝트 리더, 보수당 청년연합 회장, 스벤스카 다그브라뎃(Svenska Dagbladet) 논설위원 등을 역임한 보수당 차세대 리더이자 홍보 전문가로서 다양한 저술활동을 하고 있었다. 부임 후 여러 명의 추천으로 만나보기로 하였다. 마침 그녀는 국제교류재단의 차세대 유럽 지도자 프로그램에 초청되어 10월 중순 방한할 예정이었다.

12월 대사관 내 정례토론회 연사로 초청하여 스웨덴 사회동향 전반에 관한 설명을 들었다. 이후 그녀는 관저만찬 및 대사관 행사에 참여하면서 대사관 활동을 적극 지원하고 조언을 아끼지 않았다. 우리 부부는 2010년 12월 그녀 부부의 초청으로 웁살라 자택에서 스웨덴 인사들과 만찬을 함께 하였다.

베스트베리(Olle Wästberg)[58] 대외홍보처장(Direct-General, Swedish Institute) 면담(10.20) 시 처장은 홍보물 이외에는 아무것도 없는 작은 사무실에서 직접 커피를 대접하였다. 처장은 한국에 가 본 적은 없으나 관심을 갖고 있다고 하면서 내년도 수교 50주년을 앞두고 홍보 계획에 관해 바리외 주한대사와 협의하고 있다고 하였다. 나는 스웨덴에 대한 한국 국민의 높은 신뢰와 호감을 전하고 스웨덴 사정을 더욱더 한국에 알리는 노력의 일환으로 협회 자료의 한국어 번역본 출간을 제의하였다. 처장은 솔직히 예산제한으로 어려움이 있다고 하고 필요한 자료가 있으면 계속 제공하겠다고 하였다. 처장은 리벤달(Tove Lifvendahl) 스웨덴 기업협회 홍보부장(9월 26일 나와 오찬)을 잘 알고 있다고 하면서 그녀로부터 나의 얘기를 들었다고 하고 앞으로 계속 교류하자고 하였다. 스웨덴 사회의 주요인사 그룹 역시, 한 다리 건너면 서로 아는 사이인 좁은 사회임을 인식하였다. 나의 추천으로 그는 2009년 10월 제주평화연구원 주최 '소프트 파워(soft power)' 주제 세미나에 연사로 참석하기

---

[58] 그는 1945년생(63세)으로 31세인 1976년부터 19-1982년까지 자유당 소속 국회의원을 역임하고 이후 유력 석간신문인 Expressen 편집국장(1994~1995), 뉴욕 총영사(1999~2004)를 지낸 후, 2005년 이후 스웨덴 정부의 대외홍보처 책임자를 맡고 있었다.

위해 처음 방한하였다.

신임장 제정 후 바로 그 다음날 스벤스카 다그브라뎃(SvD: Svenska Dagbladet) 신문사를 방문(9.5)하고 스텐슨(Carina Stensson) 편집인을 면담하였다. 스벤스카 다그브라뎃은 보수층을 주요 독자로 하여 발행부수가 약 18만부로 '다겐스 니히터(Dagens Nyheter)'와 함께 최고 권위있는 일간지로 알려졌다. 스웨덴 언론이 한국에 대한 관심이 그리 높지 않음을 확인하고 스웨덴 언론과의 정기적인 교류와 홍보자료의 지속적 배포가 필요하다고 느꼈다.

다겐스 니히터(DI: Dagens Nyheter) 신문사를 방문(12.2)하고 알린(Per Ahlin) 논설위원 및 보스트램(Lars Boström) 국제문제 기자와 면담하였다. 스웨덴의 최대일간지인 '다겐스 니히터'는 '스벤스카 다그브라뎃(SvD)'과 함께 양대 조간지로서 발행부수가 약 36만부이며 진보적, 독자적 성향의 여론을 대변하는 신문으로 알려졌다. 그들은 "이제는 스웨덴이 한국으로부터 배우고 참고할 점이 많다"고 하고 자동차, 핸드폰, 조선 등 한국의 우수한 제품의 수준을 잘 알고 있다고 하면서 앞으로 스웨덴의 대표기업인 볼보(Volvo), 사브(Saab) 등이 국제경쟁에서 밀릴지도 모르겠다고 위기감을 표명하였다. 내년도 기자 방한, 한국관련 특집 구성 등을 검토해 보겠다고 하고 수교 50주년 기념행사에 가능한 한 참여하겠다고 하였다.

다겐스 인두스트리(DI: Dagens Industri) 신문사를 방문(12.17)하고 비드(Wide) 왕실의전장 주최 만찬(12.4)에서 만난 페테르손(Bo Pettersson) 논설위원을 면담하였다. 스웨덴의 유일한 경제일간지로서 발행부수는 11만부 정도이나 계속 늘어나고 있다고 알려졌다. 그는 지난 20여 년 'Business Weekly' 잡지 기자로 홍콩에서 3년 특파원으로 지냈으며 4년 전부터 동 신문사에서 논설위원으로 활동하고 있다고 소개하였다. 신중하고 예의가 바른 전형적인 스웨덴 사람이라는 느낌을 받았다. 이후 지속적으로 교류하였으며 그는 대사관의 활동을 적극 지원하여 주었다. 동 일간지는 2009년 1월 7일 (수) 상기 면담과 관련, '아시아의 베를린장벽은 2009년에도 지속될 것이다'라는 제목하에 페테르손 논설위원의 기사를 다음 요지로 보도하였다.

조희용 한국 대사가 당사를 방문하였다. 1997년 IMF의 금융지원을 받았던 경제 위기 때와는 달리 현재 금융위기하에서 한국이 건재함을 설명하고 올해 2009년은 한국-스웨덴 수교 50주년이 되는 해라고 소개하였다. (이명박 대통령의 집권이후 남북관계가 악화되었다는 의견에 대해) *조 대사는 남북관계가 새로운 국면으로 전환될 수 있을 것으로 전망하였다. 이는 북한이 한국의 신정부 초기에 항상 신정부의 의지를 테스트해 왔으며, 김정일이 오바마 미국대통령 취임 이후 미국의 대북한 노선을 예의주시하고 있는 상황이기 때문이라고 하였다. 남북한의 통일 가능성에 대해 조 대사는 비록 시간이 걸리겠지만 남북통일이 이루어질 것으로 믿고 있다고 하였다.*

(기타 분야) 닐슨(Sanne Houby-Nielson) 동아시아 박물관[59]장(9.24 면담)
은 먼저 박물관을 안내하면서 중국관, 일본관, 동남아관 등 주요
전시관의 현황을 친절하게 설명해 주었다. 나는 내년 수교 50주년
계기에 개관을 목표로 상호 노력하자고 제의하고 한중일간의 특
별한 역사적 관계를 설명하고 한국 고유의 전시관 설치가 중요하
다는 점을 강조하였다. 닐슨 관장은 한국관의 조기 개관을 희망하
나 솔직히 말해 문화부의 박물관예산을 4개 박물관이 공동 사용
하는 등 예산상의 어려움이 있다고 하면서 박물관은 내부 재배치
를 통한 공간 마련에 최대한 예산을 쓰려고 하니 한국관 설치 자
체에 실제 드는 비용은 한국 측이 부담해 주기를 바란다고 하였
다. 한국관이 설치되면 박물관의 다이아몬드가 될 것이라고 언급
하였다. 이후 국제교류재단 김성엽 이사일행 방문(9.28~29) 등을
통해 박물관 측과 협의가 계속되었다. 관저만찬 초청 및 관장의
방한 초청 건의 등을 통해 양측 간 협의과정에 지속적으로 측면
지원하였다. 2009년 12월 양측간 협약이 체결되었으며 본격적인
공사가 시작되었다. 내가 2011년 3월 이임한 지 11개월 후인
2012년 2월 11일 구스타프 국왕이 한국실(Korea Galleriet) 개관 테
이프 컷팅을 하였다.

---

[59] 동아시아 박물관이 2004년 9월 건물 수리 후 재개관함에 따라, 국제교류재단 조사단이 2005
년 9월 동 박물관을 방문하여 한국관 설치 타당성을 검토하였다. 이후 2006년 1월 국제교류재단
은 동아시아 박물관에 한국실 설치를 공식 요청하였으며, 박물관 측은 현재 약 300여점의 한국 유
물(대부분 도자기류)을 보관 중이며 한국 측이 공사비를 지원할 경우 한국실을 설치하겠다는 입
장을 전달한 바 있었다. 이에 따라 양측간 실무 협의가 진행 중이었다. 나는 내년이 마침 수교 50
주년인 만큼, 양측이 기본입장에 원칙적으로 합의하였으니 협의를 서둘러 최종 합의하여 한국관
을 조속 개관하는 일정으로 추진할 필요가 있다고 판단하였다.

'국제 감자의 해(International Year of the Potato)'를 기념하기 위한 왕립과학한림원 주최 세미나(11.25)에 초청받아 참석하는 기회에 개회사를 한 **외퀴스트**(Gunnar Öquist) **왕립과학한림원**(KVA: Royal Swedish Academy of Sciences) 사무총장과 환담하였다. 한국 대사라고 소개하니 반갑다고 하면서 한국 과학기술한림원과의 교류 협력에 매우 만족하고 있다고 하였다. 양측 간 내년 2월 스톡홀름에서 정례 세미나를 개최할 예정이라고 하면서 "이제는 스웨덴이 한국으로부터 배울 것이 많다"고 하였다.

브레머(Kåre Bremer) 스톡홀름 대학[60] 총장(12.4, 면담)은 대사가 양국 학술 교류에 관심을 갖고 있는 데 대해 감사하다고 하였다. 나는 양국 대학 간 교류 활성화, 수교 50주년 계기 한국 현대문화 세미나 등 기념행사 개최, 한국학과 활성화를 위한 관심 제고 등을 제기하였다. 총장은 동 제의에 대해 기본적으로 환영하나 유럽 국가와 교류 중심의 학교 운영 및 재정의 어려움이 있다고 하면서 수교 기념 세미나 개최를 지원하겠다고 하고 여타 문제는 중장기적으로 대응해 나가겠다고 하였다.

린드퀴비스트(Svante Lindqvist) 노벨 박물관(Nobel Museum) 관장(12.19, 면담)은 1998년이래 관장을 맡고 있으며 한국에 대해 높은

---

60 스톡홀름 대학은 서울대(2003), 한국외대(1986), 명지대(2003) 등 3개 대학과 교류협정을 체결하였으나 그간 교류 실적은 미미한 수준이었다. 석박사 과정 유학생은 4명이었다. '동아시아학부 한국학과'는 1989년 정식 개설 후 스웨덴 대학 내에 최초의 한국학과로서 북구 지역내 학부에서 박사 학위까지 정식학점이 인정되는 유일한 학과였다. 학생은 25명 정도였다. 국제교류재단이 간헐적으로 교원 고용, 박사과정 장학금을 지원하고 있었다.

관심과 애정을 갖고 있다고 하면서 2002년 서울에서 노벨박물관 전시회를 성공리에 개최했던 좋은 추억을 갖고 있다고 하였다. 나는 양국 관계 현황과 수교 50주년 기념 행사 계획을 설명하고 한국인의 노벨상에 대한 높은 관심을 전했다. 박물관 홍보자료를 받아 보고 한국인 방문객이 증가하고 있는 추세를 감안하여 한글본이 필요하다고 느꼈다. 이후 관장 부부를 관저만찬에 초청하는 등 교류를 이어갔다. 관장이 안내서의 한글본 제작 제의에 동의해 주었다. 대사관 허서윤 전문관이 번역을 하여 한글본을 제공하였다. 2009년 7월 대통령 공식방문 이전인 2009년 4월부터 노벨박물관의 한글본 안내서가 배포되기 시작하였으며 11월부터 오디오 안내도 시행하였다.

3) 한인사회 및 친한 단체 교류

한국학교[61] 활동 격려

나는 부임 초부터 대사관이 한국학교에 대해 깊은 관심을 갖고 적극 지원해야 한다고 생각했다. 새학기가 시작되어 **한국학교 방문(9.20)**을 통해 수업 참관, 다과회 참석, 지원금 전달, 이사와 선생님과의 오찬 일정을 가졌다. 학생과 선생을 격려하고 애로사항을 청취하였다. 이어 한국학교 선생(9명) 초청 관저만찬(10.30)을 주최하였다. 선생은 유학생과 직장인들로 19세, 20대 5명, 30대 2명이었

---

61 스톡홀름 한국학교는 1986년 창립하여 한 학기 15주 과정에 매주 토요일 3시간 가르치는 주말학교로서 교원은 10명, 학생은 약 60명이었다.

다. 그들의 봉사가 기특하기도 대견하기도 했다. 부임 후 그간 주최한 어떤 관저만찬보다도 뜻깊고 의미가 있었다. 이어 한국학교 개교 23주년 행사에 참석(11.22)하였다. 선생과 학생들을 격려하고 학예회를 참관하였다. 이러한 한인사회의 행사 대부분이 가족을 동반하여 참석하므로 대사 부부가 참여하는 것이 더 효과적이었다. 이렇게 9월 한국학교 방문, 10월 선생 초청 관저만찬, 11월 재방문을 통해 한국학교에 대한 대사관의 관심과 지원입장을 지속적으로 전했다. 이후 2009년, 2010년 반기별로 선생들을 초청하여 관저만찬을 이어가고 매년 11월 한국학교의 날 정례행사에 참석하여 관계자를 격려하였다.

한인사회 교류

한인 동포 및 진출 기업인과의 면담, 오찬 등을 통해 교류를 지속했다. 9월 중순 진출기업 직원과 교류하기 위해 상사 친선골프 대회에 참가하였다. 나는 7월에 전했듯이 기업 주최 행사의 대사관 공간 활용방안을 제시하였다. 대사관 방문 프로그램, '한국상공인의 밤(가칭)' 행사 개최 등의 방안이 있을 것이라고 하였다. 상사원들은 나의 제의에 놀라움과 감사함을 표명하고, 일부 기업은 검토해 보겠다고 하였다. 이에 따라 기아자동차 현지딜러 초청 대사관견학 행사를 개최(10.17)하였다. 현지 딜러 및 가족 100여 명이 참석하였다. 나는 먼저 부임하자마자 기아차를 구입하여 타고 다니면서 기아차를 널리 홍보하고 있다고 하니 힘찬 박수가 터졌다. 1950년 한국전 이후 가난했던 한국을 기억하는 스웨덴 국민은 아마 50여 년 후에 한국이 스웨덴에 볼보(Volvo), 사브(Saab)와 경쟁할 만한 한국자동차를 수출하게 될 줄을 상상도 못 했을 것이라고 하고, 한국의 경제와 민주주의 발전에 스웨덴의 그간 기여에 감사하다고 하였다. 대성공이었다. 참석자들은 대사관 방문이 감동적이며 양국 관계에 대해 이해가 높아졌다고 하였다. 나는 평소 주재국 내에서 외교관 및 대사관이 갖는 특별한 지위와 특권 자체가 이렇게 현지에서 항상 유용하게 쓸 수 있는 자산이라고 생각했다.

또한 대사관 주최 통상투자진흥협의회를 9.25(목), 11.25(목) 개최하였다. 5개 진출기업(기아자동차, 대우전자, 대한항공, 삼성전자, LG전자) 대표와 코트라 무역관장이 참석하였다. 대사관이 항상 개방되어 있으니 현지 상사활동을 지원할 일이 있으면 최대한 지원하겠다고 전했다. 11.25 회의 후에는 관저만찬을 주최하여 늦게까지 대화를 이어갔다.

한편 명예총영사와 친한단체 대표 초청 관저만찬(9.11), 한서협회 회장단 초청 관저만찬(11.14), 입양한인회장 초청 만찬 참석(11.28), 한서협회 주최 송년회 참석(11.29), 입양한인협회 주최 송년회 참석(12.20) 등을 통해 하그만(Carl Johan Hagman) 예테보리 명예총영사, 브라네빅(Per Branevig) 입양한인협회(AKF) 회장 및 임원, 브릭스트(Blixt) 한서협회 회장 및 회장단 부부 등과 대사관과 친한 단체 간의 교류협력방안, 수교 50주년 기념행사 계획 등에 관해 기탄없이 협의하였다.

12.6(토) 우리 부부는 한인회 주최 송년회에 참석하였다. 100여 명 앞에서, 그간 부임 6개월의 활동을 간단히 소개하고 내년 수교 50주년을 계기로 스웨덴에 우리 문화를 널리 알리고 양국 관계가 격상될 수 있도록 함께 노력하자고 강조하였다. 부임 이래 한인초청행사에 빠짐없이 참석해 왔다고 전하고 대사관은 항상 한인에게 열려 있다고 강조하였다. 많은 인사들이 대사관 활동에 대해 격려해 주었다. 누군가 "1980년대 중반부터 스웨덴에서 살기 시작한 이래 대사관과 한인사회 간의 분위기가 이렇게 좋은 시절은 처음"이라고 덕담을 건넸다. 부임 후 6개월이 지나면서 한인사회에서 대사와 대사관의 평판이 정착화되고 있음을 느꼈다.

4) 대사관 주최 행사

국경일 리셉션(10.3)

10.3(금) 오후 1~3시 대사관에서 부임 후 처음으로 국경일 리셉션을 주최하였다. 날씨가 도와주어 맑은 하늘에 햇볕도 좋았다. 300여 명의 손님을 맞이하였다. 6월 4일 부임하여 4개월 후에 개최되어 그간 성적표를 받는 기분이었다. 외교관 사이에는 국경일 리셉션에 참가하는 손님의 수준과 규모를 보면 대사 부부의 외교 활동을 평가할 수 있다고들 한다.

셸렌(Birgitta Sellén) 국회부의장, 닐손(Nilsson) 국회 국방위원장, 포스베리(Anders Forsberg) 국회사무총장, 한-스웨덴 의원친선협회 소속 의원들, 브라드홀름 스톡홀름 시장, 외교부 모린 아태국장, 샌드베리 인사국장, 니스트롬 의전차장, 일본, 중국, 러시아, 영국 대사 등 외교단, SEB 회장 등 경제계 인사, SIPRI, ISDP, 스톡홀름 대학 등 학계 인사, 문화계, 언론, 한서협회, 참전협회, 입양한인협회 등 친한 단체 인사, 한인들이 참석하였다. 특히 대사관 복도에 수교 이후 50년 관계를 상징적으로 보여주는 기념사진을 전시한 것이 눈길을 끌었으며, 진출기업 홍보관을 청사입구와 리셉션 홀에 설치하여 통상투자진흥 활동을 함께 전개함으로써 호평을 받았다.

소규모 공관에서는 국경일 리셉션 준비에 전 직원이 참여할 수밖에 없다. 직원들과 구체 계획에 대해 지속적으로 협의하면서 준비해 왔다. 매년 10월 3일 국경일 리셉션 일정이 겹치는 독일 대사관과의 개최 시간에 관해 의견 교환을 하였다. 독일 대사관이 12시에 개최한다 하여 1시로 잡았다. 10.3 당일 우리 리셉션 개최 전에 11시 55분~12시 10분 독일 리셉션에 참석하여 독일 대사에게 축하인사를 건네고 돌아왔다. 리셉션 종료 후 전 직원과 저녁식사를 하면서 그간 수고에 감사의 마음을 전했다. 다음날 전 직원으로부터 국경일 행사 준비와 결과에 대한 관찰 및 평가의견을 들었다. 곽 서기관이 다음과 같이 종합하였다.

5주 정도 집중적 준비 기간을 갖고 행사 시나리오에 따라 예행 연습을 거쳤기 때문에 행사가 밀도 있게 진행되었다. 예산 절감 노력으로 전년 대비 30% 절감할 수 있었다. 예년에 비해 참석 인원이 감소

된 사유로는 1) 독일 대사관 리셉션과 시간이 겹쳤으며, 2) 금요일 일과 시간 중이었고, 3) 낮시간대 행사는 통상 저녁 시간대 행사보다는 참석 인원 감소 경향이 있다고 지적되었다. 기업 홍보코너는 우리 기업의 신제품과 이미지 홍보에 기여하였다. 대사관 내 양국 관계 사진 전시 및 홍보물 배포가 효과적이었다. 일부 시행착오에도 불구하고 전 직원이 각자의 역할을 제대로 수행함으로써 전반적으로 성공적으로 마쳤다고 평가한다.

국경일 행사를 마친 후, 직원 모두가 대사관이라는 특수한 공간에 함께 근무하고 있다는 인식이 높아졌으며 준비 과정의 협업과 분업을 통해 직원 간의 동료의식이 강해지고 개인 역량을 기르는 데도 도움이 되었다고 판단하였다. 그리고 리셉션 손님은 대사와 대사관 직원이 발품을 판 만큼 온다는 사실도 절감했다. 이번 경험을 살려 다음 해인 2009년 국경일 리셉션은 독일 리셉션 일정과 상관없이 9월 30일(수) 오후 5시에 시작하여 600여 명의 손님이 참석하였다. 독일은 요일과 관계없이 2009.10.3(토), 2010.10.3(일)에 리셉션을 개최하였다.

한국영화의 밤(Korean Film Night) 행사 개시(10.28)

10.28(화) 대사관에서 공공외교활동의 일환으로 처음으로 '한국영화의 밤'을 개최하였다. 주어진 여건하에서 한국을 알리는 효과적인 홍보 방법을 찾다가 대사관 리셉션 홀을 활용하여 영화를 소개하기로 하였다. 입양한인협회(AKF) 회원 30여 명이 「라디오 스

타(2004년, 이준익 감독)」를 관람하였다. 그들은 스톡홀름에서 한국 영화를 접할 수 있어 신선했다고 하면서 앞으로의 문화행사에 높은 관심을 표명하였다. 스웨덴인에게 영화를 통해 자연스럽게 한국을 접할 수 있는 기회를 정기적으로 제공하는 것이 바람직하다고 판단하여 매월 정기적으로 개최하기로 하였다. 이어 11.26(수) 제2차 한국영화의 밤 행사를 개최하였다.「취화선(임원택 감독)」을 상영하였다. 브릭스트 한서협회 회장 부부 등 회원 및 브라네빅 입양한인협회 회장 등 회원 50여 명이 참석하였다. 실벤 전 주한 대사는 "아주 좋은 시도"라고 평가하면서 한국문화 홍보노력을 적극 지원하겠다고 하였다. 영화 관람 후 관저에서 준비한 한식리셉션을 개최하였다.

5) 외교단 교류

6.4 부임 이후 8월 말까지 주요국 29개국 대사를 그들의 대사관 또는 관저를 방문하여 면담하였다. 이어 9~12월까지 6개국 대사 개별면담, 아태지역 대사 정례만찬(3회), 구루메 그룹대사 만찬(3회), 외교단 행사(27개국 대사)에 참석하고 북한 대사 환담(5회) 등의 활동을 전개하였다.

6개국 대사 개별면담: 영국(Andrew Mitchell, 9.1, 관저), 러시아(Alexander Kadakin, 9.17, 관저), 브라질(Antonio Lisboa Mena Goncalves, 9.18, 대사관), 노르웨이(Odd L. Fosseidbråten, 10.1, 대사관저) 4개국 대사와 개별면담하였다. 교황청 대사(Emil Paul Tscherrig)는 우리 대사관에서

의 훈장 전수식(9.29) 계기에 면담하였으며, 11.27 신임 방글라데시 대사(Imtiaz Ahmed)가 우리 대사관을 방문하여 면담하였다.

아태지역 15개국 대사 정례 만찬(9.27, 10.25, 11.26, 3회): 부임 이후 9.27(토) 처음으로 스리랑카 대사(Jayasooriya) 부부 주최 아태지역 대사 정례 만찬에 부부동반으로 참석하였다. 이어 10.25(토) 말레이시아 대사(Mustafa) 부부 초청 정례 만찬, 11.26(수) 천밍밍 중국 대사 부부 초청 정례 만찬에 참석하였다.

아태지역 정례만찬은 1년 중 여름휴가 기간인 7월, 8월 및 연말 12월을 제외하고, 연 9회에 걸쳐 대사 부부가 돌아가면서 관저에서 만찬을 개최하였다. 뉴질랜드 대사가 2008년 8월 처음으로 부임함에 따라 15개국 대사 모임이 되었다. 한중일 3개국, 아세안 6개국(태국, 베트남, 라오스, 필리핀, 말레이시아, 인도네시아), 서남아 4개국(인도, 파키스탄, 방글라데시, 스리랑카), 호주, 뉴질랜드 대사였다. 2009년 12월 몽골 대사가 부임하여 잠시 16개국 대사 모임이 되었다가 2010년 가을 라오스 대사 이임 이후 비상주 대사로 바뀌어 다시 15개국 대사 모임이 되었다.

부임 이후 이미 14개국 대사 전원을 각각 개별적으로 1시간 정도 면담하였으며 그간 개최된 외교단 행사에서도 수시로 만났기 때문에 첫 번째 만찬부터 대사들과 어울리는 데 문제가 없었다. 또한 그간 일본, 중국, 필리핀 대사관 근무 경험이 있어 아태지역 대사의 대부분 관심사항을 이해할 수 있었다. 보통 3시간에 걸친 만찬 대화에서 그 나라와 대사 부부의 수준과 역량을 대체로 엿볼 수 있었다. 스웨덴 정세, 대사관 운영, 자녀 교육, 건강 유지 등 다양한 주제에 관해 기탄없이 의견을 교환하였다. 정례 모임에의 '북한 대사 초청' 문제가 나왔다. 나는 찬성이며 오히려 동료 대사들이 북한 대사와 접촉하여 설득해 초청해 달라고 하였다. 이후에도 나는 일관되게 북한 대사 합류에 찬성한다고 하였다. 몇 명의 대사에게 현지 공공외교활동에 대해 물어보았는데 스웨덴 국민이 아시아에 대해 큰 관심이 없다는 핑계를 댔다. 그리 활발한 활동을 하고 있지는 않는 것 같았다. 이렇게 대사들이 모여서 식사하고 와인 마시고 떠들면서 즐기는 것이 외교의 한 부분이라고 생각했다. 물론 만찬 후에 본국 정부에 특별히 보고할 것이 없어 최소 3시간 소요된 활동 시간에 비해 생산적이지 않다는 생각도 들었다. 그러나 대사 활동을 처음부터 단기적으로 심각하게 계산할 필요가 없으며, 이런 쉽고 편안한 대화를 통해 처음 만나는 외교관 간에 공통기반(common ground)을 확인하면서 나름대로 먼저 신뢰 관계를 쌓아 가는 것이 필요하다고 생각했다. 그러다 보면 좀 더 중요하고 심각한 대화도 나눌 수 있을 것이라고 생각했다.

특히 한국 외교에 있어서 아태지역 나라와의 관계는 항상 중요하므로 그들과 가깝게 교류하면서 한국이 각 나라와의 관계를 중시하고 있다고 정중히 설명함으로써 한국에 대한 긍정적 인식을 제고시키는 것이 어디서 근무하든 한국 대사 업무의 일부라고 생각했다. 따라서 아태지역 국가와의 외교는 아태지역에서만 전개되는 것이 아니다. 주 스웨덴 대사로 근무하는 아태지역의 외교관은 대부분 본국 외교부로 돌아가서 중책을 맡을 가능성이 높거나 설사 퇴직을 하더라도 궁극적으로 고참 외교관(senior diplomat)인 그들의 인식이 궁극적으로 한국과의 관계에 영향을 미치게 마련이라고 생각했다.

한편 이러한 다른 나라 대사 부부 주최 만찬에서, 우리 부부는 관저 만찬의 모든 것을 배우며 주최자 언행, 만찬 진행과정, 음식 평가(적시에 음식 제공 여부, 즉 뜨겁게 나와야 할 음식이 식은 상태로 제공되어 맛이 반감되는 경우 등에 유의), 관저 분위기 조성 등을 유심히 관찰하여 우리 관저 분위기 조성과 행사 진행에 계속 참고하였다.

외교단 구루메(gourmet) 그룹 만찬(10.18, 11.15, 12.10, 3회): 6.24(화) 부임 인사차 면담했던 튀르키예 대사(Egüz)가 10.8(수) 전화로 '구루메(gourmet) 그룹'에 우리 부부의 초청 의사를 전해와서 이를 바로 수락하였다. 부임 초기에는 외교단의 초청은 무조건 응하기로 했고, 특히 주요국 대사들과 정기적인 교류가 중요하다고 생각했다. 8개국 대사가 돌아가면서 주말에 관저에서 전통음식을 소개하면서 대화를 즐기는 비공식 모임이라고 하면서 한국 대사 부부를 초청하자는 다수 대사의 의견이 나왔다고 하였다. 부임 후 4개월간 30여 개국 대사 면담과 외교단 행사 참가 활동을 지속적으로 전개한 결과, 외교단 사이에서 한국 대사에 대한 일정한 평가가 정착되는 과정이었다. 그러한 집중적인 외교활동을 하지 않았다면 이러한 모임에 초청받을 수 없었을 것이라고 생각했다. 10.18(토) 태국 대사(Chinwanno) 부부 주최 구루메 관저만찬에 처음으로 부부동반으로 참석하였다. 저녁 7시부터 4시간 진행되었다. 태국, 스페인, 포르투갈, 튀르키예, 그리스, 멕시코, 한국 등 7개국 대사 부부가 참석하였다. 포르투갈 대사 이외에 5개국 대사는 이미 내가 부임 인사차 면담하여 모두 구면이었다. EU 회원국과 국제사회에서 공인받는 중견국(middle power)으로서 우리 외교에서 모두 중요한 국가들의 대사들이었다. 11.15(토) 포르투갈 대사 부부가 관저에서 포르투갈 전통음식을 소개하였다. 우리 부부를 비롯하여 7개국 대사 부부가 참석하였다. 12.10(수) 튀르키예 대사 부부가 노벨상 시상식이 끝난 후 관저에서 튀르키예 전통음식을 소개하였다. 아르헨티나 대사 부부가 합류하여 8개국 대사 부부가 참석하였다. 관저에 들어서니 전통문화 소개와 함께 매우 품위 있게 꾸며져 있어서, 가 본 적이 없는 튀르키예의 대국 분위기를 느낄 수 있었다. 처음에 스페인 대사 부인이 바로 우리 부부에게 '볼 인사'로 나와서 속으로 당황했으나 두 볼로 응했다. 우리 부부로서는 유럽 문화와 튀르키예, 멕시코, 태국을 이해하는 데 좋은 출발이었다. 형식을 벗어난 편안한 대사들의 모임으로서 특정한 주제 없이 스웨덴 생활부터, 스웨덴 국왕의 외국방문, 세계금융위기, 취미 생활, 외교관의 공사 기준 구별, 자녀문제 등 다양한 얘기가 오고 갔다. 심각한 외교안보 문제는 아니나 다른 나라 대사의 얘기는 결국 나의 세상 이해에 도움이 되었다.

역시 북한에 대해 집중적으로 질문을 받았다. 모두들 한반도 역사나 남북한 관계에 대해서는 이해가 그리 높지 않았다. 대사들의 문의에 한국 발전과정과 우리 기업 제품의 우수성을 설명하였다.

공교롭게 남부유럽인 스페인, 포르투갈, 그리스 대사는 "스웨덴은 같은 유럽국가라고 할 수 없을 정도로 다른 나라"라고 하였다. "살기에 재미가 없는 나라"라고도 하였다. 밖에서는 하나로 보이는 유럽이지만 각국의 내부사정과 상대국에 대한 생각이 모두 다르다는 사실을 이해할 수 있었다. 유럽과 유럽통합 과정을 다각도로 이해하는 노력이 필요하다고 느꼈다.

한편 외교관의 경험과 애환을 나누면서 국적과 관계없이 직업외교관의 기본자세와 생각이 매우 비슷하다고 느꼈다. 태국, 멕시코 대사 이외 대사들은 모두 나보다 연배가 많은 선배 외교관인만큼 여러 면에서 배울 점이 많았다. 다양한 대화 속에서 각 나라의 특징 같은 것을 짐작할 수 있었다. 외국 대사 다수와 어울리려면 나름대로 대화 소재를 미리 준비하여 대화 중에 소외되지 않도록 내 위치를 잡고 적극적으로 의견을 표현하는 것이 매우 중요하다고 느꼈다.

외교단 리셉션 및 문화행사 참석(27회: 9월 6회, 10월 6회, 11월 8회, 12월 7회)

9~12월 중 초청받은 외교단 주최 행사 역시 거의 빠짐없이 지속적으로 참석하여 스웨덴 주요인사 및 다른 나라 대사들과 교류를 이어갔다. 스웨덴 고위인사와 개별면담을 잡기는 어려워도 그들이 외교단 행사에는 적극적으로 참석하는 경향이 있다는 사실을 파악하였다. 주재국 수도에서 우호국 대사가 주최하는 외교 행사

에 한국을 대표하여 참석하는 외교활동은 그 나라에서 대사 부부의 존재와 위상을 알리고, 주재국 주요인사와 만나게 되고 주최국 대사 부부와 친숙한 교류 관계를 만들 수 있다. 이러한 외교활동을 적극적으로 전개하면 단기적으로 바로 눈에 띄게 보상을 받는 자리는 우리 대사관이 주최하는 리셉션과 공공외교 행사가 된다. 대사(부부)의 외교활동에 완전히 비례하여 우리 행사에 참석하는 외교단과 주재국 인사의 수준과 규모가 달라지게 마련이다.

리셉션 참석 요령

외교단 행사에 지속적으로 참석하면서 자연스럽게 나름대로 요령이 생겼다. 리셉션 참석 시에는 보통 45분~1시간 정도 체류하면서 8~10명 정도 인사와의 대화를 염두에 두고 행동하였다. 긴 줄이 생기기 전인 리셉션 시작 시간 직전에 맞추어 입장하거나, 늦은 시간에 가서 리셉션이 끝나는 시점까지 잔류함으로써 주최 대사 부부에게 뚜렷한 인상을 남기려고 했다. 같은 날 2, 3개 리셉션과 행사가 겹치면, 시간계획을 잘 세워 가능한 한 모든 행사에 참석하여 주최 대사(부부)와 짧게라도 대화를 나누었다.

리셉션 장에 들어서면 바로 주최국과 그 대사관의 수준과 활동을 자연스럽게 짐작할 수 있다. 부임 초기에 대부분의 주요국 대사 면담을 하였기 때문에 어느 나라 대사 주최 리셉션에 가도 친숙한 대사들이 언제나 많이 있었기 때문에 먼저 대사들과 섞여 대화를 나누는데 어려움이나 어색함이 없었다. 참석 결과에 대해 외교부 본부에 특별히 보고할 내용은 없었으나 어느 리셉션 장에서도 거의 예외 없이 스웨덴 인사나 외국 대사들에게 한국-스웨덴 관계, 북핵문제 등 남북관계, 한국의 외교정책 등에 대해 대화를 나누고 우리 입장을 전달하였다. 대사(부부)가 아니면 안 되는 이러한 활동을 지속하다 보니, 자연스럽게 스톡홀름 외교가에서 한국 대사(부부)가 활동적(active)이라는 평판이 떠돌아다니기 시작했다. 9~12월에 다음과 같이 외교단이 초청한 리셉션과 문화행사에 참석하였다. 부임 후 6개월이 지난 시점에 상주대사(약 95명) 대부분과 인사를 나누고 대화하였다.

9월(6회): 말레이시아 대사 리셉션(9.4 오후 5시 30분), 사이프러스 대통령 방문 리셉션(9.4 오후 6시), 멕시코 대사 리셉션(9.12), 중남미 4개국 대사 공동리셉션(9.15), 아제르바이잔 국립청소년 오케스트라 음악회(9.15: 10~19세 콩쿠르 우승자들, 매우 수준이 높아 관중 호응이 뜨거웠다. 전통음악, 클래식, 팝을 혼합), 우크라이나 대사 리셉션(9.23: 우크라이나 대사는 같은 날 신임장을 제정하여 이후 친하게 지냈다)

10월(6회): 말레이시아 대사 리셉션(10.1 12시: 북한 대사 부부 환담), 나이지리아 대사 리셉션(10. 15시: 르완다, 이디오피아 등 아프리카 대사들과 대화), 리비아 대사 리셉션(10.7), 사우디 대사 리셉션(10.9 모로코 대사와 환담), 체코대사 리셉션(10.28), 튀르키예대사 리셉션(10.29)

11월(8회): 파나마 대사 리셉션(11.3), 알제리 대사 리셉션(11.5: 북한 참사관 환담), 앙골라 대사 리셉션(11.11: 새로 부임한 독일 대사와 인사, 슬로바키아 대사가 기아자동차 평가), 그리스 대사 리셉션(11.13), 벨기에 대사 리셉션(11.14), 라트비아 음악회(11.16), 알바니아 대사 리셉션(11.26: 왕실 의전대사와 환담), 일본 대사 리셉션(11.27)

12월(7회): 보스니아헤르체고비나 대사 리셉션(12.1: 북한대사 환담), 아랍에미리트 대사 리셉션(12.2 5시), 루마니아 대사 리셉션(12.2 6시), 멕시코 대사 및 IDEA(민주주의 및 선거지원 국제연구소: International Institute for Democracy and Electoral Assistance) 공동주최 리셉션(12.3: 2005년 서울 정부혁신세계포럼 참가 IDEA직원 환담), 태국 대사 리셉션(12.4), 핀란드 대사 리셉션(12.5 12시), 말레이시아 대사 리셉션(12.5 3시)

북한 대사 환담

2008년 8월 11일 인도 대사 주최 리셉션에서 리희철 북한 대사를 처음 만났으며 이후 외교단 리셉션에서 리 대사와 5회(9.15, 9.30, 10.1, 12.1, 12.12), 김 참사관과 2회(11.15, 12.5) 만나 환담을 나누었다. 짧은 대화였지만 그들은 항상 나를 정중한 태도로 대했다. 후술한다.

6) 본국 방문단 지원

9~12월 연이은 30여 개 본국 방문단의 활동을 지원하였다. 일

정 주선과 기관 방문, 자료수집 활동을 지원하였다. 현지활동 참여 및 관저만찬과 면담을 통해 방문단에게 현지 사정, 양국 관계 현황을 설명하고 각 분야에서의 교류협력 방안에 관해 협의하였다. 주요 방문단은 다음과 같다.

9월: 안세경 전주시 부시장 일행 관저만찬(9.1), 곽노현 교수 일행 관저만찬(9.4), 정재원 국방기술품질 원장 일행 관저만찬(9.5), 대한치과의사협회 대표단(단장: 이수구 회장) 관저만찬(9.25), 국제교류재단(KF) 김성엽 이사일행 관저만찬(9.28), 10월: 박명규 서울대 교수 만찬(10.1), 한국언론재단 연수단(한기봉 단장 등 12명) 관저만찬(10.24), 전주 한지방문단 관저만찬(10.29), 11월: 외교부 재외공관점검단 관저만찬(11.24), 12월: 노벨상 시상행사 참관단 관저만찬(12.9)

4.
2009년 활동

⟨활동 개요⟩

2009년은 한-스웨덴 수교 50주년이자 대통령의 공식방문이 이루어진 특별한 해였다. 더욱이 7월부터 스웨덴이 EU 의장국을 수임하게 됨에 따라 7.13 양국 정상회담은 양국 관계를 한 단계 격상시켜 포괄적인 협력관계로 발전하는 계기가 되었다.

연초부터 수교 50주년에 초점을 맞추어 스웨덴 내에서의 한국과 양국 관계에 대한 이해 제고를 위한 공공외교활동에 중점을 두었던 외교활동 수행과 함께, 2008년 상반기에는 대통령 방문행사 교섭과 준비에 집중하게 되었다. 다행히 2008년 6월 부임 후 지속적인 외교활동으로 스웨덴 정부를 비롯한 각계 인사와의 교류와 소통이 원만하게 진행되었다. 스웨덴 정부와 왕실은 7월 휴가기간 중 방문임에도 불구하고 대통령을 최대한 예우를 갖추어 영접하였다. 준비과정에서 현지 대사로서 정중하면서도 효율적인 스웨덴 외교행태를 이해할 수 있었다.

대통령 방문을 계기로 군사비밀보호협정(7월), 과학기술협력협정(9월), 국방협력양해각서(9월) 등 양국 간 교류협력의 제도적 틀이 마련되고 경제통상, 환경에너지 분야의 교류가 확대되었다. 또한 연중 양국 간 고위인사 교류 역시 활발히 이루어졌다. 빌트 외교장관 방한(2월), 권종락 외교차관방문 및 양국정책협의회 개최(5월), 우리 국회의원 15명 방문, 대통령 방문 후속조치로 나경원 대통령 특사, 안병만 교육부장관 방문(9월)이 이루어졌다. 한국 각계의 스웨덴 배우기의 일환으로 100여 개 본국 각계 대표단이 스웨덴을 방문하였다.

수교 50주년 기념행사로는 양국 정상간 수교 50주년 기념축하 메시지 교환(3.11), 세종목관 실내악 앙상블 공연(5월), 서울시 종합문화사절단 공연(9월), 강진청자전시회(10월), 한국영화제(9월), 한국현대문학포럼(10월) 등이 진행되었다. 대사관 주관행사로 'Korea Business Day', '태권도의 날', '공관 음악회', '공관 영화제' 등이 이어졌다.

겸임국인 라트비아와의 관계에 있어서는 2008년 10월 신임장 제정 3개월 후인 2009년 1월 18~21일 양국 수교 후 최초의 라트비아 총리의 공식방한이 실현되었다. 그간 상대적으로 소원했던 양국 관계 현황을 점검하고 상호간에 미래 발전 방향에 관해 허심탄회하게 협의하는 계기가 되었다. 라트비아 정부의 한국과의 협력 확대를 위한 진정성과 의지를 느낄 수 있었다. 비상주 대사로서 부임하자마자 행운의 기회였다. 이후 총리 방한 후속조치를 중심으로 양국 간 협력방안을 지속적으로 협의해 나갔다. 11월에는 리가에서 '한국의 날(Korea Day)' 행사를 개최하여 한국에 대한 이해를 높였다.

이렇듯 2009년에는 대사로서 운 좋게도 스웨덴과 겸임국 라트비아와의 정상회담이 각각 실현되었다. 정상회담이 개최되면 상대국과 사전 사후 교섭과 협의를 통해 양자관계를 총 정리하게 된다. 정상회담을 계기로 양국 정부는 양국 관계의 과거를 평가하고 현재를 점검하고 미래를 구상한다. 객관적으로 봐서 스웨덴, 라트비아와의 관계가 한국 외교의 상시적인 우선순위가 아니다. 그런데 재임 중 우연과 행운이 겹쳤다. 부임한 지 1년 후에 스웨덴과의 관계에 있어서는 수교 50주년을 계기로 한 한국 대통령의 2번째 공식방문(7월), 겸임국 라트비아와의 관계에서는 수교 18년 만에 최초의 라트비아 총리 방한(1월)을 대사로서 준비하고 참여하였다. 부임 전에 주변 인사들로부터 "스톡홀름 재임 중에 본국에서 장관급 고위인사가 방문하면 운이 좋은 것"이라는 얘기를 들었다. 내가 부임하면서 스웨덴과 라트비아와의 관계가 전혀 다른 양상으로 전개되었다.

2009년 7월 대통령 방문 이후부터 대사로서 외교활동을 보다 효율적이며 효과적으로 수행할 수 있었다. 어느 자리를 가든 한국 대사로서 활동 위상과 공간을 느낄 수 있었다. 항상 중심에 있었던 것은 아니나 결코 주변으로 밀리는 일은 없었다. 스웨덴 인사를 만나면 대사를 최대한 존중한다는 느낌을 받았으며 이제는 그들이 한국에 대해 더욱 궁금해했다. 다른 나라 대사들을 만나면 대통령의 성공적 방문을 부러워하면서 우리 부부와 더 가깝게 지내고 싶어했다. 한인을 만나면 대사관 문이 항상 열려 있어 좋다고 하며 대사관의 활발한 활동에 대해 한인사회가 자랑스럽다고 하였다. 이렇게 부임한 지 1년여 시간이 지나면서 한국 대사로서 스톡홀름에서 나름대로 자리를 잡았다고 느꼈다. 대통령 방문, 수교 50주년 기념행사 및 여타 활동은 다음과 같다.

1) 대통령 방문(2009.7.11~13)

(1) 방문 준비과정

2008.6 부임 후 7개월간의 활동을 통해 스웨덴 정부를 비롯한 각계인사, 외교단, 한인사회와의 일상적인 교류 관계를 확립하고 대사관의 효율적 운영 체계를 나름대로 정비하였다.

부임 둘째 해인 2009년에는 수교 50주년이라는 역사적인 계기를 최대한 활용하여 한-스웨덴 간 실질적 협력 확대 및 스웨덴 국민의 한국에 대한 긍정적 인식 제고를 위해 본격적인 외교활동을 전개해 나가야 한다고 생각했다. 따라서 그간 대사관이 외교부 본부와 협의해 온 수교 50주년 기념행사 계획과 2008년 말까지 수립한 대사관 차원의 공공외교활동계획을 2009년 연초부터 시행해 나가기로 하였다. 한편 2008년 12월 중순 결정된 겸임국 라트비아 고드마니스(Godmanis) 총리의 1.18~21 방한 준비를 위해 라트비아를 1.9~10 방문하기로 하였다.

그런데 2009년 벽두에 외교부 본부는 '대통령의 7월중 스웨덴 방문안'을 검토 중이니 스웨덴의 접수 가능성을 파악하라고 지시하였다. 나는 대통령 방문이 실현될 것으로 직감했다. 동시에 대사로서 대통령 방문을 실현시켜야 한다고도 생각했다.

특히 대통령 방문외교의 상징성과 중요성을 나름대로 이해하고 있었기 때문에 대통령 방문이 양국 관계를 격상하는 계기가 되도록 현지 대사로서 의무감과 책임감을 느꼈다. 정상 외교는 그간의 양자관계를 종합적으로 정리하고 미래 발전을 위해 새로운 관계를 정립하는 계기가 된다. 나는 운이 좋게도 사무관 때부터 스웨덴 대사 부임 직전까지 대통령의 정상외교를 위한 실무업무를 지속적으로 수행하였다. 전두환 대통령의 방일(1984.9, 동북아1과 사무관), 노태우 대통령의 인도네시아 방문(1988.11, 의전요원으로 자카르타 파견 근무), 김영삼 대통령의 중국방문(1994.4) 및 해외정상외교(1994년 주 상해 총영사관 근무, 1996~1998 의전과장), 김대중 대통령의 중국방문(1998.11 동북아2과장) 및 미국방문(2001.3, 주미대사관 참사관), 노무현 대통령의 아세안정상회담(2006년 동아시아지역협력대사) 과정에 관련 업무를 지속적으로 수행하였다.

대사에게는 대통령의 주재국 방문은 영광이며 기회이자 도전이다. 100여 명의 대사에게 임지 근무 중 쉽게 오는 기회가 아니다. 5년 단임제 정부에서 대통령이 재임중 반드시 방문해야 하는 나라들이 관례상 정해져 있다. 그 이외의 나라를 대통령이 방문하는 경우는 상당히 제한되어 있다. 스웨덴의 경우 1959년 수교 이래

40여 년 만에 2001년 김대중 대통령이 처음 방문하였고 이후 7년 만에 이 대통령이 방문하게 된 것이었다. 앞으로 또 언제 대통령이 다시 스웨덴을 방문할지 모르는 상황이었다. 나는 대사의 역할을 나름대로 이해하고 있었다. 대사는 대통령의 방문 준비와 방문 활동과 관련된 우리의 대응방향을 제시하고, 실제 이행하는 과정의 모든 것(detail)을 숙지하고 점검할 수 있는 역량을 갖추어야 한다. 양자관계 모든 분야의 현황과 발전 방안은 물론, 방문 행사와 관련된 의전의 실체에 관해서 주재국 정부와 교섭해야 하며, 그 모든 내용을 완전히 이해하고 숙지해야 한다. 대통령 행사의 준비와 실제 진행과정에서 크고 작은 문제에 부딪히면, 본부 직원이든 공관 직원이든 모두 대사를 쳐다보면서 해답을 내놓으라고 한다.

1월 초부터 스웨덴 외교부와 대통령 방문에 관해 협의해 나갔다. 그 과정에 그간의 외교활동경험에 비추어 대통령 방문의 성공을 위한 외교적 노력이 가장 중요하나, 이와 더불어 방문 준비에 부담이나 방해가 될 수 있는 소지나 요인을 제거하는 노력 또한 필수적임을 인식하였다. 특히 스웨덴의 7.1부터의 EU 의장국 수임에 따른 외교 집중 현상을 유심히 관찰하여 대통령 방문행사 준비에 혹시라도 소홀히 하는 상황이 벌어지지 않도록 정부 관계자와의 긴밀한 교류 접촉을 통해 대통령의 방문이 양국 관계뿐만 아니라 스웨덴 외교에 있어서도 특별한 계기임을 널리 주지시켜야 한다고 생각했다. 또한 남북한 대사관이 함께 상주하는 만큼 대통령 방문에 부정적 영향을 미치려는 북한의 공작 가능성도 염두에 두어야 했다. 나는 주재국 정부에 우리의 우려(concern)를 지속적으로 전하는 한편, 외교단 행사에 지속적으로 참여하면서 스웨덴 국내외 동향을 들어 보고, 리희철 북한 대사와 조우하는 기회에 대화를 지속적으로 해 나가기로 하였다.

이렇듯 2009년 초부터 대통령 방문을 염두에 두고 대사관은 대통령 방문 준비와 함께 스웨덴 내 우호적인 분위기 조성을 위해 이미 수립된 수교 50주년 기념행사를 중심으로 공공외교활동을 보다 적극적으로 펼쳐 나갔다. 나는 대사로서 대사가 아니면 안되는 각계와의 접촉 활동, 대사관과 관저를 활용한 공공외교활동을 미리 주간, 월간 계획을 짜서 최대한 성과를 거둘 수 있도록 노력하였다.

특히 부임 이후 2008년 중 7개월간 관저 오찬 만찬 행사(40회) 경험에 비추어 스웨덴 인사의 경우 그들의 시간 관념에 따라 최소한 3~4주 전경에는 초청의사를 전해야 하며, 시간이 촉박한 상황에서 초청의사를 전할 경우, 실제로 초청이 어려우며 오히려 실례가 된다고 느꼈다. 따라서 가능한 한 1달 전에 초청의사를 전하여 관저행사를 추진하였다.

대통령 방문(7.11~13) 이전까지 준비 과정을 편의상 우리 측의 방문제의(1.6), 스웨덴의 정상회담일정 제의(2.6), 우리 측의 동 제의 수락(5.15), 방문일정 최종 확정(6.5)을 분기점으로 대통령 방문까지 각 단계별로 스웨덴 정부와의 교섭 진행 상황, 대사의 외교활동 및 공공외교활동을 소개한다.

(가) 대통령의 스웨덴 방문 제의 및 스웨덴 수락(1.6~2.6)

1.5(월) 본국 외교부가 대통령의 2009년 G8 확대정상회의 (7.9~10, 이탈리아) 참석 계기에 이탈리아 방문 직전인 7.5~9 중 스웨덴 방문 추진을 검토 중이니 동 기간 중 스웨덴의 방문 접수 가능성을 파악하고 방문 기대효과를 보고하라고 지시하였다. 수교 50주년이 되는 해에 양국 관계를 격상할 수 있는 중요한 계기가 될 것이 확실한 만큼 매우 기쁜 소식이기도 하면서, 7월 초라는 일정안이 마음에 걸렸다. 하계 휴가 기간이며 스웨덴 정부, 특히 보수당 연립정부가 야심 차게 준비해 온 EU의 의장국직을 7.1부터 막 시작하는 시기였기 때문이었다.

우리 제의에 대해 모린(Molin) 외교부 아태국장은 1.7(수) 한국의 긍정적이며 흥미로운(positive and interesting) 제의라고 하면서 검토하겠다고 하였다. 1.12(월) 모린 국장은 바리외 주한대사로부터 대통령 방문에 대한 좋은 논리(good argument)를 보고받았으며 "빌트 장관이 대통령 방문 접수를 강력히 권고할 것으로 예상된다"고 전했다. 대통령 방문을 매우 영광스럽다고 여기나 정부 내부 절차상 최종입장 전달에 다소 시간이 소요된다는 점에 대해 양해를 구하였다. 개인적인 생각을 전제로 라인펠트 총리가 EU 의장국 수임 직후 2주간은 국내외 일정(EU의회 방문 등)으로 매우 분주한 일정을 소화해야 하는 상황이므로 이미 예정된 일정과 한국 측의 일정안을 어떻게 조정하느냐가 주요 고려요인이 될 것으로 본다고 하였다. 라트비아 총리 방한 수행을 위한 1.15 일시귀국 전에 대통령 방문의 기대성과를 다음 요지로 외교부 본부에 보고하였다.

양국 수교 50주년 및 스웨덴의 하반기 EU 의장국 수임 계기에 양국 정상외교가 갖는 상징성 및 시의적절성 등 제반 측면에서 최적의 여건이 조성되어 있다고 판단되니 이를 최대한 활용함이 바람직하다. 스웨덴이 북구와 발트 지역의 중심적인 역할을 수행하고 있으므로 중장기적으로 동 지역으로의 우리 외교 영역의 확대 및 양국 간 전통적 우호관계 확인과 실질적 협력 확대에 기여할 것으로 기대된다.

양자관계에 있어서는 대등한 파트너로서 국제적 경쟁력을 보유한 중견 국가라는 공통점을 기반으로, 우리 정부의 국정목표인 경제 살리기 및 성숙한 세계국가 구현 목표에 일조할 수 있는 스웨덴의 환경/재생에너지, 의학 및 공학, IT/BT 분야와 국제개발협력분야에서의 협력관계를 강화하고 국제금융위기, 기후변화, 환경 등 글로벌 이슈에 대한 공조 체제를 구축함으로써 보다 성숙하고 격상된 파트너 관계로 발전하는 모멘텀이 될 것으로 기대된다.

스웨덴의 EU 의장국 수임 직후에 스톡홀름에서의 정상 외교는 EU의 주요 동아시아 파트너로서 우리의 EU내 가시성(visibility)을 높임으로써 한-EU간 FTA 체결의 원만한 추진 및 EU의 대한반도 관심 제고에 상당히 기여할 것이다. 특히 EU의 남북관계 및 북한문제에 대한 관심 및 관여를 확대하고 EU의 대북한 정책 수립에 우리 입장을 반영하여 실효적인 정책 수립 유도가 가능할 것으로 보인다. 스웨덴 보수당 정부는 2001년 EU 의장국 수임 당시 페르손(Göran Persson) 총리(사민당)의 남북한 동시 방문 선례도 참고할 것으로 보인다.

일시 귀국하자마자 1. 15(목) 외교부 유명환 장관에게 스웨덴 입장을 보고하였다. 유 장관은 스웨덴 방문 일정은 대통령의 이탈리아 방문 전후에 언제라도 연결시키면 된다고 하였다. 1. 16(금) 만난 바리외 주한대사는 "방문 일정문제는 7.1 EU 의장국 수임 후 라인펠트 총리의 브뤼셀 소재 EU 본부 및 스트라스부르(Strasbourg) 소재 EU 의회 방문 일정과의 조정 가능 여부"라고 하였다.

라트비아 총리 방한의 영예 수행을 위한 일시귀국 후 스톡홀름에 귀임하여 바로 1. 26(월) 벨프라게(Frank Belfrage) 외교차관[62]을 면담하였다. 나는 일시 귀국 시 본국 정부와의 협의 결과를 전하고 빌트 외교장관의 2월말 방한을 환영하며 대통령 방문 일정 제의에 대해 조속 입장을 알려 줄 것을 요청하였다. 차관은 총리실 및 왕실과 협의하고 있다고 하고 그 결과를 받는 대로 알려 주겠다고 하였다. 그는 "만약에 양측 사정이 어렵게 되면 G8 정상회담이 개최되는 이탈리아에서 양국 정상회담을 하는 것도 하나의 방안이 되지 않겠느냐"라고 언급하다가, 바로 수습하면서 지금 단계에서 그렇게 하자는 것은 아니라고 하였다. 스웨덴의 실용주의 외교의

---

[62] 그는 1942년생(67세)으로 1965년 외교부 입부하여 스웨덴 EU가입을 위한 수석협상대표 (1991~1994), EU대사(1994~1999), 유럽국장(1999~2001), 프랑스 대사(2001~2006)를 역임한 후 정무차관을 맡고 있었다. EU 업무와 통상, 국제개발협력 업무에 정통한 외교관으로 알려진 최고참 외교관이었다. 그는 개인적으로 벌써 퇴직하고 싶었는데 이 바쁜 차관직을 하겠다는 외교관이 없어서 계속하고 있다고 하고, 은퇴한 외교관들이 부럽다고 하였다. 우리의 경우, 서로 차관하겠다고 하여 차관 직책을 1년 채우기도 힘들며, 최고의 외교 전문가가 해야 할 차관자리를 정치권이 논공행상의 대상으로 치부하는 한국과는 완전히 다른 상황이었다. 그는 스톡홀름에서의 대사 생활은 어떠냐고 물어보면서 친근감을 표현하고, 언제라도 연락을 달라면서 "전화 통화가 좋으며 꼭 만나지 않아도 충분히 소통할 수 있다"고 말하였다.

일면을 시사하는 언급이라고 느껴졌다. 1.29(목) 오후 5시 네팔 대사 주최 리셉션에서 비드(Wide) 왕실의전장을 만났다. 대통령 방문에 관한 우리 제의를 들었느냐고 물어보니 그는 아직 외교부로부터 공식 보고를 못 받았다고 하였다. 수교 50주년 계기 대통령 방문의 기대성과에 관해 설명하자, 비드 왕실의전장은 동감하나, 국왕의 휴가 일정으로 7월 중순(mid-July) 이후에는 공식일정이 곤란할 것이며 차라리 7월 초가 괜찮을 것 같다면서, 자신이 외국 대통령 방문 일정에 관해 공식적으로 얘기할 입장이 아니라고 답변하였다. 스웨덴 외교부가 외교부와 총리실 차원에서 검토 중임을 확인하였다. 외교관이 주재국 정부와의 공식면담 이외에 외교단 행사 등에 두루 돌아다니다 보면, 외교부의 통보 내용이나 공식 입장 이외에 주재국 정부내 동향을 종합적으로 파악할 수 있다. 1.30(금) 외교부 노르드룬드(Nordlund) 한국담당관은 최 서기관에게 다음주 중에 총리실에서 연락이 올 것 같으며 현재로서는 어떠한 암시(indication)도 없다고 하였다. 2.5(목) 태국 대사 주최 만찬에 같이 참석한 모린 국장과 환담하였다. 모린 국장은 개인적인 생각을 전제로 7.1 EU 의장국 수임 후 라인펠트 총리의 국내외 일정으로 보아, "대통령의 이탈리아 방문 후 스웨덴 방문이 좋을 것 같다"고 하였다. 스웨덴 입장이 대충 결정된 것 같다는 생각이 들었다.

(나) 스웨덴의 정상회담 일정 제의 및 한국 수락(2.6~5.15): 빌트 외교장관 방한, 권종락 외교차관 스웨덴 방문

다음날 2.6(금) 오후 4시경 모린 국장이 나에게 문자 메시지를 보냈다. 한국의 대통령 방문 제의와 관련, 좋은 소식(good news)를

전한다고 하면서 '7. 13(월) 스톡홀름에서 양국 정상회담 개최를 제의한다'고 하였다. 4시 30분 모린 국장과 다시 통화하고 동 내용을 재차 확인하였다. 바로 외교부 본부에 보고하였다. 이후 스웨덴 측은 동 입장을 5. 15 우리가 최종적으로 동의할 때까지 계속 견지하였다. 2. 13(수) 모린 국장을 시내 식당에서의 오찬에 초청하였다. 빌트 장관 방한(2.26~3.1)의 구체 일정과 기대성과에 관해 협의하였다. 모린 국장은 대통령 방문에 관해 의전실에 넘겨 구체 행사 일정을 검토하기 시작했다고 하였다. 2. 19(목) 오후 리르발 (Björn Lyrvall) 정무국장[63]을 면담하였다. 국장은 빌트 장관의 방한 성과에 기대가 크다고 하고 대통령의 7월 스웨덴 방문을 환영하며 '7. 13 정상회담 개최를 제의' 하였음을 강조하였다. 스웨덴 외교부는 빌트 장관 방한 전에 스웨덴의 '7. 13 정상회담 제의'에 대해 한국의 1차적 반응을 듣고 싶어 하는 것 같았다.

2. 20(금) 오후 빌트 외교장관을 면담하였다. 3시 30분 약속이었으나 장관실에 가니 회의 중이었다. 밖에서 칼손(Gunilla Carlsson) 국제개발협력장관이 대기하고 있었다. 무척 바쁘게 돌아간다는 느낌을 받았다. 3시 45분 장관이 나와서 소탈하게 "기다리게 해서 미안하다"며 안으로 안내하였다. 20분간 면담하였다. 장관은

---

63   외교부 내 정무국장(사실상 차관보) 자리는 장관, 정무차관과 함께 스웨덴 외교정책 입안과 시행의 중심역할을 담당한다. 동 국장은 1985년 입부하여 2003~2007년에 걸쳐 주 EU 공사와 대사를 역임한 후 현직에 임명되었다. 1995~1996년 구 유고 평화협상 시 발칸지역 유엔 사무총장 특사였던 빌트의 보좌관으로 활동하여 빌트 장관과는 각별한 관계를 유지하고 있다고 알려졌다. 스웨덴 외교장관, 차관, 정무국장이 모두 유럽 전문가이며 아시아와의 업무 경험은 거의 없음을 확인할 수 있었다.

1993년 4월 총리 시절 방한 후 16년 만의 재방한이라고 하면서 한국 측이 마련한 일정에 만족한다고 하고 양국 수교 50주년과 스웨덴의 EU 의장국 수임 계기에 이루어지는 이번 방한이 양국 관계 발전에 기여하는 모멘텀이 되기를 바란다고 하였다. 방한일정 설명에 대해 계속 "좋다(good, good)" 하면서 자신은 한국의 중요성을 충분히 인식하고 있다고 하였다. 대통령의 방문계획에 대해서는 특별한 언급이 없었다. 수교 50주년 계기에 스웨덴 외교장관이 먼저 한국을 방문한다는 데 큰 의의가 있다고 생각했다.

빌트 외교장관 방한(2. 26~3. 1)

빌트 장관은 2. 26(목) 한국 도착 후, 한승수 총리 예방, 외교장관 회담 및 만찬, 국회 통외통위 위원장 주최 오찬, 외교안보수석 면담, 판문점 방문, 전쟁기념관 방문 등의 일정을 가졌다. 3. 1(일) 오후 북경으로 떠났다. 수행원은 단 3명으로 장관 보좌관, 장관 대변인, 한국담당관 등 여성 3인이었다. 스웨덴의 실용주의 외교의 일면을 보여주는 것이라고 생각했다.

외교장관 회담 및 만찬에서 대통령 방문과 관련, 유 장관은 7월 이탈리아 G8 정상회의 직후 대통령 방문을 추진하고 있으나 확정되지 않은 상황이라고 하고, 정상회담 개최 시 가능하다면 한-EU FTA 서명을 기대해 볼 수 있을 것이라고 하였다. 빌트 장관은 "7월 13일 정상회담 개최를 기대한다"고 언급하였다. 빌트 장관은 한-EU FTA 체결을 적극 지지하며 금년도 상반기에 이루어지지 않으면 스웨덴이 의장국을 수임하는 하반기에 가능하도록 최선의 노력을 다할 것이라고 하였다. 북한의 정세 협의 후 빌트 장관은 스웨덴은 "작은 규모로 실시해 온 북한 기업, 은행 관계자 연수프로그램을 점차 확대해 나갈 생각"이라고 밝혔다. "결국 북한은 금후 개방을 하거나 붕괴될 수밖에 없을 것이므로, 미래를 대비하여 비용을 줄이는 방안은 북한인의 연수 교육을 실시하는 것"이라고 강조하였다. 빌트 장관은 한 총리와의 면담에서 한 총리가 보다 실질적인 세계금융위기 대처방안으로 G20이 가장 적합한 형식 (formula)라고 언급한 데 대해, 자신도 G7 또는 G8 형식은 다소 제약이 있으므로 확대하는 것이 필요하며 "G20이 구조적으로 가장 적합하다고 본다"고 언급하였다. 양측은 스웨덴의 1990년 초반 금융위기 극복 사례와 한국의 1997년 외환위기 극복 사례 경험을 공유해 나가기로 하였다.

빌트 장관은 2. 28 자신의 블로그에 양국의 금융위기 극복으로 결과적으로 양국 경제는 이번 경기 침체에 대응하는 과정에 더 큰 역량과 여유분(power and marginals)을 갖게 되었다고 썼다. 같은 날 블로그에 판문점 방문 후 '판문점 지역에서는 유럽의 몇 십년 냉전 시대보다 더 차가운 냉전을 경험할 수 있다. 북한은 장거리 미사일 발사를 준비하고 있다. 더 중요한 것은 북한의 핵무기이며 북한정권의 불확실성은 점점 더 늘어 가고 있다. 이러한 상황에 대응하기 위해서는 책임 있는 나라들의 적극적인 외교적 대화가 중요하다. 내일 북경으로 가서 이 문제도 협의할 것'이라고 소감을 전했다.

양국 정상간 수교 50주년 기념일 계기 경축메시지 교환(3.11)

1959년 3월 11일 수교 당일을 기념하여, 이명박 대통령과 라인펠트 총리가 경축 메시지를 교환하였다. 이 대통령은 양국 관계 현황에 관해 2007년 20억불 이상의 교역규모, 상호 보완적인 수출입구조, 첨단기술분야 협력 강화 등을 거론하고, 스웨덴의 EU 의장국 수임 계기 한-EU FTA 체결과 수교 50주년 기념 행사 개최에 대한 기대를 표명했다. 라인펠트 총리는 양국 관계의 질적 양적 성장 평가, 가치공유, 글로벌 의제(agenda)에 대한 공통 입장, 양국 관계발전이 스웨덴 정부의 우선순위, 상호 유익한(mutually rewarding) 미래 관계에 대한 기대 등을 강조하였다.

3.26(목) 방글라데시 대사 주최 리셉션에서 만난 모린 국장은 나에게 스웨덴의 '양국 정상회담의 7월 13일(월) 개최' 제의에 대해 본국으로부터 소식이 있는지를 물었다. 나는 아직 방문국 일정 조정으로 어려움이 있는 것 같다고 대답하였다.

4.9(목) 서울로부터 스웨덴의 7.13 정상회담 제의에 대해 '7월 10일(금) 오후, 11일(토) 또는 6일(월) 중 정상회담'이 가능한지 여부에 관한 스웨덴 입장을 다시 알아 보라는 지시를 받았다. 스웨덴 공공 기관은 부활절을 앞두고 4.9 오후부터 휴무에 들어간 상황이었다. 바로 모린 국장에게 전화하였으나 불통이었다. 메시지를 남겼으나 회신이 없었다. 부활절 휴가(4.10~13)가 끝난 4.14(화) 오전 통화에서 모린 국장은 우리 측 제의에 대해 가능한 한 조속 회답을

주겠다고 하였다. 4.20(월) 모린 국장을 오찬에 초청하여 협의하였다. 정상회담 일정에 관한 "한국 측 제의를 검토 중"이라고 하였다. 이어 2006년 7월 구스타프 국왕의 중국 국빈방문에 이은 중국 후진타오 국가주석의 2007년 6월 8일(금)~10일(일) 국빈 방문 일정을 소개하였다. 금요일 저녁에 스톡홀름에 도착, 토요일 예테보리를 방문하고 토요일 국왕 주최 국빈만찬에 라인펠트 총리는 부인의 생일을 이유로 불참하였으며, 일요일 스톡홀름에서 라인펠트 총리와 정상회담 후에 후 주석은 그날 귀국하였다고 하였다.[64]

이어서 스웨덴 사회가 '주말은 쉰다'는 개념을 기본적으로 갖고 있으나 지금은 국제금융위기를 겪고 있으며 7월부터 EU 의장국을 수임하기 때문에 대통령의 주말 일정도 충분히 검토 가능하다고 하였다. 그리고 지방 방문 일정도 가능할지에 대해 관심을 표명하였다. '7.13(월) 정상회담 개최'라는 기존 입장을 고수하면서 주말 일정도 주선할 수 있음을 시사하는 언급이었다. 나는 우리 측 제의를 긍정적으로 검토해 줄 것을 재차 요청하였다.

스웨덴, 대통령 7. 11~13 방문일정 제의(4. 28)

4.28(화) 오후 외교부 칼손 한국담당과장이 성 공사에게 전화로 서울에서 바리외 대사가 '대통령의 7. 11(토)~13(월) 방문'을 제의하

---

64 4월 21일(화) 저녁 러시아 대사관 주최 음악회에서 천밍밍 중국대사를 만났다. 2007년 6월 후진타오 주석의 스웨덴 방문에 관해 문의하니, 천 대사는 스웨덴 정부와 의전 문제협의로 매우 힘들었으며 특히 휴일(토·일) 일정 마련이 어려웠다고 하였다.

였다고 전했다. 외교부 본부에 동 사실을 확인하였다. 그간 스웨덴의 입장인 '7월 13일 정상회담' 제의에서 좀 더 나아가 그 직전 주말 일정도 마련하여 영접하겠다는 의미였다. 바리외 대사가 주말 일정안으로 첨단 바이오 연료 생산시설 방문, 환경 및 에너지 관련 세미나 참석, 키루나(Kiruna: 스톡홀름에서 북쪽 1300킬로, 항공편 1.5시간 소요) 소재 스웨덴 북부우주센터 시찰을 제시하였다고 들었다.

4.30(목) 대통령 방문과 관련 스웨덴 외교부 내 측면지원 확보를 위해 샌드베리 인사국장(전 주한대사)을 한국식당 오찬에 초청하였다. 비빔밥을 먹으면서 대통령 방문의 원만한 준비와 성공적 방문을 위한 가능한 지원을 요청하였다. 샌드베리 대사는 대통령의 방문을 적극 환영하며 지지한다고 하면서 모린 국장으로서는 7.1 스웨덴의 EU 의장국 수임 직후의 방문이므로 매우 부담되는 일이 될 것이며, 특히 주말일정에 관해 고위인사(국왕을 시사)를 설득하기가 쉽지 않을 것이라고 하였다. 2007년 6월 중국 후진타오 국가주석의 주말 방문 시에도 일정 마련이 힘들었다고 전했다. 그는 3일 후인 일요일 아프가니스탄 출장을 떠나기 전에 벨프라게 정무차관에게 전직 주한대사로서 한국 대통령의 성공적 방문의 중요성을 전하겠다고 하였다. 4.30(목) 샌드베리 대사와의 오찬 후, 바로 할베리(Hallberg) 웁살라 대학 총장 초청으로 웁살라 대학의 '봄 축제(Walpurgis Eve)' 행사[65]에 참석하였다. 거기서 니스트램(Anders

---

65 스웨덴 사람들은 4월 30일 이제 긴 겨울이 끝나고 봄의 문턱에서 함께 모여 노래를 부르고 큰 모닥불을 피우는 전통이 있다. 웁살라 대학과 룬드(Lund) 대학교 학생들이 봄의 시작을 축하하던 풍습에서 유래되었다고 알려졌다.

Nyström) 의전차장(Deputy Chief of Protocol)을 만나서 대통령 방문에 관해 잠시 대화하였다. 스웨덴 외교부 의전실은 '7월 13일(월) 정상회담 개최'를 전제로 준비중이라고 하고 그때가 마침 국왕이 휴가 중이라서 왕실 일정 마련에 어려움이 있으나 여러 방안을 검토 중이라고 하였다. 그러면서 스톡홀름을 벗어난 지방일정이 가능할지 여부를 물었다. 나는 현 단계에서 대답하기는 어려울 것 같다고 답하였다. 스웨덴 측은 '7월 13일 정상회담 개최' 입장을 고수하면서 주말 일정을 마련하여 우리를 설득할 것으로 예상하였다.

권종락 외교부 1차관 스웨덴 방문(5.3~5)

수교 50주년을 맞이하여 2003.11 제6차 양국 정책협의회 개최 후 6년여 만에 수석대표도 차관보급에서 차관으로 격상되어 7차 정책협의회가 5.4(월) 스톡홀름에서 개최되었다. 권 차관은 방문 중 5.4(월) 스벤스카 다그브라뎃(SvD) 인터뷰, 정책협의회 및 만찬, 페르손 전 총리 면담 등 일정을 가졌다. 권 차관은 내가 부임하기 직전인 2008년 5월 이라크 재건 국제회의(ICI 연례점검회의) 참석차 방문 중에 벨프라게(Belfrage) 차관과 5.29 면담한 바 있었다.

정책협의회는 정무분야(벨프라게 정무차관)와 경제분야(비스랜더 통상차관)로 나누어 각각 진행되었다. 회의장에는 국기도 없었고 사진 촬영도 없었다. 특별한 격식 없이 자유롭게 대화하였다. 양측은 1959년 수교 이래 양국 관계를 평가하고 수교 50주년 계기로 다양한 교류 협력 확대를 위해 노력하기로 하였다. 특히 2월 빌트 외교장관의 방한을 평가하고 고위인사 교류와 녹색성장 분야에서의 협력이 중요하다는 데 인식을 같이하였다. 권 차관은 스웨덴의 2012 여수박람회 참가 및 하반기 EU 의장국인 스웨덴의 적극적 역할을 요청하였으며, 스웨덴 측은 한-EU FTA의 조기 체결을 위해 지속 협력하기로 하였다. 정상회담 일정에 관해서는 스웨덴 측은 EU 의장국 수임 및 G8 참석으로 총리 일정상 "7.13만 정상회담이 가능하다"고 하고 그 이외에 한국이 원하는 일정에 대해 최대한 주선하여 유익한 방문이 되도록 최대한 노력하겠다고 하였다. 모린 국장이 일정 예시로 '바이오가스 생산시설 방문'과 '국왕의 여름별장 방문'을 거론하였다. 권 차관은 잘 알겠다고 하고 더 이상 언급하지 않았다.

비스랜더 통상차관 주최 만찬은 외교부 내 연회장에서 진행되었다. 만찬 초청장과 메뉴판에는 특별한 상징(emblem)이 없었다. 사실 2008년 12월 나를 위한 동 차관주최 환영 만찬 때도 마찬가지였다. 스웨덴의 실용주의 방식이라고 생각했다. 만찬에는 외교부 인사이외에 닐슨 동아시아 박물관장을 비롯한 룬드베리(Lundberg) 방산협회장, 베리만(Bergman) 스웨덴무역협회 부회장 등 양국 간 교류협력에 직접 간여하고 있는 인사들이 함께 초청되었다. 나와는 모두 구면인 인사들이었다. 페르손 전 총리는 권 차관과의 면담에서 5.12~14 자신의 방한에 기대를 표명하고 한국이 아시아 지역에서 장기적으로 일본과 중국보다 더 높은 경쟁력을 보유할 것이라고 하고, 양국은 모두 수출의존형 개방 경제라는 공통점을 갖고 있어 협력의 여지가 크며 한국의 잠재력을 높이 평가한다고 하였다. 자신은 2001년 5월 남북한 동시 방문 이후 한반도 문제에 깊은 관심을 갖고 있다고 하였다. 스벤스카 다그브라뎃(SvD) 신문은 미르스텐 기자의 권 차관과의 인터뷰 내용을 5월 13일, 18일 2번에 걸쳐 '친환경 투자는 한국에 도움이 될 것' '긴장감 고조에도 불구, 한국은 북한과 대화를 모색'이라는 제목하에 우리의 녹색성장 정책, 남북관계 현황과 대북정책을 보도하였다.

5.8(금) 비드 왕실의전장과 그랜드 호텔에서 오찬을 함께 하였다. 대통령 방문과 관련 스웨덴 외교부와의 협의 결과 및 대통령 방문의 시의적절성을 강조하고 국왕 일정이 원만히 주선되도록 협조를 요청하였다. 비드 의전장은 항상 그렇듯이 친절하고 정중한 태도로 "외교부와 협의하고 있으며 현재 7.12(일) 국왕과의 오찬 일정을 검토하고 있다"라고 하였다. 다만 그때 국왕이 여름궁전에서 휴가 중이라 약 300여 킬로 이동 문제가 있다고 하고, 영부인 동행 여부를 문의하였다. 나는 의전, 경호 등 제반 준비 사항을 감안할 때 국왕과의 일정이 스톡홀름에서 이루어지는 것이 가장 바람직하다고 강조하고 영부인의 수행 여부는 곧 결정될 것이라고 대답하였다.

(다) 대통령 방문 준비 본격 개시(5.15~6.4): 노무현 대통령 서거, 북한 핵실험

'대통령 7.12~14 방문' 계획 통보(5.15)

외교부 본부는 5.15(금) '대통령의 7.12~14 스웨덴 방문 계획(7.12

일요일 저녁 스톡홀름 도착, 7.14 화요일 오후 스톡홀름 출발'을 스웨덴 외교부에 통보하라고 지시했다. 바로 스웨덴 외교부에 전했다. 스웨덴이 지난 2월 6일 제의한 후 계속 고수해 온 '7. 13(월) 정상회담' 안을 우리 측이 3개월여 검토를 거쳐 그대로 받아들인 것이다.

'국왕 주최 7. 12 여름궁전 오찬' 제의(5. 15)

그런데 바로 우리 측이 '7. 12 저녁 스톡홀름에 도착하는 방문계획'을 5. 15 오전에 전달한 후 그날 오후 3시 트롤 외교부 의전장은 나에게 전화를 걸어왔다. 의전장은 "국왕내외는 대통령 내외의 스웨덴 방문을 진심으로 환영하며, 특히 작년 4월 방한 시 좋은 추억을 갖고 있어서 하계 휴가 기간 중임에도 불구하고 7. 12(일) 대통령 내외를 여름궁전에 모셔 편안한(private and intimate) 분위기에서 오찬을 함께 하기를 희망한다"고 전했다. 오찬 장소는 국왕의 사적인 주거지(private residence)인 스톡홀름 남동쪽 300여 킬로 떨어진 외랜드(Öland) 소재 솔리덴(Solliden) 궁이 될 것이며 한국 측 참석자는 대통령 내외와 수행원 5명, 통역 등 8명을 구상 중이며, 동 행사 관련 모든 사항(의전, 이동 등)은 스웨덴이 전적인 책임하에 진행될 것이라고 하였다. 국왕의 사적 공간이므로 사전 선발대 방문도 허용되지 않는다고 미리 양해를 구하였다.

국왕 관련 행사를 스톡홀름에서 개최할 수 있는지 여부를 문의하였다. 의전장은 국왕이 7월 둘째 주(7.6 시작 주)부터 리투아니아 방문 후 여름궁전에 계속 체류할 예정이며 스톡홀름 상경 계획은 없다고 답하였다. 나는 일단 왕실과 외교부 간 협의 결과에 따른 국왕과의 일정인 만큼, 외빈접수국(host country)의 입장을 존중하여 수용함이 마땅하다고 생각했다. 다만 그간의 의전업무 경험에 비추어 여름궁전까지의 이동 등 행정적 부담(logistics)과 의전 절차에 세심한 준비가 필요할 것으로 예상하였다. 나는 스웨덴 측과 대통령 도착 출발 일정에는 다소 이견이 있으나, '7월 13일 정상회담 개최' 일정에는 원칙적으로 합의함에 따라 대통령의 방문이 사실상 확정되었다고 판단하였다. 바로 5. 15(금) 오후 직원회의를 소집하였다. 그날부터 방문에 관한 실질 내용(substance)과 의전(protocol) 2개 업무로 나누어 8주 계획을 세워 구체적으로 준비하기 시작하였다. 대통령 방문 종료까지 휴일 없는 나날이 시작되었다.

5. 16(토) 오후 실벤 대사 부인(Vivi Sylvén)[66]이 스톡홀름 인근 태비(Täby)지역에서 주최하는 그림 전시회를 찾았다. 실벤 대사를 만나 대통령 방문계획을 설명하고 가능한 측면 지원을 요청하였다. 실벤 대사는 비드(Wide) 왕실의전장과 접촉하여 대통령의 성공적 방문을 위해 왕실 차원에서 최대한 협력하도록 조언하겠다고 하였다.

대통령 방문이 확정됨에 따라 5. 16(토)부터 외교부 본부에서 성과사업과 의전에 대해 각종 지시가 계속 내려왔다. 성 공사와 최서기관이 5. 19(화) 니스트램(Nyström) 의전차장을 면담하여 스웨덴

---

66 실벤 대사가 주한 대사(1987~1992)로 재임 중 부인은 서울에서도 매년 그림 전시회를 개최하였다. 부인 작품을 우리 대사관에도 기증하였다.

측의 기본 입장을 청취하였다. 방문 성격은 '국가원수의 공식방문 (Official Visit by the Head of State)'으로서 '7. 13(월) 중 주요 공식일정은 갖는다'는 방침하에 총리일정(정상회담, 총리주최 오찬, 조약서명식 임석 등), 국회의장 면담, 양국 기업인 회동일정 등을 추가로 검토하겠다고 하였다. 국왕 일정의 조정 가능성에 대한 문의에 대해서는 '7월 12일 여름궁전 오찬' 이외에 다른 제안을 왕실로부터 통보를 받은 바 없다고 답하였다.

노무현 전 대통령 서거(5.23)

5. 23(토) 오전 '노무현 전 대통령 서거' 소식이 전해졌다. 대사관으로 바로 출근하여 서울로부터 특별한 관련 지시 여부를 확인하였다. 5. 24(일) 다시 대사관에 출근하여 직원들과 협의한 후, 당초 예정된 대사관의 대외행사(한인 출판기념회, 한국영화의 밤, 정례토론회 등) 일정을 1주일 연기하기로 하였다. 저녁 무렵 외교부 본부가 '국민장' 결정 사실을 알리고 공관 조치 사항을 지시하였다. 5. 25(월) 스웨덴 외교부와 외교단에 부음 공한을 발송하고 대사관에 분향소와 조문록을 비치하였다. 5월 29일(금) 장례식 전일까지 일과시간 중 조문객을 접수하였다. 장례식 당일에는 대사관에 조기를 게양하였다. 린드(Gustaf Lind) 총리실 정무차관, 비스랜더 외교부 통상차관, 샌드베리 외교부 인사국장(전 주한대사), 린드퀴비스트 (Lindqvist) 노벨박물관장 등 스웨덴 주요인사, 일본, 중국, 동남아국가, 라트비아, 이탈리아, 네덜란드, 덴마크, 포르투갈, 칠레, 멕시코 대사 등 외교단, 한인회장, 평통위원, 진출기업 대표, 유학생

등 교민 등 100여 명이 조문하였다.

북한 핵실험(5. 25)

북한은 5.25(월) 오전 제2차 핵실험을 하였다. 스웨덴 정부는 바로 비난 성명을 발표하고 그날 오후 5시경 벨프라게 외교부 정무차관이 리희철 북한대사를 외교부로 초치하여 강력히 항의하고 비난하였다. 5.27(수) 오후 대사관에서 린드(Jan-Olof Lind) 스웨덴 국방과학연구소(FOI) 소장과 면담하였다. 린드 소장은 2006년 북한의 1차 핵실험 시 한국에 스웨덴 장비와 기술을 제공했음을 상기시키고 이번에도 스웨덴 핵실험 탐지장비(SAUNA 장비)를 제공할 용의가 있다고 전했다. 나는 우리 관련기관도 탐지장비의 추가 보유 필요성은 인식하고 있다고 하고, 소장의 6월 방한 시 한국원자력통제기술원(KINS)과 협력방안 협의 등을 통해 계속 협의해 나가자고 하였다.

왕실과 외교부와 협의

이어 5.26(화) 스웨덴 외교부에 국방분야 관련 3개 협정, 교육과학기술분야 협력협정의 체결을 제의하고 한-EU 차원에서 FTA 협의가 원만히 이루어져 가서명되기를 기대한다고 전했다. 스웨덴 측도 가능한 한 많은 성과물(deliverables)이 도출되도록 최대한 노력하고 있다고 하였다. 5.27(수) 오후 비드(Wide) 왕실의전장을 왕궁 내 사무실에서 면담하였다. 비드 의전장은 국왕내외의 여름궁전

오찬 초청은 아주 드문(rare) 경우이며 국왕내외가 한국관계를 중시하고 특히 올해가 수교 50주년이라는 특별한 해인 만큼 대통령 내외분의 방문을 진심으로 환영한다는 의미에서 제의한 것이라고 설명하였다. 오찬 계획과 관련, 1) 일정: 7. 12(일) 오후 1시-3시 30분, 2) 대통령 내외분과 수행원 5명 참석(통역 희망 시 추가), 3) 왕복 교통편으로 국왕 전용기 12인승 제트기 제공, 4) 비공식(private and intimate) 오찬이므로 오찬 진행순서는 국왕내외가 정하고, 5) 여름 궁전은 국왕의 완전한 사적 공간이므로 사전 답사는 안 되며 참고 자료를 제공하겠다고 하였다.

스톡홀름-여름궁전 왕복을 위한 구체시간계획안(스톡홀름 Arlanda 공항-외랜드 소재 Kalmar 공항-여름궁전-Kalmar 공항-스톡홀름 Bromma 공항)을 요청한 데 대해, 비드 의전장은 다음날 5. 28(목) 오전 구체 이동계획안을 보내주었다. 당시에는 대통령이 7. 12(일) 오전 스톡홀름 알란다 국제공항에 도착한 후 바로 이동하여 오찬 일정을 상정하였다. 따라서 스톡홀름에서 출발할 때는 알란다 국제공항, 오찬 후 스톡홀름 도착 시에는 국내선 전용의 Bromma 공항을 이용한다는 시나리오였다.

5. 29(금) 대사관(성 공사 등)과 스웨덴 외교부(니스트램 의전차장, 칼손 한국과장, 보안경찰 Swedish Security Service, 경찰청 관계관 등) 간에 7. 12(일)~14(화) 대통령 방문 일정, 영부인 일정, 숙소, 차량 등에 관해 협의하였다. 우리 측 답사단 방문 일정(6. 13~15)도 협의하였다. 스웨덴 측은 대통령의 공항 환영행사 후 공항에서 바로 여름

궁전으로 출발한다는 전제하에 '7.12 국왕내외 주최 오찬, 7.13 주요 공식일정(정상회담, 국회의장 면담, 양국 기업인 회동 등), 7.14 웁살라 지역 방문 및 주지사 주최 오찬'을 제안하였다. 스톡홀름 외곽에 위치한 '친환경도시 하마비(Hammarby) 방문'도 한국 측이 희망할 경우 주선하고, 한국 자체일정인 동포간담회와 수교 50주년 유공자 초청행사는 전체 일정에 적절히 포함시키며 영부인 관심사안에 따라 적절한 기관 방문 일정을 주선하겠다고 하였다. 대통령 숙소로 최대 16명이 체류할 수 있는 영빈관(하가 궁: Haga Palace[67])을 제공하겠다고 하였다. 6.3(수) 양측은 외교부에서 다시 모여 공식 일정 및 숙소 등 제반 행정 사항, 대외 공식 발표 시기에 관해 좀 더 구체적으로 협의하였다. 총리실 보좌관이 총리 관련 일정(정상회담, 오찬, 협정 서명, 공동 기자회견) 계획을 설명하고 오찬 대신 만찬 가능성도 검토하고 있다고 하였다. 웁살라 주 국제담당관이 '7.14(화) 오전 웁살라 대학방문부터 오찬까지 5시간 계획인'을 전했다. 하가 궁의 경우 통신장비 설치 가능 여부에 대한 문의에 대해, 그러한 기술 장비 측면에서는 그랜드 호텔이 상대적으로 용이할 것이라고 하였다.

6.1(월) 모린 국장과의 오찬에 이어 6.3(수) 니스트램 의전차장과

67　하가 궁은 외국 귀빈 방문 시 사용되는 영빈관이며, 스톡홀름 시내 중심에서 북쪽으로 약 6킬로 떨어져 있다. 1809년 건립되어 왕실 가족이 거주하여 왔으며 현 국왕 구스타프 국왕이 출생하여 유년기를 보냈다. 1966년 현 국왕의 조부인 구스타프 6세가 정부에 헌납하여 정부 영빈관이 되었다. 2000년 12월 김대중 대통령 방문 시에도 스웨덴 측이 하가 궁을 제의하였으나 결국 그랜드 호텔(Grand Hotel)에 체류하였다.

의 관저만찬[68]을 통해 대통령 방문의 기대성과 및 일정에 대한 우리 측 입장을 전달하고 협조를 요청하였다. 특히 나는 "스웨덴 측이 제의한 웁살라 방문 안의 소요시간이 우선 너무 길며, 의미 있는 방문이 되려면 대학생 대상 강연 등 특별한 일정이 필요할 것 같다"고 하니, 그들은 방학기간 중이라 학생 동원은 어려울 것이라고 하였다. 총리 주최 오찬안을 만찬이 되도록 노력해 줄 것을 요청하였다. 두 사람 모두 그렇게 총리실을 설득하고 있다고 하였다. 한편 라인펠트 총리가 부인 생일이라 하여 국왕 주최 후진타오 주석 국빈만찬에도 참석하지 않았다고 들었기 때문에 결국 총리의 개인적 판단이 중요할 것 같다고 생각하였다. 6.1(월) 우리 진출기업 대표와 코트라 무역관장과 만찬 협의하였다. 대외보안을 전제로 대통령의 성공적 방문을 위해 기업광고를 통한 스웨덴 내 한국 홍보 방안과 스웨덴 기업과의 협력사업 추진 등을 논의하였다. 기업광고 시 우리기업 간 불필요한 경쟁을 지양해 주기를 요청하였다. 기업대표들은 대통령 방문 계기를 최대한 활용하겠다며 적극적으로 대응하겠다고 하였다.

6.4(목) 부임한 지 딱 1년이 되는 날이었다. 박석환 외교부 의전장과의 전화 협의에서 박 의전장이 스웨덴 방문 직전 방문을 검토 중인 루마니아에서의 일정안이 제대로 잡히지 않아 방문 여부를 아직 결정하지 못하고 있다고 하였다. 나는 최일송 주 루마니아

---

68   6월 3일(수) 우리 부부 주최 관저만찬에 니스트램(Nyström) 의전차장과 발더(Eva Walder) 외교부 EU 부국장, 페테르손 '다겐스 인두스트리'논설위원 부부와 교황청 대사, 라트비아, 보스니아헤르체고비나 대사 부부를 같이 초청하였다.

대사에게 전화로 진행 상황을 문의하니 최 대사는 여러 사정으로 루마니아 방문은 취소될 가능성이 있다고 하였다.

(라) 대통령 방문일정 확정 후 준비(6.5~7.10)

대통령 7.11~13 방문 일정 확정(6.5)

외교부 본부는 6.5(금) 우리 측이 제시했던 '7.12~14 방문 안'을 하루 당겨 '7.11 오후 도착~7.13 오후 출발' 일정으로 스웨덴 측에 통보하고 이에 따라 준비하라고 지시하였다. 국왕이 대통령 내외에 대한 최대한의 예우로 '7.12 오찬'을 제의한 만큼 이를 수락하고, 오찬시간에 맞추기 위해 그 전날인 7.11 도착한다는 것이었다. 환경도시 하마비 시 시찰, 동포간담회, 스웨덴 유공인사 초청 간담회, 경제인 행사를 추진하며, 웁살라 방문은 추진하지 않는다고 하였다. 이에 따른 전체 일정안을 바로 스웨덴 외교부에 전달하였다.

지난 5.15 양국이 '7.13 정상회담 개최'에 원칙 합의한 후, 스웨덴 측이 '7.12 국왕 주최 오찬'을 제의하면서 그들이 당초 희망한 '7.11~13 방문'안을 우리가 3주 이후인 6.5 수용하였다. 이제 실제 방문까지 딱 5주 남은 시점이었다. 나중에 들으니 루마니아 방문 계획은 취소되었다.

〈대통령 방문 일정 협상 평가〉

대통령 방문 일정에 관한 1.7부터 6.5까지 5개월간 양국 간 교섭과정을 살펴보면, 1.7 우리 측이 전달한 G8 확대정상회의 (7.9~10, 이탈리아) 직전인 '7.5~9 기간 중 방문' 제의에 대해, 스웨덴은 한 달 만인 2.6 '정상회담 7.13 개최' 안을 제의하고 이를 계속 고수하면서 4.28 바리외 주한대사를 통해 '대통령의 7.11(토) ~13(월) 방문'을 제의하였다.

한국은 3개월이 지나 결국 5.15 스웨덴의 '7.13 정상회담 개최' 입장을 수락하고 7.12~14 방문계획을 통보하였다. 이후 추진 중인 루마니아 방문계획이 취소되면서 6.5 스웨덴 당초 제의 그대로 '7.11(토)~13(월)' 일정으로 방문한다고 최종 통보하였다.

돌이켜 보면 우리 측이 스웨덴의 외교행태와 스웨덴의 EU 의장국 수임 시작일인 7.1부터 첫 번째 주(week)의 공식활동에 대한 객관적인 이해를 바탕으로, 스웨덴의 '정상회담 7.13 개최' 제의를 보다 빨리 수락하여 전체 방문일정을 확정했더라면, 양국 정부가 좀더 시간적 여유를 갖고 정상회담의 성과사업을 보다 충실하게 협의하여 실현시킬 수 있었을 것이라는 아쉬움이 있다. 당시 외교부 본부 유럽국의 기본적인 판단이 중요했다고 생각한다.

대통령 방문일정이 최종 확정된 그 다음날 6.6(토) 스칸센 (Skansen)에서 개최된 스웨덴 국경일 행사 및 리셉션에서 빌트 외교장관, 트롤 외교부 의전장, 비드 왕실의전장을 각각 만나 대통령 방문에 관해 환담하였다. 빌트 장관은 지난 2월 방한에 만족하며 5월 하노이 아셈(ASEM) 외교장관회담에서 유명환 장관을 또 만났다고 하면서 이번 7월 대통령 방문을 환영한다고 하고 정상회담 계기에 한-EU FTA 협정의 돌파구 마련에 노력하겠다고 하였다. 국왕과의 오찬 참석을 위한 항공편은 왕실에서 제공하는 걸프스트림(gulfstream) 제트기가 좋을 것이라고 하였다. 외교장관이 한국과의 관계 및 대통령 방문에 관해서 최근 진행동향을 구체적으로 알고 있음을 확인하고 안도했다. 트롤 의전장에게 '7.11~13 방문일정'과 구체 일정안을 설명하니 앞으로 니스트램 의전차장이 방문 계획을 잘 챙겨 나갈 것이라고 하였다.

비드 왕실의전장은 나를 마침 잘 만났다고 하면서, '7.12 국왕내외 주최 오찬'에 "국왕내외가 대통령 내외분만 모시고 오찬을 하기를 희망"하며 통역 1명만 참석할 것을 제의하였다. 당초 수행원 5명 참석안을 변경한 배경에 대해 문의하였다. 비드 의전장은 스톡홀름 왕궁에서 외빈과 사적 오찬을 하는 경우 수행원 5명이 포함되는 것이 관례이나, 국왕 가족의 완전한 사적 공간인 솔리덴 궁에서의 오찬은 전적으로 국왕내외의 의사에 따라 진행된다고 하고 "지난 20년간 동 궁전에 초청된 외빈은 코피 아난(Kofi Annan) 유엔 사무총장이외에는 전례가 없다"고 하였다. 사실 자신도 동 궁전 행사에 참석한 적이 없었기 때문에 대사에게 제안하기 전에 신중히 챙기지 못했다며 양해를 구하였다. 한국 측의 필수 수행원은 별도 장소에서 자신 또는 다른 스웨덴 수행원과 오찬을 할 수 있도록 준비하겠으며 항공편은 스웨덴 공군 1호기인 걸프스트림 (Gulfstream) 제트기(12인승)가 의전, 경호 등 모든 면에서 가장 바람직하다고 전하였다.

이어 같은 자리에서 우리 부부는 리희철 북한 대사 부부를 만났다. 리 대사 부부가 우리 부부를 피하지 않아 자연스럽게 대화를 나누었다. 리 대사 부인은 먼저 아내에게 다가와 인사를 건네면서 안부를 물었다. 나는 한반도 정세가 악화되어 걱정스럽다고 하고 남북대화가 조속히 재개되기를 바란다고 하였다. 리 대사는 "당분간 어려울 것 같다. 북한 외교부는 힘이 없으며 군부가 이끌어 가는 상황이다. 한국이 북한과의 관계에 있어서, 오히려 미국보다 더 여유가 없으니 대화할 수가 없다. 당초 한국 신정부가 출범한 이후 몇 개월을 기다렸으나 신정부가 강경하게 나와서 어찌할 수 없다. 앞으로 신정부의 남은 3년 반의 임기내에 남북 대화가 이루어질지 모르겠다"고 하였다. 김정일 위원장의 건강이 어떠냐고 물어보니 리 대사는 "최근 체중 감소 노력을 해서 건강이 좋지 않은 것처럼 보일 뿐이다"라고 하였다. 3남 김정은의 권력 승계설에 대해서는 "한국 정부와 언론은 왜 또 거짓말을 하는지 모르겠다. 나는 들은 바 없다"고 하였다. 내가 "핵실험, 미사일 실험을 계속 할 것이냐"고 물으니 "북한은 국제사회에서 용인된 위성을 발사한 것이며, 그러한 활동은 미리 다 알리고 나서 하는 것인데 무엇이 문제인가? 이란 등 다른 나라들은 할 수 있는 데 왜 북한은 못하느냐"고 반문하였다. 내가 남북대화와 6자회담의 조기 재개를 위해 리 대사도 가능한 노력을 해 달라고 하였다. 리 대사는 웃으면서

"남북대화가 재개되면 좋겠으나 외교관들이 할 일이 별로 없다. 군부가 세서…" 하고 말끝을 흐리고 다음에 또 보자고 하고 헤어졌다. 대통령의 스웨덴 방문 일정이 최종적으로 확정된 그 다음 날, 우연히도 북한 리 대사와 대화를 나눌 수 있었고 리 대사 부부는 예전과 같이 정중한 태도로 우리 부부를 대해 주어서 다소 안심이 되었다.

이틀 후 6.8(월) 오후 4시 스웨덴의 7.1 EU 의장국 수임과 관련하여 벨프라게 외교차관이 외교부에서 외교단에 대해 브리핑하는 계기에 동 차관과 잠시 환담하였다. 7월 예정된 양국 정상회담 성과와 관련, 차관은 한-EU FTA의 가시적인 진전을 위해 EU 집행위원회를 강하게 압박하고 있다고 하고, 총리 일정과 관련, 라인펠트 총리가 7.13. 오전 정상회담에 이어 업무오찬을 강하게 희망하고 있다고 하였다. 이어 총리 부인(Filippa Reinfeldt[69])은 외국 정상 방문 시 특별히 영부인(First Lady) 역할을 하고 있지 않다고 설명하였다. 따라서 총리 부인이 관련하는 별도 행사는 없을 것임을 시사하였다.

6.10(수) 백스트램(Lars Bäckström) 베스트라예타란드(Västra Göta-land) 주지사 및 국회의원(8명) 초청 관저만찬을 주최하였다. 작년 11월 예테보리 방문 중 백스트램 주지사(56세, 좌파당) 면담에서 관

---

69 그녀 역시 보수당 청년당원 출신으로 2005~2006 스톡홀름시 인근 태비(Täby)시 시장을 지낸 후 2006년 이후 스톡홀름주 보건담당부서장(Health Service Commissioner)으로 현역공무원으로 활동하고 있었다.

저만찬 초청 의사를 전달한 바 있었으며 이후에도 초청 의사를 전달하여 관저만찬이 실현되었다. 같은 주(州) 출신 의원인 구스탑손 의원친선협회 회장(관저만찬 3번째, 기독당), 올손(Kent Olsson, 65세, 보수당, 1991년 당선), 포스룬드(Kenneth Forslund, 42세, 사민당, 2002년 당선), 칼손(Ulrica Carlsson, 44세, 중앙당), 프리드(Egon Frid, 51세, 좌파당, 관저만찬 3번째, 부인 동반) 의원 등 5명과 룬드그렌(53세, 중앙당, 관저만찬 2번째), 폴피에드(37세, 보수당, 관저만찬 2번째), 홀름(Christian Holm, 33세, 보수당) 의원 등 8명이 함께 참석하였다. 5개 정당 출신의원이 모였다. 우리 기업대표들도 초청하였으나 김진하 기아자동차 법인장만 참석하였다. 나는 최근 양국 관계 현황 및 수교 50주년 계기 고위인사 교류 계획 등을 설명하고 지속적인 협력을 요청하였다. 대통령 방문 계획을 추진중임을 암시하면서 양국 관계의 최신 동향을 전했다.

주지사는 2006년 방한 시 한국의 발전상을 보고 경의를 표하게 되었다 하면서, 작년 11월 면담 때와 비교하여 더 적극적으로 한국에 대한 긍정적 인식을 표명하였다. 양국 간 협력 여지와 잠재력이 매우 크다고 강조하고 특히 환경, 에너지 분야에서의 협력 확대가 필요하다고 하였다. 구스탑손 회장, 폴피에드 의원은 이미 대통령의 방한 계획을 알고 있었다. 대통령 방문 일정으로 추진하고 있는 '스웨덴 유공자와의 간담회', '입양한인과의 간담회'에 참석할 인사들에 대해 의견을 교환하였다. 구스탑손 회장은 작년 8월 한중일 3국 방문 시 한국에서 제일 환대를 받았다고 다시 표명하였다. 관저만찬에 3번째 참석하는 프리드 의원은 부인을 동반하였다. 항상 밝고 적극적이었다. 가장 젊은 홀름 의원은 입양아 출신 스웨덴기업연합회 홍보국장인 리벤달(Tove Lifvendahl)과 사촌 지간이었다. 참석자 모두가 한식이 건강식이라고 평가하였다. 의원과의 회동에서 항상 느끼는 점은, 그들 모두가 정중하고 진지하다는 것이었다. 한-스웨덴 관계, 남북관계에 대한 질문에 대한 나의 설명을 청취하는 자세나 그들 간에 국내 정세, EU와의 관계 등에 대한 의견교환에서도 항상 배울 것이 있었다. 특히 대통령 방문 직전에 보수연합정권의 여당 정당뿐 아니라, 야당인 사민당, 좌파당 의원 역시 한국에 대해 매우 우호적인 입장을 확인한 것이 고무적이었다.

답사단 방문(6.11~14)

우리 답사단 방문 선날인 6.10(수) 오전 내사관(성 공사, 윤 무관 등)과 외교부(니스트램 의전차장 등)는 대통령 공식일정의 세부 계획안을 협의하였다. 스웨덴 측은 국왕내외 주최 오찬은 대통령 내외만 참석하여 진행되며, 총리 주최 오찬은 통상 '업무 오찬(working luncheon)'으로 진행된다고 설명하였다. 아동병원 등은 하계휴가인 관계로 외빈 접수여부가 불투명해져서 영부인 방문기관에 관해서는 계속 협의하기로 하였다.

6.11(목) 답사단이 도착하였다. 대통령실(이우찬 홍보 선임행정관, 오낙영 의전행정관 등 7명)과 외교부 의전팀(최승현 의전과장, 박두순 서기관 등 3명)으로 구성된 답사단은 6.11~14 방문 중 행사예정지를 방문

하고 6.12(금) 오후 스웨덴 외교부와 회의를 진행하였다. 그간 외교채널을 통해 진지한 사전 협의가 이루어졌기 때문에 양측간 특별히 입장이 다른 이슈가 없었다. 나는 6.11(목) 답사단과 대사관 협의와 관저만찬, 13일(일) 저녁 관저협의를 통해 현지사정을 설명하고 방문 세부계획에 관해 함께 점검하였다. 외교부 의전과장 (1996~1998년) 경험에 비추어, 답사단의 방문결과 보고와 건의를 바탕으로 대통령의 방문계획이 거의 확정되기 때문에, 답사단이 현지 사정과 상대국의 입장에 대해 객관적이고 정확하게 이해하는 것이 무엇보다도 중요하다는 것을 누구보다도 잘 알고 있었다.

현지 대사로서 1년간 스웨덴 체류와 각계 주요인사 접촉 활동 경험에 비추어 "스웨덴 사람은 신뢰할 수 있으며, 정직하며, 약속을 꼭 지키며, 한 번 안 된다고 하면 안 될 가능성이 매우 높다"고 강조하였다. 1959년 수교 이후 한국 대통령의 첫 번째 스웨덴 공식방문이었던 2000년 12월 김대중 대통령 방문의 준비 과정에 스웨덴 측이 "스웨덴에 오면 스웨덴의 관행을 따라 달라"고 우리 측에 수차 요청했음을 환기시켰다. 이번 준비과정에서 스웨덴 인사로부터 아직까지 그런 소리는 듣지 않았다고 하고 지금까지 스웨덴 정부 및 왕실과 성심성의껏 협의해 왔다고 강조하였다. 방문 기본계획에 대해 이제 스웨덴 측과 큰 틀에서 합의한 만큼, 앞으로 4주간 본부와 대사관이 긴밀히 소통하면서 대응해 나가자고 하고 대사관은 마지막까지 세부사항을 챙겨 나가겠다고 하였다. 답사단은 방문 결과에 전반적으로 만족하는 것 같았다. 이우찬 선임행정관, (1996년 의전과장 시절부터 함께 일했던) 장수병 경호과장, 최

승현 의전과장 모두가 스웨덴 방문 행사가 잘될 것 같아 안심이
된다고 하였다.

스웨덴 외교부와 지속 협의(6. 15~7. 10)

대사관은 답사단 방문 이후 6. 15부터 바로 후속 조치에 관해 지
속 협의하였다. 성 공사와 니스트램 의전차장 간에 주로 실무 협
의가 이루어졌으며, 나는 비드 왕실의전장, 트롤 외교부 의전장,
니스트램 의전차장, 모린 아태국장과 연락체계를 유지하고 긴밀
히 협의하였다.

영빈관 대신 그랜드 호텔에 체류하기로 결정[70]함에 따라 스웨덴
측은 6. 16(화) 그랜드 호텔의 로얄 스위트(Royal suite) 및 공식 수행
원용 객실 세공을 알려 왔다. 정상회담, 국왕내외 주최 오찬, 친환
경도시 하마비 시 방문, 국회의장 면담 등 주요일정의 세부 계획
과, 수행 각료의 별도 일정, 모터케이드(motorcade) 구성 등 기능 분
야에 관해 협의가 순조롭게 진행되었다.

'국왕내외 주최 오찬'과 관련하여 스웨덴 측은 동 행사는 스웨덴
측이 전적으로 모든 것을 책임지고 진행된다는 점을 수차 강조하

---

[70] 천밍밍 중국대사는 6월 24일(수) 스리랑카 대사 리셉션에서 나에게 한국 대통령 방문 소식
을 들었다고 하면서 자신들의 경험(2007년 6월 후진타오 주석 방문을 시사)에 비추어 숙소를 하
가 궁보다 그랜드 호텔로 정한 것은 잘한 결정이라고 하였다. 그는 그 주부터 8월 중순까지 5주간
휴가로 북경을 다녀온다고 하고 그 기간 중 5년마다 개최되는 공관장 회의에 참석한다고 하였다.
한국 외교관으로서는 상상할 수 없는 장기간 휴가라고 생각했다.

고 솔리덴(Solliden) 궁이 왕실 가족의 사적 공간이므로 외국 정부의 경호활동 관례가 없다고 하였다. 그러면서도 스웨덴 측은 동 행사의 세부진행 과정에서 우리 희망 사항을 가능한 한 수용하였다.

한편 우리 측 자체 일정으로 1) 동포 간담회, 2) 스웨덴 유공인사 초청 간담회, 3) 입양한인 면담(영부인 일정)과 관련하여, 대통령 방문 기간이 본격적인 휴가 기간임에 비추어 초청대상 인사들의 적극적인 참여를 위해서 구체 시간계획과 초청대상자 안을 본부와 협의하여 조속 결정하였다. 유공인사의 경우에는 스웨덴 외교부의 추천을 받아 함께 검토하였으며, 입양한인의 경우에는 입양한인협회 등과 긴밀히 협의하여 초청대상자를 선정한 후 바로 초청 의사를 전달하면서 세부 계획을 수립하였다.

행사 준비과정에 스웨덴의 현지 분위기를 보다 이해하게 되었다. 특히 여름휴가에 관한 한, 스웨덴 사람들이 다른 무엇보다도 매우 중시하여 웬만한 일이 아니면 결코 포기하지 않는다는 것을 알게 되었다. 한-스웨덴 경제인(CEO) 간담회 준비를 위해 스웨덴 무역협회(Swedish Trade Council) 베리만(Mattis Bergman) 부회장 및 한종운 코트라 무역관장과 긴밀히 협의하였다. 베리만 부회장이 6.17(수) 대사관과의 협의에서 스웨덴 분위기와 관련하여 "대통령의 15분 말씀을 듣기 위해 기업 회장 일부는 미리 계획한 여름휴가를 연기하지 않을 것"이라고 한 말이 계속 마음에 걸렸다.[71]

---

[71] 다행히 우리 경제사절단(조석래 전경련 회장 등 16명)에 맞추어 한국에 관심있는 주요 기업(에릭슨, 볼보, 사브 등)의 회장 다수(12명)가 참석하였다.

6.18(목) 외교부 칼손 한국담당과장이 6.18~7.5까지 휴가이며 7.6(월) 출근하니 그 기간 중에는 노르드룬드(Nordlund) 한국담당관 이나 부국장과 협의해 달라고 성 공사에게 연락이 왔다.

6.23(화) 태국 대사 이임리셉션에서 비드 왕실의전장, 모린 국장, 니스트램 의전차장을 만났다. 대통령 방문 관련 각각 환담을 나누었다. 모두들 대통령 방문 접수 준비가 원만히 진행되고 있다고 평가하였다. 모린 국장은 한-EU FTA 협상 타결 선언을 위해 최대한 노력하고 있다고 하며 주요국 한 나라가 유보적 입장이라 설득하고 있다고 하였다. 나는 대통령 방문기회를 최대한 살려야 한다고 강조하고 모멘텀을 상실할 우려를 전달하고 최선을 다해 달라고 요청하였다.[72] 실벤 전 주한대사와 피셔스트램 전 왕실의전장도 만났는데 그들은 모두 '여름궁전에서의 국왕내외 주최 오찬 행사'에 대해 "정말로 잘된 일"이라고 하며 자신의 일인 것처럼 기뻐했다.

북한 대사 환담 및 북한대사관 동향 파악

이어 같은 태국 대사 이임리셉션에서 우리 부부는 리희철 북한 대사를 만나 인사를 나누었다. 리 대사는 나에게 북한의 기존 입장을 전달하였다. "왜 이란은 되는데 북한은 미사일을 쏠 수 없느냐? 이 대통령이 워싱턴에 가서 북한에 대해 무엇이라고 얘기했느

---

72   6월 24일(수) 서울에서 바리외 주한대사도 김은중 유럽국장에게 같은 입장을 전하고 일부 EU 회원국에 대해 설득 노력을 경주하고 있다고 설명하였다.

냐. 그러고도 북한과 대화를 원하느냐. 대화할 수 없다. 앞으로 당분간 안될 것이다"라고 하면서 "김정일 위원장의 건강은 괜찮냐"는 질문에 대해서는 "고맙다. 지금 다이어트(diet) 중으로 알고 있다"라고 하고 김정은의 권력 승계 소문에 대해서는 "들은 바 없다"고 하였다. 아내가 리 대사에게 "부인은 왜 오지 않았느냐"고 물으니 북한에서 손님이 와서 동행 중이라고 대답하였다. 이렇듯 스웨덴 정부 및 외교단 행사에 지속적으로 참여하면서, 2009년초부터 7월 대통령 방문 전까지 북한대사관 김철국 참사관 2회(2.10 이란 대사 주최 리셉션, 2.24 에스토니아 대사 주최 리셉션), 리희철 대사 4회(3.19 스웨덴 국제개발협력청장 오찬 브리핑, 3.26 방글라데시 대사 주최 리셉션, 6.6 스웨덴 국경일 행사 및 리셉션, 6.23 태국 대사 이임리셉션)에 걸쳐 그들과 자연스럽게 남북관계 및 스웨덴 생활에 대한 대화를 나누면서 그들의 동향을 살펴보았다. 리 대사를 비롯한 북한 외교관의 상식적인 언동과 나(부부)에 대한 정중한 태도에 안심이 되었다. 스웨덴 당국이 나름대로 파악한 현지 북한대사관 활동에도 특이 동향은 없었다.

6.26(금) 대통령 방문행사 실무를 총괄하는 스웨덴 외교부 니스트램 의전차장, 제른(Lena Jern) 공보과장 및 보안경찰(SAPO) 담당관 등 5명을 관저오찬에 초청하였다. 대사로서 대통령 방문준비 마지막 단계에서 스웨덴의 각 분야 책임자들에게 최대한의 협조를 요청하는 자리였다. 지난 6.3 (수) 관저만찬에 3개국 대사와 함께 참석한 니스트램 의전차장에게 내가 제의하여 이루진 오찬이었다. 니스트램 의전차장은 6월에만 두 번째 관저행사에 참석하

게 되었다. 나는 그들에게 지금까지의 협력에 사의를 전하고 "양국 수교 50주년의 특별한 계기에 주어진 이러한 한국 대통령 방문 준비 업무가 그들에게 특권이라고 주장하지는 않겠으나, 앞으로 2주간 함께 우리의 공동 과제를 즐기면서 차질없이 협력해 나가자"고 하였다. 니스트램 의전차장은 한국 측과의 원만한 협업으로 준비가 잘 되었다고 하고 영빈관(하가 궁)을 이용하지 않는 것을 충분히 이해한다(fully understand)고 하였다. 그러면서 "내주 1주일 휴가를 다녀온다"고 하였다. 다른 참석자들도 소관 분야의 준비가 차질없이 진행되고 있다고 하고, 모두 대통령 방문행사가 끝나는 대로 각자의 여름별장(summer house) 등으로 휴가를 간다고 하였다.

대통령 방문행사 준비의 막바지 단계에 칼손 한국담당과장이나 의전을 총괄하는 의전차장이 대통령 방문행사 1주일 진까지 휴가를 간다 하니, 솔직히 의아하고 불안하면서도 부러웠다. 한편으로는 그들의 관례에 따라 정부 조직 내 협업과 분업체제가 제대로 돌아가서 대통령 방문 준비에 차질 없기를 바랄 뿐이었다.

6.27(토) 대통령 방문 행사 지원을 위해 본부와 다른 재외공관 소속으로 스톡홀름에 출장 와서 체류 중인 관계부처 공무원(12명)들을 격려하기 위해 관저만찬을 주최하였다. 남은 2주간 최선을 다해 줄 것을 당부하였다. 사무관 시절인 1988년 11월 노태우 대통령의 인도네시아 국빈방문을 지원하기 위해 자카르타에 40여일 출장을 다녀온 적이 있으며, 의전과장(1996~1998) 시절에 대통령

방문 행사 지원요원을 선발하여 해당 공관에 파견하는 업무를 해 본 경험이 있어서 그들의 입장과 처지를 나름대로 이해하고 있었 다. 우선 낯선 환경에 파견되어 대부분 처음 만나는 현지 공관 직 원들과 주어진 짧은 시간 안에 팀워크를 맞추어 방문 준비업무를 차질없이 수행하는 것은 결코 쉬운 일이 아니다. 공관장을 비롯한 공관직원은 파견 공무원에 대한 세심한 배려와 적절한 지원이 대 통령 방문 행사의 성공을 위해 필수적이라는 사실을 잊어서는 안 된다고 생각했다.

6.28(일)~29(월) 대통령 방문 2주 전에 박영준 국무차장이 이명박 정부의 국정과제인 '새만금사업' 추진과 관련하여 선진사례 연구 를 목적으로 방문하였다. 29일(월) 관저조찬, 시스타 사이언스 파 크(Kista Science Park)[73] 방문, 비스랜더 통상차관 주최 오찬, 하마비 시 방문 일정을 가졌다. 대통령 방문 직전에 스웨덴의 대표적 산 업연구 단지와 대통령 방문 예정지인 하마비 시를 함께 방문하여 현황을 청취하는 계기가 되어 더욱더 의미가 있었다. 박 차장은 비스랜더 차관에게 7.13 예정된 양국 정상회담이 한-EU FTA 체 결의 중요한 계기가 되도록 스웨덴 정부가 최선의 노력을 다해 줄 것을 요청하였다. 비스랜더 차관은 이를 위해 최대한 노력하고 있 다고 화답하면서 나를 쳐다보았다.

---

[73] 스톡홀름 북서쪽 20킬로 지역에 위치한 정보통신산업의 중심지로서 520개의 ICT 하이테크 기업(종사자 2만 명)과 1400여 개의 중소업체(1만여 명)가 입주하고 있다. 무선통신과 무선 인터 넷 분야에 특화되어 'Wireless Valley' 또는 'Mobile Valley'로도 불리고 있다.

7.1(수) 오후 4시 스웨덴의 '7.1부터 EU 의장국 수임' 축하를 위한 외교부 리셉션에서 모린 국장과 환담하였다. 모린 국장은 대통령 방문 준비가 그간 원만히 진행되어 왔다고 평가하고 특히 한-EU FTA에 관해 "스웨덴은 할 일을 다하고 있으니 협정 체결 진전에 전망이 밝다(look good)"고 하였다. 7.2(목) 오전 나는 페르손 전 총리의 개인 사무실을 찾아갔다. 7.11~13 대통령 방문 일정을 설명하고 '7.12 스웨덴 유공인사 만찬간담회' 초청장을 전달하고 동 행사에 참석하여 줄 것을 요청하였다. 총리는 금번 수교 50주년과 스웨덴의 EU 의장국 수임을 계기로 한 대통령의 시의적절한 방문이 성공적으로 이루어지기를 바란다며 동 행사에 기꺼이 참석하겠다고 하였다.

7.7(화) 톨리포쉬 국방장관이 시내식당 오찬에 초청하였다. 윤무관과 장관 비서실장이 동석하였다. 장관은 대통령의 방문이 양국 수교 50주년 및 스웨덴의 EU 의장국 수임 계기에 이루어져 완전히 시의적절하다(perfect timing)고 평가하고, 대통령 주최의 '7.12 스웨덴 유공자 만찬간담회' 초청에 감사하며 기꺼이 참석하겠다고 하였다. 대통령 방문 일정에 라인펠트 총리를 비롯해 자신을 포함한 6개 부처 장관이 참여하는 등 스웨덴 정부는 대통령의 성공적 방문을 위해 세심히 준비하고 있다고 하였다. 나는 장관의 그간 양국 관계발전에 있어서의 전폭적인 협력에 사의를 전하고 지속적인 지원을 요청하였다. 장관은 특히 양국 정상회담 후 외교장관 간에 '군사비밀협정'을 서명하게 되고, 이에 따라 양국 '국방부간 협력에 관한 양해각서'를 교환하게 되어 기쁘다고 하고 이를

계기로 양국 간 안보 및 방산분야 협력이 더욱더 확대되기를 기대한다고 하였다. 나에게 양국 관계발전에의 기여를 높이 평가한다고 하고, 그런 의미라고 하면서 스웨덴 국방장관으로서 자신의 휘장이 새겨진 카우스 버튼(kaus button)을 전달하였다.

대통령 방문 직전 마지막 단계 준비 상황(7. 1~10)

대사관은 외교부, 스웨덴 무역협회 등 관계기관과 지속적인 협의를 통해 행사별로 세부계획을 수립해 나갔다. 정상회담의 구체적 의제를 상호 확인하였으며, 과학기술협력 협정은 체결을 위한 국내 절차에 시일이 소요되어 체결 추진을 연기하기로 함에 따라 군사비밀보호협정만 서명하기로 하였다.

(일정 확정) 스웨덴 국가서열 1위인 국왕(오찬), 2위인 국회의장(면담), 3위인 총리와의 일정(정상회담 및 오찬)이 모두 확정되었다. 스웨덴 측은 방문 일정에 참석하는 6명의 각료(빌트 외교장관: 정상회담, CEO 간담회, 빌스트램 난민이민정책장관: 하마비 시 방문, 톨리포쉬 국방장관: 유공인사 초청 만찬간담회, 아스크 법무장관: 공항영접, 릴리에로트 문화장관: 공항환송, 비율링 통상장관: 정상회담, 개별장관회담) 명단 및 각료별 참석 일정을 전했다.

국왕내외 주최 오찬(7.12)에는 장녀이자 왕위계승자인 빅토리아 공주(Crown Princess Victoria)도 동석할 예정이라고 알려왔다. 대통령과의 오찬 이틀 후인 7월 14일에는 2009년 2월 약혼한 공주의 생일 축하연이 바로 솔리덴 궁에서 개최될 예정이었다. 요한네손 (Elisabeth Johannesson) 의전과장은 마지막까지 우리의 궁금한 질문에 대해 성심껏 답해 주었다. 그녀는 항상 회답의 마지막에는 "솔리덴 궁은 국왕내외의 사적인 여름별장(private summerhouse)이다. 지금은 국왕 가족의 휴가기간(vacation)이다. 그러니 지나친 격식 (too much formality)을 기대해서는 안 된다"고 설명하였다. 스웨덴 유공인사 만찬간담회는 한국전 참전 인사(야전병원 협회장, 간호사), 전 주한대사, 전 중립국감독위 대표, 의원친선협회장 등을 초청하였다. 스웨덴 외교부의 추천으로 달(Birgitta Dahl) 전 국회의장(2000.9월 방한), 페르손 전 총리를 초청하였다.

영부인 일정으로 7.13(월) 관저에서 '입양한인 오찬간담회'를 갖기로 하였다. 입양한인협회 등과 지속 협의하여, 전현직 회장 및 폴 피예드 의원 등 각계 인사 12명(29~45세, 남 4, 여 8)을 초청하였다. 답사단 방문 시부터 관저가 영부인 행사장으로 거론되었기 때문에, 답사단 방문 후 2009년 초부터 진행중이었던 관저 수리의 일정계획을 조정하고 특히 정원관리에 집중하였다. 최종적으로 행사장이 관저로 확정된 시점부터 관저 지붕과 외벽 수리를 위한 설치대 및 수리 시설을 임시로 철거하였다.

공식수행원 별도일정으로 외교장관회담, 통상장관회담, 지식경제부장관-통상장관 회담을 추진하기로 하였다. 김종훈 통상교섭본부장과 비욜링(Ewa Björing) 통상장관은 그간 6월 26일(금) 파리에서 회담을 개최하는 등 한-EU FTA 협상 타결을 위해 지속 노력하였다.

(방문 공식발표) 7.6.(월) 양국 정부는 대통령의 스웨덴 공식방문을
공식발표하였다.

(대통령 방문 홍보) 스웨덴 주요일간지에 방문 중 주요활동 및 의
의, 기대성과 등에 관한 자료를 미리 전달하였다. 우리 진출기업
은 방문기간 중 한국기업 광고와 한국홍보를 적극적으로 전개하
기로 하였다. 스웨덴 언론은 7월 10일부터 대통령 방문을 주요 기
사로 보도하기 시작하였다. '한-스웨덴 녹색성장 협력의 계기 되
길'이라는 제목으로 현지 대사로서 나의 기고가 7월 13일 본국 서
울신문에 실렸다.

세상에는 나쁜 날씨라는 것은 없다. 오직 나쁜 옷만이 있을 뿐이다

준비의 마지막 단계에서는 스톡홀름의 날씨 변화에 주목하였
다. 7.7.(화) 당시 기상예보에 따르면 7.11.(토) '비', 평균온도 17도,
12.(일) '비', 18도, 13.(월) '흐림', 20도였다. 우천 시에도 대비해야 했
다. 스웨덴 사람들은 일상적인 날씨 변화에 익숙해서 그런지, 스
웨덴 외교부는 날씨 변화 가능성에 대해 그렇게 민감하게 생각하
지 않는 것 같았다. 양측이 합의한 시나리오를 기본으로 하고 그
때 상황이 변하면, 거기에 맞추어 진행하면 된다는 입장이었다.
그들의 격언대로 '세상에는 나쁜 날씨라는 것은 없다. 오직 나쁜
옷만 있을 뿐이다'라는 삶의 지혜에 따라 대응하면 된다는 것이었

다. 우리도 그렇게 대비하면서도 날씨가 좋기를 바랐다.

(2) 대통령 공식방문(7.11~13)

(가) 스톡홀름 도착(7.11)

7.11(토) 밝은 날씨였다. 바람이 다소 불었다. 공항 영접 구역에 걸린 태극기가 오래된 것 같아서 스웨덴 의전팀에 새것으로 교체해 줄 것을 요청하였다. 바로 대응이 안 되어 마침 우리 의전팀이 갖고 있던 태극기로 교체하였다. 의전에 대한 양국 외교당국의 대응 차이이기도 하였다. 트롤 의전장이 대통령 방문 안내서를 건넸다. 13페이지로 우리 수행원, 스웨덴 실무자 연락처 및 세부 시간 계획이 깔끔하게 정리되어 있었다. 겉표지에는 양국 국기가 아니라 스웨덴의 EU 의장국 상징(emblem)이 있었다. 오후 1시 10분 예정대로 대통령 특별기가 도착하였다. 트롤 의전장과 함께 특별기에 올라 기상 영접하였다. 이명박 대통령 내외는 트롤 의전장 안내로 아스크(Beatrice Ask) 법무장관, 바리외 주한대사 내외와 인사한 후 나의 안내로 아내와 이봉철 한인회장 내외와 인사를 나누었다. 이어 양국 국가연주에 이은 의장대 사열 후 양국 환영인사와 인사교환 후에 숙소인 그랜드 호텔로 출발하였다.

"조 대사 이런 데에서 일이 됩니까"

2시경 그랜드 호텔에 도착하였다. 대통령은 숙소 베란다로 나가 전경을 보면서 나에게 "조 대사, 이런 데에서 일이 됩니까"라고 물

었다. 스웨덴 최고의 계절이자 휴가철의 여유로운 분위기를 느끼
시는 것 같았다. 이어 대통령이 예정에 없던 산보를 나가자고 하
였다. 예정에 없었던 일정이어서 당황하였으나 순간적으로 머릿
속에 동선을 그렸다. 대통령 내외분을 모시고 숙소 앞 왕궁이 위
치한 감라스탄(Gamlastan)[74]으로 안내하여 30여분 걸었다. 대통령
은 마주치는 시민들과 인사를 나누고 마침 지나가는 한국 관광객
들과 사진도 함께 찍었다. 바람이 다소 불었다. 대통령은 직접 가
게에 들러 모자를 샀다. 나는 함께 걸으면서 왕궁과 주변 환경에
대해 계속 설명하였다. 대통령 내외분이 스웨덴 분위기를 즐기시
는 것 같았다. 좋은 출발이었다.

(나) 하마비 시 방문(7.11)

이어 7. 11(토) 오후 4시 30분~5시 15분 하마비(Hammarby) 시[75]를
방문하여 환경정보센터와 주거지역을 둘러보았다. 빌스트램(Tobi-
as Billström) 이민난민정책장관과 해밀톤(Ulla Hamilton) 스톡홀름 부
시장, 환경전문 교수(Hans Lundberg), 하마비 시 건설 참여기업대표
등이 수행하였다. 4시 숙소 그랜드 호텔 앞 선착장에서 빌스트램
장관 안내로 선박에 탑승하고, 하마비 시 도착까지 30분간 선상에

---

74 스톡홀름 구시가지로 스투르토리엣(Stor torget)을 중심으로 스웨덴 학술원, 노벨 박물관, 증
권거래소를 비롯한 13~19세기 건물들이 그대로 보존되어 있다. 스톡홀름의 관광명소로 카페, 식
당, 전통기념품 가게 등이 다수 밀집되어 있다.

75 하마비 시는 스톡홀름 중심으로부터 남동쪽 6킬로 지점에 위치, 과거에는 산업항만시설과
화학폐기물 매립장이었다. 1990년대 초부터 주거부족 해결과 2004년 하계올림픽 유치를 위해 에
너지, 상하수도, 폐기물 처리를 통합적으로 연계하여, 에너지 소비량을 50% 감축한다는 목표하에
생태순환모델 및 신기술을 적용하여 신도시 조성사업을 추진 중이었다.

서 해밀톤 부시장으로부터 하마비 시 및 스톡홀름의 친환경정책에 대해 브리핑을 청취하고 의견을 교환하였다. 하마비 시 도착후에는 환경정보센터 소장(Erik Freudenthal)의 현지 브리핑을 청취한 후 친환경 주거지역을 시찰하였다. 이어서 빌스트램 장관이 자택을 소개하고 싶다 하여 대통령은 그의 자택에도 들렀다. 그리 크지 않으나 아담하며 품위 있는 주택이었다. 대통령은 하마비 시 모델이 한국의 친환경도시개발 추진에 있어 좋은 참고 사례가 될 것이라며 관련 전문 분야에서의 스웨덴과의 교류 협력에 기대를 표명하였다. 대통령은 귀국 후 빌스트램 장관에게 7.21자 감사서한을 보냈다. 하마비 환경도시 모델 소개가 인상적이었으며 동 모델이 한국에 가치 있는 사례가 될 것이라고 믿는다고 하였다. 이에 따라 대통령 방문 후 2009년 8월부터 우리 관계부처와 협회의 대표단이 지속적으로 하마비 시를 방문하였다. 동 행사에 참여한 스웨덴의 전문가와 기업대표들 또한 한국과 실질적인 교류 협력에 대해 높은 기대와 관심을 나에게 지속적으로 표명하였다.

(다) 국왕내외 주최 오찬(7.12)

7.12(일) 오전 10시 대통령은 숙소에서 베스트베리(Hans Vestberg) 에릭슨 사 회장 일행과 면담하였다. 면담 후 대통령 내외는 스웨덴 공군 1호기로 스톡홀름에서 300여 킬로 떨어진 외랜드 섬의 칼마르(Kalmar) 공항에 도착하여 스벤 린드그렌(Sven Lindgren) 칼마르 주지사의 영접을 받은 후 솔리덴(Solliden) 궁에서 개최된 구스타프 국왕내외 주최 오찬에 참석하였다. 우리 측 통역만 배석하였다. 오찬에는 빅토리아 왕세녀(Crown Princess Victoria, 1977년생)와 약혼

자(Daniel Westling)[76], 마들렌느 공주(Princess Madeleine, 1982년생)가 함께 참석하여 3시간 정도 진행되었다. 대통령 내외는 국왕내외로부터 최대의 예우를 받았으며 품위 있고 격조 있게 대접을 받았다고 평가하면서 매우 만족하신 것 같았다. 대통령은 귀국 후 국왕, 빅토리아 왕세녀, 마들렌느 공주 앞으로 각각 7.15자 감사서한을 보냈다. 국왕에게는 수교 50주년 계기 방문 중 국왕내외 오찬 주최에 사의를 전하고 양국 관계의 지속적인 발전을 기원하였다. 빅토리아 왕세녀에게는 앞으로의 결혼을 축하하며 편한 시기에 한국 방문을 초청하였다.[77] 마들렌느 공주에게도 똑같이 가까운 미래에 한국방문을 초청하였다.

(라) 동포간담회(7.12)

이어 숙소인 그랜드 호텔에서 7.12(일) 저녁 6시 동포간담회가 개최되었다. 동포(이봉철 한인회장 등), 우리기업 대표(김진하 기아법인장 등) 등 140여 명이 참석하였다. 대통령은 스웨덴 방문의 의의를 설명하고 동포사회를 격려하면서 양국이 성숙한 파트너로서 동반성장 발전하는 과정에 지속적으로 가교 역할을 해 줄 것을 당부하였다. 대통령은 "오바마 대통령이 1959년 자신의 부친이 미국 유학 갈 당시에는 케냐가 한국보다 잘 사는 나라였다고 하고, 가나에 가서도 아프리카도 한국처럼 발전할 수 있다고 언급한 바 있으

---

76 빅토리아 왕세녀는 2009년 2월 24일 평민 출신 사업가인 웨스트링(헬스클럽 운영)과 약혼을 발표하였다. 2010년 6월 예정된 결혼식에 대한 스웨덴 국내 관심이 높아져서 일부에서는 빅토리아 공주의 결혼이 국내경기 회복에도 도움이 될 것이라고 전망하였다.

77 빅토리아 왕세녀 내외는 2015년 3월 공식 방한하였다.

며 자신의 저서에도 한국을 5번이나 거론하였다"고 하면서 이처럼 한국이 자랑스러운 나라로 거듭났다고 언급하였다. 또한 "오늘 오후 구스타프 국왕내외와 여름궁전에서의 오찬 일정은 스웨덴을 방문한 외국 정상으로서는 처음 있는 일로서 그만큼 한국의 국제 사회에서의 위상이 높아졌다는 것을 방증하는 것이라고 생각한다"고 말했다.

(마) 스웨덴 유공인사 만찬간담회(7.12)

동포간담회에 이어 숙소에서 스웨덴 유공인사(17명) 만찬간담회가 개최되었다. 페르손 전 총리, 톨리포쉬 국방장관, 비요르크 웁살라 주지사 등 전현직 정부 및 의회인사, 한국전 참전인사(간호사 3인 등), 프릭(Lennart Frick) 전 중립국감독위원회 대표, 실벤(Sylvén), 그뢴발(Grönwall), 샌드베리(Sandberg) 전 주한대사, 버그(Stefan Bergh) 스웨덴 올림픽(NOC)위원, 하그만(Hagman) 에테보리 명예총영사 등이 참석하였다. 대통령은 유공인사들과 각각 대화를 나누면서 양국 관계발전 과정에 있어서 그들의 기여에 사의를 전하고 지속적인 관심과 협력을 요청하였다.

페르손 전 총리는 "양국이 유사입장국가(like-minded countries)로서 양국 및 한-EU 관계가 더욱 강화될 것으로 확신하며 한국이 그간 민주주의, 시장경제, 자유무역 등 유럽차원의 기준(European standard)에서도 최고 수준에 달할 정도로 눈부신 발전을 이룩했다"고 높이 평가하였다. 이어 한국 정부가 추진 중인 '저탄소 녹색성장' 정책이 경제발전의 원동력이 될 것이므로 동 정책의 성공을 기원하며 양국이 친환경, 녹색성장 분야의 협력을 통해 더욱 발전되기를 희망하였다. 에크 야전병원협회장, 안데르손 참전 간호사 등은 한국전 당시 의료지원단의 경험을 회상하면서 한국이 경제대국으로 발전하게 된 것을 기쁘게 생각한다고 언급하였다.

대통령 방문 후 그뢴발 전 주한대사는 7.22(수) 이메일을 보냈다. 대통령과의 간담회 초청에 감사하며 그와 같이 '편안하고, 우호적이며, 그러면서 유익하며 재미있는 고위 레벨의 모임은 참석한 적이 없었다'고 전했다.[78] 하그만 예테보리 명예총영사 역시 7.23자 감사편지를 보내왔다. 동 간담회 초청에 감사하며 영광이었다고 하면서 대통령이 스웨덴 친구들에게 영광을 베푸는 매우 특별한 행사였으며 대사의 분위기 조성이 행사 성공의 주요 요인이었다고 전했다.[79]

(바) 정상회담(7.13)

7.13(월) 오전 10시~오후 1시 15분간 대통령과 라인펠트 총리 간의 정상회담(단독 및 확대), 양국 군사비밀보호협정 서명, 라인펠트(Fredrik Reinfeldt) 총리 주최 오찬 및 공동기자회견 일정을 가졌

---

78 "I have attended quite a few similar functions over the years but never ever have I participated in such a relaxed, friendly but also informative and interesting gathering on such a high level. I know that my feelings in this respect were shared with all Swedish guests around the table. So please accept my sincere congratulations for having arranged this particular function during the successful visit of President Lee to Sweden."

79 "It was an extraordinary event in that the President took so much of his time to honour friends of Korea in Sweden. Your ability to create a good atmosphere of openness and cooperation between friends was prime reason for the success."

다. 양국 정상은 양국 간 지난 50년간의 교류협력 실적을 높이 평가하였다. 라인펠트 총리는 "한국을 매우 중요한 국가(very important country)"로 인식하고 있으며 한반도에 3개 대표부(mission: 2개 대사관, 중립국감독위원회 참여)가 계속 활동 중임을 강조하였다. 대통령은 과거의 양국 간 협력 실적을 토대로 한층 격상된 관계 구축을 기대하며 라인펠트 총리를 방한 초청하였다.[80] 대통령은 북한문제가 지역문제를 넘어선 국제적 차원의 공조가 필요한 문제인 만큼 EU 의장국을 수임한 스웨덴의 적극적인 역할을 요청하였다. 총리는 EU 의장국으로서 북한에 대해 단호한 입장을 견지해 나갈 것이며, 북한과는 불편한 상황이기는 하나 외교관계를 단절하지는 않는 것이 좋다는 입장이라고 설명하였다. 이에 대통령은 스웨덴이 북한과 외교관계를 지속 유지해 나가는 것이 중요하다고 언급하였다. 양측은 유엔평화유지활동(PKO) 및 아프가니스탄, 미얀마 사태, 리스본 조약비준 동향 등에 관해 의견을 교환하였다. 오찬은 3개 코스로 진행되었다. 메뉴판에는 총리실 상징(emblem)만 있었다. 공동기자회견에서 총리는 수교 50주년을 맞이한 양국 관계를 높이 평가하고 "한-EU FTA가 스웨덴이 의장국을 수임하는 있는 동안 서명되기를 희망하며 EU 의장국 수임기간 중 북한문제 해결과 북한과의 관계에 긍정적인 노력을 전개해 나갈 것"이라고 표명하였다. 대통령은 수교 50주년에 스웨덴 방문의 의의를 강조하고 "스웨덴이 국민정신, 경쟁력, 인재양성 등 여러 분야에서 국

---

[80] 대통령은 귀국 후 라인펠트 총리에게 7.15자 감사서한을 보냈다. 스웨덴방문 시 환대에 사의를 전하고 한-EU FTA 조기 체결을 위한 EU 의장국으로서의 리더십을 요청하면서 가까운 미래에 방한할 수 있기를 기대한다고 하였다.

가발전의 모델이 될 수 있는 저력을 가진 국가임을 다시 한번 확인할 수 있었다"고 하고, 한-EU FTA 협상의 모든 잔여 쟁점에 대한 최종 합의안이 마련된 점을 환영하고 조기 가서명을 위한 절차가 신속히 진행되기를 기대한다고 표명하였다. 이어 첨단과학, 산업 및 친환경기술 협력 양해각서 체결을 기반으로 구체협력을 실현하고 특히 바이오가스 및 원자력 분야에서의 협력을 확대해 나가기로 하였다고 표명하였다.

(사) 국회의장 면담(7.13)

7.13(월) 오후 3시~3시 40분 대통령은 베스트베리(Per Erik Gunnar Westerberg) 국회의장[81](1951년생, 58세)을 면담하였다. 의장이 하차선에서 대통령을 영접하였다. 면담 장소인 의장 집무실이 크지 않은 관계로 우리 측 3인(정의화 의원, 김성환 외교안보수석, 대사), 스웨덴 측 2인(바리외 주한대사, 국회 국제담당관)이 배석하였다. 우리 통역(김일범 비서관)이 양측 발언을 전부 통역하였다. 대통령은 국회 휴회 중 환영에 사의를 전하고 한국전 이래 한반도와 특수한(unique) 관계를 유지해 온 스웨덴의 기여와 역할을 평가하고 의원친선협회의 활동을 비롯하여 양국 국회 간 교류확대를 기대한다고 언급하였다. 의장은 양국 관계의 호혜적(win-win) 발전을 높이 평가하고, 한국의 경이로운 발전에 감동을 받았다고 하고 한국입양인 9

---

[81] 스웨덴 국회의장은 선출직 중 최고위직으로서 국가서열은 국왕에 이어 2번째이다. 그 다음이 총리이다. 1982년부터 집권 여당에서 선출하는 관례가 확립되었다. 의장이 되면 당적은 보유하되 의원직은 상실한다. 의장은 1979년(28세) 보수당 의원으로 당선된 이래 국회 내 최다선 의원이며 빌트 총리 시절인 1991~1994 산업고용통신부 장관, 2003~2006 국회 제1부의장을 역임한 후, 2006.10월부터 의장을 맡고 있었다.

천명이 스웨덴 사회의 모범적인 일원으로 성장하였으며 그중 국회의원(폴피에드 의원)도 있다고 소개하였다. 대통령은 스웨덴이 국제사회에서 모범적인 선진국이 된 것은 단순히 환경적인 요인이 아니라 국민들의 꾸준한 노력 덕분이며 특히 지도자들이 열린 마음으로 주변 국가들과 다른 점을 인정하고 자신의 이익보다 공동의 이익을 추구하기 때문이라고 생각한다고 하였다.

대통령은 국회의장의 안내로 본회의장 등 시설을 견학하면서 나에게 "우리 국회의원들이 오면 이렇게 검소하면서 실용적이며 투명한 국회 운영 현장을 소개하라"고 지시하였다.[82] 나는 전 일정을 수행하는 과정에서 대통령이 특히 국회 방문 시에 스웨덴에 대해 깊은 인상을 받은 것 같다고 느꼈다.

(아) 한-스웨덴 CEO 간담회(7.13)

대통령은 이어 4시 30분 우리 전경련과 스웨덴무역협회 주최로 개최된 한-스웨덴 CEO 간담회(한국 기업인 16명, 스웨덴 13명)에 참석하였다. 대통령은 정상회담 결과를 소개하고 고령화 대응, 저탄소 녹색성장, 방위산업 분야 등에서의 양국 간 협력 잠재력을 강조하고 앞으로 경제협력 확대를 기대하면서 양국 기업인의 적극적인 관심과 협조를 당부하였다. 빌트 외교장관은 양국 관계가 100년 전 에릭슨 사의 전화 설치로 시작되어 한국전쟁, 한국아동 입양 등을 거쳐 지속 발전되었다고 평가하고 경제뿐 아니라 교육, 복

---

[82] 대통령은 귀국 후 일부 국회의원들에게 스웨덴 방문을 권유했다고 나중에 들었다. 그런 연유인지 다음 해인 2010년에는 49명의 국회의원이 스웨덴을 방문하였다.

지, 기후변화, 첨단기술 등 협력 분야가 다양하며 양국은 상호 배울 점이 많다고 말하였다. 양국 기업인들은 간담회 직전에 개최된 '수송, IT, 에너지분야 양국 경제인 세미나' 결과를 발표하고 다양한 분야에서 경제 협력을 모색해 나가기로 했으며 한-EU FTA가 양국의 기업활동에 크게 도움을 줄 것으로 기대하였다.

(자) 입양한인 오찬간담회(7.13)

영부인은 7.13(월) 11시 30분~오후 1시 30분 관저에서 입양한인 12명(남성 4, 여성 8 명)과 오찬 간담회를 가졌다. 입양한인협회(AKF) 브라네빅(Branevig) 회장 및 엘리사벳 리(Elisabet Lee) 등 전임 회장들, 폴피예드 국회의원, 톨리포쉬 PR기업 매니저(톨리포쉬 국방장관 전 부인), 트로트직(Astrid Trotzig) 작가, 비델(Katarina Widell) 리코더 연주자 등이 참석하였다. 아내와 바리외 주한대사 부인이 배석하였다. 영부인의 인사에 이어, 다 함께 녹두 부침과 불고기를 요리한 후 오찬을 하면서 대화를 나누었다. 오찬 중에는 비델의 리코더 연주가 있었다. 영부인은 입양한인들이 스웨덴 사회의 각계에서 모범적인 전문직업인으로서 활동하고 있음을 높이 평가하고 양국 관계발전에 계속 관심을 갖고 가교 역할을 해줄 것을 당부하였다. 입양한인들은 간담회 초청에 사의를 표명하고 한국의 양성평등 정책, 미혼모 대책 등에 대해 관심을 표명하였다.

이후 엘리사벳 리(Elizabeth Lee) 전 회장은 오찬 초청에 감사하다며 개인소감문을 대사관에 보내왔다. '미혼모에 대한 사회적 편견을 바꿀 수 있는 한국 사회의 변화를 기대한다'고 하면서, '오찬간담화는 입양한인들에게 정체성을 모을 수 있는 하나의 기점이 되었으며 언젠가 내면의 스웨덴인과 한국인이 하나가 될 수 있기를 기원하며, 한국과 관련된 일에 참여하고자 하는 의욕이 더욱 확고해졌다'고 하면서 영부인에게 뜻깊은 자리를 마련해주어 감사하다고 하였다.

(차) 대통령 귀국(7.13)

7.13(월) 대통령은 한-스웨덴 CEO 간담회를 마지막 공식일정으로 마친 후, 저녁 7시 스톡홀름 알란다 공항을 출발하여 귀국하였다. 릴리에로트(Lena Adelsohn Liljeroth) 문화부장관, 바리외 주한대사 부부와 트롤 의전장이 우리 부부와 이봉철 한인회장 부부와 함께 환송하였다. 대통령의 성공적인 스웨덴 공식 방문이 끝났다. 수교 50주년 계기로 이루어진 대통령의 역사적인 스웨덴 공식방문은 양국 관계발전 과정에 매우 의미 있는 전환점이 되었다. 대사로서 그러한 역사적 행사를 준비하고 참여하는 기회와 특권을 가졌다는 것이 영광이자 행운이었다. 스웨덴 정부를 비롯한 각계 관계자와 한인사회, 대사관 직원 모두에게 감사하는 마음뿐이었다.

(카) 스웨덴 언론 보도

7.12(일) 스웨덴 언론은 7.11(토) 대통령 도착 후 첫 번째 공식 일정이었던 하마비 시 방문에 대해 현장 사진과 함께 사실관계 위주로 짧게 보도하였다.

스벤스카 다그브라뎃(SvD)은 '이명박 대통령과 빌스트램 장관, 해밀톤 스톡홀름 부시장이 하마비 시 건설의 교훈에 대해 협의하였다. 해밀톤 부시장은 이산화탄소 감축을 위해서는 국제협력이 유일한 해결책(solution)이라고 말했다. 여러 스웨덴 기업인들도 같이 참석하였다. 스웨덴 기업이 그들의 환경공정해법을 전수할 수 있다면 양국에 모두 득(win-win)이 된다'고 보도하였다.

7.14(화) 주요 일간지(DN, SvD, DI)[83]는 공식방문 중 주요활동, 결과 및 의의를 다음 요지로 보도하였다.

1. 한-EU FTA 전망

- 양국 정상은 한-EU FTA가 최근 금융위기의 부산물인 보호무역주의 정서에 대처한다는 점에서 중요하다(important mark)고 언급하고 라인펠트 정부는 금년도 하반기 EU 의장국 수임 기간 중 FTA가 체결될 수 있기를 희망하였다. (DN)

- 비욜링 통상장관은 지난 금요일(7.10) 모든 EU 회원국이 합의 안을 상세히 검토키로 합의함에 따라 돌파구(breakthrough)가 마련되었다고 언급하였다. (SvD)

- '불도저'라는 별명을 가진 이명박 대통령과 라인펠트 총리는

---

83   DN: Dagens Nyhyter, SvD: Svenska Dagbladet, DI: Dagens Industri.

7.13. 한-EU FTA 체결을 위한 마지막 세부사항을 점검했다. 라인펠트 총리는 스웨덴의 EU 의장국 임기 중 체결되기를 희망하고 있다. 한국은 선진국으로서 능력과 자신감을 겸비하고 있으므로 동 FTA는 과소평가되지 않을 것이다. 한국은 지난 50년간 급속한 경제성장을 이루었으며, 경제위기 극복 과정에서 투명성이 제고된 현대적 제도를 구축하여 선진국으로서 능력과 자신감을 갖추게 되었다. (*DI 사설: EU and Bull-dozer demolish the tariff wall*)

2. 양국 협력관계

- 이명박 대통령은 스웨덴이 지난 50년간 한국에 대한 지원과 관심에 경의를 표한다고 하고 스웨덴은 그간 가장 신뢰할 수 있는 협력국가(*most reliable allies*) 중 하나였다고 평가하고 앞으로 50년간 보다 가까운 친구가 되기를 희망한다고 언급하였다. (*SvD*)

- 한국 대통령의 방문은 한국이 스웨덴과 공동으로 지속가능한 녹색성장 확대에 관심을 가지고 있음을 보여준다. 양국 정상은 모두 환경친화적이고 에너지 효율적인 성장을 적극 추진하고 있으며 정상회담 후 공동기자회견장에서 'green man'으로서 면모를 보였다. (*SvD*)

- 한국은 환경친화적인 녹색 경제를 추구하고 있으며 에릭슨

(Ericsson) 사는 한국에 연구소를 개설하고 약 1천명 인력이 차세대 이동통신기술의 공동연구개발에 참여할 예정이다. (SvD, DI)

3. 북한관계

- 이명박 대통령은 북한이 핵무기 개발을 포기하도록 하는 것은 쉽지 않으나 이를 포기하도록 지속적으로 노력해야 한다고 하고 북한이 대화의 장으로 나오도록 독려해야 한다고 강조하였다. 라인펠트 총리는 EU 의장국으로서 북한문제에 건설적인 역할을 수행해 나갈 것이며 EU는 6자회담 재개를 지지한다고 언급하였다. (SvD)

(타) 한인사회 및 친한 인사 반응

행사 직후 7.14(화)부터 많은 한인 인사(신광섭, 마무원, 한기숙, 문 보니파치아 수녀 등)들이 전화 등을 통해 "대통령의 방문이 성공적이었다. 스웨덴 한인으로서 자랑스러웠다. 대사 이하 전 직원들이 수고했다"고 격려하였다. 7.21(화) 지상사협의회장을 맡았던 김진하 기아자동차 법인장이 이임 계기에 부부 송별을 위한 관저만찬을 주최하였다. 진출기업 대표 부부를 함께 초청하여 대통령의 성공적 방문을 위한 우리기업 지원에 사의를 전했다. 모두가 대통령의 성공적 방문을 축하하고 특히 한국-스웨덴 CEO간담회 개최 결과를 높이 평가하고 앞으로 양국 간 경제협력과 통상 확대에 긍정적 영향을 기대하였다. 7.23(목) 한서협회 초청으로 실벤 전 주한대사, 브릭스트 회장 등과의 오찬에 참석하였다. 모두가 대통령 방문이 양국 관계발전에 중요한 계기가 되었으며 스웨덴 국민의 한국에 대한 긍정적 인식을 높이는 데 기여했다고 평가하였다. 7.24(금) 우리 부부는 대통령 방문행사에 기여한 이봉철 한인회장 부부, 화동(주기쁨 양, 이창호 군) 및 화동 부모, 동포간담회 사회자(서길옥), 원로한인, 평통위원 등 10여 명을 초청하여 시내식당에서 오찬을 함께 하였다. 대통령의 성공적 방문에의 기여에 사의를 전하고 이를 계기로 한인사회의 발전을 기대한다고 하였다. 이구동성으로 이번 행사에 한인사회와 대사관과의 협조가 아주 잘 이루어졌다고 하였다. 덕담이 오갔다.

(3) 대통령 방문 후속조치

국토해양부 대표단 방문(8.12~14)

국토해양부 대표단(정창수 기획조정실장 등 12명)이 대통령의 하마비 시 방문의 후속 조치로 하마비 시의 구체적 실태 파악을 위해 8.10~12 방문하였다. 하마비 시, 스톡홀름 시청, 텡붐(Tengbom) 건축설계 사무소를 방문하였다. 8.10(월) 대표단을 관저만찬에 초청하였다. 정 실장은 "대통령이 스웨덴에 대해 매우 좋은 인상을 받은 것 같다. 하마비 시를 보고 오라는 지시에 따라 방문하게 되었다. 스웨덴이 환경, 에너지 및 도시건설 분야에 분명히 앞서 있으며 무엇인가 배울 것이 있다고 생각하는 것 같다"고 언급하였다.

이렇게 대통령 방문 후 각계 대표단이 스웨덴을 지속적으로 방문하였다. 대사관은 7월 대통령 방문 후 2009년 말까지 38개 방문단을 공식 지원하였다. 2009년 전 기간 중에는 100여 개 대표단이 방문하였다.

북한 대사 환담(8.13)

7월 대통령 방문 후 2009년도 하반기에도 제3국 대사 주최 리셉션에서 리희철 북한 대사를 가끔 만나 환담을 나누었다. 8.13(목) 쿠웨이트 대사 이임 리셉션에서 리희철 대사를 만났다. 인사를 나눈 후 7월에 이명박 대통령이 스웨덴 방문을 성공적으로 마쳤다고 전했다. 리 대사는 별다른 반응이 없었다. 남북 대화가 조기에 재개되면 좋겠다고 하니 리 대사는 김 위원장이 결심하면 좋은 소식이 있을 수 있다고 하였다.

스웨덴 장관 면담 및 국회의원 교류

대통령 방문 중 공식일정에 참여한 3명의 각료(8.19 법무장관, 이민난민 장관, 8.25 문화장관)를 각각 면담하고 성공적 방문을 위한 지원에 사의를 전하였다. 개별 면담 시 이들은 이구동성으로 방문 직후 개최된 정부 내각회의에서 "동 방문이 성공적이었으며 특히 수교 50주년 및 하반기 스웨덴의 EU 의장국 수임 초기에 성사되어 시의적절하였고 양자관계 뿐 아니라 한-EU 관계의 진전에 기여하였다고 평가했다"고 전했다.

8.19(수) 아스크(Beatrice Ask) 법무장관(1956년생 53세, 보수당)은 공항에서 정부 대표 환영인사로서 대통령 내외를 잠시 뵈었으나 금번 방문에 참여하게 되어 기뻤다고 하고, 금년에는 EU 의장국 활동으로 외국 방문이 여의치 않으나 양국 간 법무분야에서의 협력 방안 협의를 위해 적절한 계기에 방한을 희망한다고 하였다. 이어서 같은 청사에서 이루어진 면담에서 빌스트램 이민난민정책 장관은 스웨덴-한국 의원친선협회 의원으로서 활동하면서 양국 관계에 상당한 관심을 갖고 있었다고 하고 소관업무는 아니나 하마비 시 방문 일정에 영에 수행하게 되어 기뻤으며 특히 자택을 소개하여 영광이라고 언급하였다. 양국 간 에너지, 환경 분야에서의 협력 여지가 클 것으로 기대된다고 하고 양국 관계발전을 계속 지원해 나가겠다고 하였다. 이들 두 장관은 각각 나에게 '김대중 전 대통령의 8.18 서거'와 관련하여 한국 국민과 유가족에게 심심한 조의를 전하며 스웨덴 국민도 김 대통령의 한반도 평화 및 민주주의를 위한 기여와 업적을 잘 알고 있다고 언급하였다. 8.25(화) 릴리에로트(Lena Adelsohn Liljeroth, 1955년생 54세, 보수당, 남편이 전 보수당 당수 Ulf Adelsohn) 문화부 장관을 면담하였다. 집무실이 아주 작았으나 그림 장식 등으로 검소하면서도 환한 분위기였다. 장관 비서가 정은미 비서를 칭찬하였다.[84] 이번 면담을 주선하면서 소통이 편했

---

[84] 7월 대통령 방문 후 15년 이상 근무한 현지인 리셉션니스트의 사직을 계기로 행정원 인사를 통해 현지인 대사비서는 리셉션니스트로 이동하고, 그간 영사과 지원업무를 하고 있던 정은미 행정원이 대사비서를 맡게 되었다. 정 비서는 스웨덴어와 영어가 모두 능통했다. 공관장은 비서직에 현지인과 한국인 사이에서 고민하게 된다. 일장일단(一長一短)이 있는 것 같다. 나는 1년여 대사 경험 후에 결국 대사와의 효과적인 협업을 위해서는 유능한 한국인이 낫다는 생각을 하게 되었다. 나는 2012~2015년 캐나다 대사 근무 중에도 유능한 한국인 비서와 함께 일했다.

던 것 같았다. 장관은 공항에서의 환송 영에 각료로만 참석하였으나 수교 50주년 및 스웨덴의 EU 의장국 수임 초기에 대통령 방문이 성사되어 양국 관계발전에 좋은 계기가 되어 만족스럽다고 하고, 개인적으로 한국과 양국 관계에 관해 새롭게 인식하게 되었다고 언급하였다. 장관은 양국 간 문화교류가 확대 추세에 있고 연인적교류가 4만 명에 달하고 한국유학생이 250여 명에 이르러 고무적이라고 하고, 동아시아 박물관 내 한국관 설치에 관한 협의가 진행중이라는 보고를 받았으며 가능한 지원을 하겠다고 강조하였다. 이어 김대중 전 대통령의 서거에 대해 조의를 표하였다.

김대중 전 대통령 서거 조문(8.19~23)

김 대통령의 서거로 외교부 본부 지시에 따라 대사관에 8.19(수)~23(일) 간 분향소를 마련하여 조문객을 접수하였다. 스웨덴 각계 인사, 외교단 및 한인 다수가 조의를 표명하였다. 8.20(목) 오후 벨프라게(Belfrage) 외교부 정무차관이 스웨덴 정부 대표로서 대사관을 방문하여 심심한 조의를 표하였다. 모린 아태국장이 동행하였다. 벨프라게 차관은 조문록에 '노벨상 수상자인 김 대통령은 위대한 지도자(great statesman)이며 한국뿐 아니라 세계 민주주의와 인권의 옹호자(advocate)로서 광범위한 존경과 찬양을 받았으며, 한반도 평화를 목적으로 한 햇볕정책(sunshine policy)은 세계적인 찬사를 받았다'라고 썼다. 김 대통령 재임 시 스웨덴 총리로서 수차례 정상회담을 하는 등 교류를 이어 온 페르손 전 총리는 조문서한을 보내왔다. 그는 '대통령은 평화, 민주주의와 화해를 위한 그의 투쟁으로 언제나 기억되며 명예롭게 남을 것(President Kim Dae Jung will always be remembered and honored for his struggle for peace, democracy and reconciliation)'이라고 하였다. 주한 스웨덴 대사관에 서기관 및 대사로서 한국에 2번 근무한 샌드베리(Sandberg) 외교부 인사국장은 자필로 쓴 조문서한을 보내왔다. '위대한 선지자이자 지도자(great visionary and leader)의 서거에 심심한 조의를 전하고 1979년 자택연금 시절 처음 만나 깊은 인상을 받았으며 2003~2005년 대사 시절 다시 만나는 영광을 가졌다면서 깊은 슬픔에 젖어 있다(my heart is full of sorrow)'고 전했다.

바리외 주한대사 부부 및 모린 국장 초청 관저만찬(8.20)

우리 부부는 8.20(목) 바리외 주한대사 부부와 모린 국장, 회그룬드(Anne Höglund) 부국장 등을 관저만찬에 초청하였다. 대통령 방문 협조에 심심한 사의를 전하고 후속조치에 관해 협의하였다. 스웨덴 측은 방문일정이 원만히 진행되고 양국 지도자 간 긴밀한 협의가 이루어져 기쁘다고 하였다. 바리외 대사는 김대중 전 대통령의 8.23(일) 장례식에 참석하기 위해 다음날 서울로 갔다가 다음주 8.25(화)부터 개최되는 공관장회의 참석을 위해 다시 스톡홀름으로 돌아올 예정이라고 하였다. 나는 대통령의 방문 후속조치를 위해 한국으로부터 국토해양부 조사단(8.10~12), 대통령 특사(9.7~9), 교육부 장관(9.10~12) 등 방문단이 연이어 오고 있다고 하고 지속적인 협조를 요청하였다. 특히 대통령이 귀국 후 "관련 공무원들이 친환경도시인 하마비 시를 견학해 볼 필요가 있다"고 언급하였다고 전했다.

북한 대사 우리 대사관 방문(8.22)

우리 대사관은 8.20 스웨덴 외교부와 북한대사관을 포함한 스톡홀름 주재 모든 대사관에 김대중 대통령의 서거 소식과 대사관 내 분향소 설치에 관해 공한을 보냈다. 나는 리희철 대사가 우리 대사관으로 조문을 올 가능성이 충분히 있으며, 만약 온다면 방문객이 많지 않은 주말에 올 가능성이 있다고 예상하였다. 나는 8.22(토) 아침 9시에 출근하여 2층 사무실에서 자료를 읽고 있었다. 10시 15분 리셉션니스트가 나에게 리희철 북한 대사가 왔다고 알려왔다. 리 대사의 사전 통보는 없었으며 김철국 참사관을 대동하였다. 그는 대사관에 도착한 후, 입구에 비치된 외부인 방문자 명부에 방문 일시 '8.22. 1015-1030', 방문자 '리희철', 방문 목적 '조의 표시', 연락처 '(북한대사관) 주소 및 전화번호'를 직접 기입하였다.

1층 현관으로 내려가서 리 대사를 영접하였다. 방문에 감사하다고 하고 1층 분향소로 안내하였다. 리 대사는 조문록에 '김대중 전 대통령의 서거에 심심한 애도의 뜻을 전합니다. 김대중 전 대통령이 생전에 우리 민족의 화해와 통일 염원 실현에 쌓으신 공적은 길이 남아 있을 것입니다'라고 쓰고 서명한 후 영정에 김 참사관과 함께 헌화하였다. 조문을 마친 후 리 대사에게 내 방에서 차 한잔하자고 제의하여 내 방에서 15분 정도 환담하였다. 리 대사는 우리 대사관으로부터 외교단에 대한 조문 안내 공한을 받았다고 하고 김정일 위원장이 조전에서 밝혔듯이 김 전 대통령은 우리 민족 화해에 크게 기여하였으며, 돌아가시면서까지 남북한이 접촉할 수 있는 기회를 주셨다고 하면서 이를 계기로 남북관계가 잘 풀려 나가기를 기대한다고 하였다. 리 대사가 스웨덴 측 조문인사에 관해 문의하여, 페르손 전 총리, 벨프라게 외교부 차관 등 전현직 고위인사들이 조의를 표명했다고 전했다. 나는 남북대화를 통해 남북 화해와 협력에 진전이 있기를 기대하며, 오늘 리 대사가 처음으로 우리 대사관을 방문한 만큼, 앞으로도 리 대사와의 친교를 계속 유지하고 싶다고 하였다. 리 대사도 그렇게 되기를 바란다고 화답하였다. 면담 후 리 대사는 대사관 내 이동 시 대사관이 좋은 곳에 위치하고 있으며 건물이 매우 훌륭하다고 하면서 구입 연도 및 청사 시설에 대해 관심을 표명하였다. 리 대사와 김 참사관을 정문에서 배웅하였다. 리 대사는 아내에게 안부를 진해 달라고 하여, 나 역시 부인에게 안부를 전해 달라고 하였다. 매우 우호적인 분위기에서 리 대사의 방문이 이루어졌다. 물론 리 대사의 조문은 북한 당국의 지시에 따라 이루어진 것이었다. 나중에 들으니 남북한 대사관이 함께 있는 일부 국가(20개 미만)에서 북한 대사나 대사대리가 우리 대사관을 찾아 조문하였다.

구스탑손 의원친선협회 회장 초청 오찬(8.26)

8.26(수) 구스탑손 회장을 국회 근처 식당 오찬에 초청하였다. 대통령의 성공적 방문에 대한 적극적인 지원과 참가에 사의를 전

달하고 후속조치인 대통령 특사 방문 시 특사를 위한 9.8(화) 오찬 주최 계획에 대해 감사하다고 하였다. 회장은 대통령의 만찬 간담회(7.12) 참석을 영광으로 생각하며 대통령이 양국 관계발전 및 전망에 대해 매우 긍정적으로 평가하고 특히 "참전 간호원 3명을 한 명씩 거명하고 배려하면서 대화를 이끌어 간 점에 깊은 감명을 받았다"며 페르손 전 총리가 양국 관계를 잘 대변하였고 양측 인사 모두가 양국 관계의 미래를 매우 낙관적으로 보고 있음을 확인할 수 있었다고 하였다. 의원친선협회 회장으로서 양국 관계에 보다 더 깊은 관심을 갖고 양국 국회 간 교류를 적극 추진하겠다고 하였다. 김부겸 한국 측 의원친선협회 회장의 자신에 대한 방한초청 서한에 대해 감사하며 방한을 계속 검토하겠다고 하였다.

대통령 특사(나경원, 배영식 의원) 방문(9.7~9)

외교부 본부는 8월 중순 한-스웨덴 수교 50주년 기념 및 대통령의 스웨덴 공식 방문의 후속 조치의 일환으로 나경원 의원과 배영식 의원을 대통령 특사로 9.7~9 파견하기로 결정하였다고 하고 '9.8(화) 중 스웨덴 주요인사와의 면담' 주선을 지시하였다. 라인펠트 총리와 빌트 외교장관과의 면담 요청에 대해 총리실은 "총리가 외국의 특사를 만나지 않는 것이 스웨덴의 관행이며 이는 상대국에 대한 결례라고 간주하지 않으며 실질적인 측면(practicality)에 입각한 오랜 관행"이라고 하고 "총리의 위임을 받은 각료급 인사가 특사를 접수할 것"이라고 하였다. 빌트 외교장관은 특사 방문시기에 부재중이라고 하였다.

이에 따라 특사단은 9.8(화) 비욜링(Ewa Björing) 통상장관 면담, 구스탑손 의원친선협회회장 주최 오찬, 베스트베리 국회의장 면담, 린드(Gustaf Lind) 총리실 차관 면담, 수교 50주년 기념행사(서울시 문화사절단 공연) 축사 일정 등을 가졌다.

특사단은 비욜링 장관과의 면담 시 대통령의 친서[85]를 전달하고 수교 50주년 계기 대통령의 7월 공식 방문이 양국 간 포괄적 협력 관계가 지속적으로 발전하는 계기가 되었다고 평가하고 1) 한-EU FTA의 조속한 서명을 위해 하반기 EU 의장국인 스웨덴의 지속적인 지원, 2) 여수박람회 스웨덴 참가, 3) G20 정상회의의 2010년 한국 개최 안에 대한 지지를 요청하였다. 비욜링 장관은 대통령 방문 시 한-EU FTA 최종합의안이 마련된 데 대해 만족을 표명하고 진행 중인 후속협의에서 좋은 성과를 기대한다고 하고, 여수박람회에의 스웨덴 참가는 스웨덴의 환경산업을 널리 알릴 기회가 될 것이며, 한국의 G20 정상회의 개최 노력을 평가하며 유념하겠다고 하였다. 린드 총리실 차관도 같은 입장을 표명하였다. 린드 차관은 노무현 대통령 서거 시 라인펠트 총리를 대신하여 5월 27일 대사관을 방문하여 조문을 하였다. 같은 날 저녁 나는 수교 기념행사인 서울시 문화사절단 공연에 참석한 벨프라게 외교부 정무차관을 나 특사에게 소개하였다. 나 특사는 한-EU FTA의 조기 체결 및 G20 정상회의 유치에 대한 스웨덴 정부의 적극적 협조를 요

---

85 대통령은 친서에서 2009년 7월 정상회담이 양국 관계를 한층 더 격상시키는 좋은 계기가 되었다고 평가하고, 특히 한-EU FTA가 조속 서명될 수 있도록 라인펠트 총리의 각별한 관심과 지원을 요청하였다.

청하였다. 차관은 한국 측 입장을 잘 알고 있으며 유념하여 대응하겠다고 하였다. 아주 잘된 만남이었다. 스웨덴 외교의 사실상 최고 실무 책임자를 자연스러운 장소에서 만나 우리 입장을 다시 전달하게 되었다. 9.8 같은 날 국회 식당에서 양국 의원친선협회 회장 주최 오찬에 참석한 후 베스트베리 국회의장을 면담하였다. 당시 스웨덴 국회는 휴회 중이었다. 오찬에는 구스탑손 회장(기독당), 폴피에드 의원(보수당), 폰 시도우 의원(보수당), 토렐 의원(사민당) 이 참석하였다. 양측은 대통령의 방문을 높이 평가하고 양국 국회 간의 교류 확대, 다양한 분야에서의 교류 협력 확대 필요성에 인식을 같이 하였다. 베스트베리 국회의장은 지난 50년간의 양국 관계발전을 평가하고 양국 의원친선협회가 확대되기를 기대하고 자신을 포함한 의원들의 방한을 긍정적으로 검토해 나가겠다고 하였다.

교육과학기술부 장관 방문(9.10~12): 과학기술협력 협정 체결

특사단이 떠난 그다음 날 9.10(목) 밤 10시에 안병만 과학기술부 장관이 스톡홀름에 도착하였다. 9.11(금) 오전 11시 스웨덴 교육연구부에서 안 장관은 크란츠(Tobias Krantz: 1971년생 38세, 2002년 이래 자유당 의원) 고등교육연구 장관(Minister for High Education and Research)과 한-스웨덴 과학기술협력 협정을 체결[86]하고 양자 회담과 오찬을 함께 하였다. 그 자리에서 한국연구재단과 스웨덴 연구

---

[86] 양국 과학기술협력 협정은 한 달여 후인 2009년 10월 15일 발효되었다.

협의회(VR), 스웨덴 연구고등교육 국제협력단(STINT) 간에 양해 각서가 체결되었다. 우리 측은 2010년 상반기 서울에서 공동위원회 개최를 제의하였으며 스웨덴 측은 적극 검토하겠다고 하였다. 옴링(Par Omling) 연구협의회(VR) 이사장과 요텐베리(Andrea Göthenberg) STINT 이사장은 모두 한국이 단기간 내에 이룬 경제 발전을 높이 평가하고 이러한 발전은 우수한 교육, 과학기술의 힘에 기인하다고 보며 이러한 한국의 우수한 교육, 과학기술 정책을 벤치마킹하고 싶다고 언급하였다.

이어 그날 오후 안 장관은 웁살라 대학과 스웨덴 왕립과학한림원(KVA)을 방문하였다. 웁살라 대학에서는 노벨물리학상 심사위원장인 노르드그렌(Joseph Nordgren) 부총장이 현황을 브리핑하였으며 동 대학의 선도분야인 의학, 바이오, 재료공학 분야에서의 협력 방안을 협의하였다. 왕립과학한림원 방문 시에는 외퀴비스트(Öqvist) 사무총장의 브리핑을 듣고 전반적인 협력방안에 관해 의견을 교환하였다. 그들은 항상 그렇듯이 정중하면서도 진지하게 대화를 이끌었다.

9.11(금) 저녁 안 장관 일행(11명)을 위한 관저만찬을 주최하였다. 과기 협정 체결을 계기로 스웨덴과의 교류 확대를 통해 공동의 실리를 추구하는 과정에 한국 과학자의 노벨상 수상을 위한 기반이 마련될 수 있을 것으로 기대하는 것 같았다.

경제계 인사 교류

10.5(월) '쓰레기 집하 및 수거' 분야의 세계적 기업인 엔박(Envac) 사를 방문하였다. 대통령이 방문했던 친환경도시 하마비 시가 엔박(Envac)시스템을 쓰고 있었다. 외데마크(Christer Öjdemark) 회장과 협력 확대 방안에 대해 협의하였다. 한국어판 회사 소개 책자가 용인시를 비롯한 파주, 고양, 일산 등 현재 엔박 시스템을 적용하는 현장을 일목요연하게 보여주었다. 동 사는 1995년 한국 내 지사 설립, 2004년 법인 설립을 통해 한국 내 사업을 확대하고 있었다. 회장은 한국에서 앞으로 사업 확대를 희망하였다.

10.13(화) 볼보(Volvo)그룹 회장(Leif Johansson) 주최 만찬에 참석하여 페르손(Olof Persson) 볼보 건설기계 회장과 대화를 나누었다. 그는 "7월 대통령 방문 시 CEO 간담회에 참석할 수 있어 영광이었으며 대통령이 스웨덴 CEO 전원의 발언을 모두 경청해 주어 감사하다"고 하였다. 현재 볼보의 한국 진출 현황에 매우 만족하고 있다고 하고 방한할 때마다 한국의 변화와 활기를 느낄 수 있다고 하고 조만간 다시 방한하여 협력 확대 방안을 추진할 계획이라고 하였다. 최근 한국에서의 노사관계에도 만족하며 앞으로 사업전망을 밝게 보고 있다고 언급하였다. 역시 한국과 비즈니스를 해본 스웨덴 기업인들은 한국에 대해 매우 긍정적 인식을 갖게 되고 협력 전망도 밝게 보는 경향이 있었다. 다만 스웨덴 사회는 일반적으로는 한국에 대해 깊이 알고 있지 못하며 더 알려고 하지도 않는 분위기가 있었다. 같은 테이블에 앉은 스웨덴 인사들에게 양

국 관계 현황을 설명하니 참석자 모두가 한국에 대해 새로운 사실을 알게 되었다고 하였다. 외교든 비즈니스든 어떤 분야에서도 이러한 신뢰할 수 있고 진지한 잠재적 파트너를 실질적인 협력 파트너로 만드는 것이 우리 국익 확대를 위해 반드시 필요하다고 생각했다. 10.21(수) SKB(Swedish Nuclear Power and Waste Management AB: 핵연료 폐기물 관리회사)를 방문하였다. 지난 7월 13일 양국 정상회담 후 라인펠트 총리와의 공동기자회견에서 이명박 대통령은 모두발언에서 "양국 간 추진중인 바이오 가스 및 원자력분야에서의 협력을 집중적으로 확대해 나가기로 하였다"라고 언급하였다. 린드베리(Claes Linberg) 사장과 방사성 폐기물 분야에서의 양국 협력방안을 협의하였다. 동 사는 2009년 5월 한국방사성폐기물 관리공단(KRMC)과 기술협력 각서를 체결한 만큼, 한국과 구체 협력을 추진하고 싶다고 하였다. 사장은 첫 단계로서 방사성 폐기물 관리, 기술, 지역주민과의 의사소통 등 3개 분야에서 자신들의 경험을 바탕으로 양측의 협력잠재력을 확인하고 평가하기 위한 타당성조사(feasibility study)를 제안하였다. 본국 정부에 동 제안을 적극적으로 검토할 것을 건의하였다. 1년 후인 2010년 10월 동사의 핵폐기물 최종처분장을 방문하여 협의를 이어갔다.

주요인사 관저만찬

대통령 방문 행사에 직접 참여하거나 지원한 주요인사 부부 초청 관저만찬을 지속적으로 주최하였다. 베스트베리(Olle Wästberg)[87] 스웨덴 대외홍보처(SI: Swedish Institute) 처장부부 및 폴피예드 의원 부부 초청 관저만찬(9.28)을 주최하였다. 우리 부부는 두 주빈과 친교가 있는 입양아 출신인 리벤달(Tove Lifvendahl) 스웨덴기업연합 홍보국장 부부와 톨리포쉬 컨설팅기업매니저(국방장관 전 부인)를 초청하고, 또 대통령 행사를 적극적으로 취재해 준 미르스텐(Myrsten) 스벤스카 다그브라뎃(SvD) 기자, 에크홀름(Teresa Ivars Ekholm) 'Swedish Bulletin' 편집장 부부를 함께 관저만찬에 초대하였다. 모든 참석자가 대통령 방문을 적극 지원한 스웨덴의 소프트파워 및 대외 홍보 전문가들이었다. 모든 참석자가 대통령 방문 성과를 높이 평가하였다. 방한 예정인 두 주빈은 대통령의 스웨덴 방문 후 적절한 시기에 방한하게 되어 더욱더 의미가 있을 것 같다고 하였다. 입양아 출신 폴피예드 의원과 톨리포쉬 매니저는 모두 대통령 방문 계기에 바로 이 자리 대사관저에서 개최된 영부인 주최 입양한인 오찬간담회에 참석하여 영광이었다고 하였다. 폴피예드 의원은 첫 번째 방한에 매우 흥분된다고 하면서 기회가 되면 자녀들과 방한하겠다고 하였다. 리벤달 국장 남편은 브뤼셀 소재 EU 연구소의 경제전문가로서 한-EU FTA가 체결되면 스웨덴이 이익을 보게 될 것이라고 말하였다.

---

87 지난 7월 한태규 제주평화연구원 원장이 10월 추진 중인 '소프트 파워' 세미나에 초청할 스웨덴 연사를 추천해 달라고 하여 베스트베리 처장을 추천하여 처장의 방한이 확정되었다. 8월 말 한 원장은 스톡홀름을 방문하여 처장과 면담하였으며 그는 10월 14~20일 방한할 예정이었다. 폴피예드 의원 역시 대사관의 건의에 따라 10월 17~25일 국제교류재단의 초청으로 2009년 한-유럽 차세대 지도자 프로그램 참가를 위해 방한할 예정이었다.

10. 20(화) 우리 부부는 대통령 방문 행사를 직접 준비한 트롤 (Herman af Trolle) **외교부 의전장 부부,** 니스트램 의전차장, 요한손 의전과장, 노르비(Marianne Norrby) 의전부과장 부부, 제른 공보과장, 특수경찰(SAPO) 순딘 과장 부부 등 12명을 관저만찬에 초청하였다. 스웨덴의 전문적이며 효율적인 의전 및 경호 등 외빈접수체제가 인상적이었다고 하고 스웨덴 정부의 전폭적인 협조와 지원 덕분에 대통령의 성공적 방문이 되었다고 강조하고 심심한 사의를 전했다. 반기문 유엔 사무총장의 스웨덴 방문(10.1~2)시 협조에도 감사의 뜻을 전했다. 트롤 의전장은 대통령 방문의 성공에 매우 기쁘며 양국 관계발전의 중요한 계기가 되었다고 평가하였다. 스웨덴인도 역시 친해질수록 더욱더 자신의 애기를 털어 놓는다고 느꼈다. 그들은 양국 관계와 반기문 유엔사무총장 방문에 대해 다음 요지로 솔직하게 전해주었다.

(양국 관계) 1980년대까지 스웨덴은 한국에 대해 다소 회의적이었다. 사민당 정부의 중립주의 외교정책의 영향일 수도 있다. 결국 1990년대 후반 한국이 금융위기를 극복한 후 한국에 대한 평가가 급속히 높아졌다고 할 수 있다(참석자 전원이 동의하였다). 중립국감독위원회의 대표단 파견 외교관과 군인, 한국전 이래 파견된 의료지원단(의사, 간호사 등)의 인맥으로 사실 의외로 많은 스웨덴 사람들이 한국과 연계되어 있다. 이모, 고모 등 가까운 친척이 2~3년씩 한국에서 근무하였다. 그러나 솔직히 스웨덴인들은 한국의 역사나 주요정책에 대해서는 무지하다.

(반기문 총장 10.1~2 방문) 반 총장이 유엔 사무총장을 잘 하고 있다고 생각한다. 한국과 스웨덴은 우수한 세계적인 외교관*(top diplomat)*이 있다는 공통점이 있다. 노르웨이 일부 인사의 반 총장 비판은 이해할 수 없다. 유엔 업무에는 인내심이 필요한데, 반 총장과 같은 인내심이 있는 지도자가 필요하다. 반 총장의 10.1 웁살라 대학 강연 시, 학생들의 그러한 열광적인 환영 분위기는 본 적이 없다. 특히 방문 중 반 총장의 소탈한 모습과 의전, 경호 실무자들에 대한 배려에 감동을 받았다. 떠날 때 공항에서 탑승 전에 실무자들을 찾아 일일이 악수를 하고 감사의 뜻을 전하였다. 스웨덴을 방문한 어떤 외국의 지도자도 그렇게 하지는 않았다.

11.4(수) 스웨덴 의원친선협회 의원초청 간담회 및 관저만찬을 주최하였다. 구스탑손 회장을 비롯하여 환경당을 제외한 6개 정당의 9명 의원이 참석하였다. 그간 모임에 항상 참여했던 폴피에드, 토렐, 프리드 의원 이외에 '2008년 연말 보드카 선물을 거절'했던 엘리슨(Karin Granbom Ellison, 자유당) 의원도 참석하였다. 2008년 11월(10명), 2009년 3월(4명)에 이어 3번째 의원친선협회 소속의원 초청 행사였다. 대사관에서 대통령 방문 결과, 한국 경제, 남북관계, 수교 50주년 행사에 관해 브리핑한 후 관저만찬으로 이어졌다. 나는 대통령의 베스트베리 국회의장 면담 내용을 소개하고 양국 간 포괄적(comprehensive) 협력관계의 지속 발전을 위해 의원친선협회가 가교 역할을 지속 수행해 줄 것을 요청하였다. 금년 들어 양국 의원친선협회 회원이 27명(전체 의원 349명)으로 늘어 기쁘다고 하고, 다른 나라 대사들이 한국 대사를 무척 부러워한다고 하였다.

이어 올해 한국에서 5회에 걸쳐 15명의 국회의원이 방문했으며 스웨덴 국회의원의 방한을 기대한다고 하였다. 구스탑손 회장은 대통령의 성공적 방문을 축하하며 수교 50주년 계기로 한국 국회의 공식 초청에도 불구하고, 셀렌 부의장과 자신이 방한 초청에 응하지 못해 유감이며 내년 9월 총선으로 해외 방문이 여의치 않을 것[88]이나 계속 유념하겠다고 하였다. 대사관의 정기적 간담회를 통해 양국 관계와 한국에 대해 업데이트 된 현황을 파악할 수 있어 의정활동에 매우 도움이 된다고 하였다. 의원들은 대통령 방문 준비 시 애로사항, 한중일 관계, 남북통일 전망, 중국의 외교정책, 특히 중국-북한 관계 등에 대해 관심을 표명하였다. 우리 외교정책을 두루두루 설명하는 계기가 되었다.

11.16(월) 비드(Wide) 왕실의전장 부부 초청 관저만찬(11.16)을 주최하였다. 비드 왕실의전장 부부를 주빈으로 하여 모린(Molin) 아태국장 부부, 카르넬(Hans Karlander Karnell) 투자회사 CEO 내외, 페테르손 DI 논설위원 부부 및 엘드(Nina Eldh) 왕실공보관을 관저만찬에 초청하였다. 참석자들은 모두 한식, 포도주, 메뉴판 등 만찬의 모든 것에 대해 높은 점수를 주었다.

비드 의전장은 국왕내외도 대통령의 성공적 방문을 높이 평가

---

88 당시 2009년 11월 현재 '7개 정당'별 지지여론 조사(Skop) 결과에 따르면, 보수연합 46.8%(보수당 28.9% 자유당 7.7% 중앙당 5.5% 기독민주당 4.7%) 대 사민연합 46.4%(사민당 33.5% 환경당 8.6% 좌파당 4.3%)로 10개월 후 2010년 9월 총선 결과를 예측하기 어려운 상황이었다.

한다고 하면서 그간 한국대사관의 외교활동을 전폭 지원한다며 언제라도 연락하라고 하였다. 부인이 한식 먹는 법을 물어보아 아내가 하라는 대로 따라 하면서 모든 음식을 즐겼다. 모린 국장은 최근 EU 트로이카(3개국)의 일원으로 북한을 다녀왔다고 하고, 북한에 대해 더욱더 이해하는 계기가 되었다고 하였다. 북한이 1) 중국과의 관계, 2) 유엔 제재, 3) '2012 강성대국 건설'의 대외적 공표 사이에서 자체 딜레마에 빠져 있다고 진단하고, 북한이 여전히 스웨덴에 대해 적극적으로 접근해서 탄광, 철광석 개발을 거론하고 있으나 북한에 대해 투자환경개선을 촉구하고 있다고 하였다. 비드 의전장의 가까운 친구인 카르넬 CEO는 1992~1993년 빌트 총리의 정무보좌관, 통상차관을 지냈으며 1993년 4월 빌트 총리 방한 시 수행했다고 하였다. 이전에 관저만찬에 참석한 적이 있는 페테르손 논설위원의 부인 역시 이번에도 한식과 관저 분위기를 높이 평가했다. 비드 왕실의전장은 만찬 후 11.24자 감사서한[89]을 보내왔다.

11.23(월) 스톡홀름 시장 부부 초청 관저만찬을 주최하였다. 브라드홀름(Bo Bladholm) 시장 부부를 주빈으로 하여 베르제손(Kersti Py Börjeson) 시의회 제1 부의장 부부, 카스(Hadar Cars) 제2 부의장 부부 및 대통령 하마비 시 방문 시 수행 안내했던 헤밀톤(Ulla Hamil-

---

89 "My wife Margarita and myself would like to warmest gratitude to you and Mrs. Lee Yang for the splendid dinner you had organized for us last Monday. The food was as delicious as it was beautifully presented, and we thoroughly enjoyed the company at the table. I was very honored by the dinner that was a truly memorable occasion."

ton) 부시장 부부, 룬드베리(Lundberg) 환경전문 교수, 프로이덴탈 (Freudenthal) 하마비 시 환경정보센터 소장 등 11명을 관저만찬에 초청하였다. 7월 대통령 방문 및 9월 수교 50주년 기념행사(시장 축사)에 시장 본인과 스톡홀름시 차원에서의 적극적인 지원과 협력에 사의를 전하고 시 차원의 에너지, 환경 보호 정책에 관해 의견을 교환하였다. 참석자 전원이 "한국 대사관저 방문은 처음"이라고 하였다. 시장은 대통령의 성공적 방문을 축하하고 양국 관계가 보다 더 발전되기를 바란다고 하였다. 부인은 아내에게 스톡홀름 생활과 한식 만드는 법에 대해 계속 질문을 하면서 "한식은 처음 먹어 본다"고 하면서 높이 평가하였다. 베르제손 부의장(여)은 한국전쟁 이후 한-스웨덴 관계발전 과정에는 감동적인 얘기가 많다고 하였다. 한국 대사 근무 기간을 듣고는 3년은 너무 짧다고 하고 최소한 4년은 되어야 한다고 하였다. 사민당 정부에서 통상장관을 지낸 가스 부의장 내외는 여러 유머를 던지면서 참석자를 즐겁게 해 주었다. 특히 부인은 매우 밝고 쾌활했다.

해밀톤 부시장은 7월 이명박 대통령에게 직접 스톡홀름의 도시발전 현황에 관해 브리핑을 할 수 있어서 개인적으로 큰 영광이었다고 하고 한국과 교류협력이 확대되기를 희망하였다. 룬드베리 교수는 한국의 미래를 낙관적으로 전망하고, '중소국(middle and small country)'인 양국 간의 협력 강화 필요성을 강조하면서 대통령 방문의 후속조치 일환으로 도시개발, 환경, 에너지 중심 분야에서의 협력 방안이 적극 모색되기를 기대하며 자신이 이끄는 환경전문가 그룹의 방한 희망의사를 표명하였다. 프로이덴탈 하마비 센터소장은 7월 한국 대통령 방문 후 한국인 일행이 1주일에 최소 1~2회 방문하여 11월 말까지 30여회, 150여 명이 공식적으로 다녀갔으며 비공식으로 방문한 인원을 포함하면 250~300명이 하마비 센터와 하마비 시를 방문하였다고 하고 이러한 한국인의 방문이 스웨덴과의 실질적 협력으로 이어지기를 기대한다고 하였다. 참석자 모두가 한식과 막걸리를 즐겼다. 메뉴판도 한국적 전통을 느낄 수 있다고 하고 만찬 기념으로 일부 참석자는 갖고 갔다. 스톡홀름 시청과의 협력이 양호하게 전개되는 가운데 모든 면에서 성공적인 만찬이 되었다고 생각했다.

12.16(수) 외교부 모린 아태국장 주최 송년리셉션에 참석하였다. 모린 아태국장은 아태지역 대사들 앞에서 2009년 하반기 스웨덴의 EU 의장국으로서 외교성과를 설명하고, 그 가운데 한국과의 관계가 대통령의 공식방문과 한-EU FTA 가서명(10.15) 및 개정 기본협력협정(Framework Agreement for Trade and Cooperation) 가서명(10.14)으로 격상되었다고 평가하였다. 자신은 내년에도 아태국장으로 계속 근무할 것이라고 하였다. 칼손 한국 담당과장과 노르드룬드 한국담당관은 나에게 "수교 50주년인 금년 중에 대통령의 방문 등 주요 계기를 통해 양국 관계가 확대 발전되었다"고 평가하고, "스웨덴 내의 한국에 대한 인식이 크게 제고되었다"고 하면서 "앞으로 진정한 파트너로서 교류 협력의 전망이 밝다"고 본다고 하였다. 나는 동인들의 적극적인 협력에 사의를 전했다. 양국 관계 업무를 실질적으로 총괄하는 국장, 과장, 담당관의 일치된 긍정적 평가를 들을 수 있었다.

2) 수교 50주년 기념행사

2008년 6월 부임 이래 주재국에서의 외교활동 전개 과정에서 항상 2009년이 양국수교 50주년임을 염두에 두고 양국 관계 격상의 계기로 최대한 활용해 나가겠다고 생각했다. 한국 문화 소개를 통해 스웨덴 국민의 한국에 대한 이해 제고에 중점을 두었다. 외교부 본부와의 협의를 통해 본부 추진 사업과 대사관 자체 사업으로 구분하여 연간 기념행사 계획을 수립하였다. 2009년 초 대통령의 7월 방문 추진이 결정됨에 따라 상반기에는 대통령 방문 준비에 업무가 집중되었다. 하반기에 다수 기념행사가 개최되었다. 세종 목관 챔버 앙상블 공연(5.12, 460명 참석), 서울시 종합문화사절단 공연(9.8, 900명), 한국영화제(9.4~5 웁살라, 9.16~20 스톡홀름, 600명), 한국작가 3인작품 낭독회(이문열, 윤흥길, 천양희, 40명), 강진청자 전시회(9.30~10.8, 800명), 한국현대문학 포럼(10.8, 60명)이 개최되었다. 그중 일부를 소개한다.

세종 목관 챔버 앙상블 공연(5.12)

5.12(화) 스톡홀름 콘서트홀(Stockholm Konserthuset)에서 세종 목관 챔버 앙상블 연주회가 오후 6시 30분 개막식부터 8시 40분까지 2부로 진행된 후 9~10시 리셉션이 개최되었다. 460여 명이 참석하여 음악당이 꽉 찼다. 국회 셀렌(Sellén) 제2 부의장, 비요르크만(Björkman) 제1 부의장, 포스베리(Forsberg) 국회 사무총장, 의원 친선협회 소속 대부분의 의원, Betina Kashefi 보건복지부 차관, 트

롤(Trolle) 의전장, 공보국장, EU국장 등 외교부 등 정부고위인사, 실벤 전 주한대사, 외교단, 한서협회 회원, 한인 등이 참석하였다. 주요일간지 SvD, DI 등과 외교단 주간지 'Ditt och Datt' 기자들도 참석하여 취재하였다. 구스탑손 의원친선협회 회장과 조정식 국회의원이 축사를 하였다. 참석자들이 수준 높은 공연과 함께 리셉션에서의 한식(잡채, 불고기, 경단 등)을 높이 평가하였다. 특히 1960년대부터 이민 온 한인들은 노벨상 시상식행사가 거행되는 스톡홀름 콘서트홀에서의 한국예술단 공연에 대해 감개무량하며 자랑스럽다는 소감을 밝혔다. 우리 연주단(클라리넷 김동진 단장, 플루트 안명주, 오보에 이윤정, 바송 곽정선, 호른 김홍박, 피아노 김용배 등 6인)도 자신들의 연주에 만족하는 것 같았다. 연주단은 개인적으로라도 다시 스톡홀름에 와서 연주를 하고 싶다고 하였다. 포스베리 국회사무총장의 5.14자 감사 손편지를 비롯하여 스웨덴 인사 및 대사들의 공연초청에 대한 감사 및 축하 이메일과 카드를 계속 받았다.

서울시 문화사절단 공연(9.8)

서울시 문화공연단(단장: 고정균 서울시의회 의원, 손민영 예명원 이사장, 임이조 서울시 무용단 단장 등 72명)이 한국전통 무용 공연을 위해 9.5(토)~9.9(수) 스톡홀름을 방문하였다. 스웨덴과 같이 수교 50주년을 맞이한 덴마크와 노르웨이에서의 기념공연을 마친 후 마지막 공연이었다. 7월 대통령의 성공적 방문 직후이자 여름휴가철이 막 끝난 적절한 시점이었다. 공연단은 9.8(화) 저녁 7시부터 1시간 반 동안 베르발드할렌(Berwaldhallen) 음악당에서 우리 전통무용(기원무, 풍류도, 가야금 병창, 무당춤, 농악 등)을 선보였다. 브라드홀름(Bo Bladholm) 스톡홀름 시장과 나경원 특사가 축사를 하였다. 벨프라게(Belfrage) 외교부 차관, 요한손(Lena Johansson) 무역청장, 구스탑손(Gustafsson) 의원친선협회 회장, 폴피예드(Polfjärd) 의원, 프리드(Frid) 의원, 브로텐(Martin Brothen) 의원, 포스베리(Forsberg) 국회사무총장, 린드베리(Stefan Lindberg) NOC 위원장, 룬드발(Anders Lundwall) 상공회의소 부회장, 한림원 등 스웨덴 각계 인사, 외교단, 한서협회, 입양한인협회 회원 및 한인 등 900여 명이 참석하였다. 공연장 외부에는 다도세트 및 전통자수전시와 함께 현지진출 삼성전자의 대형스크린을 통해 홍보영상물을 상영하였다. 관람객들은 한국 전통무용과 의상의 아름다움을 새롭게 인식하게 되었다고 극찬하였으며 특히 자연과의 조화를 묘사한 풍류도, 밝고 화려한 의상과 음향이 조화를 이룬 무당춤, 경쾌한 음악과 동적인 인무의 허튼춤 및 다양한 북연주와 상모돌리기를 선보인 농악이 뜨거운 호응을 얻었다. 한국 전통문화의 독창성과 우수성을 알리는 좋은 계기가 되었다. 룬드발 상공회의소 부회장 등 많은 인사들이 감사 카드를 보내왔다. 그간 스웨덴에서 볼 수 없었던 화려하고 웅장한 공연으로서 동양철학에 대한 영감과 한국인의 감정을 느낄 수 있어서 잊을 수 없는 저녁이 되었다는 등의 찬사가 이어졌다.

강진청자 전시회 개최(9.30~10.8)

대사관 청사에서 9.30(수)~10.8(목) 강진청자 전시회(40여점)를 개최하였다. 전시기간 중 대사관에서 국경일 리셉션(9.30), 스웨덴고 등학교방문단(10.2) 강진청자 제작시연회(10.3), Korea Business Day(10.5), 태권도의 날(10.7) 행사를 연이어 개최하여 전시회 효과가 높아졌으며, 800여 명이 관람하였다. 동아시아 문화에 대한 구분이 모호한 스웨덴 사회에 우리 문화의 독창성과 우수성을 소개하고 한국에 대한 긍정적인 인지도가 확산되는 데 기여하였다. 황주홍 강진 군수에게 10.13자 감사서한을 보내 강진군과 같은 지자체의 대외문화활동이 해외에서 우리 문화를 알리는 데 얼마나 큰 성과를 거둘 수 있는지 직접 확인할 수 있었다고 전했다. 황 군수는 11.27자 팩스 서한을 통해 강진청자의 성공적인 해외 전시에 대사관의 지원에 감사하다고 회신하였다.

한국 현대문학 국제포럼 개최(10.8)

해외문화홍보원과 스톡홀름 대학 한국어학과 주관으로 10.8(목) 전일 스톡홀름 대학에서 '한국 현대문학의 전통과 현대성(Tradition and Modernity in Contemporary South Korean Literature)' 제목하의 국제포럼이 개최되었다. 60여 명이 참석하였다. 2008년 말부터 김준길 교수(명지대), 로젠(Rosén) 교수, 대사관이 긴밀히 협의하여 준비해 왔다. 제 3국에서 활동하는 한국문학 전공 교수들을 초청함으로써 1980년대 초반 이후 스톡홀름에서 명실공히 한국문학에 관한 국제 세미나가 처음으로 개최되었다. 축사를 통해 수교 50주년을 맞이한 양국 관계 현황을 전하고 문화교류 확대가 절실한 시점에 한국 현대문학 소개를 계기로 양국 간 문학분야에서의 교류 확대를 기대한다고 하였다. 김지하 시인, 김준길 교수, Bruce Fulton 교수(캐나다 UBC), 박노자 교수(오슬로 대학), Grace Koh 교수(런던 대학) 등이 발표하였다. 특히 스웨덴에서도 널리 알려진 김지하 시인이 특별 연사로 강연함으로써 스웨덴의 젊은 층을 대상으로 한국 현대문학을 널리 알리는 좋은 계기가 되었다. 심포지엄 종료 후 참가자 전원(15명)을 관저만찬에 초청하여 한국문학에 대한 대화를 이어갔다. 김준길 교수는 당시 스웨덴 내에 한국과 한국어를 제대로 이해해서 이를 바탕으로 한국문학 작품을 소화할 수 있는 사람이 없다고 하고 스톡홀름대학의 한국어과 창설에 기여한 조승복 교수(1922년생)[90]의 제자가 로젠 교수인데 그의 퇴직에 이어 앞으로 한국학과의 흐름이 제대로 이어 가기를 바랄 뿐이라고 하였다. 한국문학 작품의 영문 또는 현지어 번역 작업의 시급성을 느꼈다.

3) 주요인사 교류 및 활동

(1) 주요인사 교류

(정부) 대통령 방문과 관련, 상기 기술한 바와 같이 빌트 외교장관, 톨리포쉬 국방장관 등 주요인사 면담과 함께 오델(Mats Odell, 1947년생, 62세) 지방정부 및 금융시장 장관 면담(1.28), 사부니 (Nyamko Sabuni) 통합양성평등부 장관 면담(1.29)을 통해 양국 협력

---

90   이후 2010. 10. 15(금) 고틀란드 대학 방문 시 조승복(趙承福) 교수(1922년생)의 딸인 Suk-hi Lise Cho 국제협력부장을 만났다. 당시 조 교수는 88세로 건강이 좋지 않은 상황이라고 하였다. 12월 하순 조 부장은 부친에게 한국 대사를 만났다고 하니 기뻐하셨다고 하고, 부친이 불편한 손으로 서명한 회고록을 보내왔다. 조 교수의 회고록 『분단의 한』 상하 2권은 2004년 7월 도서출판 케리그마에서 출판되었다.

방안을 협의하였다.

페르손(Göran Persson)[91] 전 총리 초청 관저오찬(4.17)

총리에게 양국 관계와 한반도 문제에 대한 그간 기여를 평가하고 양국 간 포괄적 협력관계로의 발전을 위해 계속 지원해 줄 것을 요청하였다. 그는 한국에 대해서는 매우 긍정적인 인식을, 북한에 대해서는 매우 부정적 인식을 표명하였다. 총리는 오찬 내내 거침없이 자신의 의견을 표명하였다. 총리의 주요 언급요지는 다음과 같다.

(양국 관계) 총리 재임 시 한국과의 관계를 매우 중시하고 한국 지도자와 수시로 회동하였다. 2006년 중도우파 정부가 집권한 이후, 한반도 문제가 충분한 주의를 못 받고 있으며 전반적으로 관심도가 저하된 것으로 보인다. 아시아의 주요국인 한국과의 협력관계를 보다 심화 발전시켜야 한다는 확신을 갖고 있으며 스웨덴 국민은 한국에 대해 관심이 더 커져야 한다. 한국계 입양

---

91 1949년생(60세)으로 1979년 국회의원(사민당, 30세) 첫 당선 이래 교육부 장관(1989~1991), 재무장관(1994~1996) 역임 후 1996~2006년간 총리를 지냈다. 2001년 5월 EU 의장국 자격으로 남북한을 동시 방문하고, 2004년 3월 공식 방한하였다. 2007년 4월 의원직을 사퇴한 후 스웨덴 정부 소유의 바이오 연료회사(Sveaskog AB)의 이사장으로 활동 중이고 '스칸디나비아 바이오가스'의 다니엘손 회장과 5.12~14 방한하여 울산 바이오가스 생산시설 건설 현장 등을 방문할 예정이었다. 오찬에는 다니엘손 회장을 함께 초청하였다. 총리는 2007년 10월『나의 길, 나의 선택(Min vag, mina val, 영문판 My path, my choices)』제하의 회고록을 출간하였다. 회고록에서 2007년 11월 김대중 대통령의 스웨덴 방문 시 국왕 주최 오찬에서 김 대통령이 자신의 북한 방문을 제의하였다고 하고 김정일 위원장과의 회담 등 북한 방문 활동을 기술하였다.

아들은 스웨덴의 모범 시민이며 훌륭한 자산이다. 양국 모두 수출주도형 개방경제라는 공통점이 있다. 결국 국가간 이해관계(interests)가 결국에는(in the long run) 우호협력의 수준을 결정한다. 양국 기업 간의 연계를 통해 세계 시장에서 상생 방안을 모색할 필요가 있다. 한국은 일본, 중국에 버금가는 경쟁력을 보유하고 있으므로 이들 국가와 차별화되면서 국제사회의 주요국(actor)으로 부상할 것으로 전망한다. 양국 간 협력분야 중 특히 환경, 재생에너지 분야의 협력 잠재력이 크다고 본다.

(북한 관련) 2001년 5월 EU 의장국 정상 자격으로 EU 인사와 함께 방북 시 김정일 위원장과 회담을 가졌다. 김 위원장은 당시 국내외 정세와 주변환경을 정확히 인식하고 있었던 것으로 기억한다. 식량 문제 등 북한이 문제가 있음을 솔직히 인정하면서, 핵문제, 일본인 납치 문제 등 다양한 주제에 대해 자신 있는 모습으로 자신의 입장을 설명한 것이 매우 인상적이었다. 일국의 지도자가 기아를 방치하는 것은 절대 용납할 수 없는 폭정(tyranny)이다. 김정일이 그간 북한을 잘못 관리하여 북한이 잘못된 길로 가고 있다. 국내 단속과 통제에는 도움이 될지 모르나 이러한 상태가 장기적으로 계속될 경우 북한은 회복하기 어려울 것으로 본다. 국가경영에는 기본적으로 경제성장, 일정한 생활수준 보장, 의사소통 등 3대 요소가 보장되어야 하나 북한은 어떤 요소도 충족시키지 못하고 있다. 북한의 심각한 상황과 불확실성을 감안하여 국제사회가 공동으로 책임감을 갖고 북한을 지원해야 할 것이며 특히 경제적인 지원은 결국 한국이 부담해

야 할 것이다. 쿠바나 캄보디아의 사례에서 보듯이 절대적 지도자가 사라져도 정권은 그대로 유지되는 경향이 있으므로 김정일 사후에도 북한정권(regime)은 당분간 유지해 나갈 수 있을 것으로 전망한다. 결국 북한 정권을 초조하게 하는 방법은 북한 체제 개방 및 주민들의 생활 수준을 향상시키는 것이라고 생각한다.

이후 그는 5월 방문한 권종락 외교차관과 면담, 2009년 7월 이명박 대통령의 스웨덴 공식방문 일정 중 '유공인사 만찬간담회' 참석 등 양국 관계 행사에 적극 참여하였다. 2009년 11월 스웨덴 차세대 포럼(Peace Forum on the Korean Peninsula)에 연사로도 참여하였다. 그는 2010년 2월 24일 개최된 '글로벌 코리아 2010'의 주요연사로 다시 방한하였다. 이어 2010년 3월 31(수) 총리 부부를 관저오찬에 초청하여 우리 부부와 대화를 나누었다.

포이에(Mats Foyer) 주 북한 스웨덴 대사 초청 오찬(8.28)

재외공관장 회의 참석차 일시 귀국한 포이에 대사를 8.28(금) 관저오찬에 초청하였다. 작년 8.23에도 관저로 초청하여 면담 기회를 가진 바 있었다. 그는 김정일 위원장의 건강 악화로 일시적으로 핵실험, 미사일 발사 등 대외 강경 입장 표명 등 불안정한 모습을 보였으나 김 위원장이 회복됨에 따라 북한체제 역시 안정적으로 회복된 것으로 보인다고 하고, 김 위원장의 3남 가운데 어느 누구도 후계자 수업 등 권력 승계를 준비해 왔던 조짐은 없었던 것으로 보이며 개인적인 견해로 일단 3남 김정은이 후계자가 될 가능성이 높은 것으로 본다고 하였다. 북한은 일시적으로 변화된 모습을 보일 것이나 결국 중장기적으로 기존입장을 견지하면서 '고립 폐쇄'와 '개방교류'라는 양극단에서 최대한 균형점을 모색해 나갈 것으로 전망한다면서 다만 개방교류 확대 시에는 체제 통제가 어렵게 되고 대미관계 개선 시에는 주적이 사라짐에 따라 내부단속 명분이 없어지는 한편, 국가로서 기능하기 위해서는 고립폐쇄 정책을 계속 유지할 수도 없는 딜레마 상황에 계속 직면할 것을 보인다고 하였다. 이어 스웨덴은 기존 정책에 따라 북한 문제와 한반도 문제에 관해 지속적인 관심을 갖고 한국 지지 입장을 견지해 나갈 것이나, EU 의장국으로서 수임임기(2009.7~12) 중 새로운 이니시어티브(initiative)는 고려하지 않은 것으로 알고 있다고 하였다.

(국회의원) 구스탑손 의원친선협회 회장 초청 오찬(2.11), 폴피에드 의원 초청 오찬(2.18), 해쉬테트(Kent Härstedt) 의원[92] 초청 오찬(3.24)

---

[92] 1965년생(44세)으로 1998년 당선 이래 사민당 의원으로서, 사민당이 2010년 집권에 대비한 재야 내각(shadow cabinet)의 외교부 국제개발협력장관으로 내정되어 있었다. 그는 사민당 집권 기간 중 북한을 7회 방문하였으며, 2006년 1월 페르손 총리가 한반도문제 특별보좌관을 설치하고 여기에 2001~2005년 북한 대사를 역임한 베이어(Paul Beijer) 대사를 임명하는 데 주도적 역할을 하였다. 2006년 보수당 집권 이래 스웨덴 정부의 한반도에 대한 관심이 상당히 낮아졌으며 그 예로서 2008년 9월 베이어 대사의 불가리아 대사 발령 이후 한반도문제 특별보좌관의 후임을 임명하지 않았다고 비판하였다. 동 의원은 스웨덴 국회에서 자신만큼 한반도 문제에 관심을 갖고 꾸준히 관련 활동을 하고 있는 의원은 없다고 강조하였다. 리희철 북한 대사가 적극적으로 자신을 접촉해 오고 있으며 방북을 권하고 있고, 북한은 자신을 서방과 연결하는 중요한 통로의 하나로 간주하고 있으며, 자신은 언제라도 방북할 수 있을 만큼 북한과 나름대로 신뢰관계를 구축했다고 자평하였다.

을 통해 수교 50주년 계기로 양국 국회교류 확대 등에 관해 협의하였다. 구스탑손 회장은 '2009년 4월 중 박진 통외통위 위원장과 의원대표단의 스웨덴 방문'을 제의하는 2. 12자 초청장을 주한 스웨덴대사관을 통해 우리 국회에 전하였다. 우리 국회 또한 문희상 국회부의장 명의의 셀렌 국회 부의장의 방한초청장을 4월 초순에 전달하였다. 이후 박 위원장은 국회사정상 4월 방문은 어렵다고 연락이 왔다. 셀렌 부의장도 5월 6일 폴란드 대사 주최 리셉션에서 나에게 자신은 "방한하고 싶으나 국회 예산 사정상 방한이 어려울 것 같다"고 하였다. 결국 양국 국회의 공식 초청에 의한 의원교류는 이루어지지 못했다.

2008년 11월에 이어 한-스웨덴 의원친선협회 의원 초청 간담회 및 관저만찬(3.25 수)을 주최하여 구스탑손 회장(기민), 해밀톤(Björn Hamilton, 보수), 브릭스(Gustav Blix, 보수), 프리드(Egon Frid, 좌파) 의원에게 대사관에서 양국 관계, 양국 간의 글로벌 파트너십, 남북관계, 한국경제 동향 등 4개 주제로 설명한 후 관저로 자리를 옮겨 한식을 즐기면서 토론을 이어갔다. 구스탑손 회장 등 의원들은 작년 11월에 이은 금번 간담회에서의 브리핑으로 양국 관계 현황 및 한국 측 시간에 대해 정확하게 이해하게 되어 만족스러우며 관련 의정활동에 크게 도움이 될 것이라고 평가하였다. 해밀톤 의원은 항상 정중하게 행동하면서 김치그릇을 4번 채우면서(refill) 한식을 정말 즐겼다고 하고 아내와 관저 요리사를 높이 평가하였다. 프리드 의원(1957년생, 52세)은 21세부터 좌파당 당원이었으며 방한한 적이 없다 하면서 한국에 대한 이해에 매우 의욕적이었다. 브릭스

의원(1974년생, 35세) 역시 24세 때부터 스톡홀름 시의회 의원으로 활동하다가 2006년 국회의원에 당선되었다고 하고 한국에 대해 높은 관심을 보였다. 기후변화, 금융위기 극복 사례, 북한의 붕괴 가능성 등에 관심을 표명하였다.

2~4월에 걸쳐 사민당(1889년 창당, 이하 창당연도), 집권 보수연합에 참여하고 있는 자유당(1902년), 기독민주당(1964년), 중앙당(1913년)과 야당인 좌파당(1917년), 환경당(1981년)의 당사를 방문하여 6개당 국제담당 국장(International Secretary)과 면담하였다. 양국 관계 현황, 수교 50주년 계기 기념행사, 앞으로의 발전 방향에 대해 설명하고 양국 관계 발전을 위한 지지와 협력을 요청하였다. 전반적으로 한국에 대한 이해가 높지는 않았으나 양국 관계의 확대 발전 필요성에는 공감하였다. 린드(Ann Linde)[93] 사민당 국제국장(2.23 면담)은 2001년 페르손 총리 남북한 방문 시 수행한 경험이 있고 한국과의 협력을 중시하고 있으며 남북관계에 지속적인 관심이 있다고 하고 특히 사민당 내 해쉬테트(Kent Härstedt) 의원이 남북관계에 대해 수시로 설명해 주고 있다고 했다. 북한 대사가 당 대 당 교류를 제의한 적이 있으나 거부하였으며, 앞으로도 북한과의 관계는 갖지 않을 것이라고 하였다. 스벤손(Fredrik Svensson) 자유당 국제국장 (2.25 면담)은 한국에 대한 기본적인 관심은 있으나 페르손(Johan Pehrson) 당수 등 주요 당 지도자가 한국을 방문한 적이 없으며 정당 간 교류도 없다면서 한국의 교육이 국제적으로 경쟁력이 있다

---

[93] 그녀는 Stefan Löfven 총리와 Magdalena Andersson 총리의 사민당 정부에서 2016~2019 통상장관, 2019~2022 외교장관을 역임하였다.

고 듣고 있다고 하였다. 나는 한-스웨덴 의원친선협회 소속 의원으로 2008년 연말 선물을 되돌려 보낸 엘리손(Karin Granbom Ellison) 의원의 면담 주선을 요청하였다. 이후 그녀는 관저만찬에 참석하였다. 담(Sophia Damm) 기독민주당 국제국장(2.27 면담)은 구스탑손 의원이 한-스웨덴 의원친선협회 회장으로 당내 한국에 대한 관심을 늘 환기시킨다며 앞으로 한국대사관 주최 행사에 적극 참여하겠다면서 대사의 의원초청 간담회는 좋은 아이디어라고 생각한다고 하였다. 스웨덴의 그간 한반도에서의 기여에 대해 설명한 데 대해 그녀는 스웨덴 사람들은 자기가 한 일을 자랑하지 않으며 그것이 스웨덴 방식(Swedish way)이라고 하였다. 에크룬드(Mila Ekulund) 중앙당 국제국장(3.3 면담)은 여야 정당 간에 국내외 정책에 있어서는 최근 비슷한 정책을 토의하는 경향이 있어 전반적으로 온건하게(moderate) 되고 있는 경향이 있다면서 셀렌 국회부의장 등 한-스웨덴 의원친선협회 소속 의원들이 양국 관계의 중요성과 협력 확대 필요성에 충분히 공감하고 있다고 하였다. 좌파당을 방문(4.3)하여 국제국 코트레라스(Francisco Contreras) 위원과 노르베르(Agneta Norberg) 위원을 만났다. 노르베르 위원은 4월 16~18일 방한하여 군비경쟁 종식과 아태지역 미사일 방위에 반대하는 국제회의에 참석할 예정이라면서, 주한미군 철수를 희망한다고 하였다. 나는 양국 관계 현황과 발전 방향, 한미동맹을 기반으로 하는 안보 정책을 설명하였다. 양국 의원친선협회의 프리드(Egon Frid) 의원을 2008.11월, 2009.3월 대사관 주최 간담회 및 관저만찬에 초청하여 의견을 교환한 바 있다고 전하고 좌파 당원들과 지속적인 대화가 필요하다고 판단하여 언제라도 당원 모임에 불러 달라고 하였다. 순드베리(Håkan Sundberg) 환경당 국제국장(4.20 면담)은 솔직히 한국에 대해 잘 몰랐는데 대사의 양국 관계 설명을 통해 많이 배웠으며 앞으로 한국에 대해 좀더 관심을 갖겠으며 수교 50주년 계기 문화행사 등에 가능한 한 참석하겠다고 하였다.

7월 대통령 방문 후에는 사민당 전당대회 정책설명회[94] 참석 (10.3), 한-스웨덴 의원친선협회 의원(9명) 초청 간담회 및 관저만찬 (11.4), 폴피예드 의원 초청 오찬(12.10) 등을 통해 의원과 지속적으로 교류하였다.

(2) 지방정부 교류

2008년 11월 예테보리 방문 이후, 2009년에는 비요르크 웁살라 주지사 부부 초청 관저만찬(2.2), 웁살라(Uppsala) 주 공식방문(2.17), 웨스트예트란드(Östergotland) 주 린쇼핑(Linköping) 방문(3.18), 베스트만란드(Västmanland) 주 공식방문(5.28), 백스트램(Lars Bäckström) 베스트라예타란드(Västra Götaland) 주지사 및 국회의원(8명) 초청 관저만찬(6.10), 말뫼(Malmö) 방문(11.8~10), 예테보리 방문(11.25~27) 등

---

94   알린(Urban Ahlin) 의원(외교정책 대변인)과 린드 국제국장(Ann Linde)이 사민당의 전당대회와 외교정책을 설명하였다. 미국의 전당대회와는 달리 조용히 진행되며 사민당의 전통과 관례에 따라 사전조정에 따라 당수 후보는 1인이 정해지며 이를 추인한다고 했다. 모나 살린(Mona Salhin)이 단독후보라고 하였다. 17~79세 사이의 다양한 직업의 당원(평균 연령 46세, 여성 48.57%, 남성 51.43%)으로 구성된 350명의 선거인단(delegates)이 선출한다고 하였다. 사민당 역시 외교정책의 중점은 EU 문제였다. 사민연합 3당 간 정책연합의 주안점은 외교정책은 아니었다고 강조하고 외교정책에 관한 한, 사민당은 녹색당과 가깝다고 하면서 3당 공조가 쉽지 않다고 하였다(Nothing is done until everything is done). 하기야 주한미군 철수를 주장하는 좌파당과 현실주의 외교정책을 함께 수립한다는 것이 쉽지 않을 것이라고 생각했다.

을 통해 지방정부 주지사와 시장 등 고위인사 교류와 함께 주요 대학(웁살라 대학, 룬드 대학, 예테보리 차머스 공과대학), 주요기업(스칸디나비아 바이오가스, Saab 본사 등)을 통해 주요 주와의 네트워크를 구축하고 양국 교류협력 확대 방안을 지속적으로 협의하였다.

캘스트램(Anders Källström) 예테보리 신임 명예총영사에게 위임장을 전수(11.26)하였다. 말뫼 방문을 통해 툰하머(Göran Tunhammar) 스코네(Skåne) 주지사(1946년생, 2003~2006 Swedish Trade Council 회장, 2006년 이래 주지사)와 란드그렌(Kjell-Arne Landgren) 말뫼 시장(1942년생, 67세)의 적극적인 권유 등을 고려하여 한국 명예총영사관 개설을 추진하기로 하였다. 2009년 현재 말뫼에는 일본, 러시아, 튀르키에, 주변국 등 33개국 명예 영사관이 있었다.

한편 지방출장을 통해 외국 지자체와의 자매결연에 관해서는 예테보리, 말뫼 시도 스웨덴의 여타 지자체와 마찬가지로 실질적 성과(substance)를 중시하여 외국도시와 교류협력의 실적이 충분히 축적된 후에 자매결연 여부를 검토한다는 입장임을 확인하였다. 기본적으로 한국과의 교류 협력이 확대되기를 기대하며, 한국 방문단은 언제라도 환영하며 방문 목적에 따라 일정주선 등 최대한 협조하겠다고 하였다.

(3) 각계와의 교류
(과학기술) 스웨덴연구고등교육 국제협력단(STINT: Swedish Foundation for International Cooperation in Research and High Education) 방문(2.3,

Roger Svensson 사무총장 면담), 스웨덴 연구협의회(VR: Swedish Research Council, 교육연구부산하 정부기관) 방문(2.4 Par Omling 사무총장 면담), 2.5~6 간 스웨덴 왕립한림원(KVA: Royal Swedish Academy of Sciences)에서 개최된 제7회 한국-스웨덴 한림원 공동 심포지엄 참석(축사) 및 관저만찬, 스웨덴 기술혁신청(VINNOVA: Swedish Governmental Agency for Innovation Systems) 방문(3.5 Lena Gustafsson 사무총장 면담), 제2회 한림대-웁살라대 공동 국제학술 심포지엄[95](5.7)에 참석한 윤대원 이사장 일행(14명) 초청 관저만찬(5.8) 등을 통해 7월 대통령 방문을 앞두고 양국 간 과기 분야 교류협력 확대 방안을 협의하였다. 스웨덴은 한국을 글로벌 파트너십의 협력대상국으로 인식하여 한국과의 교류협력에 적극적으로 임하고 있다고 하였다.

10.23(금) 스톡홀름시청에서 국왕내외가 주최하는 스웨덴 왕립공학한림원(IVA: Royal Swedish Academy of Engineering Sciences) 창립 90주년 기념만찬에 우리 부부가 참석하였다. 복장은 정장(white tie)이었다. 노벨만찬과 같은 형식으로 개최되었으며 1200여 명이 참석하였다. 외교단 중에서는 극히 일부 대사만 초청된 것 같았다. 같은 테이블에 에스토니아 국회의장, 웁살라 대학 생물학 교수, 경제학, 경영학 교수 부부들과 대화를 나누었다. 역시 한국에 대해 거의 몰랐다. 대부분 인사가 일본, 중국은 가 본 적이 있으나

---

95 한림대학교의료원 대표단은 2008년 2월 웁살라 대학을 방문하여 학술교류 방안을 협의한 후 2008년 10월 서울에서 제1회 양 대학 국제학술 심포지엄을 개최하였다. 관저만찬에서 양 대학 간의 교류 협력 현황을 청취하고 대사관 차원에서 가능한 지원을 하기로 하였다. 2009년 2월 17일 웁살라 주 공식 방문 시 면담했던 웁살라 대학 할베리 총장 등 교수들을 이후 관저만찬에 초청하는 등 교류를 이어갔다.

한국은 가 본 적이 없었다. 한국과 양국 관계 현황 설명에 흥미를 보였다.

(경제계) 대사관은 3.17(화) 스웨덴 무역협회와 함께 2009 서울기후변화 엑스포(C40 Seoul Climate Change Expo, 5.18~21 개최) 참석 스웨덴기업 설명회를 주최하였다. 20여 개 스웨덴의 참가 기업 대표가 참석하였다. 나는 환영 인사를 통해 양국 관계 현황, 수교 50주년의 의의, 한국정부의 녹색 성장 정책(Low Carbon, Green Growth)을 설명하였다. 대사관이라는 공간에서 그들의 방한을 환영한다는 뜻을 함께 전달하는 성과가 있었다고 생각했다.

3.31(화) 스웨덴 안보방산협회(Swedish Security and Defense Industry Association) 및 스웨덴 무역협회(Swedish Trade Council) 공동 주최 행사(Sweden-Republic of Korea Industry Technology Day)에 참석하였다. 나는 축사를 통해 양국 관계 현황과 경제 협력 교류, 특히 방산 분야에서의 협력 잠재력에 대해 설명하고 스웨덴의 한반도에서의 기여와 한국 국민의 스웨덴에 대한 높은 호감도 등을 감안하여 한국에 보다 더 관심을 갖고 진출해 줄 것을 요청하였다. 룬드베리(Peter Lundberg) 안보방산협회 회장을 비롯하여 유수 방산업체(BAE Systems, Saab 등) 대표들과 계속 교류해 나가기로 하였다. 대통령 7월 방문 이후에는 쓰레기(Envac), 핵연료 폐기물 관련 회사(SKB) 등을 방문하여 후속조치를 협의하였다.

(스포츠) 수교 50주년 계기 양국 간 스포츠 교류 확대와 광주 하

계 유니버시아드 대회(2015) 유치를 염두에 두고 버그(Stefan Bergh) FISU(국제대학스포츠연맹) 부위원장 겸 스웨덴 NOC 위원과 린드베리(Stefan Lindberg) 스웨덴 NOC 위원장과 교류하였다. 버그(Stefan Bergh, 1962년생, 47세) 스웨덴 올림픽위원회(NOC) 위원 부부 초청 관저 만찬(3.23)을 주최하였다. 부부동반 만찬 자리에서 직설적으로 지지를 요청하기보다는, 부임 이후 체류 경험을 전하면서 수교 50주년 계기로 양국 국민 간 교류가 확대되어 진정한 친구의 나라가 되기를 기대한다고 하였다. 버그 위원은 2013년 대회 유치를 위한 2008.5월 투표에서 광주와 러시아 카잔(Kazan)에 대한 지지는 사실 엇비슷했으나 결국 광주가 탈락되어 유감이었다고 하고, 광주의 열정과 한국의 거국적인 지지입장은 잘 알고 있다고 하였다. 스웨덴은 결국 27분 1밖에 영향력이 없다면서도 2003년 대구 유니버시아드 대회는 최대 규모였으며 아주 좋은 인상을 받았다고 하고, 광주는 충분한 능력과 수준을 갖추었다고 보며 오는 4월 6~9일 실사단장으로서 광주를 방문하여 다시 세심히 살펴보겠다고 하였다. 나는 한국의 그간 국제대회 주최 경험 등으로 보아 광주가 주최하게 되면 결코 국제사회를 실망시키지 않을 것이며 수교 50주년 계기에 스포츠분야에서 스웨덴의 한국 지지는 양국 관계 전반에 상당한 긍정적 영향(spillover effect)을 미칠 것이라고 하였다. 언론인인 버그 부인이 나를 빙그레 웃으면서 바라보았다. 부부 초청 만찬의 효과를 느낄 수 있었다. 버그 부위원장은 광주 실사 후 기자회견에서 광주의 큰 장점은 "대통령을 비롯한 한국 각계각층의 적극적 지지이며, 광주와 유치위원회의 노력을 의지와 열정 두 단어로 말할 수 있다. 미디어의 뜨거운 관심을 보고 광주

대회가 그만큼 한국에서 중요한 일이라는 것을 확인하였다"라고 말했다. 실사단의 광주 방문 결과를 듣고, 비록 측면 지원이기는 하나 대사관 활동이 헛된 것은 아니었다는 생각이 들었다. 버그 위원은 7월 대통령의 스웨덴 공식방문 시 개최된 '스웨덴 유공자 만찬 간담회'에 참석하였다.

린드베리(Stefan Lindberg) NOC 위원장은 오찬(4.21)에서 2000년부터 스웨덴 NOC 위원장을 맡고 있다고 소개하고 스웨덴 NOC 입장은 국제사회에서 서로 경합하지 않는 한, 한국을 계속 지지한다는 입장이라고 밝혔다. 버그 FISU 실사단장의 결과보고를 들었다고 하고 버그 부위원장은 한국을 지지할 것이라고 언급하였다. 한국은 국제스포츠대회 주최에 대해 정부, 경제계가 일치단결하여 지지하고 지원하는 것이 무척 부럽다고 하면서 스웨덴의 경우에는 축구와 아이스하키에만 관심이 집중되는 경향이 있다고 하였다. 2005년 한국 NOC와 교류 협정서를 체결하였으나 그간 교류가 별로 없었다고 하고 수교 50주년 계기로 스포츠 교류가 활성화되기를 희망한다고 하였다. 나는 그의 초청에 따라 6월 4일 NOC 사무실이 있는 올림픽스타디움을 방문하여 견학하고 양국 간 스포츠 교류 확대 방안에 관해 협의하였다. 이후 관저만찬 초청 등 대사관 행사에 계속 초청하여 그와의 교류를 이어갔다.

스웨덴 태권도연합 디즈다레빅(Emir Dizdarevic) 회장 초청 오찬(4.28)을 통해 1996년 '스웨덴 태권도 연합'이 창립된 이후 그간 활동과 금년도 행사계획을 청취하였다. 회장은 스웨덴 내 태권도 인구가 8천여 명이며 태권도를 올림픽 전략종목으로 육성하여 올림픽 메달 획득을 희망한다고 하면서 한국태권도협회, 기업 등의 지원을 기대하였다. 그간 활동에 사의를 전하고 수교 50년 계기 동 연합의 활동이 보다 큰 의미를 갖는다고 격려하고 대사관으로서 가능한 지원을 하겠다고 하였다. 대사관에서 '태권도의 날'을 개최 (10.7)하여 스웨덴 태권도연합 회장단, 국가대표팀, 태권도 지도자 및 배드민턴 협회, 탁구협회 임원 등 40여 명을 초청하여 한식을 소개하고 한국영화(「말아톤」)을 상영하였다. 이어 스웨덴 태권도연합(STF) 주최 전국태권도대회에 참석(12.5)하여 디즈다레빅(Emir Diz-darevic) 회장 등 관계자와 면담하고 경기 참가자를 독려하였다. 대회 안내 책자에 대사 축사를 게재하였다. 300여 명 선수, 100여 명 경기운영자, 500여 명 관객 등 약 1,000명이 함께한 태권도 축제의 한마당이었다.

캘스트램 예테보리 명예총영사의 위임장 전수를 위한 예테보리 방문 계기에 페테르손(Göran Petersson) 신임 IOC 위원(1942년생, 변호사)을 그의 사무실에서 면담(11.27)하였다. 그가 10월 IOC 위원으로 선출된 직후 10. 23 당선 축하서한을 보냈으며 그는 바로 그날 감사 편지를 나에게 보내왔다. 나는 앞으로 국제 스포츠계는 물론 양국 간 스포츠 교류의 확대 발전을 위한 적극적 활동을 기대한다고 하고 2018년 동계올림픽 평창 유치 계획을 설명하고 적극적 지지와 성원을 요청하였다. 동 위원은 평창의 의지를 충분히 이해하며 평창의 계획을 면밀히 검토하겠다고 하면서, 개인적인 생각으로는 동계 종목이 아시아 국가와는 연관성이 다소 부족하다는 인식이 사실상 존재하므로 이러한 인식을 불식시키는 것이 중요할 것이라고 조언하였다. 한국의 세계적인 첨단 IT 기술의 경기 서비스 응용 방안도 제의하였다. 스웨덴 내 8천 명 이상이 태권도를 수련하고 있다고 소개하고 태권도가 2016년 이후에도 하계 올림픽 정식종목 자격을 유지할 수 있도록 관심과 지지를 요청하였더니, 유념하여 대응해 나가겠다고 하였다.

(언론계) 7월 대통령 방문을 앞두고 '스벤스카 다그브라뎃'의 미르스텐(Johan Myrsten) 기자 면담(4.6), '다겐스 인두스트리'의 페테르손(Bo Pettersson) 논설위원 초청 오찬(4.16), '다겐스 니히터'의 알린(Per Ahlin) 논설위원, 보스트램(Lars Boström) 국제관계 주필 초청 오찬(4.22), TV 4의 지드펠트(Gunnar Gidefeldt) 홍보국장 면담(4.23)을 통해 우리의 대북 정책, 국제경제위기에 대한 우리의 대응, 수교 50주년 의의 및 양국 관계 등에 관해 설명하였다. 스웨덴 언론의 양국 관계 및 한국에 대한 보다 높은 관심과 관련보도를 요청하였다. 그들은 한국 국민의 스웨덴에 대한 높은 호감도와 인기도에 대해 놀란다고 하고 최근 스웨덴 언론이 한국 음식문화, 스웨덴 기업인의 방한 경험 등 한국 관련 기사가 늘어나고 있다고 하면서 방한에 관심을 표시하였다. 내가 스웨덴 언론이 매우 '국민 친화적(people-friendly)'인 것 같다고 했더니 '아주 좋은 표현'이라고 하고 그러나 스웨덴 역시 신문 등 매스미디어가 경영 위기에 처해 있다고 하였다. 세종 목관 챔버 앙상블 공연(5.12) 등 수교 50주년 기념 행사에 참석하여 취재하겠다고 하고 앞으로의 행사에 대해서도 계속 관심을 갖겠다고 하였다. 이어 'Ditt och Datt'지와의 서면 인터뷰(5.14), 대통령 방문 특집을 위한 Swedish Bulletin과의 인터뷰(9.29), Swedish Radio 기고(10.6)를 통해 수교 50주년과 대통령 방문

의 의의와 성과를 설명하였다.

 (학계, 문화계) 한-스웨덴 관계(Korea-Sweden relations: the 50th Anniversary and beyond-a Korean Perspective)에 관한 스톡홀름대학 강연(3.26)에 이어 문화계, 학계인사 부부 초청 관저만찬(4.23)을 주최하였다. 그간 교류해 온 외퀴스트(Gunnar Öqvist) 왕립한림원 사무총장 부부, 린드퀴비스트(Svante Lindqvist) 노벨박물관장, 닐슨(Sanne Houby-Nielsen) 동아시아박물관 관장 부부와 키소우(Kiesow) 대사와 다양한 대화를 나누었다. **외퀴스트 사무총장**은 자신은 스웨덴 10대 도시이며 대학생이 3만 명인 우메오(Umeo) 출신이며 그간 우메오 대학에서 30년간 강의를 하였다고 하고 스톡홀름은 진짜 스웨덴이 아니라고 하였다. 노벨상 추천으로 여름 직전이 제일 바쁘고 보안이 철저하며 심사과정에서 정보가 새나가면 관계자들이 퇴출된다고 하였다. **린드퀴비스트 관장**은 노벨문학상의 경우 모든 후보작품이 스웨덴어로 번역되고 심사 후 소각된다고 하고 심사과정에 외국어 문학작품 그대로의 외국어 소리를 듣기도 한다고 설명하였다. **린드퀴비스트 관장**은 기아자동차 등 한국기업의 박물관 지원에 대해 사의를 표명하고 조 대사의 제의에 따라 **노벨박물관의 한국어판 안내서**가 곧 배포될 예정이라고 하였다. **키소우 대사**는 스웨덴이 심각한 위기 국면의 기로에 있다면서 노르웨이도 미국의 압력으로 스웨덴의 그리펜(Gripen) 전투기 구매를 거부하고 있는 상황에서 적절한 파트너 국가가 필요한 시기이며 인도, 일본, 중국을 넘어서서 "이제는 한국"이라고 생각한다고 하였다. **닐슨 관장**은 한국교류재단(KF)의 초청으로 다녀온 3.23~28 한국

방문에 만족을 표명하고 동아시아박물관의 한국관 설치에 관한 협의가 원만히 진행되고 있다고 언급하였다. 남편인 스톡홀름대학 고고학 교수도 한국관 설치로 한국 역사와 문화에 대한 스웨덴 국민의 이해가 높아질 것이라고 기대하였다. 한국 방문(5.16~25) 예정인 스웨덴 현직 중등교사 12명(사회과목)을 대사관에 초청하여 양국 관계와 한국문화에 관해 설명회(4.27)를 실시하였다. 직원브리핑 후 1시간 동안 대화를 나누었다. 대부분 첫 방한이었다. 수교 50주년인 해에 시의적절한 방문으로 보람 있는 체험을 하여 스웨덴 젊은 학생들에게 한국에 대해 전파해 주기를 기대한다고 하였다. 양국 간 인적 교류 현황, 북한 정세 등에 관심이 많았다. 그들은 한국과 양국 관계에 대해 폭넓게 이해하게 되었다고 평가하였다. 대사관을 찾는 주재국 국민들에게 한국을 설명하는 일이 대사관의 기본 업무임을 다시 한번 실감하였다. 모든 사람이 대사를 만나 보고 싶어 하니 만나는 일이 대사의 일인 것이다.

가을에는 스톡홀름대학 한국학과 학생(27명) 초청 관저만찬(10.19), 스톡홀름대학 강연(10.28)을 통해 학생들을 격려하고 남북한 관계 및 한국정부의 대북한 정책에 관해 토의 시간을 가졌다. 로젠 교수는 "역대 한국 대사들 가운데 한국학과와 가장 가까이 교류하는 대사"라고 하면서 사의를 전했다.

4) 한인사회 및 친한 단체 교류

한인사회 교류

신년 다과회(1.8 대사관)를 개최하였다. 부임 이후 한인사회와 대사관 간의 정기적인 회동이 중요하다고 느꼈다. 한인 원로들이 대사관 주최 신년회는 20여 년 만에 처음 있는 행사라고 하였다. 이어서 2010년, 2011년 연초에 신년 다과회를 개최하였다 전현직 한인회 회장단 초청 관저만찬(2.11), 한인회 주최 경로회 참석(2.28), 송요승 전임 한인회장 초청 만찬 참석(3.26), 한기숙 박사 초청 만찬 참석(3.30), 한국학교 교사(7명) 초청 관저만찬(4.3), 평화통일간담회 개최 및 관저만찬(4.15), 한국학교 교사 세미나 개최(5.23, 대사관), 김현덕 박사 출판기념회[96] 개최(6.1 대사관), 평통위원 위촉장 전달(6.26) 등을 동해 수교 50주년 계기 한인사회의 빌진 빙안과 대통령 방문준비에 관해 지속적으로 협의하였다.

하반기에는 제3회 세계한인의 날 기념 유공자(대통령 표창 김순옥,

---

[96] 김 박사의 2006년도 저서 『Efterlängtad(갈망)』의 한국어 번역서 『아름다운 인연』 출판을 계기로 대사관에서 출판기념회를 개최하였다. 김 박사는 1962년 스웨덴으로 이민 온 후 정신과 전문의로서 그간 입양아와 양부모를 치료한 경험을 모아 스웨덴 국내에서 책을 먼저 출간하였다. 이를 허서윤 전문관이 한국어로 번역하여 2009년 3월 서울에서 출간하게 되었다. 김 박사는 서문에서 '한국이 보낸 우리 아이들이 스웨덴 땅에서 양부모들과 함께 어떻게 살고 있는가를 고국에 있는 여러분에게 알리고 싶고, 메달에도 뒷면이 있다는 스웨덴 사람들 말과 같이 입양을 보내는 한국에서 볼 수 없는 해외입양의 뒷면을 보여드리고 싶은 마음에서 한글판을 낸다'라고 하였다. 나는 축사에서 김 박사의 노고를 높이 평가하고 한국계 입양아의 양국 관계발전에서의 가교 역할을 강조하면서 대사관에서 할 수 있는 입양인에 대한 지원을 계속해 나가겠다고 하였다.

국무총리 표창 김현덕, 외교부 장관 표창 강진중) 포상을 전달(9.22)하고 이어 관저만찬(10.15 목)을 주최하여 격려하였다. 한인회 주최 추석맞이 대잔치(10.3) 참석, 한국학교의 날 행사(11.14) 참석, 마무원 전 한인회장 초청 자택만찬 참석(11.14), 민주평화통일자문회의 구주북부협의회 주최 '스웨덴 차세대 포럼' 참석 축사(11.21), 평통위원(3인) 초청 만찬(12.15), 한인회 송년회 참석(12.19) 등을 통해 양국 관계 현황을 설명하고 한인사회 발전을 위해 기탄없이 대화를 나누었다.

진출기업 교류

도재현 LG전자 법인장 부부 송별 관저만찬(1.23), LG 전자 후원 아이스하키 대회 참관(2.8), 삼성전자 고주현 법인장 부임 면담(3.27), 기업대표 및 코트라 관장 초청 만찬협의(6.1), 김진하 기아법인장 부부 송별 관저만찬(7.21), 통상투자진흥협의회(4.8, 9.28, 12.1) 및 관저만찬(4.8, 12.1 부부동반) 등을 통해 기업활동 지원과 대통령 방문 준비를 위해 긴밀히 협의하였다. 기아자동차 스웨덴법인 주최 '한-스웨덴 비보이대회(Challenge of The Masters)'(9.20)에 참석하여 축사를 했다. 750명이 참석한 가운데 흥분의 도가니였다. 한국을 널리 알리는 큰 성과를 확인하였다. Korea Business Day(10.5)를 대사관에서 주최하였다. 한국 기업의 현지 스웨덴 파트너, 스웨덴무역협회 직원 등 25명을 대사관에 초청하여 한식을 소개하고 한국영화(「스캔들」)를 상영하였다.

친한 단체 교류

입양한인협회 회장단 초청 관저만찬(4.7), 스웨덴 야전병원협회 (Association of Swedish Field Hospital for Korea) 초청 오찬 참석(11.4), 한 서협회 송년회(11.28), 입양한인협회 송년회 참석(12.12) 등을 통해 교류하였다. 한편 친한 단체 회원은 2009년 중 개최된 공관영화 제 8회 중 2월(「가족의 탄생」), 3월(「밀양」), 6월(「JSA」) 등 3회 개최 시 주요 초청자로 참석하여 한국영화와 한식을 즐겼다.

5) 대사관 주최 행사

국경일 리셉션 개최(9. 30)

2008년 부임 첫해의 국경일 리셉션 경험[10.3(금), 오후 1시 개 최]과 이번 10월 3일이 토요일임을 감안하여 9.30(수) 오후 5시에 대사관에서 국경일 리셉션을 개최하였다. 수교 50주년을 기념하 여 한식 세계화 차원에서 다양한 우리 음식을 소개하고 강진청자 전시를 병행하였다.

톨리포쉬 국방장관, 빌스트램 이민난민정책장관, 비스랜더 통 상차관, 모린 외교부 아태국장, 샌드베리 인사국장, 비드 왕실의 전장, 셀렌 국회부의장, 구스탑손 의원친선협회 회장, 브라드홀름 스톡홀름 시장, 에릭슨(Björn Eriksson) 웨스트에트란드(Östergötland) 주지사, 호름베리(Cay Holmberg) 전 중립국감독위 대표(라인펠트 총리의 장인) 등을 비롯한 스웨덴 각계인사, 70여 개국 대사와 외교관, 한서협회, 한인입양인협회, 한인회 인사 등 600여 명이 참석하였다. 교민들의 자발적 참여로 청사 정원에 한식 만들기와 시식 행사를 개최하여 참석자들의 큰 호응과 찬사를 받아서 한식에 대한 관심과 이해를 높였다. 청사 내에 약 40점의 강진청자를 전시하여 우리 도자기 문화에 대해 호평을 받았다. 대통령의 7월 공식 방문에 따라 스웨덴 사회의 한국과 한-스웨덴 관계에 대한 관심과 인식이 확산되었기 때문이라고 생각했다. 대사로서 지난 1년여 간 외교활동 성적표의 의미도 있었다고 생각했다.

송년 음악회 개최(12.17): 대사관 내 첫 번째 음악회

12.17(목) 저녁 6시 대사관 리셉션홀에서 처음으로 음악회를 개최하였다. 2008년 6월 부임 이래, 품위 있고 넓은 대사관 공간을 외교활동에 충분히 활용하지 못하고 있다고 생각하였다. 그간 대사관 공간을 활용하여 스웨덴 각계의 방한 대표단 초청 브리핑, 한국영화 월례상영, 강진청자전, 스웨덴 기업인 초청행사, 태권도의 날 등 다양한 공공외교활동을 전개해 왔다. 그러한 가운데 대사관의 전체 여건상 1층 리셉션홀에 피아노가 빠져 있다는 생각을 늘 하였다. 피아노 구입 예산을 건의해 봐야 외교부 본부가 수용할 가능성은 거의 없다고 판단하였다. 주어진 공관예산에서 충당해 보기로 하였다. 곽 서기관은 예산의 효율적 운영에 애쓰고, 허서윤 전문관은 피아노 판매상을 수소문하여 가격협상을 잘 한 결과, 전문가 도움으로 덴마크에서 신제품에 가까운 중고 그랜드

피아노를 구입하였다. 11월 초순에 피아노가 대사관에 도착함에 따라 바로 12월 중 송년음악회를 추진하였다.

첫 번째 음악회에는 한인입양아 출신 비델(Katarina Widell: 리코더 전공)을 비롯한 스웨덴 음악인 3인 협연을 준비하였다. 한인사회 원로(박근홍, 한정우, 송요승, 김영호, 마무원 전임 한인회장, 김현덕 박사 등), 평통위원, 한국학교 임원, 스톡홀름대학 교수, 에크(Ek) 참전용사협회 회장, 브라네빅(Branevig) 입양한인협회 회장, 대통령 방문 시 입양인 오찬간담회 참석자(Lena Kim, Matias Tjeder, Astrid Trotzig, Martin Claesson) 등 50여 명이 참석하였다. 리셉션 후 협연으로 진행하였다. 참석자 모두가 대사관에서의 음악회 공연 자체가 처음이라고 매우 즐거워하고 만족하였다. 문화의 도시인 스톡홀름에서의 신선한 시도라고 평가하였다. 한인 원로분들이 '젊은 대사'가 와서 추진력 있게 많은 일을 하고 있다고 덕담을 건넸다. 트로드직(Astrid Trotzig) 입양아 출신 작가는 아들을 데리고 왔다. 누가 봐도 한국 어린이와 같은 외모의 아들은 밝은 표정으로 한국대사관 방문이 처음이라고 하면서 우리 부부와 거리낌 없이 대화를 나누었다. 그 소년이 자신의 정체성을 스웨덴인이자 동시에 한국인으로 인식하는 계기가 될 수도 있다는 생각이 스쳤다. 첫 번째 공관음악회가 성공적으로 마무리됨에 따라 2010년 공공외교활동의 일환으로 공관음악회 개최를 계속 추진하기로 하였다. 2010년에는 3월, 10월, 12월 등 3회에 걸쳐 개최하게 된다.

6) 외교단 교류

2009년 중 우리 부부는 외교단과의 교류활동을 적극적으로 전개하면서 스웨덴 인사 교류 못지않게 외교단 교류의 중요성을 더욱 느끼게 되었다. 이를 통해 주재국에서의 외교활동 공간이 점차 확대되고 한국 대사의 위상이 점차 확고해지고, 언젠가부터 한국 대사(부부)에 대한 좋은 평판이 떠돌고 있음을 느꼈다. 우선 다음과 같은 활동 성과를 바로 느낄 수 있었다.

1) 주재국에서 한국 대사의 존재 (presence)와 위상을 널리 알린다. 2) 외교단과 주재국 인사와의 네트워크를 확대한다 (스웨덴 주요인사의 경우 별도 면담은 쉽지 않아도 리셉션에는 다수 왔다). 3) 행사 주최국과 스웨덴과의 관계를 가늠해 볼 수 있다. 4) 스웨덴의 전직 고위인사나 북한 대사, '소식통' 인사(정치 컨설턴트, 기자, 전직 관료 등)들을 만날 수 있다. 5) 반드시 효과와 보상(reward)으로 돌아왔다. 다른 나라 국경일 리셉션에 가면, 그 대사는 반드시 우리 국경일 리셉션에 왔다. 외국 대사(부부)를 관저만찬에 초청하면 거의 예외 없이 그 대사의 관저만찬에 초청을 받았다.

개인적 경험을 추가하면 행사 주최 대사는 한국 대사(부부)의 참석을 높이 평가하고 반가워했다. 특히 중소국 대사들이 더 감사해했다. 외국 대사에게 한국에 대해 긍정적이며 적극적인 인상을 남기면 결국 우리 외교와 글로벌 코리아에 도움이 된다. 국제사회에서 우리의 위상을 확인하고, 북핵 등 중대한 안보 문제에 관한 우리 입장을 자연스럽게 주요국 대사와 스웨덴 인사에게 설명하고 지지를 요청할 수 있었다. 한국 및 한반도에 대해 잘 모르면서도 냉소적인 인사들에게도 우리 입장을 제대로 전달할 수 있었다. 한편 행사 주최국의 국제사회에서의 위상과 대사의 수준을 바로 파악할 수 있었다. 리셉션장에 들어서면 바로 분위기로 느낄 수 있었다. 외교단 주최의 모든 행사는 우리 행사와 우리 부부의 외교활동에 크게 도움이 되고 참고가 되었다. 이렇게 노력에 비해 몇 배 이상의 성과를 거둘 수 있는 것이 외교단과의 교류활동이다. 이렇게 바로 도움이 되고 남는 장사를 대사가 어떻게 게을리할 수 있겠는가?

2009년 중에는 1) 외교단 초청 관저만찬(5회)과 공관영화제(2회)를 주최하였다.

우리 부부는 1. 31(토) 구루메 그룹 대사(8개국) 부부 관저만찬, 10. 27(화) 아태지역 대사(15개국) 부부 정례 관저만찬을 주최하였다. 이어 태국 대사(Apichart Chinwanno) 부부 송별 관저만찬(4.2), 3개국(교황청, 라트비아, 보스니아헤르체고비나) 대사 초청 관저만찬(6.3), 9개국(사이프러스, 덴마크, 브라질, 이탈리아, 중국, 칠레, 헝가리, 튀르키에, 러시아) 대사부부 초청 관저만찬(12.9)을 주최하였다. 대사관에서 외교단을 위한 '한국영화의 밤'을 2회(6.2, 11.11) 주최하였다. 6.2(화) 말레이시아 대사(Mustafa) 부부, 스리랑카 대사(Jayasooriya) 부부, 필리핀 대사(Collinson) 등을 비롯하여 일본, 중국, 인니, 태국, 베트남, 뉴질랜드 등 9개국 외교관과 가족 50여 명이 참석하였다. 「왕의 남자」(이준익 감독, 2005년작)를 상영하고 상영 후 관저에서 준비한 한식을 소개하였다. 높은 호응을 얻었다. 11.11(수) 행사에는 7개국 (칠레, 교황청, 사이프러스, 인도네시아, 베트남, 라오스, 스리랑카) 대사(부부) 및 공관원, 가족 등 19개국(일본, 중국, 필리핀, 호주, 엘살바도르, 니카라과, 쿠웨이트 등) 외교단 55명이 참석하였다. 「과속스캔들」(강형철 감독, 2008년작)을 상영하였다. 영화 상영에 앞서 불고기, 잡채, 해물파전 등 한국 음식 제공으로 한식 세계화와 한국 홍보활동을 병행하였다. 영화, 음식 모두 상당한 호평을 받았다. 한국에 대한 평판이 높아 가고 있음을 느꼈다.

신임 대사가 우리 대사관을 방문하여 면담하였다. 파키스탄 대사(Nadeem Riyaz)(2.12), 태국 대사(Thanarat Thanaputti)(8.11), 헝가리 대사(Gabor Szentivanyi)(10.9)에 대해 부임초기 시절을 회고하여 대사 도착 시부터 떠날 때까지 최대한 배려하는 것이 중요하다고 판단하였다. 그간 체류경험 및 스웨덴에서의 활동에 관해 1시간 정도 면담하였다.

2) 외교단 주최 관저오찬, 만찬에 지속 참석하였다. 아태지역 대사(15개국) 정례 관저만찬(6회), 구루메 그룹 대사(8개국) 관저만찬(5회)에 부부동반으로 참석하였다. 태국 대사(Apichart Chinwanno) 주최 관저만찬(2.5), 일본 대사(Nakajima Akira) 부부 주최 관저만찬(2.18, 4.22), 사우디 대사(Gdaia) 주최 관저만찬(10.9, 이슬람권 9개국 대사와 교류), 보스니아체르체고비나 대사 초청 관저오찬(12.17) 등에

참석하였다.

3) 외교단 국경일 리셉션과 문화행사(62회)에 참여하였다. 2009년 상반기에는 대통령의 방문 행사 준비 및 이어지는 본국 방문단 일정으로 부득이 참석하지 못하는 경우도 있었다.

1월(2회): 네팔 대사 리셉션(1.29), 러시아 대사관 주최 음악회(1.30)

2월(4회): 이란 대사 리셉션(2.10), 세르비아 대사 리셉션(2.13), 리투아니아 대사 리셉션(2.16), 에스토니아 대사 리셉션(2.24)

3월(3회): 불가리아 대사 리셉션(3.3), 아일랜드 대사 주최 리셉션(3.17, 유럽 대사는 그들만 모인나), 방글라데시 대사 리셉션(3.26)

4월(3회): 세네갈 대사 리셉션(4.7, 북한의 장거리 로켓 발사에 여러 대사들 관심 표명, 우리 입장 설명), 러시아 대사관 주최 음악회(4.21), 남아공 대사 리셉션(4.24)

5월(3회): 아제르바이잔 대사 초청 음악공연(5.2), 헝가리 대사 이임 리셉션(5.5), 폴란드 대사 리셉션(5.6)

6월(9회): 이탈리아 대사 리셉션(6.2), 필리핀 대사 리셉션(6.5), 러시아 대사 리셉션(6.12), 일본 대사 리셉션(6.16), 포르투갈 대사 리

셉션(6.18), 태국 대사 이임 리셉션(6.23), 스리랑카 대사 리셉션
(6.24), 미국 대사대리 리셉션(6.30), 체코 대사 리셉션(6.30)

7월(2회): 르완다 대사 리셉션(7.3), 프랑스 대사 리셉션(7.14)

8월(3회): 방글라데시 대사 이임 리셉션(8.7), 쿠웨이트 대사 이임
리셉션(8.13), 인도 대사 리셉션(8.17, 모린 국장 환담)

9월(8회): 미국 신임대사(Matthew Barzun) 리셉션(9.1, 오바마 대통령
측근), 러시아 대사 이임 리셉션(9.3 목, 리희철 북한 대사 환담), 말레이
시아 대사 리셉션(9.23, 벨기에 대사 부인, "대사관, 관저 무엇을 그렇게 고치
느냐? 우리 관저도 녹물이 나오나 본부에서 예산 지원을 해주지 않는다"), 리비
아 대사 리셉션(9.24 목 오후 5시 30분, 빌스트램 이민난민정책장관 환담),
인도네시아 대사 리셉션(9.24 목 오후 6시, 모린 국장과 환담), 사우디 대
사 리셉션(9.28 월), 튀르키예 대사 이임 리셉션(9.29 화 오후 5시, 대사
조카 LG전자 인턴 추천), 중국 대사 리셉션(9.29 화 오후 6시, 북한 대사 환
담). 9.29 같은 날 2개국 리셉션에 참석해 보니, 음식의 경우 튀르
키예는 품위가 있었고 중국은 풍성했다. 다음날 9월 30일 개최되
는 우리 국경일 리셉션에서는 우리식으로 준비하였다.

10월(11회): 나이지리아 대사 리셉션(10.1 목), 독일 대사 리셉션
(10.3 토), 스페인 대사 리셉션(10.12 화, 칠레 및 태국 대사가 우리 관저 수
리에 경의 표시, 베르그룬드 기업회장이 우리 국경일리셉션 음식 칭찬), 튀니지
대사대리 이임 리셉션(10.13 화, 국회 신임국제국장 Åsa Ekwall 인사), 크

로아티아 대사 리셉션(10.20 화), 헝가리 대사 리셉션(10.22 목 오후 5시, 주로 유럽대사 다수), 세르비아 대사관 전시회(10.22 목 오후 7시, 스웨덴 문화부장관 및 세르비아 장관 축사, 인사, 셸렌 국회부의장 환담), 사이프러스 대사 리셉션(10.27 화, 아태지역 정례만찬주최 전에 6시~6시 40분 참석, 엄청 고마워한다), 체코 대사 리셉션(10.28 수 12시, 제일 먼저 도착, 무척 반가워한다), 알제리 대사 리셉션(10.28 수 오후 5시, 스웨덴 외교부, 한국 국경일리셉션 아주 잘 됐다는 평, 일본, 말레이시아, 스리랑카 등 아태 대사, 우리 부부 주최 10.27 정례만찬 최고였다고 격찬), 튀르키예 대사 리셉션(10.29 목)

11월(8회): 이탈리아 대사 리셉션(11.3 화), 콜롬비아대사관 음악회(11.5 목, 호텔 레스토랑, 부부동반, 좌석 부족으로 서서 들었다. 일부 대사 퇴장, 준비 다소 미흡, 상업적 문화활동의 일부를 외교단에 할애한 듯), 앙골라 대사 리셉션(11.11 수), 팔레스타인 대표부 리셉션(11.7 월 오후 5시), 벨기에 대사 리셉션(11.7 월 오후 6시), 그리스 대사 리셉션(11.17 화 오후 5시), 라트비아 음악회(11.17 오후 6시, 장중한 합창단, 최고 수준의 음악가 공연, 라트비아-스웨덴 양자관계 반영), 호주 대사 리셉션(11.24 화)

12월(6회): 루마니아 대사 리셉션(12.2 화 12시), 아랍에미리트 대사 리셉션(12.2 화 12시 30분), 핀란드대사관 음악회(12.6 일), 케냐 대사 리셉션(12.8 화), 스페인대사관 EU 의장국 수임 기념공연(12.14 월, 외교부 호칸손 의전대사, "한-스웨덴 수교 50주년 행사 모두가 성공적으로 끝났다. 훌륭한 대사가 있어 가능했다. 모든 행사가 매우 잘 꾸며졌다"), 튀르키에 대사관 문화행사(12.20 일, 'The Fire of Anatoria' 공연, 사민당 Mona Sahlin 당수와 인사)

7) 본국 방문단 지원

2009년 중에 100여 개 본국 각계 대표단이 스웨덴 관련 기관 방문과 인사 면담을 위해 방문하였다. 일정을 주선하고 필요시 동행하면서 현지 활동을 지원하였다. 관련자료도 사전에 수집하여 제공하였다. 대사가 면담하거나 관저 오찬, 만찬 등을 통해 현지 사정을 설명하고 양국 관계 발전방안에 관해 대화한 주요 사례는 다음과 같다.

1월: 민병훈 국립중앙박물관 아시아부장 일행 및 로젠(Rosén) 스톡홀름대학 교수 관저만찬(1.25 일)

2월: 한국과학기술한림원(KAST) 대표단(이현구 원장 등 8명) 관저만찬(2.6 금)

3월: 이영조 서울대 교수 및 카롤린스카 의과대학 교수 부부 관저만찬(3.6 금), 정남구 한겨레 기자 관저오찬(3.10 화)

5월: 광주부시장 오찬(5.6 수, 광주 유니버시아드 대회 유치활동), 권종락 외교부차관 관저만찬(5.3 일, 제7차 차관급 정책협의회 참석), 민계홍 한국방사성폐기물 관리공단 이사장 면담(5.5 화, 스웨덴 핵연료 및 폐기물관리회사 SKB와 인적/기술 교류약정 체결 목적 방문, 약정에 따라 한국공단직원 4명이 9.21~11.27 10주간 SKB에서 연수), 한림대학교 의대 대표단(윤대원 이사장 등 14명) 관저만찬(5.8 금, 제2회 한림대-웁살라대 공동 심포지엄 참석), 세종 목관 챔버 앙상블 공연단(7명) 관저만찬(5.11 월, 수교 50주년 기념공연), 국회운영위원회 대표단 관저만찬(5.12 화), 형태근 방송통신위원회 상임위원 조찬(5.26 화, Ericsson과의 협력문제 협의), 기획재정부 방문단(김규옥 사회예산심의관 등 7명) 관저만찬(5.29 금, 사회복지 전달체계 파악)

6월: 대구시 무역사절단장 이광재 대사 관저오찬(6.2 화), 양건 국민권익위원회 위원장 관저오찬(6.9 화, 제9회 세계옴부즈만총회 참석), 대통령 방문 답사단(10명) 관저만찬(6.11 목, 6.13 토), 나종일 우석대 총장 관저만찬(6.15 일), 최성룡 소방방재청장 방문단(4명) 관저만찬(6.17 수, 스웨덴 재난관리청 방문), 박영준 국무차장 관저조찬(6.29 월)

7월: 류재우 국회입법조사처장 일행 관저만찬(7.4 토)

8월: 국회 보건복지가족위원회 시찰단(변웅전, 안홍준, 원희목 의원) 관저만찬(8.3 월), 김옥이 의원 관저오찬(8.4 화), 국회 기후변화특위 이인기 위원장 관저만찬(8.4 화), 국토해양부 조사단(정창수 실장 등 12명) 관저만찬(8.18 월), 유덕영 동아일보기자 면담(8.20 목), 보라매사업 타당성 분석팀(신보현 예비역소장 등 6명) 관저만찬(8.22 토), 한태규 제주평화연구원장 관저만찬(8.30 일)

9월: 녹색성장위원회 방문단(9.5~9.8, 하마비 시 방문) 면담, 서울시 문화사절단 대사관 만찬(9.6 일), 특사단 관저만찬(9.7 월), 경제인문사회연구회 대표단(김세원 이사장, 정택환, 전홍택 등 4명, "성장이 없으면 분배도 없다는 것을 배워야 한다") 관저만찬(9.14 월), 경기도 북유럽 무역사절단 면담(9.15 화), LG 전자 노경임원단 만찬간담회(9.17 목), 수교 50주년 기념 문학행사 대표단(윤흥길, 이문열, 천양희) 관저만찬(9.18 금), 이수범 한겨레 기자 관저만찬(9.19 토), 도로공사사장 면담(9.21 월)

10월: 강진청자 전시회 준비단(이종연 면장 등 7명) 관저만찬(10.2 금)

11월: 국방과학연구소(ADD) 대표단(박창규 소장 등 10명) 오찬(11.5 목, 스웨덴국방연구소 FOI와 협력사업협정 체결), 김윤덕 조선일보 기자 면담(11.6 금), 봉준호 감독 관저오찬(11.22 일, 스톡홀름 영화제 참석)

12월: 스웨덴 국제청년과학세미나(SITSS) 참가 한국대표단 면담(12.4 금), 이현구 과기특보 관저만찬(12.6 일), 이준희 여수박람회 정부대표 관저만찬(12.9 수), 기재부 방문단지원(12.11~14, 스웨덴 재무부 협의)

5.
2010년 활동

〈활동 개요〉

2008.6월 부임하여 1년 반이 지나서 2010년을 맞이하였다. 부임 3년 차가 되니 스웨덴 환경에도 익숙해지고 대사가 항상 상대하는 5개 그룹(스웨덴 인사, 외교단, 한인사회, 본국 방문단, 공관직원)과의 기본적인 네트워크와 일정한 신뢰관계가 구축되었다고 느꼈다. 물론 부임 3년 차이니 그간의 외교 활동 등으로 주재국 정부 및 외교부 본부의 대사에 대한 평가도 정착화된 상황이었다. 2010년 초에 지난 1년 6개월 이상의 활동을 되돌아보고 매년 정기적으로 반복되는 일정을 염두에 두고 월별, 분기별 계획을 미리 세우고 실행에 옮겼다. 상대하는 그룹별로 정기적 교류계획을 미리 세워야 제한된 자원(resource)을 효율적으로 쓸 수 있다고 생각했다. 본국 방문단 일정은 내가 정할 수 없으므로 미리 계획을 짤 수 없으나 그 이외 그룹과의 교류는 일정을 미리 계획할 수 있다. 그래야만 '대사가 아니면 안 되는 업무'를 효과적으로 수행할 수 있다고 판단했다. 이에 따라 각계와의 교류 활동을 전개하였다. 한편 부임하여 1년 반이 넘어서면 우리 외교당국의 인사관례상 공관장

임기의 후반부에 접어드는 것이기 때문에 공관의 계속사업과 신규사업에 대한 자원의 적절한 배분을 염두에 두고 활동할 필요가 있다고 판단했다.

2010년도 역시 수교 50주년이었던 2009년와 마찬가지로, 한국전 발발 60주년이라는 의미 있는 해로서 한국전 당시 의료단을 파견한 스웨덴과의 양자관계를 더욱 다질 수 있는 계기가 되었다. 2009년 수교 50주년을 계기로 다양한 기념행사와 이명박 대통령의 공식방문과 후속조치를 통한 교류협력으로 양국 간 '포괄적 협력관계'가 확대되는 추세에 이어, 2010년도에는 한국전 발발 60주년 계기를 활용하여 전통적 우호 관계를 확인하고 북한 문제 대응에 있어서 스웨덴의 전폭적 지지를 확보하고, 고위인사 교류, 과학기술협력확대 및 청년 교류 기반을 마련함으로써 양국 관계의 지속가능한 발전의 토대를 구축할 수 있었다. 또한 G20 서울 정상회의 개최, 한-EU FTA 정식 서명 계기를 적극 활용함으로써 한국의 국제사회에서의 위상제고 추세를 강조하면서 스웨덴의 한국에의 관심 제고를 촉구하였다. 외교현장에서 스웨덴이 한국과의 협력에 적극 나서고 스웨덴의 한국에 대한 인식이 더욱 긍정적으로 변화되어 가는 것을 느낄 수 있었다.

2010년 중 인상적이며 대표적인 교류 협력 사례로는 1) 천안함 피격사건 시 국제조사 참여를 위한 스웨덴 전문가 파견(4월), 2) 한국전 발발 60주년 기념행사의 공동 개최(6월), 3) 워킹홀리데이 프로그램 협정 체결(9월), 4) 연평도 도발 시 우리 입장 전폭 지지(11월)라고 할 수 있다. 이 모든 사례가 양국 간 신뢰관계와 스웨덴의 한국에 대한 축적된 높은 평가 없이는 그렇게 쉽게 이루어질 수 없는 사안이었다. 스웨덴 정부, 특히 외교부와 국회는 우리의 요청과 제의에 대해 바로 적극적이며 긍정적인 자세로 대응하였다. 외교부 고위인사는 물론이고 톨리포쉬 국방장관, 빌스트램 이민난민정책 장관은 전폭적으로 양국 관계발전과 한국 입장을 지지하였다. 스웨덴 국회의장단과 의원친선협회 소속 의원들 역시 대사관 행사에 적극 참석하고 우리의 대북한 입장을 전폭적으로 지지하는 등 양국 관계발전을 적극적으로 지원하였다.

이와 동시에 의원간 교류(우리 의원 49명 방문, 스웨덴 의원 1명 방한)를 비롯한 90여 개 대표단의 방문, 2010.6월 제1차 과학기술공동위 개최와 스웨덴 주요대학 총장들의 연이은 방한으로 과학기술, 환경, 에너지 등 다양한 분야에서의 교류협력을 적극적으로 추진하였다. 동아시아박물관 내 한국관 개설 추진, 스톡홀름대학의 한국학 진흥, 한식세계화 행사, 영화제 및 공관음악회 개최 등을 통해 우리 문화를 알리고, 스웨덴과 라트비아 언론과의 인터뷰 및 기고(30여 회), 스웨덴 국회의원, 중립국감독위원회 대표단 등 각계 인사에 대한 양국 관계 설명회, 대학 강연 등을 통한 홍보활동을 지속적으로 전개하였다. 말뫼 명예총영사 개설 확정과 스웨덴 지자체와의 교류확대를 통해 한인사회의 이익을 보호하고 양국 국민 간 교류 기반을 확대하였다. 아태지역을 비롯한 주요국 외교단과의 지속적인 교류를 통해 한국의 대외관계에 대한 이해를 제고하면서 한국의 국제적 위상에 걸맞은 각국과의 양자관계 발전을 위한 지원을 요청하였으며, 북한 도발에 대한 우리 입장을 지속적으로 전달하여 남북관계에 대한 이해를 높이고 지지를 촉구하였다.

라트비아를 2008년 2회 방문, 2009년 2회 방문에 이어 2010년에는 5회(1월, 5월, 6월, 9월, 11월) 방문하고 '한국의 날' 행사를 주최하는 등 한국을 널리 알리는 홍보활동과 함께 양국 협력방안을 폭넓게 협의하면서 라트비아의 관심 사안에 대해 적극 대응하였다. 2010. 10월 라트비아 총선 후 출범한 신내각 각료와의 부임 후 그간의 꾸준한 교류 및 친분 덕분에 삼성전자 상사 분쟁문제의 원만한 해결을 도모할 수 있었다(후술). 이렇게 초임 대사의 2년 7개월여 시간이 금방 흘러갔다. 한-스웨덴 관계와 한-라트비아 관계가 보다 명실공히 내실 있는 관계로 발전되고 있다고 느꼈다. 현지 대사로서 스웨덴과 라트비아와의 각각의 양자관계 중심에서 쉼없이 뛰면서 그러한 점진적인 변화를 목격하게 되었다는 것은 행운이며 특권이었다.

1) 천안함 피격사건 스웨덴 조사단 파견(3월)

모린(Molin) 아태국장 및 직원 초청 관저오찬(3. 22)

서울 재외공관장 회의(2.8~12)를 다녀온 후 2010년 양국 관계 협력방안 협의를 위해 3. 22(월) 모린 국장 및 신임 한국과장(Anders Kviele), 한국담당관(Henrik Gamer)과 관저에서 오찬을 함께 했다. 그날 북한 동향에 관해서도 의견을 교환하였다. 물론 4일 후(3.26) 천안함 폭파 침몰사건이 터질 줄 몰랐다. 그날 모린 국장은 북한에 대해 오바마 행정부 출범 이후 미국의 관심대상에서 다소 벗어났다는 절박한 판단에 따라 자신의 존재를 과시하고자 핵실험, 해안포 및 미사일 발사 등 도발적 행위를 단행해 왔고, 최근 화폐개혁 실패 등 경제적 어려움도 가중되고 있어 2012년 강성대국 건설을 표방한 북한 지도부가 매우 어려운 상황에 처해 있다고 평가하며 스웨덴-북한 관계에 있어서는 특이한 관계 진전은 없다고 하였다.

천안함 피격사건 발생(3.26)

3.26(금) 21:22분(서울시간) 백령도 부근에서 경계임무 수행 중이던 천안함이 북한잠수정의 기습 어뢰공격으로 침몰하여, 승조원 104명 중 46명이 전사하고 58명이 구조된 국가 안보차원의 중대한 사태가 발생하였다. 주말이 지나 3.29(월)부터 만나는 스웨덴 인사와 제3국 대사들이 나에게 북한의 도발에 깊은 관심을 표명하고 희생된 것으로 추정되는 군인들에 대해 조문의 뜻을 전하기 시작했다. 부활절 연휴(4.2~5) 기간 중 휴가계획을 취소하였다. 대사관은 일상적인 외교활동을 계속하였다.

스웨덴 전문가 파견교섭 개시(4.8)

우리 국방부 대변인은 4.8(목) 언론 브리핑을 통해 "현재 천안함 침몰 원인을 정확히 규명하는 것이 최선의 과제"라면서 "미국과, 영국, 호주, 스웨덴 등의 전문가를 지원받아 원인 규명작업을 진행할 것이라고 밝혔다. 국방부는 먼저 4.8(목) 서울에서 주한 스웨덴대사관 무관에게 전문가 파견을 요청한 후에 같은 날 우리 대사관 윤석준 무관에게 동 사실을 알리고 '스웨덴 국방부에 전문가 파견 요청'을 지시하였다. 윤 무관은 바로 나에게 보고하였다. 4.8(목) 오후 윤 무관은 국방부 담당관과 면담하고, 동시에 최형석 서기관은 외교부 크비엘(Anders Kviele) 한국과장과 면담하여, 전문가 파견을 각각 요청하였다. 한국과장은 한국 정부가 스웨덴에 전문가 파견을 요청한 데 대해 사의를 표명하고 한국 측 요청사항을 정부 내에서 적극 검토할 것이라고 하였다. 국방부 담당관도 2006년 북한 핵실험 시 스웨덴의 핵실험 탐지장비(SAUNA 장비) 대여 사례를 들면서 스웨덴 정부가 도와줄 수 있는 일이라고 생각하나 정부 내 의사결정권자의 판단을 기다려 보자고 하였다.

주말(4.10~11)에 대사관과 관저 앞을 나가 보니 발트해(Baltic Sea) 얼음이 거의 녹았다. 계절은 어김없이 찾아왔다. 관람선이 다시 뜨기 시작하였다. 봄 기운을 조금씩 느낄 수 있었다. 조금 쌀쌀하나 해는 길어졌다. 스웨덴 정부가 우리 요청을 조속히 수용해 주기를 바랐다.

스웨덴 정부의 신속한 대응: 4.14 오전 최종 파견 결정

우리 요청에 대해 스웨덴 정부는 신속히 대응하였다. 다음날 4.9(금) 오후 국방부와 외교부 간 회의에 이어, 4.12(월) 오전 재무부, 법무부 등 여타부처도 포함한 관계부처 회의를 열어 긍정적인

기본방침을 수립하였다. 이에 따라 파견대상 조사전문가의 희망 여부와 소속기관의 협조 등 절차를 진행하였다. 그날 4.12(월) 오후 윤 무관은 스웨덴 정부가 4명 전문가 파견을 99% 결정하였으며 당사자 4명의 의사를 타진 중이라고 보고하였다. 4.13(화) 오전 스웨덴 국방부 관계관이 윤 무관에게 톨리포쉬(Tolgfors) 국방장관이 '4.14(수) 중 한국 대사 면담'을 추진하라고 지시했다고 알려주었다. 국방부 장관 비서가 4.13(화) 오후 4시경 정은미 비서에게 연락하여 톨리포쉬 장관이 "4.14(수) 오후 4시 30분 한국 대사와 면담을 하고 싶다"고 전했다. 파견 결정을 공식 통보하기 위한 면담이었다.

톨리포쉬(Tolgfors) 국방장관 면담(4.14)

4.14(수) 오후 4시 30분 톨리포쉬 장관을 면담하였다. 윤 무관이 배석하였다. 장관은 먼저 천안함 침몰사고의 희생군인 및 유가족, 한국 국민에게 심심한 애도의 뜻을 표명하였다. 이어 "한국 정부가 스웨덴에 전문가 파견을 요청해 준 데 감사하며, 양국 간 긴밀한 우호협력 관계에 비추어 요청에 적극 부응하는 것이 당연하다"면서, 스웨덴 정부가 선발된 전문가 4명을 파견하기로 금일 오전 최종 결정하였다고 하였다. 4명 전문가 명단과 이력서를 수교하였다. 나는 스웨덴 정부의 신속한 전문가 파견 결정에 사의를 전하면서, 한국 정부의 객관적이고 투명한 조사와 원인 규명 노력을 설명하고 스웨덴 전문가의 참여가 이에 기여할 것으로 기대한다고 말하였다. 스웨덴 정부는 바로 그날 4.14 정부 웹사이트를 통

해 전문가 파견결정을 대외 발표하였다. 면담 기회에 한국전쟁 발발 60주년 기념행사 계획을 설명하고 공동개최 필요성을 강조하고 장관의 직접 참석을 요청하였다. 장관은 제브렐 국방차관의 보고를 받았다고 하고 검토하겠다고 하였다.

스웨덴의 전문가 파견 신속 결정 배경

돌이켜 보면 2009년 수교 50주년 계기로 양국 정부 간 고위인사 교류가 활발히 이루어지고, 특히 7월 대통령의 스웨덴 공식방문 후 스웨덴 사회 내에서 한국과의 관계가 보다 중요하다는 인식이 제고되고, 대통령 방문 후속조치 과정에 양국 간 교류협력이 확대되고 정부 간 대화 체제가 긴밀히 작동하는 중에 천안함 사건이 발생하였다. 이러한 배경하에 스웨덴 정부는 한국 중시 입장에 따라 우리 요청에 대해 신속히 대응하여, 불과 며칠 만에 수락하는 결정을 내렸다. 스웨덴은 집권 정부에 따라 한반도에 대한 외교적 우선순위와 관심이 다소 차이는 있으나, 2006년 북한 핵실험 시 탐지장비 제공 협조사례와 마찬가지로, 이 경우 역시 기본적으로 한반도의 유사시에는 개입(engage)할 용의와 전문역량이 있다는 것을 보여준 사례였다. 한편 유사시에는 스웨덴 정부 지도부의 신속한 결정을 통해 즉시 대응하는 스웨덴 외교행태의 일면을 보여주는 사례였다고 생각한다.

스웨덴 의회인사 초청행사('Korea Day for the Swedish Parliament') 개최(4.14)

바로 당일 4.14(수) 저녁 6~10시 대사관에서 한-스웨덴 의원친선협회 중심으로 국회부의장, 국회의원 및 직원, 각 정당의 국제국 직원들을 위한 한식 및 영화를 소개하는 행사를 개최하였다. 자연스럽게 천안함 피격사건에 대한 설명의 기회가 되었다. 비에르크(Jan Björkman) 국회 제1부의장(사민당), 구스탑손(Holger Gustafsson) 의원친선협회 회장(기독당), 해밀톤(Björn Hamilton, 보수당) 내외, 위그스트램(Cecilia Wigström, 자유당), 프리드(Egon Frid, 좌파당), 폴피에드(Jessica Polfjär, 보수당), 올손(Liselotte Olsson, 좌파당) 등 의원 7명, 에크발(Åsa Ekwall) 국회 국제국장 내외, 의원보좌관, 스벤손(Fredrik Svensson) 자유당 국제국장과 정당원(7명) 등 30여 명이 참석하였다. 폴피에드 의원은 남편, 두 아들, 여동생 내외와 함께 참석하였다. 나는 양국 관계 현황 및 2010년도 추진계획(6.14 한국전 공식 기념행사, 워킹홀리데이 프로그램 협정, 말뫼 명예총영사 추진, 의원교류, G20 정상회의 준비) 설명 후에 바로 행사 직전에 톨리포쉬 국방장관과의 면담 내용을 소개하고 "스웨덴 정부가 천안함 사건 조사단 파견을 결정하였다"고 설명하였다. 의원들은 모두 천안함 사건 조사단 파견에 대해 "스웨덴 정부가 올바른 결정을 한 것으로 판단하며 스웨덴의 참여가 사건 조사에 도움이 되기를 바라며 궁극적으로 금번 지원이 양국 관계발전에 기여할 것으로 기대한다"고 언급하였다. 스웨덴의 여야 당 구별 없이 외교안보 문제에 관한 한, 똑같은 입장을 표명해주어 마음이 든든했다. 이렇게 천안함 조사단 파견

문제에 관해 협의 중인 기간에도 그간 추진해 온 스톡홀름대학 대학생 관저초청행사(4.12) 등 외교활동은 예정대로 진행하였다.

스웨덴 요란손(Sverker Göranson) 총사령관 지지표명

4. 15(목) 저녁 덴마크(Tom Risdahl Jensen) 대사[97]부부가 스웨덴 요란손(Sverker Göranson) 총사령관[98] 부부를 주빈으로 하는 관저만찬에 스페인, 독일, 러시아 대사 부부, 그리고 우리 부부를 초청하였다. 총사령관은 먼저 "천안함 사건 조사를 위한 스웨덴 전문가 파견은 한-스웨덴 관계에 비추어 당연하고 자연스러운 결정"이라고 평가하였다. 스웨덴 정부와 군부 모두 함께 한국을 지지한다는 입장을 명확히 전했다. 6월 한국전 발발 60주년 기념행사에 총사령관 참가를 요청하였다. 총사령관은 한국전 40주년인 1992년에 주미 대사관 무관으로 근무했을 당시 한국 무관과 함께 한국전 발발을 기념했던 기억이 있다고 하면서 한국의 선도적인 행사 개최에 감사하며 참석을 검토하겠다고 하였다.

이렇게 천안함 사건과 관련, 그 전날(4.14) 국회 제1부의장(사민당), 의원친선협회 회장을 비롯한 중진 국회의원들에 이어, 4. 15 요란손 총사령관에게 자연스럽게 우리 입장을 전하고 그들의 한

---

97 2008. 8. 13 부임 인사차 Jensen 대사를 면담하였으며 2009. 12. 8 우리 부부가 주최한 9개국 대사 초청 관저만찬에 참석한 Jensen 대사는 이후 만찬의 모든 것이 "일류(first class)"였다면서 감사 손편지를 보내왔다.

98 나는 전임자 시렌 총사령관을 2008년 11월 24일 면담한 바 있다.

국 지지 입장을 확인할 수 있었다. 국회의원 초청 대사관 행사나 덴마크 대사 초청 만찬 참석은 천안함 사건 이전에 미리 결정된 것이었다. 이러한 일상적인 외교활동 계기에 스웨덴 주요인사에게 자연스럽게 그 시점에 가장 중요한 현안에 대한 우리 입장을 전할 수 있었다. 이렇게 대사가 외교활동을 꾸준히 전개해야만 결정적인 시점에 다양한 경로를 통해 우리 입장을 주재국의 주요 정책 결정자 그룹에 제대로 전달할 수 있다.

스웨덴 조사단 파견에 대한 국내 반응

4.17(토) 한국 국내 언론은 정부 당국자가 4. 16 "중립국감독위원회 국가인 스웨덴의 합동조사 참여는 조사 결과의 객관성과 신뢰성을 높이는 것은 물론이고 국제사회에서의 대응 과정에 도움이 될 것"이라고 말했다고 보도하였다.[99] 4.20(화) 이명박 대통령은 3당 대표 간담회에서 천안함 사고 원인 조사 과정에서 "스웨덴에 부탁했다. 스웨덴은 중립국가이기 때문에 중립국이 들어오는 것이 국제사회 조사에 대한 신뢰에 도움이 될 수 있다는 생각을 했다"고 밝혔다.[100] 이어 이 대통령은 4. 23(금) 전직 대통령과의 오찬 간담회에서 "이번에 중립국인 스웨덴으로부터도 전문가를 파견받아 조사단에 투입했다. 우리가 투명하고 객관적인 결과를 얻기 위해 노력하고 있는 것은 모든 가능성을 열어놓고 단호한 대응을

---

99   "중립국감독위 스웨덴 조사단 심판 역할 할 듯", 동아일보, 2010년 4월 17일.
100   "이 대통령 최종 물증 나올 때까지 신중해야(종합)", 연합뉴스, 2010년 4월 20일.

하기 위한 것"이라고 말했다.[101] 이후 스웨덴을 방문하는 일부 본국 인사는 "대통령이 천안함 사건 합동 국제조사에 스웨덴 조사단이 참여한 것은 참으로 잘된 일이라고 수차례 모임에서 언급" 하였으며 주 스웨덴 대사관의 노력을 높이 평가하였다고 전했다. 4. 17(토)~18(일) 아이슬란드 화산 폭발로 인한 화산재로 유럽 내 항공대란이 발생하였다. 서울에서 오는 방문단의 방문이 취소되거나 연기되었다. 스웨덴 조사단은 4. 20(화) 오전부터 스톡홀름 공항에 계속 대기 중이다가 4. 22(목) 서울로 떠날 수 있었다.

천안함 관련 희생자를 위한 '국가 애도기간(4. 25~29) 및 애도의 날(4. 29)' 선포

정부의 '국가 애도기간 및 애도의 날' 선포에 따라 4. 25~29 대사관에 분향소를 설치하였으며 상사 주재원 및 재외국민 중 추모 희망자에게 개방하였다. 4월 29일에는 대사관에 조기를 게양하였다. 대사관 직원부터 조문하고 한인회 간부, 원로, 기업인, 유학생 등 많은 사람이 조문하였다.

천안함 사건(3. 26) 이후 북한 대사 조우, 모른 척

4. 26(월) 12시 남아공 대사 주최 리셉션에서 리희철 북한 대사를 보았다. 그는 나를 모른 척하고 자리를 피했다. 3월 26일(금) 천안

---

101 "MB 남북정상회담 안 해도 좋다는 입장 지켜와", 연합뉴스, 2010년 4월 23일.

함 피격사건 발생 후 처음 조우한 자리였다. 4.29(수) 이스라엘 대사 리셉션에서 만난 교황청 대사는 나에게 "최근 조우한 리 대사는 별말 없이 당황하는 듯 피했다"고 전했다. 이렇듯 나를 보고도 모른 척하는 리 대사의 행태는 이후 한참 계속되었다. 4.26 이후 다시 6월에 가서야 조우하는데, 6.2 이탈리아 대사 주최 리셉션, 6.6 스웨덴 국경일 리셉션, 6.17 크로아티아 대사 리셉션에도 못 본 체하였으며, 9.16 멕시코 대사 주최 리셉션에 가서야 서로 몇 마디 나누었다.

천안함 합동조사단 결과 발표(5.20)

5.17(월) 우리 국방부는 스웨덴 조사단이 조사과정과 내부 토론에 적극 참여하여 기여한 바가 크다고 평가한다고 하고, 조만간 조사단의 공식발표 시 각국 대표단이 배석할 것이라고 하였다. 장수만 국방차관이 5.17(월) 미국, 영국, 호주, 스웨덴 등 4개국 대사를 초청하여 그간 협조에 대한 감사를 표명하고 향후 정부의 발표 일정 등을 설명하였다.

5.20(목) 서울에서 민군 합동조사단은 천안함 사건 조사결과를 발표하였다. 천안함이 '어뢰에 의한 비접촉 수중폭발로 침몰했다'는 사고원인과 그 행위자가 북한의 소형잠수정이라고 공식적으로 밝혔다. 스웨덴 조사단은 미국, 영국, 호주, 캐나다 조사단과 함께 배석하였다.

5.20(목) 칼 빌트 외교장관은 바로 스웨덴 라디오 뉴스와의 인터뷰에서 "한반도에서의 최근 동향에 대해 우려하고 있다. 이는 도발(provocation)이며, 침략행위(act of aggression)이다. 우리는 국제적인 외교 노력을 해야 하며 아마 북한에 대응 조치(action against North Korea)가 필요할 것이다. (유엔 안보리가 할 수 있는 조치에 대해) 이미 북한 정권은 상당한 제재를 받고 있다. 북한 정권은 점점 커지는 경제적 어려움에 직면해 있다. 어떤 선택지가 있을지 두고 보자"라고 밝혔다. 나는 같은 날 5.20 이라크 대사 이임 리셉션에서 바르준(Matthew Barzun) 미국 대사와 환담하였다. 천안함 사건 조사 공조에 서로 감사하고 스웨덴의 참여를 평가하고 금후 계속 협력해 나가기로 하였다. 이어 교황청, 칠레, 멕시코, 모로코 대사 및 룬드그렌(Kerstin Lundgren) 의원에게 천안함 사고 조사결과를 설명하고 국제사회에서의 대응에 협조를 요청하였다.

윤 무관이 스웨덴 조사단이 서울을 출발했으며 바로 귀국할 예정이라고 보고하였다. 조사단(4명)이 귀국하는 대로 접촉하여, 그들이 편한 일정에 부부 동반으로 관저만찬에 초청하겠다는 제의를 전하라고 지시하였다. 그들의 기여 및 가족에게 한국 정부의 사의를 전하고, 배우자를 동반한 만찬을 추진함으로써 그들과 심각한 대화를 하기 위한 뜻이 아님을 전달하고 싶었다. 6.3(목) 그들을 관저만찬에 초청하였다.

5.21(금) 오전 10시 20분(스톡홀름 시간) 유명환 외교장관은 빌트 장관과 전화 통화하였다. 5.21(금) 오전 우리 대사관이 '유 장관의 빌

트 장관과의 통화 제의'를 스웨덴 외교부에 전하니, 빌트 장관이 바로 수락하여 유 장관과 통화가 이루어졌다. 유 장관은 스웨덴의 합동조사단의 참여 및 공식 발표 시 참여에 사의를 전달하고 앞으로의 양국 간 협력에 관해 계속 협의해 나가자고 하였다. 통화 후 빌트 장관은 자신의 블로그에서 유 장관과의 통화 사실을 밝히고 "유 장관은 어제 조사 결과를 대외 발표한 전문가 조사단에 스웨덴이 참여한 데 대해 사의를 표명하고 앞으로의 동향에 관해 논의하고자 전화를 하였다. 나는 이러한 매우 심각한 북한의 도발에 대한 그간 한국의 대응을 평가한다. 실제로 어떤 일이 발생하였는지에 대한 결론이 국제적으로 확고히 입증(firmly established internationally)되었으니 이제부터 한국은 대응조치에 대해 광범위한 국제적 지지를 확보해 나가고자 할 것이다. 우리는 이러한 소행을 야기한 북한 정권 내 사정에 관해서도 의견을 나누었는데 이에 대한 유 장관의 평가를 청취하는 것은 흥미로운 일이었다"고 표명하였다.

라트비아 정부 입장

5.21(금) 11시 40분 나는 라트비아 외교부 쿠즈마(Kuzuma) 차관보와 전화 통화하였다. 그녀는 라트비아 정부는 천안함 사건 조사 결과에 대한 EU의 공식입장과 완전히 일치된 입장이라고 하면서 천안함 사건 희생자, 가족과 한국 국민에 대해 심심한 조의를 전한다고 표명하였다. 이어서 양국 관계에 비추어 국제사회에서의 한국에 대한 지지를 계속 믿어도 좋다고 강조하였다.

스웨덴 외교부, 북한 대사 면담(5.21)

5.21(금) 오후 리희철 북한 대사는 스웨덴 외교부 '본 바른스테트 (Wilhelm von Warnstedt)' 부국장을 면담하고 5.20 상기 빌트 장관이 대외적으로 밝힌 입장에 대해 유감을 표명하였다. 모린 아태국장은 해외 출장 중이었다. 스웨덴 측은 리 대사에게 한국이 객관적이고 과학적인 조사를 토대로 동 사안을 처리하였으며, 국제법과 국제관례에 따라 대외 천명한 데 대해 만족스럽게 평가하고 있다고 강조하고, 향후 천안함 사건 처리 과정에서 북한이 관련 국제법을 존중할 것을 요구하였다. 스웨덴 측이 전해준 바에 의하면 리 대사는 약간 감정적이었으나 심한 반응은 보이지 않았으며 스웨덴이 한국의 조사 결과 발표 이후, 즉시 공식 입장을 표명한 데 대해 다소 놀랍다는 반응을 보였다고 하였다.

빌트 외교장관 입장 표명(5.25)

5.25(화) 빌트 외교장관은 자신의 블로그를 통해 5.24 대통령의 대국민 담화 관련, 한반도 상황 전개 등 제반 현안에 관해 여러 국가의 외교장관들과 직접 조율하는 것이 유용하다고 한 후에 '이명박 대통령의 담화는 북한 정권의 소행에 대한 균형 잡힌 대응 (well-balanced reaction)이었다'고 입장을 밝혔다. 빌트 장관은 '이명박 대통령(President Lee Myung-bak)' 부분을 붉은색으로 강조하고 청와대 영문 웹사이트 'Special Address to the Nation by President Lee Myung-bak'에 링크를 시켰다. 스웨덴 외교부는 빌트 장관이 특정

국제사안에 관해 특히 중요하다고 판단하여 자신의 블로그를 통해 입장을 밝힌 경우에는, 별도 형식의 성명을 발표하지 않는다고 하였다.

천안함 사건 조사 결과 발표 후속조치

이후 일상적인 외교활동을 통해 스웨덴 인사와 외교단에 천안함 사건 조사 결과에 대해 지속적으로 설명하고 지지와 협조를 요청하였다. 아르헨티나 대사 주최 리셉션(5.24), 페르토프트(Pertoft) 녹색당 의원 오찬(5.25 화), 폴피예드(Polfjärd) 의원 면담(5.27 목, 대사관), 조지아 대사 주최 리셉션(5.26 수), 스웨덴 과학기술공동위 대표단 초청 관저만찬(5.26 수), 말레이시아 대사 주최 아태지역 대사 정례만찬(5.27 목), 스웨덴 왕립과학한림원 리셉션(5.27 목) 등 행사 참석 계기를 적극 활용하였다.

5.27(목) 오전 폴피예드 의원은 천안함 사건과 관련, 면담하고 싶다 하여 대사관을 방문하였다. 면담 후, 폴피예드 의원은 자신의 지역구 Västerås 신문(VLT)과 인터뷰를 하였다. 동 신문 5.28자 '폴피예드 의원, 한반도의 갈등 관계에 간여하다'라는 제목하의 하기 요지 인터뷰 기사를 보도하였다.

　　지난 4월 북한이 남한의 초계함을 침몰시켰다. 이로 인해 46명이 사망하여 남북한 간 긴장이 고조되고 있다. 폴피예드 의원은 조희용 한국 대사를 면담하였다. 폴피예드 의원은 "이것은

북한의 심각한 도발이다. 선전 포고가 없는 전쟁 행위(act of war)" *라고 언급했다.*

5.27(목) 오후 4시 스웨덴 왕립과학한림원(KVA) 주최 외퀴스트 (Gunnar Öquist) 사무총장 이임 리셉션에서 비드(Wide) 왕실의전장 과 환담하였다. 천안함 조사결과 발표 등 우리 입장 및 스웨덴 정 부의 협력제공 내용과 빌트 장관의 한국 지지 입장을 설명하였다. 비드 의전장은 "국왕이 천안함 사건에 대해 상당한 관심을 갖고 계속 관련동향을 파악하고 주목하고 있다"고 언급하였다. 나는 "한국 정부와 국민이 이번 천안함 사건과 관련된 스웨덴의 협력과 한국 입장 지지에 대해 깊이 감사하고 있다는 사실을 국왕께 잘 보고해 달라"고 요청하였다. 이런 계기에 왕실 의전장을 만나서 국왕의 천안함 사건에 대한 관심을 확인한 것은 큰 수확이었다. 일상적인 외교활동의 중요성을 다시 한번 느꼈다. 같은 날 5.27(목) 말레이시아 대사(Dato Kamarudin Mustafa) 내외 주최 아태지 역 대사 정례만찬에 참석하는 계기에 12개국 대사들에게 천안함 사건 조사 결과 발표내용 및 우리 입장을 설명하고 지지를 요청하 였다. 특히 말레이시아, 일본, 라오스, 뉴질랜드, 호주, 필리핀 등 6개국 대사가 집중적으로 여러 질문(북한의 도발 배경, 중국의 태도, 한 반도 정세 전망 등)을 하였으며 스웨덴의 국제조사단 참여 경위에 관 해 궁금하다고 했다. 빌트 장관의 조사결과 및 한국 지지 입장을 설명하고 북한문제에 있어서 국제사회의 공동전선의 중요성을 강 조하였다.

5.31(월) 스웨덴 재정부 주최 연례 개발경제 컨퍼런스(ABCDE)[102] 만찬 참석 계기에 헤드테이블에서 만찬을 주최한 보리(Anders Borg) 재무장관 및 칼손(Gunilla Carlsson) 개발협력장관과 환담하였다. 두 장관에게 양국 관계 현황 설명과 함께 스웨덴의 천안함 사건 조사 참여 및 한국 입장 지지에 대해 사의를 전달하고 앞으로도 지속적으로 지지해 줄 것을 요청하였다. 두 장관은 양국 관계에 비추어 "스웨덴 정부가 당연한 조치를 취했다"고 하였다. 바르준(Barzun) 미국 대사가 동조하였다. 이어 동석한 Yifu Lin 세계은행 부총재와 James Mirrless 교수(영국 캠브리지 대학 교수, 1996년 노벨경제학상 수상)에게도 천안함 사건 전모에 대해 설명하였더니 충분한 이해를 표명하면서 북한의 의도에 의문을 표명하였다. Mirrlees 교수는 왜 북한이 그런 짓을 했는지, 왜 인정을 하지 않는지 모르겠다며 점잖게 언급하였다. 만찬에 참석하면서 예상치 않게 주요 상관들에게 양국 관계 현황을 전할 수 있었으며 국제사회의 주요 인사들과 만나 대화를 나눌 수 있었다. 이래서 대사는 주재국 정부의 초청행사에 반드시 참석해야 한다는 생각을 했다.

북한 대사 조우, 모른 척(6.2)

6.2(수) 오후 4시 이탈리아 대사 주최 리셉션에서 리희철 대사 부부와 수행 서기관을 보았다. 그들은 나를 모르는 척하였다. 함

---

102 ABCDE: Annual Bank Conference on Development Economics(연례 개발경제 컨퍼런스). 동 회의는 세계은행과 각국 재정부가 공동 개최한다. 2009년 6월 한국 기획재정부와 세계은행이 서울에서 공동 개최하였다.

께 참석한 윤석준 무관이 리 대사에게 악수를 청했더니 리 대사는 거부하였다. 천안함 사건(3.26) 발생 후 처음으로 4.26(월) 남아공 대사 주최 리셉션에서 조우했을 때도 리 대사는 나를 모른 척하였다. 6.6 스웨덴 국경일 리셉션, 6.17 크로아티아 대사 이임 리셉션 에서도 계속 못 본 척하였다.

국왕내외 주최 리셉션 참석(6.3): 중국 대사, 천안함 사건 입장 표명

6.3(목) 오후 2시~3시 30분 왕궁에서 국왕내외 주최로 6.19 결혼 하는 빅토리아 왕세녀와 약혼자(Daniel Westling)에게 외교단이 축하 인사를 전하는 리셉션이 개최되어 참석하였다. 복장은 검은 신사 복(dark suit)이었다. 우리 부부는 왕세녀, 약혼자, 국왕, 왕비 순으로 악수를 나누고 축하인사를 전했다. 그 계기에 천밍밍 중국 대사를 만났다. 나는 천안함 사건에 대해 "중국이 북한 편만 들 것이 아니 라 객관적인 조사결과에 따라 냉정하게 대응해 달라"고 요청[103]하 였다. 천 대사는 "중국인들도 화가 나 있다(angry). 러시아의 조사 결과를 기다리고 있다. 북한을 구석(corner)으로 몰아서는 안 된다" 고 말하였다.

---

[103] 당시 한국 정부는 5.20 조사결과 발표 이전에 중국, 러시아에 대해 사전 설명을 하였다. 조 사 발표 이후에는 러시아 및 중국이 희망할 경우 전문가 파견을 제의하였으나, 러시아만 한국 측 제의를 수용하고 중국은 응하지 않았다. 중국은 이어 2010.5.29~30 제주도에서 개최된 한중일 3 국 정상회담(이명박 대통령, 원자바오 총리, 하토야마 총리)에서 한국과 여타국에 의한 조사는 중 시하나, 동북아의 평화 및 안보가 저해되지 않기를 희망하며, 누구도 비호하지 않겠다는 입장을 표명하였다.

천안함 조사단 초청 관저만찬(6.3)

6.3(목) 우리 부부는 스웨덴의 천안함 조사단 4명(Agne Widholm 단장, Ture Gellerbrant 조사관, John Bertil Timerdal 중령, Martin Nilsson 연구원) 부부와 Henrik Moberg 국방부 국제담당관을 관저만찬에 초청하였다. 윤 무관 부부와 최형석 서기관이 동석하였다. 나는 조사단의 기여에 사의를 전하고 한국 정부의 감사장을 전달하였다. 비드홀름(Widholm) 단장과 단원은 초청에 감사하며 다음 요지로 자신들의 경험을 전했다.

천안함 사건의 모든 조사과정과 토의가 효율적이며 전문적으로 진행되어 만족스러웠다. 조사 및 발표과정에 전혀 감정이 상한 일이 없었다(no hard feelings). 선체 인양이 매우 신속하게 정확하게 이루어져 모든 조사 작업이 원만하게 진행되었다. 자신들도 처음 경험한 일로서 크게 도움이 되었으며 앞으로도 하기 쉽지 않은 경험이라고 생각한다. 조사 결과가 앞으로 남북문제 해결에 도움이 되기를 바란다. 스웨덴 정부의 중요한 결정은 보통 목요일 정부 고위인사 간 협의로 결정되는데, 이번 조사단 파견 결정은 수요일(4.14) 오전에 이루어졌다. 그만큼 한국의 요청에 대해 스웨덴 정부가 양국 관계를 고려하여 신속히 대응한 것으로 평가한다. 외국 정부로부터 표창을 받는 기회는 드물다. 한국 정부의 감사장은 우리들에게는 평생의 영광이다.

부인들은 모두 한국 음식을 처음 맛본다면서 아내에게 조리법 등을 물어보고 김치 등 모든 음식을 남기지 않고 즐겼다. 손열음 피아니스트의 CD를 선물하였다. 며칠 후 Timberdal 중령은 우리 부부에게 만찬 및 선물에 대한 감사 손편지를 보내왔다.

스웨덴 국경일 기념 행사 참석(6.6): 천안함 조사단의 기여에 대해 사의 전달

우리 부부는 6.6(일) 오후 6시 30분 스칸센에서 개최된 스웨덴 국경일 행사에 이어 리셉션에 참석하였다. 국왕은 축사에서 왕세녀의 결혼소식을 알리고 "스웨덴은 원조공여, 평화유지활동, 환경, 자유무역 등 다양한 국제협력 분야에 적극적으로 참여하고 공약하는 나라"임을 강조하고 "스톡홀름이 '유럽녹색수도 2010(European Green Capital 2010)'으로 지정되어 자랑스럽다"고 하였다. 벨프라게(Belfrage) 외교차관과 환담하였다. 나는 스웨덴의 천안함 조사에 있어서의 기여에 대해 사의를 전하고, 스웨덴 조사단과의 6.3 만찬 계기에 그들이 조사 참여 전반에 만족하며 중대한 사건에 참여한 좋은 기회였다고 평가하였다고 전했다. 차관은 조사단으로부터 조 대사와의 만찬결과에 대해 같은 취지의 보고를 받았다고 하였다. 나는 오는 6.14 예정된 유엔 안보리에서 민군 합동조사단의 브리핑 시에도 스웨덴 조사단의 활동을 기대한다고 하니, 차관은 그들의 역할은 '기술적 분야'에 한정되어야 할 것이며 그들의 활동 범위는 관계부처 회의에서 결정할 것이라고 말하였다.[104] 차

---

104 6.14(월) 유엔에서 개최된 안보리 이사국을 대상으로 열린 민군 합동조사단의 천안함 폭침 사건 설명회에서 스웨덴 Agne Widholm 조사단장이 참석하였다. 설명회에서 동인은 "조사 결과

관은 북한의 도발 의도에 대해 관심을 표명하였다. 리셉션장에서 비드(Wide) 왕실의전장 등 왕실 인사, 허드만(Hirdman), 쿰린(Kumlin) 의전실 대사, 포스베리(Forsberg) 국회사무총장 등 스웨덴 인사와 대부분의 대사들과 편하게 대화를 나누었다. 나는 그들 모두의 일원임을 느꼈다.

북한 대사 조우, 못 본 척

리희철 대사와 딸은 국경일 행사장에서는 바로 뒷자리에 앉았으며 리셉션장에서도 마주쳤다. 그들은 우리 부부를 보고도 역시 못 본 척하였다.

천안함 사건 관련 국회 브리핑(6.15)

6.15(화) 저녁 7시 30분~8시 45분 구스탑손 스웨덴-한국 의원친선협회 회장의 요청으로 의회를 방문하여 친선협회 소속의원 5명 의원에게 천안함 사건에 대해 브리핑을 실시하였다. Holger Gustsfsson(기민당), Staffan Danielsson(중앙당), Jessica Polfjärd(보수당), Egon Frid(좌파당), Ulf Berg(보수당) 의원 및 전문위원이 참석하였다. 먼저 의원들에게 바로 전 6.13~14 개최된 한국전 기념행사 참석 및 지원에 대해 사의를 전했다. 이어 천안함 사건 개요와 우리 입장을 설명한 후 스웨덴 정부의 전폭적인 지지와 협력에 사의를

가 과학적 결론이라는 점에는 전혀 의문이 없다"고 말하였다.

전하고 의회 차원에서의 지지도 요청하였다. 의원들은 "대사의 브리핑으로 천안함 사건에 대해 보다 객관적으로 이해하게 되었다. 한국이 북한 도발에 대해 인내심을 갖고 차분히 대응하고 있음을 평가한다. 객관적이며 과학적인 조사 결과, 북한의 소행이 자명함에도 불구하고 북한이 이를 부인하면서 근거 없는 주장과 의혹을 제기하는 모습에 대해 무척 실망스럽다. 북한이 이러한 군사 도발을 감행하고도 남아공 월드컵 경기에 아무 일 없었다는 듯이 참가하는 태도를 이해할 수 없다"고 하며 "스웨덴은 앞으로도 한국 입장을 계속 지지할 것이며 의회차원에서도 한반도의 평화와 안정 유지를 위한 스웨덴 정부의 지속적인 역할 수행을 계속 지지해 나갈 것"이라고 하였다.

북한 대사 조우, 계속 못 본 척(6.17)

6.17(목) 오후 5시 30분 크로아티아 대사 이임 리셉션에서 리희철 대사와 서기관을 보았다. 리 대사는 역시 모른 척하였다. 서기관은 나와 눈이 마주치자 정중하게 인사를 하였다. 나도 눈인사를 하였다. 리 대사는 천안함 사건 이후 주재국이나 외교단 행사에서 나를 봐도 계속 못 본 척하였다.

키소우(Igolf Kiesow) 대사(전 주 북한 대사대리)[105]
초청 오찬(7.14)

7.14(수) 오찬에서 키소우 대사에게 천안함 사건 이후 관련 동향 및 특히 7.9 유엔 안보리가 채택한 북한의 천안함 공격 규탄에 관한 의장성명과 양국 관계 현황을 설명하였다. 키소우 대사는 양국 관계발전을 평가하고 자신의 2010년 4월 방북 시 "북한당국의 검열이 강화되어 놀랐다. 외부사상 통제가 심해졌다. 평양 근처는 별로 변화가 없었다. 남북관계 토론 시에는 무조건 남한이 문제라고 강변하였다"고 하고 "북한은 극히 어려운 사정이고 외부 세력에 대해 두려워한다"면서 "한국 정부의 초기 정책이 북한을 자극했으며 이를 명분으로 강경노선으로 선회했다고 본다"고 하였다. 개인적으로는 스웨덴이 한반도에 더 깊은 관심을 기울여야 한다고 생각한다며 Barbro Elm 신임 주 북한 대사[106]는 북한에 첫 근무이며 그녀에게는 새로운 업무 영역이라고 하였다.

105　스웨덴 안보개발정책연구소(ISDP) 키소우(Ingolf Kiesow) 선임연구원은 지난 5.20 천안함 조사결과 발표와 관련, Dagens Nyheter(DN)와의 인터뷰에서 "북한이 군사적 모험을 감행하는 것은 자살행위"라고 표명하였다. 이와 관련해 북한은 앞으로 동인의 방북 불허 및 북한 연구원의 ISDP 방문 시 동인과 면담하지 않을 방침이라고 알려 왔다고 우리 대사관에 전한 바 있었다.
106　스웨덴 외교부는 2005년 9월부터 5년간 주 북한 대사로 근무한 Mats Foyer 대사 후임으로 Barbro Elm 외교부 공보국(Press, Information, and Communication Department)의 선임고문(senior adviser)(여)을 2010년 6월 3일 후임 대사로 임명하였다. 그녀는 슬로바키아, 스페인, 쿠바 대사관 등에서 근무하였다.

톨리포쉬(Tolgfors) 국방장관 및 아태지역 9개국 대사 초청 관저오찬 (8.4)

8.4(수) 12시 본국 국회대표단이 연이어 방문하는 와중에, 예정된 바에 따라 톨리포쉬 국방장관과 아태지역 9개국 대사(일본, 중국, 몽골, 필리핀, 태국, 베트남, 호주, 스리랑카, 파키스탄)를 관저오찬에 초청하였다. 그간 아태지역 대사 정례 모임에 주재국 고위인사를 초청한 사례가 없었다. 장관과 9개국 대사 모두가 나의 주도적 역할(initiative)에 대해 높이 평가하였다. 나는 장관에게 천안함 사건 대응 및 한국전 기념행사 공동개최에 대한 스웨덴 정부의 전폭적인 지지와 협력에 사의를 전하고 '9.28 서울 수복 기념행사' 참석을 위한 장관의 방한을 재차 요청하였다. 장관은 10개국 대사와의 회동이 매우 뜻깊다고 하고, 대사들에게 천안함 사건 발생 후 스웨덴 조사단의 파견 배경을 설명하고, 스웨덴의 의미 있는 기여에 대해 만족하며, 앞으로도 한반도에서 스웨덴의 독특한 입장(unique position)을 기반으로 한반도 평화와 안정에 계속 기여해 나가겠다고 표명하였다. 천안함 사건 대응에 관해, 천밍밍 중국 대사는 중국이 동참한 유엔 안보리 의장 성명(7.9)이 균형되게 채택되었다고 평가하고 앞으로도 중국은 한반도 평화와 안정을 위해 건설적 역할을 수행해 나갈 것이라고 하였다. Stephens 호주 대사는 한국이 "매우 현명하고 절제된 대응(sensible and measured response)"으로 한반도 정세를 안정적으로 관리하고 있다고 높이 평가하였다. 나카지마 일본 대사는 재발 방지를 위해 국제적인 통일전선(united front)을 결성하여 압력을 가하는 것이 중요하다고 말했다.

2) 한국전 60주년 기념행사(6월)

공식기념식 공동 주최 제의(3.24)

3.24(수) 오후 제브렐(Håkan Jevrell) 국방차관을 면담하고 한국전 60주년 기념행사 공동개최를 제의하였다. 한국 정부가 한국전 발발 60주년을 맞이하여 21개국의 참전국 및 참전용사에게 사의를 전달하고자 기념행사를 추진 중에 있다고 설명하고 1) 6.14 공식기념행사 공동 주최, 2) 대통령 친서 전달을 위한 참전용사의 개인별 주소 파악, 3) 9.28 서울기념행사에 국방장관 또는 총사령관 방한 등 3개 사업에 대한 참여와 협조를 요청했다. 차관은 동 제의에 사의를 전하고 공식기념행사에 최대한 협력하겠다고 하였다. 스웨덴 정부도 최근 해외파병 참전용사의 처우개선을 위한 법률 개정을 추진하고 있다고 하였다. 나는 한국전시와 전후에 활동한 스웨덴 의료지원단(1124명)에게 한국 정부와 국민은 물론, 스웨덴 정부도 그들에게 감사해야 할 것이라고 말하였다. 면담 후 바로 차관의 장인인 실벤 전 주한대사에게 측면지원을 요청하였다. 실벤 대사는 스웨덴 국민 대부분이 잊어버린 스웨덴의 한국전 지원 활동에 대한 한국의 선도적인 감사행사를 높이 평가하고 적극 지원하겠다고 하였다. 이후 스웨덴 국방부와의 긴밀한 협의를 통해 5월 초순 국방부와 공동 기념식 개최 및 진행 계획에 합의하였다. 공동기념식, 기념리셉션(6.14), 난타 공연(6.13)을 개최하였다.

공동기념식

6.14(월) 11시 스톡홀름시 유엔기념탑 앞에서 한국전쟁 발발 60주년 공식기념식이 개최되었다. 참전용사와 가족(30여 명), 베스트베리(Westberg) 국회의장, 비요크만(Björkman) 국회 제1 부의장, 톨리포쉬(Tolgfors) 국방장관, 제브렐(Jevrell) 국방차관, 해밀톤(Hamilton) 의원, 호름베리(Holmberg) 장군(전 중립국감독위 대표, 라인펠트 총리 장인) 등 스웨덴 대표단(20명), 천안함 스웨덴조사단원, 20개국 참전국 대사 및 무관단, 한인 대표 등 200명이 참석하였다. 스웨덴군 의전요원, 의장대 및 군악대가 참석하여 행사 전반을 지원하였다. 나와 톨리포쉬 국방장관이 기념사를 낭독한 후 대통령의 감사 친서를 참전용사에게 전달하였다. 기념사를 통해 유엔의 한국전 참전 결정 이후 스웨덴이 21개국 참전국 중 최초로 의료진을 파견한 나라임을 상기시키고, 휴전 후 의료단의 잔류 지원을 높이 평가하고, 한국 국민이 참전용사들의 희생과 노고를 결코 잊지 않고 있으며, 그들 덕분에 한국이 경제발전과 민주주의를 이루고 국제사회의 책임 있는 일원으로 성장하였다고 강조하였다. 톨리포쉬 장관은 기념사에서 한국전 발발 이후 스웨덴의 기여 및 천안함 조사단 파견 성과에 대해 다음 요지로 표명하였다.

스웨덴은 지난 60년간 한반도에서 최장 기간의 해외평화유지 활동을 전개해 왔다. 1951년 스웨덴으로 복귀한 의료진이 창립한 한서협회는 '서방국가 중 최초의 친한 단체'로서 자랑스럽게 생각한다. 1953년 7월 당시 스웨덴 대표 86명이 중립국감독위원회에서 활동하였으며 지금은 5명의 군 장교가 활동하고 있다. 그간 '2천명 이상의 스웨덴인이 의료 및 중립국감독위원회 활동에 참여'해 왔다. 그들이 동북아 지역의 안정과 평화에 대한 기여에 심심한 사의와 존경을 표한다. 한국전쟁 이후 약 1만 명의 한국인(입양한인을 지칭)이 스웨덴에 정착하였는데 이들은 양국을 연결하는 특별한 유대(special bond)의 역할을 수행하고 있다. 최근 천안함 사태와 관련, 순직 장병들에게 조의를 표하고, 스웨덴 전문가의 합동 조사단 활동 참여는 한반도 평화를 위한 스웨덴의 장기적 공약(commitment)과 일치한다. '조사 결과는 명확하다(the results were clear)'. 스웨덴은 한반도 내 긴장 완화를 위한 정치적 해결을 지속적으로 촉구하며 중립국감독위원회의 활동을 계속 지원해 나갈 것이다.

행사 준비과정에, 141명의 생존 베테랑을 확인할 수 있있다. 의사, 간호사, 병원 지원요원들로 80대·90대의 연로한 나이가 되었다. 행사에 참여한 그들은 "한국이 자신들의 청년 시절 한반도 평화를 위한 이념에 따른 기여를 잊지 않고 기억해 준 데 대해 깊은 감명을 받았다"고 하고, "한국의 발전을 자랑스럽게 생각한다"고 기쁨을 표시하였다. 톨리포쉬 장관은 "양국이 동 행사를 공동 주최하고 자신이 스웨덴 정부 대표로서 기념사를 낭독하게 된 데 대해 만족스럽다"고 하고 "천안함 사태와 관련된 스웨덴의 지원은 당연하다"고 하였다. 베스트베리 국회의장은 "한국의 이니시어티브(initiative)로 스웨덴 지도층 인사들이 스웨덴 참전용사들에 대한 인식을 새롭게 하는 계기가 되었으며 한국이 이렇게 스웨덴의 기여를 평가해 주는 데 대해 감사하다"고 하고, "금번 행사가 양국 관계에 있어서 매우 뜻깊은 의미를 갖게 되었다"고 평가하였다. 제브렐 국방차관은 "대사관과 국방부 간의 긴밀한 협력으로 훌륭한 행사가 되었다"고 평가하고, "한국 주도의 행사를 계기로 스웨덴 국방부가 참전용사 대우문제에 보다 적극적으로 임해야 할 것 같다"고 표명하였다. 스웨덴 국방부는 6.11 웹사이트에 톨리포쉬 장관의 공식기념식 참석과 연설에 관한 보도자료를 실었다.

마침 이날 6.14(월) 유엔에서 개최된 안보리 이사국을 대상으로 열린 민군 합동조사단의 천안함 폭침 사건 설명회에서, 스웨덴의 비드홀름(Agne Widholm) 조사단장은 "조사결과가 과학적 결론이라는 점에는 전혀 의문이 없다"고 공개 표명하였다.

기념 리셉션

이어 11시 30분~14시 30분 기념 리셉션을 대사관에서 개최하였다. 공식기념식 참석자 이외에도 셀렌(Sellén) 국회 제2부의장, 빌스트램(Billström) 이민난민정책장관[107]을 비롯한 의원친선협회 의원들, 외교부 주요 국장, 경제계, 언론계, 카롤린스카 의과대학, 웁살라 대학 등 각계 인사, 친한단체 회원, 70여 개국 대사 등 외교

---

107 6.14(월) 한국전 60주년 기념 대사관 리셉션에 참석한 빌스트램 장관과 워킹홀리데이 프로그램(WHP) 협정 체결 문제에 대해 환담하였다. 장관은 양측간 협의의 원만한 진행에 만족한다고 하면서 늦어도 8월 중에 서명이 이루어질 수 있기를 희망한다고 하였다. 9.19 총선 등 국내 정치일정을 감안한 것 같았다. 이에 따라 양측은 협의를 서둘러 7.14 협정문안 가서명, 9.9 협정 서명에 이르게 된다.

단, 입양한인, 한인 등 700여 명이 참석하여 성황리에 개최되었다. 참석 인사들은 한국대사관이 스웨덴 각계 인사를 망라하여 초청한 데에 감사하며, 특히 참전용사들 간에는 그간 교류하지 못한 동지들을 만날 수 있는 특별한 기회가 되었다고 기뻐하였다. 참석자 대부분은 그 전날(6.13) 난타 공연(1400여 명 참석)에 이어 리셉션장에서 불고기, 잡채, 경단 등 대표적인 한식을 접하면서 상당한 만족감을 표하면서 이번 기회에 한국문화에 대해 보다 높은 관심과 애정을 갖게 되었다고 평가하였다.

난타 공연 및 감사 광고

6.13(일) 저녁 스칸센(Skansen) 소재 Cirkus 공연장에서 기념행사의 일환으로 난타 공연을 개최하였다. 참전용사 가족을 비롯한 1400여 명이 관람하였다. 참석자들은 공연이 한국의 전통과 현대 문화를 절묘하게 조화한 수준 높은 작품이라며 양국 간 문화교류를 촉진하는 계기가 되었다고 평가하였다. 스웨덴 최대 일간지 Dagens Nyheter(DI)에 6.25(금) 전면 감사 광고를 실었다.

행사 후 참석자 반응

6.17(목) 크로아티아 대사 주최 리셉션에서 만난 비요크만(Björkman) 국회 제1부의장은 6.14 한국전 기념행사를 높이 평가하면서 한국 측 준비에 감사하며 "행사 참석 자체가 영광이었다"고 말하였다. 태국 대사(Thanaputti) 역시 품위와 격식을 아주 잘 갖춘 행사

로서 3개 행사 모두가 완벽(perfect)했다고 높이 평가하였다. 6·25 참전국(여타 20개국) 무관단이 이구동성으로 정중한 기념행사와 부대행사(난타 공연, 대사관 리셉션) 모두가 격식과 품위를 갖추었다고 찬사를 보내왔다. 이후 3개 행사 참석자 다수로부터 행사 초청에 감사하고 양국 관계의 뜻깊은 계기가 되었다는 서신과 메일을 받았다.

6.21(월) 오후 톨리포쉬(Tolgfors) 국방장관을 면담하였다. 장관은 먼저 6.14 한국전 기념행사와 리셉션의 성공적 개최를 평가하고, "한국전 기념행사에 스웨덴 정부대표로 참석한 데 대해 만족한다"고 하였다. 스웨덴 정부는 그간 해외평화활동에 참여한 참전용사의 헌신을 기리기 위해 매년 5.29 유엔기념비 앞에서 간단한 기념행사를 개최하기는 하나 "이번 행사처럼 특정 참전용사를 위한 행사는 최초이며 스웨덴 정부가 참전용사에 대한 인식을 새롭게 하는 계기가 되었다"고 하고 한국의 주도적 개최에 사의를 표명하였다. 이어 대사관 리셉션에 "스웨덴 각계인사, 외교단 등이 그렇게 많이(700여 명) 참석하여 놀랐다"면서 "최근 스웨덴 내 한국에 대한 관심과 인식이 대폭 제고되고 있음을 여실히 입증했다"고 평가하였다. 장관은 스웨덴은 천안함 사태 발생 이후 조사단 파견 및 유엔 안보리 이사국 대상 브리핑에의 스웨덴 대표 참석 등에서 보듯이 앞으로도 한국에 대한 지원을 계속 해 나갈 것이라고 하였다. 톨리포쉬 장관은 9월 총선 이후 국방장관 재임 후 나를 오찬에 초청(10.22)한 자리에서도 "올해는 무엇보다도 6·25 60주년 기념행사에 감명을 받았으며, 스웨덴 정부도 금번 6·25 기념행사 공동 개

최를 계기로 '베테랑(veteran)'이라는 개념을 정착시키고 매년 기념행사를 추진하는 방안을 검토 중"이라고 하였다.

7.8(목) 베리만(Mattias Bergman) 스웨덴무역협회(Swedish Trade Council) 부회장 부부는 우리 부부를 초청한 만찬에서 한국전 기념행사에 대해 스웨덴 참석인사들이 모두 높이 평가하였다고 전하고 대사의 연설이 인상적이었으며 외국대사 주최 리셉션에 국회의장, 제1 부의장, 제 2부의장이 모두 참석한 것은 아주 드문 예라고 하면서 지난 2년간 대사관의 다양한 공공외교행사에 많은 스웨덴 사람들이 감동하고 있다고 하였다.

7.11(일) 네덜란드 대사(Jan Edward Craanen) 부부 초청 만찬에서 함께 참석한 미국 대사(Barzun)는 한국전 기념행사의 성공적 개최를 축하하고 천안함 사선 대응에 있어서 한미 공조가 완벽하게 이루어지고 있으며 한미동맹은 계속 군건히 발전될 것이라고 언급하였다. 나는 바로 이틀 전 7.9 유엔 안전보장이사회가 "북한에 천안함 침몰의 책임이 있다"는 민군 합동조사단의 조사결과에 비추어 깊은 우려를 표명하고 북한의 천안함 공격을 규탄하는 의장성명을 만장일치로 채택하였음을 환기시키고 미국의 리더십에 사의를 전했다.

7.14(수) 프랑스 대사 리셉션에서 뉴질랜드 대사(Bridge)는 한국전 기념행사 주최를 축하하고 "아주 좋은 이니시어티브(very good intiative)"였다고 평가하였다. 7.17(토) 실벤 전 주한대사는 자택만찬에

서 한국전 기념행사는 완벽한 형식(formality)을 갖추어 훌륭하게 진행되었다며 무엇보다도 스웨덴 정부가 관여하여 양국 공동주최로 개최된 것이 무엇보다도 좋았다고 하고 사위인 제브렐 국방차관에게 강하게 공동주최를 조언하였으며 국방장관과 차관이 적극적으로 추진했다고 하였다. 8.20(금) 외교부 모린 아태국장 역시 오찬면담에서 최근 양국 관계의 확대 추세에 만족하며, "톨리포쉬 국방장관이 6.14 직접 참석한 한국전 발발 60주년 기념행사가 양국 관계의 의미 있는 계기가 되었다"고 평가하였다.

행사 평가

대사관은 지난 3월 중순 이후 스웨덴 외교부 및 국방부와 지속적으로 접촉하여 행사의 취지와 우리의 스웨덴 국민에 대한 사의 전달 입장을 전하면서 스웨덴 정부의 점진적인 지원을 확보하였다. 동시에 대사관의 네트워크를 최대한 활용하여, 전 주한대사, 참전용사 협회, 전 중립국감독위원회 대표, 의회(의장단, 의원친선협회)와의 접촉 계기에 역시 같은 취지를 전달하였다. 이에 따라 당초 스웨덴 사회가 중립주의 전통에 따라 참전용사를 위한 공식행사 개최에 다소 소극적인 분위기였으나, 우리의 진정성을 점차 이해하여 결국 국방부가 기념행사의 공동 개최에 응했으며 스웨덴 지도층 인사 다수가 3개의 개별행사에 적극적으로 참석하였다. 스웨덴이 해외 파병 장병들에 대해 정부 차원의 행사를 개별국가를 대상으로 공식적으로 진행한 것은 처음이었다.

우리 측 주도로 추진함으로써, 스웨덴 지도자들과 행사 참석자들은 이구동성으로 "스웨덴 참전용사에 대한 인식과 평가를 새롭게 하는 계기가 되었다"고 평가하였다. 스웨덴은 그간 활발한 해외평화활동 참여에도 불구하고 동 활동에 참여한 국민에 대한 특별한 관심 및 지원이 별로 없었던 상황에서, 이번 행사를 통해 한국이 제대로 국격을 갖춘 나라라는 인식이 확산되고, 스웨덴 사회 내에서 스웨덴 참전용사에 대한 주의를 환기시켰다는 효과를 느낄 수 있었다. 또한 동 행사가 시기적으로 마침 스웨덴의 천안함 조사단 파견 이후 진행된 만큼 스웨덴이 그간 한반도의 평화와 안정에 기여해 왔음을 국내외적으로 부각시키는 계기가 되었다.

참전용사 초청 공관 음악회 개최(10.19)

10.19(화) 저녁 6시 한국전 60주년 기념행사의 일환으로 대사관에서 음악회를 개최하고 한식리셉션을 진행하였다. 지난 6월 기념행사에 이은 행사였다. 대사관 음악회 개최는 2009년 송년음악회(12.17)에 이어 금년 한서협회회원초청 음악회(3.20) 후 3번째였다. 연주단은 스웨덴 최우수 청소년 앙상블상을 수상한 피아노 삼중주단('Trio 91': 한인 2세 이영민 바이올리니스트와 스웨덴인 피아니스트, 첼리스트 등 3명)을 초청하였다. 참전 의료단과 중립국감독위원회(NNSC) 근무자 등 총 48명이 참석하였다. Åke J. Ek 한국전 참전협회 회장(85세), Karl Grunewald(89세, 의사), Elisabeth Johansson(86세, 간호사), Sam Sjoblom(89세, 기술자), Boris Berglund(84세, 경찰) 및 Anders Täng(96세, 의사)의 가족 등 의료단과 NNSC의 Gunnar

Unell 장군(1984~85 근무), Lennart Frick 장군(1986~87), Cay Holmberg 장군(1990~91, 라인펠트 총리 장인), Sven Julin 대사(1998~99), Björn Elmer 대사(2002~2004) 등 대표 10명 및 가족, 한서협회 Kurt Blixt(1999년 NNSC 대표) 회장 등이 참석하였다. 그들은 "자신들만을 위한 이런 초청기회는 처음이다. 스웨덴의 기여(한국전 참전)에 대해 이렇게 한국처럼 계속 고마움을 표시하는 나라는 없다. 이러한 대우에 감사하다. 한국이 G20 정상회의를 주최할 정도로 국제사회에서 위상이 높아져 자랑스럽다. 스웨덴에 이제는 한국이 널리 알려졌기 때문에 앞으로 양국 관계는 지속적으로 발전될 것이다"라고 하였다. 참전용사인 부친 Anders Täng 대신 참석한 아들, 딸과 손녀는 부친, 조부가 한국에서 한 일이 너무나 자랑스럽다고 하였다. 호름베리(Holmberg) 장군은 프릭(Frick) 장군과 함께 9월 참전용사(중립국감독위 대표 포함) 방한초청사업에 잘 다녀왔다고 하고 한국의 최근 발전상을 실감했다면서 사위인 라인펠트 총리와 딸에게 방한소감을 전하고 방한을 적극 권유하였다고 하였다. 프릭 장군은 다음 날 10.20 이메일을 보내왔다. 음악회 행사와 참전용사 방한 초청에 다시 사의를 전한다고 하면서 1986~87년 한국 근무시절을 회고할 수 있었으며 한국의 발전상에 감동하였다고 하였다.

3) 워킹홀리데이프로그램 협정 체결(9월)

9.9(목) 11시 30분 법무부에서 빌스트램(Billström) 이민난민정책 장관과 함께 한-스웨덴 워킹홀리데이프로그램 협정(이하 '협정'으로

호칭)에 서명하였다. 이는 양국의 18~30세 국민이 상대국간에서 최장 1년 체류하면서 관광과 취업을 할 수 있는 제도로서 11.1(월) 발효되었다.

추진 과정

2008년 6월 부임 당시에는 스웨덴이 호주(2001), 뉴질랜드(2001), 캐나다(2006)와 협정 체결 이후, 동 협정 확대 자체에 소극적인 입장이었다. 이후 한국인의 스웨덴에 대한 높은 호감도 및 양국 관계의 발전추세에 비추어 동 협정 체결이 재임 중 실현가능한 사업의 하나라고 염두에 두었다. 당시 2008~2009년 양국 간 인적 교류 추세에 주목하였다. 스웨덴인의 방한이 연 1만1000명, 한국인의 스웨덴 방문이 연 2만 명 수준이었으며, 우리 유학생은 과거 40~50명 대에서 2009년 말 130여 명이있다. 스웨덴 청년의 한국에 대한 관심이 높아지는 추세로, 어학연수 및 학생비자를 받고 방한하는 경우가 2008년 74명, 2009년 86명, 2010년 135명으로 증가하고 있으며 스톡홀름 대학교 한국학과 신입생도 2010년도는 40명으로 확대되어 그간 평균 10명 미만 수준에서 급격히 증가하였다. 2009년 수교 50주년과 7월 대통령의 스웨덴 공식방문 이후 양국 간 포괄적 협력관계가 확대되는 추세를 감안하여 2010년 2월 서울 재외공관장 회의 참석 후 2월 말부터 워킹홀리데이 프로그램 협정을 본격적으로 추진하였다. 양국 간 전반적인 교류와 협력이 급속히 확대되는 과정에, 스웨덴 정부와 국민의 한국에 대한 인식이 보다 긍정적이며 적극적으로 발전된 데 따라, 자연스럽게 협정 체결의 분위기가 조성되었다고 판단했다.

우리 측의 협정체결 제의에 대해 스웨덴 법무부는 양국 간 청년 교류 확대가 바람직하다는 긍정적 인식을 표명하고 협의에 응하여 3.19(금) 제3국과 체결된 우리 협정문을 전달하였다. 3.22(월) 외교부 모린(Molin) 아태국장을 관저오찬에 초청하는 계기에 대사관과 스웨덴 법무부 간의 협의 진행 상황을 설명하고 적극 지원해 줄 것을 요청하였다. 모린 국장은 흔쾌히 적극 지원해 나가겠다고 하였다. 이어 3.30(화) 영국 대사 주최 리셉션에서 빌스트램 장관과 환담하였다. 워킹홀리데이 협정안을 전달했다고 하니 제의에 원칙적으로 동의하며 조기에 체결되도록 노력하겠다고 하였다. 적극적인 자세를 느낄 수 있어 안도하였다. 이후 양측간 협정문안에 대한 협의가 지속되었다. 다시 6.14(월) 한국전 60주년 기념행사 후 대사관 리셉션에 참석한 빌스트램 장관과 환담하였다. 장관은 협의의 원만한 진행에 만족한다고 하면서 늦어도 8월 중에 서명이 이루어질 수 있기를 희망한다고 하였다. 다음날 6.15(화) 법무부 이민정책과장(Carlander)은 스웨덴 안에 대해 한국측이 최종 검토 의견을 주면 6월 말경에 가서명하고 이후 협정 서명을 위해 3~4주 예상되는 국내 절차를 추진하겠다고 알려왔다. 이에 따라 바로 외교부 본부에 스웨덴이 매우 적극적인 입장이며 특히 9.19 총선 일정을 감안하여 8월까지 정식서명이 이루어지기를 희망하니 스웨덴의 협정문안에 대한 최종 검토 결과를 조속 회신해 달라고 건의하였다. 동시에 6.17(목) 외교부 백주현 재외동포영사국장과 통화하였다. 건의 전문에 따라 협정문안 검토 등 절차를 조속 추진해 줄 것을 요청하니 백 국장은 잘 챙겨보겠다고 하였다.

7.14(수) 대사관과 스웨덴 법무부 간에 협정문안에 가서명하였다. 이어 법무부는 7.29자로 정부 내부절차가 완료되었으며 스웨덴 정부는 협정에 언제라도 서명이 가능하다고 통보해 왔다. 이어서 8월 중순 스웨덴 측은 9.19 총선 등 정치일정을 감안하여 가능한 한 8월 말까지는 협정 서명이 이루어지기를 희망한다고 하였다. 양측간 협의를 통해 총선 10일 전인 9.9(목) 협정에 서명하기로 하였다.

협정 서명 및 평가

협정 서명 후 장관과의 면담에서 나는 양국 청년간 교류 확대가 기대되며 동 협정이 양국 간 미래지향적 협력관세의 상징적 사례라고 평가하였다. 스웨덴은 우리의 8번째 협정 체결국이 되었으며, 한국은 스웨덴에게는 영미권 3개국(호주, 뉴질랜드, 캐나다)에 이어 4번째 국가가 되었다.

이에 대해 장관은 "한국은 스웨덴의 4번째 협정 체결국이 되었다. 이는 스웨덴이 한국을 얼마나 중시하는지 보여주는 것이다. 또한 이 협정은 스웨덴이 이민 등 인적교류에서 대외적으로 개방적임을 보여주는 사례로서, 양국 청년간 교류가 확대되는 성과를 기대한다"고 하였다. 이어 "스웨덴 정부는 양국 관계의 급속한 관계 발전에 만족하고 있으며 작년 7월 대통령의 방문이 양국 관계발전의 중요한 계기가 되었다"며 "개인적으로는 이 대통령이 자신의 아파트를 방문해 주신 것을 영광으로 생각하며 아직도 하마비(Hammrby) 시 주민들이 대통령 방문에 대해 많이 얘기하고 있다"고 하였다. 스웨덴은 11월 G20 정상회의 주최 등 한국의 국제사회에서의 위상 제고를 주목하고 있으며 앞으로 양자, 다자간 협력이 지속 확대되기를 바란다고 하였다. 장관은 서명 후 언론 인터뷰에서 "앞으로 수혜자의 정확한 규모를 예측하기는 어려우나, 협정이 충분히 홍보될 경우, 양국 청소년간 교류 증진에 크게 기여할 것으로 확신하며 스웨덴을 매력적인 나라(attractive country)로 보는 한국 청년이 더 많아지기를 바란다"고 언급하였다. 재임 중 이러한 양국 간 '청년 교류'라는 미래지향적인 교류 협력의 지속적인 제도적 틀이 결실을 맺은 데 대해 매우 만족스럽고 보람을 느꼈다.

후속조치

대사관은 11.1 협정 발효 후 바로 1) 대사관 홈페이지 및 한인단체 등을 통해 지속적으로 홍보하고, 2) 스웨덴 전국 21개 주에 공한을 보내서 한국 청년 방문 시 적극 지원해 줄 것을 요청하였으며, 3) 11~12월간 스웨덴 정부 인사와 국회의원 면담 및 8개 주(län)의 10대 주요 도시(스톡홀름, 예테보리, 말뫼, 웁살라, 린쇼핑, 베스테로스, 어레부르, 노르쇼핑, 헬싱보리, 욘쇼핑) 방문 계기에 지방정부 및 대학교 관계자 면담을 통해 협정내용을 직접 소개하고 지원을 요청하였다. 9월 이후 주요 일간지(DN, SvD, DI 등) 편집장과 논설위원 면담, 보수언론 연합회 회원(28명) 초청 대사관간담회 계기에 양국 관계 현황과 함께 동 협정 체결의 의의와 기대성과를 설명하였다. 언론인들은 협정 체결을 높이 평가하고 언론도 청년 교류를 가능한 한 지원하겠다고 하였다.

일본 대사관 분발

 이후 협정 체결이 널리 알려지면서 특히 아태지역 대사들이 부러워했다. 파키스탄 대사 주최(9.21) 및 우리 부부 주최(10.21) 아태지역 대사 정례 관저만찬에서 대사들이 협정 추진 경위에 높은 관심을 보이고 협정 체결을 축하해 주었다. 이어 일본 대사관의 영사가 곽 영사에게 협정 추진 경위를 문의하는 등 높은 관심을 보였다. 일본 대사관이 우리의 협정 체결에 내심 상당히 놀랐고 자극을 받은 것 같았다. 와타나베 일본 대사는 11.16(화) 우리 부부가 주최한 셸렌 국회부의장 부부 초청 관저만찬에 동참하는 자리에서 일본도 워킹홀리데이 프로그램 협정을 추진[108]할 예정이라고 하였다. 나는 그간 경위를 설명하고 적극 추진할 것을 권유하였다.

108　일본은 우리보다 9년이 지나 2019.8.26 스웨덴과 워킹홀리데이프로그램 협정을 체결하였다.

4) 연평도 포격사건 대응(11월)

외교부 본부는 11.23(화) 북한의 연평도 포격 도발 감행 사실 및 이에 대한 정부 조치사항을 전 재외공관에 통보하였다. 본국 상황이 심각하게 돌아가서 언제라도 스웨덴 정부와 협의할 준비가 필요하다고 판단했다. 그간 추진해 온 11.26(금)~27(토) 외레부로 (Örebro)주 방문계획을 연기하였다. 외레브로 주지사 및 외레부로 대학 총장 등 면담 예정 인사들에게 연락하여 한반도 상황으로 당분간 스톡홀름을 떠날 수 없게 되었다고 양해를 구했다. 그 이외의 외교활동(11.23 대사관 정례 영화제, 11.24 정례토론회, 11.29 경제통상홍보협의회, 외교단 행사 참석 등)은 계획대로 진행하였다.

스웨덴 정부 대응

라인펠트(Reinfeldt) 총리는 바로 그날 11.23(화) 롬푸이(Van Rompuy) EU 정상회의 상임의장과 기자회견에서 북한의 연평도 도발에 관해 "우리가 목격하고 있는 것은 매우 충격적이며 북한 행동의 목적과 방향에 대해 의문을 제기한다. 우리는 평정과 협상 테이블로의 복귀를 촉구한다"라고 표명하였다. 빌트(Carl Bildt) 외교장관은 11.23(화) 자신의 블로그에 '한국으로부터 매우 걱정스러운 뉴스' 제하에 '남한의 한 섬을 겨냥한 북한의 갑작스러운 포격은 북한 정권의 본질과 의도(nature and intent)에 대해 새롭고 심각한 의문을 불러온다. 중국이 평양 정권을 압박하기 위해 모든 영향력을 행사하는 것이 중요하다'는 입장을 게재하였다. 이어 빌트 외교장관은 11.24(수) 자신의 블로그에 '위험한 정권' 제하에 '평양 전체주의 정권은 의심할 바 없이 세계의 주요 안보위협 중의 하나이다. 한반도에서 주는 위험 이외에도 여타 국가들에 미사일과 대량살상무기를 확산시키고 있다. 중국은 북한의 정책에 가장 큰 영향을 행사할 수 있는 국가이다. 중국은 한반도에서 긴장 고조나 공공연한 충돌을 원하지 않는다. 중국은 이로 인해 북한 정권이 몰락하고 이에 따른 중국에 미칠 심각한 여러 영향에 대해 우려하고 있다고 생각한다. 스웨덴은 민주주의와 자유경제의 한국과 전통적으로 좋은 관계를 유지해 온 반면, 북한에도 상주공관을 두고 있다. 또한 한반도 정전을 감독할 사명을 지닌 중립국감독위원회에 참가하고 있다'는 입장을 재차 게재하였다.

라트비아 입장 발표(11.23) 및 파브릭스 국방장관과 통화(11.26)

11.23(화) 겸임국 라트비아 외교부는 "라트비아 외교부는 민간인 희생을 초래한 11.23 남북한 간 포사격 이후 연평도에서의 상황전개를 예의 주시하고 있다. 라트비아는 상황을 더욱 악화시킬 수 있는 어떠한 행동도 비난한다. 1953년 휴전협정을 준수하고 상황이 고조되는 것을 피할 것을 촉구한다"라는 공식입장을 표명하였다. 11.26(금) 11시 40분 라트비아 파브릭스(Artis Pabliks) 국방장관에게 전화를 걸어 10분간 통화하였다. 연평도 도발 상황과 우리 입장을 설명하고 한국 입장을 계속 지지해 줄 것을 요청하였다. 파브릭스 장관은 대사의 직접 설명으로 사태에 대한 이해가 깊어졌다고 하고 라트비아 정부의 입장은 11.23 외교부가 밝힌

바와 같다고 하면서 한국 입장에 대해 정치적인 지지를 계속 해 나갈 것이라고 하였다.

모린 아태국장 면담(11.26)

11.26(금) 오후 외교부에서 모린 국장과 면담하였다. 북한의 연평도 도발 사건 현황과 우리 입장을 설명하고, 스웨덴의 지지에 대해 사의를 전하고 향후 우리 입장에 대한 지속적인 지지와 협력을 요청하였다. 모린 국장은 1) 북한 도발은 명백한 정전협정 위반 행위로써 스웨덴 정부는 여타 EU 국가와 함께 북한을 강력히 비난한다는 입장이며, 2) 스웨덴은 한반도 상황이 더욱 악화되어 긴장이 고조되는 것을 원하지 않으며, 남북한의 상호 불신 상황하에서 조심스러운 접근(cautious approach)이 필요하다고 보며, 3) 한국과 스웨덴 양국 공히 한반도 평화와 안정 유지를 추구하는 공동 책임이 있으므로 스웨덴은 한국과 지속적으로 협의하면서 한국 입장을 계속 지지할 것이라고 하였다. 모린 국장은 11.25(목) 오전 리희철 북한 대사를 외교부로 초치하여 스웨덴 입장을 전달했으며 리 대사는 북한의 공식입장을 되풀이했다고 하였다. 리 대사는 한국이 주장하는 북방한계선(NLL)을 인정할 수 없으며 연평도 주변 해역은 북한 영해로서 동 해역에서의 남한의 군사훈련은 주권 침해 행위에 해당되므로 북한은 군사훈련 중단을 사전에 요청하였으나, 남한이 이에 응하지 않았기 때문에 일어난 일이라고 설명하였다는 것이었다. 빌트 장관이 중국 역할을 계속 강조한 배경으로는 중국이 그간 6자회담 개최 등 한반도 평화와 안정을 위해 나

름대로 노력을 기울여 왔다고 본다고 하고, 스웨덴은 기회가 있는 대로 중국의 건설적 역할을 촉구해 나갈 것이라고 하였다. 북한 도발 배경으로는 김정은의 권력승계 과정에서 군부 통제 및 내부 단합을 위한 것으로 볼 수 있겠으나, 현 단계에서 북한의 의도를 정확히 이해하기는 어렵다고 언급하였다.

톨리포쉬(Sten Tolgfors) 국방장관 언론 기고(11.27)

톨리포쉬 장관은 11.27(토) '스벤스카 다그브라뎃(Svenska Dagbladet)'지 기고와 동시에 자신의 블로그에서 북한의 연평도 포격도 발의 심각성과 한반도 문제의 정치적 해결의 중요성을 강조하였다. 장관은 11.27(토) 오전 바로 보좌관을 통해 기고문과 블로그 내용을 알려왔다. 장관은 '우리는 평화에 큰 책임을 진다(We take responsibility for peace)' 제하에 최근 일련의 북한 도발에 대해 강한 우려를 표명하고 그간 중립국감독위원회 활동, 천안함 조사 전문가 파견 등 스웨덴의 역할과 향후 노력을 강조하며, 한반도 문제의 정치적 해결을 촉구하는 다음 요지의 기고문을 게재하였다.

스웨덴은 한국전쟁 이후 의료단 파견, 남북한과 외교관계 유지와 상주공관 설치, 중립국감독위원회 참여를 통해 한반도에서 평화유지를 위해 지속적으로 노력해 왔다. 이러한 활동이 스웨덴 국내에서는 잊혀졌으나, 스웨덴이 민주주의, 인권, 자유를 지지하는 것이 얼마나 중요한 것인지를 한국의 발전이 잘 보여주고 있다. 대한민국은 한국전 직후에는 최악의 빈곤국이었지만, 지금은 스웨덴에 필적한 번영을 누리고 있는 반면, 가장 폐쇄적인 북한은 세계 최빈국의 하나이다. 한국에서는 이러한 스웨덴의 노력이 잘 알려져 있고 한국은 이에 대해 감사하고 있다. 2010년 중 한반도에 매우 심각한 도발사태들이 발생하고 있다. 연평도 포격도발, 천안함 침몰 사태, 북한의 핵무기 개발이 매우 우려된다. 스웨덴은 현재에도 한반도 안정에 기여하고 있다. 지난봄 천안함 침몰 시에 스웨덴은 국제조사단에 참여하였다. 국제조사단은 천안함이 어뢰에 의해 침몰되었으며 동 어뢰는 북한에서 제조되었다고 결론을 내렸다. 한반도 긴장 상황은 군사적 확전이 아닌 국제사회에 의한 정치적 방법으로 해결되어야 한다.

국방부 인사 및 외국 무관단 브리핑(11.30)

11.30(화) 저녁 당초 계획대로 스웨덴 국방부 관계자와 외국 무관단을 대사관에 초청하여 '한국문화의 밤' 행사를 개최하였다. 한식과 한국영화를 통해 한국문화에 대한 이해를 높이고자 했던 기획이었다. 영화도 「스캔들」을 상영하려고 했으나 연평도 도발을 감안하여 탈북자를 주제로 한 '크로싱(탈북자 주제)'으로 바꾸었다. 스벤손(Bengt Svensson) 육군 사령관(소장), 스콜드(Hakan Skold) 국방장관 안보보좌관, 올손(Dan Olsson) 방위사업청(FMV) 부청장, 팀버달(Timerdal) 천안함 조사단 단원, 국방연구소(FOI), 수출협력국(FXM) 관계관 14명 및 8개국(미국, 영국, 러시아 3명, 폴란드, 그리스, 멕시코, 오스트리아, 인도) 무관이 참석하였다. 환영사와 함께 한-스웨덴

관계현황 및 연평도 포격도발 관련 현황을 설명하고, 우리 입장을 지속 지지해 줄 것을 요청하였다.

스벤손 사령관을 비롯한 스웨덴 참석자들은 연평도 도발현황에 대한 이해가 깊어졌다고 하고 북한 도발을 강력 비난하면서, 한국의 대응이 적절했다고 평가하고 한국의 노력 및 대북한 정책을 지속적으로 지지하겠다고 하였다. 외국 무관단은 북한의 도발은 북한을 국제사회에서 고립시킬 뿐이라고 하고, 북한문제 해결에 있어서 한국의 주도로 국제사회와의 공동 대응이 더욱더 긴요하게 되었다고 하였다. 이날은 당초 문화 소개 행사였기 때문에 연평도 도발에 관해 장황하게 설명하는 것은 적절하지 않다고 생각했다. 나름대로 짧은 시간에 요점 위주로 준비하여 현황과 우리 입장을 전할 수 있었다. 대사가 평소 양국 관계 현황에 대한 요점과 기본 통계를 숙지하고, 특히 최근 주재국 고위인사의 구체적 언급 내용을 인용할 수 있을 정도의 상시적 준비가 필요함을 다시 한번 절실하게 느꼈다. 대사는 실무자료를 나름대로 소화한 후 자기 언어로 사안을 설명해야 상대방을 설득할 수 있다.

연평도 포격도발 사건 발생 이후 외교단 설명(11.23~12.8)

우선 예정된 외교단 리셉션에 지속적으로 참석하였다. 그 기회에 제3국 대사들과 베스트베리(Westberg) 국회의장, 비드(Wide) 왕실의전장 등 스웨덴 인사들에게 연평도 도발 사건에 대한 현황과 우리 입장을 전했다. 대사들과 스웨덴 인사들은 북한의 도발을 비판하며 한국의 대응을 평가하였다. 제3국 대사들과 스웨덴 주요 인사의 반응은 다음과 같다.

- 라트비아 대사 주최 리셉션(11.23): 스웨덴 정치컨설턴트 (Fabia)는 "충격적인 사건이며 북한을 강력히 비난한다"고 하였다.

- 아르헨티나 대사와 노벨박물관장 공동주최 리셉션(11.24): 러시아 대사(Neverov)는 "북한 도발에 놀랐다. 북한이 마땅히 비난을 받아야 한다고 생각한다. 있을 수 없는 일이다" 라고 말했다. 나는 멕시코, 교황청, 이태리, 아르헨티나, 파라과이 대사에게 사태를 설명하고 한국에 대한 지지를 요청하였다.

- 팔레스타인 대표부 리셉션(11.25 5시): 베스트베리 국회의장에게 사태를 설명하였다. 한국의 입장을 이해하며 지지한다고 하였다. 레바논 대사에게 사태를 설명하니 중국이 비난 받아야 한다고 하였다.

- 일본 대사 주최 리셉션(11.25 6시): 비드(Wide) 왕실의전장, 베트남, 몽골, 인도네시아, 라오스, 교황청, 캐나다 대사에게 사태를 설명하였다. 천밍밍 중국 대사는 "희생자 가족과 한국 국민에게 심심한 조의를 전한다. 이 대통령이 후진타오 국가주석에게 직접 통화할 것을 권유한다"고 하였

다. 러시아 대사는 어제에 이어 다시 북한을 비난한다고
하였다.

- 몽골 대사 주최 리셉션(11.26): 파키스탄, 스리랑카, 보스니
아헤르체고비나 대사에게 사태에 대해 설명하였다.

- 아랍에미리트 대사 주최 리셉션(11.30): 사우디 대사는 "북
한은 미쳤다(They are crazy)"고 하였다. 베트남, 태국, 말레이
시아, 멕시코, 온두라스, 튀르키에 대사에게 사태를 설명하
고 지지를 요청하였다.

이후 12월 외교단 리셉션에서도 대사들에게 북한의 연평도 도
발 현황과 우리 입장을 지속적으로 설명했다. 12.1(수) 루마니아
대사(Mrs. Matache) 주최 리셉션, 12.2(목) 태국 대사(Thanaputti) 주최
리셉션, 12.6(월) 핀란드 대사(Lyra) 주최 리셉션, 12.8(수) 케냐 대
사(Mrs. Muhindi) 주최 리셉션에 지속적으로 참석하였다. 동 계기에
베스트베리 국회의장, 비드 왕실의전장을 비롯한 스웨덴 인사와,
영국, 오스트리아 등 유럽 대사, 아태지역 대사, 아르헨티나, 엘살
바도르 대사 등에게 연평도 도발 현황을 설명하고 한국에 대한 지
지를 요청하였다.

국회의원 대상 설명회 주최(12.8)

12.8(수) 오후 1~2시 30분 국회 회의실에서 한-스웨덴 의원친선

협회 및 외교위원회 소속 의원을 대상으로 연평도 포격도발 현황과 우리 입장에 대해 설명하였다. Kenneth Forslund(사민당, 3선), Finn Bengtsson(보수당), Olle Thorell(사민당), Jessica Polfjärd(보수당, 입양한인), Staffan Danielsson(중앙당), Peter Radberg(환경당), Ulrik Nilsson(보수당) 의원 등 7명과 Anders Goldsmith 보수당 정치고문이 참석하였다. 허서윤 전문관이 동석하였다. 나는 양국 관계가 지난 60년간 '원조 공여국-수원국 관계'에서, 특히 최근 2009년 수교 50주년, 2010년 한국전 60주년 계기를 통해 '포괄적 협력관계'로의 발전을 평가하고, 연평도 포격도발 내용과 대응을 설명한 후 스웨덴의 한국 지지 입장에 사의를 전하고 지속적인 협력을 요청하였다. 이어 한국 국회의원이 2009년 15명, 2010년 49명 방문하였다고 하고 스웨덴 의원의 방한을 통한 양국 국회 간 교류 확대를 요청하였다. 의원들은 북한의 도발 배경, 북한정권의 미래, 한반도에서의 중국의 역할에 관심을 표명하였으며 대사 설명이 최근 정세 이해에 도움이 되었다면서 의회에서의 가능한 역할을 수행해 나가겠다고 하였다. 나는 리희철 북한 대사와 외교단 행사에서 가끔 조우한다고 하고, 리 대사가 의원들이 자신을 만나주지 않는다고 불평했다는 사실을 전하면서 스웨덴 의원들이 북한 대사를 만나서 스웨덴의 입장과 국제사회의 일치된 목소리를 제대로 전하는 것이 바람직하다고 강조하고 북한 대사가 연락 오면 만날 것을 권유하였다. 이에 대해 의원들은 일리가 있다는 의견과 함께, 만나도 별 성과 없이 북한이 정치적으로 이용할 가능성이 있다는 의견이 있었다. 의원들은 한-스웨덴 의원친선협회를 조기에 다시 구성하고 신임회장을 선출할 예정이라고 하고 대사관과 지속적인 교류를 기대하였다.

부임 후 2008년 11월 한-스웨덴 의원친선협회 소속 의원(12명)들을 대상으로 대사관 브리핑 및 관저만찬을 처음으로 주최한 이래, 의원과의 개별 회동을 병행하면서, 협회 소속의원들을 대상으로 2009년에는 3.25 대사관 브리핑 및 관저만찬(4명), 6.10 관저만찬(8명), 11.4 대사관 브리핑 및 관저만찬(9명), 2010년에는 4.14 대사관 브리핑 및 관저만찬(7명), 6.15 국회브리핑(천안함 사태, 5명), 11.6 관저만찬(5명), 12.8 국회브리핑(연평도 사태, 8명)을 지속적으로 주최하였다. 대사관과 의원친선협회의 이러한 교류협력 관계가 정착화되었다고 판단하였다. 이임 후에도 지속되어 관례가 되기를 기대하였다.

5) 서울 G20 정상회의 개최(11.11~12)

G20 정상회의 주최 지지 요청(2009.8)

2009년 2월 빌트 외교장관은 방한 시 한승수 총리와의 면담에서 한 총리가 보다 실질적인 세계금융위기 대처방안으로 G20이 가장 적합한 형식(formula)라고 언급한 데 대해, 자신도 G7 또는 G8 형식은 다소 제약이 있으므로 확대하는 것이 필요하며 "G20이 구조적으로 가장 적합하다고 본다"고 언급하였다. 양측은 스웨덴의 1990년 초반 금융위기 극복 사례와 한국의 1997년 외환위기 극복 사례 경험을 공유해 나가기로 하였다.

2009년 7월 대통령의 스웨덴 공식방문 후 8.27(목) 외교부 본부의 지시에 따라 모린 국장을 면담하고 우리 정부의 2010년 제4차 G20 정상회의 유치 희망 입장을 설명하고 유명환 외교장관의 빌트 외교장관 앞 친서를 전달하였다. 모린 국장은 한국 측 요청에 유념하여 대응하겠다고 하였다. 스웨덴 정부내에서는 G20 프로세스에 대해 대체로 긍정적으로 평가하고 있으나, 북구(Nordic)와 발트(Baltic) 지역 전체를 대변하는 목소리(voice)가 없다는 문제점이 제기되고 있어 G20 프로세스에 동 지역의 전체적인 이해관계를 어떻게 반영할 것인가 하는 논의가 있다고 하였다. 당시 노르웨이 스톨(Gahr Store) 외교장관은 여타 노르딕 국가(스웨덴, 아이슬란드, 덴마크, 핀란드) 외교장관들에게 G20에 노르딕 국가들이 공동으로(collectively) 참여하는 방안을 협의하자고 촉구하였다. 노르웨이의 경제규모가 세계 23위이나 노르딕 전체 경제규모는 세계 8, 9위 수준이라며 노르딕 국가들이 G20 내에서 공동의 몫을 요구해야 한다는 주장이었다. 이에 대해 스웨덴과 노르웨이 언론은 '스웨덴 보리(Anders Borg) 재무장관은 G20 체제가 가입국 확대에 관심이 없으며, 이미 G20에 유럽의 참여는 충분한 것으로 보고 있다'고 표명했다고 보도하였다. 여타 노르딕 국가들도 노르웨이의 제안에 미온적인 반응을 보이고 있는 것으로 알려졌다.

이후 한국과 캐나다는 공동으로 '2010년 6월 캐나다 주최 G20 정상회의'와 '2010년 11월 한국 주최 G20 정상회의 주최'를 제의하는 2009.9.17자 공식 서한을 여타 G20 국가(18개국)에 보냈다. 이에 따라 주 스웨덴 캐나다 대사(Volkoff)와 나는 각각 9월 18일 스웨덴 외교부에 동 서한 사본을 보냈다. 우리 정부는 G20 정상회의를 앞두고 2010.8.24 헬싱키에서 북구 5개국 및 발트 3국을 대상으로 G20 아웃리치(outreach) 활동을 실시하였다. 2010년 외교활동 과정에 스웨덴 정부, 국회의원, 언론, 외교단 등 각계인사로부터 한국의 G20 정상회의 주최를 높이 평가하고 한국의 국제사회에서의 위상제고에 주목하고 있다는 얘기를 지속적으로 들었다. 언론인의 주요 평가는 다음과 같다.

Johan Myrsten 스벤스카 다그브라뎃 (SvD) 기자(3.4): 최근 국제사회에서 한국의 위상제고에 경의를 표하며 몇 년 전까지만 해도 어느 누가 한국이 G20 회원국이 될 것으로 예상을 했겠느냐? 이제는 스웨덴이 한국으로부터 배워야 할 것이다. 한국이 G20 정상회의 주최를 계기로 선진국과 개도국의 교량역할을 훌륭히 수행하여 새로운 국제경제질서 구축에 크게 기여하기 바란다.

Bo Pettersson 다겐스 인두스트리 (DI) 논설위원(3.9): 한국이 스웨덴이 참가하지 못한 G20의 회원국으로서 정상회의를 주최하고, 아프간 문제 등 주요 글로벌 이슈에 대해 괄목할 만한 기여를 하고 있다고 평가한다.

Anders Linder 스벤스카 다그브라뎃 (SvD) 편집국장(9.7): 한국의 G20 정상회의 주최 등 국제사회에서 한국의 위상이 높아지고 있음에 주목하며 작년 10월 방한 시 한국의 발전상에 감명을 받았으며 양국 간 협력 잠재력이 매우 크다고 느꼈다.

발렌베리(Marcus Wallenberg) SEB/SAAB 그룹 회장 면담(11.5)

G20 정상회의 개최 계기에 개최되는 G20 비즈니스 서미트 (Business Summit, 11.10~11) 준비위원장 명의로 2010.4 발렌베리 회장에게 초청장이 전달되었다. 회장은 7월 초 우리 대사관으로 비즈니스 서미트에 참석하겠다고 알려왔다. 11.5(금) 오후 발렌베리 회장을 그의 사무실에서 면담하였다. 벨프라게 외교차관의 친형인 Erik Belfrage 부회장이 배석하였다. 회장은 먼저 한국의 초청에 감사하며, G20 정상회의 계기에 비즈니스 서미트 개최를 환영하고 앞으로도 이런 형식으로 비즈니스 서미트가 지속 개최되기를 희망한다고 하였다. 양국 관계 현황 설명에 대해 회장은 한국 발전과 최근 양국 관계발전을 높이 평가하는 등 매우 긍정적인 인식을 표명하고 남북관계와 북한 동향에 대해 관심을 보였다. 나는 스웨덴의 한국전 이래 한반도 평화와 안정 및 양국 관계 발전에의 기여를 강조하고 한국은 북한과의 관계에서 기본적으로 국제사회와 함께 대응하고 있고, 북한의 우방인 중국, 러시아와도 긴밀하게 협의하고 있다고 하였다. 남북 통일과정 및 그 이후의 통일한국을 염두에 두고 스웨덴이 한국과 건설적인 협력을 추진해 줄 것을 기대한다고 강조하였다.

발렌베리 회장은 G20 비즈니스 서미트 참석 후에 한국 준비위원회에 "그간 비슷한 국제 행사에 여러 번 참석했으나 이번처럼 효율적이고 적극적으로 움직이는 행사를 본 적이 없으며, 매우 깊은 감명을 받았다. 특히 G20 정상회의와 비즈니스 서미트를 동시에 주최하는 한국의 리더십을 높이 평가하며, 이번 행사의 성공적인 개최에 이어 다음 개최지인 프랑스에서도 개최되기를 바란다"는 메시지를 전해왔다.

대사 기고(11.2, 11.8)

11월 초 스웨덴의 'Swedish Wire'(11.2자)와 'Stockholm News'(11.8자)에 대사 명의 기고문을 싣고 한-스웨덴 관계 현황과 G20 정상회의의 개최 의의 및 기대성과, 이에 따른 국제사회에서의 한-스웨덴 공동 노력의지를 전하고 스웨덴의 지지를 요청하였다. 이어 발트 3국(라트비아, 에스토니아, 리투아니아)에서 널리 구독되는 영자지 'Baltic Times(11.8자)'에도 기고하였다. 발트 3국과 한국 간 공통관심사, 한-EU FTA 체결에 따른 효과를 강조하고 G20 정상회의 성공을 위한 발트 3국 국민의 성원을 요청하였다.

스웨덴 언론 보도(11~12월)

스벤스카 다그브라뎃(SvD) Mrysten 기자, 다겐스 인두스트리(DI)의 Pettersson 논설위원, 다겐스 니히터(DN)의 Johan Schuck 기자의 방한을 앞두고, 수차에 걸친 오찬, 면담 등을 통한 브리핑이 효과를 거두었다. 스웨덴 언론은 11~12월에 걸쳐 G20 정상회의 성과와 한국에 대해 연이어 특집 등을 구성하여 관련 동향을 지속적으로 보도하였다.

Johan Mrysten 기자(SvD)는 11. 10(2면에 걸쳐 G20 정상회의 준비과정, 신각수 외교차관 인터뷰 등), 11. 20(한국정부의 녹색성장정책 소개), 11. 28(3 면에 걸쳐 남북한 관계 및 통일전망), 12. 6(한국 경제의 밝은 전망), 12. 13(2면 에 걸쳐 스웨덴의 한국진출 현황) 기사를 통해 자신의 방한 중 취재활동 을 바탕으로 G20 정상회의, 한국의 현황, 한-스웨덴 관계를 연이 어 보도하였다. 특히 한국의 2008년부터의 세계금융위기 극복과 정을 높이 평가하고, H&M 및 노인 돌봄 분야에 있어서 한국 내 스웨덴 기업진출 현황을 소개하고 앞으로 의료, 환경, 바이오가스 등 에너지, IT 등 분야에서의 협력 여지가 매우 크다고 하면서, 한 국에서 '스웨덴은 놀랄 만큼 좋은 평가(incredibly good trademark)를 받고 있고 한국인은 스웨덴의 혁신, 연구와 개발 경험을 높이 평 가한다'고 전했다.

Bo Pettersson (Dagens Industri) 논설위원은 11. 14~15자 신문에 걸 쳐 'G20 정상회의는 위기경보 시스템에 합의하는 등 확실히 성공 하였다'고 평가하고, 11. 24자 신문에서는 2면에 걸쳐 '한국의 G20 정상회의 주최는 한국이 국제사회에서 제일 좋은 방(선진국을 시사) 에 입장하는 마지막 확인 과정이었다'고 하면서, 한국의 그간 경제 발전 과정에서 '빨리 빨리(hurry up, hurry up)'가 국가적 주문(mantra) 이 되었다고 하고 앞으로 고령화와 인구감소의 과제를 안고 있다 고 지적하였다.

스웨덴 정부의 G20 정상회의 논평(11.12)

비욜링(Ewa Björling) 통상장관은 11.12자 보도자료를 통해 서울 G20 정상회의 결과에 대한 입장을 다음과 같이 표명하였다.

> G20 정상회의는 경제위기 관련 이슈(infected issues), 통화조작 (currency manipulation), 세계경제 불균형 문제 등에 집중하였으 며, G20 정상들의 보호주의 배격, WTO 도하라운드 틀 내에서 새로운 국제통상협정의 신속한 체결 합의 등은 긍정적이다. 그 러나 G20은 자유무역 수호, 개방 시장, 다자간 무역체제 등을 위해 보다 단호히 행동했어야 하며, 새로운 국제통상협정 체결 을 위해 시간 제한 의무가 있는(time-bound obligation) 합의에 더 노력했어야 했다.

모린(Klas Molin) 아태국장은 오찬면담(11.15)에서 내가 발렌베리 SEB 회장의 비즈니스 서미트 참여 등을 통한 스웨덴의 적극적인 지원에 사의를 전한 데 대해 "G20 정상회의의 성공적 개최를 축 하하며 한국의 국제사회에서의 위상이 크게 높아졌음을 보여주었 다"고 하고, "앞으로 스웨덴은 한국과의 관계를 더욱 발전시켜 나 갈 것"이라고 하였다.

셀렌(Birgitta Sellén) 국회부의장과 의원친선협회 의원(Staffan Dan-ielsson, Kenneth Forslund, Salia Quicklund)은 관저만찬(11.16)에서 "한국 의 G20 정상회담 주최 등 국제사회에서의 위상이 점차 제고되고 있음을 주목하고 있으며, 양국 관계가 명실공히 실질적인 협력관계로 구축되었다고 생각한다. 스웨덴의 리더, 지식인, 언론의 한국에 대한 평가가 매우 적극적이며 긍정적으로 발전하고 있다"고 표명하였다.

6) 주요인사 교류 및 활동

(주요인사 교류)

페르손 전 총리 부부 초청 관저오찬(3.31): "한국만큼 미래가 밝은 파트너는 없다"

페르손 전 총리는 우리 측 초청으로 'Global Korea 2010' 포럼 참석을 위해 2.23~27 방한[109]하였다. 3.31(수) 우리 부부는 페르손 총리 부부를 관저오찬에 초청하였다. 페르손 총리는 관저오찬에 1년 만에 2번째 참석[110]한 것이며 부인은 처음이었다. 총리는 방한결과에 만족하면서, "방한할 때마다 한국의 놀라운 발전과 국제정세에 대한 신속한 대응에 감명을 받아왔다. 특히 한국이 동아시아의 관문으로서 스웨덴뿐 아니라 유럽 전체에도 매우 훌륭한 협

---

109 그는 포럼 및 총리 주최 리셉션 및 대통령 주최 만찬에 참석하고, 지식경제부장관, 환경부장관, 인천시장, 울산시장, 부산시장을 면담하였다. 그는 동 포럼에서 "복지병을 경계해야 한다고 강조하고 사회안전망에 매몰되어 빠져나오지 않으면 사회적 비용이 커지는 만큼, 교육을 통해 새로운 노동시장으로 진출할 인력을 길러내야 한다면서, 정치인이 일자리를 만들겠다는 주장은 실효성이 없다"고 표명하였다.

110 페르손 전 총리는 2009년 5월 바이오연료회사(Sveaskog) 이사장 자격으로 방한 전에 관저오찬(4.17)에 초청하였다.

력파트너임을 재차 실감하였다"고 하고, "중국 미래의 불투명성, 일본의 발전 및 지도력의 한계 등 동아시아에서의 중장기적 정세를 내다볼 때 한국만큼 미래가 밝은 파트너는 없다고 확신한다"고 하였다. 이어 "한국이 짧은 기간에 경제발전과 민주주의를 이룩한 배경에는 전통문화, 국민의 근면성 등 다양한 요소가 작용했을 것이나, 무엇보다도 대외개방적 자세를 유지해 왔다는 데 기인한다고 본다. 스웨덴 역시 100년 전만 하더라도 가난한 농업국에 불과했으나 이 정도로 발전할 수 있었던 것도 일관된 대외개방 정책 때문이었다"고 하였다.

왕세녀 결혼식(Royal Wedding Ceremony) 참석(6.19)

6.3(목) 오후 2시~3시 30분 왕궁에서 국왕내외 주최로 6.19 결혼하는 빅토리아 왕세녀(H.R.H. Crown Princess Victoria)와 평민 출신 약혼자(Daniel Westling)에게 외교단이 축하 인사를 전하는 리셉션이 개최되어 참석하였다. 복장은 검은 신사복(dark suit)이었다. 우리 부부는 왕세녀, 약혼자, 국왕, 왕비 순으로 악수를 하고 축하인사를 전했다.

6.19(토) 오후 3시 30분~4시 30분 왕세녀(H.R.H. Crown Princess Victoria) 결혼식에 외교단과 함께 참석하였다. 4.22(수) 왕실 초청장을 받았다. 형식은 왕실 의전관례에 따라 '구스타프 국왕의 지시에 따라 왕실 비서실장이 결혼식에 우리 부부를 초청한다(The Marshal of the Realm is commanded by His Majesty King Carl XVI Gustaf to invite H.E. Mr. Cho Hee-yong, Ambassador of the Republic of Korea and Mrs. Lee Yang to the Wedding Ceremony......)'는 내용이었다. 복장은 남성은 검은 신사복(dark suit)이며 여성의 경우 복장의 검은색이나 흰색은 금하며 모자나 장갑 착용도 금했다. 물론 전통 복장(national dress)은 문제가 없었다. 스웨덴 왕실은 외국 축하사절에 관해서는 노르딕 4개국 및 입헌군주제 국가에 한해 공식 초청하였으며, 그 이외 대부분의 국가는 스웨덴 주재 대사가 참석하였다. 이명박 대통령은 5월 중순 왕세녀에게 결혼 축하 메시지와 선물을 보냈다.

그날 스톡홀름에는 최대 인파가 몰렸다. 지방에서 많은 사람들이 올라온 것 같았다. 왕실의 안내에 따라 오후 2시 30분 스톡홀름 시청 앞에서 외교단이 모였다. 시청에서 결혼식이 진행되는 성당(Storkyrkan: Stockholm Cathedral)까지 스웨덴 측이 제공하는 셔틀버스를 타고 올라갔다. 성당 입구에서 아내의 한복 때문이었는지 기자들이 우리 내외에게 포즈를 취해 달라고 하여 여러 번 사진을 찍었다. 결혼식은 간소하면서도 품위 있게 진행되었다. 결혼식 후 성당에서 나와 밖에서 TV 생중계로 지켜봤던 스웨덴 청년들과 짧게 대화를 나누었다. 이어 아내의 한복으로 한국 대사 부부인 줄 알아본 스웨덴 기자와 짧은 인터뷰를 하였다. 동화에 나오는 공주 결혼식과 같은 분위기를 모든 시민들이 즐기는 것 같았다. 스웨덴 국민들이 소박한 왕실을 유지하면서 독특한 사회생활 방식으로 살아가고 있다는 느낌을 받았다.

석간지 'Expressen'이 다음날 6. 20자 신문에 인터뷰 시 밝힌 나의 참석소감과 함께 '한국의 전통의상인 한복이 디자인이 독특하고 신선하며 아름답다'고 평가하고 라인펠트 총리 내외 사진 옆에 외교단에서 유일하게 우리 부부의 사진을 실었다. 한국 대사(부부)의 존재를 널리 알리게 되었다. 이후 신문을 본 많은 스웨덴 인사와 외국 대사들로부터 아내의 한복이 아름답다는 얘기를 계속 들었다. 왕세녀 부부는 11.16자 우편(결혼기념우표 부착)으로 '나(Yours Excellency Mr. Ambassador Cho)에게 결혼식 참석에 감사하는 메시지와 함께 결혼사진을 싣고 두 부부가 서명' 한 카드형식의 감사서한을 보내왔다.

왕실 주최 '세계 아동 및 청소년 포럼(World Child and Youth Forum)' 참석(11.19)

스웨덴 왕궁에서 유엔 아동권리협약(UN Convention on the Rights of Child, 1989.11.20 선포)을 기념하기 위한 '세계 아동 및 청소년 포럼'이 매년 개최되어 왔다. 10월 초 왕실의전장은 11.19(금) 왕궁에서 국왕내외가 참석하는 동 포럼의 개회식 참석을 위한 초청장을 보내왔다. 당일 아침 7시 라트비아 출장에서 돌아와서 9~12시 왕궁에서의 포럼에 참석하였다. 국왕내외와 빅토리아 왕세녀 부부 등 왕실 가족이 모두 참석하였다. 왕실 가족이 동 포럼을 매우 중시하고 있다는 사실을 느낄 수 있었다. 대부분의 대사들이 참석하였다. 스웨덴어로 진행되면서 영어 통역이 제공되었다. 아동권리협약의 주요 내용 소개와 함께 젊은이들의 온라인(online) 대화가 이어졌다.

(정부 및 전직 인사)

바리외 주한대사 부부 교류(2.18, 8.26): 같은 배를 탄 동지

2.18(목) 바리외 대사 부부가 서울 재외공관장 회의 참석을 위한 일시귀국 중 우리 부부를 관저만찬에 초청하였다. 바리외 대사 부부와는 상호간에 본국에 일시 귀국할 때에는 관저만찬을 주최하여 대화를 나누어 왔다. 나는 2008.8월, 2009.9월 바리외 대사 부부 초청 관저만찬을 주최하였다. 바리외 대사는 먼저 2009년 7월 대통령의 스웨덴 방문 이후 한국 사회가 전반적으로 스웨덴에 대한 관심이 더욱 높아졌다면서 매우 기쁜 일이라고 하였다. 나 역시 스웨덴에서 똑같이 느끼고 있다고 호응하였다. 여수박람회 참가문제와 평창올림픽 유치 문제를 거론하고 스웨덴의 적극적인 대응을 요청하였다. 바리외 대사는 한국 입장을 충분히 이해한다면서 최대한 노력해 나가겠다고 하였다. 이어서 'Global Korea 2010 포럼(2.23~27)' 때 페르손 전 총리의 방한을 성사시켜 주어 감사하다고 하였다.

8.26(목) 공관장회의 참석차 일시귀국 중인 바리외 대사를 시내 식당 오찬에 초청하였다. 바리외 대사는 이번 공관장회의에서 2009.7 대통령 방문 후속조치의 일환으로 국왕과 총리의 방한 문제를 제기했다고 하였다. 나는 나대로, 바리외 대사 역시 나름대로 국왕과 총리의 방한을 스웨덴 정부에 지속적으로 제기했던 것이다. 이임 후 이러한 지속적 노력의 결과에 따라 국왕내외는

2012.5.29~6.1 한국을 처음으로 국빈방문[111]하게 된다. 바리외 대사는 2010년 중 천안함 사건 조사를 위한 스웨덴 조사단 파견과 6·25 발발 60주년 계기 양국 정부 주최 기념식 개최가 양국 관계 발전의 중요한 계기가 되었다고 평가하였다. 최근 현지 활동에 관해서 "8월 휴가철에 21명 국회의원의 방문일정을 주선한 것은 스웨덴에서 대단한 일을 한 것이다. 한국전 기념행사를 양국 정부 주최로 추진하여 성사시킨 데 대해 높이 평가하며, 워킹홀리데이 프로그램 협정 체결 역시 조 대사의 주도적 제의와 노력에 감사한다"고 하였다. 총선(9.19)에 관해서는 "양 진영 간 지지율 격차가 점점 더 커지고 있고 부동층은 반반으로 갈라져서 결국 보수연합이 이길 것이며 현 정부가 지속될 것"이라고 전망하였다. 모린 국장과 자신은 내년까지 자리를 그대로 지킨다고 하였다. 에름(Elm) 신임 주 북한 대사는 9.1 북한에 부임할 예정이라고 하였다. 지난 2년여 간 바리외 내사와의 대화는 항상 솔직하면서 진지하게 이루어졌다. 양국 관계발전을 도모하는 '같은 배를 탄 동지'로서 서로 숨길 것 없이 각자 내부사정에 관해서도 서로 터놓고 공유할 수 있었다. 돌이켜 보면 재임 중 한-스웨덴 관계가 발전할 수 있었던 토대 중의 하나는 우리 두 대사 간 신뢰를 바탕으로 격의 없었던 대화와 소통이었다고 생각한다.

---

[111] 국왕내외분의 국빈방한 시, 나는 전임 스웨덴 대사로서 2012.5.30(수) 대통령 내외분 주최 국빈만찬에 참석하였다.

실벤(Sylvén) 대사[112] 자택 1박 2일 방문(7. 17~18, Söderköping)

우리 부부는 개인차를 몰고 7. 17(토) 오후 4시경 쇠데르셰핑
(Söderköping, 스톡홀름에서 남서방향으로 138킬로 지점)시의 실벤 대사 자
택에 도착하였다. 자택 창가에 태극기를 걸어 놓고 환영하였다.
만찬에는 호름베리(Cay Holmberg) 전 해군제독[113]및 헤이만(Ove
Heyman) 전 주일 대사[114]부부를 함께 초청하였다. 호름베리 장군
은 6월 한국전 60주년 기념행사에 참여하여 구면이었다. 최소한
20년 연상의 원로 외교관들이었다. 대사 부부가 정성스럽게 준비
한 스웨덴의 전통음식, 연어, 청어, 각종 고기 등과 포도주, 스냅스
(snaps, 스웨덴식 브랜디) 등을 즐기면서 밤늦게까지 대화가 이어졌다.
실벤 대사 부부는 우리 부부에 대해 "가장 활동적인 대사 내외"라
고 평가하였다. 분위기에 취해 독주를 마신 후 그들은 기분이 올
라 스웨덴 전통노래까지 불렀다. 우리는 스웨덴 분위기에 완전히
젖어 들었다.

실벤 대사는 1987~1992년 주한 대사로 근무할 때부터 한국의
미래에 대해 낙관적이었으며 앞으로의 발전에 확신을 가졌다고

---

112   2008년 6월 부임 이래 실벤 전 주한대사 내외를 관저만찬에 초청하는 등 가깝게 지냈다. 그
는 주한 대사, 왕실의전장을 역임한 존경받는 외교관 원로로서, 제브렐 국방차관의 장인으로서
스웨덴 지도자 그룹과 긴밀한 네트워크를 유지하고 있었다. 그는 만날 때마다 편한 일정의 자택
만찬에 초청하였으며 가능하면 자택에서 1박을 하라고 권유하였다.
113   그는 1933년생 77세, 1990. 5~1991. 11 중립국감독위원회 대표, 라인펠트 총리의 장인이었다.
114   헤이만 대사는 실벤 대사의 절친한 외교관 동료로서 내가 주일대사관 2등 서기관(1984~
1987)으로 근무할 때, 동경에서 대사(1986~1992)를 하고 있던 원로 외교관이었다.

하고 스웨덴에는 중립국 정전위원회 근무 경력자들과 입양한인이라는 인적 자산이 있기 때문에 한국에 대해 지속적인 관심이 있으며 최근 한국에 대한 긍정적 인식이 점점 확산되고 있으나 스웨덴 언론은 여전히 한반도 문제에 큰 관심이 없다고 지적하였다. 호름베리 장군은 한국에서 1991~1992 중립국감독위원회 스웨덴 대표로 근무할 때 딸이 남자친구인 라인펠트와 함께 방한하여 결혼하겠다고 하여 승낙했다면서 스웨덴 내에서 부패(corruption)가 없다는 데 95~100% 확신하며, 특히 국회의원과 정부 고위인사에게는 기본적으로 부정부패가 없다고 봐도 된다고 하였다. 헤이만 대사는 스웨덴은 바이킹의 역사 등으로 스코틀랜드, 잉글랜드, 독일과 가까우며 발트 3국은 과거 스웨덴 왕국이었으므로 매우 가깝게 느끼고 있다고 하고 프랑스와는 다소 멀리 느끼며 러시아와도 멀리 느껴지기는 마찬가지라고 하였다.

그들은 남북한 문제, 북한의 권력승계, 중국-북한 관계, 통일 비용 등에 관심을 표명하고 "일본이 진정으로 남북한 통일을 원하느냐"고 물었다. 일전에는 베리만 스웨덴무역협회 부회장이 나에게 "중국이 진정으로 남북한 통일을 원하느냐"라고 묻더니 이번에는 일본의 남북한 통일에 관한 입장을 물어본 것이었다. 한국에서 체류해 본 외국인이 한국의 지정학적 위치와 역사를 어느 정도 이해하게 되면, 주변 대국은 한반도의 분단 상태가 한반도를 관리하기 편하며 자국의 이익에 도움이 된다고 판단하는 경향이 있다는 사실을 알게 된다. 국제사회의 냉엄한 현실을 지적한 것이었다. 그 다음날 오전에 실벤 대사 내외는 시내 관광을 안내하였다. 쇠데르셰핑(Söderköping)은 인구 7천명 정도의 조그만 도시이나 13세기 말의 독특한 고딕 양식의 교회와 16세기 오랜 건물들이 잘 보존되어 있었다. 조그만 페리 보트를 타고 운하 주변의 스웨덴 여름 풍경을 즐겼다. 이어 헤이만(Heyman) 대사의 여름별장을 방문[115]하여 차 한잔을 나누었다. 이어서 호름베리 장군 자택 정원에서 오찬[116]을 함께 한 후 스톡홀름으로 돌아왔다. 스웨덴 여름 분위기에 푹 빠진 1박 2일이었다. 실벤 대사 부부는 도착 시부터 떠날 때까지 모든 면에 성심성의껏 대하고 세심히 배려해 주었다. 이번 자택 1박 2일로 더욱더 실벤 대사 부부의 진정성과 고매한 성품을 느낄 수 있었다. 스웨덴인의 따듯한 인정, 직업외교관의 성실성, 개인적 인격 모두가 합쳐진 것이라고 생각했다. 그 다음날 7. 19(월) 저녁 6시 이집트 대사 주최 리셉션에서 다시 실벤 대사 부부를 만났다. 주말의 열렬한 환대에 뜻깊은 추억이 될 것 같다며 다시 한번 사의를 전했다. 실벤 대사는 우리 부부와 격의 없는 대화를 나눌 수 있어 기뻤으며 호름베리 장군과 헤이만 대사도 즐거운 회동이었다고 한다고 전했다.

---

[115]　고흐의 그림을 연상시키는 아늑한 환경이었다. 대화를 나누면서 일본 업무를 해 본 스웨덴 인사들은 특히 대인 관계에 있어서 일본인의 언행과 비슷한 면이 있다는 느낌을 받았다.

[116]　대화 중에 아내가 시내교회의 고딕 양식이 인상적이었다고 했더니 호름베리 장군이 스웨덴의 교회를 소개하는 책을 찾아서 보내주겠다고 하였다. 며칠 후 장군은 영어판을 찾지 못했다고 하면서 스웨덴 각지의 대표적 교회들을 사진과 함께 설명한 스웨덴어본 책자를 보내주었다. 우리 부부는 사의를 전하고 관저 탁자에 올려 놓고 스웨덴 교회를 항상 감상하겠다고 전했다.

외교부 통상차관(Gunnar Wieslander) 초청 관저오찬(9.8): FTA 관련 절묘한 시점 협의

9.8(수) 비스랜더 통상차관을 관저오찬에 초청하였다. 8.4(수) 국회 국토해양위대표단 면담 시 동행하여 차관에게 제의하여 성사되었다. 당시 정치적인 임명자인 그가 총선(9.19) 후 교체될 것이라는 소문을 듣고 있었다. Henrik Cederin 신임 아태국 부국장을 비롯하여 Henrik Garmer 전임 한국담당관, Britta Kinnemark 신임 한국담당관(전 주한공사) 등 아태국 직원, Lars Andreasson 국제통상 부국장, Staffan Björck 박람회 대표(여수박람회 담당), Lena Lindberg 국제통상과 고문, Björn Arvidsson 담당관 등 외교부 직원(8명)을 함께 초청하였다. 차관은 항상 겸손한 자세로 친근감을 표시하였다. 그간 양국 관계발전에 매우 만족하고 9월 총선 후 외교부를 이직하더라도 계속 연락하자고 하였다. 2010년 중 현재 41명의 국회의원 방문, 다음날 9.9 워킹홀리데이 프로그램 협정 서명 계획 등 동향을 설명하니 차관은 무척 놀라는 표정을 지었다. 차관은 스웨덴의 한국 중시 입장을 강조하고, 환경, 에너지, 노인복지, 방산 분야 등에서의 협력확대를 기대하였다.

이어 우연히도 이틀 후 9.10 개최되는 EU특별외교이사회에 참여하는 차관에게 이번 이사회에서 한-EU FTA가 정식 승인될 수 있도록 스웨덴 정부의 적극적인 협조를 요청하였다. 이에 대해 차관은 "한-EU FTA에 관한 한, 스웨덴과 한국은 같은 입장에 있으며 (we are in the same boat), 스웨덴은 한-EU FTA의 조기 서명 및 연내 잠정 발효를 위해 한국과 긴밀히 협조하면서 공동 대응해 나가겠

다"고 하였다. 나는 FTA가 발효[117]되면 우선 기계, 화학제품, 부품 소재를 해외에서 수입하는 한국 기업들이 수입선을 유럽국가로 전환할 것이며 스웨덴이 주요 관심대상국이 될 것이라고 강조하였다. 여수박람회의 조기 참가 결정을 요청한 데 대해 비요르크 박람회담당 대표는 "2008년 스페인 사라고사 박람회, 진행 중인 상해 박람회의 경우 사실 박람회장에 음식점이 너무 많이 들어와 있는 등 주제와 맞지 않는 경우가 있다"고 솔직히 전했다. 나는 한국 정부와 정부 대표 이준희 대사가 스웨덴 측에 여러 번 약속한 대로 주제에 맞게 진행될 것이며 스웨덴이 참가하면 결코 실망하지 않을 것이라고 하였다. Cederin 부국장(1963년생, 1991년 외교부 입부)[118]은 2002~2006년 일본 근무 경험을 전하며 나의 일본 근무에 친근감을 더 느낀다고 하고 1994년 11월 국왕이 스웨덴 왕립공학한림원(Royal Swedish Academy of Engineering Sciences)의 과학자 및 대기업 대표들과 함께 한국 방문 시 당시 주한대사관 2등서기관으로서 황덕수 과학관(연구재단 파견)과 일정을 같이 준비하던 추억이 있다고 하였다. 주한공사를 마치고 귀임한 시네마크(Kinnemark) 한국담당관은 한국 근무 중 느꼈던 한국인의 스웨덴에 대한 호감 및 우호적인 태도를 언급하고 양국 관계의 미래가 매우 밝다고 하였다. 참석자 모두 한식을 즐겼다.

---

117 한-EU FTA는 2010.10.6 제5차 한-EU 정상회담 계기에 정식 서명되었으며 2011.7.1 발효되었다.

118 Cederin 부국장은 오찬 이후 감사 손편지를 나에게 보냈다. "I want to thank you for inviting us last week for lunch to your beautiful residence. Constructive discussions and excellent food turned this into a memorable occasion for furthering Swedish-Korean relations. I also enjoyed hearing your thoughts about life in Tokyo. Thanks once again, looking forward to further discussion."

국회의원 교류

　연중 국회의원과 교류하였다. 나는 양국 관계가 2009년 수교 50 주년과 2010년 한국전 60주년을 계기로 급속히 발전되고 있는 추세를 설명하고, 특히 2010년 3월 천안함 사건 조사단 파견, 6월 한국전 기념행사 공동 개최, 9월 워킹홀리데이 프로그램 협정 체결로 '포괄적 협력관계(comprehensive partnership)'가 더욱 성숙되었다고 하고 국회 차원의 지속적 협력을 요청하였다. 아울러 9월 스웨덴 총선(9.19)과 관련해 국내 정국 동향을 파악하였다. 사실상 선거운동이 5월경부터 시작되어 10월부터 국회의원들과 다시 교류하였다. 주요 활동은 다음과 같다.

　상반기에는 구스탑손 의원친선협회 회장 초청 오찬(1.28), 해쉬테트(Kent Härstedt) 의원 초청 오찬(3.16), 폴피에드(Polfjärd) 의원 초청 오찬(3.17), 스웨덴 의회인사 초청행사('Korea Day for the Swedish Parliament', 대사관) 개최(4.14, Jan Björkman 국회 제1부의장, Holger Gustafsson 의원친선협회 회장, Björn Hamilton, Cecilia Wigström, Egon Frid, Jessica Polfjärd, Liselotte Olsson 등 의원 7명, Åsa Ekwall 국회 국제국장 내외, Fredik Svensson 자유당 국제국장 등 30여 명 참석), 페르토프트(Mats Pertoft) 환경당(Green Party) 의원 초청 오찬(5.25), 폴피에드(Polfjärd) 의원 대사관방문 면담(5.27) 등 활동을 하였다.

베스테로스 방문(9.18)

대사관은 웁살라, 예테보리에 이어 2010년 한국영화제의 3번째 도시인 베스테로스(Västerås, Västmanland 주 주도) 시에서 총선(9.19) 전날인 9.18(토) 시 주관 연례 문화행사('Culture Night')에 참가하는 형식으로 시립문화센터에서 한국영화제를 개최하였다. 9.18(토) 저녁 첫 영화(「왕의 남자」) 상영에 앞서 100여 명 관객에게 축사를 통해 양국 관계 현황 소개와 함께 영화를 통한 한국문화 이해를 기대한다고 하였다. 축사 후에 폴피에드 의원의 안내로 시내 각 정당별 선거 현장을 참관하였다. 오두막 형태의 임시 부스가 인상적이었다. 자연스럽게 총선 전날 한국입양아 출신 폴피에드 의원이 한국 대사와 함께 선거운동 현장에 있는 장면이 연출되었다.

대사관은 그간 3개 도시 영화제를 준비하면서, 현지 영화관 등 관계자와의 협의를 통해 시간 계획을 수립하였다. 마침 선거 전날 '9.18 베스테로스에서 한국영화제 개최' 일정을 추진할 수 있어 그날 가서 자연스럽게 폴피에드 의원을 응원하게 되었다. 물론 한국영화제 개최나 대사 방문과 관계없이 폴피에드 의원은 지역구(베스트만랜드 주) 보수당의 후보자 명부 1위이니 당선은 확실한 상황이었다.

총선(9.19) 결과 후속조치

총선을 앞두고 한-스웨덴 의원친선협회 소속의원(29명) 중 셀렌

(Birgitta Sellén) 부의장 등 6명은 은퇴 또는 불출마를 선언하였으며 23명이 소속 정당 후보자로 출마하였다. 그중 Tolgfors 국방장관, Billström 이민난민정책장관, Odell 지자체 및 금융시장장관, Polfjärd 의원(입양아 출신, 재선) 등 17명(보수당 5명, 자유당 1명, 기민당 1명, 중앙당 3명, 사민당 7명)이 당선되었다. 안타깝게도 구스탑손(Gustafsson) 의원친선협회 회장(기민당)이 지역구내 기민당 지지율이 감소하여 낙선하였다. 대사관과 가깝게 교류했던 좌파당 Egon Frid 의원, 환경당 Mats Pertoft 의원도 낙선하였다. 나는 9.24 당선된 17명 의원에게 당선 축하 메시지를 전달하였고, 낙선 의원들에게는 위로 메시지를 보냈다. Polfjärd 의원과 Kent Härstedt 의원에게는 따로 전화하여 축의를 전하고 조만간 오찬을 하기로 하였다. 구스탑손 의원에게는 낙선에 유감과 심심한 위로를 전하고 한-스웨덴 의원친선협회 회장으로서 양국 관계 발전에 기여한 데 대해 재삼 깊은 사의를 전했다. 구스탑손 의원은 지난 2여 년간 나와의 좋은 협력관계를 높이 평가하고 양국 관계발전을 계속 응원하겠다고 답장을 보내왔다.

총선 이후 폴피에드(Jessica Polfjärd) 의원 초청 오찬(10.6), 피네(Ewa Thalen Finne) 의원 초청 오찬(10.20, 2010년 중 스웨덴 국회의원의 유일한 방한), 국회사무총장(Anders Forsberg)[119] 부부 초청 관저만찬(10.28,

---

[119] 2008년 6월 부임 이래 포스베리 사무총장(1944년생)은 나의 활동을 전폭적으로 지원해 주었다. 2008년 8월 바리외 주한대사 부부 초청 관저만찬에 함께 초청한 이래, 만날 때마다 스웨덴 정치에 대한 설명이나 양국 관계에 관한 주언을 항상 정중하게 전해주었다. 특히 2010년 여름휴가철에 방문하는 우리 국회의원과의 면담을 흔쾌히 수락하고 스웨덴 국회 현황을 소상히 설명하는 등 양국 관계 발전에 크게 기여하여 왔다. 그는 관저만찬 등 행사 참석 후에는 예외 없이 나에

Björn von Sydow 전 국회의장 등 함께 참석), 국회부의장(Birgitta Sellén)[120] 및 의원친선협회 의원(3명) 초청 관저만찬(11.16)[121], 해쉬테트(Kent Härstedt) 의원 초청 오찬(12.14), 폴피에드(Jessica Polfjärd) 의원 가족 초청 관저만찬(12.28)[122] 등 활동을 전개했다.

(지방정부) 대사관 주최 행사 한국영화제 3개 도시 개최(9.11~22, 웁살라, 예테보리, 베스테로스)

부임 후 2008년 10월부터 대사관에서 매월 영화제(Korea Film Night)를 개최해 왔다. 2008년 2회, 2009년 8회, 2010년에도 이미 9회를 개최했으며 매회당 평균 50여 명이 참석하였다. 2010년 초 지방영화제 개최계획을 수립하여 3개 주요도시를 선정하여

게 감사 손편지를 보냈다. 2010.10.5 새로운 국회 출범으로 퇴직하게 되었다.

120 셀렌 부의장(1945년생, 65세)은 1998년 중앙당(Centre Party) 국회의원으로 당선된 이래 12년간 의정활동을 하였다. 대부분의 국회의원과 마찬가지로 스웨덴 사회의 65세 퇴직관례에 따른 것이라고 생각했다. 2008.9 신임장 제정 후 10.21(화) 부의장과 처음 면담한 이후 지속적으로 교류하여 왔으며, 그녀는 대사관의 의원친선협회 의원 초청 간담회와 관저만찬, 대사관 행사에 지속적으로 참석하였으며 한국 의원방문단을 빠짐없이 면담하는 등 양국 관계발전을 적극 지원해 주었다. 2009년 수교 50주년 계기로 우리 국회의 방한초청장을 전달하였으나 결국 방한이 실현되지 못했다. 부의장은 외교단 행사에서 환담 시, 나에게 자신은 방한하고 싶지만 사실 국회의 해외방문 예산사정이 여의치 않아서 갈 수 없게 되었다고 전했다.

121 만찬 후 셀렌 부의장은 11.18(목) 감사메일을 보내왔다. "지난 화요일 저녁 멋진 관저에서 맛있는 만찬을 주최해 준 조 대사 부부에게 큰 감사 인사를 전한다. 특히 대사의 나에 대한 과분한 평가에 대해 다시 한번 진심으로 감사한 마음을 전한다. 그동안 조 대사 부부와 함께한 매우 좋은 관계(very good cooperation)는 영원히 잊지 못할 것이다"라고 전했다. 동석한 와타나베 일본 대사 부인(Watanabe Naoko)이 우리 부부에게 11.17자 다음 감사 손편지를 보내왔다. "I'd like to express our deepest gratitude for a nice evening. Originally my husband is not a diplomat, but you have kindly showed us what diplomacy is as a diplomat. Thanks again for your hospitality!"

122 폴피에드 의원은 1.2(일) 자신의 가족을 위한 환상적인 만찬(fantastic dinner) 초청과 대사 부부의 따뜻한 환대와 우정에 대해 깊이 감사한다(very grateful)는 메일을 보내왔다.

한국영화제를 준비하였다. 웁살라와 베스테로스의 경우에는 시주관 문화축제 행사에 참여하는 형식으로 진행하고, 예테보리의 경우에는 대사관주관 행사로 진행하였다. 9.11(토) 웁살라(「과속스캔들」 3회, 「비몽」 1회, 180명 관람), 9.15(수)~16(목) 예테보리(「왕의 남자」, 「비몽」, 「크로싱」, 300명 관람), 9.18(토)/9.22(수) 베스테로스(「왕의 남자」 2회, 「크로싱」 2회, 170명 관람)에서 성황리에 개최되었다. 3개 지역의 지역신문에도 영화제 및 한국문화 소개 기사가 실렸다. 영화제 개막식 축사를 위해 9.15~16 예테보리, 9.18 베스테로스를 방문하였다.

고틀란드(Gotland) 방문(10.14~16)

10.14(목)~16(토) 고틀란드를 처음 방문하였다. 고틀란드 주지사(Cecilia Irene Schelin Seidegard, 1954년생, 생화학자 출신, 2010년 1월 주지사 취임, 2004~2007 카롤린스카대학병원 CEO 역임)의 '세계유산, 지속가능한 관광과 개발' 제하의 노르딕-발트 워크숍(Nordic-Baltic Workshop) 초청 및 문화재청장(Inger Liliequist)[123]의 권유로 방문하게 되었다. 14일(목) 주지사 주최 관저만찬 및 15일(금) 오후 별도면담을 통해 양국 관계 현황에 대해 설명하고 관심분야에서의 교류협력 확대

---

[123] 그녀는 지난 2010년 3월 대사관 정례토론회 연사로 참석하여 스웨덴의 문화재 보호정책을 설명해 주었으며 6.18 청장 내외를 관저만찬에 초청하는 등 교류를 이어왔다. 그녀는 제33차 유네스코 세계유산위원회에서 조선왕릉 등재에 관해 적극적으로 지지한 데 이어 2010년 7월 브라질리아에서 개최된 제34차 세계유산위원회(7.25~8.3)에서 한국의 역사마을(하회와 양동) 세계유산 등재도 적극 지지했다. 청장은 한국과의 교류협력에 만족하며 한국의 방한초청 제의(2010.4)에 대해 2011년 초 방한을 검토하겠다고 하였다.

를 제의하였다. 주지사는 G20 정상회의 주최 등 한국의 국제사회에서의 위상 제고가 인상적이며 관광, 경제, 학술분야의 교류 확대를 기대한다고 하였다. 10.15(금) 고틀란드 대학(Gotland University)을 방문하여 Suk-hi Lise Cho 국제협력부장(스웨덴에서 한국학의 개척자인 조승복 교수의 딸)의 안내로 Karin Bengtsson 부총장과의 면담과 오찬을 통해 대학 간 교류에 관해 협의하였다. 이후 12월 하순 조 부장은 부친 조승복 교수가 친필로 서명한 회고록[124]을 보내주었다. 이어 면담한 고틀란드 해운회사(Destination Gotland)의 Per-Erling Evensen 마케팅 매니저와 고틀란드 상공회의소 부회장(Jan-Eric Nilsson)은 한국기업의 고틀란드 진출을 희망하였다.

스톡홀름 시장(Bo Bladholm) 이임 리셉션 참석(10.27)

10.17(수) 오후 4시 브라드홀름 스톡홀름 시장 이임 리셉션에 참석하였다. 재임 중 한국에 대한 관심과 지지에 사의를 전했다. 특히 대통령과 국회의원 방문 시 스톡홀름 시의 특별한 지원 및 대사관 행사에의 직접 참여에 감사하다고 하였다. 시장은 재임 중 양국 관계의 급속한 발전 추세를 목격하게 되어 기쁘고 작년 11월 관저만찬을 좋은 추억으로 기억하고 있다고 하였다.

---

[124] 조승복(趙承福) 교수(1922년생)는 당시 88세로 건강이 좋지 않은 상황이었다. 조 부장은 부친에게 한국 대사를 만났다고 하니 기뻐하셨다고 하고, 불편한 손으로 저서에 서명하였다면서 저서를 보내왔다. 조 교수의 회고록 『분단의 한』 상하 2권은 2004년 7월 도서출판 케리그마에서 출판되었다.

말뫼(Malmö) 방문(11.3~4): 명예총영사 후보자 면담

부임 직전인 2007년 5월 에테보리에 처음으로 명예총영사가 임명되었다. 2009년 7월 대통령 방문 이래 양국 간의 교류 협력이 확대되는 추세에 따라 스웨덴 제3의 도시인 말뫼에도 명예총영사를 임명함이 바람직하다고 판단하였다. 주한 스웨덴대사관은 당시 부산, 대전, 대구에 명예영사를 지정하고 있었다. 2009년 11월 말뫼 출장 이후 '말뫼 명예총영사 임명' 건의에 대해 2010년 1월 말 외교부 본부가 승인함에 따라 후보 물색 중 2010년 하반기부터 주요인사들이 이구동성으로 스웨덴 남부상공회의소 Stephan Müchler 회장이 적합한 후보자라고 추천해 주었다. 그는 한국과 특별한 인연은 없으나 1997년 이래 동 회장직을 수행하고 있어 폭넓은 네트워크를 바탕으로 양국 교류의 중개 역할을 충분히 수행할 수 있을 것으로 판단했다.

말뫼를 1년 만에 다시 방문하여 11.4(목) 오전 상공회의소에서 면담하였다. 첫인상이 좋았다. 한국과 스코네 지역과의 교류 협력 확대 방안을 협의한 후 말뫼 명예총영사직을 제의하였다. 이에 대해 그는 큰 영광이라면서 사의를 전하고 이사회와 협의한 후 2주 내에 회신을 주겠다고 하였다. 11.18(목) 라트비아 국경일 행사 참석한 후 11.19(금) 오전 7시 30분 스톡홀름에 돌아와 바로 대사관에 출근하니 뮈크러(Müchler) 회장으로부터 전화가 왔다. 2주안에 입장을 알려준다는 약속을 지켰다. 말뫼 명예총영사직을 수락하겠다는 기쁜 소식을 전했다. 나는 사의를 전하고 한국 절차 및 스웨덴 외교부의 동의 절차 등 관련 업무를 바로 시작하겠다고 하였다. 이어 툰하머 주지사와 함께 관저만찬 초청의 뜻을 전했다. 12. 15(수) 관저만찬을 주최하게 된다.

외교부 초청 외교단을 위한 웁살라 주 방문 참여(12.7)

스웨덴 외교부 초청으로 '12.7 외교단을 위한 웁살라 주 방문(study trip)' 행사에 참석하였다. 12.7(화) 9시~저녁 8시 전 일정이 혁신과 연구활동에 중점을 두었다. 스웨덴 농업대학(Swedish Agricultural University), 웁살라 대학병원, 웁살라 대학을 방문한 후 에가르트(Peter Egardt) 주지사 주최 리셉션에 참석하였다. 주지사에게 취임(2010.4)을 다시 한번 축하하고 2008.6 부임 직후 스웨덴 상공회의소 회장 재임 시 면담 이후 지원에 대해 감사를 전했다. 이어 양국 관계 현황과 연평도 포격 도발에 관한 우리 입장을 설명하였다. 특히 11.1 발효된 워킹홀리데이 프로그램에 따라 한국 젊은이들이 웁살라 주 내에서 활동할 경우, 관심을 갖고 지원해 줄 것을 요청하였다.

주지사는 "1991~1994 총리실 차관 이래 한-스웨덴 관계 발전에 참여해 온 것을 보람으로 여긴다. 웁살라 주는 스웨덴의 '대표적인 지식과 학문의 중심지(intellectual capital)'로서 한국과 다양한 분야에서의 교류 협력이 가능하므로 그간 실적을 토대로 더욱더 확대되기를 바란다. 북한의 연평도 포격 도발은 이해할 수 없으며 스웨덴은 한반도 평화와 안정을 위해 계속 지원해 나갈 것이다"라고 언급하였다. 방문 후 웁살라 시와 자매결연 관계인 대전시에 대해 웁살라 주와의 교류 협력에 적극 대응해 줄 것으로 다시 건의하였다. 그간 대전시와 웁살라 시와의 교류 협력은 거의 없었다.

스코네 주지사(Göran Tunhammer) 부부 초청 관저만찬(12. 15)

12. 15(수) 저녁 우리 부부는 툰하머 주지사 부부를 주빈으로 하여 뮈크러(Stephan Müchler) 스웨덴 남부상공회의소 회장(말뫼 명예총영사 내정자) 부부, 핼스트램(Mats Hellström) 전 통상장관 부부, 그뢴발(Hans Grönwall) 전 주한대사 부부, 비치니(Caroline Vicini) 외교부 의전장, 베넷(Carl Bennet) 의료기업회장(Chairman of Getinge, Lifco and Elanders)을 관저만찬에 초청하였다. 최종욱 서기관 부부가 동석하였다. 주지사와는 2009년 11월 처음 말뫼에서 환담하였으며, 2010년 11월 4일 주지사 말뫼 관저 면담 시에 관저만찬을 제의하여 일정을 잡았다. 말뫼 명예총영사 임명은 절차진행 중이었다. 양국 관계 현황 및 연평도 포격 도발 사태에 대해 설명하고 한-스코네 지역 간의 교류 협력 확대를 위한 지속적인 관심과 협력을 요청하였다. 주지사는 양국 관계발전 추세를 환영하고, 한국의 발전에 감탄한다고 하였다. 스코네 지역은 유럽 내 '부상하는 경제(emerging economy)'로서 2000년 말뫼-덴마크 간 웨레순드 해상대교 건설과 2010. 11월 말뫼 주요지역과 동 대교를 잇는 전철이 개통됨으로써 덴마크와 경제통합이 가속화 추세에 있다고 강조하고, 말뫼 명예총영사 임명, 지자체 협력, 투자 확대 등을 통해 한국과의 교류확대를 기대하며 앞으로 방한을 희망하였다. 뮈크러

(Müchler) 회장은 명예총영사 수임은 개인적으로 무한한 영광으로 생각하며 임명되면 양국 관계발전을 위해 최선을 다하겠다고 하였다. 회장 부인은 현직 변호사로서 자신도 남편 일을 지원하겠다고 하였다. 핼스트램 전 장관(1942년생)[125]은 1980년대 초와 90년대 중반 통상장관 시절에 한국과의 교류협력에 참여한 경험을 거론하고 한국의 발전에 대해 높이 평가하면서 한국에 대해 친근감을 표명하였다. 베넷 회장은 스웨덴 경제계 거물로서 의료 관련 기업 회장으로서 한국과 의료기계 수출 등을 통해 한국 경제계와 교류하고 있다고 하였다.

그륀발 전 주한대사[126] 부부는 최근 양국 간 고위인사 교류 확대 등 관계 발전을 높이 평가하고 문화교류의 중요성을 강조하였다. 비치니 외교부 의전장은 "조 대사가 스웨덴 정부와 외교단에서 유능한 대사로 평판이 높다. 양국 관계를 위해 스톡홀름을 빨리 떠나서는 안 된다"고 덕담을 건넸다. 모든 참석자가 한국과 양국 관계에 대한 이해가 깊어졌으며 특히 평소에 접할 수 없는 한식을 맛볼 수 있는 기회가 되었다고 평가하였다.

---

125   그는 1969년 27세에 사민당 국회의원으로 정계에 몸담은 이후, 41세에 통상장관에 취임하여 농업장관, 독일 대사(1996~2001), 스톡홀름 주지사(2002~2006)를 역임한 정계 원로였다.

126   그륀발 대사는 며칠 후 연하장을 보내면서 만찬에 사의를 전했다. "Thank you very much for a delightful evening and for one of the best Korean meals we have ever enjoyed. In that respect it was so nice to meet your brilliant cook. Your warm speech went right to our hearts and the gifts will always remind us of close links between our two countries."

지방 네트워크 구축

이렇게 하여 재임 중 웁살라 주, 베스트만란드(Västmanland) 주(베스테로스), 웨스트예트란드 주(린쇼핑), 베스트라예타란드(Västra Göta-land) 주(제2의 도시 예테보리 소재), 스코네(Skåne)(제3의 도시 말뫼)의 주지사 및 시장과의 실질적인 교류 협력 관계를 구축할 수 있었다. 11월 하순 외레부로 주의 방문 계획은 연평도 포격 도발 사태로 연기했다가 재추진하려던 차에 1월 초 귀임 발령을 받게 됨에 따라 실행할 수 없었다. 물론 대사의 지방방문 외교활동과는 별개로, 21개 주와의 경제협력(친환경, 에너지 모범사례 현장 방문 등), 문화(한국 홍보자료 송부 등), 영사(한인 보호, 워킹홀리데이 프로그램 지원 등) 분야에의 협력을 위해 순회영사 활동과 직원출장을 지속적으로 시행하였다.

(각계: 문화, 과학기술, 경제, 언론, 학계 등)

(문화계 등) 린드베리(Gunilla Lindberg) IOC 위원 초청 오찬(1.15), 문화계, 경제계 인사(Håkan Wahlquist, 민속박물관 아시아부장, Mattias Bergman 스웨덴 무역협회부회장 부부 등) 및 실벤(Sylvén) 전 주한대사 부부 초청(15명) 관저만찬(1.27), 한국문학번역원(KLTI) 스칸디나비아 포럼 참석 축사(6.15, 동아시아박물관), 문화재청장(Inger Liliequist) 및 예테보리 명예총영사(Anders Källström) 부부, 한서협회 회장(Kurt Blixt) 부부 등 초청(14명) 관저만찬(6.18) 활동을 전개하였다. 스웨덴 내에서 한국과 양국 관계에 대한 관심이 점차로 높아지고 있음을 확인할 수 있었다.

(과학계) 스웨덴 왕립과학한림원(KVA: Royal Swedish Academy of Sciences) 주최 만찬 참석(3.31), 웁살라 대학 총장(Anders Hallberg) 부부 및 노르드그렌(Joseph Nordgren) 부총장(노벨물리학상 심사위원장) 부부 등 초청 관저만찬(4.26), 제1차 한-스웨덴 과학기술공동위원회 대표단(단장: Katarina Bjelke 교육연구부 연구정책국장 등 6명) 초청 관저만찬(5.26), 스웨덴 왕립과학한림원(KVA) 주최 외퀴스트(Gunnar Öquist) 사무총장 이임 리셉션 참석(5.27), 카롤린스카 의과대학(KI)[127] 총장(Harriet Wallberg-Henriksson) 초청 관저만찬(6.2), 카롤린스카 의과대학(KI) 부총장(Jan Andersson) 면담(10.25) 등 활동을 전개하였다. 다수 참석 행사에서 만난 과학계 주요인사들은 한국에 대한 전반적인 이해가 매우 낮다는 사실을 확인하였다. 방한 경험이 있거나 방한 추진 중인 인사들은 한국의 과학기술, 연구개발 및 교육정책에 대해 높은 관심을 보였으며 상호간 '적절한(relevant) 파트너'라는 데 공감하였다.

(경제계) 쓰레기 자동집하 처리시스템 전문기업 엔박(Envac) 방문(1.13), SWECO[128] 방문(3.30), 스웨덴 무역협회 부회장(Matias Bergman) 부부 초청 만찬 참석(7.8), 사브(Saab) 회장(Åke Svensson 회장과 Håkan Buskhe 신임회장) 이취임 리셉션 참석(8.24), 핵연료 폐기물관리회사(SKB) 최종 처분장 방문(10.11), 에릭슨(Ericsson) 부회장(Per-

---

127 카롤린스카 의과대학(Karolinska Institutet)은 노벨생리의학상을 심사하고 선정하는 스웨덴을 대표하는 세계적인 종합 의과대학이자 연구소로서 2010년 당시 스웨덴 전체 30%의 의학교육을 담당하고 45%의 의학관련 연구를 수행하고 있었다.
128 동 사는 2009.7.11 대통령이 방문한 환경도시 하마비(Hammarby) 시 건설에 참여한 환경기술 및 건축분야 자문회사로서, Carlsson 대표는 대통령과의 간담회에 참석하였다.

Olof Björk) 초청 오찬(11.2), Marcus Wallenberg SEB/SAAB 그룹 회장 면담(11.5) 등 활동을 하였다. 한국 진출 중인 기업과 방한 및 체류경험이 있는 기업인들은 한국과의 협력에 매우 적극적이며 전망은 밝다고 평가하였다.

(언론계) 미르스텐(Johan Myrsten) 스벤스카 다그브라뎃(SvD) 기자 초청 오찬(3.4, 10.19), 페테르손(Bo Pettersson) 다겐스 인두스트리(DI) 논설위원 초청 오찬(3.9,8.25), 스벤스카 다그브라뎃(SvD:Svenska Dagbladet) 편집국장(Anders Linder)초청 오찬(9.7) 등을 통해 양국 관계, 북한의 천안함 도발, G20 정상회의 주최 등에 관해 설명하고 스웨덴 언론의 협조를 요청하고 스웨덴 총선 동향을 파악하였다.

리벤달(Tove Lifvendahl) 스웨덴기업협회 홍보국장 부부[129]
초청 자택만찬 참석(12.2, 웁살라 자택)

12.2(목) 저녁 7~11시 우리 부부는 리벤달 국장 부부의 초청으로 웁살라 자택에서의 만찬에 참석하였다. 리벤달 부부는 매우 성의 있게 만찬을 준비하였다. 그날 따라 눈이 많이 내려 설경 속에서 스웨덴 겨울의 만찬을 즐겼다. 폴피에드(Jessica Polfjärd) 의원 부부와 스웨덴 IT 장관(Anna-Karin Hatt, Minister for Information and

---

[129] 남편(Fredrik Erixon)은 브뤼셀에 본부를 둔 세계경제 싱크탱크 유럽국제정치경제센터 (ECIPE) 이사이자 공동 창립자였다. 그는 보수당 계열의 싱크탱크 Timbro 수석 경제학자였다. 부임 후 리벤달 국장과 가깝게 교류해 왔고 그녀는 관저만찬 등에 참석하면서 자택 만찬에 초청하고 싶다는 뜻을 여러 번 전해왔다. 우리 부부는 기꺼이 만찬초청에 응했다.

Regional Affaires: 중앙당, 2010.10월 취임)의 남편(Greger Hatt, 공공정책자문회사 Talande Milijo 고문)도 함께 참석하였다. 그는 잉발르 칼손(Invar Carlsson, 사민당) 총리의 1994~1996년간 연설작성자(speech-writer)였다. 그는 아주 점잖고 진지했다. 2006년 사민당 당원에서 중앙당 당원으로 전향했다고 하고 보리(Borg) 현 재무장관과 친한 친구 사이라고 하였다. 리벤달 남편은 역시 경제학자답게 논리적이었으며 자신의 연구소의 한-EU FTA 검토 보고서를 전해주면서 양측 모두에 호혜적인 아주 잘된 협정이라고 하였다. 이날 저녁은 편안한 분위기에서 스웨덴의 사회, 정치, 일상생활 등에 대해서 여러 대화를 나누었다. 하트 고문은 "스웨덴 사람들이 모두 행복하게 사는 것은 아니다"라고 하면서 자신의 아버지와의 관계 등 개인사까지 들려주었다. 내가 지난 2년 6개월간 스웨덴 사회와 사람들에 대해 느끼고 체험했던 많은 것을 새삼 확인하는 자리이기도 했다.

스웨덴 보수언론협회 회원 초청 간담회 및 관저만찬(12.14)

12.14(화) 오후 5시 30분~9시 스웨덴 보수언론협회(Swedish Conservative Press Association)의 회원 언론인(28명)을 초청하여 대사관 간담회와 관저만찬을 주최하였다. 재임 중 가장 크고 의미 있던 언론인 대상 행사였다. 동 협회는 1909년 설립되어 유럽에서 가장 오래된 언론인 협회로서, 회원은 전국 주요 보수성향 언론의 편집장, 논설위원, 언론사 사장 55명이었다. 동 협회의 연말 스톡홀름 정기모임 기회를 활용하여 개최하였다. 평소 교류해 오던 Anders

Linder SvD 편집국장과 Katarina Tolgfors BAE systems 홍보부장 (Tolgfors 국방장관의 전 부인, 입양한인 출신)이 간담회 추진을 위해 중간 역할을 하였다. Martin Tunström 협회 회장(Smalandspasten 편집장), Anders Linder SvD 편집국장을 비롯하여 전국 주요 지역(칼스타트, 고트랜드, 베스테로스, 예테보리, 노르쇼핑, 루레오 등) 보수지 편집장 및 논설위원 등이 참석하였다. 윤석준 무관, 임진홍 문화홍보관, 최종욱 서기관이 동석하였다. 나는 먼저 1시간 30분간 양국 관계 현황, G20 정상회의 개최의 의의와 성과, 연평도 포격 도발 상황 및 우리 입장을 설명하였다. 7시에 관저로 자리를 옮겨 한식만찬을 하며 의견교환을 하였다. 특히 방한을 권유하고 언제라도 대사관에 연락을 달라고 하였다. Tunström 회장 등 언론인들은 다음 요지로 언급하였다.

간담회와 관저만찬을 계기로 한-스웨덴 관계가 바람직하게 발전되어 왔으며 양국 간 포괄적 협력관계 현황 및 미래 발전방향에 대해 더욱더 이해하게 되었다. 한국과 남북한 관계에 대한 이해가 보다 깊어졌으며 더 큰 관심을 갖게 되었다. 이에 대해 더 많이 취재해서 보도하겠다. 특히 최근 남북관계를 볼 때 스웨덴의 지난 60년간 한국에 대한 개입과 지원이 올바른 선택이었다고 평가한다. 스웨덴이 그간 여러 나라에 대해 인도주의적 입장에 따라 각종 지원을 해 왔으나 오랜 시간이 지난 지금까지 이를 기억하고 감사를 표명하는 나라는 한국이 유일하다. 한국은 개도국에서 벗어나서 G20 정상회의를 주최할 만큼 국제사회에서의 위상이 제고되었으며, 향후 한국 주도로 남북관계가 전개될 것으로 확신하며 스웨덴은 한국을 지속적으로 지지해 나갈 것이다. 이제는 스웨덴이 한국의 글로벌 기업 운영, 경쟁력 있는 교육 등 다양한 이슈에 있어서의 대응방안을 배워야 할 점이 많다고 생각한다. *(대부분 참석자가 한식은 처음이라고 하면서)* 한국음식을 맛볼 기회가 없었으나 한식이 다양한 재료를 이용한 맛과 색깔이 어우러진 독특한 음식임을 알게 되었다.

한국과 양국 관계 현황에 대해 스웨덴 전 지역의 주요 언론인의 이해를 높이고, 특히 연평도 포격 도발, G20 정상회의 성과 등 주요 현안에 관한 시의적절한 정보를 제공함으로써 스웨덴 언론의 보다 객관적인 보도와 한국 지지 여론을 기대해 볼 수 있겠다고 생각했다.

7) 한인사회 및 친한 단체 교류

(한인사회)

부임하여 3번째 해를 맞이하여 그간 시행해 온 관례에 따라 한인사회와 정기적으로 교류하였다. 정초 교류가 늘 중요했다. 신년다과회(1.8), 웁살라 대학 한국유학생(13명) 초청 관저만찬(1.8), 한인 주요인사(한인회장, 전임회장, 평통위원, 한국학교 이사장, 입양한인협회장 등) 초청 관저만찬(1.18)을 주최하였다. 참석자들은 2009년 7월 대통령 방문으로 한인사회가 더욱더 자긍심을 갖게 되었으며 스웨덴 사회의 한국에 대한 인식이 매우 긍정적으로 바뀌고 있는 것을 느낀다고 하였다. 역대 대사 중 대사관 활동과 행사를 제일 많이 하였다고 평가하였다. 부임 후 1년 6개월 정도 지나니 한인사회에서 대사관과 대사에 대한 평판이 정착되었다고 느꼈다.

신동규 한국학교이사장 면담(2.23)에 이어 한국학교 이사진(6명) 및 교사(8명) 초청 관저만찬(2.25), 한국학교 교사(6명) 초청 관저만찬(9.23)을 주최하였다. 우리 부부는 부임 이후 2008년 가을학기부터 새 학기 시작 전후에 한국학교 교사를 관저만찬에 초청하여 격려하였다. 교사를 위한 4번째, 5번째 관저만찬이었다. 이어 한인회 주최 경로회(3.6 이마뉴엘 교회)와 이봉철 한인회장 주최 만찬(4.7)에 참석하였다.

4.20(화) 대사관에서 '유학생의 밤'을 주최하였다. 석박사 과정 11명, 교환학생 16명, 이윤미 교수(홍익대), 이윤정 교수(고려대) 및 연구원 등 7명을 포함하여 40여 명이 참석하였다. 양국 관계 현황을 설명하고, '춥고 배고픈 유학 생활'을 나름대로 극복하면서 각자의 분야에서 스웨덴 배우기와 한국 알리기에 노력해 줄 것을 당부하였다. 간담회 및 한식 식사 후 영화('전우치')를 감상하였다. 모두 밝은 표정으로 한식을 마음껏 즐겼다. 이유진 유학생회 회장은 39개 대학의 한국 유학생 간 교류와 네트워크를 확대하겠다고 하였다. 유학생들은 유학생들 간의 교류 기회가 되어 감사하다며 "스웨덴에 대해 좋은 인상을 갖게 되었다. 외국에 살수록 한국 위상이 높아지고 있다고 느껴져서 뿌듯하다. 다른 나라 유학 시절에는 대사관에서 유학생을 부른 적이 없다. 한국 대사관 주최 유학생 행사에 간다 하니 주변의 다른 나라의 유학생이 부러워했다"고

하였다.[130] 이어 연말에 한국 쇠데르톤(Södertorns)대학에 유학 온 교환학생(건국대 학생 등 4명)을 관저만찬에 초청(12.17)하여 현지 유학생활을 청취하고 격려하였다. 한인회와 한서협회 합동 야유회(6.5)에 참석하였다. 브릭스트(Blixt) 한서협회 회장은 한국전 기념 행사를 스웨덴 정부와 공동 개최하게 된 것을 무척 기뻐했다.

남아공 월드컵 응원전 대사관 개최(6.12, 6.17, 6.22)

6.12(토) 오후 1시 남아공 월드컵 축구경기에 출전한 한국선수단을 응원하기 위해 대사관 1층 리셉션장에 대형스크린을 설치하여 응원전을 펼쳤다. 한인 가족, 입양한인, 스톡홀름 여행 중인 한국인 등 170여 명이 모였다. 같은 날 난타공연단을 격려하기 위한 관저오찬 후에 공연단과 함께 대사관에 가서 같이 응원하였다. 그날 1차전에서는 그리스에 2대 0으로 승리하여 모두 기뻐했다. 6.17(목) 오후 1시 30분 2차전 때에는 50여 명이 모여 응원하였다. 아르헨티나에 4대 1로 패배하였다. 6.22(화) 저녁 8시 30분 3차전 때에는 80여 명이 모였다. 나이지리아와 2대 2 무승부로 비겼다. 이순천 외교안보연구원장 일행을 위한 관저만찬 후 다 같이 대사

---

130 여러 학생이 행사참석 소감메일을 보내왔다. "지난 1월 8일 웁살라 대학생 관저만찬에 이어 다시 즐거운 자리 마련에 깊이 감사하다. 스웨덴에서 지내온 기간 중 가장 즐거운 하루가 아니었을까 싶다. 스웨덴에 와서 양국 관계 자료를 접하지 못했으나 양국 관계 및 교류 현황을 배울 수 있어 좋았고, 특히 과학기술, 지속가능개발 분야와 관련된 논점이 인상 깊었다. 상다리가 휘어질 정도의 성대한 저녁식사가 즐거웠다. 따뜻한 배려에 잠시나마 고국에 돌아간 듯한 착각에 매우 기뻤다"고 전했다. 또 웁살라대학 생활에서 느낀 점을 보내왔다. 대사관 한식 소개행사 역시, 관저행사와 마찬가지로 관저에서 준비하였다. 아내와 관저 요리사에게 유학생들로부터 한식 식사에 감사하다는 메일이 왔다고 전했다.

관으로 가서 역전 무승부의 땀을 쥐게 하는 경기를 응원하였다. 입양한인 가족 어린이들도 같이 응원하여 더욱 감동적이었다. 대사관에서의 응원은 한인사회의 단합에 도움이 되었다. 그 기회에 대사관 직원들은 한인들과 다양한 주제로 많은 대화를 나눌 수 있었다.

한인원로(Soon-Im Wessman) 초청 자택만찬(7.2), 김현덕 박사 초청 자택만찬(10.27)에 우리 부부가 참석하였다. 한인 이민 역사와 스웨덴 현지 사정을 배웠다. 재임 중 한인사회의 공식적인 행사 초청뿐 아니라 한인의 오찬 만찬과 자택초청 만찬에도 시간이 허락하는 한 감사히 수락하였다. 그들 입장에서는 '젊은 대사'의 활동이 기특하여 격려해 주고자 하는 뜻인 것 같았다. 그들은 1960년대~1970년대 스웨덴에 이민 와서 정착하면서 이제 비로소 스웨덴 사회에 한국의 위상이 세대로 섰다고 느끼는 것 같았다. 먼 타국에서 모국에 대한 향수와 함께 그저 대사 부부에게 밥 한끼 대접하고 싶다는 순수한 마음을 느꼈다. 만찬 후에는 항상 정중한 감사 메일을 보냈다. 한인회 주최로 대사관에서 전통매듭 및 종이접기 강습회가 개최되었다(9.4).

'한인의 날' 유공자 표창전수식 및 한인원로 초청 관저만찬(11.1)

11.1(월) '제4회 세계한인의 날' 기념 유공포상자 표창 전수식 겸 축하 관저만찬을 주최하였다. 한기숙 평통위원(1953년생)이 국무총리 표창, 김선옥 한인회 회원(1933년생)이 외교통상부 장관 표창을

받았다. 이봉철 한인회장(1935년생), 박근홍(1932년생), 송요승(1935년생), 김영호(1945년생), 천세충(1928년생) 전 한인회장, 김현덕(1935년생), 김태자(1945년생) 전 평통위원 등 한인원로를 함께 초청하였다. 유공자의 공로를 치하하고 최근 양국 관계에 대해 1) 천안함 사건 발생 후 스웨덴 조사단 파견, 2) 한국전 60주년 기념행사, 3) 워킹 홀리데이 프로그램 협정 체결을 중심으로 설명하고, 한국과 스웨덴이 명실상부하게 가까운 나라가 되었다고 하였다. 한국전 기념 행사 계기에 스웨덴 인사로부터 직접 들은 말, "1) 한국전 이후 60년 동안 감사하다고 하는 나라는 한국밖에 없다. 2) (90세 전후의 의사, 간호사분들이) 한국의 눈부신 발전과 성장이 자랑스럽다. 3) 자동차, 핸드폰 등 품질 좋은 한국 제품이 부럽다. 4) 이제는 스웨덴이 한국으로부터 배워야 할 점이 많은 것 같다"는 말을 전했다. 참석자들은 양국 관계발전 및 대사관의 공공외교활동에 대하여 한인사회가 매우 만족하며 자긍심을 느낀다고 하고, 특히 지난 2년간 진행 중인 대사관과 관저의 대대적 수리를 높이 평가하면서 국유재산의 지속적 관리의 중요성을 강조하였다.

한인 차세대 초청 간담회 및 관저만찬(11.5)

11.5(금) 처음으로 한인 동포 2세, 3세를 대사관 간담회와 관저 만찬에 초청하였다. 40여 명 초청에 16명이 참석하였다. 1970년 생(40세)부터 1992년생(18세)으로 태권도 사범, 스톡홀름대학, 왕립 공과대학(KTH), 웁살라대학 재학생, 고교생이었다. 최근 양국 간 포괄적 협력관계로의 발전 추세를 설명하고 한인 차세대가 양국

간 미래지향적 발전과 교류협력에 관심을 갖고 적극적인 가교역할을 수행해 줄 것을 당부하였다. 대부분 참석자가 일상생활에서 가족을 제외하고는 한국인 접촉이 거의 없으며 방한 기회도 많지 않다고 하고 우선적으로 방한 기회에 큰 관심을 보였다. 3시간이 넘는 대화 중에 그들은 한국어 구사능력에 차이가 있으나 전반적으로 한국에 대한 이해가 매우 높았다고 느꼈다. 다만 그들 대부분이 한국과의 관계는 유지하고 싶어하면서도 역시 스웨덴 사회의 일원으로서 자신의 진로와 인생을 개척해 나간다는 생각을 갖고 있었다. 아무래도 한국으로부터 신규 이민이 적고, 새로운 구성원은 일시 체류자인 유학생과 상사원이 대부분이기 때문에 자연스러운 현상이라는 생각이 들었다. 대사관으로서는 가끔 그들에게 양국 관계 현황을 전하고 한국문화 체험의 기회를 제공하는 것이 바람직하다고 생각했다.

한인회 송년회 참석(12.4)

12.4(토) 저녁 우리 부부는 부임 후 3번째이자 마지막 한인회(이봉철 회장) 주최 송년회에 참석하였다. 양국 관계발전 현황을 설명하고, 한인사회의 기여 및 한인회의 대사관 활동 지원에 대해 심심한 사의를 전했다. 한인 원로들과 다양한 대화를 나누면서 한인사회의 발전 역사를 들었다. 한 원로는 스웨덴에 막 이민 왔을 때 야간 아르바이트에 상추와 간장밥만 먹던 어렵고 고달픈 시절을 회고하면서 그래도 스웨덴은 '기회의 땅'이라서 자리 잡을 수 있었다고 하였다. 많은 한인이 나의 신상문제에 관해 관심을 표명하였

다. 내년 봄에 이임할 것 같다고 하니 모두 아쉽다고 하고 "역대 최고의 대사였다"고 과분한 평가를 해 주었다.

지방 한인회 간담회 개최

2009년 지방출장 시 웁살라(2.17), 린쇼핑(3.18), 말뫼(11.9), 예테보리(11.26) 등에서 한인 간담회를 개최했듯이 2010년에도 예테보리(9.15), 말뫼(11.4)에서 한인 간담회를 주최하였다. 예테보리 한인회장은 대사 부임 이후 처음으로 예테보리 한인들이 대사관과 관계가 있다고 생각하기 시작했다고 전했다. 말뫼 한인들은 말뫼 명예총영사 개설을 크게 환영하였다.

(진출기업)

우리 진출기업과의 교류 역시 부임하여 시행해 온 관례에 따라 통상투자진흥협의회 개최, 기업 방문, 법인장(무역관장, 지사장) 이부임 시 관저만찬 등을 통해 활동 경험을 공유하는 등 긴밀히 교류하면서 지원하였다. 한종운 무역관장 부부 및 송광석 LG법인장 부부 환송 관저만찬(1.23), 기업(삼성전자, 한국타이어, 기아자동차) 방문(1.28), 신임 유인홍 무역관장(2.2 부임인사 내방) 면담, 코트라 무역관 방문(2.26), 코트라 무역관장 환영 관저만찬(3.12, 삼성전자, 기아자동차, 대한항공, 한국타이어 대표 동참)을 주최하였다. 우리 기업인들은 현지에서 전반적으로 한국제품에 대한 호감도가 증가하고 있다고 하였다. 북구제국(핀란드, 노르웨이, 덴마크, 스웨덴)을 동시에 상대하는데 그중에 스웨덴이 비즈니스 상대로 가장 까다롭다고 하였다

통상투자진흥협의회(3.26), 진출기업 직원부부(21명) 초청 관저만찬(5.28), 통상투자진흥협의회 및 관저만찬(11.29)을 주최하였다. 이를 통해 주요 사안에 관한 정부입장과 양국 관계 현황을 전할 수 있었다. 아울러 현지 상사활동 동향을 청취하면서 스웨덴과의 교류확대 방안에 관해 협의하였다. 우리 기업들은 북구에서 한국 기업 및 제품의 인지도가 증가 추세라고 하였다. 한편 대부분의 배우자와 직원들은 "관저 방문이 처음"이라고 하면서 현지 생활에 관해 경험담을 나누었다. 외국에서 비록 각자 다른 분야에서 일하지만 우리 나라가 제대로 발전하고 잘되어야 한다는 생각은 똑같았다. 코트라 무역관과는 관장의 대사관 월례회의 참석, 이동현 과장 환송오찬(7.26), 코트라 무역관장 초청 오찬(12.23) 등을 통해 경제통상 증진 노력을 함께 전개하였다.

(친한 단체)
예테보리 명예총영사

캘스트램(Anders Källström) 예테보리 명예총영사와는 오찬(4.7 스톡홀름), 관저만찬(6.18), 예테보리 출장(9.5) 계기에 지속적으로 면담하여 양국 관계 발전방안, 말뫼 총영사 후보자 추천, 예테보리 영화제 개최 등에 관해 협의하였다. 그는 항상 적극적인 자세로 지원하였다.

한서협회 및 입양한인협회

2010년에 들어서도 한서협회와 입양한인협회 회장단 및 회원들과 지속적으로 교류해 왔다. 연초 정례적 행사인 한인 주요인사 관저만찬(1.18)에 입양한인협회 회장이 참석하였다. 브릭스 한서협회 회장은 개인사정상 불참하였다. 한서협회 초청 공관음악회(3.20 토)를 개최하여 한서협회, 입양한인협회 등 70여 명이 참석하였다. 이어 입양한인협회 신구회장단(15명) 초청 관저만찬(4.8), 월례 영화제 등에 적극적으로 참석하였다. 부르하임(Henrik Burheim) 입양한인협회장 면담(5.26)에 이어 입양한인 가족 초청 간담회 및 만찬(7.15)을 주최하였다. 입양한인협회(AKF) 회장을 비롯한 회원 및 가족(54명)이 참석하였다. Elisabet Lee, Daniel Lee, Stefan Son 등 대사관 행사에 그간 적극 참여했던 전임회장 등도 참석하였다. 그들은 8.3~8 서울에서 개최되는 2010년도 '세계입양한인대회(IKAA)' 행사에 참석할 예정이었다. 양국 간 '포괄적 동반자 관계' 발전 추세를 설명하고 '모국' 방문을 통해 한국에 대한 이해 제고와 양국 간 교량역할의 지속적 수행을 기대한다고 하였다. 그들은 양국 관계발전 추세를 기쁘게 받아들이고 지난 2년간 대사관의 월례영화제, 한국전 기념행사 등 다양한 행사 참여로 한국과 보다 가까워졌다고 평가하였다. 그들로부터 입양 배경과 스웨덴에서의 성장과정 등에 대해 들었다. 감동적인 얘기와 정체성의 혼란 경험 등을 함께 들으니 더욱더 제3자가 그들에 대해 섣부르게 얘기해서는 안 된다는 생각이 들었다. 다만 한국 어린이가 더 이상 스웨덴을 포함한 외국으로 입양 가는 일이 없었으면 좋겠다고 생각했다. 이후 일부 참석자들이 "우리 부부의 환대와 유익한 대화에 감사하며 앞으로도 '한국영화의 밤' 행사에 참석하겠다"는 편지와 메일을 보내왔다. 연말에 즈음하여 한서협회 송년회(11.27), 입양한인협회 회장단 초청 오찬(12.3), 한인입양협회 주최 송년회(12.11)에 참석하였다.

8) 대사관 주최 행사

2010년 연중 대사관 주최로 공공외교활동을 전개하였다. 그중 대표적인 3개 사례를 소개한다.

영화제 개최

월례 공관영화제를 2010년 중 11회 개최하였다. 현지 유력인사, 한서협회, 입양한인협회, 외교단, 한인 등을 초청하였다. 매월 50~80명이 참석하였으며 한식 리셉션 및 홍보자료 배포를 병행하였다. 한국영화제를 9.11~22 3개 도시(웁살라, 예테보리, 베스테로스)에서 개최하였다. 웁살라와 베스테로스의 경우에는 시 주관 문화축제 행사에 참여하는 형식으로 진행하고, 예테보리의 경우에는 대사관 주관 행사로 진행하였다. 9.11(토) 웁살라(「과속스캔들」 3회, 「비몽」 1회, 180명 관람), 9.15(수)~16(목) 예테보리(「왕의 남자」, 「비몽」, 「과속스캔들」, 「크로싱」, 300명 관람), 9.18(토)/9.22(수) 베스테로스(「왕의 남자」 2회, 「크로싱」 2회, 170명 관람)에서 성황리에 개최되었다. 3개 지역의 신문에도 영화제 및 한국문화 소개 기사가 실렸다. 나는 9.9(목) 오후 웁살라 지역일간지 'Uppsala Yidning'의 기자(Anna Sadelin)와 전화인터뷰를 갖고, 영화제 개최 배경 등에 관해 설명하였다. 동 신문은 9.11(토)자에 '한국, 영화홍보에 주력하고 있다'라는 제목하에 인터뷰 내용을 다음과 같이 실었다.

조 대사는 몇 년 전 스웨덴에 부임한 이래 한국영화 홍보에 지속적으로 노력해 왔다. 조 대사는 웁살라는 잉마르 베리만(Ingmar Bergman) 예술영화감독이 활동하던 도시이며 웁살라 대학은 한국과 다방면에서 폭넓은 협력관계를 가지고 있는 등 한국에 잘 알려진 도시라면서 이번 영화제를 통해 웁살라 시민이 한국문화에 친숙해지기를 바란다고 하였다. 조 대사는 2009년 한-스웨덴 수교 50주년을 기념하는 다양한 행사와 올해 한국전쟁 발발 60주년 기념행사 등을 통해 양국 국민 간 상호 이해를 높였으며 앞으로의 과제는 양국 협력관계를 더욱 강화하여 미래 지향적 관계로 발전시켜 나가는 것이라고 전했다.

캘스트램(Anders Källström) 예테보리 명예총영사는 9.25자 이메일을 통해 예테보리 영화제의 성공적 개최를 축하한다고 하고, 부부가 4명의 친구 부부와 함께 「왕의 남자」를 감상한 후 영화평을 나누었다고 하면서 "역시 이와 같이 문화를 통해 양국 관계를 발전시키는 것이 매우 좋은 방법"이라는 데 의견이 일치됐다고 하였다.

9.18(토) 베스테로스를 방문하여 영화제 축사에 앞서 폴피예드

(Jessica Poljärd) 의원과 오넬(Elisabeth Onell) 시장을 만났다. 나는 영화제 지원에 감사하고 앞으로도 동 시의 연례문화축제에 계속 참여하기를 희망한다고 하였다. 동인들은 한국영화 감상 기회에 오히려 감사하다며 대사관의 문화홍보활동을 최대한 지원하겠다고 하였다.

대사관 음악회 개최

대사관 음악회는 처음으로 2009년 12월 송년음악회를 시작으로 하여 2010년 중에는 3월 한서협회회원 초청 음악회, 10월 참전용사 초청 음악회, 12월 송년음악회 등 3회 개최하였다. 송년음악회를 소개한다. 12.6(월) 저녁 6시 30분~9시 대사관에서 변정현 한인 첼리스트[131]와 피아니스트(Asuka Nakamura)를 초청하여 송년음악회를 개최하였다. 실벤(Sylvén) 전 주한대사 내외, 호름베리(Holmberg) 장군(전 NNSC 대표, 라인펠트 총리 장인), 헤이만(Ove Heyman) 전 주일대사 내외 등 스웨덴 사회, 문화계 인사 및 중국, 벨기에, 호주, 필리핀, 베트남, 라오스, 리투아니아 등 14개국 대사 내외 등 외교단 및 외교단 부인회(Diplomatic Women's Club) 회원 등 40여 명이 참석하였다. '그리운 금강산', '청산에 살어리랏다' 등 가곡을 1시간여 연주한 후, 한식리셉션을 진행하였다. 나는 2009년 수교 50주년, 2010 한국전 60주년 계기 양국 간 포괄적 협력관계의 확대 발전 추세를 설명하고, 연평도 포격 관련 스웨덴과 국제사회의

---

[131] 변정현 첼리스트는 스페인, 독일 등지에서 세계적인 음악가와 협연활동을 하고 스웨덴 라디오 오케스트라를 거쳐 예테보리 심포니 오케스트라 단원으로 활동 중이었다.

지지를 요청하였다. 참석자들은 첼로로 접하는 우리 가곡의 선율이 북구의 정서와 통한다면서 한국 음악에 깊은 관심을 보이고 앞으로 대사관 음악회가 계속 개최되기를 희망하였다. 한국 음식의 아름다운 색과 맛의 조화에 감탄하면서 현지에서 재료를 구할 수 있는 요리에 대해 문의하였다. 부임한 후 품위 있는 대사관 공간을 공공외교활동에 적극 활용하자는 취지에 다양한 초청행사를 진행하면서, 공관 음악회를 시작하였다. 그간 4회에 걸친 음악회에 대한 평가가 점점 높아지고 있다고 느꼈다. 북유럽 문화의 중심지인 스톡홀름에서 문화재급에 해당되는 대사관에서의 음악회 개최는 21세기 우리 국격에 맞는 문화외교 활동이라고 판단했다. 스웨덴의 주요인사와 외교단을 대상으로 현지의 문화 코드를 활용하여 한국 문화에 대한 관심을 제고시키는 데 상당한 효과가 있었다. 공관 영화제에 이어 음악회를 개최하는 한국대사관은 스톡홀름에서 그 위상을 확실하게 잡았다고 느꼈다. 한국대사관에 초청받아 방문하는 사람들이 많아지면서 그들에게 한국과 한-스웨덴 관계를 자연스럽게 전할 수 있게 되었다. 주재국에서 한국대사관의 존재감과 위상은 이런 식으로 확립해 나가는 것이라고 생각했다.

스톡홀름대학 대학생 관저 초청행사(4.12, 9.27)

2009년 10월 스톡홀름대학 한국학과 학생 관저초청 한식 만들기 행사(10.19)에 이어 2010년에는 스톡홀름대학 동아시아학부 학생(22명) 관저초청 한식 만들기 행사(4.12), 스톡홀름대학교 한국학과 학생(40명) 대사관 및 관저 초청 '한국문화의 밤'(9.27)을 개최하였다. 4.12 행사에서는 스웨덴 대학생들은 우선 한국 대사의 관저 초청에 감동하고, 한식을 같이 만들어 시식하는 경험을 함으로써 한국에 대한 친근감을 느낀다고 하였다. 우리 부부와 직원(허서윤 전문관, 정은미 비서, 오종현, 양유경, 곽미화 행정원 등)은 스웨덴 학생들이 한중일 3국을 똑같은 문화권으로 간주하는 경향이 있음을 감안하여, 한중일 3국간의 언어, 문화의 유사성과 차이점을 비교, 설명함으로써 한국문화의 독자성을 강조하였다. 한국어 발음 연습도 같이 하였다. 그들은 최신 한국 드라마, 영화, 가요 등에 대해 해박한 지식을 갖고 있었고 대다수가 한국방문을 희망하였다. 특히 김치 만들기 시범에 높은 관심을 보였다. 앞으로 이러한 한국문화 체험의 기회가 계속 마련되기를 희망하였다. 욘손(Gabriel Jönsson) 교수는 작년 10월 한국학과 학생(33명) 관저 초청 한식소개 행사에 이은 행사 개최에 사의를 표명하고, 정례적인 한국학과 강연(2009.3.26, 10.28 대사강연 및 2010.4.22 임진홍 문화홍보관 강연)과 함께 한국학과 학생들에게 큰 격려가 된다고 하였다. 학생 여러 명이 감사 이메일을 보내왔다.[132] 이후 스톡홀름대학 학생들은 대사관이 정례적으로 주최하는 '한국영화의 밤' 등 문화 행사에 지속적으로 참석하였다. 9.27(월) 스톡홀름대학 한국학과 수강생을 위해 '한국문화의 밤' 행사를 개최하였다. 대학생 40명(1학년생 29명), 욘손

---

132 한 학생(Catharina Blomberg)은 행사 개최에 감사하며 음식뿐만 아니라 한국에 대해 많은 인상을 받았다고 하였다. "Please accept my most heartfelt gratitude for the dinner reception on Monday which I enjoyed tremendously. It was very kind of you and Mrs. Cho to host such a splendid evening, with so many impressions-not only culinary-of Korea."

(Gabriel Jönsson) 교수, 구스탑손(Leif Gustafsson) 교수, 강경숙 강사를 초청하였다. 대사관에서 양국 관계와 한국문화 브리핑 및 문화 소개 비디오('The Beauty of Korean Style') 감상 후, 관저로 이동하여 한식을 함께 만들고 한국전통주를 시음하였다. 한국 국민의 스웨덴에 대한 높은 신뢰와 호감을 강조하고 한국에 대한 지속적 관심을 당부하였다. 대부분 학생들은 한식을 처음 접했으며 특히 해물파전, 불고기, 김치 등이 시각적으로나 미각적으로 매우 훌륭한 음식이라고 평했다. 인터넷 등을 통한 한국의 대중문화, TV 드라마, 음악에 매료되어 한국에 대해 관심을 갖기 시작했다고 하고 스웨덴 현지에서 한국 대중문화를 직접 접할 수 없는 것이 아쉽다고 하였다. 한국외국어대학에서 오랜 기간 스웨덴문학을 강의하였던 구스탑손(Gustafsson) 교수는 한국문학번역사업이 한-스웨덴 문학 교류에 크게 기여하는 홍보수단이라고 강조하고 지속적인 번역활동을 통해 한국문학이 스웨덴 내에 널리 알려지기를 기대하였다.

9) 외교단 교류

2010년 중에는 1) 외교단 초청 관저만찬(7회)과 대사관 음악회를 주최하였다. 우리 부부는 1) 포르투갈(da Cruz Almeida) 및 라트비아 대사(Kuzma) 내외 송별 관저만찬(1.16 그리스, 네덜란드, 스페인, 영국, 멕시코 등 8개국 대사), 2) 인도네시아 대사(Hakim) 송별 관저만찬(3.16, 인도네시아, 태국, 말레이시아(내외), 스리랑카, 이라크, 아랍에미리트(여), 짐바브웨(여), 라트비아(여) 등 8개국 대사, Jan Björkman 국회부의장, 3) 이라크 대사(Ahmad Bamami) 송별 관저만찬(5.11, 모로코,

남아공, 아랍에미리트, 쿠웨이트 대사 내외, Onita Wass 밀레스가든 관장, Hirdman 의전대사 내외), 4) 아태지역 9개국 대사 및 톨리포쉬 국방장관초청 관저오찬(8.4), 5) 나카지마 일본 대사 송별 관저만찬(9.6, 브라질, 캐나다 등 7개국 대사), 6) 스페인 대사 부부 송별 구루메그룹 관저만찬(9.25, 7개국 대사 부부), 7) 아태지역 대사 부부 정례 관저만찬(10.21, 12개국 대사 부부) 등 7회 주최하였다. 대사관 송년음악회(12.6)에 스웨덴 인사와 함께 중국, 벨기에 호주, 필리핀, 라오스, 리투아니아 등 14개국 대사 내외를 초청하였다.

신임 대사가 내방하여 우리 대사관에서 면담하였다. 호주 대사(Paul Stephens, 1.26), 라트비아 대사(Maija Manika, 3.3, 7.1 2회), 베트남 대사(Nguyen Duc Hoa, 5.24), 방글라데시 대사(Imitiaz Ahmed, 8.13 이임내방), 인도 대사(Ashok Sajjanhar, 8.18), 온두라스 대사(Hernan Antonio Bermudez Aguilar, 10.27), 스위스 대사(Kurt M. Höchner, 11.1), 빙글라데시 대사(Gousal Azam Saker, 11.2)에게 그간 체류경험 및 스웨덴에서의 활동, 각국과 한국과의 관계 등에 관해 보통 1시간 정도 면담하였다.

2) 외교단 주최 관저오찬, 만찬에 지속 참석하였다. 아태지역 대사(15개국) 정례 관저만찬(9회), 구루메 그룹 대사(8개국) 관저만찬(6회)에 부부동반으로 참석하였다. 이어 방글라데시 대사 초청 관저오찬(3.7, 부부동반), 일본 대사 주최 인도네시아 대사 송별 오찬(3.24), 덴마크 대사 부부 초청 관저만찬(4.15), 튀르키에 대사 주최 관저만찬(6.17, 7개국 대사 부부), 브라질 대사 부부 주최 관저만찬(7.6, 8개국 대

사 부부), 네덜란드 대사 부부 초청 관저만찬(7.11, 5개국 대사 부부), 콜롬비아 대사 부부 주최 관저만찬(8.23, 5개국 대사 부부), 사우디 대사 주최 관저만찬(12.31, 스웨덴 인사, 5개국 대사 부부) 등 8개국 대사(부부) 주최 관저 오찬 및 만찬에 참석하였다.

3) 외교단 국경일 리셉션과 문화행사(79회)에 참여하였다

2010년에도 외교단 초청 행사에 지속적으로 참석하면서 각국 대사들과 스웨덴 각계인사를 만나 주요 이슈에 관한 우리 입장을 자연스럽게 전하고 스웨덴의 국내외 동향, 공통 관심 이슈에 대해 대화하면서 교류를 확대해 나갔다. 대사(부부)로서 한국의 대표로 100% 공개적으로 노출되면서 활동하는 만큼, 사전 준비를 하고 언행에 항상 주의해야 했다. 그러한 다자 모임 참석과정에서 다른 나라 대사와 스웨덴 인사의 언행을 보고 주의해야 할 사항도 많이 배웠다. 1) 주최한 대사가 리셉션 라인에서 참석자와 악수하면서 상대방의 눈을 마주치지 않거나, 악수하면서 다음 사람을 쳐다본다는 것은 커다란 실례 행위이다. 그런데 의외로 그런 대사가 적지 않았다. 2) 우리 부부가 줄을 서고 들어가는데 리셉션 주최 대사가 부인에게 나를 "일본대사"라고 전하는 말이 들렸다. 아무일 없었다는 듯이 악수를 하면서 "한국대사"라고 힘주어 말했다. 3) 만찬자리에서 같이 참석한 모 대사 부부가 자국어로 듣기 불편한 얘기를 나누는데 다 알아들을 수 있었다. 다른 나라 대사의 외국어 실력을 과소평가해서는 안 된다. 2010년 중 참석한 외교단행사(79회)와 활동 요지는 다음과 같다.

1월(5회): 1) 인도네시아대사관 조문(1.8 금): 대사가 특별히 감사 표명. 2) 러시아 대사관 공연 및 리셉션(1.13 수): 이스라엘 대사 부부와 인사, 튀르키예 대사는 "스웨덴이 전반적으로 제대로 안 돌아간다"고 불평하였다. 부임 초기 대사들의 공통된 불만이었다. 3)포르투갈 대사 이임 리셉션(1.14 목): 비드 왕실의전장 부부와 조우, 그리스 대사도 3월초 귀임한다고 한다. 대부분의 유럽 대사가 2009년 12월 스웨덴의 EU 의장국 종료 후 귀임하는 경향이 있었다. 이라크 대사에게 3월 초 환송만찬 제의. 4) 말레이시아 대사관 조문(1.27 수). 5) 라트비아 대사 리셉션(1.27 수)

2월(2회): 1) 쿠웨이트 대사 리셉션(2.23 화): 북한 대사 환담. 2) 에스토니아 대사 리셉션(2.24 수): 북한 대사 환담

3월(10회): 1) 아일랜드 대사 리셉션(3.16 화): 쿠웨이트 대사 부부가 한국에 대한 부러움을 표명, 셀렌 국회 부의장 환담. 2) 인도네시아 대사 이임 리셉션(3.18 목 12시): 오스트리아 대사와 인사, 왕세녀 의전장과 인사, 비드 왕실의전장이 왕세녀 결혼식 관련 의전 설명, 유럽 왕가, 핀란드, 아이슬란드 대통령만 초청, 결국 북구 4개국 이외의 다른 나라 정부 대표 불 접수. 3) 그리스 대사 이임 리셉션(3.18 목 1시). 4) 크로아티아 대사 오찬 리셉션(3.19 금 11시): 러시아 대사와 환담. 5) 호주 대사 리셉션(3.19 금 3시 30분), 6) 이탈리아 대사 이임 리셉션(3.22 월): 이탈리아 대사, 귀임 후 은퇴하다면서 은퇴 후 연락처 주었다. 주이탈리아 한국 대사로 오라고 한다. 러시아 대사 부부와 환담, 계속 친근감 느

졌다. 스웨덴 기업인, "보수당이 잘 하고 있다. 특히 교육 개혁 등을 통해 경쟁력을 제고한다. 세금을 제대로 쓰고 있다. 동물 감시원 몇 백명을 감축했다. 사민당이 다시 정권을 잡으면 튀르키예와 관계가 어려워질 것"이라고 표명. 7) 나미비아 대사 리셉션(3.23 화): 교황청 대사, 북한에 의료 지원을 추진하려고 한다고 표명. 참석한 대부분 대사가 나를 다 알아봤다.

3.26 천안함 사건 발생

8) 방글라데시 대사 리셉션(3.26 금): 마지막까지 스리랑카 대사와 함께 남았다. 의리 지켰더니 엄청 고마워했다. 방글라데시 동포 9천~1만 명, 국내정치와 연계되어 무척 골치 아픈 듯했다. 러시아 대사는 다친 팔의 붕대를 풀고 참석했다. 9) 영국 대사 주최 리셉션(3.30 화, 대사 관저): 간단한 음식과 음료수 위주, 빌스트램 이민난민정책 장관, 외교부 모린 국장, 아중동국장 등 정부 인사 다수, 비드 왕실의전장, 주요 기업인, 미르스텐 SvD 기자, 1살 반에 입양된 대사 비서 Era Edin과 인사, Hans Corell 전직 대사가 이정빈 전 외교장관과 교류했다고 하였다. 10) 파키스탄 대사 주최 리셉션(3.31 수): 아태지역 대사 대부분 참석, 에릭슨 부회장이 한중일 지사를 통합예정이라 하였다.

4월(4회): 1) 폴란드 대사관, 대통령 서거 조문(4.15 목). 2) 브라질 대사 리셉션(4.26 월): 북한 대사, 나를 보고도 모른 척했다. 3) 웁살라 대학 선거 설명회(4.22 목): 천밍밍 중국 대사에게 천안함 사건 설명. 필리핀 대사, 아태지역 대사 모임에 나의 국방장관 초청제안에 대해 크게 찬성했다. 4) 이스라엘 대사 리셉션(4.28 수): 경계 삼엄, ID 요구, 교황청 대사가 천안함 사건 조의를 표명하였다.

5월(5회): 1) 나이제리아 대사관 조문방문(5.12 수). 2) 멕시코 대사관 문화행사(5.17 월): 댄서 2명과 기타리스트 2명 공연, 조그만 행사라도 자주 개최하는 것이 좋다고 생각했다.

천안함 조사 결과 발표(5.20) 후 외교단에 대해 집중적으로 설명

3) 이라크 대사 이임 리셉션(5.20 목): 이라크 대사, 나의 송별 관저만찬 주최에 사의 표명, 모로코 대사, "관저만찬 초청에 다시 감사하고 한국 음식이 좋았다"고 하였다. 교황청, 칠레, 멕시코, 모로코 대사에게 천안함 사건 결과를 설명하고 협조를 요청하였다. 바르준(Barzun) 미국 대사와는 천안함 사건 조사 공조에 서로 감사하고 금후 계속 협력해 나가기로 하였다. 룬드그렌 의원에게 천안함 사건을 설명하고 6월 한국전 기념행사 참석을 요청하였다.

4) 아르헨티나 대사 리셉션(5.24 월): 헝가리, 네덜란드, 교황청, 태국, 일본, 러시아 대사에게 천안함 사건조사 결과를 설명하였다. 태국 대사는 탁신 전 태국 총리의 기이한 행태를 비판하였다. 국제사회에 제대로 된 나라가 그리 많지 않

다고 느꼈다.

5) 조지아(Georgia) 대사 리셉션(5.26 수): 브라질, 아르헨티나, 독일, 교황청, 슬로바키아 대사에게 천안함 사건 결과를 설명하였다. 브라질 대사(Lisboa Mena Goncalves)와 아르헨티나(Massini Ezcurra) 대사가 "조 대사가 언제나 적극적인 외교활동을 전개하는 것을 높이 평가한다"고 하였다.

6월(11회): 1) 모로코 대사관 주최 패션 행사(6.1 화): 비드 왕실의 전장과 왕세녀 의전장이 이명박 대통령의 왕세녀 결혼 선물에 사의를 표명하였다. Ian Beck('Swedish Press Review' 발행인)이 나에게 인사를 하면서 "한국 대사가 가장 활동적이라고 소문이 나서 조 대사를 바로 알아봤다"고 하였다. 그에게 천안함 조사결과를 설명하였다. 피셔스트램 전 왕실의전장 부부, 셀렌 국회부의장, 포스베리 국회사무총장이 6.14 한국전 기념행사 초청에 감사하며 동 행사에 참석하겠다고 하였다. 패션쇼 자체는 20여 분, 3인 디자이너가 10벌씩 각각 소개하였다. 모델의 신장이 무척 컸다.

2) 이탈리아 대사 리셉션(6.2 수): 북한 대사가 나를 보고도 모른 척하였다. 태국, 아르헨티나 대사에게 천안함 사태를 설명하였다. 비요르크 전 웁살라 주지사와 악수만 나누었다. 3) 일본 대사 리셉션(6.3 목). 4) 필리핀 대사 리셉션(6.4 금). 5) 스웨덴 국경일 왕궁 리셉션(6.6 일): 북한 리 대사는 나를 보고도 역시 모른 척했다. 벨기에 대사 부인이 다가와서 "왜 이렇게 (우리) 부부가 바쁘냐"고 물

었다.[133] 구루메 대사 그룹과 아태지역 대사 등 많은 대사들과 환담하였다.

6) 남아공 대사 주최 월드컵 2010 개막식 축하 리셉션(6.11 금): 아르헨티나, 우루과이 등 축구강국 대사들이 의기양양하고 자신만만했다. 7) 멕시코 대사 주최 'Day of Mexico' 행사(6.14 월, 민속박물관). 8) 폴란드 대사 이임 리셉션(6.16 수): 폴란드 대사, 한-폴란드 양국 관계에 대해 만족을 표명하고 국제무대에서 상호 지지에 감사했다. 스페인 대사에게 천안함 사태를 설명하였다.

9) 크로아티아 대사 리셉션(6.17 목): 북한 리 대사는 나를 모른 척했으며 북한 1등 서기관은 눈이 마주치자 정중하게 인사를 하였다. 비요크만 국회 제1부의장은 6.14 한국전 기념행사를 높이 평가하고 한국 측 준비에 감사하며 행사 참가가 영광이었다고 하였다. 태국 대사 역시 6.14 한국전 기념행사는 격식을 잘 갖춘 행사로서 3개 행사 모두 완벽했다고 평가하였다. 보스니아헤르체고비나 대사에게 천안함 사태를 설명하였다.

10) 미국 대사 리셉션(6.29 화): 미국 대사는 천안함 사건 대응에 있어서 굳건한 한미동맹을 다시 확인하였다고 평가하였다. 리벤

---

[133] 벨기에 대사 관저가 우리 대사관과 우리 관저 사이에 위치함에 따라 우리 부부는 자연스럽게 벨기에 대사 부부와 가끔 접촉하게 되었다. 그들은 가끔 우리 대사관과 관저의 수리에 대해 높은 관심을 보였으며 우리 대사관에서의 연이은 공공외교활동 행사와 관저 행사를 주목하고 있는 것 같았다.

달 스웨덴 기업협회 홍보부장과 스웨덴 국내정세에 대해 환담하였다. 러시아 공사와 환담, 러시아 대사는 1달 휴가, 8.10 이후 접촉 가능하다고 하였다. 11) 리투아니아 대사관 조문(6.30, 수)

7월(5회): 1) 르완다 대사 리셉션(7.5 월): 네덜란드, 이태리, 태국, 파키스탄 대사에게 천안함 사건 관련 유엔 안보리 동향에 대해 설명하였다. 비드 왕실의전장에게 한국전 기념행사 지원에 사의를 전했다. 정치 컨설턴트(Fabia)는 9월 총선에서 결국 사민당 우세를 전망하였다. 2) 앙골라 대사관 조문(7.7 수).

3) 덴마크 대사 이임 리셉션(7.13): 주러시아 대사로의 부임을 축하하고 건승을 기원했다. 서로 관저만찬이 좋은 추억이라고 하였다. 장한나 첼리스트의 CD를 선물로 전했다. 교황청 대사에게 천안함 사건 동향을 설명하였다. 2010년 5월 부임한 이탈리아 대사(Persiani)는 1983년 방한한 적이 있다면서 친근감을 표시하시고 예방을 오겠다고 하였다. 대사관이 우리 관저와 붙어 있는 튀르키예 대사가 우리 관저와 대사관 수리에 관심을 표명하고, 관저와 대사관 수리는 대사가 해야 할 일이라면서 나의 행동을 높이 평가한다고 하였다. 그러면서 대사가 수리를 시작하면, 할 일이 많아진 직원들은 보통 불만, 불평이 많아진다고 하였다. 비스랜더 통상차관, 포스베리 국회사무총장과 각각 환담하고 조만간 서로 연락하여 오찬 또는 면담하자고 하였다.

4) 프랑스 대사 리셉션(7.14 수): Zorzi 대사는 반갑게 맞이하고 친

절하게 포도주를 권유하였다. 뉴질랜드 대사는 6.14 한국전 기념 행사 개최를 축하하고 "아주 좋은 이니시어티브(very good intiative)" 였다고 평가하였다. 미국 대사관 차석(DCM)과 한미관계와 중국에 관해 대화를 나누었다. 웨스트예트란드(Östergötland, 주수도 린쇼핑) 주의 에릭슨(Björn Eriksson) 주지사를 베스트라예타란드(Västragöta-land, 주수도 예테보리)의 백스트램(Lars Beckström) 주지사로 착각하고 인사를 나누었다. 에릭슨 주지사와는 2009년 3월 18일 린쇼핑 주 청사에서 면담한 후 1년 4개월 만에 다시 만난 것이었다. 백스트 램 주지사와는 2008년 11월 예테보리에서 첫 면담 이후, 2009년 6월 주빈으로 관저만찬 초청, 2009년 11월 예테보리에서 면담 등 지속적으로 교류를 이어갔다. 에릭슨 지사에게 예테보리 얘기를 막 꺼내려고 하니까, 그가 재빨리 (린쇼핑을 거점으로 하고 있는) 사브 (Saab)의 한국 진출 얘기를 시작하여 바로 알아차렸다. 사과한 후, 화제를 그쪽으로 돌렸다. 리셉선장에서 참식자 다수를 동시에 만나다 보니 이러한 실수가 나왔다. 이후부터 사람 얼굴 기억하기에 보다 신경을 썼고 특정 인사와 대화 전에 한번 호흡을 가다듬고 대화를 걸었다. 외국 대사에 대해서도 실수할 가능성이 있다. 호주 대사와 뉴질랜드 대사를 착각하는 경우가 있다. 다행히 스웨덴에서는 뉴질랜드 대사가 여성이어서 그런 실수는 없었으나 동료 대사로부터 그러한 실수 사례를 들은 적이 있다.

5) 이집트 대사 리셉션(7.19 월): 관저가 넓고 정원이 컸다. 분위기가 매우 밝았다. 의외로 중동, 아프리카 대사가 별로 안 보였다. 실벤 전 주한대사 부부를 다시 만났다. 바로 7.17~18 1박 2일 자

택 초대에 다시 감사하다고 하고 좋은 추억이 되었다고 하였다. 온두라스 대사, 인니 차석, 사우디 차석과 환담하였다.

8월(2회): 1) 태국대사관 페스티벌 문화행사(8.20 금). 2) 사이프러스 대사 이임 리셉션(8.24 화): 주미 대사 부임을 축하하였다. 재임 시 한국영화제 초청 및 관저만찬 초청에 감사하다고 하였다.

9월(7회): 1) 폴란드 대사 리셉션(9.6 월). 2) 멕시코 대사 리셉션(9.16 목 오후 1시): 스톡홀름 시장과 환담하였다. 조만간 은퇴할 예정이라고 하였다. 대사들과 3일 후로 다가온 스웨덴 총선(9.19) 동향에 대해 의견을 교환하였다. 다수가 보수연합의 승리를 전망하였다. 북한 리 대사와 조우하여 잠깐 대화하였다. 3) 우크라이나 대사 리셉션(9.16 목 오후 5시).

4) 사우디아라비아 대사 리셉션(9.23 목): 베스트베리 국회의장과 환담하였다. 보수연합의 173석 소수당 정권이 출범할 가능성이 높으며 스웨덴은 전통적으로 소수당 정부도 유지해 왔다고 하면서 크게 염려하고 있지 않다고 하였다. 8월 말에 취임한 외교부의 신임 의전장(Vicini)과 인사를 나누었다. 일본 공사가 후생성 국장 출신의 대사가 부임할 예정이라고 하였다.

5) 말레이시아 대사 리셉션(9.25 토 12시): 제일 먼저 도착하니 대사 부부가 매우 감사해했다. 말레이시아로부터 과일을 공수해 왔다고 하였다. 뷔페 점심 형식으로 준비하였다. Hshieh 국제문제연

구소 소장과 환담하였다. 그는 스웨덴 기존 7개 정당과 지식인은 그간 이민에 대한 비판의견 거론 자체를 터부시해 왔는데, 이번 총선결과로 오히려 스웨덴민주당의 원내 진출이 잘 되었다는 분위기도 있다고 하였다. 전반적으로 유럽 전체가 우 성향의 추세로 가는데 스웨덴도 예외일 수 없다는 생각이 들었다. 6) 보츠와나 대사 리셉션(9.27 월 5시). 7) 중국 대사 리셉션(9.27 월 8시).

10월(9회): 1) 나이지리아 대사 리셉션(10.1 금). 2) 독일 대사 리셉션(10.3 일): 네덜란드 대사, 포스베리 국회사무총장, 칠레, 러시아, 아르헨티나 대사와 북한문제, 스웨덴 국내정세 등에 관해 환담하였다. 한국입양아 출신인 영국 대사 비서(Sara)가 자신의 성장과정을 전하고 한국에 대한 관심을 표명하였다.

3) 스페인 대사 이임 리셉션(10.12 화): 외교단 다수가 참석하였다. 포도주와 핑거 푸드(finger food) 위주였다. 일본, 러시아, 교황청, 벨기에, 독일, 이스라엘, 오스트리아 대사와 환담하였다. 4) 사이프러스대사관 음악회(10.18 월): 사우디, 헝가리 대사와 환담하였다. 5) 헝가리 대사 리셉션(10.21 목): 멕시코, 교황청, 태국, 인도 대사와 환담하였다. 6) 브라드홀름(Bo Bladholm) 스톡홀름 시장 이임 리셉션(10.27 수 오후 4시): 베스트베리(Westerberg) 국회의장 재선을 축하하였다. 이스라엘, 아르헨티나. 이태리, 러시아, 헝가리, 라트비아 대사와 환담하였다.

7) 튀르키에 대사 주최 리셉션(10.27 수 오후 5시): 러시아, 파키스

탄, 태국, 스리랑카, 인도, 보스니아헤르체고비나, 잠비아 대사와 환담하였다. G20 정상회의 준비와 남북관계 현황에 대해 설명하였다. 스웨덴 정국동향에 대해 의견을 교환하였다. 8) 체코 대사 리셉션(10.28 목). 9) 아르헨티나 대사관 조문(10.29 금).

11월(14회): 1) 알제리 대사 리셉션(11.2 화 4시). 2) 세르비아 대사관 전시회(11.11 목 7시). 3) 벨기에 대사 리셉션(11.15 월 5시): 체코, 슬로바키아, 교황청 대사에게 G20 준비상황을 설명하였다. 피셔스트램 전 왕실의전장에게 대사관 송년 음악회(12.6) 초청 의사를 다시 전했다. 정치 컨설턴트(Fabia)가 나의 외교활동을 높이 평가한다면서 "한국 외교장관에게 조 대사를 스톡홀름에 계속 근무시켜 달라는 서한을 보내겠다"고 하였다.

4) 폴란드 대사 리셉션(11.15 월 5시 30분): 베스트베리 국회의장과 에버스타인 부의장에게 한국 의원친선협회 대표단과의 면담(11.10)에 대해 사의를 전달하였다. 니스트램 외교부 부의전장에게 대통령 방문 후속조치의 일환으로 라인펠트 총리 방한문제 검토 여부를 문의하고 적극 추진해 줄 것을 요청하였다. 5) 교황청 대사 리셉션(11.16 화 5시): 러시아 대사 부부와 볼 인사를 나누었다. 독일 공사와도 볼 인사를 나누었다. 문 보니파치아 수녀님을 만났다. 리희철 북한 대사와 환담하였다.

연평도 포격 도발(11.23) 이후 외교단에 집중 설명

6) 라트비아 대사 리셉션(11.23 화 12시): 여러 대사들이 연평도 포격이 충격적이라면서 북한을 비난하였다. 7) 아르헨티나 대사와 노벨박물관장 공동주최 리셉션(11.24 수 6시): 러시아 대사, "북한 도발에 놀랐다. 개인적으로 비난을 받아야 한다고 생각한다. 있을 수 없는 일이다"라고 하였다. 멕시코, 교황청, 이태리, 아르헨티나, 파라과이 대사에게 연평도 도발 사태에 대해 설명하였다.

8) 팔레스타인 대표부 리셉션(11.25 목 5시): 리셉션장에 제일 먼저 갔다. 엄청 고마워한다. 레바논 대사에게 연평도 사태를 설명하니 그는 중국이 비난 받아야 한다고 했다. 베스트베리 국회의장과 외교부 중동국장에게 한-스웨덴 관계 현황을 설명하였다. 보스니아헤르체고비나 대사는 우리나라의 안보리 비상임이사국 진출을 지지한다고 하였다. 9) 일본 대사 리셉션(11.25 목 6시~7시 10분): 비드 왕실의전장, 베트남, 몽골, 인도네시아, 라오스, 교황청, 캐나다 대사에게 연평도 사태를 설명하였다. 천밍밍 중국 대사는 "심심한 조의를 전한다. 이 대통령이 후진타오 국가주석에게 직접 통화할 것을 권유한다"고 하였다. 러시아 대사 역시 북한을 비난한다고 하였다. Caroline Vicini 의전장(8월 말 취임)이 말뫼 명예 총영사 임명 절차의 조기 완료 요청에 대해 바로 시행하겠다고 하고, 국왕의 외국 국빈방문 계획은 염두에 두고 챙겨 보겠으며 총리의 해외방문은 총리실에서 직접 관장하나 관심을 갖고 살펴보겠다고 하였다. 한-스웨덴 관계 현황 설명에 대해 대사의 논점이 확실하

여 진짜 납득이 된다면서 동 내용을 주변 인사에게 두루두루 설명하겠다고 하였다.

10) 몽골 대사 리셉션(11.26 금): 파키스탄, 스리랑카, 보스니아, 러시아 대사와 환담하였다. 스톡홀름 대학 한국학과 욘손 교수는 스테판 로젠(Staffan Rosén) 교수 퇴임에 따라 후임 한국학 과장 선발을 위해 공고했으나 지원자 중 적임자가 없어서 다시 공고하기로 했다고 전했다.

11) 헝가리대사관 음악회(11.28 일): 루마니아, 슬로바키아, 크로아티아, 벨기에 대사, 네팔 명예총영사와 환담하였다. 12) 몽골 대사관 행사(11.29 월 11시 30분). 13) 라오스 대사 리셉션(11.29 월 5시). 14) 아랍에미리트 대사 리셉션(11.30 화 12시): 사우디 대사는 연평도 도발 사태에 대해 "북한이 미쳤다(They are crazy)"고 하였다. 베트남, 태국, 말레이시아, 멕시코, 온두라스, 튀르키예 대사에게 연평도 사태를 설명하고 지지를 요청하였다. 왕실 왕세녀 의전장 및 Norderfeld 의전대사와 환담하였다.

12월(5회): 1) 루마니아 대사 리셉션(12.1 수): 교황청, 헝가리, 오스트리아, 말레이시아, 태국, 방글라데시, 남아공, 영국, 몰도바 대사에게 연평도 사태를 설명하였다. 2) 태국 대사 주최 리셉션(12.2 목): 나의 추천으로 LG현지법인에서 근무하는 전임 태국 대사(Apichart Chinwanno) 아들을 만나 환담하였다. 비드(Wide) 왕실의전장, 베스트베리 국회의장, 니스트램 의전차장, 왕실 환경 자문관(Hans

Lundberg 박사), 일본, 교황청, 베트남, 말레이시아, 엘살바도르, 아르헨티나 대사에게 연평도 사태를 설명하였다. 여수박람회 참가 문제와 관련, 외교부 통상담당 부국장(Lars Andreasson)은 바리외 주한대사가 스웨덴 기업의 의견을 취합 중이며 문제는 기업의 공약 (commitment)이라면서 조만간 결정될 것으로 예상한다고 하였다. 스웨덴의 내부 사정상, 2010 중국 상해 박람회의 경우에도 스웨덴은 150번째 참가 표명국이었다고 하였다.

3) 핀란드 대사 주최 리셉션[12.6(월)]: 리셉션장 입구로 다가가는데 핀란드 대사가 자신의 부인에게 "일본 대사"라고 전하는 소리가 들렸다. 부임 후 2008.8 면담한 전임 핀란드 대사는 이임하고 그는 2010년 3월 부임하였다. 그에게는 한국 대사나 일본 대사나 비슷하게 보였던 것이다. 누구나 실수는 할 수 있다고 이해하면서 대인관계가 주요 업무인 외교관으로서는 사람 알아보기는 끝까지 주의해야 할 일이라고 생각했다. 파키스탄 대사가 삼성전자와 LG전자 제품의 우수한 품질을 높이 평가하였다. 라트비아 대사(Maija Manika)에게 11월 말 라트비아 방문 결과와 당일 아침 파브릭스 국방장관과의 통화내용을 알려 주고 삼성전자 분쟁의 원만한 해결을 위한 측면 지원을 요청하였다. 4) 케냐 대사 주최 리셉션(12.8 수): 의외로 손님이 많았다. 스웨덴 인사는 상대적으로 적었다. 일본, 말레이시아, 교황청, 보스니아헤르체고비나, 이집트, 볼리비아, 니카라과, 남아공, 파키스탄 대사 및 인도네시아 차석에게 연평도 사태를 설명하였다.

5) 호주 대사 주최 크리스마스 파티(12.11 토 12시~2시 20분): 대사 부부가 성의 있게 준비하고 역시 최선을 다한다. 국제관계학을 전공하는 21세 쌍둥이 아들이 열심히 도왔다. 캐나다, 일본, 슬로바키아, 보스니아헤르체고비나, 스리랑카, 이스라엘, 오스트리아, 이집트, 필리핀 대사와 환담하였다.

10) 본국 방문단 지원

2009년 100여 개 본국 방문단에 이어 2010년도에는 90여 개 본국 각계 대표단이 스웨덴을 방문하였다. 면담, 관저오찬, 만찬 등을 통해 양국 관계 현황과 현지사정에 대해 설명하고 양국 간 교류협력 확대 방안에 관해 폭넓게 의견을 교환하였다. 한국 각계의 스웨덴에 대한 관심이 전반적으로 높다는 것을 확인하였다. 다만 어느 분야이든 스웨덴과 실질적인 교류협력이 이루어지기 위해서는 스웨덴의 현지사정과 실용주의를 중시하는 대외협력 행태를 이해하는 진지하고 지속적인 노력이 필요하다고 느꼈다. 주요 방문단은 다음과 같다.

1월: 녹색성장 의원대표단(안경률 단장 등 의원 18명) 관저만찬 (1.12 화), 대법원 방문단 관저오찬(1.14 목)

3월: 이윤 외교부 정책기획국장 일행(3.24 제1차 한-스웨덴 정책기획협의회 참석) 관저만찬(3.23 화)

5월: 무관감사단 오찬(5.14 금), 병무청 방문단 오찬(5.17 월), 한국국방과학연구소(ADD) 대표단 면담(5.31 관저)

6월: 충남 북유럽무역사절단 현장 방문(6.1 화), 강만수 국가경쟁력위원장 관저만찬(6.4 금), 난타공연단 관저오찬(6.12 토, 오찬 이후 대사관에서 월드컵 응원), 한국문학번역원 대표단(이문열, 김영하, 정과리 등 6명) 관저오찬(6.15 화), 이순천 외교안보연구원장 일행(6명) 관저만찬(6.22 화), 중앙선거관리위원회 방문단 관저만찬(6.28 월)

7월: 중앙공무원교육원 연수단(15명) 관저만찬(7.7 수), 사법연수원 법여성학회 방문단(12명) 관저만찬(7.9 금), 외교부사서팀 오찬(7.13 화), 최경주 골프선수 초청 관저만찬(7.19 월)

8월: 국회 8개 대표단 관저오찬 및 만찬(8.1~10, 7회), 국립중앙도서관 이숙현 어린이청소년도서관장 면담(8.13 금), 중앙선거관리위원회 이정규 선거연수원장 면담(8.13 금), 보건복지부 아동권리과 실무방문단 면담(8.18 수, 입양문제), 국회사무처연수단 대사관방문(8.23 월), 윤영선 관세청장 관저만찬(8.24 화), 한국장애인문화협회 대표단(8.23~27) 지원

9월: 여성가족부 다문화가족정책 선진사례 연수단 대사관 브리핑(9.2 목), 한국국방연구원(KIDA) 김구섭 원장 일행 관저만찬(9.10 금), 외교부 재외국민법령조사단 만찬(9.16 목), 국

가경쟁력강화위원회 법제도선진화단(송승섭 단장 외 6명) 지원

10월: 국정감사단(유기준, 박주선, 김충환, 구상찬 의원) 관저만찬 (10.9 토), 서울시 곽노현 교육감 일행(8명) 관저만찬(10.26 화)

11월: 국가교육과학기술자문회의 허숙 교육과정위원장 일 행(4명) 초청 오찬(11.5 금), 정동영 의원 초청 관저만찬 간담 회(11.8 월), 한-스웨덴 의원친선협회 한국대표단 관저만찬 (11.10 수)

6.
2011년 1~3월 활동

〈활동 개요〉

2010년 12월에 들어서서 2011년 봄 서울 귀임이 확실해지자 인사 소문이 떠돌기 시작했다. 여러 군데에서 전화가 왔다. 거취에 궁금해하는 사람도 있고, 소식을 전해오는 사람도 있었다. 2010년을 마무리하면서 다음과 같은 메모로 마음을 가다듬었다.

'앞으로 어떠한 공직도 감사하며 남은 공직생활에 최선을 다한다. 아직 쓰임새가 있다는 것은 기쁜 일이며 즐거운 일이다. 누군가가 나를 거론해 주는 것은 우리 조직에서 그간 나의 삶이 헛된 것이 아님을 보여준다. 공직의 어느 자리이든 다 필요한 것이니 그 자리에서 자아실현을 통해 뜻을 펴 나간다. 세상에 기회가 별로 없으니 오는 기회를 내가 살려야 한다. 오늘 눈 속을 충분히 걸었다. 북구의 겨울을 즐길 수 있는 시간이 길지 않다. 그때 그때 얻을 수 있는 것을 걷어 들인다.'

2010년 연말부터 귀임 준비를 시작하였다. 우선 2011년 새해

업무는 일단 2월까지 구체계획을 세우기로 하였다. 그간 2년 7개월간의 업무를 되돌아보고 업무 인계인수 사안을 정리하기 시작했다. 그간의 외교활동을 겸허히 되돌아보고, 남은 기간 동안 무리하지 않으면서 대사 업무의 계속성을 염두에 두고 대사의 기본적인 외교활동을 지속적으로 전개하기로 하였다. 부임 3개월 활동을 시간별로 서술했듯이 마지막 3개월의 활동을 월별로 정리했다.

1) 귀임통보 접수 후 1월 활동

1.3(월) 대사관 시무식에 이어 첫째 주에는 새해업무를 지속 협의하였다. 직원들에게 작년 2010년에는 우리 모두가 목격했던 바와 같이 한-스웨덴 관계 발전에 있어서 의미 있는 해였으며 우리의 기여에 대해 나름대로 긍지를 가져도 좋을 것 같다고 격려하였다. 그간 해 온 대로 스웨덴 정부 각계 인사를 되도록 많이 만나고, 외교단 초청 행사에 지속 참석하고, 그 기회에 재임 중 지원에 사의를 전하고 양국 관계 및 한국에 대한 지속적인 성원을 요청하기로 하였다. 한인사회와의 정례적 회동을 추진하고 예테보리, 말뫼 출장과 겸임국 라트비아 이임 방문 계획을 수립하였다. 후임 대사가 부임하자마자 바로 외교활동을 시작할 수 있도록 환경을 마련해 두어야 한다고 생각했다.

1.10(월) 외교부 본부로부터 귀임 발령을 받았다. 엄석정 전 서울

시 국제관계 자문대사[134]가 후임으로 내정되었으므로 후임대사 내정자에 대한 스웨덴 정부의 아그레망을 요청하라고 지시하였다. 귀부임 시점은 3월 말경이 될 것으로 예상된다고 하였다. 다음날 1.11(화) 스웨덴 외교부 의전실에 엄 대사의 아그레망을 요청하는 공한을 전달하였다. 이임을 스웨덴 외교부에 공식 통보하는 의미도 함께 있었다. 엄 대사가 1.10(월) 전화를 했다. 축하 인사를 전하고 공관 업무와 사정에 관해 대화를 나누었다. 대사 재임 중 활동과 경험을 있는 그대로 전할 수 있는 외교부 선배였기 때문에 마음이 편했다. 이어서 공관장 차량을 2010년 8월 현대 에쿠스(Equus)로 교체하여 사용하고 있음을 계기로 현대자동차 측의 요청으로 1.10(월) 오전 현대자동차 홍보잡지(Hyundai Customer Magazine) 저널리스트(Willy Priske)와 인터뷰를 하였다. "볼보(Volvo), 사브(Saab)의 나라인 스웨덴에 한국의 자동차가 진출한다는 것은 60년 선 한국전에 의료단을 파견한 스웨덴 국민은 상상힐 수 없었을 것"이라고 강조하고 "이제는 한국이 대등한 파트너 국가가 되었다"고 설명하였다.

그 다음날 1.11(화) 한인 초청 신년다과회를 개최하였다. 새해 인사를 나누고, 그 기회에 제38회 무역의 날 유공자로 선정된 고주현 삼성전자 법인장에 대한 대통령 포장을 전수하였다. 이봉철 한

---

134 엄석정 대사와는 특별한 인연이 있었다. 그는 내가 1992년 8월 주중화민국(대만)대사관에서 근무 중 한-중화민국 외교관계 단교 업무를 수행할 당시, 본부 동북아 2과장(중국, 대만 담당)이었으며, 내가 2008년 6월 스웨덴 부임 초기에는 주헝가리 대사로 재임 중이어서 초임 공관장인 나에게 여러 면에서 조언과 격려를 아끼지 않았다.

인회장, 삼성전자, LG전자 등 진출기업인, 한인 원로 등 40여 명이 참석하였다. 참석자들은 그간 대사관의 활동을 높이 평가하고, 스웨덴 국내에서 한국과 한인 사회에 대한 긍정적인 인식이 급속히 확산되고 있다고 하였다. 참석자 일부는 이임을 짐작하여, 우리 부부에게 아쉬움을 표시하기도 하였다. 이후 한인사회에서 내가 조만간 떠난다는 소문이 돌기 시작하였다.

제브렐(Håkan Jevrell) 국방차관 부부 초청 관저만찬(1.12): "한국의 미래를 예측했다"

1.12(수) 우리 부부는 제브렐 국방차관(1968년생, 43세)[135] 부부를 초청하여 관저만찬을 주최하였다. 차관 장인인 실벤(Sylvén) 대사 부부와 국방부 정무차관보(Johan Raeder, 1964년생, 47세, 국방부 내 민간인 중 최고위직) 부부도 함께 초청하였다. 차관은 "최근 스웨덴 내 한국에 대한 긍정적 인식 확산과 함께 양국 간 명실공히 상호 보완적인 협력분야가 확대되고 있으며 스웨덴이 한국으로부터 배워야 할 점이 많아졌다. 스웨덴의 경쟁력 유지를 위해 한국이 필요하며 한국의 경험, 자세로부터 배울 것이 많다"고 하면서 "한국의 각 분야 지도자 방문이 증가하고 있음을 주목하고 있으며 스웨덴도 호응해 나갈 것이다. 장인이신 실벤 대사로부터 오랫동안 한국에 대

---

[135] 제브렐 차관은 2010~12 국방차관 역임 후, 싱가포르 대사(2013~2018), 대만 대표 (2018~2020), 조직범죄 담당 특사(2020~2022)를 역임하고, 2024년 현재 외교부 국제개발협력 통상차관(State Secretary to Minister for International Development Cooperation and Foreign Trade)으로 근무중이다.

한 낙관적이며 긍정적인 관찰 및 양국 간 협력 잠재력에 대해 많이 들었다"고 하였다.

그는 "재임 중 양국 간 국방, 안보, 방산 분야에서의 협력이 확대되고 있어 기쁘다"면서 방산협력 전망에 대해 질문하였다. 나는 "한미동맹 관계를 배경으로 방산분야에 있어서 미국 의존도가 높은 것은 사실이나, 한국으로서 스웨덴은 새로운 친구가 아니므로 스웨덴이 그간 한반도에서 축적한 역량과 경험을 살린다면 다양한 기회가 있을 수 있다"고 하고 "한국의 지정학적 위치는 변하지 않으므로 주변 대국이 우리에게 항상 도전이자 과제이다. 따라서 한국은 하나의 대국(major power)에만 무조건 의존하려고 하지 않고, 동맹인 미국과 함께 유사입장 공유국(like-minded countries)과의 연대를 매우 중시한다. 스웨덴 지도자와 기업 총수들이 한국을 직접 방문하여 각계인사를 두루 만나는 것이 중요하다"라고 대답하였다.

차관 부인은 "아버지 실벤 대사가 주한 대사로 재임 중인 1988년도에 6개월 서울에 체류하면서 여행 등으로 한국에 대해 매우 좋은 인상을 갖고 있다. 아버지가 한국의 미래를 예측한 스웨덴 내의 몇 명 안 되는 외교관 중 한 명이다. 이제는 스웨덴이 한국으로부터 여러 면에서 배워야 한다는 의견에 동의한다"고 하였다. 차관과 실벤 대사는 스웨덴의 경쟁력은 1) 깨끗하고 투명한 거버넌스(clean and transparent governance), 2) 부패 제로(no corruption), 3) 친절한 시민(friendly people), 4) 노인 돌봄에 대한 존중(respect for elderly care)이라고 했다. 스웨덴 정부 내 젊은 세대의 고위인사 기용 문제에 대해서 정무차관보(47세)는 "젊다는 것과 경험이 없다는 것이 잘못된다는 것을 의미하지는 않는다"고 생각하며 "나이 듦이 반드시 경륜과 경험으로 이어지느냐 여부는, 사람에 따라 각양각색인 것 같다"고 하였다. 일리가 있다고 생각했다.

예테보리 출장(1.15~18)

세계남자선수권 대회 출전을 위한 국가대표 핸드볼팀의 '1.17(월) 스웨덴 대표팀과 경기 응원'을 위해 예테보리를 방문하였다. 재임 중 2008년 11월 첫 방문에 이어 2009.11 예테보리 명예총영사 임명, 2010.10 한국영화제 개최 계기에 이어 4번째 방문이었다. 곽 영사가 동행하였다. 1.15(토) 오후 선수단(24명, 임원 8명, 선수 16명) 격려 및 지원품 전달, 캘스트램(Anders Källström) 예테보리 명예총영사 만찬, 1.16(일) 오전 최은미 한인회장 면담과 17(월) 한인 만찬간담회 일정을 가졌다. 현지 한인사회 현황(한인 150명) 및 한인회 활동을 청취하고 대사관 지원방안을 협의하였다. 17(월) 저녁 8시 한인들과 함께 핸드볼 경기를 응원했다. 안타깝게도 스웨덴에 30-24로 패했다. 1.18(화) 오전 예테보리 찰머스(Chamers University) 대학 내 스웨덴국립선박연구소(SSPA)를 방문하였다. 아브라함손(Susanne Abrahamsson) 소장으로부터 연구소 주요활동 및 1970년대부터 한국 조선업체와의 협력 실적과 한국가스공사 프로젝트 진행상황에 관한 브리핑을 듣고 협력 방안에 관해 의견을 교환하였다. 2010년 4월 천안함 침몰사건의 국제조사에 참여한 스웨덴 전문가 4명의 활동과 관련해서도 직간접적으로 기술적 분야에서 지원하고 자문하였다.

베스트베리(Westerberg) 국회의장 주최 외교단 초청 신년리셉션 참석(1.19)

1.19(수) 오후 베스트베리 국회의장[136] 주최 신년리셉션에 참석하였다. 국회의장과 에버스타인(Susanne Eberstein) 제1부의장, 엔스트롬(Karin Enstrom) 외교위원장, 페르손(Johan Pehrson) 의원(자유당 당수), 폰 시도우(Björn von Sydow) 전 국회의장(2010.10 관저만찬 참석)과 환담하였다. 자연스럽게 양국 관계 현황 및 북한동향을 설명하고 양국 국회간 교류 확대를 요청하였다. 국회의장은 양국 관계발전과 특히 한국 국회의원의 지속적인 스웨덴 방문을 높이 평가하고, 2010년은 9월 총선으로 제약이 있었으나 금년도에는 각 상임위의 해외방문 대상국에 한국을 포함하여 검토하겠다고 하였다. 외교부 니스트램(Nyström) 의전차장은 이임소식에 매우 섭섭하다고 하고 그간 양국 관계발전을 위한 기여를 높이 평가한다고 하였다. 후임 대사의 아그레망 절차를 조속 추진해 줄 것을 요청하였더니, 의전차장은 2월 중순까지는 동의 통보를 할 수 있을 것이라고 하였다. 리희철 북한대사를 만났다. 2011년 처음 만난 것이었다. "북한의 남한에 대한 정책 변화가 없느냐?"고 물었다. 리 대사는

---

[136] 베스트베리 국회의장은 부임 이래 대통령 방문, 국회의원 방문 등 다양한 계기에 만났으며 여러 차례 대화를 나누어 왔다. 특히 2010년 6월 양국 공동 주최 한국전 60주년 기념행사에는 제1부의장, 제2부의장과 함께 참석하였다. 항상 정중한 자세로 지도자의 면모를 보여주었다.

"남한이 북한이 대응할 수 없는 것을 요구하고 있다"고 짧게 대답하고 자리를 피하며 이란 대사 쪽으로 갔다.[137] 와타나베 일본 대사에게 해쉬테트(Kent Härstedt) 의원(사민당)을 소개해 주었다. 파키스탄, 베트남, 호주 대사가 이임 소식을 어디서 들었는지 나에게 이임하느냐고 물었다. 나는 3년이 되어 가니 조만간 이임할 것이라고 대답하였다. 파키스탄 대사는 이임 전에 송별만찬을 주최하고 싶다고 전했다. 라트비아 대통령 주최 신년 리셉션(1.24)에 참석하기 위하여 24(월)~25(화) 리가를 방문하였다. 이임이 공식화됨에 따라 이후 이임절차에 관해 협의하기 시작하였다(후술한다).

모린(Klas Molin) 아태국장 초청 오찬 협의(1.27):
2011년 양국 관계 업무 협의

2010년 연말 합의에 따라 연초부터 '비욜링 통상장관의 2.9~11 방한' 계획이 추진되었다. 대사관은 현지 진출기업 및 코트라 무역관과 협의한 후, '스웨덴 체류비자 제도개선(행정처리시간 단축과 비자연장 문제)'과 오랜 현안이었던 '운전면허증 상호인정 문제'를 통상장관회담에서 제기할 것을 외교부 본부에 건의하였다. 오찬 시 모린 국장에게 여수 세계박람회 참가 조기 결정과 상기 2개 사안에 대해 적극적인 대응을 요청하였다. 모린 국장은 3개 사안에 대해 진지하게 대응할 것이라고 하였다. 이어 최근 스웨덴 정부와 사회

---

[137] 당시 북한은 조평통 담화 등을 통해 남북대화를 제의하였으나, 우리 정부는 북한의 진정성 있는 태도 변화를 토대로 남북관계 발전을 추진한다는 원칙하에, 북한이 대화를 하려면 도발에 대해 책임 있는 자세를 보이고 비핵화에 진정성을 보이는 자세를 갖추어야 한다는 입장이었다.

내에서 한국의 가시성(visibility)과 중요성이 널리 확산되고 있다고 평가하고 이번 회담이 한-EU FTA 발효를 앞두고 양국 간 경제통상 교류 협력 확대의 계기가 되기를 기대한다고 하였다.

　북한의 변화 유도를 위해 스웨덴 등 EU 회원국이 중국에 대해 대북한 영향력을 행사하도록 촉구하는 것이 중요하다고 언급한 데 대해, 모린 국장은 "1.23~25 스톡홀름을 방문한 중국 외교부 푸잉(Fu Ying) 차관은 중국의 대북한 영향력은 제한적이며 북한이 중국의 압력에 영향을 받지 않다는 중국의 기존 입장을 되풀이하였으며 중-북한 관계 현황을 파악하는 데 별로 도움이 되지 않았다고 하였다. 외교부 예산감축에 따른 해외 공관 폐쇄 계획[138]과 관련, 스웨덴 언론이 보도한 주북한 대사관 폐쇄 가능성에 대해서는 "북한은 폐쇄 대상 공관이 아니다"라고 하였다. 이어 베트남, 말레이시아 대사 등으로부터 강한 불만을 집수하여 곤혹스럽다고 하였다. 이어 이임에 섭섭하다며 그간 2년 8개월간 업무 협력 관계에 감사하다고 하였다. 나는 후임 엄석정 대사를 소개하고 앞으로 양자간 더 좋은 파트너십으로 일할 수 있을 것이라고 하였다. 돌이켜 보면 모린 국장은 아태지역의 중국, 일본, 인도 등 대국을 비롯한 수많은 국가를 관장하면서도, 한국의 관심사항에 대해 항상 나름대로 업데이트하면서 진지하게 협의에 응했다. 우리 외교부의 유럽국장처럼 소관국이 많아 챙겨야 할 일이 너무 많다는 것

138　스웨덴 외교부는 정부의 예산 감축계획에 따라 2009년 12월 22일 아르헨티나, 벨기에, 베트남, 말레이시아, 르완다 대사관의 폐쇄 계획을 발표하였다. 이어 2010년 1월 언론 보도에 의하면 과테말라, 요르단, 북한 대사관, 홍콩총영사관 등이 추가 대상 공관으로 알려져 있었다.

을 알고 있기 때문에 면담 시에는 내가 먼저 양국 간 현황을 전반적으로 설명하는 것이 매우 중요했다. 그는 내부 사정도 터놓고 전해주고 북한뿐 아니라 일본, 중국 등 상호관심사에 대해서 나의 경험과 의견을 문의하였다. 대사직을 수행하는 과정에 그와의 협의는 항상 유익했고 그의 도움은 컸으며, 그를 통해 스웨덴의 다양한 측면을 배울 수 있었다.

이어 인도 대사(Sajjanhar) 주최 리셉션(1.27), 호주 대사(Stephens) 주최 아태지역 대사 정례만찬(1.27, 10개국 대사 부부, 모린 국장), 러시아 대사(Neverov) 부부 주최 구루메 그룹 관저만찬(1.28, 일본, 호주, 멕시코 등 5개국 대사 부부)에 참석하였다. 이임 소식이 퍼졌기 때문에 모임에서 내 나름대로 이임에 즈음한 소감을 표명하게 되었고 대사들의 송별 오찬 만찬 초청 제의에 대해 세심하게 일정 조정을 할 필요성을 느꼈다. 1.29(토) 오후 대사관에서 스웨덴 한인 과학기술자 협회가 발족식을 개최하였다. 40여 명이 참석한 가운데 3명의 과학자의 연구 결과를 발표하였다. 대사관이 한인사회의 다양한 활동과 행사에 구심점이 되었다.

2) 이임을 앞둔 2월 활동

3월 중 이임을 염두에 두고 그간 외교부 본부 건의사항 중 마무리해야 할 사항을 점검하였다. 공사의 지휘하에 후임대사의 서울 공관장회의 자료 및 업무 인수인계서를 작성하기 시작하였다. 대사관의 일상적인 외교활동(2.23 정례토론회, 대사관 영화제 등)은 평소와 같이 추진하였다.

이임 행사 참석 의미와 효과

스웨덴 외교부에서 이임절차에 관해 알려오고 이임소식이 널리 알려짐에 따라 각계 인사의 송별 오찬과 만찬의 제의가 들어왔다. 대사 이임과 관련된 모든 것(송별 오찬 만찬, 이임 면담인사, 이임리셉션 참석자 수준과 규모, 송별 메시지 등)은 대사(부부)의 개인적인 차원을 넘어서는 주재국 정부 및 각계인사, 외교단, 한인사회가 '한국'과 '한국 대사'에 대해 각각 평가에 따른 대우와 대접의 결과이다. 대사(부부)가 임기 중 자신이 뿌린 대로 거두게 마련이라 대사 개인(부부)의 총체적 활동의 성적표와 같은 의미에 더하여, 대국적으로 보면 역시 한국 대사, 나아가서는 한국에 대한 평가에 따른 자연스러운 대우라고 할 수 있다. 따라서 한국 대사가 이임 시 어떤 대접을 받았느냐 하는 것은 그 대사의 개인적인 차원에서 그치는 것이 아니라, 그러한 대우의 결과는 당사자인 대사가 이임하더라도 주재국 정부, 외교단, 한인사회에 보이지 않는 영향을 미치게 된다. 따라서 각계의 송별 행사 초청 및 송별메시지를 매우 중시하고 이에 대해 정중히 대응하였다.

스웨덴 외교부 이임절차 통보(2.4)

2.4(금) 스웨덴 외교부가 이임 절차와 관련, 1) 3월 중 국왕 및 외교부 차관 면담 주선(국왕과는 20~30분 단독 면담하며, 2년 이상 근무의

경우, 대사에게 의식 없이 훈장을 전달), 2) 이임 시 공항 귀빈실 이용 가능, 3) 기타 인사 면담은 대사관 재량으로 추진이 가능하다고 알려왔다. 이에 따라 바로 대사관 차원에서 주요인사 이임 면담을 추진하였다. 국회의장, 부의장, 한-스웨덴 의원친선협회 회장단, 국방장관, 이민난민장관, 총리실 차관 면담을 요청하였다. 2주 정도 지난 2.21(월) 니스트램(Anders Nyström) 외교부 의전장대리(의전차장)가 나에게 2.21자 1인칭 공한을 보내왔다. 국왕의 이임접견(fare-well audience: 3.10 화 오후 2시 30분, 복장: 예복 Morning coat)과 외교부 옴(Gunnar Oom) 통상차관[139] 이임면담(3.18 금 오후 3시) 일정을 통보하였다.

이임 관련 행사일정 수립(2.7)

2.7(월) 이임리셉션을 3.16(수) 오후 4~6시에 개최하기로 하고 바로 초청장을 보내기로 하였다. 리셉션은 늦어도 5주 전에 초청장을 보내는 것이 바람직하다고 판단하였다.

이임소식이 알려져 그간 한인사회와 외교단으로부터 송별행사

---

[139] 옴 통상차관은 작년 12월 비스랜더 통상차관이 총리실 정무차관으로 자리를 옮기면서 후임으로 취임하였다. 2.18 파키스탄재건 세미나 자리에서 옴 차관을 처음 만나 인사를 나누었다. 외교부 의전실관계자는 벨프라게 정무차관이 바쁘기 때문에 옴 통상차관이 면담을 하게 되었다고 전했다. 내가 부임 시에도 비스랜더 통상차관이 부임 환영오찬을 주최하였다. 스웨덴 외교부가 내부적으로는 3명 차관(정무차관, 통상차관, 개발협력차관)의 외교단에 관한 업무 분장상, 한국 대사 교류업무는 통상차관의 업무로 분류하고 있는 것이 아닌가 하는 느낌을 받았다. 결과적으로 옴 통상차관과는 첫 번째 공식 면담이자 마지막 이임면담을 하게 되었다.

초청을 계속 받았다. 감사한 마음이었다. 3월 20일경 이임을 염두에 두고 초청제의를 되도록 빨리 정리하여 일정을 수립하는 것이 바람직하다고 판단했다. 상사협의회 송별만찬 일정(2.25)을 잡고 김태자 한인회장이 평소 친분이 있는 페르손 전 총리 부부를 함께 초청하여 자택에서 송별만찬을 주최하겠다고 하여 3.2(수)로 잡았다. 한인 몇 분과 특정 기업 법인장의 만찬 제의는 양해를 구하고 이임리셉션에 참석해 달라고 요청하였다.

다른 나라 대사들의 연이은 제의에 대해서는 물리적으로 모두 응할 수 없어서 사의를 전하고 조심스럽게 다른 대사 초청 만찬에 같이 참여하는 방향으로 유도하였다. 아태지역의 여러 대사의 송별만찬 제의에 대해서는 2월(스리랑카 대사 주최), 3월(인도 대사 주최)의 아태지역 정례만찬 시 동시 참석으로 양해를 구하기로 하였다. 나만 필리핀 내사(Mrs. Collinson)는 송별만찬 제의 서한도 보내고 여러 차례 제의하여 거절할 수 없어 3.4(금) 하기로 하였다. 멕시코 대사(Mrs. Moreno) 역시 진지하게 여러 차례 만찬제의를 하여 수용하였으며, 구루메 그룹 대사(8개국)와는 2월 아르헨티나 대사 주최, 3월 네덜란드 대사 주최 관저만찬에 같이 참석하기로 하였다.

2월 중에는 말뫼 명예총영사관 개설, 국왕 주최 왕궁 만찬, 비욜링 통상장관의 방한 지원 및 방한 후 브리핑 참석, 기업에너지통신부의 3명 장관 환담, 중립국감독위원회 스웨덴 대표단 초청 브리핑 및 관저만찬, 스톡홀름 로터리클럽 강연, 외교단 리셉션과 관저만찬, 한인회장단 초청 관저만찬 등 일정으로 여느 때와 마찬가지로 바쁘게 보냈다.

말뫼(Malmö) 명예총영사관 개설(2.2)

2009년 11월 말뫼 공식 방문 후 말뫼 명예총영사관 설치를 추진하여 1년 후인 2010년 11월 Stephan Müchler 스웨덴 남부상공회의소 소장이 명예총영사직을 수락함에 따라 양국 외교부의 절차에 따라 2010.12.31자로 동인을 말뫼 명예총영사로 정식 임명하였다.

2.2(수) 12시 말뫼 소재 스웨덴 남부상공회의소에서 명예총영사관 개관식을 개최하였다. 임명장 전달 후 나의 축사, 툰하머(Göran Tunhammar) 스코네 주지사 축사, 총영사 답사가 이어졌다. 현판식에는 나, 주지사, 총영사, 그리고 에릭슨(Per Eriksson) 룬드대학 총장, Lars Frithiof 상공회의소 이사장, Göran Fasth 스웨덴 남부 명예영사단장, 문성혁 말뫼 한인대표(세계해사대학 교수)가 참석하였다. 노르웨이, 일본, 호주, 러시아, 네덜란드, 영국 등 12개국 명예총영사를 비롯한 40여 명 참석자가 크게 환영하였다. 이어 오찬이 진행되었다. 신임 총영사는 우선 금년 중 주지사를 단장으로 하는 경제사절단의 방한을 추진하고 말뫼 지역 내의 한인사회와 긴밀히 교류하고 가능한 한 지원하겠다고 하였다. 주지사와 에릭슨(Eriksson) 총장[140]은 말뫼 지역이 덴마크와 통합경제권과 생활권을

---

[140] 별도 면담에서 에릭슨 총장은 대사관 추천으로 2010.9 국제교류재단의 초청에 따른 방한에 사의를 표하고 방한 시 신개발기술을 빠르게 상용화하는 한국의 우수한 산학협력 체제에 대해 깊

형성하면서 환경, 바이오, 에너지, 의학 등 다양한 분야에서 국제 경쟁력을 확보하고 있다면서 한국의 지자체 및 대학 등과 실질적인 협력 확대를 희망하였다. 문성혁 한인대표는 스코네 지역이 유럽 대륙에 근접한 지리적 이점을 활용하여 경제와 기술 발전의 중심지로 부상하고 있는 시점에 우리 명예총영사관의 개관은 시의 적절하며 상징적인 의미가 크다고 평가하고, 앞으로 명예총영사와 긴밀히 협력해 나가겠다고 하였다. 개관식장에서 말뫼 주요일간지 Kvallsposten 지의 Peter J. Olsson 정치편집국장과 인터뷰를 하였다. 동 지는 2.5(토)자 사설(제목: 세계의 도시들)을 통해 주 말뫼 한국명예총영사관 개설과 Müchler 스웨덴 남부상공회의소 회장의 취임사실을 알리고 다음 요지로 보도하였다.

조희용 한국 대사는 양국 간 교류가 점차 중요해지고 있으며, 매월 2000여 명의 한국인이 스웨덴을 방문하고, 많은 스웨덴인이 한국을 찾고 있다고 하였다. 북한과 정치적으로 닫히면서 섬이 되어버린 한국에 해양은 매우 중요한 의미를 가지며 이런 배경으로 예테보리에 이어 말뫼에 명예총영사관을 세운 것으로 보인다. 코쿰(Kockum)사의 대형크레인이 한국에서도 사용되는 것이 아마도 우연한 일만은 아닐 것이다. 한국과 스웨덴은 엔지니어 및 산업생산분야, 높은 기업윤리와 낮은 부패 정도, 품질 우선주의 등 다방면에 유사점을 갖고 있으며, 삼성, 현대, 기아,

---

은 감명을 받았다고 하고 이는 스웨덴이 배워야 할 점이라고 평가하였다. 다시 다음달 3월에 방한하여 서울대, KAIST, 삼성, 현대, LG 등 대학 및 기업과 구체 협력방한을 협의할 예정이라고 하였다.

LG 등 한국기업은 스웨덴에도 익히 알려져 있다. 기업가 정신은 전에 없는 새로운 가치를 창조하는 것이며, 이러한 창의적인 생산과정에 성공하는 기업가가 많은 지역일수록 번영한다. 이번 한국의 말뫼 명예총영사관 개관을 계기로 스코네 지역이 그러한 지역으로 더욱 발전하기를 기대한다.

전날 2.1(화) 말뫼 지역 한인초청 만찬간담회(문성혁 한인대표 등 11명)를 주최하였다. 명예총영사관의 개관을 계기로 한인사회의 단합을 당부하고 말뫼 지역과 한국과의 협력방안을 협의하였다. 순회 영사활동과 WHP 이행에 협조를 요청하였다. 모든 참석자가 한국 아동의 스웨덴 입양은 점진적으로 감소되어야 한다는 데 의견을 같이하였다.

이렇게 말뫼 방문을 마지막으로, 재임 중 지방 방문을 마무리하였다. 재임 중 2대에 걸친 예테보리 명예총영사와의 긴밀한 교류협력관계 구축과 함께, 말뫼 명예총영사 임명으로 대사관이 스톡홀름을 중심으로 제2 도시, 제3 도시와 기본적인 업무 체계를 갖출 수 있었다는 것이 큰 보람이자 성과였다. 대사관이 지방에서의 공공외교활동과 현지 한인사회 지원을 보다 효과적으로 수행할 수 있는 기반이 마련되었다고 생각했다.

오로프손(Maud Olofsson) 기업에너지통신부(Ministry of Enterprise, Energy and Communications) 장관 주최 외교단 초청 리셉션 참석(2.3)

2.3(목) 오후 4시 오로프손 기업에너지통신부 장관의 외교단 초청 리셉션에 참석하였다. 30여 개국 대사가 참석하였다. 하트 (Anna-Karin Hatt) 정보기술장관(Minister for IT and Regional Affairs)과 환담하는 계기에 작년 12월 2일 리벤달(Tove Lifvendahl) 스웨덴기업협회 홍보국장 주최 웁살라 자택 만찬에서 남편을 만났다고 하니 반가워하면서 남편이 나에 대해 매우 열정적인(very enthusiastic) 대사라고 평가했다고 하고 한국에 대해 높은 관심을 보였다. Catharina Elmsäter-Svärd 인프라 장관(Minister for Infrastructure)은 2010년 10월 말 부산 ITS 대회 참석차 방한할 때 너무 짧게 체류하여 다시 방한하고 싶다고 하였다.

한인회 신구 회장단 초청 관저만찬(2.4)

매년 연초에 한인회 회장단과 원로 초청 관저만찬을 시행해 왔다. 이번에는 이임이 결정된 후에 개최되어 그 의미가 달랐다. 한인 초청 마지막 관저만찬이 되었다. 2.4(금) 한인회장 선거(1.22) 결과 33대 이봉철 회장에서 34대 김태자 회장이 선출된 데 따른 신구 한인회장단, 평통위원, 문 보니파치아 수녀 등 12명을 관저만찬에 초청하였다. 재임 시 양국 관계의 발전 현황을 회고하고 대사관의 활동에 대한 관심과 성원에 대해 사의를 전했다. 참석자들은 대사관이 그간 한인사회 전체에 대한 지원과 활동에 대해 감사하며, 양국 관계발전에 크게 기여하여 스웨덴 내에서 한국의 위상이 더욱 높아져서 자랑스럽다고 언급하였다. 모두 섭섭하다면서 "역대 대사 중 최고로 일을 많이 한 대사로 남을 것"이라고 하였다. 감사한 마음으로 받아들였다. 다만 대사로서 '해야 할 일'을 했을 뿐이라고 생각했다. 문 수녀는 지난 11. 16 교황청 대사가 주최한 리셉션에서 만난 리희철 북한 대사가 식량과 약품 지원에 관심을 보이고 자신에게 음식을 떠다 주고 마지막까지 배웅 인사를 몇 번이나 하는 등 매우 친절했다고 전했다. 그 후 북한대사관 서기관이 자신에게 전화를 하여 리 대사와의 만남을 거론하고 의약품을 지원해 달라고 하였다고 했다.

한-스웨덴 통상장관 회담 개최(2. 10, 서울)

2. 10(수) 한-스웨덴 통상장관 회담이 서울에서 개최되었다. 에바 비욜링(Ewa Björing) 장관[141]이 2. 9(수)~11(금) 경제사절단(20여 명)을 대동하고 처음으로 방한하였다. 장관의 첫 번째 방한인 만큼 방한 전에 사전 브리핑을 겸해 관저만찬 초청을 제의하였으나 바쁜 일정으로 어렵다고 연락을 받았다. 그 대신 면담을 추진하였으나 역시 바쁘다고 하여 면담도 이루어지지 못했다. 장관은 방한 전에 2.6~9 인도네시아 방문도 함께 추진하였다. 스웨덴 식 실용주의라고도 생각했다. 스톡홀름에서 사전 교섭해야 할 사안은 없었으

---

[141] 그녀는 1961년생(50세)으로서 카롤린스카 의과대학(Karolinska Institute) 부교수 및 치과전문의로서 2002년 보수당 국회의원으로 처음 당선되었다.

나 면담조차 이루어지지 못해 마음이 불편했다.

2.10(목) 통상장관 회담에서 김종훈 통상교섭본부장은 1) 운전면허 상호인정 2) 스웨덴 우리기업 주재원에 대한 비자 발급기간 단축 3) 스웨덴의 2012년 여수박람회 참가 조기결정을 위한 협조를 요청하였다. 비욜링 장관은 관심을 갖고 대응하겠다고 하였다. 여수박람회 참가에 대해서는 긍정적으로 검토가 이루어지고 있으며 최종결정이 되는 대로 알려주겠다고 하였다. 양측은 양국의 상호보완적 무역구조 감안 시 경제통상 협력 잠재력이 크다는 데 의견을 같이 하고 예정대로 7.1 한-EU FTA가 잠정 발효되면 양국 간 교역, 투자가 더욱 확대되도록 상호 협력하기로 하였다. 또한 신생에너지, 녹색성장 등 분야에서 구체적 협력사업 발굴을 위해 협력하고, DDA 협상, G20, 기후변화 등 글로벌 이슈에 관해 협력을 확대해 나가기로 하였다. 비욜링 장관은 20여 개 스웨덴 주요 기업 대표와 함께 2.10(목) 오전 한-EU FTA 라운드 테이블, 오후 '스웨덴 산업 및 녹색기술 세미나'에 참석하였으며, 2.11(금) 판문점을 방문한 후 귀국하였다.

2.15(화) 오후 비욜링 통상장관의 외교단 초청 스웨덴 통상정책 설명회 참석 계기에 장관과 잠시 환담하였다. 장관은 2.10 양국 통상장관 회담 및 첫 방한 결과에 매우 만족한다고 하고 한-EU FTA가 7월부터 발효되면 양측에 상당한 이익이 창출될 것이며 상호간 더욱더 이득을 보는(win-win) 관계로 발전할 것이라고 전망하였다. 이어 이임 소식을 들었으며 재임 중 활동을 높이 평가한다

고 하였다.

외교단 리셉션 및 행사 참석(2.10~18)

이란 대사(Eslami) 주최 리셉션(2.10), 스위스 대사(Kurt M. Höchner) 주최 관저만찬(2.10), 리투아니아 대사(Remigijus Motuzas) 리셉션 (2.16), 코소보 대사(Lulzim Peci) 리셉션(2.17)에 참석하여 스웨덴 인사와 대사들과 환담하였다. 파키스탄 재건 세미나(2.18)에서는 옴 (Gunnar Oom) 신임 통상차관과 처음 인사를 나누었다. 모린 아태 국장은 비욜링 통상장관의 방한 결과에 만족하며 자신도 한국 외교부 유럽국장 등과 생산적인 면담을 하였다고 하였다.

중립국감독위원회(NNSC) 대표단 초청 브리핑 및 관저만찬 주최(2.11)

2.11(금) 중립국감독위원회 스웨덴 대표단을 대사관 브리핑과 관저만찬에 초청[142]하였다. 이번에는 현 스웨덴 NNSC단장 리드스트램(Christer Lidström) 장군(1952년생 공군 중장), 후임자 그렌스타

---

[142] 대사관은 그간 NNSC의 스웨덴 대표단 교대 시기마다 매년 봄에 신임 대표 및 단원들을 위해 브리핑 및 부부 초청 관저만찬을 주최하였다. 부임 이래 2009년 3월, 2010년 3월에 이어 3번째 행사이자 마지막 행사였다. 한국 방문 경험이 없는 대부분의 요원에게 양국 관계 현황에 대한 한국 측 시각과 한반도 정세에 대한 이해를 높이고 한국에 대한 호감을 높일 수 있었다. 현직 근무자 이외에 1953년 한국전 휴전 이래 NNSC에서 근무한 스웨덴 인사는 군인을 중심으로 약 1000여 명에 달하는 중요한 친한 인사 그룹이다. 대사관은 상기와 같은 정기적 행사 이외에 그들을 대사관 주최 영화제, 음악회, 국경일 리셉션 및 각종 문화행사에 지속적으로 초청함으로써 그들의 기여에 대해 사의를 전하고 한국과 양국 관계발전을 지원해 줄 것을 요청해 왔다.

드(Anders Grenstad) 장군(해군참모총장)과 존손(Mikael Johnsson) 대령,
샌드그렌(Per Sandgren) 중령 등 단원(5명) 및 국방부 교관 등 8명을
대사관에 초청하였다. 양국 관계 및 한국 문화에 관해 브리핑을
실시하였다. 이어 관저에서 부부동반으로 만찬을 같이 하면서 대
화를 이어갔다. 샌드그렌 중령은 부인과 함께 아들(17세)도 데리고
왔다. 리드스트램(Lidström) 장군은 지난 2년간 한국에 근무하면서
한반도의 평화와 안정유지에 나름대로 기여했음을 자랑스럽게 생
각하며 최근 북한 행태에 따른 남북관계에 비추어 NNSC 업무가
더욱더 중요해질 것이라고 하였다. 이어 대표단의 업무성과를 위
해 대표단원의 복무기간을 종전 1년에서 2년으로 연장하였다고
하였다. 그렌스타드(Grenstad) 신임단장은 한-스웨덴 관계의 급속
한 발전을 높이 평가하고 북한 정세가 불안정한 민감한 시기인 만
큼, 본연의 업무에 최선을 다 하겠다고 하였다. 대표단원들은 중
립국으로서 임무를 수행해야 하나, 사실상 한국과의 관계를 더욱
더 중시하는 분위기도 염두에 두고 있다고 하였다. 브리핑 및 한
식 만찬을 통해 한-스웨덴 관계 발전과정을 배우고 이러한 발전에
NNSC가 직간접적으로 기여하고 있음을 이해함에 따라 한국 파
견 임무를 자랑스럽게 생각한다고 언급하였다. 그렌스타드 장군
은 이후 3. 11자 감사 손편지를 보내왔다. 브리핑과 관저만찬에 사
의를 전하고 한국 부임을 고대하고 있다고 하면서 한국에서 우리
부부를 자택에 초청하고 싶다고 하였다.

스톡홀름 국제로타리클럽(Stockholm International Rotary Club) 초청 강연(2.17)

  2.17(목) 저녁 스톡홀름 국제로타리클럽의 초청으로 시내 호텔에서 훌트베리(Mats Hultberg) 회장을 비롯한 회원 30여 명을 대상으로 한-스웨덴 관계 및 남북관계 현황에 관해 강연을 하였다. 지난 60년간의 교류실적, 보편적 가치의 공유, 양국 국민 상호간의 높은 호감도와 긍정적 인식을 바탕으로 양국 관계의 미래가 밝다고 전망하였다. 스톡홀름에서의 남북 외교관 접촉, 한-스웨덴 교육분야 교류 현황 등에 대한 질문이 있었다. 스웨덴 및 제3국의 기업인 및 외교단으로 구성된 참석자들은 강연을 통해 그간 접해 온 한국에 대한 IT기술, 스포츠 스타, 음식 등 단편적인 지식에서 벗어나 한국과 양국 관계에 대해 종합적인 시각을 갖게 되었다고 평가[143]하였다. 바로 2.22(월) 대사관에서 정례적으로 개최해온 한국영화제에 외교단과 함께 동 클럽 회원을 함께 초청하였다.

외교단 초청 대사관 정례영화제 개최(2.22): 완전히 자리 잡았다

  2.22(화) 저녁 대사관 정례영화제에 외교단을 초청하였다. 그간에도 외교단을 2009년에 2회 초청하여 「왕의 남자」, 「과속스캔들」을 상영하여 크게 호평을 받았다. 외교단만을 위한 3번째 영화제

---

[143] 행사 후 보린(Elizabeth Ferido Bohlin) 사무총장은 감사 인사와 함께 "my colleagues were truly happy and grateful for having that opportunity to know more about Korea, all of that from the worthy professionalism of a country's envoy"라고 전해왔다.

였다. 잠비아 대사(Mtamboh), 베트남 대사 부인(Tran Nguyen Anh Thu), 라오스 대사대리(Manorom Phonseya), 태국 공사(Unnop Burana-sate) 부부를 비롯한 11개국(중국, 베트남, 태국, 필리핀, 라오스, 이란, 이라크, 아랍에미리트, 케냐, 잠비아, 남아공) 외교관 30여 명과 스톡홀름 국제로타리클럽 회원 10여 명 등 40여 명이 참석하였다. 영화 '시'(2010년 작품, 이창동 감독, 윤정희 주연)를 감상하였다. 참석자들은 자국에서의 한류 열풍을 소개하면서 스톡홀름에서 우수한 한국영화를 감상할 수 있어 기쁘며 앞으로도 대사관 영화제에 계속 참석하고 싶다고 하였다. 특히 베트남 대사 부인은 "한류가 왜 유행하는지 이해하게 되었다"고 하였다. 상영 전에 한식 리셉션을 개최하였다. 한식을 처음 접하는 일부 외교관은 잡채 등 요리 방법을 문의하였다. 부임하여 2008년 10월 처음 시도한 대사관 정례영화제가 스톡홀름에서 완전히 자리를 잡았다고 느꼈다. 우리 영화와 함께, 한식과 한국 홍보사료를 동시에 소개함으로써, 대사관 영화제는 한서협회, 입양한인협회, 스톡홀름대학 동아시아학부, 유학생회, 한인회, 아태지역 외교관 등의 범주를 넘어서 스웨덴 각계와 외교단에도 널리 알려졌다.

국왕내외 주최 왕궁 만찬 참석(2.24)

2.24(목) 저녁 7시 30분~11시 우리 부부는 국왕내외 주최 공식 만찬에 참석하였다. 복장은 정장(white tie)이었다. 부부 동반으로 15개국 대사와 각계인사 150여 명이 참석하였다. 국왕내외 주최 공식만찬에 참석하는 것은 처음이자 마지막이었다. 국왕내외와

왕세녀 내외는 먼저 외교단을 접견하고 이어 스웨덴 인사들을 접견하였다. 접견 시 대화 없이 악수만 나누었으며 바로 참석자 전원이 모두 앉는 일자형 테이블에 앉았다. 나의 오른쪽에는 왕비 의전장, 왼쪽에는 사회보험부 사무차관이 앉았다. 만찬 중에 양국 관계 현황을 간간히 설명하였다. 국왕내외의 한국 국빈방문을 추진할 시기가 왔다고 강조하였다. 주변 인사들은 모두 양국 관계의 발전 추세에 비추어 수긍하는 분위기였다. 비드(Wide) 왕실의전장, 린드스트램(Lindström) 왕세녀 의전장, 마르퀴비스트(Marquvist) 왕실 총괄의전대사 등 그간 교류해 온 왕실 인사들이 이임이 아쉽다고 했다. 특히 노벨박물관장을 역임한 린드퀴비스트(Svante Lind-qvist) 왕실 비서실장은 이임에 유감을 표명하고 이임 리셉션에는 부인이 참석하겠다고 하였다. 그간 노벨박물관장 시절부터 전폭적으로 지원해 주어 감사하다고 하였다. 신임장 제정 시 동행하여 안내했던 허드만(Hirdman) 외교부 의전대사는 그간 외교활동에 대해 높이 평가하고 매우 많은 일을 했다고 하였다. 벨프라게 외교부 차관과는 멀리서 눈인사를 나누었다. 레바논 대사와 콜롬비아 대사는 송별 오찬, 만찬을 제의하였다. 완곡하게 양해를 구하고 이미 초청장을 전한 3.16 이임 리셉션에서 보자고 하였다. 이란, 보스니아헤르체고비나, 엘살바도르 대사가 이임 소식에 아쉬움을 전했다. 뉴질랜드 대사, 말레이시아 대사에게는 2월, 3월 아태지역 대사 정례만찬에서 보자고 하였다.

북한 대사 환담: "남남북녀지요"

리희철 북한 대사 부부와 딸에게도 작별인사를 하였다. 딸은 통역으로 온 것 같았다. 리 대사 부부에게 "재임 중 식사 한번 같이 못 해서 유감이었다"고 하고, "항상 우리 부부를 정중하고 친절하게 대해 주어 감사했으며 언젠가 평양이나 서울에서 다시 만나자"고 하였다. 리 대사는 이제 볼 수 없어 아쉬우나 남한 외교부 동정을 살펴보면 (조 대사가) 어디에 있는지 알 수 있을 것이라고 하였다. 딸에게 아버지보다 영어를 더 잘하겠다고 하니, 그녀는 웃으면서 그렇다면서 통역을 하느라고 밥을 제대로 못 먹었다고 하였다. 남한 남자친구를 소개해 주면 어떻겠냐고 하니 그녀는 웃으면서 "그렇지요. 남남북녀지요"라고 화답하였다. 남한 젊은이들과 하나도 다를 바가 없는 밝고 쾌활한 숙녀였다. 리 대사 부부에게 3.16 이임 리셉션에 초청한다고 하니, 리 대사는 그냥 웃었다. 부인이 "그럼 건강하세요. 또 봬요"라고 말했다. 리 대사 가족의 건강과 행복을 빈다고 하였다. 아쉬운 작별이었다.

왕궁만찬 참석 후 스웨덴 주간잡지('Svenska Dam') 3.10자에 왕궁만찬 화보를 4면에 걸쳐 실었다. 국왕내외 및 왕세녀 내외와 함께 국회의장, 삼군 참모총장 등 주요인사 부부 사진이 실렸다. 외교단에서 유일하게 우리 부부의 사진이 함께 실렸다. 아내의 한복이 돋보였다.

외교단 행사(2.23~28)

　쿠웨이트 대사(Hana'a Buqammaz) 리셉션 참석(2.23), 에스토니아 대사(Alar Streimann) 이임 리셉션(2.25), 아르헨티나 대사(Massini Ezcurra) 내외 주최 구루메 만찬(2.26, 8개국 대사 부부), 스리랑카 대사(Jayasooriya) 부부 주최 아태지역 대사 정례만찬(2.28, 12개국 대사 부부)에 참석하였다. 스웨덴 동향 등에 관해 의견을 나누었다. 이임 소감을 전하고 연이은 송별만찬 제의에는 정중하게 양해를 구하고 3.16 이임 리셉션에서 보자고 하였다.

상사협의회 주최 송별만찬 참석(2.25)

　2.25(금) 오후 에스토니아 대사(Alar Streimann) 주최 국경일 및 이임 리셉션 참석, 신광섭 SKB(스웨덴 핵연료 폐기물 관리회사) 고문 면담에 이어 지상사협의회 주최 송별만찬에 참석하였다. 그들은 기업인들을 편하게 대해 주고, 여러 아이디어를 제시하여 "같이 하자"고 수시로 제의하면서 기업의 다양한 활동을 지원해 준 데 대해 깊이 감사하다고 하였다. 나는 외국에서 같이 근무한 인연은 소중한 것이며 그간의 해외근무를 통해 상사원의 애국심과 현지노력을 높이 평가하고 있다고 하고, 외교활동을 하면서 우리 기업의 높은 브랜드 덕분에 거저먹는 프리미엄(premium)이 항상 있었다고 전하고, 앞으로도 계속 기업과 국가를 위해 진력해 줄 것을 당부하였다. 스웨덴 근무 소감을 물어서 기업과 나라 운영에 참고할 만한 스웨덴의 장점으로는 다음과 같은 점을 언급하였다. 참석자

들도 체류경험에 비추어 비슷한 관찰을 하고 있다면서 상당히 공감을 표명하였다.

　1) 세상사에 대해 미리 계획을 세운다, 2) 유아 때부터 더불어 사는 법을 배우는 인성교육, 3) 사회 전체에 부정부패 제로, 4) 국회의원의 자원봉사 의식, 국회의원이 남녀 반반, 20대부터 60대까지 모든 직업군에서 골고루 선출, 5) 권력간격지수가 낮아서 나이, 학력, 지위고하에 관계없이 분업과 협업이 효과적으로 기능, 5) 실무자와 전문가 존중에 따라 소위 '평면식 경영(flat management)'을 통해 중간관리자의 결재 등 불필요한 형식을 없애고 책임자와 실무자의 직접소통으로 현안 해결 등.

3) 이임(3.21) 전 3월 활동

3.1(화) 서울 귀임일정이 3.22(화)로 정해졌다고 연락을 받았다. 시차를 고려하여 3.21(월) 스톡홀름 출발 항공편을 잡았다. 이제 3주간에 걸쳐 스웨덴과 라트비아 이임 면담, 외교단 송별만찬, 이임 리셉션을 비롯한 모든 이임관련 행사를 마쳐야만 했다. 라트비아 이임방문은 2월 중 라트비아 외교부와 협의한 결과 3.7(월)~8(화)로 정해졌다. 3.2(수)부터 스웨덴 인사와 이임면담을 시작하였다.

(1) 스웨덴 정부 인사 이임 면담 및 이임 리셉션
3.2(수) 톨리포쉬(Sten Tolgfors) 국방장관 면담, 한-스웨덴 의원

친선협회 회장단(Olle Thorell 회장, Jessica Polfjärd 의원) 면담, 페르손 전 총리 부부 만찬(김태자 한인회장 주최), 3.3(목) 베스트베리(Per Westerberg) 국회의장 면담, 에버스테인(Susanne Eberstein) 부의장 면담, 비스랜더(Wieslander) 총리실 차관 면담, 3.4(금) 실벤 전 주한대사 내외 주최 오찬, 3.10(목) 국왕이임 예방, 3.11(금) 빌스트램(Tobias Billström) 이민난민정책 장관 면담, 3.18(금) 옴(Gunnar Oom) 외교부 통상차관 면담이 이어졌다.

면담 대상자와 재임중 교류와 협력 실적을 바탕으로 진지하게 대화에 임했다. 대부분의 면담은 30분에서 45분 정도 이어졌다. 면담 시 '1) 양국 관계 발전과정 참여에 대한 소회(영광이자 특권), 2) 재임 중 한국과 나에 대한 전폭적인 지지와 지원에 사의 전달, 3) 양국 관계 미래 전망(양국 간 공통기반 확고, 호혜적인 관계 발전 확신), 4) 구체적 협력방안(국왕, 총리를 비롯한 정부 고위인사 방한, 여수박람회 조기 결정) 적극 추진 요청'을 주요 요지로 표명하였다.

특히 재임중 중요한 분기점(2009년 수교 50주년, 대통령 방문, 2010년 한국전 60주년, 스웨덴 천안함 조사단 파견, 한-EU FTA 협상 종결선언부터 정식서명 등), 인적교류 현황(매월 한국인이 2천명, 스웨덴인이 1천여 명 상호 방문), 협정(군사비밀보호협정, 국방협력합의서, 과학기술협력협정, 워킹홀리데이 프로그램 협정) 체결 실적, 한국방문단 추세(2009년 100여 개, 2010년 90여 개) 등 구체적 실적을 거론하면서, 양국 간의 교류협력이 질적, 양적 확대 발전을 이루면서 포괄적 협력관계

(comprehensive partnership)로 발전하고 있음을 강조하였다. "스웨덴의 그간 한반도에 대한 기여와 투자를 기반으로, 지속적으로 관심을 갖고 제한된 자원 배분을 통해 한국과의 관계를 확대해 나가기를 기대하며, 한국인은 결코 스웨덴 친구들을 실망시키지 않을 것"이라고 했다.

톨리포쉬 국방장관[144]은 나와의 친밀한 교류협력 관계를 회고하면서 재임 중 양국 관계발전을 위한 기여를 높이 평가한다고 하였다. 양국 관계의 발전 추세를 높이 평가하고, 스웨덴은 한반도 평화와 안정을 위해 남북한 공관 유지와 NNSC 참여를 통해 일정한 역할을 수행해 왔음을 강조하고, 최근 한반도 상황이 매우 민감함을 고려하여 NNSC 스웨덴 신임대표로 해군참모총장 출신인 그렌스타드(Anders Grenstad) 제독을 파견하기로 하였다. 앞으로도 한국과의 관계를 중시하여 내응하겠다면서 자신의 방한계획도 계속 추진하겠다고 하였다.

토렐(Olle Thorell) 회장(사민당) 및 폴피예드(Jessica Polfjärd) 의원(보수당)[145]은 이임을 무척 아쉬워하며 재임 중 대사의 외교활동이 모든

---

144 재임 중 정부 각료 중 유일하게 관저오찬을 포함하여 여러 번 오찬을 하고 수시로 면담하는 등 가장 가깝게 지낸 장관이었다. 2008년 9월 신임장 제정 이후 면담 요청에 대해 장관이 면담보다도 우선 환영오찬을 주최하고 싶다 하여, 2008년 11월 26일 오찬부터 교류를 시작하였다. 1994년 정치 입문 이래 한반도문제에 대해 지속적으로 관심을 갖고 양국의원친선협회 회장을 역임하였다. 2007년 5월 통상장관 시절 방한한 바 있으며 2011년 5~6월 방한을 염두에 두고 실무적으로 협의 중이었다. 2011년 6월 방한하였다.

145 토렐 의원과는 내가 신임장 제정도 하기 전인 2008년 8월 19일 오찬을 시작으로 교류하고, 입양한인 출신 폴피예드 의원은 신임장 제정 후 2008.10.1 국회에서 면담한 이후 친밀하게 교류

면에서 모범적이었으며 양국 관계발전에의 기여를 높이 평가한다고 하면서, 무엇보다도 대사관과 의원친선협회와의 정기적 교류협의체제를 구축해 주어 감사하며 앞으로도 대사관과 긴밀히 교류하겠다고 하였다. 최근 수년간 스웨덴 내 한국에 대한 인지도와 호감도가 급속도로 확대되는 추세이며 특히 젊은 세대의 한국을 비롯한 아시아에 대한 관심이 상승하여 양국 관계의 미래가 밝다면서, 현재 18명의 의원친선협회 회원도 앞으로 늘어날 것이며 한국 국회와 정기적인 교류를 위해 노력하겠다고 하였다.

페르손 전 총리[146]는 한-스웨덴 관계의 최근 발전 추세를 환영한다고 하고 "대사 재임 중 큰일을 했다"고 평가하였다. 일본은 계속 정체되어 있고 중국의 미래는 불안정하고 불확실하므로 중장기적으로 동아시아에서 한국이 중심역할을 수행할 것으로 전망한다면서 북한의 부자간 권력이양이 과연 순조롭게 진행될 수 있을지 주목하고 있다고 하였다. 미국의 국력이 계속 약화될 경우 중국과 대만 양안 간 현상 유지가 가능할지 대만의 장래에 주목하고 있다

해 왔다.

146 페르손 전 총리가 2009년 4월 스웨덴 바이오 연료회사 이사장 자격으로 방한하기 전에 관저오찬(4.17)에 초청하여 처음 만났다. 이어 5월 권종락 차관의 스웨덴 방문 시 면담, 7월 이명박 대통령 방문 시 '유공인사 만찬간담회' 참석 등 양국 관계 행사에 적극 참여하였다. 이어 2009년 11월 민주평화통일자문회의 구주북부협의회 주최 '스웨덴 차세대 포럼'에서 특별강연을 통해 "한국의 미래에 대해 매우 낙관적"이라는 견해를 밝혔다. 2010년 2월 'Global Korea 2010 포럼'의 특별연사로 초청을 받아 방한하였으며 방한 이후 3.31 총리 부부를 관저오찬에 초청하여 방한소감을 청취하였다. 그는 항상 양국 관계와 한국에 대해 높은 관심을 보이면서 한국이 이제는 스웨덴뿐 아니라 유럽의 훌륭한 파트너임을 강조하였다. 이임에 즈음하여 총리에게 이임인사를 하려던 차에, 김태자 한인회장이 자택 송별만찬에 친분이 있는 총리 부부를 함께 초청하겠다고 하여 만찬을 함께 하게 되었다. 나는 김 회장에게 특별한 사의를 전하였다.

고 하였다. 나는 대만 근무 시 단교경험과 대만에 대한 이해를 전하고 중국과 대만의 통일은 당분간 어려울 것으로 본다고 하였다. 그는 외교관으로서 단교업무는 매우 흥미로운(very interesting) 경험이었겠다고 하였다. 그는 마지막 만찬에서도 한국을 일관되게 높이 평가하고 한-스웨덴 관계 발전의 잠재력 및 가능성에 대해 낙관적으로 전망하였다. 스웨덴 정치원로가 이렇게 한국을 긍정적으로 보고 있다는 자체가 우리에게 큰 자산이라고 생각했다.

베스트베리 국회의장[147]은 재임 중 대사의 노력을 높이 평가한다고 하였다. 스웨덴은 남북한 상주공관 유지 및 NNSC 참여를 통해 한반도에 지속적으로 관여해 왔으며, 국내경제 및 국제환경 변화 등에 따라 스웨덴은 최근 수년간 재외공관을 감축해 왔으나 남북한에는 상주공관을 지속 유지하고 있다고 하였다. "한국의 지난 60여 년간 민주화와 경세발전은 놀라운 것이며 한국은 깅한(strong)나라가 되었다"고 평가하였다. 최근 중동사태나 국제 경제위기 상황하에서 인권 및 민주주의 가치를 공유하는 양국 간의 실질적 협력관계 증진이 더욱 중요하게 되었으며, 이를 위해 의회차원에서 계속 지원하겠으며 의회대표단의 방한을 위해 노력하겠다고 하였다.

---

[147] 베스트베리 국회의장은 2009년 7월 이명박 대통령 방문 시 국회를 직접 안내 소개하고, 한국 의원친선협회 대표단 면담 등을 통해 양국 관계발전을 계속 지원하였다. 인상에 남는 계기는 국회의장이 2010년 6월 한국전 60주년 계기에 개최된 양국 공동주관 기념행사에 참여하고, 이어지는 대사관 리셉션에 참석한 것이었다. 당시 국회의장, 국회 제1부의장, 제2부의장이 모두 참석한 이례적인 행사가 되었다. 의장은 외교단 주최 리셉션 등에서 만나면 항상 양국 관계와 한국에 대한 높은 관심을 보이면서 의회가 계속 지원한다는 뜻을 밝혔다. 재임 중 방한을 지속적으로 권유했으나 이루지 못했다.

에버스테인 국회부의장[148]은 먼저 한국과의 인연을 소개하면서 현재 87세인 부친이 중립국감독위원회(NNSC)에 근무한 연유로 어렸을 때부터 한국에 관한 얘기를 많이 들었다고 하고, 한국입양아 출신 폴피에드(Polfjärd) 의원과도 가깝게 지내고 있어 한국에 대해 특별히 친밀감을 갖고 있다고 하였다. "사실 페르손(Persson) 전 총리가 한국에 대한 균형된 시각으로 한국의 미래가 밝다고 사민당 의원들에게 설명한 바 있다"고 하였다. 최근 한국 국회의원 다수(2010년 49명)의 스웨덴 방문에 주목하고 있으며 스웨덴 국회의장 방한(2006.4) 이후 상당기간이 지났으므로 자신을 포함하여 의원단의 방한을 추진[149]하겠다고 하였다. 물론 스웨덴이 한반도의 평화와 안정을 위해 가능한 한 역할을 지속해 나갈 것임을 확언하였다.

비스랜더 총리실 정무차관[150]은 대사와 함께 일한 것이 행운이었으며 재임 중 큰 업적을 높이 평가한다고 하였다. 차관은 2008.10 통상차관 시절 첫 번째 방한 이후, 한-EU FTA 체결 및 양국 관계

---

148 그녀는 2010년 10월 새로운 국회 출범에 따라 국회 제1 의장이 되었다. 사민당 출신 5선 의원이었다. 2010년 11월 한-스웨덴 의원친선협회 대표단(정동영 단장)과 면담하였다.

149 에버스테인 부의장은 2012년 10월 방한하였다.

150 재임 중에 가장 가깝게 지낸 차관이었다. 2008년 중 신임장 제정(9.4) 이후 차관의 첫 번째 방한(10월) 전후 2회(9.29, 11.10) 면담을 한 후, 12.4 부임 환영오찬을 주최하였다. 스웨덴 외교부는 3명 차관(정무, 통상, 개발협력) 중 한국 대사 교류업무는 통상차관이 담당하는 것 같았다. 이후 한-EU FTA, 양국 경제통상방안, 여수박람회 참가문제 등 현안에 관해 지속적으로 협의해 왔다. 양국 외교부 간 정책협의회, 한국의원단 면담에 적극 참여하고 관저오찬, 외교단 행사 계기 환담 시 항상 정중하게 협의에 임하였다. 2010년 10월 신정부 출범 이후 12월 총리실 정무차관으로 자리를 옮겼다. 면담 약속을 2번 연기하는 등 무척 바쁜 상황에도 이임면담에 응해 주었다.

발전을 위해 노력하였다고 하고 양국은 지리적으로 떨어져 있으나 모두 자유무역 지향, 지식기반 산업 육성, 인권, 민주주의라는 가치 공유로 협력 여지가 매우 크다면서 스웨덴은 앞으로도 양국 간 협력을 적극 추진할 것이라고 하였다. 아울러 스웨덴이 지난 60년간 한반도 평화와 안정을 위해 수행해 온 건설적인 역할도 계속 수행해 나갈 것이라고 다짐하였다. 라인펠트(Reinfeldt) 총리 방한과 여수 세계박람회 참여문제 제기에 대해 차관은 양국 간 정상 교류가 중요함을 충분히 인식하고 있다고 하고 여수박람회 참가 결정이 조속 이루어지도록 가능한 지원을 하겠다고 하였다.

실벤 전 주한대사[151]는 2월 초 나의 이임 소식을 듣고 송별오찬을 주최하고 싶다고 제의하여 바로 수락하였다. 실벤 대사는 전직 왕실의전장으로서 특별히 왕실 영빈관을 사용할 수 있다면서 음식은 영빈관 주방에서 부인이 직접 준비한다고 알려 왔다. 3.4(금) 왕궁 영빈관에서 1시 30분부터 오찬을 시작하였다. 실벤 대사 부인(Vivi)이 정성스럽게 음식을 준비하였다. 실벤 대사는 양국 관계 발전을 위한 우리 부부의 기여를 높이 평가하며 매우 활동적이며 탁월한(fantastically active and excellent) 대사였다고 하고 사위인 제브

---

[151] 그는 부임 초기 첫 면담부터 재임 기간 내내 대사관 활동을 지원하고 조언과 도움을 아끼지 않은 큰형님(big brother)과 같은 분이었다. 단순히 주한대사를 역임해서 한국 대사를 지원하는 것이 아니라, 외교관의 전문성(professionalism)과 훌륭한 인격을 갖추면서 진정으로 한국을 사랑하고 한-스웨덴 관계발전을 염원하는 마음으로 지원하고 있음을 느낄 수 있었다. 실벤 대사의 딸(제브렐 국방차관의 부인)의 말을 빌리면 1980년대부터 "한국의 미래 전망이 매우 밝다고 예측"한 몇 명 안 되는 스웨덴 외교관 중 한 명이었다. 첫 번째 대사직을 수행하면서 이런 주재국 외교관 선배 부부를 만난 것은 엄청난 행운이었다.

렐(Jevrell) 국방차관 내외가 휴가 중이라서 오찬에 참석할 수 없었다고 하였다. 나는 이명박 대통령이 스웨덴 방문 후 스웨덴에 대해 매우 좋은 인상을 갖게 되었다고 환기시킨 후, 그간 5회에 걸쳐 비공식 방한했던 국왕의 국빈방한 추진 시기가 성숙되었다고 본다고 하고 실현을 위해 가능한 지원을 요청하였다. 실벤 대사는 전적으로 동의하고 국왕의 국빈방한 실현을 위해 나름대로 지속적으로 노력하겠다고 하였다. 실벤 대사 부부가 한국에 대한 애정과 미래에 대한 확신을 바탕으로 양국 관계발전을 진심으로 바라면서 마지막 송별 오찬까지 특별한 장소인 왕궁 영빈관에서 대사 부인이 직접 요리하여 준비하는 등 우리 부부에게 최대한 성의를 전하는 모습에 고개가 절로 숙여졌다. 감동적이라서 잊을 수 없는 오찬이었다.

국왕 이임 예방[152](3. 10 목, 오후 2시 30분~2시 55분, 왕궁 접견실): 훈장 수령

3. 10(목) 오후 2시 20분 왕궁에 대사관 차로 예복(morning coat)을

---

[152] 대사의 국왕과의 공식 단독면담은 신임장 제정 시 및 이임 시 2번이다. 9. 4 신임장 제정 후 10. 28(화) 국왕내외 주최 11개국 대사 부부 초청 리셉션이 있었다. 국왕내외의 2008년 5월 방한 경험을 중심으로 3분 정도 환담하였다. 그 이외의 왕궁 행사에서도 악수만 교환하는 경우는 있어도 대화를 나눌 기회는 없었다. 실비아 왕비는 2009년 3월 우리 국회 저출산고령화대책 특별위원회대표단이 실비아홈(Silviahemmet) 방문(3. 9) 시 의원단에게 직접 설명을 해 주었으며 동행한 나와 잠시 대화를 나눈 바 있었다. 국왕은 그간 5회 비공식 방한하였으며 2009년 7월 이명박 대통령 방문 시 여름궁전에서의 오찬을 주최하는 등 한국에 대해 높은 호감을 갖고 있었다. 비드 왕실의 전장, 실벤 대사 등 국왕의 주변인사 모두가 그렇게 나에게 전했다. 나는 이임면담에서 국왕의 국빈방한과 여수박람회 참가문제를 자연스럽게 제기하기로 하였다.

입고 도착하였다. 2008년 9월 4일 신임장 제정을 위해 외교부에서 왕궁까지 마차를 타고 온 기억이 떠올랐다. 시간이 금방 흘러 2년 5개월 만에 다시 국왕과의 단독면담에 임했다. 2시 30분부터 25분간 면담하였다. 관례에 따라 배석자도 사진촬영도 없었다.

국왕은 2008년 4월 5번째 (비공식) 방한에 이어 7월 대통령 내외와의 회동을 좋은 추억으로 기억하고 있다고 하고, 방한할 때마다, 특히 1994년 4번째 방한에 이어 14년 만의 5번째 방문 시에 한국의 놀라운 발전과 변화에 감명을 받았으며, "이제 한국은 국제사회에서 매우 중요하며 매력적인(very important and attractive) 나라로 발전하였다"고 평가하였다. "대사 재임 시 기여를 높이 평가한다"고 하고, "최근 인적 교류 등 양국 관계가 확대 발전 추세에 있어 기쁘다"면서 "(국왕) 자신도 삼성 핸드폰과 현대 자동차를 쓰고 있다"고 하였다. 나는 대사로서 양국 관계 발진과정에 직접 참여한 것을 영광으로 생각하며 국왕의 한국에 대한 높은 관심과 양국 관계발전에 대한 강력한 지원에 사의를 전하면서 앞으로 국왕의 국빈방문을 기대한다고 하였다. 국왕은 자신이 세계 스카우트 활동에 관여하고 있는 만큼 청소년 교류에 관심이 많은데 워킹홀리데이 프로그램을 통해 양국 청년들의 상대국 방문으로 상호 이해 기반이 확대되는 것은 매우 바람직한 일이라고 하였다. 한반도 정세 설명에 대해서는 스웨덴은 앞으로도 한반도의 평화와 안정을 위해 그간 기여해 온 바와 같이 지속적으로 가능한 역할을 수행할 것이라고 하였다. 여수세계박람회 개요와 함께 참가문제에 관해 양국 간 협의가 진행되고 있다고 설명한 데 대해, 국왕은 자연과 환경문제에 관심이 많다면서 작년 2010년 상해 세계박람회에 직접 참가하였다고 하고 스웨덴의 참가여부는 정부가 결정할 일이라고 하였다. 국왕은 귀임 후 보직에 관심을 표명하고 양국 관계 발전에 지속적으로 노력해 줄 것을 당부하였다. 나는 재임 중 스웨덴이 '강소국(small, but strong country)'임을 충분히 인식했다고 하고, 양국 관계의 미래는 밝을 것으로 전망하고 관계발전에 나름대로 노력하겠다고 하였다. 국왕은 북극성(Polar Star) 훈장(Commander Grand Cross급)을 수여하고 국왕내외 사진을 전달했다.

빌스트램(Tobias Billström) 이민난민 장관[153]은 재임 중 대사의 기여를 높이 평가한다고 하고 양국 의원친선협회 의원이자 정부 각료로서 스웨덴의 중요 협력 파트너인 한국과의 관계발전에 일조한 것은 큰 보람이었으며, 특히 2009.7 이명박 대통령의 친환경도시 하마비 시 방문을 영예 수행하고 대통령이 자신의 아파트를 직접 방문해 주신 것을 인상 깊게 생각한다고 하였다. 대사와 함께 서명한 워킹홀리데이 프로그램 협정이 양국 간 미래지향적 관계 발전의 토대가 된 것을 뜻깊게 생각하며 앞으로 청년 교류를 비롯하여 양국 관계가 더욱 확대 발전되도록 지원하겠다고 하였다. 이

153　2008년 12월 빌스트램 장관(1973년생)의 노동이민개혁 정책 브리핑을 위한 리셉션에서 처음 환담한 이래, 외교단 행사 등에서 교류해 왔다. 장관은 2009년 7월 대통령 방문일정 중 하마비 환경도시 시찰을 영예각료로서 수행하면서 자신의 자택아파트를 소개하였다. 2010년 2월 워킹홀리데이 프로그램 협정 체결 제의에 대해 장관은 흔쾌히 수락하고 협의를 진행시켰으며 한국전쟁 60주년 기념 대사관 리셉션에 참석하는 등 양국 관계에 높은 관심을 갖고 지원하였다. 2010년 9월 장관과 함께 워킹홀리데이 프로그램 협정을 서명하였다. 30대 중반의 젊은 장관으로서 항상 밝고 적극적으로 대화에 임하면서 겸손한 자세를 잃지 않았다. 2022년 10월 이래 외교부장관을 맡고 있다.

어 자신을 포함한 스웨덴 고위인사의 방한을 적극 추진하겠다고
하였다.

옴(Gunnar Oom) 외교부 통상차관은 대사의 기여를 높이 평가한다
고 하고, 양국 간 실질협력관계의 발전추세에 만족하며 특히
2008.7 이명박 대통령 공식 방문 시 한-EU FTA 협상의 실질적 타
결을 선언한 후, EU 내에서 FTA 승인을 위해 양국이 긴밀히 협력
하여 온 점을 높이 평가하면서 FTA가 발효되면 양국 간 교역과
투자가 크게 확대될 것으로 기대한다고 하였다. 차관은 스웨덴이
한국전쟁 이후 한반도 평화와 안정을 위해 수행해 온 그간의 역할
은 지속적으로 수행할 것이며 비욜링 통상장관의 2월 방문 결과
를 높이 평가하고 스웨덴 고위인사의 방한은 지속적으로 이루어
질 것이라고 하였다. 여수세계박람회 참가문제에 대한 차관의 지
원을 요청한 데 대해, 차관은 "한국 입장은 잘 알고 있다. 스웨덴
은 당연히 참여할 것이다. 내부 협의가 진행 중이므로 협의가 끝
나는 대로 정식 통보하겠다"고 하였다. 3.10 국왕 이임예방 시 국
왕이 상해 박람회 참석 경험과 함께 여수박람회에 대해 관심은 표
명하였다고 전한 데 대해, 차관은 국왕의 관심표명은 좋은 일이니
참고하겠다고 하였다. 스웨덴 정부 고위인사가 "스웨덴은 당연히
참가할 것이다"라고 확실하게 밝힌 것은 처음이었다. 국왕의 관심
표명이 결정적이라고 생각했다.[154]

---

[154] 이임 리셉션(3.16)에서 그가 가깝게 지낸 왕실 인사가 국왕이 나와의 면담 후, 여수세계박
람회에 대한 국왕의 관심을 외교부에 전했다는 얘기를 전해주었다. 이어서 외교부 고위인사도 나
에게 여수세계박람회 참가를 1달 내 결정할 것으로 예상되며, 국왕이 직접 관심을 표명하였다고

이임 리셉션 개최(3.16)

3.16(수) 오후 4시~6시 30분 대사관에서 이임 리셉션을 개최하였다. 5주 전부터 초청장을 보냈다. 일부 스웨덴 인사(문화부장관, 볼보 회장, 왕실의전대사 등), 외교단(러시아, 이스라엘, 아랍에미리트 대사 등), 한인이 전화나 편지로 부득이 참석할 수 없게 되었다고 양해를 구하고 이임에 아쉬움을 전했다.

베스트베리(Westberg) 국회의장, 의원친선협회 토렐(Thorell) 회장, 폴피에드(Polfjärd) 의원, 해쉬테트(Härstedt) 의원 등 국회의원, 제브렐(Jevrell) 국방차관 부부, 비드(Wide) 왕실의전장, 왕실 비서실장(Svante Lindqvist) 부인, 비치니(Caroline Vicini) 외교부 의전장, 세드린(Henrik Cederin) 아태국 부국장, 크빌(Anders Kviele) 한국과장, 전 주한대사 3명(Sylvén, Grönwall, Sandberg) 부부, 리리에퀴스트(Inger Liliequist) 문화재청장, 스벤손(Bengt Svensson) 육군 참모총장, 발베리헨릭손(Harriet Wallberg-Henriksson) 카롤린스카 의과대학(KI) 총장, 브릭스트(Kurt Blixt) 한서협회 회장, 에크(Åke Ek) 참전용사회장, 브루하임(Henrik Burheim) 입양한인협회장, 외교단(미국, 일본, 독일, 라트비아 등 70여 개국 대사), 김태자 한인회장, 전임회장 등 원로, 평통위원, 진출기업 대표 등 300여 명이 참석하였다. 나는 양국 관계발전을 평가하고 발전 과정에의 참여를 보람과 특권으로 느꼈으며 재임 중 각계의 지지와 협력에 사의를 전하고, 앞으로도 스웨덴을

전해주었다. 이렇게 국왕 이임면담, 이임 리셉션, 통상차관 이임면담을 통해 부임 이래 마지막 숙제를 풀었다. 스웨덴 정부의 마지막 배려이자 선물과 같은 것이라고 느꼈다.

잊지 않고 양국 관계 발전에 나름대로 기여해 나가겠다고 작별 인사를 했다. 많은 인사들이 재임 중 양국 관계 발전에의 기여를 평가하고 앞으로의 행운을 기원해 주었다.

브릭스트(Blixt) 한서협회 회장은 협회 명의의 감사장을 전달했다. 리셉션 참석과 관계없이 각계 인사들로부터 "재임 중 양국 관계발전에의 기여를 평가한다"는 많은 편지, 카드와 이메일을 받았다. 리리에퀴스트(Inger Liliequist) 문화재청장, 제브렐(Jevrell) 국방차관 부부, 발퀴이스트(Magnus Vahlquist) 왕실 행사총괄대사(Grand Master of Ceremonies), 포스베리(Ander Forsberg) 전 국회사무총장, 요한손(Leif Johansson) 볼보 그룹회장(Pär Östberg 회장, Jan-Eric Sundgren 회장과 3인 연명) 등이 기억에 남는 편지와 카드 메시지를 전해왔다.[155] 한국계 스웨덴 인사와의 교류를 환기시켜 주는 따듯한 메시지와 카드를 많이 받았다.[156] 많은 한인이 송별 카드와 이메일을

---

[155] 포스베리 국회사무총장: "We want to thank you for extraordinary duties in Stockholm. As Secretary General of the Swedish Parliament, I always appreciated our professional cooperation. We have been happy to have you as our friend during your stay in Stockholm."
발퀴이스트 왕실대사: "I am very sorry that for reasons of health I could not attend your party today. I regret it all the more, as I have learned to appreciate both of you as wonderful colleagues and highly competent representatives of your country."
요한손 볼보 그룹회장: "On behalf of the Volvo Group we would like to express our sincere thanks your devoted work to increase the cooperation between Korea and Sweden and to bring the two countries closer together during your time as the Korean Ambassador to Sweden. A good interaction with the Korean Embassy here in Sweden is very important for us and we certainly have had that under your leadership and we are sure that this will continue."
[156] 리벤달(Tove Lifvendhal) 스웨덴기업협회 홍보국장 부부는 "언제나 우리 집 방문을 환영한다"고 하였으며 트로트직(Astrid Trotzig) 작가는 "대사 부부에게 스웨덴과 자신의 가족을 상기시키는 무언가 개인적이며 유용한 선물을 전하고 싶어 어머니가 직접 짠 테이블보를 전하며 다시

보내왔다.[157]

(2) 외교단 송별만찬

부임 이래 외교단 초청 행사에 활발히 참석하고 아태지역 대사 (15개국) 정례만찬과 함께 구루메 대사(8개국) 그룹 정례만찬에 참석 하면서, 주요국 대사와 상시적으로 교류하였다. 이와 함께 외교단 (상주대사 약 95명) 초청 행사에 지속적으로 참석하고, 대사(부부)들 은 관저만찬, 대사관 영화제, 음악회 및 문화행사에 초청하여 외 교단의 대부분 대사들과 교류를 이어갔다. 이러한 교류 결과로 이 임소식을 들은 많은 대사들이 연이어 송별만찬을 제의하였으나 모든 제의를 수락할 수 없어 일정을 이유로 정중히 사양할 수밖에 없었다. 결과적으로 우리 부부는 3월 중 필리핀, 멕시코, 인도, 네

만나기를 바란다"고 하였다. 톨리포(Katarina Tolgfors) BAE 부장은 "조 대사 부부를 알게 된 것이 진정한 기쁨(true pleasure)이었다"는 카드를 보냈다. 그녀는 리셉션 다음날인 3.17(목) 다시 전화 하여 송별인사를 전했다. 대화 중 자신의 작년 방한이 너무 인상적이었다고 하기에, 나는 "한국과 의 인연을 살림으로써 당신의 새로운 여정(journey)이 시작되었다고 생각한다. 한국과의 관계는 당신의 자산(asset)이자 유산(legacy)이 될 것"이라고 격려하였다. 그녀는 조언에 깊이 감사한다며 언젠가 또 보자고 하였다.

[157] "막상 가시게 되니 너무 허전하고 서운한 마음이 앞선다. 자상하시고 인자하신 사모님께서 도 그동안 너무나 수고 많으셨다. 늘 정성껏 준비하신 관저 음식은 못 잊는다. 여기 계시는 모든 분들이 감사히 생각한다."(전 한인회장) "짧은 재임기간 중에 참 많은 일을 하셨다. 행사도 많았고 그러므로 우리 한인 동포들에게 한국인으로서의 자긍심과 자부심 같은 것, 그런 기를 주셨다. 대 사님 부부로부터 한민족의 기를 받으며 행복했다. 남편이 그동안 많은 대사를 만나보았지만 제일 이었다는 평을 아끼지 않았다. 그동안의 수고하심에 감사드린다."(스톡홀름 한인) "지난 1월 핸드 볼 대회로 이곳에 오셔서 교민들과의 저녁식사에서 하신 이임 말씀에 가슴이 뭉클했다. 여러 대 사 중에서 제일 많이 이곳을 다녀가셨으며 이곳 교민에게 많은 관심을 보여주시고 스웨덴에서 여 러 커다란 행사도 많이 하셨다. 이곳을 떠나시지만 우리들은 대사님을 잊지 않을 것이다."(예테보 리 한인) "스웨덴에 주재하시는 동안 보여주신 리더십과 열정으로 많은 것을 받고 배웠다."(진출 기업 북구법인장 부부)

덜란드 등 4개국 대사 부부 주최 송별만찬에 참석하였다.

송별만찬에 참석하다 보니 외교관은 임지에서 결국 뿌린 만큼 거둔다는 생각이 들었다. 동료 대사들의 진심 어린 송별 분위기를 느낄 수 있었다. 외교단 행사에 지속적으로 돌아다니고 대사들과 다양한 주제에 대해 계속 진지하게 대화를 했기 때문에 맛볼 수 있는 기회였다. 대사로서 보람이자 특권이었다. 많은 나라의 대사들로부터 스웨덴 현지사정, 국제사회 동향과 세상사에 관해 듣고 배웠다. 스웨덴이 양자관계에서나 다자관계에서나 50대 중반의 직업외교관 출신 대사에게는 최고 포스트라는 생각이 들었다.

필리핀 대사(Maria Zeneida Angara Collison)[158] 부부 주최 송별만찬 (3.4)에는 외교단장 엘살바도르 대사(Rivera Gomez) 부부, 라트비아 대사(Manika), 아랍에미리트 대사(Sheikha Alqassimi), 비치니(Vicini) 외교부 의전장, Hsieh 국제연구소(Center for the study of International Relations) 소장 부부, Fredrik Malm 의원(자유당), 스톡홀름 상공회의소 고문(Max Lundgren) 등이 참석하였다. 만찬사에서 그녀는 나의 외교활동을 높이 평가하고 외교관 동료로서 나에게 많이 배웠다고 하였다. 나는 필리핀 대사를 비롯한 동료대사의 지지와 협력에 감사하다고 전하고 3년이 안 되는 짧은 근무 기간 중 관찰한 바로는 스웨덴은 "작지만, 강한 나라"이며 "사회 내 투명성, 공정한

---

158 부임 후 2008.8 처음 필리핀 대사를 면담한 이후 아태지역 정례만찬 등을 통해 가깝게 지냈다. 내가 필리핀 공사 겸 총영사(2003~2004)를 지냈으며, 알고 보니 1980년대 일본에서 같은 시기에 대사관에 각각 근무했다는 배경으로 그녀와 만나면 대화의 소재가 많았다.

경쟁, 남녀 평등, 컨센서스 문화"가 강점이며 이를 바탕으로 미래도 밝을 것으로 전망한다고 하였다.

멕시코 대사(Pensado Moreno)[159] 부부 주최 송별만찬(3.10)에는 필리핀(Mrs. Collison), 캐나다(Mrs. Volkoff), 칠레(Cruz Sanchez), 사우디(Gdaia), 루마니아(Mrs. Matache), 튀르키예(Mrs. Korutürk), 스위스(Höchner), 인도(Sajjanhar) 등 10개국 대사 부부가 참석하였다. 외교부 조약국장(Per Sjögren) 부부도 참석하였다. 멕시코 대사의 덕담을 중심으로 한 만찬사에 이어, 나는 과분한 평가에 스톡홀름을 빨리 떠나야 하겠다고 하고 대사들에게 재임 중 지원과 협력에 사의를 전했다. 칠레 대사와 사우디 대사는 각각 자신이 송별만찬을 주최해야 했다면서 좋은 친구라며 아쉬워했다. 루마니아 대사는 "대사로서 해야 하는 외교활동에 대해 많이 배웠다"고 하고 작별 편지를 건넸다. 튀르키예 대사 역시 앞으로도 한국과 튀르키예가 좋은 관계를 계속 발전시켜 나가자고 하였다. 스위스 대사는 우리 부부와 교류할 수 있어 좋은 추억이 되었다고 하였다. 인도 대사는 재임 중 내가 큰 업적을 성취했다고 평가하였다. 캐나다 대사는 내가 귀국해 2012 서울 핵안보정상회의 개최 준비 업무를 하게 되었다고 하니, 자신의 국제회의 준비 경험에 비추어 내부 설득이 더 어렵다고 하면서 행운을 빌었다. 외교부 조약국장에게 한-스웨덴 관계 현황을 설명하니 설득력이 있다고 하며 수긍하였다.

---

[159] 멕시코 대사 역시 2008.8 첫 면담 이후 구루메 그룹의 같은 일원으로서 정례적으로 만찬을 같이 하면서 부부 간에 친하게 교류하였다. 외교단 중 가장 자주 만난 대사 중 한 명이었다.

인도 대사(Ashok Sajjanhar) 부부 주최 아태지역 대사 송별만찬(3.18)에는 12개국 대사 부부가 참석하였다. 인도 대사는 만찬사에서 나에 대해 "항상 활동적이며 항상 웃는 행복한 외교관이며 스웨덴에서 많은 외교활동을 하여 외교단에서 모범적인 대사였다"고 평했다. 대사들의 지지와 협력에 사의를 전했다. 아태지역 대사 모임을 통해 외교관의 동지 의식을 공유하면서 서로 허심탄회한 대화를 통해 진정한 우정을 나누었으며, 아태지역의 단합의 중요성을 인식하게 되었으며 동료 대사들로부터 개인적으로 많이 배웠다고 회고하였다. 아태지역 대사들은 재임 중 우리 부부와의 교류에 감사하며 국제무대에서 한국을 계속 지지할 것이며 한류를 높이 평가하였다. 나는 그간 가끔 거론되었던 아태지역 대사 모임에 북한 대사를 초청하는 문제와 관련하여, 일관되게 반대하지 않았다고 상기시키고 앞으로 북한 대사가 희망한다면 그를 초청하는 것이 좋을 것 같다고 권고하였다. 별다른 이견이 없었다. 재임 중 아태지역 대사 정례만찬을 부부동반으로 지속적으로 참석하였다. 그들 모두가 한국에 대해 매우 긍정적이고 적극적인 인식을 갖고 있으며 한국 대사 부부와 친하게 지내고 싶어한다는 것을 느꼈다. 이는 일본, 중국이 누리지 못하는 이점(advantage)라고 생각했다. 한국이 경제발전과 민주주의를 이루면서 특히 아태지역 국가들이 한국에 대해 나름대로 매력과 호감을 느끼고 있음을 확인하였다. 이들의 이러한 자세와 분위기를 이해하면서 상호 존중의 원칙에 따라 그들과의 실질적인 교류협력 관계를 발전시켜 나가는 것이 중요하다고 충분히 인식했다.

네덜란드 대사(Jan Edward Craanen) 부부 주최 구루메 그룹[160] 송별 관저만찬(3.19)에는 러시아(Neverov), 이집트(Elmagdoub), 멕시코(Moreno), 호주(Stephens) 등 6개국 대사 부부가 참석하였다. 이임하기 2일 전이므로 대사로서 마지막 공식 행사이자 만찬이었다. 나는 대사 재임 중 구루메 만찬모임이 아주 특별한 경험이었으며 특히 넥타이, 연설, 현안이 없는 편안한 분위기하에서, 동료 대사 부부와 허심탄회하게 인생 경험과 생각을 공유함으로써, 스웨덴 및 여러 대사의 나라뿐 아니라 나아가서 세상과 인생에 대해 많이 배웠다고 회고하였다. 외교관은 같은 운명임을 새삼 인식했으며 각국 대사들과 교류한 덕분에 어느 나라에서든지 다음 대사직을 더 잘할 수 있을 것 같다고 하였다. 밤 11시까지 대화가 이어졌다. 중동정세가 화제에 오르자 이집트 대사는 다소 의기양양하게 이제 이집트는 안정을 회복하는 추세라고 하였다. 이집트는 반정부시위가 시작된 1월 25일 이전과 이후의 시대가 달라졌다고 하고 중동 지역 내 각국 사정은 각각 다르다고 하고 어느 나라이든지 만약 시민에게 발포하면 그 정권은 끝이라고 하였다. 다들 공감하였다. 러시아 대사[161] 내외는 모스크바나 서울에서 다시 보자고 하였다. 덕담이 오가면서 내가 3.21(월) 이임 후 바로 3.25(금) 후임 대

---

[160]   2008.6 부임 후 첫 번째 구루메 만찬(2008.10 태국 대사 주최) 합류 후 처음부터 끝까지 같이 참석한 대사는 멕시코 대사(Moreno) 부부와 아르헨티나 대사(Massini Ezcurra) 부부였다. 내가 부임 초기에 같이 했던 태국, 포르투갈, 스페인, 그리스, 튀르키에 대사가 차례로 이임함에 따라 새로운 대사들을 초청하기 시작하였다. 네덜란드 대사는 2009년 11월부터, 러시아 대사, 이집트 대사는 2010년 9월부터, 일본 대사, 호주 대사는 2011년 1월부터 합류하였다.

[161]   러시아 대사(Igor Neverov)는 1978년 외교부 입부하여 북미국장 역임 후에 2009년 11월 스웨덴에 부임하였다. 내가 2009년 12월 관저만찬에 초청한 이래 가깝게 지내다가 구루메 만찬 그룹에 합류하였다. 그는 자신도 외교관이 된 지 30년 만에 대사가 되었다고 하였다.

사가 부임하고 4.7(목) 신임장을 제정할 예정이라고 하니, 모든 대사들이 한국 정부의 효율적인 인사 운영체제를 높이 평가하였다.

구루메 만찬은 마지막까지 대사 재임 중 좋은 추억을 만들어 주었다. 대사로 처음 부임하여 막 대사직을 수행할 때 구루메 그룹 만찬을 통해 각 대륙의 대표적인 나라의 대사 내외와 편하게 교류함으로써 주재국과 국제정세 파악에 도움이 되었으며, 무엇보다도 다른 나라 대사들의 수준과 역량, 그리고 외교활동을 자연스럽게 살펴보면서, 대사라는 직책의 본질과 기대치를 종합적으로 이해하고 나름대로 외교활동 방향을 잡을 수 있었다. 만찬에서 보통 3시간 이상 여러 대사들 부부와 집중적인 대화를 하다 보면 스웨덴뿐만 아니라 여러 나라를 조금씩 이해하게 됨에 따라 여러 나라를 동시에 경험하여 근무하고 있다는 느낌을 받을 때도 있었다. 이렇게 구루메 그룹 만찬은 우리 부부에게 매우 인상적이고 특별한 것이었다.

(3) 대사관 업무 정리

3월 초 서울 귀임일자(3.22)와 후임 대사의 부임일자(3.25)가 정해짐에 따라, 대사의 공백이 없도록 후임 대사가 부임하면 불편 없이 바로 외교 활동을 시작할 수 있는 체제를 준비해 두는 것이 중요하다고 생각했다. 공관 차석 중심으로 업무 인수인계서를 상세히 작성하고 지속 추진사업과 현안을 정리하였다. 부임 전 경험에 비추어, 엄 대사와 전화 협의 시에는 현지사정과 부임 전 준비사항을 나름대로 전해주었다. 서울에 귀임하여 3.24(목) 오찬을 하기로 하였다. 행정원(3.11) 및 외교관(3.12)과 각각 송별 저녁식사를 하고, 재임 중 그간 지원에 사의를 전하고 격려하였다. 제한된 인원과 예산으로 전 직원들이 성실히 최선을 다해 준 덕분에, 대사로서 '해야 할 일'을 할 수 있었고 대과 없이 대사직을 마무리할 수 있었다고 전했다.

3부

한-스웨덴 관계 평가 및 관찰

1.
한국-스웨덴 국민 간 상호인식

스웨덴의 한국에 대한 인식

부임 이후 만난 많은 스웨덴 사람들이 한국에 대해 경제와 민주주의 발전에 대해 높이 평가하고 긍정적인 인식을 표명하였다. 일부 인사는 이제는 스웨덴이 한국으로부터 배울 점이 많다고도 하였다. 특히 방한하거나 한국에 체류한 경험이 있는 스웨덴 인사는 한국의 발전에 대해 경이롭다(amazing)고 하였다. 그러나 여전히 한국이 스웨덴 일반국민에게 널리 알려진 나라가 아니라는 사실을 인식하게 되는 데 그리 시간이 많이 걸리지 않았다.

한국은 아시아에서 중국과 일본 사이에 있으면서 한국전쟁 이후 가난하고 헐벗은 나라이며, 남북한이 대결하고 있고 어린이가 스웨덴에 계속 입양되는 나라 정도의 이미지가 여전히 남아 있었다. 부임 초기 스웨덴 스톡홀름에 거주하는 30·40대 홍보업계 종사자들을 대상으로 한국에 대해 순간적으로 떠오르는 이미지를 조사한 결과, '한국(Korea)' 하면 떠오르는 첫 번째 이미지가 '입양'

이었으며 이어 북한, 김정일, 삼성전자, 작은 차, MASH(한국전쟁 종군 의료진 드라마), '휴가를 가지 않는 나라' 등이었다. 1950년 한국전쟁에 이어 1959년 수교 후 반세기가 지나도 스웨덴 국민의 한국에 대한 인식은 크게 바뀌지 않았다.

한국의 발전과정을 되돌아보면, 전쟁 후 오랜 기간 양국 간 인적 교류와 경제교류가 제한적일 수밖에 없었으며 그러한 상황하에서 스웨덴 사회에서의 한국에 대한 일반적인 이미지는 한국전 파견 의료단과 중립국감독위원회에 파견된 외교관과 군인, 입양인 가족 중심으로 형성될 수밖에 없었다. 스톡홀름 대학에 한국학과가 정식으로 개설된 것이 1988년 서울올림픽 후인 1989년도의 일이었다.

1990년대 후반기부터 한국에 대해 비로소 관심

만나 본 많은 스웨덴 인사들은 한결같이 1990년 후반기부터 한국에 대해 비로소 보다 더 관심을 갖게 되고 인식이 바뀌기 시작했다고 했다. 1999년 스웨덴 외교부가 양국수교 40주년을 계기로 공표한 한국 관계 보고서에 의하면, '한국이 30년 전에는 권위주의 국가이자 최빈국 중 한 나라였으나, 이제는 현대 민주주의 국가로서 경제적으로나 정치적으로 스웨덴의 매우 중요한 파트너 (very important partner) 국가가 되었다'고 선언하였다. 양국수교 40주년을 맞이하여 양국 간 접촉을 강화하기 위해 좀 더 포괄적이며 장기적인 아웃 리치(outreach) 활동을 하기로 하고, 교역투자 증진,

상호 방문, 문화 스포츠 교류를 강화해 나가겠다고 밝혔다.

　이러한 스웨덴 정부의 인식과 함께 양국 간 고위인사의 교류가 양국 관계와 상대국에 대한 양국 국민 인식 제고에 조금씩 기여해 왔다. 2000년 12월 김대중 대통령이 노르웨이에서 노벨평화상을 수상한 후 스웨덴을 공식 방문한 것이 한국 대통령으로서 첫 번째 공식 방문이었다. 스웨덴 페르손 총리의 연이은 방한(2000, 2001, 2004년) 등 스웨덴의 고위인사 방한이 이어졌다. 이러한 고위인사의 교류는 양국 관계발전을 선도하고 스웨덴 사회에 한국에 대한 긍정적인 인식을 점진적으로 심어 주었다.

　2008년 부임하여 스웨덴 각계 인사를 면담하는 과정에서 그들 대부분이 방한한 적이 없으며 한국과 한-스웨덴 관계에 대해 제대로 알지 못하며 따라서 그들에게는 한국 문제는 주요 관심사안이 아니라는 사실을 알게 되었다. 한-스웨덴 의원친선협회 소속의원 중 방한 경험이 있는 의원은 손에 꼽을 정도였다. 스웨덴 왕립 과학한림원, 공학한림원, 카롤린스카 의과대학(KI) 등 학계 교류를 통해 스웨덴 최고의 교수들이 방한한 적이 없다는 사실은 이해할 수 있었으나 모 교수가 한국이 홍콩 옆에 있느냐는 질문을 받았을 때는 황당한 기분에 제대로 대답할 수가 없었다. 많은 스웨덴 인사가 일본, 중국까지는 가 보았지만 한국은 방문한 적이 없다고 하였다.

적절한 파트너로서의 인식 확산

물론 앞서 기술한 바와 같이 구스타프 국왕처럼 자동차, 핸드폰 등 한국의 우수한 제품을 직접 거론하고 사용하고 있다는 인사도 적지 않았다. 한국으로부터 배울 것이 많다는 얘기를 지속적으로 들었다. 전임 주한대사들이나 수차례 방한한 바 있는 페르손 전 총리와 같은 일부 인사는 한국의 미래가 밝다는 지론을 주변에 계속 설파할 정도로 한국에 대해 매우 긍정적인 인식을 갖고 있었다. 또한 교육부 장관, 대학(웁살라 대학, 카롤린스카 의과대학, 룬드 대학 등) 총장, 기업 CEO처럼 한국 교육의 경쟁력, 연구개발 정책, 한국기업 문화에 대한 높은 관심을 보이는 스웨덴 인사가 적지 않았다.

부임 초기에는 솔직히 스웨덴 인사로부터 그런 얘기를 들을 때는 한국 대사에 대해 단순한 우호의 표시라고 생각했다. 그러던 중 스웨덴의 국내외 사정과 대외관계에 대해 좀더 이해하다 보니 그들이 국제사회에서 적절한(relevant) 파트너를 찾으려는 노력을 계속 하고 있다는 사실을 알게 되었다. 국내외 환경변화에 적응하면서 국가발전을 도모하기 위해서는 기존 EU 중심의 대외협력체제로부터 파트너를 다변화할 필요가 있으며, 거기에 자신들이 60여 년 이상 관여하고 G20 국가의 일원으로 성장한 한국이 좋은 파트너가 되었다고 판단한 것으로 보였다. 툰하머 스코네 주지사와 같이 대외 경제통상 문제를 오래 다루어 온 정계, 경제계 지도자들은 나에게 "스웨덴 모델이 국내외 환경 변화에 따라 진화하는 과정에서, 한국처럼 국가경쟁력을 중시하고 근로 전통을 중시하는 국가와의 교류 협력을 지속적으로 확대하는 것이 바람직하다"는 인식을 표명하였다. 따라서 페르손 전 총리와 같은 일부 지도자들은 한국과의 교류협력을 보다 심도 있게 추진할 필요가 있다고 판단하고 있는 것 같았다. 한국이 스웨덴의 영미권 3개국(호주, 캐나다, 뉴질랜드)에 이은 4번째 워킹홀리데이 프로그램 협정의 상대국이 될 수 있었던 것도 그러한 배경이 있다고 생각했다.

이러한 흐름과 맞물려 재임 중 우연히도 2009년 수교 50주년, 대통령의 공식방문 및 2010년 한국전 발발 60주년을 계기로 양국 간 교류협력이 급속히 확대되고 다양한 문화행사 등이 개최됨에 따라 스웨덴 국민의 한국에 대한 긍정적인 인식이 확산되는 것을 목격할 수 있었다. 라인펠트 총리는 수교 50주년 기념일(3.11)을 계기로 이명박 대통령 앞으로 보낸 축하서한에서 '양국은 중요한 가치를 공유하고 글로벌 이슈에 공통 입장을 견지하고 있다'고 강조하고 '이미 양호한(excellent) 양국 관계를 더욱 발전시키는 것이 스웨덴 정부의 우선순위(priority)'라고 하였다. 이어 2009년 7월 이명박 대통령의 스웨덴 공식 방문을 통해 양국 정상은 양국 간 포괄적 협력관계(comprehensive partnership)를 구축하였음을 확인하고 이를 지속 발전시키기로 합의하였다.

연이은 수교 50주년 기념행사와 2010년 한국전 기념행사 공동 개최, 언론인 초청행사 등을 통해 스웨덴의 그간 한반도에의 개입(engagement) 사실을 환기시키면서 양국 관계발전의 당위성과 필요성을 강조하였다. 스웨덴 인사들로부터 "최근 남북관계를 볼 때 스웨덴의 지난 60년간 한국에 대한 개입과 지원이 올바른 선택이었다. 스웨덴이 그간 여러 나라에 대해 인도주의적 입장에 따라 각종 지원을 해 왔으나 오랜 시간이 지난 지금까지 이를 기억하고 감사를 표명하는 나라는 한국이 유일하다"라는 말을 수시로 듣게 되었다. 한편 한국영화, 한식 등을 소개하는 문화 외교활동을 전개하면서 스웨덴의 일반 국민이 오히려 백지 상태이기 때문에 우리 문화 알리기가 어느 정도 효과를 거둘 수 있었다. 2009~2010년 3회에 걸친 스톡홀름 대학 한국학과 학생 관저초청 행사에서 젊은 세대의 한국에 대한 높은 호기심과 막연한 동경 같은 것을 접하고 더욱더 확신하게 되었다.

지속적인 공공외교활동으로 인식 제고 필요

물론 이러한 분위기와는 달리, 아직까지 지식인과 일반 국민의 한국 자체에 대한 관심이 여전히 그리 크지 않으며 따라서 스웨덴 사회의 한국에 대한 인식은 여전히 제한적이고 낮다고 봐야 할 것이다. 스웨덴이 기본적으로 개방적인 나라이기는 하나 대외관계에 있어서는 여전히 EU와 북구제국과의 관계가 우선적이며 국가재원이 한정된 상황하에서 보편적 복지를 국시로 삼고 있기 때문에, 국내외 상황 변화에 따라서는 중점 외교 대상국 이외의 대외관계 우선순위는 항상 변할 수 있다. 재임 중 경험으로 스웨덴 정부의 재정긴축에 따른 일부 해외공관의 폐쇄 조치를 보고 전혀 스웨덴식(Swedish way)이 아니라고 생각했으나 실제로 일어난 일이었다. 국회부의장은 한국 국회의 공식 방한 초청에도 불구하고, 사실 국회 예산 지원이 어려워서 방한할 수 없다고 하였다.

재임 시 관찰한 바에 의하면 스웨덴은 지정학적 위치나 국력, 정치 문화 등을 기반으로 한 대외관계 정책상, 한반도에 대해 일정한 개입은 지속될 것으로 전망되나, 평상시보다 적극적인 개입과 과감한 투자는 기대하기 어려울 것이라고 본다. 다만 스웨덴과의 관계는 우리가 하기에 달린 것이며, 스웨덴이 우리가 투입(input)하는 만큼 결과(output)를 확실히 거둘 수 있는 주요 우호국이라는 데에는 변함이 없다. 앞으로도 스웨덴의 한국전쟁 이후 한반도에서의 평화와 안정 유지에 있어서의 기여를 양국 관계의 주요 기초로 삼고 그들의 한반도에서의 지속적인 개입(engagement)을 요청하면서, 스웨덴 내에서 한국과 양국 관계를 알리는 공공외교활동을 꾸준히 전개해 나가야 할 것이다.

한국인의 스웨덴에 대한 인식

한국인의 스웨덴에 대한 일반적인 인식은 매우 긍정적이며 호의적이다. 한국전 당시 최초 의료진 파견국부터 '요람에서 무덤까지'의 복지 선진국가, 대국에 대해 할 말 하는 나라 등 늘 부러운 나라로 자리잡고 있다. 우리나라 여론 조사에서도 국가 선호도에 있어서 스웨덴은 항상 상위 5위 이내의 좋은 평판을 받고 있다. 재임 중 대사관은 2009년 100여 개 사절단, 2010년 90여 개 사절단의 스웨덴 방문을 지원하였다. 대사관에 연락없이 다녀가는 방문단도 적지 않았다. 2010년에만 49명의 국회의원이 방문하였다. 한국 각계로부터의 방문단은 스웨덴의 국정 일반, 특히 보편적 복지, 세금, 양성평등, 고령화사회 대응, 교육, 환경, 에너지 등 다양한 주제의 스웨덴식 해법에 대해 높은 관심을 보이고 한국에의 적용 가능성에 주목하였다.

임지에서 만난 한국인들은 이구동성으로 스웨덴 사람에 대한 좋은 인상과 스웨덴의 국정에 관해 부러워하였다. 우리나라도 보편적 복지제도가 실현되면 좋겠고, 투표율이 80% 이상이 되었으면 좋겠고 국회의원도 남녀 똑같이 50%가 되면 좋겠다고 하였다. 부부가 함께 쓰는 480일의 육아 휴직제도도 부러워했다. 우리도 노벨상과 같은 세계적으로 권위 있는 상이 있으면 좋겠다고 하였다. 일부 국회의원이 스웨덴 제도와 관행이 입법과정에 도움이 되었다는 평가도 하고 일부 정치인은 스웨덴 모델의 한국 적용을 주장하기도 했다.

한편 스웨덴 교육에 기업형 사립학교가 늘고 사교육도 생기면서 스웨덴 교육이 실패했다고 보는 전문가도 있었으며, 청년층이 휴가와 복지 혜택만을 누리는 경향이 생겨 국제경쟁력이 뒤처져 결국 스웨덴 모델은 실패했다고 주장한 전직 경제관료도 있었다. 한국 인사가 젊은 스웨덴 고위인사와의 면담에서 처음부터 나이를 물어보아 스웨덴 인사가 당황하면서 면담이 불편해진 적도 있었다. 동석했던 내가 민망했다. 일부 한국인은 한국사회의 장유유서(長幼有序) 문화에 젖어 있어 스웨덴에서는 나이가 많고 적음이

사회생활에서 아무런 기준이 될 수 없다는 사실을 이해하지 못하는 것 같았다. 대부분의 한국인은 주로 스웨덴의 현재 상황 및 결과물에 주목하고 부러워하면서도 스웨덴 국민이 오랜 기간에 걸쳐 이루어 낸 그러한 제도가 어떠한 토론과 타협의 과정을 거쳐 만들어진 것인지에 대해서는 그다지 관심이 없어 보였다.

본국 방문단과의 대화에서는 항상 스웨덴의 지정학적, 역사적, 문화적 배경하에서 그들 역시 다른 나라와 마찬가지로 오랜 기간 안보와 번영의 해법을 나름대로 지속적으로 추구해 온 결과 현재의 모습에 이르렀음을 강조하였다. 그들 제도의 정신과 취지를 이해하면서 선별적으로 배우거나 참고하면 좋을 것 같다고 하였다. 현재의 결과물에만 주목하기보다는 지금의 스웨덴을 이루는 과정, 예를 들어 인성교육, 협의문화, 부패제로, 세금 제대로 쓰기, 양성평등 등을 실천해 온 과정을 살펴보고 한국적 환경에서의 적용 가능성에 초점을 맞추어 참고할 필요가 있다고 생각했다. 앞으로도 한국의 스웨덴에 대한 높은 관심과 평가는 쉽게 사라지지 않을 것이다. 스웨덴을 배우겠다는 같은 목적의 각계 대표단이 세금으로 큰돈 들여 스웨덴을 계속 방문하면서 스웨덴 사람들에게 같은 질문만을 반복하는 것은 결코 바람직하지 않다. 스웨덴을 제대로 배우겠다면, 철저한 실용주의 및 현장 중심의 접근 방법을 중시하는 스웨덴 방식을 충분히 이해하여 사전 준비와 사후 관리를 통해 상대 기관과의 호혜적인 교류협력 관계를 구축하는 노력이 필요할 것이다.

2.
양자관계에서 경험한 스웨덴의 외교행태

———   ———

재임 중 스웨덴 외교관 및 공무원과의 교류 경험에 비추어 스웨덴 사람은 정직하고 직선적(honest and straightforward)이라서 상대하기 편한 상대이며, '되면 되고 안 되면 안 된다'는 그들의 언행과 일상적 사회관례(휴가, 사생활 중시)를 이해하면, 협상을 큰 불편함 없이 효과적이며 효율적으로 진행시킬 수 있다고 생각하게 되었다. 일부 유럽 대사를 포함한 여러 대사들로부터 '스웨덴은 Yes면 Yes, No라면 No'라는 입장이라서 편한 때도 있으나 한편으로는 다른 나라와 같이 유연성(flexibility)이 없어 아쉬울 때도 있다는 얘기를 여러 번 들었다. 대사 재임 중 양자관계 업무를 수행하면서 경험했던 스웨덴의 외교행태를 소개한다.

대통령 방문 준비

2009년 수교 50주년 계기에 대통령 방문 준비 과정에서 스웨덴 외교부는 한번 제시한 일정안을 끝까지 고수하였으며 결국 그 일정에 따라 방문이 진행되었다. 돌이켜보면 앞서 설명한 바와 같이 우리가 스웨덴의 외교행태를 좀 더 이해했더라면 보다 일찍 방문 일정에 합의함으로써 여유 있게 정상회담의 성과물을 보다 더 챙길 수 있었을지도 모른다는 생각을 했다.

휴가와 사생활 중시

2009년 대통령 방문 행사 직전에 스웨덴 외교부 의전실, 아태국의 실질적 담당자들이 여름휴가를 다녀온다 하여 다소 당황했으나 그들의 시스템이 원만히 작동되고 행사가 무난히 끝나 안도하였다. 스웨덴 사회에서 개인의 휴가는 불가침임을 이해했다. 따라서 2010년 초 외교부 한국과장과 의전차장이 각각 6개월 육아휴직을 다녀온다는 얘기를 들어도 크게 놀라지 않았다. 또한 2007년 6월 8~10일 후진타오 중국 국가주석의 스웨덴 국빈방문 때 국왕주최 만찬 시 라인펠트 총리는 부인의 생일을 이유로 불참했다는 얘기를 듣고 그들이 참으로 사생활을 중시한다는 생각이 들었다. 외교부 공보국장 겸 대변인도 기자들을 계속 상대하나 휴일은 쉰다고 하였다. 스웨덴 기자도 휴일에 연락하는 일은 거의 없다고 하였다.

실용주의 외교

2009년 수교 50주년 기념행사에 대한 스웨덴 정부의 저조한 관심도 처음에는 약간 섭섭하고 이해하기 어려웠다. 그들 사회를 나름대로 이해하면서, 우리의 선도로 관련 행사를 이끌어 가면서 스웨덴 정부의 가능한 협조와 참여를 유도해 나갈 수밖에 없었다. 제한된 자원(resource)을 실질(substance) 위주로 배분하는 관례와 사회 분위기로 이해했다.

그러면서도 2010년 3월 천안함 피격 사건과 관련, 우리의 스웨덴 조사단 파견 요청에 대해 스웨덴 정부가 기민하게 대응하여 불과 며칠 만에 파견 결정을 하는 것을 보고 스웨덴의 대외관계의 결정적인 순간에는 그들의 정책 수립체제가 신속히 기능한다는 것을 알았다. 이어 한국전 60주년 기념행사의 공동주관 문제에 대해서도 우리 입장을 몇 차례 전달한 결과, 그들이 그간 중립국 전통에 따른 관례에서 벗어나 이례적으로 국방장관이 정부 대표로 참여하고 국회의장과 제1부의장, 제2부의장 등 요인이 함께 참석하였다. 스웨덴의 국제적인 평화유지활동의 기여를 높이 평가하는 우리의 합리적 요청을 받아들인 것이었다. 톨리포쉬 국방장관은 이를 계기로 스웨덴 내에서도 소위 '베테랑'이라는 개념을 정립해 나가겠다고 하였다.

2009년 7월 대통령의 방문을 계기로 양국 간 교류협력이 확대되는 추세를 배경으로 2010년 2월 우리의 워킹홀리데이 프로그램 협정 체결 제의에 대해서 스웨덴 법무부는 바로 수락함으로써 실무교섭을 진행하여 2009년 9월 동 협정을 체결할 수 있었다. 우리가 양국 관계발전 추세의 타이밍을 정확히 잡아 적시에 제의한 것이었으며 이에 대해 스웨덴도 바로 응답한 결과였다.

G20 정상회의 참여문제와 관련, 스웨덴은 노르웨이의 노르딕 제국 그룹의 G20 참여 주장에 동조하지 않고, EU가 회원국의 이익을 충분히 대변한다고 하면서, 한국의 G20 참여와 2010 서울 G20 정상회의를 축하해 주었다. G20 정상회의가 세계경제의 빠른 회복과 추가 위기발생 예방에 크게 기여하였다고 평가하고 앞으로의 G20 역할에 대해 기대를 표명하였다. 당시 국제정세를 냉정하고 객관적으로 판단한 결과, 노르웨이의 제의는 무리한 시도라고 봄으로써 제한된 외교력을 분산시킬 필요가 없다는 실용주의 외교의 일단이라고 생각했다.

재임 중 마지막 현안이었던 **여수국제박람회 참가문제와 관련,** 스웨덴 정부가 원래 예산이 수반되는 정책결정에 매우 신중하며, 더욱이 금융위기하의 긴축재정 상황에서는 결정과정이 상당히 시간이 소요될 수밖에 없다는 스웨덴의 국내 현실을 좀 더 이해했다면, 우리가 스웨덴 측에 그렇게 오랜 기간 동안 기회가 있을 때마다 참가해 달라고 요청할 필요가 있었을까 하는 생각도 들었다.

스웨덴 인사와의 교류

재임 중 스웨덴 인사를 면담하는 데는 큰 어려움이 없었다. 물론 장관과 차관을 수시로 만날 수는 없었다. 또 양국 간 아주 중요한 이슈가 아니면 장관, 차관을 굳이 만날 필요도 없었다. 부임 초 들은 대로 스웨덴 인사들은 면담 목적과 실질적 이슈가 분명하지 않으면 면담 약속을 잡기 힘든 것 같았다. 아울러 스웨덴 사람은 누구라도 시간 계획을 상당한 시간 전에 미리 세우기 때문에 갑작스러운 약속을 꺼려 했다. 부임 초기에는 상대방의 일정에 따라 면담을 진행하였다. 이후에는 면담 인사를 미리 상정하고 상당한 기간 전에 면담 요청을 하면서 교류하였다. 면담과 함께 충분한 시간을 두고 오찬 및 관저만찬을 제의하면서 교류 범위를 확대해 나갔다. 또한 대부분의 인사가 실질적인 내용과 이슈에 관해 대화하기를 원했다. 한국과 양국 관계에 대한 주요 논점을 짧은 시간에 제대로 전한 것이 매우 중요했다. 스웨덴 외교부와는 아태국장을 중심으로 주요 간부(인사국장, 공보국장 등)와의 정기적인 교류를 갖기 위해 노력하였다. 주중에 전화 통화를 통한 업무협의는 전혀 문제가 없었다. 정기적으로 오찬을 통해 업무협의를 하였다. 스웨덴 외교관과 공무원은 주말이나 연휴 중 전화에 대해서는 거의 응하지 않았으며 메시지에 대해서도 주말 중 회답이 오는 경우는 거의 없었다. 다음 주 월요일이나 연휴가 끝나면 통화할 수 있었다.

스웨덴 인사의 외교단 행사 참석

재미있는 현상은 개별면담, 식사 기회 이외에 외교부 간부나 정부 고위인사, 국회의원들이 외교단 행사에 매우 적극적으로 참석하는 경향이 있다는 것이었다. 앞서 기술한 바와 같이 이런 기회에 스웨덴 주요인사와 다양한 대화를 나눌 수 있었으며 자연스럽게 우리 입장을 전달할 수 있었다. 일부 인사들은 오히려 이러한 사무실 이외 제3의 장소에서 자신들의 입장을 더 솔직하게 직선적으로 전해주기도 하였다.

스웨덴 대외관계 업무에서 배우거나 참고할 점

외교부 주최 연말 리셉션

스웨덴 외교부는 연말에 1) 외교단 전체 대사 부부를 외교부에 초청하여 루시아 리셉션을 개최하였다. 2) 아태국장은 이와는 별도로 역시 연말에 아태지역 대사 부부를 외교부(도서실)에 초청하여 송년리셉션을 개최하였다. 평소 자주 못 보는 외교부 인사 및 관계기관 인사와의 교류의 장이었다. 대사로서는 연말이라는 시점에 관심 사항을 외교부에 전할 수 있는 좋은 기회이며 스웨덴 외교부 역시 외교단과의 대화를 중시한다는 입장을 전달하고 외교단 동향과 신년도 업무를 추진하는 데 참고할 정보를 얻을 수 있다고 생각했다. 우리 외교부 역시 평소 주한 대사와 접촉 기회가 많지 않은 만큼, 이러한 실용적인 사례는 참고하여 주한 외교단과의 교류를 강화할 필요가 있다고 생각한다.

퇴직 대사 활용

2008.9 신임장 제정 시 동행한 허드만(Hirdman) 의전대사는 전 러시아 대사를 지낸 퇴직 원로 외교관이었다. 신임 대사에 대한 정중한 안내와 스웨덴에 대한 친절한 소개로 스웨덴의 국격을 느낄 수 있었으며 스웨덴에 대해 더욱더 호감을 갖게 되었다. 외교부 의전실 및 왕실에는 퇴직 대사들이 의전을 비롯한 국제관계 업무 담당 대사로 활약하고 있었다. 퇴직 대사의 역량과 경험을 대

외관계의 적재적소에 계속 활용하는 사례는 참고할 필요가 있다고 생각했다. 21세기 들어서서 경쟁과 대립이 심화되고 있는 외교 현장에서 고도의 외교역량을 갖춘 외교관이 더욱더 절실한 상황 하에서, 직원 부족의 만성적 고질을 안고 있음에도 불구하고 직업 외교관의 60세 정년 퇴직제도를 시행하고 있는 한국 정부는 우선 적으로 이미 검증이 끝난 퇴직외교관을 선별하여 적극 활용함이 바람직하다고 생각한다.

외교부 내 외빈식당 운영

현지 외교관은 보통 주재국 인사의 면담 이외에도 오만찬에 초청하여 외교활동을 전개한다. 나는 스웨덴 정부인사, 국회의원 등 주요인사를 관저 오찬 또는 만찬 초청과 함께 외부식당에서 오만찬(주로 오찬)에 지속적으로 초청하여 교류했다. 그중 외교부 간부가 답례차원에서 외교부 내 식당으로 여러 번 오찬에 초청하여 참석하였다. 외교부 구내식당 일부를 활용하여 별도 방에서 외빈을 접대하는 형식이었다. 메뉴는 극히 소박하였으나 품위가 있었다. 외빈 접대 예산이 충분하지 않은 사정도 있어 외교부 내 식당을 활용하는 것 같았다. 업무오찬 형식으로 보통 1시간 정도 진행되었다. 여러 면에서 실용적이라고 생각했다. 우리 외교부도 주한 대사 및 외교관뿐 아니라 국내 인사와의 업무오찬을 위해 구내식당의 식단과 구조를 일부 개선하여 외빈초청 식당으로도 활용하면 좋겠다고 생각한다.

스웨덴 외교역량 강화

스웨덴 대외관계의 중심은 북구지역 및 EU이다. 스웨덴은 북구지역 내 협력은 5개국 협의체인 북구이사회(Nordic Council)를 통해 주도적 역할을 하면서, 발트 3국을 포함한 발트해 연안국 이사회와도 공동회의 개최 등을 통해 북구지역 전체의 일체성 강화에 노력하고 있다. 스웨덴은 1995년 EU 가입 이래 공동외교안보정책 및 EU 외연확대 등 통합과정에 적극적으로 참여하고 일정한 지도력을 발휘하고 있다. 재임 중 스웨덴의 대외정책을 관찰하는 과정에서 눈에 띈 것은, 바로 스웨덴 정부 대부분의 공무원이 이들 기구 및 회원국들과 일상적으로 협의하고 협상을 한다는 것이었다. 특히 스웨덴은 2009년 하반기 EU 의장국 수임을 앞두고는 거의 1년 전부터 정부 전체가 이를 준비하는 것 같았다. 평상시에도 EU 내 회의 참석이 일상화되어 있으나, 의장국이 되면 모든 실무회의부터 정상회담까지 합치면 거의 매일 회의를 주최해야 한다고 하였다. 스웨덴 주변국 대사들도 나에게 스웨덴 정부와의 협의가 일상적으로 이루어지고 있다고 하였다.

스웨덴의 이러한 대외관계 덕분에 모든 외교관 및 대외관계 담당 공무원이 초임 때부터 다자 외교활동에 참여하여 다양한 경험을 함으로써 자연스럽게 대외협상 역량을 점진적으로 키우고 강화할 수 있을 것으로 짐작하였다. 또한 외교관의 역량 측면뿐 아니라 회원국간의 양자관계에 있어서도 중장기적으로 현명한 교류협력 방안을 모색할 수 있을 것으로 생각했다. 무척 부러웠다. 우리에게는 아직 이렇게 일상적으로 참여하는 지역협력체가 없다. 다자기구가 있는 극히 일부 재외공관에 근무하는 경우에 한해 다자업무를 제한적으로 경험할 수 있을 뿐이다. 우리는 앞으로 우선 소다자(小多者) 협의체를 주도하고 활성화하며, 지역협력체에 보다 적극적으로 나설 필요가 있다고 생각한다.

외국 지자체와의 교류에 관한 기본 입장

과거 대전시-웁살라 시(1999.10), 경기도-베스트만랜드 주(1999.3) 간 자매결연 관계를 맺었으나 별다른 교류가 없었다. 대사관이 2009년 수교 50주년 계기 스웨덴과의 적극적인 교류협력을 우리 지자체에 건의하였으나 아무런 반응이 없었다. 그럼에도 불구하고 재임 중 본국의 여러 지자체가 스웨덴 지자체와의 자매결연을 희망하고 협조를 요청하였다. 접촉해 본 스웨덴의 모든 지자체는 '자매결연 선포'나 협정 또는 협력각서 체결 자체에 우선순위를 두기보다는, 먼저 양측간 실무협의를 통해 실질적 협력분야를 발굴하여 실제로 일정수준의 교류실적을 쌓은 후 양자관계를 규정하는 합의서 체결을 검토한다는 입장이었다. 이에 따라 외교부 본부와 지자체에 스웨덴의 이러한 일관된 입장을 수차례 보고하고 관심 있는 지자체는 실무대표단을 먼저 파견할 것을 건의하였다. 지자체로부터 별다른 반응이 없었다. 자매결연은 희망한다고 하면서 '사전에 실무대표단을 보내 일차적으로 서로 상대방을 알고 협력 가능분야를 협의해 보자'는 스웨덴 측의 합리적인 제의에는 전혀 응하지 않는다는 것이 매우 의아했다. 우리 지자체의 자매결연

제의의 진정성을 느낄 수 없었다.

스웨덴에는 외국 지방자치단체장의 1회성 홍보용 행사를 위해 쓸 수 있는 재원이 없다고 할 수 있다. 1회성 행사는 전혀 스웨덴식(Swedish way)이 아니다. 대외관계에 있어서 스웨덴은 중앙정부이든지 지방정부이든지 공히 실용주의에 따라 대응하고 있다는 사실을 제대로 이해하고 접근하는 것이 바람직하다.

3.
스웨덴-북한 관계

―――   ―――

　스웨덴은 1973년 4월 외교관계 수립 후 1975년 3월 서방국가 중 유일하게 대사대리급 상주공관을 평양에 설치하였다. 북한은 1973년 6월 대사관을 개설하였다. 스웨덴은 남북한에 각각 상주 공관을 설치하고 중립국감독위원회(NNSC)에 스웨덴 대표단을 파견함으로써 한반도 평화와 안정에 지속적으로 기여하여 왔다. 아울러 1995년 이래 주북한 스웨덴 대사관이 미국의 이익 대표부 역할을 수행하여 미북 관계에 있어서 영사문제 해결지원 등 일정한 역할을 수행해 왔다. 부임해 보니 스웨덴 정부 관계자들이 한반도 평화와 안정 유지를 위해 스웨덴이 일정한 역할을 수행하고 있다는 데 자부심을 갖고 있다는 것을 느낄 수 있었다.

　한편 북한과는 스웨덴의 관계 개선 및 확대 의지에도 불구하고, 북한 체제의 폐쇄성, 열악한 경제 사정 및 핵, 미사일 개발에 따른 국제 제재 등으로 양자관계는 정체되었다. 만나 본 스웨덴 인사 중에 북한에 대해 긍정적으로 평가하는 사람은 아무도 없었다. 북한의 채무 불이행, 북한 외교관 밀수사건, 핵 실험 및 미사일 발사,

인권 탄압 등 북한의 대내외 행태는 스웨덴이 내세우는 대외정책의 기본 원칙에 맞을 수가 없었다. 다만 스웨덴의 중립주의와 인도주의 전통에 따라 1995년부터 인도주의 차원에서 대북한 지원을 시작하고 1995년 EU 회원국 가입 이후 EU의 공동 외교안보정책 원칙에 따라 EU 차원에서 결정되는 이슈별 대북정책을 수행해 왔다.

그러한 가운데 2000년 남북정상회담 이후 화해 분위기하에서 2001년 5월에는 페르손 총리가 EU 의장국 자격으로 남북한을 동시 방문하였다. 페르손 사민당 정부는 6자회담 진행을 관망하면서 2005.11 유엔의 북한인권결의안 채택으로 EU-북한 관계가 악화된 상황하에서, EU의 보다 적극적인 대북한 개입정책을 추진할 필요가 있다고 표명하였으며 2006년 1월 한반도문제 특별보좌관을 임명하여 나름대로의 역할 수행을 모색하였다. 2006년 10월 북한이 제1차 핵실험을 하는 등 도발이 이어지면서 스웨덴의 독자적인 역할 수행은 더욱 어려워졌다.

이러한 추세하에 2006년 10월 보수연합 정부가 출범하면서 북한과는 소원한 관계가 지속되고 외교부 간 접촉도 실무선에서 유지되고 있었다. 모린 아태국장은 2008년 9월 자신의 방북계획을 알려 주면서 3년 전 국장(Director-General: 사실상 차관보)급 방북 이래, 자신이 같은 급의 최고위급 인사라고 하였다. 스웨덴의 대북한 지원은 1) 인도적 지원(humanitarian aid), 2) 능력배양(capacity building)에 한정되며 개발지원(development assistance) 분야는 시행하고 있지 않았다. 모린 국장과 베이어(Paul Beijer) 한반도 특별보좌관은 스웨덴은 북한과의 관계를 핵개발, 인권, 경제 재건 등 모든 이슈를 종합적으로 감안하여 접근하고 있으며 30년간 북한과의 교류 경험상 중장기적으로 북한 체제 변화를 유도하는 것이 가장 효과적이라고 보고 스웨덴은 능력 배양을 위한 지식전수 프로젝트에 중점을 두고 있다고 하였다.

인도적 지원은 주로 보건, 정수시설, 의약품 등으로 구성되며 능력배양 분야는 지식전수가 중심이었다. 총 지원규모는 2004~2008년간 연평균 4천1백만 크로나(미화 550만불 상당) 정도였으며 그중 인도적 지원이 연평균 3천5백만 크로나(미화 500만불 상당)이었다. 지식전수 사업은 스웨덴 국제개발협력청(SIDA)이 자체 시행하는 제3세계 국가 연수생 대상 직무연수 프로그램(International Training Program)과 SIDA의 예산 지원으로 스웨덴산업협회(NIR), 스톡홀름경제대학(SSE), 스톡홀름국제평화문제연구소(SIPRI) 주관 사업으로 시행되어 왔다. 2006.10, 2009.5 북한의 핵실험으로 중단되거나 연기되곤 했다.

빌트 외교장관은 2009년 2월 한-스웨덴 외교장관회담에서 한국의 대북정책을 전적으로 지지하면서 주북한 대사관의 활동이 제한적이기는 하나 북한에 대해 계속 개입(engage)하고자 하며 작은 규모이나 지식전수 사업을 지속 시행하겠다고 하였다. 북한은 결국 개방하거나 붕괴할 수밖에 없을 것이므로 "미래를 대비하여 비용을 줄이는 유일한 방안은 북한인에 대한 교육"이라고 강조하였다. 포이에(Mats Foyer) 주북한 대사도 2008.8, 2009.8 일시귀국 시 나와의 면담에서 북한의 권력 교체기에 북한 상황과 북한정권의 의도를 정확히 전하고, 북한의 정책 변화 가능성에 대해 부정적인 의견을 피력하였고, 스웨덴은 "EU와 공동 입장을 취하면서 대북한 관계를 현상 유지선에서 대응하고 있다"고 하였다.

북한이 스웨덴 국회에서 유일한 접촉 채널로 간주하고 있는 해쉬테트(Kent Härstedt) 의원(사민당)은 보수당 정부의 대한반도 정책을 비판하면서 사민당 정부가 재집권하면, 보다 적극적인 한반도 정책을 취할 것이라고 하면서도 북한이 상대하기 어려운 나라임을 충분히 인식하고 있는 것 같았다. 북한 대사가 스웨덴 의원들이 자신을 만나주지 않는다고 불평할 정도로 스웨덴 국회에서 북한에 대한 일반적 평가가 좋지 않음에도 불구하고, 의원 중 유일하게 해쉬테트 의원은 나와 만날 때마다 북한 대사와 가끔 식사나 협의를 하고 있다고 전하였다. 이러한 북한과의 관계를 배경으로 사민당 정부에서 2017년 그를 한반도 담당 정부특사로 임명하였으며 스웨덴은 북미대화 촉진을 위해 '중개자' 역할을 수행하였다.[162]

재임기간(2008~2011)에는 보수당 정부가 2006년 10월 집권 이래 사민당 정부의 정책과의 차별화를 도모하면서, 세계금융위기의 여파로 국내경제 회복이 우선인 상황이었다. 대외정책에 있어서

---

[162] 이에 관해서는 이정규 전 스웨덴 대사(2018~2021)의 저서 『스웨덴과 한반도』(리앤윤, 2023)를 참고하기 바란다.

는 EU와의 공동 대응을 더욱더 강화하는 과정이었으며 더욱이 북한의 핵실험, 미사일개발 등 도발에는 EU와 함께 단호한 조치를 취할 수밖에 없었다. 그런 가운데 2008.9 한반도문제 특별보좌관 제도는 자연스럽게 폐지되었으며 북한의 권력이양기를 관망하면서 기존의 인도적 지원 및 지식전수 사업을 시행하는 정도로 현상 유지 선에서 북한과의 관계를 관리하였다. 특히 스웨덴은 2010년 천안함 사태 및 연평도 도발 시에는 북한을 강력히 비난하고 나섰다. 이렇게 재임기간 중에는 스웨덴이 한반도 문제에 대해 특별한 역할을 강구할 여유도, 계기도 없었다.

그뢴발 전 주한대사는 한-스웨덴 간의 주요 경제통상 문제를 EU 차원에서 협상하는 것과 마찬가지로, 스웨덴은 북한과의 관계를 양자 차원보다는 EU 차원에서 다루는 것이 보다 바람직하다고 본다고 하였다. 2008년 10월 주불가리아 대사로 부임한 외교부 베이어(Paul Beijer) 한반도문제 특별보좌관의 후임이 없다는 데 대해 "잘 된 일"이라고 하였다. 주북한 스웨덴 대사와 전임 한국 대사들도 한반도의 평화와 안정 유지를 위한 스웨덴의 역할을 지속해 나갈 것이라고 하면서도 북한문제에 있어서 나에게 스웨덴의 '특별한 역할'에 대해 거론한 적은 없었다. 2009년 하반기 EU 의장국 수임 기간 중에도 의장국으로서 북한문제를 '특별히' 다루려는 동향은 없었다. 1995년 EU 가입이후 EU의 공동안보정책에 적극 참여하고 있는 가운데 한반도 문제에 대한 스웨덴의 역할이, 스웨덴의 외교역량이나 당시 6자회담을 통한 국제사회의 노력, 한반도 문제가 남북한 관계뿐 아니라 결국 미국과 중국 양자관계와 직결되어 있다는 국제정치의 현실 등에 비추어 독자적인 역할의 한계가 있다고 스스로 판단하는 것 같았다.

다만 스웨덴 인사나 북한 대사가 늘 강조하듯이, 스웨덴은 1975년 평양에 대사관을 설치한 후 오랜 기간 중단없이 유지해 온 유일한 서방국가이며 중립적인 입장을 견지하면서 인도적 지원과 함께 지식전수 프로그램을 지속 추진해 왔기 때문에 양국 간 기본적인 신뢰관계가 구축되었으며 외교당국 간 좋은 관계를 유지해 왔다는 객관적인 사실은 간과할 수 없다고 생각한다. 재임 중 북한 대사와 지속적으로 환담하면서도 그가 스웨덴 정부를 비난하는 말을 들어 본 적이 없었다. 스웨덴 외교부 인사들도 북한 도발 시 북한 대사를 초치하여 엄중한 비난 입장을 전달하면서도 북한 대사 개인에 대한 비판은 들어 보지 못했다. 이러한 양국 간 나름대로의 신뢰 관계는 우리도 충분히 인식할 필요가 있으며 앞으로 경우에 따라서 이를 충분히 활용할 수 있는 여지가 있다고 생각한다.

4.
양국 국회의원 교류

2009년에는 우리 국회의원 15명, 2010년에는 49명이 스웨덴을 방문하였다. 스웨덴 국회 방문활동의 일부를 소개한다.

2009년: 3월 저출산 고령화대책위원회(김우남 의원 등 4명), 5월 운영위원회(조정식 의원 등 4명) 의원 면담

스웨덴 의원들은 늘 그렇듯이 정중하고 친절한 자세로 스웨덴 국정 및 국회운영에 대해 성의 있게 설명하였다. 양측간 진지한 대화가 이루어져 우리 의원단은 스웨덴에 대해 매우 좋은 인상을 받고 만족하는 것 같았다. 셀렌 부의장(Brigitta Sellén)을 비롯한 스웨덴 국회의원은 1) 스웨덴이 양성평등의 모범국이며 2006년 총선 결과 전체 349명의 의원 중 남성 184명, 여성 165명으로 여성의원의 국회진출이 47%이며, 2) 스웨덴은 정부와 의회가 개발, 성장, 분배의 균형을 맞추는 정책을 수행하기 위해, 함께 노력하고 있으며 세금의 압력을 줄이면서 보편적 복지의 기본 틀을 유지하여 왔으며, 3) 세계화, 고령화 추세에 따라 세금, 연금, 이민 등 다

양한 대응과제에 대해 7개 정당 간 끊임없는 대화로 타협의 정치를 하고 있으며, 4) 스웨덴 국회의원의 월급은 세금 30% 공제 전에 5만4천 크로나(미화 약 7천7백불 상당)라고 하였다. 셀렌 부의장은 OECD 내에서의 한국의 높은 수학능력 평가에 관심을 표명하였으며 방한 경험이 있는 의원은 "이제 스웨덴이 활력 있는 선진국이 된 한국으로부터 배울 점이 많다"고 하였다.

2010년: 녹색성장 국회대표단(1.11~13, 안경률 단장 등 18명) 면담 시 셀렌 부의장은 양국 간 녹색성장을 위한 협력이 확대되기를 기대하며 "삼성전자, 기아자동차 등 한국 제품이 빠른 속도로 스웨덴 시장에 보급되고 있으며, IT, 첨단 기술분야에서는 스웨덴이 한국을 배워야 할 점이 많다"고 하면서 우리의 기술력을 평가하였다. "한국이 각종 국제 교육평가에서 좋은 성적을 거두고 있는 데 대해 주목하고 있다"고 하였다. 저출산 대책에 대해서는 "유급 휴가 제도와 더불어 1~1.5세부터 자녀를 맡길 수 있는 육아시설 구축 등의 지원을 통해, 여성의 사회참여율이 높음에도 불구하고 출산율 증가를 이루어 낼 수 있었다. 국회내 탁아소 운영 및 육아 관련 지원제도를 통해 자녀가 2, 3명인 여성의원(국회의회 349명 중 여성비율 47%)들도 어려움 없이 의정활동을 지속할 수 있다"라고 답변하였다. 국회 통외통위 대표단(5.9~10, 신낙균, 구상찬 의원)은 구스탑손 의원친선협회 회장 주최 오찬(의회 식당)에 참석하여 양국 국회간 교류확대 방안을 협의하였다.

국회의원단의 8월 중 연이은 방문

7월 초부터 한국 국회로부터 '8월 초순 연이은 국회의원 방문계획'을 알려오고 일정 주선을 요청하였다. 여름휴가철이며, 특히 6주 앞 9.19 총선을 앞두고 국회의원들이 선거운동으로 가장 바쁜 기간 중에 면담일정을 주선하라는 것이었다. 그간 쌓아 온 네트워크를 최대한 활용하여 관련 일정을 주선하였다. 구스탑손 의원친선협회 회장을 비롯한 의원들 대부분은 지역구 선거운동으로 스톡홀름에 올라갈 수 없다고 나에게 직접 연락하여 양해를 구했다.

8.1(일)~10(화) 간 8개 국회 대표단(6개 위원회, 5개 위원회 위원장 등 의원 21명, 도서관장, 입법조사처장, 수행원 20명 등 41명)[163]이 각각 스톡홀름을 방문하여 다음과 같이 스웨덴 정부, 의회, 관계기관과 면담 일정을 가졌다. 주요일정에 동행하였다.

- 외교부 Gunnar Wieslander 통상차관(8.4 국토해양위), 재무부 Susanne Ackum 차관(8.4 기획재정위), 국회 재정위원회 소속 Sonia Karlsson 의원(사민당)과 Göran Pettersson 의원(보수당)(8.5 기획재정위), 국회 Anders Forsberg 사무총장(8.4 국토해양위), 국립보건복지청 Lars-Erik Holm 청장(8.9 여성가족위), 스

---

[163] 교육과학기술위원회(8.1~2 변재일 위원장 등 의원 4명), 외교통상통일위원회(8.2~4, 이윤성 익원 등 3명), 국토해양위원회(8.3~5 송광호 위원장 등 의원 3명), 기획재정위원회(8.3~5, 김성조 위원장 등 의원 4명), 유재일 도서관장(8.5~7), 심지연 입법조사처장(8.5~9), 법제사법위원회(8.6, 우윤근 위원장 등 의원 4명), 여성가족위원회(8.8~10, 최영희 위원장 등 의원 3명)

톡홀름 시 경찰 Patrik Lillqvist 총경(8.9 여성가족위), 스톡홀름 검찰 Jonas Almström 지검장(8.9 여성가족위), Niklas Swanström 안보개발정책연구소(ISDP) 소장(8.3 외통위) 등.

송광호 국토해양위원장 일행은 8.4(수) 비스랜더(Wieslander) 통상차관에게 스웨덴의 2012 여수세계박람회 참가의 조기 결정을 요청하였다. 차관은 세계박람회 참가문제는 스웨덴 기업의 관심이 중요하며 10월 폐막되는 상해엑스포 참가 성과 검토 등으로 참가결정에 시간이 다소 소요될 것이나 양국 관계를 고려하여 최선을 다하겠다고 설명하였다. 비스랜더 차관은 양국 간 환경, 바이오가스 등 에너지 분야에서의 협력 확대를 기대하며, 40년 전에는 스톡홀름도 오염 도시였다고 강조하였다. 기획재정위원회 대표단과의 면담에서 Karlsson 의원(65세)은 입법절차에 관한 질문에 대해 면담 후 퇴장할 때까지 동행하면서 진지하게 답해 주었다. 스웨덴의 모든 국민은 정당을 만들 수 있으며 국회의원 1명이 법안 발의가 가능하다고 설명하였다. 여성가족위 대표단은 특히 성범죄 대응에 있어서 스웨덴 사례가 크게 참고가 되었다고 하였다.

각 대표단에 대해 각각 관저오찬(2회)과 만찬(5회) 주최 및 일정 수행 과정에 양국 관계 현황 및 주요 현안에 대해 상세히 설명하였다. 8.4(수) 톨리포쉬(Sten Tolgfors) 국방장관을 주빈으로 한 '아태 지역 대사 초청 관저오찬'이 예정되어 있었기 때문에, 8월 2일, 4일에는 각각 관저오찬과 만찬을 주최하고, 8월 3일, 5일, 6일, 9일에는 관저만찬을 주최하였다. 재임 중 6일 연속 관저만찬은 처음이었다. 의원들에게 스웨덴 국민의 한국에 대한 긍정적 인식 제고와 천안함 사건 조사단 파견 등에서 보듯이 스웨덴의 전폭적 지지 입장을 설명하고 환경, 에너지, 교육, 복지, 사회분야의 교류협력 확대 필요성을 강조하였다. 스웨덴-한국 의원친선협회(회원 29명)의 한국에 대한 적극적 자세를 전하고 이에 우리 국회도 호응해 줄 것을 건의한 데 대해, 의원들은 그런 방향으로 추진하겠다고 하였다. 한편 한국으로부터 스웨덴으로 입양이 여전히 계속되어, 2009년 99명, 2010년 상반기 54명이 입양되고 있는 현황을 전하고, 국회의 적절한 관심과 해외입양 감소를 위한 노력을 요청하였다. 의원들은 충분히 공감하면서 가능한 한 방안을 강구해 나가겠다고 하였다. 김현덕 박사(한인 정신과전문의)의 입양아 상담경험 저서『아름다운 인연』을 전달하였다. 여성가족위 대표단을 위한 8.9 관저만찬 시에는 김현덕 박사와 한기숙 평통위원(의사)을 함께 초청하여 양성평등, 입양아 등 관심사안에 대한 스웨덴 동향 및 한인사회 현황을 전했다.

  일부 의원들은 한꺼번에 많은 의원이 스톡홀름을 방문하게 되어 미안하게 되었다고 양해를 구하였다. 휴가철에 외교부 차관, 국회 사무총장 등 주요인사 면담 주선이 가능한 것은 평소 대사의 지속적인 외교활동의 결과라고 생각한다고 격려하였다. 스웨덴 인사를 못 만나도 대사 설명으로 스웨덴 사정과 양국 관계를 전반적으로 이해하게 되었고 북구제국 전반을 이해하는 데 새로운 시각을 갖게 되었다고 하였다. 특히 8.6(금) 스톡홀름을 경유하는 법제사법위원회 대표단은 노벨박물관 방문 시 우리 대사관이 그간 추진하여 2009년 4월부터 비치된 한국어본 안내서를 보고 무척 반가워했다. 의원들은 전반적으로 짧은 방문이지만 스웨덴에 대해 긍정적으로 인식하고, 경험을 공유할 분야가 적지 않다고 판단하여 양국 교류협력의 확대 필요성에 공감하는 것 같았다.

국회의원 방문 개선 방안 건의

8개 국회 대표단이 방문한 후, 외교부 본부에 효과적인 의원 외교와 방문 성과 제고를 위해서는 외교부 본부가 국회와 외국방문 계획에 관해 사전에 충분히 협의한 후에 일정한 시간을 두고 공관에 일정 주선을 지시함이 바람직할 것으로 판단된다고 건의하였다. 특히 모든 시간계획을 상당 기간 전에 미리 세우는 스웨덴 사회의 관례를 충분히 존중하여야만 면담이 제대로 이루어져 국민의 세금을 쓰는 방문의 기대성과를 거둘 수 있다고 판단했다. 우리 외교를 실질적으로 지원하는 의원 외교를 수행하려면, 최소한 1년 계획을 세워서 방문 시기와 지역을 분산하는 것이 바람직하다고 생각했다.

동아일보 〈기자의 눈〉은 9. 27(월) '의원 21명 관광 성수기에 스웨덴 간 까닭은'이라는 제목하에, '외유에 나선 의원들의 방문 목적은 대부분 '의원 외교 차원' '의정활동에 필요한 시찰 및 자료 수집' 등이다. 그러나 명분과는 달리 정황만으로 보면 스웨덴 집단관광이라는 의구심을 지울 수 없다. 최고 관광 시즌을 맞은 스웨덴에 국회의원들이 대거 몰려 간 것이 과연 그 나라 정관계에 어떻게 비쳤을까. 현지에 다녀온 의원들이 솔직히 자문해 볼 일이다'라고 지적했다.[164] 8.26(목) 공관장회의 참석차 일시 귀국 중인 바리외 대사와 오찬을 함께 했다. 주요인사 교류에 관한 대화 중 바리외 대사는 "스웨덴 휴가철에 21명 국회의원의 방문일정을 주선한 것은 스웨덴에서 대단한 일을 한 것이다"라고 치켜세웠다.

한-스웨덴 의원친선협회 대표단 방문(11.9~11)

한-스웨덴 의원친선협회 대표단(단장: 정동영 회장, 홍재형 국회부의장, 주승용 의원, 안규백 의원)이 스웨덴을 방문하였다. 이로써 2010년 중에 49명의 국회의원이 스웨덴을 방문하였다. 11.10(수) 스웨덴 국회와 공식 일정을 가졌다. 우리 측은 스웨덴 의회의 양국 관계 발전에의 기여에 사의를 전하고 스웨덴 국회의장과 의원대표단 방한 등 양국 국회 간의 교류확대, 양국 간 복지제도, 환경, 에너지 분야에서의 협력 확대 등을 제의하였다. 베스트베리 국회의장 (1951년생, 60세)은 "한국의 발전상에 경외심을 느끼며, 한국과 스웨덴은 주변 강대국 사이에서 국가발전을 이루어 왔고 시장경제와 자유무역을 추구하는 등 국내외 여건 면에서 공통점이 많으며, 인권, 민주주의 등 보편적 가치를 공유하는 파트너로서 최근 양국 관계의 확대 발전에 만족한다"고 표명하였다. 에버스타인 부의장 (1948년생, 63세, 사민당)은 10월 새로운 국회 출범 이후 외빈은 처음 영접한다고 하고, 2006년 4월 폰 시도우(Björn von Sydow) 국회의장

164　조수진, '의원 21명 관광 성수기에 스웨덴 간 까닭은', 동아일보, 2010년 9월 27일.

방한 시 7개 정당 간사의 일원으로 방한 경험을 거론하면서 작년 2009년 수교 50주년 계기로 양국 관계가 확대되는 추세에 만족한 다고 하였다. 부친이 중립국감독위원회 스웨덴 대표단원과 입양 단체 회장을 역임하여 한국과의 인연이 깊다고 하였다. 우리 측이 빈부격차 대응의 일환으로 복지 확대 필요성을 제기한 데 대해 부 의장은 빈부격차 확대 문제는 전세계적인 현상이라고 전제하고 "스웨덴의 경우 '전 국민을 위한 보편적 복지에 대한 사회적 합의' 가 이루어져 있고 국민이 현재 복지제도의 급진적 변화를 원하고 있지 않는 만큼, 복지 정책에 있어서는 여야 정당 간 정책 차이는 그리 크지 않다(not big different). 다양한 도전이 있기는 하나 결국 정당 간에 관련 이슈를 끊임없이 대화하고 토론하여 결론을 도출 하는 것이 중요하다고 생각한다. 굳이 차이를 말하자면 보수연합 은 복지에 대한 개인 책임을, 사민연합은 국가책임을 보다 강조하 는 측면이 있다고 할 수 있다"고 설명하였다.

스웨덴 의원친선협회 주최 오찬(국회 식당) 시에는 Staffan Danielsson 의원(64세, 중앙당 3선), Kenneth G. Forslund 의원(44세, 사민 당 3선), Jessica Polfjärd 의원(39세, 보수당, 재선, 입양한인 출신)과 함께 스웨덴의 보편적 사회복지 모델과 양국 교류 확대 방안에 관해 의 견을 교환하였다. 사회보험위원회(Gunnar Axén 위원장, Tomas Eneroth 부위원장 등 9명), 보건복지위원회(Kenneth Johansson 위원장, Lena Hallengren 부위원장 등 4명)와의 각각 면담에서는, 여당 위원장 과 야당 부위원장이 모두 참석하였다. 스웨덴 측은 준비된 자료에 따른 설명에 이어 다양한 질문에 대해 정중히 답변하고, 이슈에 따라 여, 야당 간의 정책 차이에 대해서도 언급하였다. 우리 측의 주요 관심사안인 부유세, 상속세, 부동산세의 폐지 배경, 고령화에 따른 의료서비스 개선방안 등에 관해 진지한 의견교환이 있었다. 우리 측이 여야 간 입장 충돌 시 대응방안에 관해 문의하였다. 스웨덴 의원들은 "스웨덴 국회에서는 여야 간에 협의와 타협의 문화를 지키는 데에 기본적인 합의가 있다. 그래서 첫째, 몸싸움이 없다. 둘째, 토론 과정에 여야의원 전원이 자리를 뜨지 않는다. 회의장에서 거의 자리에서 일어나지도 않는다. 셋째, 경우에 따라서 의장단에게 관련 내용을 전달하고 조언을 구한다. 의장단이 큰 역할을 한다"고 답변하였다.

이번에도 국회대표단의 스웨덴 국회 전 일정을 동행하면서 스웨덴의 정중한 의전과 실용주의적 협의 운영 방식에 감동을 받았다. 4명의 한국 의원친선협회 대표단을 위해 5시간에 걸쳐 국회의장, 부의장, 2개 상임위원회 위원장 등 의원 18명과 여러 명의 전문위원, 사무국 직원이 함께 참여하여 진지하게 협의에 응했다. 스웨덴 국회가 한국을 중시하고 있다는 입장을 명백히 보여주는 사례라는 생각이 들었다. 한편으로는 우리 국회가 이러한 스웨덴의 대접을 제대로 기억하여 스웨덴 국회대표단이 방한할 때 비슷한 수준의 관심을 갖고 대접해 주기를 기대하였다. 11.15(월) 오후 폴란드 대사 주최 리셉션에서 베스트베리 국회의장과 에버스타인 부의장을 만난 계기에 우리 국회대표단에 대한 환대에 사의를 전했다. 그들은 매우 유익한 교류였다면서 스웨덴 국회대표단의 방한을 추진하겠다고 하였다.

5.
참전의료단과 중립국감독위원회 대표단

────────   ────────

　한-스웨덴 관계에 있어서 한국전 참전의료단과 중립국 감독위 대표단의 기여에 대해서는 아무리 강조해도 지나치지 않을 것이다. 재임 중 그들이 회원으로 참여하고 있는 한서협회(Korean Association in Sweden) 및 스웨덴 야전병원협회(Association of Swedish Field Hospital for Korea)와 긴밀히 교류하면서 한국 국민의 사의를 지속적으로 전하고 양국 관계발전을 계속 지원해 줄 것을 요청하였다. 대사관의 공공외교활동(영화제, 음악회 등) 및 국경일 리셉션에 이들을 지속적으로 초청하였다. 특히 2009년 대통령 공식방문 시 '스웨덴 유공자 간담회' 및 2010년 6월 한국전 발발 기념행사 및 참전용사 재방한 초청사업을 통해 한국의 발전과 한반도에서의 평화와 안정 유지를 위한 그들의 희생과 기여에 대해 특별한 사의를 전했다. 이들(가족)은 "1) 한국전 이후 60년 동안 감사하다고 하는 나라는 한국밖에 없다. 2) 한국의 눈부신 발전과 한국이 G20 정상회의를 주최할 정도로 국제사회에서 위상이 높아져 자랑스럽다. 자신의 조그만 기여가 자랑스럽다. 3) 자동차, 핸드폰 등 품질 좋은 한국 제품이 부럽다. 4) 이제는 스웨덴이 한국으로부터 배워야 할 점이 많은 것 같다"는 말을 전했다.

스웨덴은 유엔의 지원요청에 따라 야전병원 의료지원 부대를 파견한 첫 번째 국가였다. 스웨덴은 1950년 9월 23일 스웨덴 적십자 지원단을 파견하였다. 전시와 전후를 통틀어 총 1124명의 의료지원단이 부산 스웨덴병원에 근무하며 2백만 명이 넘는 환자를 돌보았다. 1957년 본국으로 철수하였다. 2010년 한국전 60주년 기념 행사를 계기로 1124명의 의료지원단 중 141명 생존자를 확인하였으며 그들에게 대통령 명의의 감사서한을 전달하였다.

중립국 감독위대표단은 1953년 8월 파견 이래 그간 1000여 명이 근무한 것으로 파악되었다. 내가 만난 스웨덴 인사 중에는 해밀톤 의원(Björn Hamilton)이나 에버스타인(Susanne Eberstein) 국회부의장처럼 부친이 중립국 감독위대표단 일원이었던 경우도 있었다. 외교단 및 스웨덴 주최 행사 참석 중에 중립국 감독위 대표였던 스웨덴 인사가 한국 대사임을 알고 다가와서 자신의 경험을 전해주곤 했다. 또한 참전 의료의사와 과거 중립국 감독위원회 대표를 연사로 초청하여 그들의 경험과 소감을 직접 청취하였다. 그들의 애기 중 일부를 소개한다.

참전의료단

2010.9.23(목) 그루네발드(Karl Grunewald) 참전의사를 대사관에 초청하여 그의 경험을 청취하였다. 우연히도 그가 60년 전 부산에

도착한 9월 23일 우리 대사관에 초청하게 되었다. 그는 1921년생으로 스웨덴 정부가 처음 파견한 1950.8~1951.2 간 적십자 의료단의 일원(의사 중 최연소 29세)으로 참여하였다. 그는 다음과 같이 당시 활동과 소회를 밝혔다.

총 176명의 의료단(의사 10명, 간호원 73명, 운전수, 행정요원 등)이 1950.8.23 스웨덴을 출발하여 뉴욕, 샌프란시스코를 거쳐 미군과 함께 1950.9.23 부산에 도착하였다. 파견단원 전원이 한국에 대해 전혀 알지 못했다. 자신도 한국에 대해 전혀 모르고 원거리임에도 불구하고 한국행을 결심한 계기는 스웨덴의 인도주의적 전통, 2차 세계대전 이후 유럽각국의 재건 활동을 배경으로 의사의 봉사정신을 강조한 모친의 영향이 컸기 때문이었다.

학교건물과 막사를 활용하여 400개 병상을 마련하고 초기에는 유엔군, 한국군을 치료하다가 이후 북한군 포로도 치료하였다. 북한포로는 20~25세 청년들로 수척하고 초라한 옷을 입고 있었으며 위생상태가 좋지 않아 DDT 소독을 실시하기도 하였다. 안면, 두부 화상 등 중상환자가 많아서 근무시간과 무관하게 계속 치료했던 기억이 생생하다. 스웨덴 첫 번째 그룹의 대부분은 6개월 근무 후 교체되었다. 근무 중 부산 거리에서 만난 한국사람은 어려운 생활을 보내고 있었으나 정직했으며 병원지원 인력도 조직적이며 업무 능력이 뛰어나고 진솔한 대인관계를 유지해서 인상이 깊었다. 귀국 후 한국에서 함께 근무한 간호원과 결혼하여 가정을 꾸렸으며 한국에 대해 지속적으로 관심을 갖고 주목해 왔다. 한국이 단기간 내 경제와 민주주의 발전을 이룩하는 데 자신도 조금 기여했다는 점을 자랑스럽게 생각한다. 자신들의 활동에 대해 스웨덴 언론이 주목하면서 한국 어린이 입양의 계기가 되었으며 양국 관계발전의 밑거름이 되었다고 확신하기 때문에 평생 흐뭇하게 생각해 왔다.

한 참전 의사(Carl G. Blomqwist)는 2009년 9월 국경일 리셉션 초청에 대해 건강상 참여할 수 없다고 유감을 표명하면서 당시 경험을 나에게 편지로 상세히 보내 주기도 하였다.

1951년 2월 스웨덴에서 부산까지 가는 여정은 매우 순탄치 않았다. 스웨덴 왕비(Her Majesty Queen Louise of Sweden)가 자원봉사자 한 명 한 명씩 전원에 대해 배웅하고 우리의 성공적 임무수행을 기원했다. 우리는 전면전쟁 발발로 앞으로 어떤 결과에 이를지 불확실한 나라를 향해 스톡홀름을 출발하였다. 로마를 경유하다가 지중해 상에서 엔진고장으로 이스라엘 리다(Lydda)에 긴급 착륙하였다. 며칠 후에 다시 카라치, 방콕, 오키나와를 경유해서 하네다에 도착한 후 미군 군용기로 마침내 부산에 도착하였다. 머나먼 길이었으며 결국 희망과 상상의 목적지(the destination of our hopes and imagination)인 '조선(CHOSUN)'에 도착했다.

이 편지를 받고 고개가 저절로 숙여졌다. 한국이 어디 있는지도 모르고 한 번도 만나 본적도 없는 사람들이 전쟁하는 땅에 가서 자원봉사로 도와주겠다는 결심은 절대로 쉽지 않으며 아무나 할 수 없는 것이라는 생각에 존경심과 감사의 마음이 절로 들었다.

가슴이 뭉클하였다. 한-스웨덴 관계의 기초에는 이러한 분들의 숭고한 인도주의 정신과 희생이 깔려 있다는 사실을 다시금 절감했다.

중립국 감독위대표단

브릭스트(Kurt Blixt) 한서협회회장(2009.9.24)과 칼손(Bengt Carlsson) 주한 스웨덴대사관 국방무관(2010.1.29)을 대사관 토론회 연사로 초청하였다. 그들은 중립국 감독위원회 근무를 통해 한반도 평화와 안정에 기여했음을 자랑스럽게 생각한다며 한국의 민주주의와 경제 발전에 경의를 표하고 앞으로도 양국 관계발전을 위해 지속적으로 노력해 나가겠다고 하였다. 특히 칼손 무관은 부친(Ingemar Carlsson, 당시 94세) 또한 1954년 중립국 감독위원회 대표단 일원이었다고 하고 부자가 같이 한국에 파견 근무한 특별한 기회가 있었다고 하였다. 칼손 무관 부자에게 특별한 감사와 존경의 뜻을 전했다.

2009.6.9(화) 대사관에서 '한국 영화의 밤' 행사를 개최하여 한서협회 브릭스트 회장을 비롯한 중립국감독위원회 근무 경력인사를 초청하였다. 40여 명이 참석하였다. 양국 관계 브리핑과 한식 리셉션을 개최한 후 영화 「공동경비구역 JSA」(2000년, 박찬욱 감독)를 상영하였다. 남북한 분단 현실하에서 남북한 군인들 간의 긴장관계를 생생히 그려냈다는 점에서 판문점 상황을 경험한 스웨덴 인사들에게 크게 감동을 준 것 같았다. 우넬(Gunnar Unell) 장군

(1984~85 중립국감독위원회 스웨덴 대표 역임)은 정중한 6.16자 손편지 **165**를 보내왔다.

한편 쿠웨이트 대사(Hana'a Buqammaz) 리셉션(2011.2.23)에서 1954~1955년 중립국감독위원회(NNSC)에 스웨덴 육군 중위로서 14개월 근무했던 Rolf Cederström 씨를 만났다. 그는 55년 전 한국에서의 근무 경험을 전하고 한국의 경이로운 발전에 경의를 표하였다. 심심한 사의를 전하고 한국의 발전은 지난 60년간 NNSC 근무자를 비롯한 스웨덴 친구의 한국에 대한 변함없는 성원과 협력 덕분이라고 화답하였다. 이후 그는 3.3자 서한을 보냈다. 당시 NNSC 복무 증명서와 윤하정 스웨덴 대사 명의의 감사장(1978.9.9자) 사본을 동봉하였다. 그는 한국에 대한 애정을 다시 전하면서 나의 이임이 유감이라고 하고, 자신이 한국에서 경험했던 비슷한 양질의 스웨덴에 대한 기억을 갖고 귀국하기 바란다('May I express my sincere wish that you will carry back from Sweden memories of similar quality as I experienced from your country')고 하였다. 가슴이 뭉클한 편지였다.

---

165 "Mr. Ambassador, to you, Sir, I want to express my gratitude for your kindness to invite me to the special event on June the 9th. It was an impressive meeting full of memories. I also appreciated the film which aroused many memories from Panmunjom. Once again, thank you and my best regards. Yours faithfully, Gunnar Unell, Head of the Swedish delegation at Panmunjom and member to the NNSC 1984/1985."

중립국감독위원회 대표단 초청 브리핑 및 관저만찬

한편 재임 중 2009~2011년 매년 스웨덴 중립국감독위원회 대표
단의 교대 근무에 맞추어 신임대표단을 위한 대사관 브리핑 및 부
부동반 관저만찬을 주최하였다. 2009. 3. 19 대표단(Chister Lidström
소장 등 6명), 2010. 3. 25 대표단(Chister Lidström 소장 등 8명),
2011. 2. 11 대표단(당시 단장 Christer Lidström 소장, 후임자 Anders Gren-
stad 해군참모총장 등 8명)을 초청하였다. 8세 딸 또는 17세 아들을 동
반하는 경우도 있었다. 대부분의 단원(부부)이 첫 방한이며 한식도
처음이라서 대사관의 브리핑과 한식만찬으로 한국을 이해하는 데
상당히 도움이 되었다고 평가하였다. 나는 한반도의 지정학적 위
치 및 역사에 비추어, 한국은 일본 및 중국과 공존해야 하는 상시
적인 과제를 안고 있는데 거기에 남북한이 분단된 상황에서 생존
과 번영을 위해 국제사회에서 나름대로 역량과 경쟁력을 갖추기
위해 노력하고 있다고 하고, 그 과정에 스웨덴과 같은 60년 이상
의 우방의 협력은 절대적으로 필요하며, 이에 대해 항상 감사하게
생각하고 있다고 강조하였다.

이와는 별도로 2009. 4. 20 유엔사령부 군사정전위원회 대표단
초청 관저만찬을 주최하였다. 우리 부부는 스웨덴 정부와의 협의
를 위해 방문 중인 장영구 수석대표(육군 소장) 부부를 비롯한 와이
다(Weida) 유엔사(UNC) 부참모장(미국 공군 소장), 스웨덴 전 현직 중
립국감독위 대표(전직: Lars Frisk 장군, Sture Theolin 대사, 현직 Christer
Lidström 장군) 부부를 관저에 초청하여 한반도 평화와 안정 유지에

있어서 스웨덴과 미국의 기여에 사의를 전했다. 만찬사 중에 주미 대사관 참사관 근무시절(2001~2003) 한국전 참전용사기념관 방문 경험을 언급하고 거기 새겨진 문구를 인용하여 "We, Korean people will never forget invaluable sacrifices and contributions of the people to defend a country they never knew and a people they never met"이라고 전했다. 우리의 사의를 특별히 전하는 만찬인 만큼 참석자의 눈을 마주하면서 자신의 언어로 뜻을 전하는 것이 대사로서 예의이며 진정성이 전달될 수 있다고 생각하여 그렇게 했다. 와이다 미국 장군은 다음날 스톡홀름 방문 중에 바로 4.21 자 감사 손편지를 보내왔다. 우리 부부를 만나서 영광이며 지난밤 성대한 만찬에 감사하다고 전했다.

6.
입양 문제

—   —

　2008년경 스웨덴의 동포사회 규모는 약 1,500~1,600명으로 추산되었으며 동포단체로는 한인회, 한국학교 및 유학생 협회가 있었다. 친한 단체로는 한서협회, 입양한인협회가 있었다.

　입양한인 규모는 스웨덴 통계청의 2007년 말 자료에 의하면 총 8,671명(남자 3,322명, 여자 5,349명)이었다. 1940년대 출생자가 가장 많고, 다음으로 1960~70년대 출생자가 많은 수를 차지하여 주요 연령층은 30~60대였다. 이어 1999년 144명에서 2000~2005년까지 매년 100여 명 이상 수준을 유지하고 이후에도 여전히 매년 80~100명 내외의 한인입양이 지속적으로 이루어지고 있었다. 스웨덴의 경우 인도주의와 박애주의 등 인권중시의 사회적 정서가 일반화되어 입양에 대한 정책적 지원과 배려의 수준이 상대적으로 높고 입양 자체가 '전적인 입양(full adoption)' 형식으로 진행되어 파양이 법적으로 허용되지 않고 있다.

　부임 후 앞서 기술한 바와 같이, 한인 출신 인사들과 입양한인협회와 지속적으로 교류하였다. 입양한인협회(AKF)는 1986년 창립되어 회원수가 200여 명 규모였다. 그들은 스웨덴 사회의 일원으로서 성장하여 자신들의 삶을 나름대로 영위하고 있었다. 톨리포쉬 국방장관을 비롯하여 대부분의 스웨덴 인사들은 국제입양 문제가 한국에 민감한 이슈임을 이해하나, 그들이 스웨덴 시민으로서 차별없이 성장하고 스웨덴 사회가 그들로부터 많은 혜택을 받고 있으며, 그들이 자연스럽게 한-스웨덴 양국 관계의 교량 역할을 수행해 줄 것을 기대한다고 하였다.

대사관은 그들을 공공외교행사(대사관 영화제, 음악회 등)에 초청하여 한국과 양국 관계 현황을 소개하는 활동을 전개하고 입양한인협회의 활동을 지원하였다. 이러한 활동과는 별도로, 나는 한국어린이의 스웨덴 입양이 계속 이루어지고 오히려 증가 추세임을 파악하고 이는 21세기 한국의 국격에 맞지 않은 심각한 상황으로 인식하였다. 이에 따라 2008년 11월 입양인 통계 보고와 함께, 스웨덴의 입양에 대한 정책적 지원과 배려의 수준이 상대적으로 높음에도 불구하고, 입양인의 현실을 객관적으로 직시할 필요가 있으며 본국 정부가 해외입양 감소대책을 조속 시행할 것을 건의하기 시작했다. 당시 스웨덴 내 6개의 입양단체는 스웨덴 정부와 제네바의 유엔아동인권위원회에 대해 입양제도 개선, 특히 예비 양부모 자격심사 엄격화, 입양인의 정신 질병이 보통인의 4배에 달한다고 지적하고 입양인에 대한 의료혜택을 요구하는 등 건의서를 제출한 상황이었다.

2009년 7월 대통령 방문 이후, 입양실태 파악과정에서 2008년 79명에서 2009년 9월 말에 이미 84명을 넘어서고 증가 추세(2009년 최종적으로 97명 입양)임을 확인하였다. 본국 정부에 입양이 상승 추세를 보이고 있음을 다시 보고하였다. 이후 본국 정부에 입양아 통계보고(중국에 이어 2위)와 함께 해외입양 감소를 위한 종합대책 수립과 시행을 지속적으로 건의하였다.

우선 스웨덴에의 입양증가 추세는 한-스웨덴 관계발전 추세에 어울리지 않으며, 글로벌 코리아(Global Korea)를 지향하는 국가정책에 반하고, 국제사회에서의 국가 이미지에 바람직하지 않은 영향을 초래하고 있다고 지적하였다. 아울러 많은 입양한인들이 다음과 같이 고충과 의문을 토로하고 있음을 충분히 감안하여 입양아 관련 정책에 반영할 것을 건의하였다. 그들의 문제 제기에 대해서는 사실 대사로서 북한 핵문제, 주변 대국과의 관계 등 그 어떤 우리 외교문제보다도 설명하기 어려웠다.

> 1) *"불쌍하게 보지 마라"*: 우리들은 스웨덴 시민으로서 정착하여 잘 생활하고 있는데, 많은 한국인들이 자신들을 동정과 연민으로 바라본다. 이러한 태도는 당황스럽고 심지어 불쾌한 경우도 있으므로 우리 입장을 충분히 고려하여 대해주기 바란다.
>
> 2) *"국내 해결책을 강구하라"*: 한국의 정부를 비롯한 각계 기관에서 입양인 지원사업에 높은 관심을 보이나 사실 과도하고 부담스럽다. 오히려 그러한 관심과 예산을 한국 내 미혼

모, 아동권리 보호, 여성인권 문제 등에 투자하여 입양문제
의 근본적인 해결책을 모색함이 바람직하지 않겠느냐?

3) "왜 한국아동이 여전히 입양 오느냐?: 한국전쟁 이후 한국
이 어려운 시절에 우리들이 입양된 것은 어쩔 수 없었다고
하더라도, 오늘날 한국이 OECD 회원국, G20 가입 및 G20
정상회의 주최 등 국제사회의 주요국가로 부상한 상황에서
여전히 적지 않은 아동을 스웨덴으로 지속적으로 보내는 상
황은 이해하기 어려우며 안타깝게 생각한다.

이러한 본국 정부에 대한 종합대책 시행 건의와 함께, 국회의원
(2009년 15명, 2010년 49명), 각계 대표단 방문 시에는 현지 브리핑을
통해 예외 없이 해외입양 감소 대책의 당위성과 조기 시행 필요성
을 지속적으로 강조하여 정부를 비롯한 사회 각계의 관심과 협력
을 촉구하였다. 이러한 줄기찬 노력에 대해 한인사회 및 입양한인
협회 회원들도 높은 관심을 보였다. 또한 스웨덴 입양이 중단되었
다는 소문이 나고, 이를 들은 스웨덴 입양기관(Adoptionscentrum)은
진행 중인 개별입양은 진행시켜 달라는 요청을 대사관에 전하기
도 하였다. 한국입양단체(대한사회복지회) 관계자가 스톡홀름을 방
문하고, 보건복지가족부 관계자가 처음으로 방문하여 현지 실태
를 파악하는 등 무언가 개선의 동향이 이어졌다.

보건복지가족부는 2010년 2월 지속적인 국내입양 우선추진제,
입양문화 개선을 위한 홍보 강화 및 양육을 희망하는 미혼모 대책
마련 등 국내입양 활성화 대책이 시행되고 있으므로 해외입양이

단계적으로 줄어들 것으로 예상한다고 알려왔다. 그럼에도 불구하고 스웨덴에서의 현실은 2007년 66명, 2008년 79명, 2009년 97명에 이어 2010년 12월 현재 81명이 입양되는 추세로 규모가 오히려 증가하고 있었다. 물론 당장 효과적인 해외입양 감소대책이 나오기는 쉽지 않을 것이라는 현실은 이해할 수 있었으나, 글로벌 코리아(global Korea)의 기치를 올리고 있는 외교 현장에서 절실히 느끼고 있는 해외입양 감소대책 시행의 시급성과는 상당히 거리감이 있는 자세라는 생각이 들었다. 2010년 12월 하순 이러한 심각한 상황을 감안하여 다시 본국 정부에 해외입양 감소를 위한 지속가능한 종합대책을 수립하여 시행해 줄 것을 재차 건의하고 현재 정부 대응 내용과 관련 통계를 알려 달라고 요청하였다. 스웨덴 대사직을 마무리하는 과정에서 대사로서 반드시 해야 할 일 중의 하나였다.

2011년 이임 후에도 지금까지 한국 어린이들이 스웨덴에 지속적으로 입양되었다. 2023년 11월 27일 스웨덴 일간지 다겐스 니히터(Dagens Nyheter)는 한국아동 입양전담기관인 스웨덴입양센터(Adoptionscentrum)가 더 이상 한국 아동에 대한 입양신청을 받지 않는다고 공지하였다고 보도하였다.[166]

---

[166] "스웨덴, 70년 만에 한국 아동 입양 중단한다", 프레시안, 2023년 11월 29일.

7.
노벨상

매년 8월이 되면 우리 언론이 노벨상에 관해 다양한 보도를 하기 시작한다. 관례로 자리 잡은 것 같다. 스웨덴 대사로 내정되었다고 하니 부임도 하기 전에 '노벨상의 나라'로 부임한다고 축하한다는 얘기를 수차 들을 정도로 한국 사람에게는 '스웨덴' 하면 노벨상으로 잘 알려졌다.

재임 중 관련 활동

부임 후 외교활동 중 자연스럽게 스웨덴 정부의 과학기술부서 (스웨덴 연구고등교육 국제협력단, 연구협의회, 기술협력청 등) 및 스웨덴 학계인사와 교류를 전개하였다. 스웨덴 왕립 과학한림원(KVA), 왕립 공학한림원(IVA), 스톡홀름대학, 웁살라대학, 룬드대학, 카롤린스카 의과대학 등의 총장, 교수들과의 면담, 관저만찬 등을 통해 교류하면서 2009년 양국수교 50주년을 계기로 한국문학 소개활동을 지원하고 과학기술협력 확대 방안 등을 협의해 나갔다. 자연스럽게 노벨상에 관해 대화하고 관련동향도 파악하였다.

(문학 분야) 부임 전에 스웨덴에 근무했던 외교관이 스웨덴 인사로부터 한국문인이 노벨 문학상 후보에 오르면 다른 한국문인들의 반대가 심해 컨센서스가 이루어지지 못한다는 얘기를 들었다고 전했다. 부임 후 2008년 8월 관저만찬 시 스웨덴 교수가 같은 취지로 얘기하면서 한국 문학계는 일본 문학계와는 완전히 다른 분위기인 것 같다고 언급하였다. 이에 대응하기 어려웠다.

부임하자마자 1980년대 초 주 스웨덴 대사관 공보관으로 재직하였고 2007년부터 스톡홀름대학에서 한국학을 강의하던 김준길 교수와 6월 말에 만나 스웨덴 내 한국문학과 한국문화 홍보 방안을 협의하였다. 김 교수는 스웨덴 한림원의 한국문학에 대한 관심을 기대하기는 아직 무리이며, 번역이 현실적인 문제라고 지적[167] 하고, 1982년 처음으로 한국현대문학포럼을 시작하였으나 이후 2, 3회 지속되다가 없어졌다고 하면서 2009년 수교 50주년 사업으로 추진할 것을 권고하였다. 재임 중 개최된 한국작가 3인 작품 낭독회(2009.9) 참석자는 40명, 스톡홀름에서 30여 년 만에 처음 개최된 한국현대문학 국제포럼(2009.10) 참석자는 60여 명이었으며, 한국문학번역원(KLTI) 주최 스칸디나비아포럼(2010.6)의 한국문학 소개행사에 참석자는 40명에 미치지 못했다. 스웨덴 현장에

---

[167] 김 교수는 귀국 후 기고에서 1) 해외한국학의 짧은 역사를 생각하면 (2008년 당시) 스웨덴 한림원의 한국 문명과 한국문학에 대한 관심을 기대하기는 아직 무리이며, 2) 번역이 현실적인 문제이며 번역문학은 또 하나의 창작이므로 외국어를 모국어로 하는 번역문학자 양성이 중요하며, 3) 한류 열풍은 한국어 문명이 보편성을 확보할 수 있다는 희망을 갖게 하는데 가장 한국적인 스토리가 외국인에게 수용되는 것을 보면 문학도 가능성이 있을 것이라고 하였다. (한국일보, 연합뉴스, 2008년 10월 8일)

서 한국문학을 스웨덴에 제대로 알리기 위해서는 전문적 번역을 비롯해 상당한 노력을 지속할 필요가 있다고 느꼈다.

한편 노벨박물관장(Svante Lindqvist)에게 한국인의 스웨덴 방문 증가 추세를 설명하고 박물관 안내서의 한글본 제작을 요청하여 실현되었다. 대사관이 번역지원을 하여 2009년 4월부터 한글본 안내서가 배포되기 시작하였으며 11월부터 한국어 오디오 안내도 시행되었다. 스톡홀름대학 강연과 함께 한국학과 지원에 나섰다. 2009년 10월부터 매 학기 초에 스톡홀름대학 한국학과 학생들을 관저에 초청하여 한국문화와 한식 소개행사(2009.10, 2010.4, 2010.9)를 주최하였다. 한국학과 로젠 교수는 1989년 한국학과 창설 이래 한국학과 학생 관저초청은 처음 있는 일이라고 하였다. 스톡홀름대 한국학과 수업의 재수강률이 낮다는 사실을 알고 어떻게 하든지 학생들의 한국에 대한 관심을 높이고자 지속적으로 노력하였다. 중단되었던 한국국제교류재단의 스톡홀름대학 한국학과 지원사업을 2010년 다시 복원시켰다.

(과학기술 분야) 재임 중 양국 간 과학기술분야의 교류를 적극 지원하였다. 재임 중 2009년 2월 제7회 양국 과학한림원(KAST-KVA) 주최 심포지엄 개최, 2009년 5월 제2회 한림대-웁살라대 국제학술 심포지엄 개최 등이 이어지고 2010년 웁살라대학 총장, 룬드대학 총장, 카롤린스카 의과대학(KI) 부총장 방한 등도 연이어 이루어지면서 스웨덴도 한국과의 과학기술 교류에 적극적으로 나서는 분위기를 느낄 수 있었다. 이러한 과정에 이현구 과학기술한림원

장(2008~2010) 겸 대통령 과학기술특보(2009~2013)는 2009년 2월 스웨덴 방문 이래 양국 간 과학기술교류 확대에 깊은 관심을 갖고 관련 협력사업을 적극적으로 지원하고 대사관의 현지활동을 격려하였다. 윤대원 한림대 이사장 또한 움살라대학과 의학분야 심포지엄을 연례 개최함으로써 양 대학간 교류협력을 제도화하였다. 양국 간 과학기술분야 교류의 모범적인 사례라고 생각했다.

특히 대통령 방문 후속조치의 일환으로 2009년 9월 한-스웨덴 과학기술협력협정이 체결됨으로써 양국은 전문가와 과학기술 정보교류, 공동 연구 등 다양한 협력 활동을 진작함으로써 기초, 응용 과학 전분야에서 공동 이익을 추구할 수 있는 제도적 장치가 마련되었다. 이에 따라 2010년 6월 제1차 양국 과학기술공동위원회가 서울에서 개최되었다. 방한 전 스웨덴 대표단은 관저만찬에서 한국 과학계와의 교류 협력에 대한 높은 기대를 표명하였다. 정직하고 겸손한 스웨덴 과학계와 제도적인 교류협력을 꾸준히 추진한다면 우리의 과학기술 역량을 국제적으로 알리고 우리 과학계 발전에 도움이 될 것은 확실하다고 생각했다.

(노벨상에 관한 대화) 스웨덴 학계 인사들과 자연스럽게 노벨상에 관해 의견을 교환하였다. 그들은 이구동성으로 한국의 과학, 의학 기술 수준의 놀라운 발전에 대해 감명을 받았다고 하면서 일반적인 애기로 한국인도 노벨과학상을 받을 수 있을 것이라고 말했다. 노벨상의 분야에 관계없이 혹시 그간 한국인 후보가 있었느냐는 질문에 대해서는 모두들 "자신은 모른다"거나 "자신이 알고 있어

도 노벨재단의 보안규정에 따라 말할 수 없다"고 분명히 밝혔다. 동 규정에 따르면 '수상 후보자 및 추천권자 등 심사관련 모든 사항이 50년간 비공개' 하도록 명시되어 있다. 따라서 혹시 후보자의 신상이 대외적으로 노출될 경우, 심사위원 중 누가 대외적으로 보안을 위반했는지가 바로 드러나서 그 심사위원은 이후 노벨상 심사과정에서 영구히 퇴출되며, 신상이 노출된 후보자는 자신의 잘잘못과 관계없이 불이익을 받게 되는 경우가 있을 수 있다고 하였다. 따라서 외부인이 어떤 특정인이 실제로 후보로 추천되었는지, 또는 계속되는 심사과정에 살아남아서 유력 후보로 간주되고 있는지 여부 등 심사진행 과정을 파악하기는 현실적으로 어려웠다. 특히 외국 외교관에 대해서는 스웨덴 관련인사들이 경계심을 높이고 있고 외교관의 물음에 대해서는 "알 수 없다"는 똑같은 답을 내놓았다. 외교관이 적극적으로 탐문하기 시작하면 오히려 노벨상 관계자들과 대사관과의 신뢰관계에만 좋지 않은 영향이 있을 것 같았다.

(우리 과학계 동향) 양국 과학기술 교류와 매년 12월 노벨상 시상식 계기에 한국 교수 및 관계자들이 스웨덴을 방문하였다. 관저만찬을 통해 우리의 과학발전 역사, 연구 풍토, 정부와 과학계의 상호협조 관계 등 다양한 주제에 관해 많은 얘기를 들었다. 모두 스웨덴과 협력의 여지가 다대하다고 평가하였다. 다만 한국은 아직 노벨상을 받기에 시간이 필요하며 한국 과학계에 대해 지속적인 홍보 노력이 필요하다고 하였다. 한국 내 과학자와 과학자 협회에 대한 지원이 충분하지 못하다 등의 우리 내부문제에 대해 듣기 불

편한 지적과 자아비판도 들었다. 우리 자신의 문제를 스스로 극복하면서 한국 각계가 각자의 책임을 성실히, 꾸준히 이행해 나가는 것이 절실하다는 생각이 들었다.

외교단 동향

부임 첫해인 2008년 12월 노벨상 시상식 행사 참석 시, 일본인 과학자 4명(그중 1명은 미국 국적)이 노벨 생리의학상 및 화학상을 수상하는 것을 보고 놀라기도 하고 부럽기도 하였다. 일본의 저력을 다시금 느꼈다. 나카지마 일본 대사 부부에게 노벨만찬 참석이 부럽다고 한 것은 물론 단순히 만찬 참석이 부럽다는 뜻은 아니었다. 제3국 대사들과 노벨상에 대해 자연스럽게 의견 교환을 하였다. 노벨상의 권위나 선정 결과에 대한 신뢰성에 대해서 의문을 제기한 대사는 없었다. 일부 대사들의 자국 문화외교 활동을 전개하면서 문학작품을 소개하였다. 호주 대사(Stephens)는 호주 작가 Nam Le(베트남 출생)의 소설『The Boat』의 스웨덴어 번역본 출간을 축하하기 위해 관저에서 주최하는 리셉션(2010.3.19)에 참석하였다. 당장은 아니더라도 중장기적으로 노벨문학상을 염두에 둔 활동이라는 생각이 들었다. 물론 자국 인사의 노벨상 수상을 위해 대사가 공식 활동한다는 애기는 들은 바 없었다. 유일하게 만찬자리에서 러시아 대사로부터 자국 문화부장관의 지시로 러시아 작가의 노벨문학상 수상을 위해 관계자를 접촉했다는 애기를 직접 들었다. 또 일부 대사가 노벨평화상에 대한 정치적 의도를 의심하기도 하였다.

한-스웨덴 관계 발전으로 분위기 조성 필요

재임 중 느낀 바로는, 한국의 과학기술 역량 향상 및 세계적인 연구성과 실적 축적에 따라 언젠가 노벨과학상을 받을 것이며, 국제사회에서의 위상 제고에 따라 한국문화와 문학에 대한 관심이 높아지면 노벨 문학상도 받을 수 있을 것이나, 이러한 과정은 상당한 시간과 꾸준한 노력이 필요하다고 생각했다. 이러한 국제사회에서의 노력과 함께, 스웨덴과의 전반적인 교류협력을 심화, 확대하는 과정이 또한 중요하다는 인식하에 정부와 각계가 당장 할 수 있는 것부터 시작하여 중장기적으로 대응해 나가야 한다고 생각했다.

스웨덴 인사들은 이구동성으로 스웨덴 정부나 주요인사들이 한국을 제대로 인식하기 시작한 것은 1990년 후반부터라고 하였다. 1989년 스톡홀름대학에 한국학과가 정식 개설되었다. 양국 관계 수준의 가장 중요한 척도인 고위인사 교류는 2000년 12월 김대중 대통령의 첫 번째 공식방문 이후 활발해지기 시작했다. 한국 과학기술한림원(KAST)이 노벨상 선정위원회 역할을 하고 있는 스웨덴 왕립과학한림원(KVA)과 교류 양해각서를 체결한 것이 2000년 3월이며 2001년 이후 매년 심포지엄을 개최하였다. 한국과학재단(지금의 연구재단)은 2003년 4월 스웨덴 연구협의회(VR), 2005년 12월 스웨덴 연구고등교육 국제협력단(STINT)과 협력각서를 체결하였으며 이후 교류협력을 시작하였다.

스웨덴인의 연 방한 규모가 2006년 처음으로 1만 명이 넘었으며 재임 중 연 1만 2천명 수준이었다. 2009년 7월 대통령 방문 후속조치의 일환으로 대등한 파트너로서 9월 과학기술협력 협정을 체결하였으며 이에 따라 2010년 제1차 과기 공동위원회가 개최되었다. 재임 중 스웨덴 각계 인사들로부터 "한국으로부터 배울 것이 많다"는 얘기를 많이 들었다. 교육의 경쟁력과 연구개발 투자에 특히 관심이 높았다. 하나의 예로서 2009년 11월 스웨덴 왕립 공학한림원(Royal Swedish Academy of Engineering Science: IVA)은 한국을 포함한 6개국(스웨덴, 스위스, 네덜란드, 핀란드, 대만)의 연구개발 관련 특징을 비교한 전략 보고서(Strategies for Research Prioritization-A Comparison of six small to medium-sized economies)를 발표하기도 하였다. 스웨덴의 연구분야 우선순위 결정에 한국의 사례가 도움이 된다는 의미였다. 한편으로는 이러한 양국 관계의 진전에도 불구하고 다양한 계기에 만나 본 스웨덴 과학자와 교수 대부분은 평생 방한한 적이 없으며 여전히 그들의 한국에 대한 전반적인 인식은 과거의 한국에 멈추어 있었다. 한국과의 인연이 있다면 과거에 한국 유학생을 가르친 경험이 있다는 정도였다. 따라서 2008~2011년 재임기간에 즈음하여 양국 간 과학기술분야의 교류협력을 위한 제도적 기반이 어느 정도 마련되었으며 이제부터 본격적인 교류가 시작되는 단계라고 인식하였다.

스웨덴식 접근 이해 및 제3국 사례 참고

재임 중 제3국의 스웨덴 과학계와의 교류에서 인상적이었던 것은 자국 과학자의 스웨덴 체류 연구 활성화와 실용주의를 바탕으로 한 하의상향(bottom-up)식 접근방법에 따른 협력을 추진하고 있다는 것이었다. 노벨생리의학상을 심사하는 카롤린스카 의과대학에는 미국 연구원들이 항상 연구목적으로 체류하면서 미국 교수의 연구실적에 대해 우선 노벨생리의학상의 심사위원인 스웨덴 교수들에게 지속적으로 설명하고 설득한다고 들었다. 스웨덴 경제계 인사는 "노벨상에 대한 일본의 접근은 조용하되 파격적이며 스웨덴 노벨상 담당기관이 아닌 주변기관에 대한 과감한 지원 형식으로 일본에 대한 호감도를 제고하는 활동을 한다"고 하였다. 캐나다의 경우에는 자체적으로 1959년 '게어드너 국제상(Canada Gairdner International Award)'를 제정하고, 인간 생물학과 질병 연구에 뛰어난 발견이나 의학발전에 기여한 5명의 연구자를 선정하여 상을 수여하는데 심사위원에 노벨 과학상 심사위원을 포함시킨다고 들었다. 게어드너 수상자의 상당수가 이후에 노벨생리의학상을 수상하였다고 들었다.

한편 스웨덴과의 교류협력에 있어서 유념해야 점은 스웨덴은 대외협력사업을 기본적으로 실질적인 협력을 위해 상향식(bottom-up) 접근방식으로 진행한다는 점이다. 카롤린스카 의과대학(KI)의 노르하겐(Gunilla Norhagen) 국제협력부장은 "KI의 대외협력 추진과정은 기본적으로 관련기관과 교류협정을 체결한 후 세부분야별로 재정 지원(financial support) 부분을 포함한 교류협력 약정을 체결하는 형식으로 진행되며, 특히 연구교수 및 연구진 주도 하의 상향식(bottom-up) 접근방식으로 진행된다"고 설명한 바 있다. 과거 일본과의 교류협력이 제대로 이루어지지 않은 것은 일본의 하향식(top-down) 접근방식의 업무문화 때문임을 시사하였으며 실적이 없는 외국기관과의 양해각서(MOU)는 모두 폐기되었다고 하였다.

스웨덴과의 관계 확대 발전 지속 도모 필요

노벨상을 염두에 주지 않더라도, 우리의 당면한 국내외 도전과제와 글로벌 이슈에 대한 대응에 있어서 강소국인 스웨덴과의 교류협력 및 경험공유는 앞으로도 필요하다고 생각한다. 스웨덴의 한반도에서의 독특한 입지와 위상을 기반으로 한 친한적인 우호 분위기 및 한국에 대한 긍정적인 인식 제고 추세를 바탕으로 양자 차원에서 제도적인 교류 협력을 확대 강화하는 노력을 지속적으로 전개할 필요가 있다. 그 과정에서 스웨덴 문학계 및 과학계와의 실질적인 교류협력을 점진적으로 확대하다 보면, 노벨상 관계 기관 및 주변기관과의 교류 네트워크도 자연스럽게 확대될 것이므로 적어도 우리의 문학 수준과 과학계의 객관적인 역량이 과소평가되는 일이 점점 줄어들 것으로 생각한다.

8.
외교단 교류

___

대사는 주재국과 국제사회에서 한국을 대표

대사가 임지에 부임하면, 대사는 주재국 정부와 국민에 대해 한국을 대표할 뿐 아니라 동시에 전세계로부터 같은 임지로 파견 나온 외교단으로 상징되는 국제사회에서도 한국을 대표하게 된다. 스웨덴 국민뿐만 아니라 각국을 대표하는 최고의 외교관들이 한국 대사(부부)의 언행을 보고 한국을 이해하고 한국의 수준을 짐작하게 된다. 대사(부부)는 주재국 인사와의 교류와 함께 외교단과의 교류를 통해 주재국 내에서 한국 대사관과 대사의 존재감을 부각시키고 활동공간을 보다 더 확대해 나갈 수 있다.

모든 사람이 상대방의 인격과 역량을 나름대로 판단하고 상대방과의 교류 방향과 내용을 정하듯이, 어느 나라 대사이든지 상대방 대사와 몇 번 대화를 해 보고 대사의 인격과 역량을 파악한 후 거기에 맞추어 적당한 수준에서 교류하게 된다. 대사 간의 교류는 '눈에 보이지 않는 국가 간의 경쟁이며 시험대'이다. 대사(부부)가

임지에서 계속 마주해야 하는 냉엄한 현실이다. 특히 대사 간의 교류는 특별한 경우를 제외하고는 부하 외교관의 동행 없이 독자적으로 이루어지기 때문에 대사(부부)가 상대방에게 완전히 노출된 상황에서 오직 대사(부부) 역량으로 대응하게 된다. 이에 따라 관례적인 초청인 국경일 리셉션이나 문화행사이외에 관저만찬 초청을 주고받는 관계로 발전하게 된다.

외교단 행사에 참석하면 한국과 한국-주재국 양국 관계에 관한 모든 것에 대해 질문이 쏟아진다. 영어가 안 되거나 자국의 입장을 제대로 설명을 못하는 등 기본적 역량이 안 되는 대사는 외교단과 제대로 교류할 수 없으니 대접을 받지 못한다. 그러니 역량이 안 되는 대사는 자연스럽게 외교단 행사에 참석하지 않게 된다. 결국 그런 대사는 그 나라에서 한국의 대표로서 존재감이 없어지고 활동공간이 크게 줄어들 수밖에 없다.

물론 현실적으로 대사의 외교단 행사 참여활동은 본국 정부의 대사에 대한 개별평가와는 크게 상관이 없다. 제3국 대사 주최 리셉션이나 관저행사에서 대사가 반드시 수행해야 하는 한국의 외교정책, 남북한 관계, 주재국과의 관계 등에 관한 설명은 일상적인 외교활동이므로, 이러한 활동 이후에는 특별한 보고거리가 되지 않으며, 설사 그 내용을 보고하더라도 본국 외교부는 크게 주목하지 않는다. 재외공관에서는 본국 대통령실이나 외교부의 주요 관심사항에만 중점을 두어 보고하면 된다는 일부 풍조도 있다. 그럼에도 불구하고 대사의 외교단 대상 활동은 '외교관의 본업'으로서 대사의 직무 수행의 성패를 좌우할 만큼 매우 중요하다.

외교단과의 교류과정

부임하자마자 스웨덴에 주재하고 있는 외교단(2008년 6월 당시 약 95명의 상주대사 주재)과 적극적으로 교류하였다. 대사가 임지에 부임하면 항상 지원해주는 우군이 필요하다. 우방국 대사는 제3국에서 양자 간 특별한 이해관계가 없기 때문에 한국 대사가 호의를 전하면 제대로 경력과 역량을 쌓은 외교관이라면 한국 대사의 동료이자 진정한 지원자가 될 수 있다고 생각하였다. 대사가 되기 전에 6개 해외공관(동경, 대만, 상해, 북경, 워싱턴, 마닐라)에 근무할 때 다른 나라 외교관과의 교류 경험에 기초한 것이기도 했다.

우선 부임초기에 먼저 개별 면담할 대사 40여 명을 선정하여 차례로 면담을 진행하면서, 외교단의 모든 행사초청에 특별한 사정이 없는 한 참석한다는 방침으로 활발하게 교류하였다. 이렇게 리셉션과 문화행사 참석뿐 아니라 별도 면담과 관저만찬의 상호 초청으로 대사들과의 교류를 심화해 나감에 따라, 외교단 행사 참석은 우리 부부의 일상적인 외교활동이 되었다. 같은 날 외교단 행사가 겹치면 행사의 경중을 판단하여 시간을 조정하면서 모든 행사에 얼굴을 비쳤다.

외교단과의 교류의 장(場)에서 외교관의 동료의식을 공유하면서, 실제로 유익한 정보와 그들의 경험을 통한 지혜를 많이 얻을 수 있었다. 더욱이 스웨덴의 경우, 고위인사와의 개별면담은 쉽지 않지만 그들이 외교단 행사에는 적극적으로 참석하는 경향이 있음을 파악하고, 외교단 행사에서 다른 나라 외교관뿐 아니라 스웨덴 인사와의 교류도 폭넓게 확대할 수 있었으며, 스웨덴 인사의 참석 수준을 보고 어느 나라와의 관계를 중시하고 있는지 등을 가늠할 수 있어 스웨덴의 대외관계를 보다 더 객관적으로 이해할 수 있었다.

특히 부임 초기 3개월(2008.6~8)간 주요국 대사와의 집중적인 면담과 교류가 현지 적응과 현황 파악에 크게 도움이 되었다. 신임장 제정 전에 이태리 대사와 태국 대사의 관저만찬은 우리 부부에게 대사의 관저만찬에 관한 오리엔테이션 과정처럼 신선한 자극을 주었다. 관저의 환경조성 및 만찬의 모든 것을 관찰하고 배웠다. 또한 다른 나라 대사 주최 국경일 리셉션에 연이어 참석하여, 참석자들과 교류를 하면서 리셉션 진행에 관한 모든 것(대사 부부의 행동, 리셉션장 구성, 음식, 참석자 반응 등)을 관찰하였다. 아내와 계속 협의하면서 우리 행사에 크게 참고하였다. 사실 다른 나라 대사 주최 관저만찬과 국경일 리셉션은 보통 '대사 부부'를 초청 대상으로 하는 것이 관례이므로, 대사 부부의 이러한 외교단행사 참여 활동을 통해서만 다른 나라들의 외교행사 사례를 경험할 수 있으며 우리 행사에 참고할 수 있다.

또한 제3국 대사들로부터 스웨덴의 현지사정, 대외정책, 외교 행태 등에 대한 그들의 경험과 분석을 청취함으로써 다양한 각도에서 스웨덴을 이해하고 배우는 데 도움이 되었다. 외교관이라고 해서 세계 각국을 다 근무하고 경험할 수 있는 것은 아니므로, 여러 나라의 대사들과 교류하면서 국제정세와 각국 사정을 자연스럽게 배울 수 있었다. 특정 대사 주최 리셉션이나 관저만찬에 참석하면 그 나라의 국제사회에서의 위상이나 국력, 그리고 대사(부부)의 역량을 자연스럽게 파악할 수 있었다. 이러한 관찰과 경험이 바로 현지 외교활동 및 대사관의 공공외교활동에 항상 좋은 참고가 되었다. 이러한 일상적인 외교단과의 교류를 통해 국제정세에 대한 객관적 이해를 높이고 어느 나라이든지 국내 정치가 그 나라의 대외정책에 절대적으로 영향을 미친다는 사실을 재삼 깨닫게 되었다.

각국 대사를 친한 인사로

이어 상대 대사의 본국과 우리나라와의 관계에 관한 솔직한 대화를 통해 양국 관계에 대한 이해를 높이고, 상대국 대사가 한국에 대한 호의적인 감정을 갖도록 노력하였다. 그들 대부분은 자국 내 오랜 기간 검증을 거친 최고의 엘리트로서 자국의 외교정책에 지속적으로 영향을 미칠 고위 외교관들이므로, 한국 대사(부부)와의 교류를 통해 느낀 한국에 대한 이미지와 인식은 앞으로 그들이 참여하는 한국에 대한 외교정책 수립과정에 직간접적으로 중대한 영향을 미칠 것은 명백하기 때문이다.

역량 갖춘 한국 대사 활약

재임 중 대사들과의 교류 중 흐뭇한 추억 중의 하나는, 많은 대사들이 과거 자국이나 다른 나라에서 한국 외교관과의 교류 경험을 언급하면서 동료, 선배 외교관의 구체적인 이름을 거론할 때였다. 그들은 예외 없이 우리 외교부 내에서 외교관으로서 역량과 인격을 갖추었다고 평판이 높은 외교관들이었다. 30여 년 직업외교관으로 지내다 보면, 같이 일을 해 보지 않은 동료, 선배 직원에 대해서도 외교부 내 평판을 듣게 되며 그러한 평판은 거의 예외 없이 틀리지 않았다.

이런 25년 차 이상의 외교역량을 갖춘 외교관들이 주재국과 외교단에서 제대로 한국을 대표함으로써 우리 외교가 확장해 나갈 수 있다고 생각했다. 외교관의 해외 근무지에서의 외교활동은 단순히 거기서 끝나는 것이 아니라 주재국 국민은 물론 외교단에도 오랜 기간 영향을 미치게 되며 결국 그런 기억들이 쌓여서 국제사회에서 한국의 평판이 확산된다는 사실을 절감했다.

각 지역별 외교단의 특색

특히 우리의 주요 상대국인 미국, 일본, 중국, 러시아 대사는 스톡홀름에서 양자 차원에서 한국 대사를 만나는 것이 아니기 때문에 한국과의 관계에 대해 본국 정부의 공식입장과는 별도로, 보다 솔직한 외교경험과 개인적 입장을 전했다. 특히 중국 대사와 러시아 대사는 2010년 북한의 천안함 폭침사건과 연평도 도발 사건에 대해 북한의 행동을 이해할 수 없다고 소리 높여 비판하는 등 한국과의 관계를 중시하는 입장을 전했다. 일본 대사 역시 먼저 과거사에 대해 적극적으로 유감을 표명하는 등 그들의 본심 일부를 전하기도 하였다. 이렇게 일상적인 외교활동에서 인간적인 신뢰를 쌓으면 각국의 공식입장 뒤에 숨어있는 타협의 여지를 발견할 수 있고, 어느 나라와의 관계에서도 그 틈새로 파고들어 갈 수 외교공간이 있다는 사실을 확인하였다.

아태지역은 물론 중남미, 아중동, 동유럽을 비롯한 대부분 지역 대사들의 한국에 대한 높은 평가와 부러움을 항상 접하면서, 국익 신장을 위해 우리 외교 전선을 보다 실질적으로 확장해 나갈 여지가 많다고 생각하였다. 사우디아라비아 대사 주최 관저만찬에서 중동지역 대사들은 한국의 경제와 민주주의 발전과정에 대해 끊임없이 질문을 하였고, 라트비아, 방글라데시, 동유럽 국가, 온두라스 등 많은 나라의 대사들이 한국이 국가발전의 '롤 모델(role model)'이라고 평가하고, 이스라엘 대사는 "한미 FTA에 이은 한-EU FTA 체결은 국제정세 추세에 적극 대응하는 한국의 글로벌 전략"이라고 높이 평가하였다. 스웨덴 주재 유럽 대사들은 대부분 유럽전문가로서 EU 통합 등 유럽 중심으로 국제정세를 보는 것 같았다. 따라서 상대적으로 한국에 대한 이해가 낮음을 확인하고 한국에 대한 홍보에 더욱 노력하였다.

스웨덴의 주변 주요국가(노르딕 제국, 발트 3국)의 대사들과 교류하면서, 그들 간에는 인접국 간 과거사나 국민감정 등 민감한 이슈에 대해서는 중장기적으로 대응하면서 미묘한 경쟁속에서도 미래지향적인 교류협력 관계를 발전시키고자 하는 기본입장을 공유하고 있다는 사실을 배울 수 있었다. 인접국 간에는 항상 문제가 있으나 미래발전 방향과 가치를 공유하는 한, 하나의 이슈가 전체의 양자 관계에 부정적인 영향이 미치지 않도록 안정적으로 관리한다는 것이었다. 스웨덴 고위인사가 이들 인접국 대사 주최 행사에 자연스럽게 더 많이 참석한다는 사실을 알게 되어 나는 이들 대사 주최 행사에 적극적으로 참석하였다.

아태지역 대사 정례만찬을 부부동반으로 지속적으로 참석하였다. 아태지역 대사들과 정기적으로 교류하면서 그들 모두가 한국에 대해 호감을 갖고 매우 긍정적인 인식을 갖고 있으며 한국 대사 부부와 친하게 지내고 싶어한다는 적극적 자세를 느꼈다. 특히 아세안 국가(그중에서도 태국, 베트남, 필리핀, 인도네시아 등)의 특별한 우호적 자세는 일본과 중국이 누리지 못하는 이점(advantage)이라는 생각이 들었다. 소위 '21세기의 보편적 가치'를 공유하는 호주와 뉴질랜드 역시 한국과의 관계를 매우 중시하고 있었다. 아태지역 국가 대사(부부) 모두가 한국에 대해 나름대로 매력과 친근감을 느끼고 있음을 확인하였다. 이들의 이러한 기본 태세(posture)를 활용하여 실질적인 교류협력 관계를 더욱더 발전시켜 나갈 필요가 있다고 생각했다. 정례 모임에서 의식적으로 한국 대사의 선도적 역할을 하려고 노력하였다. 한편 인도의 인접국인 파키스탄과 방글라데시와의 관계도 재미있게 관찰하였다. 인도 대사와 파키스탄 대사는 늘 상대방의 발언에 직간접적으로 응수하였다. 방글라데시 대사관저에서 맛본 카레는 그간 익숙했던 카레 맛과는 다른 독특한 맛이었다. 방글라데시 대사(Ahmed)는 인도 카레와 다르다고 강조하였다. 대국 옆에 있는 소국의 심리는 어디든 비슷하다고 느꼈다.

　구루메 그룹 대사 정례모임(태국, 멕시코, 아르헨티나, 튀르키예, 스페인, 포르투갈, 그리스, 네덜란드, 2010.9 이후 이집트, 러시아, 2011.1 호주, 일본 대사 합류)을 통해 국제사회에서 소위 '중견국(middle power)'과 '강소국'으로 알려진 나라들의 대사와의 교류도 매우 의미 있는 경험이었다. 주말에 각국의 전통적인 음식을 소개하는 격식 없는 만찬 회동을 통해 다양한 정보와 경험을 공유하였다. 직업외교관은 나라와 상관없이 '비슷한 운명'을 공유하는 동료 의식을 느낄 수 있었다. 대사들은 한국에 대해 기본적으로 호의적이나 아태지역 대사 이외에는 아직까지 한국에 대한 이해가 낮은 수준이며 본국 정부와 국민 역시 한국에 대한 관심이 그리 높지 않음을 확인하였다. 국제사회에서 제대로 한국의 위상을 정립하기 위해서는 아직도 갈 길이 멀다고 느꼈다. 중장기적인 국력 신장 노력과는 별개로, 역량을 갖춘 외교관들이 각국의 외교현장에서 한국을 제대로 알리는 노력을 꾸준히 수행할 필요성을 절감하였다.

　외교단 행사에 참석하면 늘 느끼게 되는 현상이 있었다. 바로 대사들이 각 지역별로 모여 대화한다는 점이었다. 외교단 행사에 들어서면 거의 예외 없이 유럽, 아프리카, 중동, 아세안, 중남미 대사들이 각각 그룹을 지어 있는 모습을 접한다. 중국, 일본, 북한 대사는 홀로 왔다 갔다 하는 경향이 있었다. 국제사회에 있어서 각국의 현주소를 상징하는 측면이 있다는 생각을 했다. 이 3개국 대사가 한국 대사(부부)를 보고 반가워했다. 3개국 대사가 다 같이 동시에 나에게 몰려오지는 않았다. 나는 그들과 차례로 대화를 나눈 후 다른 대사 그룹이나 스웨덴 인사를 찾아 대화를 했다. 왠지 중국 대사와 일본 대사는 함께 섞이려 하지 않는 것 같았다. 중국과 일본 사이에 우리의 위치와 역할이 있음을 확인하였다. 중국 대사는 북한 대사와 대화를 나누지 않았다. 중국과 북한의 관계가 밖에서 보듯이 그리 간단하지 않음을 보여주는 것이었다.

내가 북한 대사와 환담하면 다른 나라 대사들과 스웨덴 인사들이 주목했다. 그들은 남북한 대사가 싸우지 않고 화기애애하게 대화를 나누는 모습을 신기하게 바라보았다. 북한 대사와 대화가 끝나면 나에게 다가와 "대화가 잘 되었느냐?"는 등의 질문을 하였다. 나는 늘 "같은 한국말을 쓰니 대화가 더 잘된다"고 대답하였다.

외교단 행사 참석 준비

이렇게 외교단 행사에 참석하려면, 본국 사정과 양자관계는 물론 글로벌 이슈를 포함한 다양한 문제에 대해 설명하고 대답할 수 있는 '준비된 대사'이어야 하기 때문에, 당시 현황 파악과 자료 숙독, 영어 연습 등 지적인 노력을 계속하면서 긴장을 늦출 수 없었다. 외교단 행사는 국제사회에서의 모임이므로 한국의 대표로 참석하는 것인 만큼, 자신이 한국의 보통사람이 아니라 한국 대사임을 새삼 인식하게 되면서 지적(知的) 무장의 중요성을 절감하였다. 본국 정부로부터 매일 특별한 지시가 있는 것도 아니며, 주재국 인사를 지속적으로 만나 교섭해야 할 현안이 항상 있는 것도 아닌 상황하에서, 외교단과의 교류는 주재국에서 한국 대사라는 정체성을 계속 일깨워 주고 한국 대사의 존재감과 위상을 국력과 국가 위상에 걸맞게 확립하는 데 있어서 자신감을 주었다.

결국 다른 나라 대사(부부)와의 교류는 대사(부부)만이 할 수 있는 외교 영역이기 때문에 외교단(부부)을 상대로 한 활동의 내용에 따라, 외교단뿐만 아니라 주재국 정부의 대사에 대한 평가가 달라진다는 것을 경험하였다. 대사는 주재국 내에서 항상 있어야 할 장(場)에 있어야(be present) 하는 소임이 있는데 외교단 행사는 바로 그런 자리라고 확신하게 되었다. 이렇게 스웨덴 인사와의 지속적인 교류와 더불어 항상 외교단과의 교류를 꾸준히 전개함으로써 양국 관계발전을 위한 대사의 소임을 수행할 수 있었으며, 21세기 국제사회에서 한국이 처한 현실과 위상을 객관적으로 이해하게 되고 거기서 한국이 수행해야 할 바람직한 역할에 대해 진지하고 겸허하게 생각해 볼 수 있었다.

9.
북한 대사 교류

대사 재임 중 리희철 북한 대사(부부)와의 만남은 공적으로나 사적으로 잊을 수 없는 중요하고 의미 있는 활동이었다. 2년 10개월 재임 중 스웨덴 정부 행사 및 외교단 리셉션에서 리 대사를 지속적으로 만나 매번 그리 길지 않은 대화를 나누었다. 리 대사는 나보다 2달 전인 2008년 4월 8일 부임하여 근무기간이 나의 재임기간과 겹쳤으며 나의 이임 후에도 계속 근무하였다.

앞서 수차 기술한 대로 리 대사(부부)와 만날 때마다 정중하게 대화를 나누었다. 부인도 아내에게 정중했다. 서로 나이가 비슷했다. 리 대사는 1954년생이며 부인은 1955년생으로 우리 부부와 같았다. 한반도에서 세상에 태어났는데, 그들은 북한에서 태어나고 우리는 남한에서 태어나서 남북한 분단 상황에서 외교관으로 서로 만난 것이었다. 우리는 민감한 주제는 되도록 삼가면서 스웨덴의 일상생활 등에 편하게 대화를 나누었으며 함께 남북관계가 원만하게 화해와 협력의 방향으로 발전되기를 바랐다.

2008년 환담

부임하여 2달이 지난 2008.8.11(월) 인도 대사 이임 리셉션에서 처음으로 리 대사를 만나 명함을 교환하고 간단히 인사를 나누고 헤어졌다. 8.11 인도 대사 이임 리셉션을 시작으로 2008년도 연말까지 외교부 및 제3국 대사 주최 리셉션에서 리 대사(부부)와 5회 환담(8.11, 9.15, 9.30, 10.1, 12.1, 12.12)을 하였다.

9.15(월) 중남미 4개국(엘살바도르, 온두라스, 과테말라, 니카라과) 대사 공동주최 리셉션에서 북한 대사 부인도 함께 만났다. 서로 정중하게 인사를 나누었다. 리 대사 부부를 수행하는 인도 근무 후 스톡홀름에 왔다는 인상 좋고 키 큰 서기관도 나에게 정중하게 인사를 했다. 리 대사에게 "김정일 위원장의 건강이 어떠냐"고 물었다. 리 대사는 "왜들 이러는지 모르겠다"라고 하면서 "모른다"고 하였다.[168] 9.30(화) 중국 대사 주최 국경일 리셉션에서 우리 부부는 리 대사 부부를 만났다. 부인끼리 활발한 대화가 이어졌다. 10.1(수) 말레이시아 대사 주최 리셉션에서 그 전날에 이어 다시 리 대사 부부를 만났다. 리 대사에게 이틀 후(10.3) 대사관에서 국경일 리셉션을 주최한다고 하고 내가 초청하니 참석해 달라고 했다. 리 대사는 빙그레 웃고 대답을 하지 않았다. 스톡홀름에서 남북, 북남끼리 화해의 모습을 보이자고 했더니 역시 대답이 없었다. 12.1(월) 보스니아헤르체고비나 대사 주최 리셉션에서 리 대사를

---

[168] 나는 당시 김정일 건강에 대한 스웨덴 국회의원이나 언론의 어떠한 질문에 대해서도, 리 대사가 일절 대응하고 있지 않다는 것을 알고 있었다.

만나 스웨덴에서 지내는 일상 생활에 관해 얘기를 나누었다. 리 대사는 겨울에는 역시 토장국(된장국)이 좋다고 하였다. 한국인 식성은 북한이나 남한이나 비슷하다고 느꼈다. 12.12(금) 스웨덴 외교부가 매년 정례적으로 개최하는 외교단 초청 루시아 리셉션에서 우리 부부는 리 대사 부부를 만났다. 서로 그간 안부를 물었다. 리 대사에게 "남북 외교관이 모여 송년회를 같이 한번 해 보자"고 제의하였다. 리 대사는 아직 그럴 시기가 아니라고 답하였다. 서로 새해를 잘 보내라는 말을 나누었다.

북한대사관 김철국 참사관과도 2회(11.5, 12.5) 환담하였다. 11.5(수) 알제리 대사 주최 리셉션에서 김 참사관은 정중한 태도로 북한의 대남 정책을 설명하였으며 이에 대한 내 설명에 대해 진지하게 청취하고 남북한 대화의 중요성에 동감을 표시하였다. 내가 "우리가 대화하고 함께 잘 살아가면서, 어서 빨리 우리 함께 통일 한국의 외교관이 되자"라고 했더니 긴장을 푸는 것 같았다. 남북한 대화의 중요성을 강조하는 과정에서 주변 대국을 완전히 신뢰할 수 없다고 한 데 대해, 그는 바로 동의하고 "만주도 되찾아와야 한다"고 하였다. 그 역시 한반도에서 태어난 한국인이라는 생각이 들었다. 북한과 중국의 미묘한 관계를 상징하는 발언이기도 하였다. 북한 엘리트 역시 중국에 대한 기본 입장이 한국인과 크게 다르지 않으며 북한-중국 관계가 밖에서 보듯이 그렇게 단순하지 않다는 사실을 확인할 수 있었다. 우리 대화가 끝나니 말레이시아 대사, 이태리 대사 등 몇 명의 대사가 나에게 다가와 "남북 대화가 잘 되었느냐"고 물었다. "북한 외교관과의 대화에 전혀 문제가 없으며 특히 한국말로 하니 더 잘 된다"고 대답하였다. 한편으로는 제3국 외교관들이 있는 장소에서 남북 외교관이 대화할 수밖에 없는 현실에 마음이 무거웠다. 12.5(금) 핀란드 대사 주최 리셉션에서 다시 김 참사관을 만났다. 그는 정중하게 인사를 했다. 내가 웃으면서 "이렇게 제3자가 주최하는 자리에서 만날 것이 아니라 남북한 대사관 직원끼리 함께 식사하고 술 한잔 하자"고 말을 건넸다. "우리는 형제이니 형제끼리 싸우다 보면 삐치기도 하는데 시간이 지나면 풀어야 하는 것 아니냐"고 하였다. 그는 즉답을 피하면서 자신은 5형제인데 형제간 싸우면 금방 풀자고 하면서 자랐다고 했다. 겸연쩍어 하는 모습이었다. 연말 연초를 어떻게 지내냐고 물었더니 스톡홀름에서 계속 지낸다면서 새해 초에는 국수와 술을 먹는다고 했다. 한국 외교관 선후배 간의 일상 대화와 다를 것이 없었다.

2009년 환담

2009년 중에는 외교단 리셉션과 스웨덴 정부 행사에서 리 대사(부부)와 9회 환담(3.19, 3.26, 6.6, 6.23, 8.13, 8.22, 9.3, 9.29, 12.1)하고, 김철국 참사관과 2회 환담(2.10, 2.24)을 하였다.

2.10(화) 이란 대사 주최 리셉션에서 김 참사관을 만났다. 그는 반갑게 나에게 다가왔다. 김정일 위원장의 건강에 대해 물었더니 "건강이 좋다"고 대답하였다. 우리가 먼저 서로 잘 지내야 하지 않겠느냐 하고 식사 한번 하자고 제의하였다. 이에 대해 그는 북남

관계가 잘 풀려야 먹을 수 있다고 답하였다. 리 대사 내외에게 안부를 전해 달라고 하였다. 2.24(화) 에스토니아 대사 주최 리셉션에서 김 참사관을 또 만났다. 그는 북한이 에스토니아와는 외교관계가 없으나 수교하자는 말을 할 겸 참석하였다고 하고 조만간 임기를 마치고 귀국할 예정이라고 하였다.

3.19(목) 노르드스트램(Anders Nordström) 스웨덴 국제개발협력청(SIDA) 청장 초청 오찬 브리핑에서 리 대사를 만났다. 남북대화를 빨리 재개하는 것이 좋겠다고 하니 리 대사는 (나의 지속적인 제의에 대해) 질기다면서 남들은 북쪽이 질기다고 하는데 남쪽이 더 질기다고 답하였다. 3.26(목) 방글라데시 대사(Haque) 주최 리셉션에서 우리 부부는 리 대사 부부와 만났다. 부부 간 스웨덴 날씨 등 가벼운 대화를 나눈 후 헤어졌다. 대통령 방문 전후인 6.6(토) 스칸센(Skansen)에서 개최된 스웨덴 국경일 행사 및 리셉션, 6.23(화) 태국 대사 이임 리셉션, 8.13(목) 쿠웨이트 대사 이임 리셉션 계기와 김대중 대통령 서거 조문을 위한 8.22(토) 우리 대사관 방문 시의 리 대사(부부) 환담 내용은 상술한 바와 같다.

9.3(목) 러시아 대사 이임 리셉션에서 리 대사 부부를 다시 만났다. 김대중 대통령 서거에 따라 지난 8월 22일 우리 대사관을 방문하여 조문해 준 데 대해 다시 한번 감사하다고 하였다. 리 대사는 민족 화해에 기여하신 분에 대한 조문은 당연하다고 하였다. 이어 북한 조문단 대표로 남한을 방문한 "김기남 노동당 중앙위원회 비서는 장군님과 가까운 분으로, 남한 당국자들과 좋은 대화를

가졌다고 들었다. 남북관계가 잘 되었으면 좋겠다"고 하였다. 내가 "우리 아이들을 위해서라도 남북 간에 빨리 화해하고 통일해야 하지 않겠느냐? 여기 스웨덴 사람들, 유럽 사람들 모두가 미래를 향해 열심히 뛰고 있는데 우리끼리 쓸데없이 다투면 되겠느냐"라고 했더니 리 대사가 옳다며 잘 되었으면 좋겠다고 화답하였다. 이어 이번 추석에 함께 식사하자고 하니까 리 대사는 빙그레 웃으면서 대답 없이 자리를 옮겼다. 9.29(화) 중국 대사 주최 리셉션에서 리 대사를 만났다. 내가 "김정일 위원장의 3남 이름이 '김정운' '김정은' 어느 쪽이 맞느냐"고 물었더니 리 대사는 '김정은'이 맞다고 하면서 원래부터 '김정은'이었다고 답하였다. 이어 "남북이산가족이 만나는 것은 좋은 일"이라고 하고 "남한이 북한의 성의에 대해 제대로 호응을 해주어야 한다"고 하였다. 스웨덴과의 관계에 대해 물었더니 리 대사는 "북한에 국제박람회가 있어서 스웨덴 기업인 10명이 북한에 갔다"고 하였다. 12.1(화) 루마니아 대사 주최 리셉션에서 리 대사를 만났다. 오랜만에 본다고 인사를 건넸다. 9.29(화) 중국 대사 주최 리셉션에서 본 후 처음이었다. 리 대사는 평양에서 아들을 결혼시키고 얼마 전에 돌아왔다고 하였다. 축하한다고 전하고 연말 송년 식사를 제의하였다. 리 대사는 웃으면서 "조 대사님, 하여튼 질기십니다"라고 하였다. 나는 부인에게 안부를 전해 달라고 하였다.

2010~2011년 환담

2010년 연초부터 외교단 행사에서 리 대사를 가끔 만났다. 천안함 사건(3.26) 전까지 러시아 대사 주최 리셉션(1.13), 쿠웨이트 대사 주최 리셉션(2.23), 에스토니아 대사 주최 리셉션(2.24) 등 3회 만나 환담했다. 천안함 사건 이후 리 대사는 4~6월 중 외교단(4.26, 6.2, 6.17) 행사 및 스웨덴 국경일 기념식 및 왕궁 리셉션(6.6)에서 나를 보고도 모른 척했다. 다시 9월 이후 멕시코 대사 주최 리셉션(9.16), 국회음악회(10.5), 교황청 대사 주최 리셉션(11.16), 스웨덴 외교부 송년리셉션(12.9), 루시아 행사(12.13) 등 5회 만나서 리 대사와 환담했다.

1.13(수) 러시아 대사 주최 리셉션에서 리 대사 부부를 만났다. 서로 반갑게 만나 새해인사를 나누었다. 새해 덕담을 전하고 "올해 내에 남북대화가 재개되기를 기대한다"고 하였더니, 리 대사가 "한국 측이 유연하게 나오기를 바란다"고 하였다. 한국 통일부 장관이 너무 딱딱하고 경직되어 있다고 말하였다. 주변에 있던 스웨덴 인사와 일부 대사들이 남북한 대사가 담담하게 대화하는 것을 보고, 놀란 표정으로 쳐다보았다. 대화 내용을 궁금해하는 것 같았다. 2.23(화) 쿠웨이트 대사 리셉션에서 리 대사를 만났다. 남북대화 재개 전망에 대해 물어보니 리 대사는 "평양에서 다 알아서 할 것이며 여기 스톡홀름에서는 할 일이 없다"고 하였다. 2.24(수) 에스토니아 대사 주최 리셉션에서 전날 2.23에 이어 리 대사를 다시 만났다. 북한은 에스토니아와 외교관계가 없다. 2009년 같은

날 에스토니아 리셉션에서 북한 김철국 참사관을 만났다. 그때 김 참사관은 에스토니아 대사에게 북한과 수교하자는 말을 하려고 왔다고 하였다. 리 대사는 "밴쿠버 동계올림픽에서 한국선수들의 선전을 축하한다"고 하였다. 내가 "남북한이 합치면 더욱더 좋은 성적을 거둘 것"이라고 하니 "나도 그렇게 생각한다"고 하였다. 이어 "남북 통일이 되면 리 대사 댁에 놀러 가겠다"고 하니 리 대사는 "말씀 참 구수하게 하시네요"라고 화답하였다. 나는 진심이었다. 최근에 북한에서 오는 대사관 손님이 많으냐고 물으니 별로 없다고 대답하였다. 리 대사도 똑같이, 남북한이 합치면 국제사회에서 더 큰 힘을 발휘할 수 있고 더 대접을 받을 수 있다고 생각하고 있었다. 착잡한 심정이었다. 천안함 사건(3.26) 이후 리 대사는 4~6월 중 외교단(4.26, 6.2, 6.17) 행사 및 스웨덴 국경일 기념식 및 왕궁 리셉션(6.6)에서 나를 보고도 모른 척했다.

9.16(목) 멕시코 대사 주최 리셉션에서 리 대사를 만났다. 2.24 만난 후 근 7개월 만이었다. 내가 "먼저 잘 지내냐"고 물으니 "잘 지내고 있다"고 하고 바로 자리를 옮겼다. 10.5(화) 저녁 국회 음악회에서 리 대사 부부를 만났다. 서로 정중히 인사를 나누었다. 바로 옆 자리에 리 대사가 앉았다. 남북 대화 재개 전망을 물었다. 리 대사는 "지금 남쪽 정권과는 대화 재개가 어려울 것이다. 특히 통일부 장관이 대통령보다 더 강경한 것 같다. 지난달에 남쪽 여론조사 결과를 들었다. 62% 이상이 전 정권의 북한 정책 계승을 지지하고 있고 17% 정도 다른 의견이라고 하는데, 이러한 남쪽 인민의 의사를 따르면 되지 않느냐. 개인적으로는 남북 대화가 잘

되어야 한다고 기대하지만 어려울 것 같다. 현 한국정부하에서는 대화가 잘 안 될 것 같다"고 말했다. "북한 외교관이 대사가 되려면 얼마나 걸리느냐" 고 물었다. 리 대사는 "한 25년 정도 걸린다. 나도 국장과 대사까지 그 정도 걸렸다. 60세가 정년이나, 국장 이상 직책을 한 사람은 60세보다 더 이상 한다. 일찍 퇴직을 원하는 사람도 있으나 적은 숫자다. 퇴직 후에는 무료 강의나 낚시 등으로 소일한다. 대사 임기는 보통 4년이나 그 이상 하는 경우도 있다"고 하였다. 딸은 잘 지내냐고 하니, 리 대사는 "공부를 열심히 한다고 하고 있는데 여성도 직장이 있어야 시집을 잘 간다"고 하였다. 천안함 사건(3.26) 이후 외교단과 스웨덴 정부 주최 행사에서 조우해도 계속 모른 척하다가 9.16(목) 멕시코 대사 주최 리셉션에서 몇 마디 나눈 후, 이번에 처음으로 대화다운 대화를 나눌 수 있었다. 리 대사는 항상 정중했으며 남북관계가 정말로 잘 되기를 원하는 것 같았다.

11.16(화) 교황청 대사(Tscherrig) 주최 리셉션에서 리 대사를 만나 한 달여 만에 다시 만나 환담하였다. "남북관계가 대화로 잘 풀리기를 바란다"고 하니, 리 대사는 "대사님, 참 외교적이다. 빨리 통일부 장관이 돼라. 남북관계를 풀려면 조 대사 같은 사람이 통일부 장관을 맡아야 한다"고 하였다. "천안함 사건은 어떻게 된 것이냐"라고 물으니 리 대사는 즉답을 피하면서 "할 말이 없다. 그 일 때문에 오히려 북쪽이 손해를 보고 있다"고 하고 "중국이 그래도 조선전쟁 기념행사, 김정일 위원장의 방중 등을 통해 많이 도와주고 있다"고 하였다. 이에 대해 "북한은 중국을 믿느냐? 우리도 솔

직히 일본, 미국을 완전히 믿지 않는다. 남북한이 대화로 모든 것을 풀어야 한다. 그래서 우리 아이들에게 자랑스러운 통일 한국을 넘겨주어야 한다"고 하였다. 리 대사는 "동의한다"고 하였다. "함께 식사 한번 하자"고 제의하니 리 대사는 "아직 때가 아니다"라고 답했다. 리 대사가 "스웨덴 국회의원이 나를 상대해 주지 않는다"고 하여, "그럼 내가 소개해 줄 테니 같이 만나자"고 하였다. 리 대사는 웃으면서 대답하지 않았다(나는 12월 8일 스웨덴 국회의원들에게 국회에서 연평도 도발과 관련 브리핑을 하는 계기에 북한 대사를 만날 것을 권유하였다). 내가 "남한 사람이 북한 대사관에 찾아가는 일이 있느냐"라고 물으니 리 대사는 "아주 가끔 그런 일이 있다"고 하였다.[169] (권력 승계설이 나도는) "김정은 장군에 대해 특별한 소식은 없느냐?"고 물으니 리 대사는 "별 소식이 없다"라고 하였다. 그날 교황청 대사는 리 대사에게 한인동포인 문 보니파치아 수녀를 소개하였다. 나중에 문 수녀님은 그날 리 대사가 식량과 약품 지원에 관심을 보이고 자신에게 음식을 떠다 주고 마지막까지 배웅 인사를 몇 번이나 하는 등 매우 친절했다고 전했다. 12.9(목) 모린(Klass Morin) 아태국장 주최 아태지역 외교단을 위한 송년 리셉션에서 연평도 도발 사건(11.23) 이후, 리 대사를 처음 만났다. 나는 그를 도발할 생각이 없었다. "남북관계를 어떻게 풀어 나갈 생각이냐"고 물었다. 리 대사는 "복잡하게 되었다. 잘 되기를 바란다. 그런데 남북관계는 정전협정 상태 중이니 전쟁 중 아니냐? 남쪽에서 쏘면 우리도 쏘아야 한다. 남한은 미국이 다 지켜주니까 문제가 없지만

---

[169] 당시 11월 초에 한국인이 스웨덴을 경유해서 북한으로 가려고 한다는 소문을 들었다. 그래서 리 대사에게 한국인이 북한 대사관을 접촉하는 경우가 있느냐고 물은 것이었다.

우리는 우리가 지켜야 한다. 중국도 도와주지 않는다. 남쪽에서 조건을 거니 (대화를) 할 수가 없지 않으냐? 비핵화, 핵포기를 어떻게 하느냐? 못 한다. 우리는 우리가 지키는 것이다"라고 말했다. 우리 입장을 담담히 전하니 그는 묵묵히 듣기만 하였다. 부인에게 안부를 전해 달라고 하고 연말 연초를 잘 보내라고 하였다. 리 대사도 같이 안부를 전했다. 12.13(월) 외교부가 연말에 정례적으로 개최하는 외교단 초청 루시아 리셉션에서 5일 만에 다시 리 대사를 만났다. 먼저 12.10 노벨상 시상식 때 리 대사의 딸을 보니 미인이라고 하니, 리 대사가 딸에게 노벨상 시상식을 한번 구경을 시켜 주었다고 하였다. 내가 "우리 아이들이 같이 살면 좋겠다"고 하니, 리 대사는 "남북통일이 되면 얼마나 좋겠냐"고 하였다. 스웨덴 겨울을 지내는데 건강을 지키는 것이 중요하다는 얘기를 서로 나누었다. 대화 중에 태국 대사가 의도적으로 리 대사와 나에게 다가와서 악수를 나누었다. 제3국 대사들은 가끔 남북한 대사 간 환담을 물끄러미 쳐다보면서 관심을 표명하였다. 두 대사가 큰 소리로 싸우지 않고 정중하게 조용히 대화를 나누는 모습이 신기하다는 듯한 표정을 짓기도 하였다.

2011년 중에는 1.19(수) 베스트베리 국회의장 주최 신년리셉션 (1.19)에서 리 대사와 짧게 환담하였다. "북한의 남한에 대한 정책 변화가 없느냐?"고 물었다. 리 대사는 "남한이 북한이 대응할 수 없는 것을 요구하고 있다"고 짧게 대답하고 자리를 피했다. 상술한 바와 같이 2.24(목) 국왕내외 주최 왕궁만찬에서 우리 부부는 리 대사 가족(부부와 딸)과 작별인사를 나누었다. 리 대사 딸과의 짧은 대화는 우리 청년과의 대화와 다를 바 없었다.

북한 대사 교류 소감

리 대사와 이렇게 가끔 대화하면서 남북한 대화를 통한 화해와 협력 추진 필요성에 공감하면서 각각의 입장에 대해 상대방의 이해를 높이고자 노력하였다. 리 대사도 나도 대사로서 나름대로 상대방에 대해 외교활동을 전개한 셈이었다. 나(부부)는 리 대사(부부)는 물론 참사관, 1등서기관과 대화하면서 그들과 특별히 이질감을 느끼지 않았다. 한국 외교관 동료 간의 대화와 특별히 다르지 않았다. 스웨덴 환경에의 적응, 송년 신년모임, 가족 내 관계 등에 관한 일상적인 대화 속에서 공통점과 유사점을 느끼고 특히 자녀들과 멀리 떨어져 사는 부모의 심정은 똑같았다. 한번은 대사 부부 및 서기관과 함께 대화 중 "가정 내 경제권을 누가 갖느냐"고 물으니, 서기관이 부인으로부터 용돈을 타서 지낸다고 대답하였다. 리 대사 부인이 "바로 그러니까 그 정도 사는 것 아니냐"고 말해 다 같이 웃었다. 웃음 속에 한반도에서 한민족이 버텨 온 것은 여성의 힘이라는 데 모두 동의한다는 느낌이 들었다. 리 대사는 가끔 통일부 장관이 되라고 농담도 걸면서 친근감을 표시하였다. 스웨덴 국회의원이 자신을 만나주지 않는다고 토로하기에 함께 스웨덴 국회의원을 만나자고 제의하였다 그는 웃고 넘겼다. 이후 스웨덴 국회의원들에게 북한 대사를 만나보라고 권유하였으나 그들은 정치적으로 이용당할 가능성이 있다며 냉담하였다. 몇 번 식사 제의를 한 데 대해 그는 내가 "참 질기다"면서 아직 그럴 때가 안 되었다고 하고 거절하였다.

리 대사 부부 및 젊은 외교관과의 대화를 통해 분단 60년이 넘어도 여전히 그들 역시 우리와 다를 바 없는 한국인이며, 우리가 같은 민족이라는 사실을 새삼 느꼈다. 남북한 간 대화는 충분히 가능하며 상호간 진지하게 대화에 임한다면 진정한 화해를 위한 무언가 실질적인 합의를 이룰 수 있지 않을까 생각했다. 특히 외교관으로서 외국 생활을 하다 보면, 한 나라와 국민의 정체성은 결국 언어, 문화와 주변국에 대한 인식이 가장 중요한 요소라고 생각하게 된다. 북한 외교관들과 교류하면서 그 3가지 요소에 이질감보다 공통점이 더 많다고 느꼈다.

2018년 여름 태영호 전 북한외교관의 저서를 읽다가 리 대사에 관한 안타까운 소식을 접했다. 리 대사는 주 스웨덴 대사를 마친 후 귀국하여 북한 외무성 정세자료국장을 지내다가 2013년 12월 장성택 숙청과정에서 인민대학습당으로 추방되었다고 한다. 리 대사의 아들이 숙청된 노동당 부부장의 사위였으며, 아들과 며느리, 손자는 수용소로 끌려갔다고 한다.[170] 리 대사와 가족의 안녕을 기원한다.

170　태영호, 『3층 서기실의 암호』, 기파랑, 2018, 337쪽.

10.
관저 행사

━━━   ━━━

　대사(부부)로 부임하면서 현지 외교활동 중 가장 신경이 쓰이는 활동 중 하나가 관저 행사이다. 공관과 관저의 상황 등 현지 사정에 따라 공관장(부부)이 자율적으로 관저 행사를 진행한다. 첫 해외 근무지인 동경에서부터 선배 외교관으로부터 외교활동에서 식사(소위 'dining and wining')의 중요성에 대해 충분히 배웠으며 나 역시 2등서기관부터 가능한 범위 내에서 식사를 통한 외교활동을 전개해 왔다. 더욱이 일부 선배 외교관의 자택 만찬초청의 효과를 목격하고 이를 따라하기 시작했다. 일본 외무성 북동아과 직원들을 10여평 조금 넘는 아파트로 저녁을 초청하여 친교를 갖기도 하였다. 이후 해외 임지에서도 주재국 인사(부부)를 자택만찬에 가끔 초청하여 교류하였다.

　따라서 부임 전에 관저 행사의 중요성과 필요성을 충분히 인식하고 있었다. 더욱이 공관은 물론 관저가 문화재급 건물로서 일단 품위가 확보된 공간이므로 관저 행사를 지속적으로 주최할 수 있겠다고 생각하였다. 그간 6개 해외공관에서 모셨던 10분 대사의 관저 행사를 되돌아보았으며, 공관장 교육과정에서 이규형 대사 (당시 주러시아 대사)의 특강을 들은 후, 나름대로 관저 행사를 구상하였다.

부임 첫 달(6월) 관저오찬 및 만찬(7회): 본국 방문단 및 대사관 직원부터 시작

2008년 6월 4일 부임하여 3일째인 스웨덴 국경일인 6월 6일부터 본국 방문단을 위한 관저만찬을 시작으로 6월 중 연이은 본국 방문단을 위한 관저만찬을 5번 주최하였다. 첫 만찬부터 부부 손님을 모시게 되어 우리 부부가 함께 주최하였다. 관저 행사는 처음부터 끝까지 대사 부부가 호흡을 맞추는 것이 중요한데, 바로 연습하기 시작하였다. 만찬사의 경우, 원고없이 미리 요점을 정리하여 손님들과 눈을 맞추면서 생각을 전했다. 그간의 외교관 경험으로 관저 행사에서 대사가 짧은 원고를 읽는 것은 우선 성의없이 보이고 초청자들을 지루하게 만드는 경우를 늘 목격해 왔기 때문에 관저 행사의 효과를 반감하게 된다고 느꼈다. 이어서 대사관 직원에게 관저를 공개할 겸 격려한다는 의미에서 행정원 전원 초청 관저만찬(6.18)과 이임직원 송별 관저만찬(6.25)을 주최하였다. 관저가 대사의 개인적 공간이 아니라 공관과 똑같이 외교활동의 장이라는 인식을 직원들과 공유하는 것이 매우 중요하다고 판단하였다. 이후 외교관이든, 행정원이든 직원 이부임 시에는 관저에서 오만찬을 지속적으로 주최하였다.

2008. 7월~12월 관저 오만찬(33회)

7월(8회, 만찬 7회 오찬 1회)에는 본국 방문단(3회), 한인원로(1회), 이 부임 계기 직원(2회), 행정원 부모, 스웨덴 신임행정원을 초청 주최 하였다. 8월(6회) 중 바리외 주한대사 부부를 스웨덴 인사로는 처 음으로 주빈으로 한 관저만찬(8.14)을 주최하고 이어 실벤 전 주한 대사 부부를 주빈으로 두 번째 만찬(8.27)을 주최하였다. 한인회 및 한인원로 초청 만찬을 주최하고 본국 방문단 초청 만찬(3회)을 주최하였다. 이렇게 부임 3개월간 본국 방문단을 시작으로, 대사 관 직원을 대상으로 관저 행사를 충분히 치르고, 이어 이탈리아 대사 초청 관저만찬(7.29), 태국 대사 관저만찬(8.6)에 부부로 참석 하여 외국 대사의 관저 행사 사례를 참고한 후, 비로소 8.14부터 스웨덴 인사를 대상으로 관저만찬을 본격적으로 시행했다. 이어 신임장 제정(9.4) 이후 연말까지 대사의 주요 활동으로 관저 행사 를 지속적으로 주최하였다. 9월(8회), 10월(3회), 11월(4회), 12월(4 회)에 걸쳐 19회 개최하였다.

2008~2011 관저 행사 종합

이렇게 부임 첫해 2008년 7개월간 40회(만찬 36회, 오찬 4회) 관저 행사에 이어, 2009년 73회(1월 4회, 2월 5회, 3월 6회, 4월 7회, 5월 6회, 6 월 11회, 7월 2회, 8월 11회, 9월 8회, 10월 7회, 11월 3회, 12월 3회), 2010년 72회(1월 9회, 2월 1회, 3월 6회, 4월 6회, 5월 4회, 6월 9회, 7월 4회, 8월 10회, 9월 6회, 10월 6회, 11월 6회, 12월 5회), 2011년 4회(1월 2회, 2월 2회)에 걸

처 관저 행사를 주최하였다. 돌이켜 보니 2년 10개월 재임 중 총 189회 관저 오만찬을 주최하였다. 매달 평균 5.5회 정도 개최한 셈이었다. 선배 대사 수준을 겨우 따라갔다.

공관장 부부 중심 준비

현행 우리나라 외교행정 체계하에서는 관저 행사는 공관장 부부가 처음부터 끝까지 책임지고 준비하고 진행하지 않으면 안 된다. 서울에서 정부 고위인사가 외빈을 위해 주최하는 관저만찬에 주최자(부부)는 만찬시간에 맞추어 참석하면 되는 형식과는 완전히 다르다. 미국을 비롯한 일부 선진국처럼 관저를 대사의 개인적 공간과 공적활동 공간으로 완전히 분리하여 공적활동 공간은 대사관에서 완전히 관리하는 제도와는 다르다. 미국 대사는 관저의 공적활동 공간의 가구나 그림 배치를 비롯한 모든 장식을 대사 부부 마음대로 바꿀 수도 움직일 수도 없다고 하였다. 20세기까지만 하더라도 우리 재외공관에서 공관장의 관저 행사에 직원 부인들이 동원되는 것이 관례처럼 되어 있었다. 모 공관에 근무할 때 관저만찬이 있으면 아내는 관저 주방에서 일하고, 나는 관저 행사에 참석하면 일정한 시간 동안 아이들을 돌볼 베이비시터(babysitter)가 필요한데 그 비용은 자체 부담하였다. 그간 제반 환경의 변화로 관저 행사의 직원 부인 동원 관례는 사라지고 관저요리사 제도가 나름대로 정착하였다. 이제는 공관장(부부)과 관저요리사가 총무 서기관의 지원을 받으면서 관저 오만찬을 준비하는 방식으로 바뀌었다.

초청대상자 명단 작성

부임하여 바로 전임 4대 대사들의 관저 행사 실적을 살펴보고, 현지 사정을 감안한 관저 행사 추진계획을 수립하고 특히 초청대상이 되는 스웨덴 인사 및 한인 리스트를 작성하였다. 또한 가능한 한 재임 중 외교단의 스톡홀름 주재 전 대사를 초청한다는 계획을 세웠다. 본국 방문단은 관저 오만찬, 외부식당 이용과 대사관에서의 면담으로 구분하여 대응하기로 하였다.

관저 행사 지침 마련

또한 공관의 관저 행사에 있어서 가끔 예산 문제 또는 관저요리사 대우문제 등으로 잡음이 생기는 경우가 있다는 것을 잘 알고 있었기 때문에, 현지사정을 파악한 후 부임 한 달 후인 7.3 대사관 내부적으로는 '관저행사지침'을 마련하여 전 직원이 공람하도록 하였다. 우선 관저 행사가 대사(부부)의 공적 외교활동임을 인식하고, 행사준비 과정과 예산집행 과정에서 직원 간의 분업과 협업체제를 분명히 하였다. 공관의 총무서기관과 대사비서가 중심이 되었다. 이러한 준비과정을 통해 관저 행사를 거듭하고 스웨덴 인사 또는 외교단 주최 행사에 참석하여 참고하면서, 우리 부부는 관저 행사를 더욱더 자신감을 갖고 추진할 수 있었다. 부임하여 첫 3개월 동안은 전임 대사와 같이 호흡을 맞춘 관저요리사와 함께 관저 행사를 무난히 진행했다. 이어 2008년 10월 새로 부임한 장위경 관저요리사가 이임때까지 성실하게 근무해 주어 상기와 같이 지속적으로 관저 행사를 계획하고 실행할 수 있었다. 최소한 4~5주 전에 만찬 일정과 초청자가 확정되도록 미리 계획을 세워 추진하였다. 관저 분위기나 한식의 맛, 메뉴 등 주변 요소에 대한 평가가 점점 좋아졌다. 메뉴판을 기념으로 갖고 가겠다는 손님이 점점 늘었다.

주최자 주의사항

대사(부부)가 일단 관저 행사를 하기로 결정했다면, 초청장 발송부터 행사 종료까지 모든 과정에서 초청대상자를 세심하게 배려하고 성심성의껏 마음을 전하고 최선을 다하는 자세를 보여주어야 한다. 그렇게 해야만 주최자의 진심이 결국 통하게 되어 있고 당초 의도된 성과를 거둘 수 있다는 것을 매번 확인할 수 있었다. 관저 행사가 성공하기 위해서는 특히 음식보다 더 중요한 것은 주최자(부부)의 호감 가는 태도와 대화 노력이다. 대사가 짧은 원고를 읽는 것은 우선 성의없어 보이고 참석자들을 지루하게 만드는 경우를 늘 목격해 왔다. 주최자의 어색한 몸짓 언어(body language)와 침묵은 참석자들을 불편하게 만들어 만찬의 효과를 반감시킨다. 관저 행사 전에 주최자인 우리 부부가 항상 다짐하고 준비했던 몇 가지 사항은 다음과 같다.

대사 부부는 관저 행사 전에 손님이 도착 시부터 떠날 때까지의 동선과 시나리오를 머릿속에 넣고 어떻게 대응하는 것이 최선인지 미리 생각해 둔다. 행사 시 이에 따라 준비하고 행동한다. 참석자의 인적 사항을 최대한 파악하여 숙지하고 가능한 한 개별적 관심사항을 알아 두어야 한다. 오 만찬사는 절대로 원고를 읽지 않는다. 사전에 요점을 정리하여 머릿속에 넣고 손님들의 눈을 마주 보면서 자기 언어로 진심을 전한다. 주최자(host and hostess)는 식사 중에 자리를 뜨지 않는다. 대화의 소재를 미리 상정해 놓고 참석자 간의 대화를 유도하고, 식사 도중 대화가 끊기면 바로 개입하여 대화를 자연스럽게 진행시킨다. 대화 중 지나치게 침묵을 지키는 손님이 있으면 가벼운 질문을 통해 자연스럽게 대화를 유도한다. 간간이 한국을 소개한다. 포도주와 디저트는 고급으로 한다.

관저 행사 성과

관저 오만찬에서는 주최자인 대사 부부의 모든 것을 참석자들에게 보여주게 된다. 공적인 외교역량은 물론, 사적인 성격, 인간성, 삶의 자세 등이 그대로 드러난다. 대사 부부의 '인생 시험장'과 같다는 느낌이 가끔 들 때도 있었다. 50대 중반의 대사 부부가 영어이든 한국어이든 보통 2시간 30분~4시간 동안 마지막 손님이 떠날 때까지 다양한 대화를 통해 응대한다는 것은 사실 정신적으로나 체력적으로 쉬운 일이 결코 아니었다. 특히 일부 스웨덴 인사는 만찬 후 보드카나 코냑과 함께 지적 토론을 즐기기를 원하기도 했다. "아프리카 기아현상을 어떻게 줄여 나갈 것인가? 기후변화에 대한 효과적인 대응은 무엇인가?" 등의 글로벌 이슈부터 한국의 역사와 문화가 중국, 일본과 어떻게 다른 것인지? 등 다양한 이슈에 관해 끊임없이 질문을 던지곤 했다. 아내가 관저만찬에서 가장 많이 질문을 받은 주제는 북한에 관한 것이었다. 아내는 보통 그날 주빈과 서열 3번째 손님 사이에 앉게 되므로 그들과 다양한 대화를 나눌 수밖에 없다.

그래서 주최자 부부가 관저 행사 시에는 평정심을 유지하고 즐긴다는 기분을 유지하면서 대화에 적극적으로 나서는 것이 중요했다. 관저 행사는 음식 준비로 끝나는 것이 아니라 결국 대화로 끝나는 것이었다. 오만찬 행사를 마치 학교 숙제를 하는 것처럼 의무적으로 한다는 기분으로 진행하면 성의없이 비쳐져 상대방이 금방 알게 된다. 결국 만찬의 성과는 반감될 수밖에 없다.

오만찬을 즐기면서 진행하다 보면, 대화 속에 참석자들이 공적 면담에서 하지 않은 얘기도 할 때가 있으며, 경우에 따라서는 공적 자리에서는 들을 수 없는 사적 발언으로 옮겨 갈 때도 있었다. 그러한 계기를 거듭 포착하다 보면, 공적인 업무에 참고가 될 뿐 아니라 스웨덴 인사나 다른 나라 대사의 인간적인 모습이나 삶의 자세를 엿볼 수 있었다. 스웨덴 인사들은 스웨덴 사회에 대한 자아비판과 함께 한-스웨덴 관계에 대해서도 보다 솔직한 의견을 전달해 주었다. 스웨덴 인사 간의 대화를 듣고 스웨덴 역시 다른 나라와 같이 정부 내 이견과 갈등이 있어 상호 비판의 분위기가 있음을 알 수 있었다.

외교단 초청 만찬에서는 외교관 동지(colleague)로서의 연대감을 느낄 수 있었으며 그 효과는 오래 갔다. 일부 대사는 특별히 사의를 손편지로 전해왔다.[171] 외교관이 일상적으로 상대하는 상대국 정부와 본국 정부 중 오히려 본국 정부 설득이 더 어렵다는 사실에 대해 모두 공감을 표시하였다. 이는 외교관의 숙명이라고 생각했다. 한인과의 정기적인 관저 행사를 통해 현지 사정을 배우고 한인사회의 발전 역사를 청취할 수 있었으며 양국 관계발전 방안에 관해 다양한 자극과 영감을 얻을 수 있었다. 한인들은 대사로부터 한-스웨덴 관계 현황 및 본국 사정에 관한 설명을 듣고 스웨덴과 국제사회에서 한국의 위상이 높아졌다는 사실을 이해하고 자긍심을 느낀다고 하였다.

본국 각계 방문단 초청 관저 행사에서는 양국 관계와 스웨덴 현황 설명과 함께 스웨덴으로부터 배우고 참고할 사항에 관해 토론하였다. 이 기회에 항상 '초당적인 외교'와 '우리 외교당국의 역량 강화 필요성'을 강조하고 각계의 지원을 요청하였다. 일부 국회의원들이 정치와 외교는 결국 '사람의 마음을 잡는 일'이라는 데 공

---

[171] 예를 들면 우리 부부는 2009. 12. 8(화) 부임 후 1년 6개월간 가깝게 교류하거나 최근 부임한 9개국(사이프러스, 덴마크, 브라질, 이탈리아, 중국, 칠레, 헝가리, 뒤르키에, 러시아) 대사 부부 초청 관저만찬을 주최하였다. 주요국 대사들에 대해 한국의 수준과 위상을 보여주는 자리였다. 만찬 후 러시아(Igor S. Nevrov) 대사의 손편지("This is just a short message of thanks for a very warm evening at your residence in a great circle of colleagues and friends. You and your wife are wonderful hosts and me and Helen had truly great time enjoying friendly conversation over delicious Korean food. Thank you so much for creating this special holiday atmosphere for us.")와 덴마크(Tom Risdahl Jensen) 대사의 손편지("May I thank you and your wife for a wonderful dinner yesterday at your Residence. Everything was first class. You are the charming hosts, and my wife-still not OK- was very sorry indeed not having attended this splendid dinner.")를 받았다.

통점이 있다는 말을 하였다. 공감한다고 하고 외교관이 외국에서 주재국 인사의 마음을 잡으려면 한국의 일관된 입장을 성실하게 전달하여야 하는데 정권이 바뀔 때마다 우리의 외교정책이 흔들리면 외교관은 외국 사람의 마음을 잡을 수 없다고 강조하였다.

이렇게 관저 행사는 당초 예상 이상으로 다양한 성과를 거두게 마련이다. 대사관에서의 행사도 마찬가지지만, '대사 관저'라는 장(場)의 상징성 때문에 관저 행사의 성과는 오래 간다. 특히 대사 관저에 특별히 초청받은 일이 없는 사람(예를 들어 스웨덴 외교부 실무자, 스톡홀름대학 한국학과 학생, 입양한인, 한국학교 선생 등)은 관저 초청 자체에 감동을 받는 것 같았다. 대부분의 손님은 다시 만나면 반드시 다시 감사하다고 전했다. 그 효과는 최소한 3개월 정도는 충분히 가는 것 같았다. 물론 스웨덴 인사 일부와 다른 나라 대사는 답례 오만찬에 우리 부부를 초청하는 경우가 많았다. 관저만찬 한 번 주최로 인해 이후 몇 번의 행사에 초청받아 참석하게 되므로 자연스럽게 외교활동을 확대할 수 있었다.

또한 그들의 대부분이 관저 행사 후에 감사 이메일이나 편지(상당수가 손편지) 등을 보내왔다. 그들의 글을 통해 관저 행사에 대한 사의를 넘어서 한국과 한국 대사에 대한 진정성 있는 평가를 듣게 되었다. 대사(부부) 주최 관저 행사 참석을 통해 한국에 대한 인식을 다시 한 것이 분명했다. 이렇게 우리 부부는 관저 행사를 통해 주재국 인사, 외교단, 동포, 본국 방문단과 교류를 심화하고 그들로부터 따뜻한 격려를 지속적으로 받았다. 대사(부부)로서 존재감과 자긍심을 느낄 수 있었고 이를 통해 현지에서 또 다른 외교활동을 위해 재충전할 수 있었다. 공관장은 어디든 임지에 관저가 있다면 관저를 최대한 활용하여 외교활동을 지속적으로 하는 것이 바람직하다고 생각한다.

11.
에피소드

---

1) 베트남 억류 한국 외교관 구출: 레이프란드 차관 회고

2010년 3월 초 다니엘손(Anders Danielsson) 보안경찰청(SAPO: Swedish Security Service) 청장을 관저만찬에 초청하였다. 2009년 7월 대통령의 스웨덴 공식 방문에 대한 보안, 경호 등 안전문제 전반에 걸친 협조에 사의를 전하고 동 청장의 2010년 중 방한에 앞서 양국 관계 현황에 대해 의견교환을 하였다. 레이프란드(Karl Lei-fland) 수석분석관[172]도 함께 초청하였다. 나는 대통령의 방문 이후 양국 간 교류협력 협의를 위해 본국 방문단이 늘고 있다는 등 양국이 명실공히 포괄적 파트너가 되었다고 설명하였다. 대화 중 레이프란드 수석분석관은 자신의 부친이 베트남 패망 이후 1980년 3월 한국 외교관 구출[173]에 기여한 당시 레이프란드(Leif Leifland)

172　동인(1955년생)은 1980년 외교부에 입부하여 모스크바, 바르샤바, 다마스커스(Damascus), 제네바 근무 후 1998~2003년 주일본대사관 공사 겸 차석을 지낸 직업외교관 출신으로 안보, 국방 전문가였다.

173　당시 윤하정 주 스웨덴 대사의 회고에 의하면, 1975년 베트남 패망 이후 억류된 이대용 공사와 2명의 영사 석방을 위해 스웨덴을 통해 협상을 진행하였고, 레이프란드 외교차관이 최종단

외교차관이라고 밝혔다. 전혀 예상하지 못했다. 그 자리에서 깊이 감사하다고 전하고 부친을 포함한 수많은 스웨덴 인사들이 국제사회에서 한국에 대한 지원과 협력을 아끼지 않았다는 데 대해 많은 한국인이 여전히 감사하게 생각한다고 강조하였다.

이렇게 스웨덴 사회의 각계인사를 만나다 보면, 부자(父子) 모두가 한국과 인연이 있는 인사를 만나게 되었다. 레이프란드 부자 이외에 먼저 주한대사 부자로는 Tage Grönwall 초대 대사(동경 상주) 및 Hans Grönwall 대사(1992~1996)가 있으며, Bengt Carlsson 주한 스웨덴 국방무관(2007-2009 NNSC근무)의 경우 역시, 부친 Ingemar Carlsson(94세)이 1954년 중립국감독위원회(NNSC) 대표단 일원으로 한국에서 근무하였다. 현재 200여 개 나라 중 이러한 나라는 그리 흔하지 않으며 스웨덴은 그중의 한 나라임을 새삼 인식하였다.

2) 스웨덴의 인도적 지원 사례(한국아동 학비지원)

2010년 11.24(수) 대사관 정례토론회에 한인 이선옥씨(1933년생)[174]를 연사로 초청하여 6·25 발발 후 한국 재건사업에 참여한

계에서 직접 특별기 편으로 사이공(현 호찌민 시)으로 들어가서 1980년 3월 15일 3명의 신병을 인수하고 바로 서울로 들어와 한국 정부에 그들을 인계하였다. 윤 대사는 "모든 공로는 스웨덴 외교차관에게 돌아가야 할 것이며 모든 것이 그의 강한 의식과 높은 인도주의 정신의 승리에 의한 것이다"라고 회고한다. (윤하정, 「월남 패망과 억류된 한국외교관 석방교섭」, 페이지 48~66, 『외교관 33인의 회상』, 여강출판사, 2002년)

174 그녀는 한국전쟁 이후 유엔한국재건단(1954~58), 국립중앙의료원(1958~63) 근무 후

활동과 경험을 청취하였다. 그녀는 40여 년 한국과 스웨덴에서의
활동 및 경험을 담담하게 설명하고 매우 감동적인 스웨덴 국민의
한국 아동에 대한 인도주의적 지원 활동을 전해주었다. 그녀는 스
웨덴에 와서 'Swedish Save the Children'에서의 30여 년 활동 중 가
장 보람되며 잊을 수 없는 일은 '1965~1982년 17년 동안 부산 '괴
정병원'과 부산 피란처의 빈곤 아동을 위해 일했던 것'이라고 하고
다음 요지로 전하였다.

스웨덴 국민 2천명, 1965년부터 17년간 매달 30크로나,
한국 아동 2천명에게 송금

- 1965년 11월(32세) 스웨덴에 처음 왔을 때, 한국은 스톡홀
  름 지하철 곳곳에 붙어 있는 한국 전쟁고아 후원금 모금 사
  진과 포스터로 소개되고 있었다.

- 부산의 결핵 아동을 위한 자선모금 행사에 참여하여
  1966.3.26 스톡홀름 NK 백화점 정문에서 한복을 입고 복
  권을 판매하는 일도 있었다. 당시 복권은 2크로나(Kr)였다
  (당시 1966년 자신의 사진은 보여주었다).

- 'Swedish Save the Children'은 1954년부터 '부산괴정병원

'Swedish Save the Children의 스톡홀름 본부(1965~1996)에서 30년간 근무 후 퇴직하여 자원봉사
활동 중이었다. 대사관의 추천으로 '제4회 세계한인의 날을 기념하여 외교통상부장관 표창을 받
았다. 11.1(월) 그녀를 포함한 수상자 축하 관저만찬을 주최하였다.

(Kaejung Clinic, Pusan)'을 개설하여 의료단을 파견해 민간인에게 무료 진료서비스를 제공하였다. 당시 450개 병상을 보유하였다.

- 1965년부터 괴정 지역 결핵 퇴치 지원과 함께 아동별 후원 계획을 통해 아동 지원에도 나섰다. 부산 괴정에 살던 빈곤 아동의 학비와 학용품 지원을 위해 1965년 스웨덴 여성월간지(Damernas Värld Tidning)가 매월 30크로나(Kr)[175] 후원금 모금 사업을 시작하여 2천 명이 넘는 후원자가 참여하였다. 'Swedish Save the Children'은 스웨덴 후원자와 한국아동을 서로 연결시켜 주었으며, 후원자 개인으로부터 매달 30크로나를 받아서 한국으로 송금하였다. 후원금을 받은 한국아동은 잊지 않고 3개월마다 한 번씩 감사편지를 한글로 쓰고 '부산괴정병원'에서 영어로 번역하여 스톡홀름으로 보냈다.

- 4명의 스웨덴 직원과 함께 이 일을 했는데 1년에 2천명의 후원자와 한국아동을 관리한다는 것이 쉬운 일이 아니었으나 늘 보람을 느꼈다. 조국을 돕기 위한 사명감에 중도 포기하지 않고 한국지원사업에 적극 참여하였다. 1982년 한국경제 성장과 함께 부산시가 '부산괴정병원'을 담당하게 되어 17년간 지속되어 온 사업이 종료되었다.

---

[175] 1965년 환율 1미불=5.17크로나 적용 시, 30크로나는 당시 5.8미불 상당이며 아동 1명이 1년간 받은 360크로나는 70미불에 상당한다. 1965년 우리의 1인당 국민소득(GDP)은 121불이었다.

이러한 1960~1980년대 스웨덴 보통사람의 한국아동에 대한 인도주의적 지원 활동에 대해서는 한국 사람 대부분에게 제대로 알려지지 않은 사실이자, 당시 상당수의 수혜아동들에게도 잊어버린 얘기일 수 있다고 생각하였다. 1960년대 국민학교(현재의 초등학교)와 중학교를 다닌 세대로서 당시에는 한국에서 영양결핍 등으로 걸린 결핵이 매우 무서운 병이었다는 사실과 학용품이 충분하지 않아 제대로 공부할 수 없었던 시절이었음을 기억하고 있다. 그 시절 그 많은 스웨덴의 보통사람이 한국 어린이의 결핵 퇴치를 위해 자선 모금에 참여하였으며, 2천명의 스웨덴 사람들이 알지도, 만나 본 적도 없는 한국 어린이들에게 20년 가까이 매달 학비를 한국으로 정성껏 송금했다는 사실을 알고 저절로 고개가 숙여졌다.

3) "피는 물보다 진하다", "진달래가 무슨 뜻이냐", '서울 바구니에서 스웨덴 국회까지'

트로트직(Astrid Trotzig) 작가: "피는 물보다 진하다"

2010. 2.24(수) 입양아 출신으로 스웨덴 문인으로 활동 중인 트로트직(Trotzig) 작가를 대사관에 초청하여 그녀의 문학세계를 청취하였다. 그녀는 밝으면서도 진지하게 자신의 입양 과정과 문학에 관해 다음 요지로 설명하였다. 그녀의 얘기를 듣고 대화를 나누니 항상 밝은 인상에 웃음을 잃지 않는 그녀가 입양 후 40년을 참으로 성실하게 살아왔다고 느껴졌다.

(입양 성장과정) 1970년 부산에서 출생하여 5개월 때 스웨덴에 입양되었으며, 자신과 부모가 다른 언니와 오빠도 한국에서 입양되었다. 당시에는 스톡홀름 알란다(Arlanda)공항에서 처음 부모를 만났다. 같이 입양된 언니, 오빠와 입양에 관해 상세히 전해준 부모를 통해 어렸을 때부터 입양 사실을 알고 자랐다. 부모는 방한한 적도 없으면서 한국에 관한 사진을 보여주고, 한국에 대해 좋은 얘기를 많이 해 주셨다. 나의 입양에 관한 모든 서류를 보관했다. 부모가 롤 모델(role model)이다. 1970년대에는 국제입양이 상대적으로 적어 주위의 시선을 통해 '다름'을 항상 느꼈다.

(작가 등단) 부모 및 친인척이 대부분 스웨덴 학계와 문화계에 종사했기 때문에 어렸을 때부터 항상 꿈이 작가였다. 입양아로서 자신에 대한 답이 될 수 있는 책을 처음부터 쓰겠다는 스스로에 대한 일종의 의무감이 있었다. 그 결과 1996년『피는 물보다 진하다(Blood is thicker than water)』가 출판되었다. 입양아가 직접 입양에 대해 쓴 첫 번째 책이 되었다. 자서전이기 때문에 모두 사실이다. 물론 기억이라는 것이 시간이 지나면 더 좋게, 더 나쁘게 포장되기도 하지만 최대한 사실대로 쓰려고 노력했다. 이후의 책은 모두 소설이며 허구이다. DMZ를 방문(3회)했을 때 복잡한 감정이 들었다. 남북한을 배경으로 소설을 쓰고 싶어서 북한 방문을 계획했으나, 주북한 스웨덴 대사로부터 한국입양 스웨덴인은 방북하지 않는 것이 좋겠다는 의견을 들은 후 포기하였다.

(한국과의 인연) 첫 책 출판을 계기로 한국대사관에 초청받았다.

그때까지 스웨덴에 한국대사관이 있다는 사실조차 몰랐다. 점차 한인회, 한국교회에 초청을 받아서 스웨덴 내 한인사회가 형성되어 있다는 사실을 알게 되었다. 25세 때 처음 방한한 후 그간 4번 방한하였다. 2번은 초청, 2번은 사적 방문이었다. 첫 방한 시에는 자신에게 충실한 여행을 하고 혼자 갔으나 체류 시 감정의 기복이 매우 심해 무척 힘들었다. 입양부모는 보통 입양자녀와 함께 출생국을 방문하는데, 어머니 역시 본인의 감정에 충실하고자 자신이 아닌 김현덕 박사[176]와 함께 한국을 1번 방문했다. 지금은 어머니와 나는 한국 방문경험을 나누면서 특별한 연대감(sense of special bond)을 느낀다. 내 아들은 한국인 얼굴을 하고 있고 한국에 대해 궁금해한다.

폴피예드(Jessica Polfjärd) 국회의원: "진달래가 무슨 뜻이냐",
'서울 바구니에서 스웨덴 국회까지'

2008. 10. 1(수) 폴피예드(Polfjärd) 국회의원을 국회 식당에서 처음 만났다. 반갑게 인사를 나누었다. 자신은 한국 대사를 처음 만

---

176 김현덕 박사는 1962년 스웨덴에 이민 온 후 정신과 전문의사로서 입양아와 양부모를 30여년간 만난 경험을 모아서 2006년 『Efterlangtad(갈망)』을 엮었다. 2009년 5월 한국어 번역서인 『아름다운 인연』 출판을 계기로 2009.6.1(월) 대사관에서 출판기념회를 개최하였다. 김 박사는 "한국이 보낸 우리 아이들이 스웨덴 땅에서 양부모들과 함께 어떻게 살고 있는가를 한국 국민에게 알리고 싶고, '메달에도 뒷면이 있다'는 스웨덴 사람의 말과 같이 한국에서는 볼 수 없는 해외입양의 뒷면을 보여드리고 싶다"고 하였다. 김 박사는 특히 국회의원과의 관저간담회에서 그간 입양인 상담 경험을 소개하고, 1950년대부터 스웨덴이 미혼모 문제를 국가와 시민사회가 공조하여 극복한 경험과 '생부의 법적인 육아비용(18세까지) 부담 책임' 등을 명시한 입법사례 및 미혼모 지원제도를 참고할 가치가 있다고 강조하였다.

나 본다고 하면서 자기 소개를 먼저 하였다. "1971년생이며 9개월 때 입양되어 한국은 아직 가 본 적이 없다. 아버지는 기술자(engineer), 어머니는 학교 선생님, 같은 한국 입양아 출신 여동생이 있다. 기회가 되면 한국을 가고 싶다"라고 하였다. 그녀는 신분증을 꺼내 보여주면서 한국 이름에 '진달래'라고 쓰여 있다 하면서 "진달래가 무슨 뜻이냐"고 물었다. 나는 진달래는 한국의 봄에 피는 꽃이라고 하고 아마 처음 발견된 시점이 봄이라서 누군가 이름을 그렇게 지어준 것 아닌가 추측된다고 하였다.

그녀는 2009. 4. 23(목) 대사관 정례토론회에서 '서울 바구니에서 스웨덴 국회까지(From a Basket in Seoul to the Swedish Parliament)'라는 제목으로 성장 과정과 스웨덴인으로서의 정체성에 대해 다음 요지로 설명하였다. 시종일관 밝은 표정으로 대화를 이끌었다. 그녀 스스로가 인생 출발을 '서울 바구니'라고 표현한 데 대해 가슴이 뭉클했다.

1971년생으로 1살 때 입양되었다. 신분증에는 첫 이름이 'Zindalai Kim'이다. 조 대사에게 Zindalai(진달래)의 뜻을 물어보아 한국에서 피는 꽃의 이름이라는 것을 알았다. 어머니는 학교 선생, 아버지는 엔지니어로 전형적인 스웨덴 중산층 가정이며 한국계 입양아 여동생이 있다. 17세에 보수당에 입당하여 20세 시의원, 2006년 35세에 국회의원이 되었다. 현재 베스트만란드 (Västmanland) 주의 보수당 의장을 맡고 있다. 겉모습은 한국인 이며 속은 완전히 스웨덴 사람이다. 특별한 롤 모델(role model)이 없어 항상 새롭게 출발할 수 있었다. 다른 사람들에게 롤 모델이 되도록 노력하고 있다. 한국에 돌아가 내 뿌리를 찾으려고 한 적이 없다. 그것은 그리 큰 문제가 아니라고 생각한다. 인생 사는 항상 2가지 측면이 있다고 생각한다. 스웨덴 정치인으로서 한국-스웨덴 관계 발전에 기여하고 싶다. (정치인 된 이유) 정치인은 특권층은 아니나 그래도 사람들이 알아주고 나 자신이 스웨덴 사회에 포함되고(included) 싶었다는 점이 작용한 것 같다. (보수당 입당 이유) 조부모가 사민당을 반대했기 때문이다.

2010. 12. 28(화) 폴피예드 의원 가족을 관저만찬에 초청하였다. 그간 전통 한식을 가족에게 소개하고 싶다는 뜻을 전했다. 두 아들(에릭 11세, 필립 17세)이 김치찌개, 된장국 등 우리 토속적인 음식을 아무 거리낌 없이 맛있다고 먹는 것을 보고 역시 '피는 물보다 진하다'는 생각이 스쳤다. 폴피예드 의원은 사실 입양한인이나 한국인이라는 정체성에 대해 한 번도 심각하게 생각해 본 적이 없었으나, 아들이 어느 날 자신에게 "나는 한국 혼혈아(half-Korean)"라고 거리낌 없이 말하여 엄청난 정신적 충격을 받았으며 그 후부터 자신이 한국계 스웨덴 사람임을 인식하기 시작했다고 하였다. 아주 솔직한 얘기를 들으면서, 항상 밝고 적극적인 폴피예드 의원 인생 여정의 굴곡을 일부 훔쳐본 듯한 느낌이 들었다.

재임 중 나름대로 관찰해 보니, 입양성장 과정을 나름대로 극복하고 스웨덴 사회의 주요일원으로서 활동하고 있는 트로트직(Trotzig) 작가, 폴피예드(Polfjärd) 국회의원, 리벤달(Lifvendahl) 기업연합 홍보국장, 톨리포쉬(Tolfgors) 부장 등의 경우 모두 공통점이 있는 것 같았다. 첫째는 자신의 기억이 없는 1~2살 미만에 입양되었으며, 둘째는 훌륭한 인격과 교양을 갖춘 부모를 만났으며, 셋째는 무엇보다도 자신이 매우 긍정적이며 적극적인 사고를 가졌다는 점이라고 생각했다.

4) "이제 한국으로부터 배울 점이 많다"

부임 초부터 스웨덴 각계인사로부터 스웨덴이 "이제는 한국으로부터 배울 점이 많다"라는 얘기를 면담 및 관저만찬 계기에 지속적으로 들었다. 이런 얘기를 들을 때마다 양국 간 여러 분야에서의 협력 잠재력이 크다고 느꼈다. 몇 사례를 소개한다.

하그만(Carl Johan Hagman) 예테보리 명예총영사: 스웨덴은 국내외 대응에 있어서 너무 느리고 한국과 같은 빠른 속도의 변화가 없다. 이제 스웨덴은 한국으로부터 배울 점이 많다고 하였다.

비스랜더(Gunnar Wieslander) 외교부 통상차관: (2008.10) 방한이 매우 건설적이며 보람된(rewarding) 방문이었으며 한국의 발전상에 대해 인상적이었다고 소감을 밝혔다. 양국은 수출 주도형 소국 개방 경제체제로서 여러 면에서 공통점이 있고 서로 배워야 할 점이 많은 관계라고 평가하였다.

외퀴스트(Gunnar Öquist) 왕립과학한림원(KVA: Royal Swedish Academy of Sciences) 사무총장: 2000년 이후 한국 과학기술한림원과의 교류 협력에 대해 매우 만족해하고 있다고 하면서 이제는 스웨덴이 한국으로부터 배울 것이 많다고 하였다.

다겐스 니히터(DI: Dagens Nyheter) 알린(Per Ahlin) 논설위원과 보스트룀(Lars Boström) 국제문제 기자: 이제는 스웨덴이 한국으로부터 배우고 참고할 점이 많다고 하고 자동차, 핸드폰, 조선 등 한국의 우수한 제품의 수준을 잘 알고 있다고 하면서 앞으로 스웨덴의 대표기업인 볼보(Volvo), 사브(Saab) 등이 국제경쟁에서 밀릴지도 모르겠다고 위기감을 표명하였다.

린드베리(Stefan Lindberg) NOC 위원장: 스웨덴 NOC의 기본 입장은 국제사회에서 양국이 서로 경합하지 않는 한, "한국을 계속 지지한다"는 입장이라고 밝히면서 "한국의 경우 국제스포츠대회 주최에 대해 정부, 경제계가 일치단결하여 지지, 지원하는 것이 무척 부럽다"고 하면서 "스웨덴의 경우에는 축구와 아이스하키에만 관심이 집중되는 경향이 있다"고 설명하였다.

옴링(Par Omling) 연구협의회(VR) 이사장과 요텐베리(Andrea Göthenberg) 연구고등교육국제협력단(STINT) 이사장: 한국이 단기간 내에 이룬 경제 발전을 높이 평가하고 이러한 발전은 우수한 교육, 과학기술의 힘에 기인한다고 보며 이러한 한국의 우수한 교육, 과학기술 정책을 벤치마킹하고 싶다고 하였다.

룬드(Lund) 대학교[177] 에릭슨(Per Eriksson) 총장: 스웨덴기술혁신청
(Swedish Government Agency for Innovation Systems: VINNOVA)의 청장으
로서 8년(2001~2008) 재직 시 한국과 과학기술분야 협력에 직접 관
여한 적이 있다고 하면서 특히 2006년 방한 시 KAIST 방문 등을
통해 한국 과학기술의 높은 수준을 확인하였기 때문에 양국 간 협
력 확대의 잠재력과 가능성이 무척 클 것으로 본다고 하였다.

미르스텐(Johan Myrsten) 스벤스카 다그브라뎃(SvD) 기자: 한국에
대해 "최근 국제사회에서 한국의 위상제고에 경의를 표하며 몇 년
전까지만 해도 어느 누가 한국이 G20 회원국이 될 것으로 예상을
했겠느냐"고 반문하면서 "이제는 스웨덴이 한국으로부터 배워야
할 것이다. 한국이 G20 정상회의 주최를 계기로 선진국과 개도국
의 교량역할을 훌륭히 수행하여 새로운 국제경제질서 구축에 크
게 기여하기 바란다"고 하였다.

팔메(Joakim Palme) 미래연구소 소장: 스웨덴은 교육 개혁을 추진
중인데 교육분야에서 한국으로부터 배울 점이 있다고 생각한다
[178]고 하였다. 이에 대해 한국은 항상 교육개혁 중인데, 그럼에도

---

177   룬드 대학은 카롤린스카 의과대학(KI), 웁살라 대학과 함께 스웨덴 3대 이공계 명문 대학으
로서 세계 100대 대학으로 매년 선정되었다.

178   일부 스웨덴 인사는 한국 교육의 실상 전체는 보지 못하면서, PISA 성적 등 외양상 경쟁력
이 있는 분야에만 주목하는 것 같았다. 외국 제도를 이해하는 데 있어서 몇 개의 결과물만 보고 판
단하는 것이 결과적으로 진실과 동떨어진 생각을 갖게 만든다고 생각했다. 우리가 스웨덴의 제반
제도와 관행을 이해하는 데에도 역사, 문화, 지정학적 위치 등 나라의 토대와 제반 환경을 충분히
숙지한 후, 해당분야의 전문지식과 제3국 사례 비교 등을 바탕으로 객관적으로 이해하는 종합적
인 접근방식(holistic approach)이 필요하다고 생각했다.

불구하고 한국인 대다수가 교육문제가 심각하다고 보며 오히려 스웨덴 교육에서 배울 점이 많다는 의견이라고 하였다. 한국의 교육 관계자가 스웨덴을 배우겠다고 끊임없이 방문하고 있다고 하였다.

할베리(Anders Hallberg) 웁살라 대학 총장: 한국의 단기간 내 발전을 높이 평가하며 양국이 호혜적인 훌륭한 파트너가 되었다고 평가하며 그간 한림대와 의학분야에서의 학술 교류에 만족한다고 하였다.

폰 시도우 전 국회의장(Björn von Sydow): "2006년 4월 국회의장으로 방한하였다. 7개당 간사 모두가 함께 방문하였다. 노무현 대통령과 스웨덴 모델에 대해 허심탄회하게 의견을 교환하였다. 한국의 스웨덴에 대한 높은 관심에 놀랐다. 한국의 발전에 놀랐으며 (amazing) G20 정상회의를 주최할 만큼, 국제적 위상이 제고된 데 대해 경의를 표한다. 이제는 오히려 스웨덴이 한국에게 배울 점이 많을 것 같다. 최근 한국 국회의원 방문 증가 추세를 보고 놀랐으며 양국 간 실질적 협력으로 이어지기를 기대한다."

다니엘손(Anders Danielsson) 보안경찰청(SAPO) 청장: "한국의 민주주의와 경제성장은 경이적이며 미국, 서구 제국을 제외하면 전세계에서 일본과 한국이 두 가지 국가목표를 달성한 유일한 나라로 알고 있다. 최근 한국이 G20의 일원으로서 국제사회의 중요한 구성원으로서 부상하고 있음에 주목하며 이에 발맞추어 서로 배우며 양국 간 교류 및 협력이 지속적으로 확대되기를 바란다."

툰하머(Göran Tunhammar) 스코네 주지사: 한국의 경제발전에 경의를 표하면서 서울 G20 정상회의 주최를 축하하며 양국 협력 확대는 스웨덴 국익과 일치한다고 하였다. "스웨덴 모델이 국내외 환경 변화에 따라 진화하는 과정에서, 한국처럼 국가경쟁력을 중시하고 근로 전통을 중시하는 국가와 교류 협력을 지속적으로 확대하는 것이 바람직하다"고 하면서 적절한 기회에 방한하겠다고 하였다.

키소우(Ingolf Kiesow) 전 북한 대사대리: 스웨덴 경제가 심각한 위기 국면의 기로에 있다고 보며 노르웨이도 미국의 압력으로 스웨덴의 그리펜(Gripen) 전투기 구매를 거부하고 있는 상황에서 적절한 파트너 국가가 필요한 시기이며 자신이 보기에는 인도, 일본, 중국을 넘어서서 "이제는 한국이라고 생각한다"고 하였다.

제1차 한-스웨덴 과학기술공동위원회 대표단(단장: Katarina Bjelke 교육연구부 연구정책국장, Bjarne Kirsebom 교육연구부 고문, Johan Schnurer 농업과학대학 교수, Lars Magnusson 웁살라 대학 경제사 교수 등 6명): "한국이 과학기술 분야에서 스웨덴을 '적절한(relevant) 파트너'로 인식하고 있음에 감사하다. 양국 간 환경과 여건이 다소 상이하더라도 많은 유사점과 공통 기반이 있으며 장점을 서로 취할 수 있다고 생각한다. 한국의 교육경쟁력에 놀라고 있으며 과학기술 분야뿐 아니라 인문사회 분야에서의 교류도 적극 추진함이 바람직하다."

카롤린스카 의과대학(KI)[179] 총장(Harriet Wallberg-Henriksson): 한국 전쟁 이후의 스웨덴 기여에 관해서 스웨덴 국민이 충분히 알지 못하고 있다고 하고, 한국의 발전으로 양국 간 과학협력 증진을 위한 다양한 가능성에 대해 흥미롭고 생산적인(interesting and fruitful) 토론이 이어지기를 바란다면서 한국의 연구개발 수준과 한국 연구자들의 탁월한 능력을 높이 평가하며 앞으로 방한을 적극 검토하겠다고 하였다.

페테르손(Bo Pettersson) 다겐스 인두스트리(DI) 논설위원: "최근 스웨덴 내 한국에 대한 인식이 기존의 삼성, LG의 전자제품, 현대, 기아의 자동차 등으로 대표된 이미지 이상으로 제고되고 있다. 한국이 스웨덴이 참가하지 못한 G20의 회원국으로서 정상회의를 주최하고, 아프간 문제 등 주요 글로벌 이슈에 대해 괄목할 만한 기여를 하고 있다고 평가한다"고 하면서 "이에 따라 스웨덴 지도자들도 한국과의 교류협력 확대 필요성을 보다 강하게 인식하고 있는 것 같다"고 하였다.

5) 국왕, "한국 핸드폰과 자동차를 쓴다": "대사 활동에 프리미엄을 얻는다"

재임 중 스웨덴 인사 및 외교단으로부터 한국의 우수한 제품에

---

[179] 카롤린스카 의과대학(Karolinska Institutet)은 노벨생리의학상을 심사하고 선정하는 스웨덴을 대표하는 세계적인 종합 의과대학이자, 연구소로서 2010년 당시 스웨덴 전체 30%의 의학교육을 담당하고 45%의 의학관련 연구를 수행하고 있었다.

대한 높은 평가를 지속적으로 들었다. 상술한 바와 같이 국왕 이임 예방(2011.3.10) 시 국왕은 "이제 한국은 국제사회에서 매우 중요하며 매력적인(very important and attractive) 나라로 발전하였다"고 평가하고 "최근 인적 교류 등 양국 관계가 확대 발전 추세에 있어 기쁘다"고 하면서 국왕 자신도 "삼성 핸드폰과 현대 자동차를 쓰고 있다"고 하였다. 브릭스트(Kurt Blixt) 한서협회 회장은 최근 한국의 발전 상황이 자동차, 전자제품 등 수출 제품과, 스포츠, 음악, 영화 등 문화분야를 중심으로 스웨덴에도 점차 알려지고 있어 한국에 대한 인식이 긍정적으로 변화하고 있다고 하였다.

기아자동차 딜러 초청 대사관 견학 행사(2008.10.17) 시 먼저 "부임하자마자 기아차를 개인차로 구입하여 타고 다니면서 기아차를 널리 홍보하고 있다"고 하니 힘찬 박수가 터졌다. "1950년 한국전 이후 혼란과 배고픔으로 고통받고 있었던 한국의 그 시절을 기억하는 스웨덴 국민들은 아마 50여 년 후에 한국이 스웨덴에 볼보(Volvo), 사브(Saab)와 경쟁할 만한 한국 자동차를 수출하게 될 줄을 상상도 못했을 것"이라고 하고, "한국 경제와 민주주의 발전에 스웨덴의 아낌없는 그간 기여에 감사하다"고 하였다.

아태지역 대사 정례 관저만찬과 구루메 그룹 관저만찬에서 한국 얘기가 나오면 예외 없이 일부 대사 부부들은 한국의 글로벌 기업인 삼성, 현대, LG전자 제품에 대한 높은 평가와 함께 한류, 한국영화에 대해 관심을 표명하였다. 외교단 모임에서는 한국 대사가 한국제품과 한류 덕분에 덕을 많이 본다고 생각했다. 태국 대사(Thanarat Thanaputti) 부부 주최 아태지역 대사 정례만찬(2010. 4.29)에 일부러 공용차를 이용하지 않고 개인차인 기아자동차를 운전하고 갔다. 대사들이 내 차에 높은 관심을 보이고 일부 대사 부부는 시승도 했다. 스웨덴, 독일, 일본 차에 못지않다는 평이었다. 이날은 한국의 수준을 여러모로 아태지역 대사들에게 소개한 날이었다. 아태지역에 있어서 그들과 교류 협력할 일이 참으로 많다고 느끼면서, 한국 대사로서 약간 우쭐댄 날이기도 했다. 또한 우리 부부 주최 관저만찬 시 스웨덴 인사와 제3국 대사와의 대화 중에 그들로부터 먼저 한국 제품이 대단하다는 평가를 많이 들었다. 그 덕분에 대사 활동에 상당한 이점과 프리미엄(premium)을 얻게 되었다. 이러한 사실(fact)을 진출 기업인들에게 그대로 설명하고 지원하였다.

6) 볼보(Volvo) 회장, "한국의 미래를 믿었다"

부임한 후 첫 번째 지방출장으로 스웨덴 제2의 도시인 예테보리(Göteborg)를 2008.11.6~7 방문하였다. 주지사, 시장 면담, 상공회의소 방문에 이어 볼보 본사를 방문하여 7일 오후 요한손(Leif Johansson) 회장을 면담하였다. 그는 진지하고 인상적이었다. 오스트베리(Par Ostberg) 부회장, 순드그렌(Jan-Eric Sundgren) 부회장이 배석하였다. 1시간에 걸친 대화가 끊긴 적이 없었다. 세계적 기업그룹 총수답게 자신의 의견을 거침없이 표명하고 관심사안에 대해 계속 질문하였다. 1990년대 초 중화민국(대만) 대사관에 근무할 때 김우중 대우회장과의 짧은 면담에서도 이와 비슷한 경험을 했다.

요한손 회장은 1997년 한국 금융위기 당시 주변의 만류에도 무릅쓰고 한국에 투자하여 성공했다고 회고하면서 당시 방한 시 한국의 급성장 과정에 깊은 인상을 받고 내수시장이 견실하다고 평가하여 "한국의 미래를 믿었다"고 하였다. 회장은 한국의 국제금융위기 대응 및 한국경제에 대한 나의 설명을 들은 후, 1997년 당시보다 한국의 거시경제지표가 건실하다는 데 동의하고 한국이 국제경제의 선진적인 룰에 동일하게 참여하고 국제사회에 대해 대외개방정책을 지속적으로 천명하는 것이 바람직할 것이라고 하였다. 내가 한국의 경쟁력 있는 중소 자동차 부품업체와의 협력을 제의하고 대사관과 한국비즈니스 센타(코트라)가 가교역할을 수행하겠다고 제의한 데 대해, 회장은 바로 그 자리에서 오스트베리 부회장에게 검토할 것을 지시하였다. 비스랜더 통상차관 방한 시 동탄지역 볼보공장 부지 문제에 관한 협의가 원만하게 이루어졌다고 전하자, 회장은 한국 정부의 지원에 감사하다고 답하였다. 회장은 한-EU FTA 조기 체결을 기대하고 한국에서의 지속적인 노동 쟁의는 납득하기 어렵다는 의견을 표명하였다. 이후 스톡홀름에서 개최되는 볼보 그룹 주최 행사(2009.10.13 볼보 정례이사회 만찬)에 참석하는 등 관계를 유지하였다. 코트라 주선으로 자동차부품 분야에서의 협의가 이루어져 우리 업체가 볼보사에 부품을 납품하게 되었다. 회장은 이후 2011년 3월 이임에 즈음하여 송별 서한을 보냈다.

7) 전 주한대사 부인, "하늘의 천사가 내려왔다"

샌드베리(Harald Sandberg) 외교부 인사국장(전 주한대사) 부부 초청 관저만찬(2008.12.12)에서 그는 1977~1979년 자신의 해외 첫 근무지였던 한국에서의 활동을 회고하고, "근무 당시 한국의 밝은 미래에 대해 확신했다"고 말했다. 유럽 최초로 스웨덴 스테나(Stena) 해운회사의 한국 선박구매 계약서명식에 입회했던 경험과 영국 대사관 모리스 2등 서기관과 함께 서울대 반정부 데모 현장에 갔던 경험 등을 소개하였다. 웁살라 대학 여성학생회 출신인 부인은 서울에서 첫딸 출산, 동대문 시장에서 물건값을 흥정하던 얘기를 들려 주었다. 부부의 해외 근무지 중 한국이 최고였다고 하면서 외교관 생활에 전혀 불편이 없었다고 하고, 두 번째 한국 근무 (2003.12~2006.2)로 대사로서 2년 3개월밖에 근무하지 못해 아쉬웠다고 하였다.

부부는 한국 재임 중 가을에 차를 몰고 설악산 구경을 갔다가 겪은 에피소드를 소개하였다. 산 중반에 오를 때 갑자기 눈이 많이 와서 오도 가도 못하는 상황에 빠졌는데, 그런 경우 스웨덴에서는 대개 차를 놔두고 사람만이 하산한다고 하였다. 당황하여 대응 방안을 궁리하던 차에, 어디선가 한국 청년 몇 명이 체인(chain)을 들고 와서 싼값에 자동차 타이어에 체인을 장착해 주었다고 하였다. 부인은 "그때 정말로 하늘에서 '천사(Angel from Heaven)'가 내려온 줄 알았다"고 하면서 덕분에 설악산 설경을 무사히 즐겼다고 하였다. "한국이 아니면 이러한 서비스 제공은 상상할 수 없다"면서 이런 면에서 한국의 역동성과 상황 변화에의 재빠른 적응 능력에 감동을 받았다고 하였다. 모두 같이 웃었다.

8) "당신은 몇 살이냐?"

대통령 방문(2009.7.11~13) 시 지원에 사의를 전하고자 우리 부부는 2009. 11. 16(월) 비드 왕실의전장 부부를 주빈으로 한 관저만찬에 비드 의전장의 가까운 친구인 카르넬(Hans Karlander Karnell) 투자회사 CEO 부부도 함께 초청하였다. 그는 1992~1993년 빌트 총리의 정무보좌관, 통상차관을 지냈으며 1993년 4월 빌트 총리 방한 시 수행했다고 하였다. 빌트 총리(1949년생, 당시 44세) 방한 시 어느 만찬 자리에서 한국 인사가 총리에게 "몇 살이냐"고 물어서 총리가 대답하지 않고 "당신은 몇 살이냐"라고 되물어 웃음바다가 되었다는 에피소드를 소개하였다. 낯이 뜨거웠다. 시도 때도 없이 상대방에게 나이를 물어보는 것이 실례인 줄 모르는 것이 우리 수준임을 다시 한번 절감했다. 바로 얼마 전 방문한 한국 고위인사가 상대 장관에게 똑같이 "몇 살이냐?"라고 물어 곤혹스러웠던 경험이 떠올랐다.

9) 소녀시대의 관저공연

부임하여 스톡홀름대학 한국학과 현황을 살펴보았다. 1989년 스톡홀름대학에 한국학과[180]가 정식으로 개설되었다. 취업준비 등의 목적으로 매 학기마다 학생들이 절반 이상씩 전과하여 학업 분위기가 침체되어 학과 운영에 어려움을 겪고 있었다. 대학 본부는 학생 수에 비례하여 학과별 운영비를 배정하고 있으며 최근 10년간 한국학과 졸업생은 5~6명 수준이었다. 욘손(Gabriel Jönsson) 한국어학과 교수는 "한국어가 어려워서 중도 포기한다고 생각하지 않는다. 사실 한국어 관련 직업을 찾기가 어렵기 때문"이라고 하였다. 우리의 보다 적극적인 관심과 지원이 필요했다. 2009.10. 19(월) 스톡홀름대학 한국학과 학생(27명)과 로젠 교수, 욘손 교수, 강경숙 강사를 초청하였다. 관저 정원에서 우리 직원들과 함께 해물파전, 불고기, 잡채를 만들어 보고 비빔밥을 같이 먹었다. 다들 한식을 잘 먹고 즐거워했다. 나는 한국어와 한국학을 공부하면 앞으로 아시아 전문가로서 활동하는 데 있어서 훌륭한 투자가 될 것이며 결코 후회하지 않을 것이라고 하였다.

학생들은 이구동성으로 외교관들과 대화하고 한식을 만들고 시식하니 한국 이해에 크게 도움이 되었다고 하였다. 이들은 우리

---

180 1955년 조승복 교수가 웁살라 대학에 한국학을 최초로 소개하였고, 1965년 스톡홀름 대학에도 한국학이 도입되었다. 1967년 로젠(Staffan Rosén) 교수가 스톡홀름 대학 한국학 강사로 강의를 시작하고 1989년 한국학과가 설립되었다. 2008년 당시 매년 30명의 신입생이 입학하나 한 학기 수학 후 절반이 다른 과로 옮기고 점점 줄어 3학년 때는 한두 명이 남는 상황이었다. 2007년 졸업생은 1명이었다.

부부에게 초청에 감사하다면서 다 같이 핸드폰 음악을 틀고 '소녀시대'의 〈Gee〉노래를 부르면서 춤을 추었다. 활력이 넘치는 멋진 밤이었다. 대사로서 충분히 보상받는 밤이기도 했다.

로젠 교수는 "일본학과 교수들에게 한국 대사 관저에 간다 하니 무척 부러운 눈치였다. 자기 기억으로는 한국학과가 생긴 이래, 학생들을 위한 한국 대사의 관저초청은 처음 있는 일이다. 대사의 주도적 시도를 높이 평가하며 앞으로도 초청해 주면 학생들의 사기가 크게 높아질 것이다"라고 말했다. 그간 한국학과를 이끌어 온 로젠 교수는 2009년 연말로 정년 퇴직할 예정이며 후임자 선정이 지연되고 있는 상황으로 한국학과 유지가 매우 중요한 시점이었다. 이러한 변화기에 우리의 지원 여부가 동 학과의 유지 발전에 큰 영향을 미칠 것으로 예상했다. 우리 부부는 연이어 2010. 4.12(월) 스톡홀름대학 동아시아학부 대학생(18명) 및 교수 관저초청, 2010.9.27(월) 스톡홀름대학 한국학과 수강생(40명) 및 교수 대사관 및 관저초청 행사를 통해 한국문화 소개 후, 한식을 함께 만들고 한국 전통주를 시음하고 만찬을 즐겼다. 한식을 처음 접한 학생이 많았으며 학생들은 대사관이 정례적으로 주최하는 '한국 영화의 밤' 등 문화 행사에 지속적으로 참석하였다.

10) "컵라면을 처음 먹어 본다"

부임 후 2008.10월 이래 대사관에서 '한국 영화의 밤'을 개최하였다. 한식 리셉션 및 한국 홍보물 배포 형식이 정착화되었다.

2010.4.27(화) 2010년 들어 4번째 행사였다. 피셔스트램(Fischer-ström) 전 왕실의전장 부부, 발퀴스트(Wahlquist) 민속박물관 아시아 부장, 전 주한공사 부부 등 외교부 직원, 호주 대사관 서기관 부부 등 외교단, 노벨박물관, SIPRI 직원, 폴피에드 의원 동생 부부 등 입양한인, 스톡홀름대학 대학생(18명) 등 50여 명이 참석하였다. 탈북자를 다룬 「크로싱」을 상영하였다. 일부 참석자들은 눈물을 흘리며 감동하였다. 남북관계, 탈북자 문제, 중국의 대응 등 한반도에 대한 관심이 높아졌다. 상영 후 한식리셉션에 다른 음식과 함께 처음으로 한국 컵라면을 내놓았다. 참석자 상당수가 컵라면을 처음 먹어본다고 하였다. 스웨덴 기후에 딱 맞는 음식이라고 하였다. 이후 행사에도 컵라면은 항상 인기가 높았다. 한식 세계화 활동에 컵라면이 크게 기여하였다.

11) 중동 대사, "한국의 발전 배경이 무엇이냐"

2009.10.9(금) 그다이아(Abdulrahman M. Gdaia) 사우디 대사가 아랍 제국 6개국(아랍에미리트, 수단, 모로코, 쿠웨이트, 레바논, 이집트) 대사 및 이슬람권 아시아 대사(말레이시아, 방글라데시, 파키스탄)와 함께 나를 관저만찬에 초청하였다. 11개국 대사가 모였다. 사우디 대사는 여러 아랍권 대사들이 한국 대사를 만나 보고 싶어해서 자신들의 모임에 특별히 초청했다고 하였다. 사우디 대사는 만찬사를 영어와 아랍어로 하였다. 3시간에 걸친 만찬 자리에서 아랍권 대사들은 각각 자국과 한국과의 관계를 높이 평가하면서 "한국이 경제발전과 민주주의 달성이라는 2개의 국가적 과업(agenda)를 어떻게 단

기간에 달성할 수 있었는지 궁금하다"며 관련 질문을 돌아가면서 했다. 만찬이 마치 세미나 장(場)과 같이 되었다. 나름대로 주변국과의 관계하에서 한국의 현대사, 정치 및 경제 발전과정을 성의껏 설명하였다. 당면 과제로서 남북한 화해 및 급속 성장에 따른 국내 부조리와 사회격차 해소, 저출산, 고령화 대응 등도 함께 거론하였다. 대사들은 한국의 현재 모습은 높이 평가하고 있으나, 역시 각각 나라의 역사 및 배경, 특히 문화, 종교 및 지정학적 차이 등으로 우리의 노력과 경험에 완전히 공감하는지는 불분명했다. 나 역시 그들 사회와 문화를 제대로 이해하고 있지 못하고 있음을 자각하게 되었다. 외교에서도 상대방의 환경과 사고방식을 사전에 충분히 이해하는 것이 시작이라는 사실을 새삼 느꼈다. 국가 발전에 결국 '문화가 중요하다(Culture matters)'고 느꼈다.

아랍 제국의 대사들 틈에 완전히 끼어 보는 새로운 경험이었다. 사우디 대사가 만찬 내내 나를 세심하게 배려하였다. 그간 외교단의 리셉션을 돌아다니면서 품을 팔고 세계 각국 대사들과 격의없이 지속적으로 대화한 결과로 이러한 만찬에 초청되었다고 생각했다. 이날 만찬은 많은 외교단 행사 중 특히 보람되고 즐거운 추억이 되었다. 그 이후 제3국 대사 주최 리셉션에 가면 중동지역 국가 대사들이 더욱더 눈에 띄었으며 그들과의 대화가 더 재미있어졌다.

12) "대사관과 관저 수리가 부럽다"

상술한 바와 같이 부임하자마자 대사관과 관저 상태가 심각하다고 판단하여 바로 수리에 나섰다. 공관 자체 수리를 서두르고 외교부 본부에의 지속적인 건의로 2009년 5월 노후공관 리모델링 공관으로 선정되었다. 이후 재임 내내 예산 지원을 받아 대대적인 보수 공사를 계속 진행하였다. 2009.7 대통령 공식방문 시 '영부인 주최 입양한인간담회 관저 개최'가 결정됨에 따라 수리를 위한 임시설치대를 일시적으로 철거하기도 하였다. 수리 중에도 대사관과 관저에서의 외교행사는 지속적으로 개최하였다. 자연스럽게 스웨덴 인사, 외교단, 한인사회에 수리 사실과 진행상황이 알려지게 되었다. 특히 같은 지역에 대사관과 관저가 있는 제3국 대사들이 이에 주목하게 되면서 우리 부부를 만나면 "대사관과 관저 수리가 부럽다"고 하면서 격려하였다. 우리 관저와 쌍둥이 건물이 대사관인 튀르키예 대사는 "대사관과 관저 수리에는 대사의 용단이 중요하다. 쉽지 않은 일을 한다"고 평가하였고, 우리 대사관 바로 옆에 관저가 있는 벨기에 대사 부인은 아내에게 자신들도 관저 수리가 급한데 본국 지원이 없다면서 부러워했다. 아태지역 대사(15개국) 정례 관저만찬이나 구루메 그룹(8개국) 관저만찬에서도 우리 대사관과 관저 수리가 가끔 화제에 올랐다. 보스니아헤르체고비나 대사도 역시 자신의 관저오찬에서 나를 부러워했다.

현지 공관 수리를 통해 한국이 제대로 된 나라라는 인식을 주재국과 외교단에 심어 준 효과가 있었던 것 같았다. 한인 원로들도 문화재급의 국유재산을 지키는 노력을 높이 평가하였다. 재임 중 조금 불편하기는 했으나 대사로서 당연히 해야 할 일을 했다고 생각한다.

13) "대사 짐에 폭탄이 들어 있는 것 같다"

2010년 밴쿠버 동계 장애인올림픽의 아이스하키 본선 진출국 토너먼트 결정전에 참가한 우리 선수단을 격려하기 위해 스웨덴 제3의 도시 말뫼를 2009.11.8(일)~10(화) 방문하였다. 11.8(일) 말뫼 공항 도착 시, 내 여행가방이 세관에서 통관이 되지 못했다. 세관원이 가방에 다이너마이트(dynamite)와 비슷한 성분이 있는 것 같다고 하면서 검사를 위해 가방을 열어 보겠다는 것이었다. 다소 당황했으나 가방을 열었다. 문제는 떡이었다. 선수단 격려를 위해서 아내가 전날 관저요리사와 함께 만들어 갖고 온 떡이 엑스레이 투시에는 폭약과 비슷했던 것이었다. 이것은 한국의 전통적인 'rice cake'이라고 우리 선수단에 대한 선물이라고 설명하였다. 같이 웃었다. 11.8(일) 우리 선수단(21명)과 만찬을 같이 하면서 격려하였다. 다음날 11.9(월) 오전 한국-스웨덴 경기전을 말뫼 한인들과 함께 응원하였다. 우리 선수들이 연장전까지 갈 정도로 잘 싸웠으나 아깝게 2대 3으로 석패하였다. 선수단과 함께 방문하였던 강원도장애인체육회 이필용 사무처장이 11.18자 감사서한을 보내왔다. 대사관과 교민의 성원과 지지에 감사하다며 덕분에 우리 선수단이 캐나다 밴쿠버 패럴림픽에 출전하게 되었다는 기쁜 소식을 전해왔다.

14) "유학 와 보니 가끔 좌절감을 느낀다"

2010.12.17(금) 스톡홀름 쇠데르톤(Södertorns)대학에 유학 온 교환학생(김희은 건국대 학생 등 4명)을 관저만찬에 초청하였다. 현지 유학생활을 청취하고 격려하였다. 모두들 스웨덴에서의 학교생활을 충실히 보내는 것 같았다. 한 학생이 스웨덴에 "유학 와 보니 가끔 좌절감을 느낀다"고 하였다. "부끄러운 얘기지만 한국에서 대학에 진학할 때 수능 성적에 따라 자동적으로 무슨 대학 무슨 과가 정해져 그에 따라 대학을 갔다. 스웨덴에 와 보니 대학생 모두가 대학교에서 진정으로 공부하고 싶어서 들어왔고, 자신이 진정으로 원하는 전공학과를 스스로 정해서 공부하고 있다. 그러니 대학생들이 정말 진지하고 열심히 공부하는 것 같다"고 하였다.

나는 그간 스웨덴에 체류하면서 배운 바를 전했다. 1) 스웨덴 대학 진학률은 50% 중반 정도이며, 2) 고교 졸업 후 대부분이 사회에 진출하여 사회인으로 활동한 후 공부가 더 하고 싶어 대학에 들어간다고 하고, 3) 고졸이나 대졸이나 월급 차이가 크게 나지 않으며, 4) 고졸 출신 국회의원이나 장관이 나오듯이 스웨덴 사회가 그리 학벌을 중시하지 않는 문화가 깔려 있는 것 같다고 하였다. 스웨덴 교육제도 역시 스웨덴의 전통과 문화, 가치관을 기반으로 한 전반적인 국정체제하에서의 일부인 것 같다고 하고, 스웨덴 유학 중 스웨덴 사회를 객관적으로 냉정하게 이해하여 우리가 배우고 참고할 것이 무엇인지 찾아보는 노력을 해 볼 것을 권유하였다. 대학 졸업장이 무조건 필수로 간주되는 한국사회의 현실에 대해 기성세대의 일원으로 우리 젊은 세대에게 무척 미안한 마음이 들었다. 우리 나름대로 현실에 맞는 실용주의에 기반한 교육 개혁이 필요하다고 절실히 느꼈다.

12.
인상에 남는 스웨덴 인사

─

  스웨덴과의 관계에 있어서는 앞서 기술한 바와 같이 각계인사과 폭넓게 교류하였으며 대부분의 인사들이 양국 관계와 한국에 대해 높은 관심을 갖고 대사관의 활동을 지원하였다.

  그중에서는 외교부 비스랜더 통상차관, 모린 아태국장을 비롯한 외교관 이외에, 재임 중 지속적으로 교류한 인사 중 실벤(Chister Sylvén) 전 주한대사, 페르손(Göran Persson) 전 총리, 톨리포쉬(Sten Tolgfors) 국방장관, 빌스트램(Tobias Billström) 이민난민장관, 한-스웨덴 의원친선협회 구스탑손(Holger Gustafsson, 기독당) 회장, 폴피에드(Jessica Polfjärd, 보수당) 의원, 토렐(Olle Thorell, 사민당) 의원, 프리드(Egon Frid, 좌파당) 의원, 포스베리(Anders Forsberg) 국회사무총장, 리벤달(Tove Lifvendahl) 스웨덴기업협회 홍보국장, 카타리나 톨리포쉬(Katarina Tolgfors) BAE 홍보부장, 엘리사벳 리(Elizabeth Lee) 전 입양한인협회장이 특히 기억에 남는다. 대부분의 인사와는 이임을 계기로 상기 기술한 바와 같이 이임 면담 또는 오찬, 만찬을 같이 하였다.

특히 실벤 전 대사 부부는 2008년 부임 초 면담부터 2011년 3월 이임 송별오찬까지 일관되게 우리 부부를 따듯하게 대해 주고 전폭적으로 지원해 주었다. 대사 부부와 교류하면서 그가 훌륭한 인격과 전문성(professionalism)을 갖춘 직업외교관임을 알 수 있었다. 주한대사(1987~92) 시절부터 일찍이 "한국의 미래가 밝다"고 전망할 정도로 스웨덴 외교관 중 한국과의 관계를 중시한 몇 명 안 되는 외교관 중 한 명이었다. 2009년 7월 이명박 대통령 방문 시 왕실 일정 준비 과정, 2010년 6월 한국전 60주년 기념행사의 양국 공동주관 준비 과정 등 다양한 계기에 측면 지원을 아끼지 않았으며 대사관의 공공외교활동에 적극 참여하였다. 무엇보다도 실벤 대사의 초청으로 2010년 7월 자택에서 1박 2일을 보낸 일정은 잊을 수 없는 추억이 되었다. 실벤 대사는 후임 한국 대사들의 활동도 계속 지원하였다고 들었다.

구스탑손 의원친선협회 회장과 프리드 의원은 2010년 9월 총선에서 낙선하였다. 포스베리 국회사무총장(1944년생)은 총선 이후 2010년 10월 새로운 국회가 출범하면서 은퇴하였다. 구스탑손 회장은 신임장 제정 후 2008년 9월 17일 그의 의원사무실에서 처음 면담한 이래, 2년간 의원친선협회 회장으로서 양국 관계에 대해 높은 관심을 갖고 지원해 주었다. 나의 제의에 따라 대사관의 의원친선협회 소속의원에 대한 정례적인 브리핑 및 관저만찬을 2008년 11월 첫 번째 행사 이래 2009년 2회, 2010년 3회에 걸쳐 지속적으로 시행할 수 있었던 배경에는 구스탑손 회장의 리더십에 힘입은 바가 컸다. 2008년 8월 한국을 처음 방한한 후 동아시아에서 한국의 위상과 역량을 높이 평가하게 되었다고 하면서, 양국 국회간 교류를 적극적으로 추진하고 우리 국회의원 방문 시에는 바쁜 일정에도 불구하고 항상 면담하거나 또는 오찬을 주최하였다. 스웨덴 사정이나 국내 정치에 대해 항상 정중하고 소탈한 자세로 설명해 주었다. 그로부터 스웨덴 국회의원의 품격을 느낄 수 있었다.

프리드 의원(좌파당)은 의원친선협회 소속의원을 위한 대사관 간담회와 관저만찬에 한번도 빠짐없이 참석하고 여타 대사관 주최 행사에도 지속적으로 참석하였다. 그와 대화하면서 전세계 주둔 미군 철수를 주장하는 좌파당에 대해 특별히 선입견을 갖지 말고 좌파당은 물론 모든 당의 의원들에게 한반도 상황과 한국의 외교정책을 제대로 전달하는 것이 매우 중요하다고 느꼈다. 그는 나와 만나면서 한국에 대해 처음 알게 되었다고 하면서 반 농담조로 "한국에 대해 아는 것은 조 대사에게 들은 것이 전부"라고 하고, "이를 좌파당 동료 의원에게 계속 전달하고 있다"고 하였다. 그와 비슷한 처지에 있는, 한국에 대해 백지상태인 스웨덴 인사에 있어서 한국 대사의 외교활동 행태와 내용이 갖는 엄중한 의미를 새삼 느꼈다. 2010.9월 총선 낙선 후 나의 위로 메시지에 대해, 그는 "다시 본업인 사회복지사(social worker)로 돌아간다"면서 앞으로 시간이 많아져서 본업과 가정에 더 충실하게 살 수 있게 되어 기쁘다고 하였다. 자신의 지방자택(Skovde)에 언제라도 방문해 달라고 하였다. 국회의원 4년간 봉사를 하고 낙선으로 결과적으로 다시 본업에 돌아간 그는 그렇게 스웨덴식의 삶을 계속 이어갔다.

포스베리 국회사무총장은 신임장 제정 전인 2008년 8월 14일 바리외 주한대사 부부 초청 관저만찬에 같이 초청한 후, 10월 8일 답례오찬을 국회 식당에서 주최한 이래 지속적으로 교류하면서 대사관의 외교활동을 적극적으로 지원하였다. 스웨덴의 국내정치 및 국회동향에 대한 친절한 설명과 함께 우리 국회의원 방문 시 자신과의 면담을 포함하여 국회의원 면담 일정을 적극적으로 주선해 주었다. 특히 휴가기간인 2010년 8월 초 우리 국회의 6개 상임위원회 대표단(의원 21명)의 연이은 방문 시 국회 일정 마련을 적극 지원하였다. 2010년 10월 28일 그의 퇴직을 계기로 관저만찬을 주최하여 사의를 전했다. 그는 관저만찬 및 대사관 행사 참석 후에는 빠짐없이 감사의 손편지를 보내왔다.

부임 초부터 자연스럽게 입양한인협회 회원을 비롯한 입양한인들과 지속적으로 교류하였다. 그중 제시카 의원(1971년생), 리벤달 홍보국장(1974년생), 카타리나 톨리포쉬 부장(1968년생), 엘리사벳 리(1966년생)와의 교류는 상기 기술한 바와 같이 지속적으로 이루어졌으며 그들은 대사관 활동을 적극적으로 지원해 주었다. 재임 중 대사관의 추천으로 제시카 의원, 톨리포쉬 부장은 입양 후 처음으로 2009년, 2010년 각각 방한한 후, 상당한 충격과 감동을 동시에 경험한 것 같았다. 리벤달 부장 역시 2008년 대사관 추천으로 방한한 바 있으며, 처음 만날 때부터 언론인 출신답게 스웨덴 사정에 관해 객관적으로 설명해 주고 스웨덴에서의 한국 홍보에 관해 지속적으로 조언하였다. 나는 그들과 만날 때 그들이 입양아 출신이라는 선입견을 배제하고 스웨덴인과 교류하고 있다는 마음가짐을 유지하려고 노력하였다. 전문직업인인 그들을 통해 스웨덴의 다양한 모습을 이해하고 양국 관계발전의 계기나 아이디어를 얻기도 하였다. 면담뿐 아니라 관저만찬 등 다양한 계기를 통한 교류를 거듭할수록 그들과 솔직하며 편하게 대화할 수 있었다. 그들은 한국에 대해 점점 높은 관심을 갖게 되는 것 같았다. 폴피에드 의원은 한국어린이가 스웨덴에 계속 입양되고 있는 현실을 안타깝게 생각하고 여러 의문을 나에게 제기하였다. 대답하기 어려웠다. 멀리 떨어진 스웨덴에는 한국이 어려웠던 시절부터 '입양'이라는 교류가 이루어져 지금까지 약 1만 명의 한국계 스웨덴인이 살고 있다. 한국 미혼모를 지원하고 있는 엘리사벳 리(Elisabet Lee) 입양한인협회 전직 회장은 "스웨덴에서 생활하고 있는 한인 규모가 1500여 명에 불과한 상황에서, 만약 입양아의 존재가 없었더라면 대다수의 스웨덴 가족과 친구는 김치와 비빔밥을 맛볼 기회가 없었을 것"이라고 하였다. 여전히 일리 있는 말이라고 생각한다. 입양한인은 한-스웨덴 관계에 있어서 앞으로도 상당기간 중요한 그룹으로 남을 것이다.

4부

주 라트비아 대사(비상주) 활동

1.
개요

재임 중 활동

  2008.10.14 신임장 제정 이래 2년 6개월간 비상주 라트비아 대사로서 11번의 방문(2008년 10월, 11월 2회, 2009년 1월, 11월 2회, 2010년 1월, 5월, 6월, 9월, 11월 5회, 2011년 1월, 3월 2회)을 통해 양국 관계발전에 노력해 왔다. 대사 방문 이외에 공사 또는 영사가 5회 방문하여 실무협의를 이어갔다. 비상주 대사의 한계와 제약은 주어진 여건으로 받아들이고 가능한 한 정기적인 방문을 통해 라트비아 정부 인사와 국회의원, 주 스웨덴 라트비아 대사 등과 지속적인 대화 채널을 유지하고 협력방안을 실질적으로 추진하였다. 다만 '비상주 대사'라는 직책이 상징하듯이, 라트비아가 한국 내 인지도가 낮고 우리 외교에 있어서 상대적으로 비중이 낮다는 객관적 사실을 충분히 감안하여, 가능한 교류협력 방안을 외교부 본부에 건의하고 설득하면서 점진적으로 실현시켜 나갈 수밖에 없다는 현실을 잊지 않았다. 1991.10 양국 간 외교관계 수립 후 1995.10 공로명 외무장관 방문, 1996.10 라트비아 외교장관(Valdis Birkavs) 방한 이

래 10여 년 이상 고위인사 교류가 없는 상황이었다.

신임장 제정을 위한 첫 방문부터 라트비아가 한국과의 교류 협력 확대를 진지하게 원하고 있음을 확인할 수 있었다. 라트비아의 지정학적 위치와 역사, 문화, 대외관계를 조금씩 배우고 이해하면서 우리의 좋은 동반자(partner) 국가가 될 수 있다고 판단했다. 유럽의 작은 나라이지만 EU와 NATO 가입국으로서 시장경제와 보편적 가치를 공유하는 나라로서 그간 양국 간 별다른 교류가 없었다는 점이 오히려 앞으로의 관계의 잠재력과 가능성을 더 확대해 줄 수 있다고 생각하였다. 재임기간이 마침 2008년부터 시작된 세계 경제위기의 여파로 라트비아 경제가 침체된 상황과 더불어 IMF 구제금융 하에서 경제위기 극복을 국정의 최우선 과제로 두던 시기였다. 라트비아 정부는 나에게 경제발전과 경제위기 극복 경험을 보유하고 G20 정상회의 주최 등 국제사회에서의 위상이 높아지고 있는 한국과 실질적 협력관계를 적극적으로 확대하고 싶다는 입장을 지속적으로 표명하였다. 특히 유럽 의존의 경제로부터 다변화를 목표로 아시아 경제권과의 관계 확대를 도모하기 시작하였다고 강조하고, 한국과 고위인사 교류와 우리 기업의 투자와 진출을 일관되게 희망하였다. 이러한 라트비아 입장을 본국에 지속적으로 보고하면서 재임 중 다음과 같이 양국 관계발전에 노력하였다.

1) 1991년 양국 수교 후 라트비아 정상의 최초 방한인 2009년 1월 고드마니스(Ivars Godmanis)총리의 방한 준비 및 후속조치 실행,

2) 2010.3월 양국 간 최초의 외교차관급 정책협의회 서울 개최 준비 및 후속조치 실행, 3) 라트비아-한국 의원친선협회(회장 파브릭스 의원)와의 지속적 교류 및 한국 의원친선협회 대표단의 라트비아 방문 건의 및 2010.1 대표단 최초 방문 시 지원, 4) 삼성전자 분쟁 문제의 원만한 해결 지원, 5) 양국 간 교류 협력의 제도적 기반 마련: 이중관세 방지협정 발효(2008.12), 정책협의회 양해각서 체결 (2010.3), 운전면허증 상호인정 협정체결(2011.3), 문화협정, 항공협정 협상 지원, 6) 수교 후 최초의 'Korea Day(한국의 날)' 행사의 2009, 2010년 연속 개최로 한국영화, 한식, 문화 공연 소개, 7) 주요인사(국립영화센터 소장, 명예영사) 방한 실현 등이었다. 재임 중 최초로 실현된 교류협력 사업이 적지 않아서 나름대로 보람을 느꼈다. 수교 20주년을 앞두고 무엇보다도 양국 정부와 국회 간에 네트워크가 활성화되어 긴밀하게 소통할 수 있게 되었으며 부임 후 지속적으로 건의한 상주공관 설치 문제에 관해서도 외교부 본부가 긍정적으로 대응하게 되었다.

2011.3월 마지막 이임 방문에서 라트비아 외교부가 대통령, 국회의장, 총리를 비롯한 외교, 경제, 국방, 법무, 교통부 장관 등 주요 장관과의 면담 일정을 마련한 데에서 보듯이 라트비아는 한국을 중시하면서 나에게 한국과의 관계 확대 희망 입장을 강력히 전달하였다. 이임 방문 후 본국에 라트비아의 적극적인 협력 확대 입장에 호응하여, 2011년 양국수교 20주년 및 한-EU FTA 발효를 계기로 라트비아 총리 방한 제의 수락과 상주공관 조기 설치 등을 건의하였다.

라트비아 총리 방한 및 라트비아 훈장 수령

　귀국한 후 라트비아 외교부는 3.24자 우리 외교부 앞 구상서[181]를 통해 나에 대한 훈장 수여 계획을 알리고 한국의 동의를 구했다. 이에 대해 우리 외교부는 국내 절차를 마친 후 동의하였다. 돔브로브스키스(Valdis Dombrovskis) 총리는 2011.6.9(수)~11(토) 공식 방한하였다. 6.9(목) 김황식 총리 주최 공식만찬에 전직 라트비아 대사로서 참석하였다. 양국 총리 간에 대화가 화기애애하게 진행되는 것을 보고 양국 관계가 순조롭게 발전되고 있다는 생각이 들었다. 총리는 방한 중 마지막 공식일정인 6.10(금) 주한 라트비아 명예총영사(권경훈) 주최로 숙소 롯데호텔에서 개최된 리셉션장에서 나에게 라트비아 삼성훈장(Three Star Order)을 수여하였다. 비상주 대사였기에 나로서는 더없는 영광이었으며 라트비아 대사로서 최종 성적표를 받았다는 기분이었다. 대사가 상주 2년 이상이면 관례적으로 주는 스웨덴의 훈장과는 의미가 다르다고 느꼈다. 직업외교관으로서 30년 만에 처음 대사로 나가서 상주국과 비상주국으로부터 모두 훈장을 받게 되어 기쁘고 감사했다. 이렇게 재임 중 양국 수교 이래 라트비아 총리의 최초 방한(2009.1)과 두 번째 방한(2011.6)에 참여하는 특권을 누렸다. 재임 중 라트비아 상주공관 설치에 관한 지속적인 건의에 따라 2012년 12월 주 스웨덴 대

181　"Mr. Cho Hee-yong as Ambassador of the Republic of Korea to the Republic of Latvia has played a significant role in developing political dialogue between Latvia and Korea. He has promoted cooperation in many fields and different levels. Achievements of Mr. Cho Hee-yong haven been noted by his appointment as Commander of the Three Star Order. The Three Star Order is the highest state award of the Republic of Latvia."

사관의 분관 형식으로 리가에 공관이 개설되었다. 이후 2019년 3월 리가 분관이 정식 대사관으로 승격되었다. 재임 중 몇 개의 주요 계기를 소개한다.

2.
신임장 제정(2008.10.14)

───   ───

　라트비아 외교부는 주 스웨덴 대사관의 5.27자 공한을 통한 아그레망(Agrément) 요청에 대해 6.26 아그레망 부여를 통보하였다. 나는 7.8(화) 쿠즈마(Kuzma) 주 스웨덴 라트비아 대사를 면담하고 양국 관계 현안 및 신임장 제정 일정을 협의한 바 있었다. 9.1(월) 라트비아 외교부는 신임장 제정 일정(10.14 11시) 및 신임장 제정 절차(복장: dark suit)를 통보하였다.

　10.13(월) 오스트리아 비엔나에서 개최된 유럽지역 공관장회의에 참석한 후 출발하여 밤 23시 50분에 리가공항에 도착하여 의전관의 영접을 받았다. 공식일정으로 10.14(화) 8개 일정, 15(수) 4개 일정을 준비하였다. 배우자를 위한 별도 문화기관 방문 일정도 준비하였다. 상세한 의전안내서가 인상적이었다. 10.14(화) 9시 외교부 의전장 면담 후, 10시 Norman Penke 외교차관에게 신임장 사본을 제출한 후, 11시 Valdis Zatlers 대통령(1955년생, 정형외과 전문의 출신, 2007.5 대통령 선출)에게 신임장을 제정하였다. 아내와 최형석 서기관이 배석하였다. 대통령은 수교 후 17년간의 양국 관계발

전을 평가하고 라트비아 상주공관 설치를 희망하고 적절한 시기에 방한하고 싶다고 하고, 미국 유학 시절 한국인 친구와 절친한 친분관계를 유지하였다고 하였다. 나는 대사로서 한-라트비아 관계 발전을 위하여 최선을 다하겠다고 표명하였다. 이어 Gundars Daudze 국회의장, Artis Pabliks 한국-라트비아 의원친선협회 회장, Marcis Auzins 라트비아대학교 총장, Maris Elerts 투자청장, Dzintars Pomers 명예영사 등 각계 인사를 각각 면담하고, 라트비아 국내외 정세를 청취하고 양국 간 교류협력 확대방안을 협의하였다. 점령기념관(Occupation Museum)을 참관하고 러시아, 독일 등 주변 대국의 라트비아 침략과 점령 역사를 배웠다.

라트비아 인사는 모두 한국과의 교류협력 확대를 기대하며, 구체 방안으로 그간 제기해 온 라트비아 상주공관 설치, 라트비아 고위인사 방한, 한-라트비아 정책협의회 개최, 이중과세방지협정의 조기 비준(2008.6 서명) 및 항공협정 추진, 한국기업의 투자확대 등을 요청하였다. Pabliks(1966년생 42세) 회장은 외교장관 시절(2004~2007)에 동북아, 특히 한국에 대해 상당히 많은 관심을 갖고 있었다고 강조하면서 국회 간 교류 등 양국 관계발전을 위해 가능한 역할을 해 나가겠다고 하였다. 이후 Pabliks 의원(2010.11 이후 국방장관 겸 부총리)과 지속적으로 교류하고 리가 방문 시에는 항상 그와 회동하였다.

우리 기업 주재원은 라트비아 경제상황이 좋지 않으나 현지에 영업기반을 건실하게 구축하고 영업활동을 적극적으로 전개하고 있다고 하면서, 우리 운전면허증 불인정 문제를 거론하였다. Pomers 명예영사(2004.8 임명, 전 리가공항 CEO)는 사회주의 체제로부터 시장경제로의 전환 과정이 아직 완료되지 않아 제반 문제가 계속 발생하고, 특히 불안전한 연금제로 조기 은퇴자의 생활이 어려우며 최근 국제금융위기로 경제사정이 악화되는 추세라서 외국기업의 진출과 투자가 절실한 상황이라고 설명하였다.

하루 반의 바쁜 일정으로 현지 사정과 한국에 대한 라트비아 입장을 나름대로 파악하였다. 라트비아가 비록 우리에게는 지리적으로 먼 낯선 나라이지만 강대국 사이에서 생존해 온 비슷한 역사 경험을 갖고 있고 1991년 9월 17일 유엔에 같이 가입한 인연이 있는 발트(Baltic) 지역의 전략적 중심[182]에 있는 EU 가입국인 만큼, 양자관계를 소중히 여겨서 가능한 외교자원을 배분하여 관계발전에 힘써야 할 대상국이라고 판단했다. 특히 라트비아 각계 지도자들이 모두 한국의 발전을 높이 평가하고 높은 호감도를 갖고 한국과의 교류협력을 적극 추진하고 싶다는 의지를 확인할 수 있었다. 대부분 40대 젊은 인사들이 국가 지도자 그룹의 주류라는 사실을 확인하였다. 그들과의 지속적인 교류로 신뢰관계를 쌓으면 앞으로 오랜 기간에 걸쳐 우리에게 도움이 될 것이라고 생각했다. 나는 10.16(목)부터는 스웨덴 대사 겸 비상주 라트비아 대사로서 항

---

[182] 2004.3 라트비아는 다른 발트 2국(에스토니아, 리투아니아) 및 동구권 4국(불가리아, 루마니아, 슬로바키아, 슬로베니아)과 함께 NATO에 가입하였다. 2006.11 NATO 정상회담이 라트비아 수도 리가(Riga)에서 개최됨으로써 NATO는 발트제국의 전략적 중요성을 대외적으로 간접 표명하였다.

상 한국과 두 나라와의 각각의 관계를 시야에 놓고 대사관의 외교 활동 계획과 자산(resource) 배분 계획을 세우면서 실행에 옮기기 시작했다. 리가 방문 중 대통령을 제외한 면담인사 전원에게 방문 시 환대에 감사의 뜻을 전하고 주라트비아 대사로서 최선의 노력을 다 하겠다고 하고 지속적인 조언과 지원을 기대한다는 10.20 자 서한을 보냈다. 또한 라트비아에는 상주 외교관이 없으므로 Pomers 명예영사와 최일영 한인회장(사무라이 식당 사장), 삼성전자와 LG전자 현지법인과 연락체제를 긴밀히 유지해 나가기로 하였다. Pomers 명예영사가 임명된 지 4년이 지났음에도 불구하고 방한한 적이 없다고 하여, 그의 조기 방한 초청도 추진하기로 하였다. 비상주 대사로서 주재국 업무에 중점을 두다 보면 소홀히 하기 쉬운 겸임국과의 관계 발전을 위해 상당 기간 전에 업무계획을 세우고 외교부 본부의 지속적 관심을 촉구하고 관련 예산 확보에 노력하였다.

3.
라트비아 총리의 최초 방한(2009.1.18~21)

사전 준비를 위한 리가 방문

라트비아 외교부는 신임장을 제정(10.14)한 2주일 후인 10월말 '고드마니스(Ivars Godmanis) 총리(1951년생, 58세)의 방한'을 제의하고 우리 입장을 문의하였다. 이어 라트비아 독립 90주년 기념 공식행사 초청에 따라 11.17(월)~20(목) 2번째로 리가를 방문한 계기에 Maris Reikstins 외교장관은 고드마니스 총리의 '1월 하순' 방한을 제의하고 한국이 긍정 검토해 줄 것을 요청하였다. 나는 1991.10.22 수교 이후 라트비아 정상의 방한이 한 번도 없었으며 라트비아 측이 방한을 지속적으로 강력 희망하고 있음에 비추어 동 제의를 수락할 것을 외교부 본부에 건의하였다. 12월 중순경 총리의 1.18~21 방한 계획이 확정되었다. 비상주 대사로서 부임 전에 전혀 예상하지 못했던 정상 방한 계획이 신임장 제정 후 불과 2달 만에 결정된 것이었다. 연말에 정상회담 자료 준비 등을 서두르면서 사전협의를 위해 총리 방한 전 리가를 방문하기로 하였다.

2009.1.9(금)~10(토) 리가를 방문하였다. 3달 사이에 3번째 방문이었다. 총리는 여당 연합 내 소수당 출신이나, 건국 초대총리[183]를 역임하고 Zatlers 대통령의 신임도가 높으며, 강직하고 청렴한 이미지로 일정한 영향력을 유지하고 있다고 하면서, 경제상황 악화로 국내 정국이 불안정함에도 불구하고 한국과 일본 동시 방문을 통해 위기 관리자의 명성에 걸맞게 한국의 경험을 배우고 양국 간 경제통상 관계를 확대해 나가려고 할 것으로 예상하였다. 1.9(금) 오후 4시 고드마니스 총리를 예방하고 50분간 면담하였다. 총리는 2008.10 북경 ASEM 정상회의에서 이명박 대통령과 짧지만 건설적인 대화를 나눈 후 방한을 결심했다고 하였다. 한국의 경이로운 경제발전과 민주주의 정착에 주목하고 있으며, 특히 최근 국제금융위기로 경제적으로 어려움을 겪고 있어 한국의 위기 대처에 관한 교훈과 경험을 배우고 싶다면서 자신의 방한이 양국 간 실질협력 관계 발전의 모멘텀이 될 것으로 기대한다고 언급하였다. 우리 측 준비상황을 설명한 데 대해 총리는 만족해하며 특히 경제 관련 장관 면담, 관심분야인 운송, 목재, 중소기업 관련 일정 주선을 높이 평가하였다. 나는 이어 동 총리의 방한을 영에 수행하기 위해 1.15(목)~22(목) 서울에 일시 귀국하였다.

---

[183] 고드마니스 총리는 1951년생 물리학 박사로서 라트비아 독립운동 지도자 중 한 명으로 1991년 독립 후 1993년까지 초대 총리를 지냈으며, 2007.12 총리로 다시 취임하였다. 초대 총리 시절 라트비아는 중국과 수교 상태에서 1992년 1월 대만과 총영사 관계를 수립하였으며, 고드마니스 총리는 1992년 9월 13~17일 대만을 공식 방문하였다. 나는 1990년 2월부터 주중화민국 대사관 1등서기관으로 근무하던 중 1992년 8월 24일 한국-중화민국 간 단교가 되어 후속 업무를 수행 중이었다. 고드마니스 총리의 타이베이 방문기간 중 우리 고위사절단(김재순 단장, 정일권 고문 등)이 9.15~17 방문하였다.

총리 방한 활동

고드마니스(Ivars Godmanis) 라트비아 총리는 1. 18(일)~21(수) 공식 실무방문(official working visit)하였다. 한승수 총리와의 회담, 만찬(1.19), 대통령 면담(1.20), 경제4단체장 주최 오찬(1.20), 기획재정부장관, 국토해양부장관 면담, 코트라 사장 주최 오찬, 한국국제물류협회장, 대한목재협회장 면담, 삼성전자 시찰 등 일정을 가졌다.

양측은 고위인사 교류 활성화, 라트비아 상주공관 설치 문제, 한국기업 진출, 물류운송, 산림협력 방안을 협의하고 세계금융위기 대응에 관해 의견을 교환하였다. 구체적 방안으로 이중과세방지협정의 조기 비준, 정책협의회의 조기 개최, 라트비아 주재 한국기업인의 비자, 운전면허증 등 편의 개선을 추진하기로 합의하였다. 고드마니스 총리는 대통령과 한 총리에게 특히 한국의 금융위기극복 과정 경험을 공유하고 싶다고 진지하게 조언을 구했다. 라트비아는 금번 금융위기가 1995년 은행 위기, 1998년 러시아 파산선언 이후 3번째라고 하면서 한국의 극복 사례를 배우고 긴밀한 협력을 유지하고 싶다고 하였다.

고드마니스 총리의 전체 공식일정을 수행하면서 총리의 한국의 발전 경험을 배우려는 진지한 자세와 양국 관계의 확대발전 의지를 확인할 수 있었다. 3박 4일간 Vaivars 주한대사(동경 상주), Hen-ins 외교보좌관, Ozols 투자청장 등 수행원과의 지속적인 대화를 통해 총리 주변인사와의 네트워크를 구축하였다. 운이 좋게도 비상주 대사로서 짧은 기간(3개월) 내에 양국 간 외교관계 수립 후 최초의 라트비아 정상의 방한이 실현됨으로써 양자관계를 종합적으로 점검하고 구체 협력방안을 모색하는 계기에 참여할 수 있었다. 앞으로 재임 중 추진해야 할 라트비아 업무의 기본 방향을 잡을 수 있었다. 다만 아쉽게도 방한 후 얼마 안 되어 고드마니스 총리 내각은 국내경제 악화로 2.20 총사퇴하게 되었다. Zatlers 대통령은 2.26 Valdis Dombrovskis 의원(New Era Party, 38세)을 후임 총리로 임명하였으며 신내각은 3.12 출범하였다.

Kuzma 주 스웨덴 라트비아 대사는 2.24(화) 에스토니아 대사 주최 리셉션에서 나에게 "고드마니스 총리는 방한결과에 매우 만족스럽다고 했으며 한국의 금융위기 대응 경험에 대해 많이 배웠으며 한국과의 관계를 중시해 나가겠다고 하였다. 방한 후 얼마 안되어 사퇴하게 되어 매우 유감이나 동 방한이 수교 이래 최초의 정상 간 교류인 만큼 양국 관계의 확대발전의 계기가 되었다고 평가하며, 고드마니스 총리는 라트비아 지도자그룹의 일원으로 계속 활동할 것이므로 한국으로서는 현명한 투자(wise investment)였다고 생각한다"고 언급하였다. 정상회담의 후속조치를 위해 라트비아 외교부와 긴밀히 협의해 나갔으며 대통령의 7월 스웨덴 방문 후 성문업 공사의 8.24~25 리가 방문, 나의 11.18~20 4번째 리가 방문을 통해 협의를 이어갔다.

4.
'한국의 날(Korea Day)' 행사(2009.11.19)

대통령의 7월 스웨덴 공식방문 후 성문업 공사가 8.24~25 리가를 방문하여 고드마니스 총리 방한 후속조치에 관해 협의하였다. 이어 그간 대사관 차원에서 수차 건의하고 고드마니스 총리가 방한 시 직접 거론한 '라트비아 상주공관 설치' 문제를 11월 초 다시 외교부 본부에 건의[184]하였다. 바로 대사관 개관이 어렵다면 주 스웨덴 대사관의 분관 형식으로 먼저 상주공관을 세우자는 요지의 건의였다(내가 2011년 3월 이임한 후 2012년 12월 리가 분관이 설치된다).

부임 후 4번째로 11.18(수)~20(금) 리가를 방문하였다. 정부, 국회의 주요인사 면담에 이어 우리 부부는 11.19(목) 저녁 6시 리가 소재 호텔(Radisson Blu Daugava Hotel)에서 '한국의 날(Korea Day)' 제하의 한국홍보행사를 주최하였다. 아내의 한복이 크게 눈길을 끌었다. 한식 리셉션 형식으로, 홍보물 상영 및 강진청자 전시를 진행

---

[184] 당시 일본의 경우, 그간 주 스웨덴 대사가 라트비아를 겸임하면서 외교관 1명을 리가에 상주하는 방식으로 운영하다가 2009년 3월 상주대사관(대사, 참사관, 서기관, 주재관 등 4명)으로 격상시켰다.

하였다. 한식재료를 스톡홀름에서 갖고 와서 호텔주방에서 준비하여 대표 한식을 선보였다. 삼성전자, LG전자 현지법인의 지원으로 신제품 LED TV를 통해 홍보물을 상영하였다. 정부대표로 외교부 Groza 의전장 부부가 참여하고, Pabliks 의원친선협회회장 부부 등 10여 명 의원 부부, 투자청 국장, 임업협회회장, 외국미술관장, 우리 진출기업인 및 가족, 유학생 등 100여 명이 참석하였다. 원고를 읽지 않고 영어로 참석자들과 눈을 맞추면서 환영사를 하였다. 라트비아에서 다수가 참석한 첫 번째 공식행사에서의 연설이었기 때문에 대사로서 진정성을 전하고 싶었다. 라트비아 총리 방한이 양국 관계의 확대 발전의 모멘텀이 되었다고 강조하고 앞으로 한국영화 소개 등 문화홍보 활동에 노력해 나가겠다고 하였다. 끝에는 "대단히 감사합니다"는 뜻의 라트비아어인 "Liels Paldies(리엘스 팔디스)"로 마무리하였다. Pabliks 회장은 축사에서 라트비아의 한국 중시 입장을 강조하고 이번 행사가 한국에 대한 인식 제고에 기여할 것이라고 하면서 한국기업 활동 및 한인사회를 적극 지원하겠다고 하였다. Pabliks 회장 등 의원, 외교부 인사들은 라트비아가 특히 경제적 어려움을 겪고 있는 시기에, 한국대사관이 이러한 문화행사를 개최해 준 데 대해 특별한 사의를 전하였다. 한인들도 리가에서 처음 접하는 한국홍보행사라면서 상당히 고무되었다. 1991년 수교 이래 그간 18년간 라트비아 현지에서 특기할 만한 문화홍보행사가 없었으며 우리 대사관도 지리적 거리, 예산사정 등으로 현지활동에 제약을 받아왔다. 그런 가운데 나름대로 구색을 갖춘 동 행사가 리가에서 한국의 가시성(visibility)을 제한적이나마 높이는 성과를 거두었다고 생각했다. 라트비아 총리 방한과 라트비아의 4번 방문을 통해, 양국 관계발전 방향을 잡을 수 있었다. 비상주 대사이기는 하나 대사관의 제한된 외교자원을 효율적으로 배분할 필요성을 더욱 느꼈다. 특히 내각책임제 하에 2009년 10월 총선을 앞두고 경제상황이 그리 좋지 않은 상황에서, Pabliks 의원친선협회회장 등 전직 각료 출신 국회의원들과의 교류가 매우 중요하다고 판단하였다. 그들이 국내외적으로 어려울 때 우리의 관심과 지원이 보다 효과적이라고 생각했다. 스톡홀름으로 귀임하자마자 면담한 모든 의원 및 인사들에게 정중하게 감사서한을 보냈다. 외교부 본부와 국회에는 한-라트비아 의원친선협회 대표단의 라트비아 방문을 적극 추진해 줄 것과 Pabliks 회장의 방한초청을 건의하였다.

5.
한-라트비아 의원친선협회 대표단 최초 방문 (2010.1.19~21): "라트비아를 단순히 작은 나라로 인식해서는 안 될 것 같다"

한-라트비아 의원친선협회 대표단의 라트비아 방문을 건의한 바에 따라, 우리 대표단이 1.19(화)~21(목) 라트비아를 수교 이후 처음으로 방문하였다. 마침 2009년 12월에는 양국국내절차 완료로 이중과세방지협약이 발효되었다. 대표단은 이인기 의원을 단장으로 이인제, 전혜숙, 정하균 의원 및 수행원 3명 등 7명이었다. 1.19(화) 오후 최형석 서기관과 허서윤 전문관(통역)과 함께 리가공항에 먼저 도착한 후 저녁 6시 우리 대표단을 영접하였다. 전 일정을 동행하였다. 이인기 단장과는 구면이었다. 이 단장은 작년 8월 스톡홀름 방문 시 관저만찬 등 환대에 대해 다시 감사하다고 하였다. 라트비아 국회는 우리 대표단에 대해 공항 도착 시부터 출발 때까지 전 일정을 국회의전관이 안내하는 등 최대한 예우했으며, 매 행사별 초청장을 전달하는 등 일정의 제반 사항을 세심하고 성심껏 준비하였다. 나는 그간 다수의 외국 정부와 의전 경험이 있어 어느 나라를 가든 나름대로 느끼는 것이 있다. 이때 라트비아 국회의 의전은 완벽한 수준이었다.

우리 대표단은 1.19.(화) Ingrida Circene 라트비아-한국 의원친선협회[185] 부회장(54세, 전 보건부 장관) 주최 만찬, 1.20.(수) Gundars Daudze 국회의장(45세) 면담, Adris Berzins 외교위원회 위원장(59세, 전 총리) 등 소속위원 면담, 점령기념관(Museum of the Occupation) 방문, 라-한 의원친선협회 의원단 면담, Janis Eglitis 외교위 부위원장(49세) 주최 오찬 등 일정에 참석하고 저녁에는 국립오페라극장에서 오페라(모차르트 작품 'Don Giovanni')를 관람하였다.

Daudze 국회의장은 우리 대표단의 방문을 '역사적인 방문(historic visit)'이라고 높이 평가하는 등 라트비아 측은 양국 간 고위인사 교류, 국회간 교류 확대, 라트비아 삼림, 목재류 수입 확대, 리가-인천 간 자매결연, 상주공관 설치 등을 제기하면서 양국 간 교류협력 확대를 강력히 희망하였다. 특히 라-한 의원친선협회 의원이 19명(전체 의원 100명)이라고 강조하고, 한국의 단기 내 경제발전 경험과 노하우를 배우겠다는 적극적인 자세를 표명하였다. 우리 대표단은 1991년 재독립 이래 라트비아의 발전을 높이 평가한 후 2009.1 라트비아 총리 방한 이후 양국 관계발전 추세를 환영하며 이번 방문을 통해 발트 3개국의 중심국가인 라트비아의 잠재력과 협력 가능성을 직접 확인하는 계기가 되었다고 강조하였다. 상주공관 설치 및 양국 간 교류 확대의 필요성이 크다고 실감하여 국

---

185 Pabliks 의원친선협회회장은 1.7.(목) 나에게 전화를 하였다. 우리 의원대표단 방문기간 중 자신은 '타지키스탄(Tajikistan) 총선의 OSCE 의회감시단 일원으로 현지 방문 일정으로 리가에 없다고 유감을 표명하고, 국회와 외교부에 최대한 예우를 갖추어 한국대표단을 영접하여 보람된 일정을 갖도록 최대한 지원하라고 지시하였다고 전했다.

회 차원에서 적극 지원하겠다고 하였다. 오페라 관람은 라트비아의 우수한 문화 및 공연수준을 보여주기 위한 일정이었다. 모차르트의 대표적인 오페라 'Don Giovanni' 원작을 현대물로 각색한 작품으로 전 출연진이 라트비아 배우로 구성되었다. 라트비아 국민은 오페라를 자국의 문화유산 중 가장 중요한 분야로 인식하고 있다고 한다. 대표단은 오페라 감상 후 "라트비아를 단순히 작은 나라로 인식해서는 안될 것 같다"고 하였다.

우리 대표단은 1.21(목) 오전 한인회장(최일영, 한식당 운영), 삼성전자, LG전자 법인대표와 간담회를 갖고 현황을 청취하고 한인사회(40명 규모)의 단합과 가능한 문화활동 전개를 당부하였다. 우리 기업 대표는 최근 리가에 제3국의 상주공관이 증가하는 추세라고 전하고 상주공관의 조기 설치를 건의하였다.

대표단의 전 일정을 동행하면서 부임 후 지난 4번의 리가 방문 때와 마찬가지로 라트비아의 한국과의 교류에 대한 기대가 무척 크다고 다시 한번 느꼈다. 특히 국제금융위기 여파로 경제상황이 어려운 시기에 우리 국회대표단의 첫 방문은 그들에게 고무적이었다. Kuzma 주 스웨덴 대사 등 일부 라트비아 인사가 언급하듯이 한국이 자신들의 '롤 모델(role model)'이라는 말이 그냥 인사치레로 하는 말이 아님을 절감했다. 나는 그간 리가 방문 시마다 만났던 라트비아의 젊은 공무원들을 특히 격려하였다. 외교부 Dace Liberte 한국담당관은 늘 밝은 표정으로 한국에 대해 높은 관심을 갖고 성심성의껏 우리 활동을 지원하였다. 그녀와 같은 젊은 외교관의 방한 초청이 중장기적으로 매우 효과적이라고 생각했다.

우리 대표단도 사실상 이틀이 채 안 되는 방문이지만 라트비아에 대해 전반적으로 좋은 인상을 받았으며 라트비아의 한국과의 협력에 대한 진정성을 느끼는 것 같았다. 상주공관 설치 문제를 반드시 외교부 본부에 전하겠다고 하였다. 1991년 양국 수교 이래 1995년 공로명 외무장관 방문 후, 우리 고위인사의 방문이 전무한 상황에서 국회대표단의 최초 방문은 한국의 라트비아 중시 입장을 전달한다는 의미에서 매우 시의적절한 방문이었다. 1.25(월) 오전 정하균 의원이 서울에서 나에게 전화를 하였다. 라트비아 방문 시 지원에 감사하다고 하고 뜻깊은 방문이었다면서 방문 결과는 국회와 외교부에 잘 전달하겠다고 하였다.

스톡홀름 귀임 후 '상주공관 설치의 조속 추진', 'Pabliks 의원친선협회 회장(전 외교장관)의 방한초청 추진'을 다시 건의하였다. 이어 다시 2010년 상반기에 '한국의 날' 행사를 추진하기로 하였다. 2010년 중 이번 1월 방문에 이어 5월, 6월, 9월, 11월 다시 리가를 방문한다.

6.
'한국의 날(Korea day)' 행사(2010.6.8~9)

라트비아 6차 방문(5.3~6)

우리 부부는 5.3(월)~6(목) 겸임국 라트비아 독립선포 20주년 기념행사 참석차 리가를 방문하였다. 5.4(화) 9시 30분부터 기념종교의식(Ecumenical Service at the Dome Cathedral), 국기 게양식, 라트비아의회 주최 기념행사, 자유탑(Freedom Monument) 헌화, 오후 3시 30분 Zatlers 대통령내외 경축 리셉션까지 전 일정에 참석하였다. 대통령 영부인과 짧게 환담하였다. 양국 관계 현황과 6월 'Korea Day' 행사(6.8~9, 난타공연, 영화제, 한식 소개)[186] 계획을 설명하고 행사에 참석해 줄 것을 구두 초청하였다. 영부인은 "한국을 소개하는 좋은 계획"이라고 언급하였다.

---

[186] 2010년 연초부터 대사관은 2009.11.19 주요인사 대상으로 하여 개최된 'Korea Day' 행사(강진청자, 한식, 문화홍보 부스 설치)에 이어 2010년 6월에 일반시민을 대상으로 문화공연(난타), 한국영화제, 한식 소개 행사를 계획하여 추진하였다. 난타공연단 일정 등 우리 사정을 감안한 후, 라트비아 측의 공연장, 영화관 등 관계기관과 협의하여 6.8~9 행사일정을 정하였다. 허서윤 전문관이 행사 기획 및 진행 역할을 처음부터 끝까지 수행했다.

외교부 Andris Teikmanis 차관(5.4), Andris Razan 정무차관보 (5.5), Elita Kuzma 양자관계 차관보(주 스웨덴 대사 역임, 5.5)와 면담하고 1) 3월 개최된 제1차 정책협의회 결과 후속조치, 2) 6월 문화행사(Korea Day), 3) 2011년 수교 20주년 기념행사 등에 관해 협의하였다. Teikmanis 차관은 3월 제1차 양국정책협의회 참석을 위한 방한결과에 매우 만족하며 한국의 발전상에 깊은 인상을 받았다고 하고, 양국 관계의 확대 발전 필요성을 새롭게 확인하였다고 하였다. Kuzma 차관보는 스웨덴 이임 시 송별만찬 주최에 다시 감사하다고 하고 내 부임 이래 양국 관계발전을 위한 선도적인 외교활동(initiative)을 높이 평가한다고 하였다. 나는 6.8~9 추진 중인 'Korea Day' 행사에 주요인사 참석과 협조를 요청하였다. 5.5(수) 라트비아 유력신문 'Diena'지와 인터뷰를 하고, 한국 경제상황, 천안함 폭침 사건, 한-라트비아 관계 등에 대해 설명하였다. 인터뷰 내용은 5.19자 동 지(20페이지) 11페이지 전면에 게재되었다.

이어 라트비아-한국 의원친선협회 회장단을 오찬에 초청하여 양국 관계 및 천안함 사건 등에 관해 의견을 교환하였다. Artis Pabliks 회장(전 외교장관), Ingrida Circene 부회장, Aigars Stoken-bergs 의원(전 경제장관), Janis Eglitis 외교위 부위원장, Ibans Kle-mentjevs 의원이 참석하였다. 모두 구면의 의원들은 최근 양국 간 교류 확대 추세를 높이 평가하고, 한반도문제에 있어서 한국 지지 입장은 확고하다고 하였다. 상주공관 조기 개설을 희망하며 2011년 수교 20주년 계기 국회간 교류 확대를 기대하였다. 6월 'Korea Day' 행사에 직접 참석하겠다고 하였다. 5.6(목) Marcis Auzinsh 라트비아대학 총장과의 2번째 면담에서 총장은 'Korea Day' 행사에 직접 참석하겠다고 하였다. 바이오연료 생산회사(Eko Getlini) 방문(5.5), 국영에너지회사(Latvenergo) 방문(5.6)을 통해 에너지 협력방안을 협의하였다. 한인(삼성전자, LG전자 법인대표, 최일영 한인회장 등) 만찬간담회(5.4), 유학생 오찬간담회(5.6)를 갖고 한인사회를 격려하고 현지 활동을 청취하였다. 라트비아 국민이 매우 친절하며 사회가 전반적으로 안정되었으나, 젊은이들이 나라 장래에 비관적이며 외국으로 나가려는 경향이 있다고 하였다.[187] 5. 5(수) 국제교류재단 초청으로 5. 17~23 방한예정인 Dzintars Pomers 명예영사 내외를 만찬에 초청하였다. 동 영사는 자신의 방한을 적극 추진해 준 데 대해 사의를 표명하고 방한을 계기로 더욱더 양국 관계발전에 노력하겠다고 하였다.

2010. 5월 현재 한-라트비아 관계 평가

비상주 대사로서 1년 6개월에 걸쳐 6회 출장을 와서 양국 관계를 협의해 왔다. 그간 라트비아 정부가 강하게 희망하였던 고위인사 교류(2009.1 고드마니스 총리 방한, 2010.1 한-라트비아 의원친선협회 대표단 방문), 이중관세방지협정 체결절차 조기 완료(2009.12 발효), 정책협의회 개최(2010.3 제1차 회의 개최) 등 현안이 원만히 해결되었다. 라트비아 상주공관 설치문제는 외교부 본부가 먼저 '1인 공관장' 형식으로 검토하기 시작했으며, 부임 이래 계속 건의해 온 라트비

---

[187] 재임인 2010년경에는 라트비아 인구는 220만 명이었으나 출산율 저하와 이민 등으로 2023년 현재 181만 명으로 감소되었다.

아 인사 방한 초청 문제에 있어서도 우선 Pomers 명예영사의 방한이 실현되었다. 외교부 본부의 관심과 지원을 더 이끌어내는 것은 내 몫이었다. 무엇보다도 한-라트비아 의원친선협회의 Pabliks 회장(전 외교장관)을 비롯한 전직 장관 출신 의원들과 친밀한 교류 관계를 구축했던 것이 큰 자산이자 그간 외교활동의 성과라고 판단했다. 그들은 언제라도 장관 이상의 고위인사로 재등장할 인사들이었기 때문이다. 방문 시마다 그들을 식사에 초청하여 현안과 정세에 대해 기탄없이 대화한 것이 나름대로 신뢰를 얻었다고 판단했다. 또한 스웨덴 대사 출신인 Kuzma 차관보 등 외교부와의 업무협조 관계가 원만해서 스톡홀름에서의 전화협의에 전혀 문제가 없었다. 주 스웨덴 Manuka 대사 역시 항상 준비되어 있는 적극적인 파트너였다. 라트비아에게는 스웨덴이 제일 중요한 나라이니 주 스웨덴 대사(또는 출신)는 라트비아 정부 내에서 일정한 영향력을 갖고 있다고 판단했다.

한국의 날 행사 개최(6.8~9)

우리 부부는 연초부터 추진해 온 'Korea Day' 행사 주최를 위해 6.7(월)~10(목) 리가를 다시 방문하였다. 6.8(화)~9(수) 한국영화제, 한식 및 농식품 홍보 리셉션, 난타공연을 개최하여 라트비아 각계 인사, 외교단, 외국인 커뮤니티, 한인 등 연인원 1700여 명이 참석하여 대성황을 이루었다.

한국영화제

6.8(화) 저녁 「마더」(봉준호 감독)와 「크로싱」(김태균 감독)을 시내 영화관(K-Suns)에서 연속 상영하여 400여 명이 관람하였다. 복도에 서서 관람할 정도였으며 다수가 공간 부족으로 되돌아갔다. 대부분 관객은 한국영화를 처음 감상했다면서 세계적 수준이라고 찬사를 보냈다. 'Diena' 및 'Latvia Avize' 등 주요 일간지가 3회에 걸쳐 한국 영화제를 보도하였다. 중간시간에 리셉션을 개최하여 한국 전통차와 문화홍보 자료를 배포하였다.

한식 리셉션

6.9(수) 12시~2시 시내 호텔(Elizabete)에서 한식 및 농식품 홍보리셉션을 주최하였다. 정부 주요인사 등 150명이 참석하였다. Artis Pabliks 의원친선협회회장(전 외교장관), Ingrida Circene 부회장, Janis Eglitis 국회 외교위 부위원장 등 의원 10여 명, 외교부 Dobele 아태국장, Rudaka 한국과장, 경제부, 문화부, 교통부 국장, 과장 등 정부인사, 외교단(미국, 일본, 중국, 헝가리, 벨기에 대사 등), 주요 언론사 기자, 라트비아 대학총장 등 교수, 한인 등이 참석하였다. 아내의 한복이 눈길을 끌었다. 환영사에서 최근 양국 간 교류협력 확대 추세를 평가하고 양국 관계의 미래가 밝다고 강조하였다. 대표적 한식(불고기, 김치, 잡채, 해물파전, 삼색밀쌈, 경단 등), 인삼차를 비롯한 전통차, 전통 한과, 라면 등 편의식품을 소개하였다. 모두 한식을 즐기면서 한식의 우수성을 높이 평가하고 세계적으로 널리

인정과 각광을 받을 수 있는 '세계적인 요리(global cuisine)'라고 극찬하였다. LG전자의 최신제품을 함께 전시하여 기업홍보도 병행하여 호평을 얻었다. 이 행사를 위해 장원경 관저요리사와 정은미 비서는 공관 밴(van)에 한식재료 전량을 싣고 스톡홀름에서 페리로 리가로 이동하였다. 호텔 내 주방을 빌려서 전날부터 조리하여 준비하였다. 특히 리셉션장에서 Pabliks 의원친선협회회장과 국회의원들에게 모든 한식재료를 스톡홀름에서 준비해서 페리로 운반해 와서 여기서 조리하였다고 하니, 그들은 모두 놀라면서 우리의 정성에 대해 진심으로 감사하다고 하였다.

난타공연

6.9(수) 저녁 리가공연장(Riga Congress Hall)에서 난타공연을 개최하였다. 공연장이 꽉 차서 1100여 명이 관람하였다. 관객 전원이 공연 내내 적극적이며 열광적이었다. 한국의 전통과 현대 문화가 균형 있게 어우러져 있어 한국의 역동성과 생동감을 느꼈다며 세련된 수작이라고 평가하였다. 방송국과 일간지가 공연 취재와 공연단 인터뷰 등 높은 관심을 보였다. 공연장에 전시한 삼성전자와 LG전자 제품에 사람들이 몰리고 선물용 전통차와 한국홍보자료는 순식간에 소진되었다.

언론 인터뷰

영자지 'The Baltic Times'와의 서면인터뷰(6.10 게재)와 6.8(화) 오

후 최대 일간지 'Latvijas Avize'의 기자(Inara Murniece)와 현지 인터뷰를 통해, 한-라트비아 관계, 'Korea Day' 행사, 한국의 발전과정, 남북한 관계(천안함 사건 포함), 양국 간 수교 20주년의 의의와 외교활동 계획 등에 대해 설명하였다. 'Latvijas Avize'는 2회에 걸쳐 6.10자에는 'Korea Day' 행사에 대해, 6.25자에는 인터뷰 내용을 전면 기사로 보도하였다.

외교장관(Aivis Ronis) 면담

6.8(화) 오전 로니스(Aivis Ronis) 외교장관을 40분간 면담하였다. 장관은 모두에 천안함 희생 장병과 유가족에 대해 심심한 조의를 전달한 후, 북한의 도발행위는 한반도 평화와 안정을 저해하는 중대한 행위라고 강력히 비난하며, 한국이 책임 있게 대응한 점을 높이 평가하다고 하고 라트비아는 EU의 강력한 대응 입장에 전적으로 동참하고 있다고 언급하였다. 나는 라트비아의 강력한 지지 입장에 사의를 전달하고, 그간 조치를 설명하고 지속적인 협력과 지지를 요청하였다. 장관은 1996년 라트비아 Valdis Birkavs 외교장관 방한 시 수행하여 판문점을 방문했을 때 당시 북한병사의 어둡고 두려운 표정을 보았다고 회고하였다.

장관은 양국 관계 발전추세를 높이 평가하면서 라트비아가 경제위기로 어려운 시기임에도 불구하고 한국이 관계발전에 적극 임해주어 감사하다고 하고 라트비아는 유사입장 국가(like-minded)로서 대한국 관계를 계속 중시해 나갈 것이라고 하였다. 나는 현안인 3개 협정(항공협정, 문화협정, 운전면허증 상호인증협정)의 진행상황을 설명하고 양국 간 협력의 제도적 틀 구축의 중요성을 강조하고, 그중에서 운전면허증 상호인증협정은 양국 기업인에게 상징적인 조치로서 우리 측 안을 전달한 만큼 조기 체결하자고 촉구하였다. 장관은 공감하면서 최대한 적극 대응하겠다고 하였다. 'Korea Day' 행사 계획 설명에 대해 장관은 한국의 주도로 라트비아 내 한국에 대한 관심이 제고되고 특히 경제적으로 어려운 상황에 한국문화의 활력소를 제공해주어 고맙다고 하였다. 라트비아 외교부는 바로 면담에 관한 보도자료를 외교부 웹사이트에 게재하였다. '장관은 라트비아-한국 관계발전을 높이 평가하고, 리가에서의 한국의 주도적인 문화행사를 환영하며, 천안함의 비극적 침몰행위를 규탄하며 국제사회가 한반도 평화와 안정 회복을 위한 조치를 취해야 한다'는 내용이었다.

'한국의 날' 행사 평가

　이번 방문을 통해 양국 관계가 정상적인 우호 발전 궤도에 순조롭게 올랐음을 확인하였다. 비상주 대사로서 기본적으로 현지 외교활동에 한계가 있으나 그간 수시 전화협의 및 7차에 걸친 방문을 통해 주어진 자원(resource)과 여건을 최대한 효율적으로 활용함으로써 외교부 주요인사, 의원친선협회 회장단, 주요 언론 등과의 기본 네트워크가 구축되어 대화와 소통에 큰 문제가 없었다. 작년 11월 'Korea Day' 행사 시에는 주요인사를 대상으로 한 데 이어, 이번 행사에서는 초청 대상을 일반인으로 확대하고 주요 언론 홍보활동을 병행함으로써 기대 이상의 호평을 받았다. 'Korea Day' 행사의 성공은 최형석 서기관, 임진홍 문화홍보관, 허서윤 전문관, 정은미 비서, 장원경 관저요리사 등 모든 직원들이 상당 기간 성실히 준비해 온 결과였다.

7.
라트비아 삼성전자법인 분쟁 해결지원

———

2009.11.30 연합뉴스는 '라트비아 공정거래위원회가 11월 초 라트비아 소재 삼성전자 발틱법인과 현지 4개 전자제품 유통업체에 총 822만 5천 라트(Lat, 약 1천 750만불) 상당의 과징금 부과를 통보했으며, 삼성전자는 이중 절반에 가까운 약 850만 달러가 부과됐다'고 보도하였다. 이후 2010년 1월, 5월, 6월 라트비아 방문 시마다 진출기업 간담회를 가졌다. 간담회에 참석한 삼성전자 법인장은 나에게 특별히 동 문제를 거론하지 않았다.

삼성전자의 지원요청 접수

그러던 중 2010.9.13(월) 오후 김현종 삼성전자 사장(전 유엔대사, 통상교섭본부장)이 나에게 국제전화를 했다. 김 사장은 내가 외교부 대변인(2007~2008)일 때 통상교섭본부장(장관급)이었다. 삼성전자 발틱법인의 상사 분쟁 해결을 위해 대사관의 지원을 요청하였다. 자신이 9.29(수) 중 라트비아 총리와 경제장관 면담을 추진 중인데 면담 시 동행을 요청하였다. 나는 마침 9월 하순경 라트비아 출장을 추진하고 있었다고 하고 그렇게 하겠다고 답하였다. 대사로서 진출기업의 분쟁 해결을 지원하는 것은 당연한 업무라고 생각했다.

9.17(금) 리가 소재 삼성전자 조상호 법인장이 나에게 전화로 분쟁의 진행상황을 알려 주었다. 9.29 김 사장의 면담일정이 주선되었다고 하고, 분쟁해결을 위해 소송과 사전 합의의 두 가지 방안을 준비하고 있고 10.2 라트비아 총선 이후 정권 및 내각의 변동 가능성도 염두에 두고 있다고 하였다. 삼성전자는 라트비아가 EU 회원국인 만큼, 공정거래법 위반으로 결론이 나와 벌금을 내게 되는 경우, 다른 EU 회원국에의 영향을 우려하는 것 같았다. 조 법인장은 마침 시기가 선거 직전이라서 신중하며 조용하게 대응하고 있다고 하였다. 9.20(월) 파브릭스(Artis Pabriks) 의원친선협회 회장에게 전화하여 라트비아 정국동향과 선거전망을 문의하였다. 그는 여당연합의 승리로 현 정부의 지속적인 집권 가능성이 높을 것으로 예상한다고 하였다. 리가 방문 시 '9.28(화) 오찬' 약속을 잡았다.

라트비아 방문(9.28~29)

9.28(화)~29(수) 라트비아를 8번째 방문하였다. 9.28(화) 저녁에 김 사장과 식사를 같이 했다. 김 사장은 통상교섭본부장 및 유엔대사 시절 경험했던 한국 외교와 외교부에 대해 회고하고 많은 외교관에 대해 나름대로 평가를 하였다. 이번 삼성전자와 라트비아

공정위원회 간 문제가 원만히 해결되기를 바란다고 하고, 여의치 않을 경우 라트비아에서의 법인 철수도 고려하고 있음을 시사하였다.

9.29(수) 오전 캄파스(Artis Kampars) 경제부 장관을 같이 면담하였다. 나는 양국 관계 발전 추세를 설명하고 내년 수교 20주년 및 한-EU FTA 발효 계기로 양국 간 경제협력 확대가 기대되므로 우리 기업에 대한 적극적인 지원을 요청하면서 구매사절단 파견 및 라트비아 상주공관 개설 추진 계획을 전하였다. 김 사장은 삼성전자의 그간 라트비아 경제에의 기여 및 발틱 지역 콜 센터(call center) 설립구상 등 투자확대 계획을 소개하고 외국기업의 현지 활동에 필요한 투명성과 예측 가능성이 제고되기를 기대한다고 하고, 2009.11 라트비아 공정위의 삼성전자 현지법인의 경쟁법 위반처분은 과도한 것이므로 우호적으로 처리되기를 바란다고 하였다. 장관은 공정위가 독립된 정부부서이기는 하나 원만한 방향으로 해결되도록 가능한 범위 내에서 공정위와 협의하겠다고 하고, 라트비아 전기전자 분야에서 음파장치, 전자파이동(micro wave transfer) 등에서 삼성전자와의 기술협력을 기대한다고 하였다.

9.29(수) 오후 돔브로브스키스(Valdis Dombrovskis) 총리와 면담하였다. 나와 김 사장은 상사분쟁에 대해 같은 취지로 설명하였다. Silkalna 외교보좌관, Freimanis 경제보좌관, Andris Ozals 투자개발청장이 배석하였다. 총리는 한국 기업의 현지 활동과 투자분야에서의 경제협력 확대에 기대감을 표시하고 한국기업 진출에 대

해 최대한 지원하겠다고 하면서 관련 부처가 지속적으로 관심을 갖고 지원할 것이라고 하였다. 10.2(토) 라트비아 총선에서 정부 여당이 승리하였다. 10.4(월) 김 사장이 이메일을 보냈다. 라트비아 총선 결과를 보니 9월 말 방문이 시의적절했다고 하고 삼성전자 분쟁에 관한 지원에 대해 감사하다고 전했다.

10.5(화) 스웨덴 국회 개원 축하 음악회에서 라트비아 대사(Manika)를 만났다. 그녀는 나의 라트비아 방문 결과를 소상히 알고 있었다. 나는 총선 결과로 정부가 지속적으로 유지하게 된 데 대해 축하한다고 하고 한국이 라트비아 상주공관 설치와 구매사절단 파견을 적극 추진 중이라고 전했다. 삼성전자 문제가 원만히 해결되기를 기대한다고 하고 협조를 요청하였다. 그녀는 그 문제는 사실상 독립기관인 공정거래위원회가 심사한다고 하였다. 올해 리가를 4번 방문했다고 하니 그녀는 "활동적인 대사(active Ambassador)"라면서 사의를 표명하고 자신은 1년에 2번 리가 방문도 힘들다고 하였다. 11.11(목) 김 사장이 다시 연락하였다. 삼성전자 법인(리가 소재)으로부터 11.18 나의 라트비아 방문 계획을 들었다고 하고 방문 계기에 다시 한번 삼성전자 문제에 대해 관심을 가져 달라고 요청하였다.

라트비아 방문(11.17~18)

11.17(수)~18(목) 라트비아 국경일 행사 참석을 위해 9번째 리가를 방문하였다. 11.17(수) 리가 도착 후 삼성전자 조 법인장으로부

터 라트비아 공정위와의 진행현황과 삼성전자의 라트비아 경제에의 기여 실적과 계획에 관해 설명을 들었다. 이어 양일간 라트비아 독립기념행사 참석과 별도로, 국방장관, 법무장관 개별 면담, 총리와 여러 장관과의 환담을 계기로, 자연스럽게 양국 관계에 관해 협의하면서 삼성전자의 공정위원회 간 문제의 원만한 해결을 요청하였다. 모든 고위인사는 문제의 심각성을 이해하고 한국 측의 입장을 충분히 이해한다면서 공정위원회와 삼성전자 간 원만한 해결을 위해 최선을 하겠다고 하였다.

11.17(수) 파브릭스(Artis Pabliks) 국방장관, 스토켄베리(Aigars Stockenbergs) 법무장관과 개별면담 시, 삼성전자 분쟁 문제를 제기하고 원만한 해결을 위한 협조를 요청하였다. 두 장관 공히 한국 측 입장에 이해를 표명하고 경제장관과 바로 협의하겠다고 하였다. 같은 날 **총리**(Valdis Domvrovskis) **주최 리셉션**에서 총리에게 9.29 면담에 대해 사의를 전하고, 양국 간 경제통상 관계발전에 지속적인 관심과 지원을 요청하면서 삼성전자 분쟁이 원만히 해결될 수 있도록 지원을 요청하였다. 총리는 "잘 알고 있다. 원만히 해결되기를 기대한다"고 언급하였다. 나는 총리가 좀 더 내용을 아는 것이 좋겠다고 판단하였다. 옆에 있던 총리 외교보좌관(Solveiga Silkalna)에게 동 문제를 설명하고 삼성전자의 앞으로의 투자계획을 강조하고 원만한 해결을 지원해 줄 것을 요청하였다. 특히 수교 20주년 및 한-EU FTA 발효를 앞두고 동 문제가 양국 관계 전반에 부정적인 영향이 없도록 상호간 원만한 해결(win-win)이 바람직하다고 강조하였다. 실칼나 외교보좌관은 총리도 양국 관

계를 중시하고 있다면서 동 문제의 진행사항을 챙겨서 총리에게
다시 보고하겠다고 하였다. 같이 자리한 테이크마니스(Andris Teik-
manis) 외교차관에게도 같은 취지를 전하고 협조를 요청하였다. 외
교차관은 가능한 한 지원해 나가겠다고 하였다.

11. 18(목) 아침 9시 독립기념행사의 첫 행사인 '돔 성당(Dome
Cathedral)에서의 예배행사'에서 파브릭스 국방장관을 만났다. 장관
이 나에게 다가와서 "(삼성전자 문제와 관련) 모든 일이 잘될 것이다
(Everything will be fine). 법무장관, 경제장관과 협의했다. 경제장관
은 한국 편에 있다(Economic Minister is on your side)"라고 전했다. 그
날 저녁 9시 30분에 개최된 **대통령**(Valdis Zatlers) **주최 리셉션**에서
먼저 캄파스(Artis Kampars)경제장관을 만났다. 삼성전자 문제의 원
만한 해결을 위한 협조 요청에 대해 캄파스 장관은 다른 장관들(국
방, 법무장관을 시사)과 협의했다면서 "염려하지 말라. 한국 입장을
잘 알고 있다. 동 건은 라트비아 공정위원회의 과오(mistake)였다.
원만한 해결을 위해 최선을 다하겠다(I'll do my best)"라고 말하였다.
이어 리셉션장에서 다시 **돔브로브스키스 총리**를 만났다. 총리는
내가 말을 꺼내기도 전에 "삼성전자 문제는 단순히 기술적인 문제
로만 봐서는 안 되며 양국 관계 전반을 고려하여 정치적으로 고려
할 측면이 있다고 본다. 공정위와 삼성전자 간의 원만한 해결을
기대한다"고 언급하였다. 총리는 어제 만났을 때의 원론적인 입장
에서 벗어나 하루 만에 보다 적극적인 입장을 전달해 주었다. 총
리와의 대화를 지켜보던 스토켄베리 법무장관이 나를 보고 미소
를 지었다. 나는 총리 주변에 있던 실칼나 외교보좌관에게 다가가

감사의 뜻을 전했다.

2일 간의 활동으로 총리, 경제장관, 국방장관, 법무장관, 총리 외교보좌관, 외교차관이 모두 우리 측 입장을 수긍하고 있음을 확인하였다. 특히 내년 수교 20주년 및 7.1부터의 한-EU FTA 발효를 계기로 한 양국 관계 협력 추세에의 부정적인 영향과 막 회복중인 라트비아 경제에의 영향 가능성 제기를 통해 동 건의 원만한 해결 필요성을 지속적으로 강조한 것이 상당한 효과가 있다고 판단했다. 결과적으로 동 건의 원만한 해결은 시간문제라고 판단하고 다음날 11. 19(금) 아침에 스톡홀름으로 귀임했다. 귀임 후 김 사장에게 협의 결과를 알려 주고 라트비아 지도자들의 우호적인 분위기를 살려 상호간 원만한 해결을 도모해 나갈 것을 권유하였다.

이번 활동을 통해 라트비아의 현실을 다시 한번 직시하게 되었다. 1991년 다시 독립하면서 220만 명 인구(2010년 현재)의 작은 나라이기 때문에 매우 한정적이며 젊은 세대로 구성된 리더십 그룹이 앞으로도 상당 기간 나라를 이끌고 나갈 것 같았다. 따라서 우리 정부나 기업으로는 라트비아 리더십 그룹과 평상시 우호적 교류관계를 지속적으로 유지하는 것이 매우 중요하다고 느꼈다. 그간 라트비아 출장 때마다 의원들과 면담, 식사초청을 통해 교류를 유지하여 왔다. 그런 활동 결과로 그들이 장관이 되어 바쁜데도 비상주 대사인 나를 단독으로 30분 이상 만나주었다. 그 기회에 현안에 대한 우리의 진지한 입장을 전할 수 있었으며 이에 대해 장관들은 동료장관과의 협의를 통해 자신들의 명쾌한 입장을 전해준 것이었다.

라트비아 방문 후

11. 23(화) 오전 라트비아 실칼나(Solveiga Silkalna) 총리 외교보좌관이 리가에서 나에게 전화를 했다. 그녀는 내가 총리와 자신에게 제기한 삼성전자 발틱(Baltic)법인의 경쟁법 위반 문제와 관련해 경제부장관과 협의한 결과라면서, "당초 예정된 12월 중순 라트비아 법정 공청회(hearing)에서의 다툼보다는, 법정 밖에서 라트비아 공정위와 삼성전자 법인이 원만히 해결할 것을 권유하기로 하였다"고 알려 주었다. 벌금 및 기타 법률적인 사안에 대해서는 양측이 실무적으로 협의함이 바람직하므로 대사가 삼성전자 측에 전달해 주기 바란다고 하였다. 나는 총리 및 외교보좌관을 비롯한 여러 장관의 지원에 대해 사의를 전하고 최종적인 해결까지 지속적인 관심과 협조를 요청하였다. 통화 후 바로 삼성전자 발틱법인 조 법인장에게 통화내용을 전하고 라트비아 입장에 적극 대응할 것을 권유하였다. 그날 오후 조 법인장은 삼성전자 본부에 라트비아 입장을 보고하고 이에 따라 대응하기로 했다면서 삼성전자 본사에서 대사의 기여에 감사하다고 전했다.

11. 26(금) 오전 연평도 포격사건과 관련, 파브릭스 국방장관에게 전화를 하였다. 연평도 포격사건 전말을 설명하고 한국 입장 지지를 요청하였으며 장관은 한국에 대한 강력한 지지 입장을 밝혔다.

나는 통화 말미에 삼성전자 문제 해결을 위한 지원에 대해 다시 사의를 전했다. 장관은 동 건은 원만히 해결될 것이라고 하였다.

삼성전자, 다시 지원 요청

11.30(화) 오후 조상호 법인장이 전화로 라트비아 공정위와의 협의 현황을 전하며 다시 측면지원을 요청하였다. 현재 법원 밖에서의 합의를 위해 노력하고 있으며 벌금은 반으로 내리기로 하였으나 다만 EU 공정거래법 위반 문제는 아직 미타결 상태라면서 12.14 전 합의를 목표로 하고 있으니 마지막 단계인 만큼, 라트비아 정부 주요인사에게 원만한 해결을 위한 지원을 한 번 더 요청해 달라는 것이었다.

12.1(수) 오전 실칼나 총리 외교보좌관과 파브릭스 국방장관에게 전화를 하였다. 삼성전자 문제와 관련해 그간 지원에 다시 사의를 전하고, 전해 들은 양측간 협의 내용을 알리고 우리에게는 벌금의 다과보다는 EU 공정법 위반 문제가 더 심각한 이슈이므로 라트비아 측이 이 점을 특별히 고려해 줄 것을 요청하였다. 두 사람 모두 양측간 원만한 해결을 위해 지원하겠다고 하였다.

12.6(월) 오전 파브릭스 국방장관이 나에게 전화를 했다. 삼성전자 문제에 대해 경제장관, 법무장관과 협의했다고 하면서 마지막까지 원만한 해결을 위해 노력할 것이라고 하였다. 이어서 리투아니아 원전사업은 발트 3국의 공통 관심사라고 하면서 한국의 참

여 여부에 주목하고 있다고 하였다. 같은 날 핀란드 대사 주최 리셉션에서 마니카(Maija Manika) 라트비아 대사와 환담하였다. 오전 파브릭스 장관과의 통화내용을 전하고 삼성전자 문제 협의와 관련하여 EU 공정거래법 문제의 해결 없이는 동 건이 원만하게 해결될 수 없다고 강조하고, 대사의 측면 지원을 요청하였다. 마니카 대사는 본국 정부에 보고하겠다고 하였다.

양측 최종 합의

12.13(월) 12시경 삼성전자 조상호 법인장으로부터 전화가 왔다. 라트비아 공정위와 최종합의문에 서명하였다는 기쁜 소식을 알려왔다. 양측은 삼성전자의 영업활동이 EU 공정거래법 위반이 아니지만 라트비아 국내 공정거래법에 저촉되는 점이 있음을 확인하고 동 위반에 대해 벌금을 납부하는 것으로 합의하였다고 하였다. 조 법인장은 벌금은 당초 벌금 수준에서 40%가 할인되었다고 하였다. 조 법인장은 내가 9월, 11월 라트비아 방문 기간 중 정부 고위인사들을 상대로 한 외교활동이 동 건의 원만한 해결에 큰 도움이 되었다고 하고 대사의 역할이 결정적이었다고 사의를 전했다. 한편 라트비아 공정위는 한국 대사의 문제 제기에 따라 동 건이 양국 관계의 확대 발전 추세에 영향을 미쳐서는 안 된다는 입장에 따라 절충하였음을 표명하였다고 전해주었다. 12.15(수) 오전 김현종 사장으로부터 전화가 왔다. 조 대사 덕분에 라트비아 건이 잘 해결되었으며 수고 많았다고 사의를 전했다.

분쟁 해결 평가

이렇게 해서 2009년 11월부터 1년간 끌어온 라트비아 공정위원회와 삼성전자 현지법인 간의 분쟁은 삼성전자의 요청으로 대사관이 개입함으로써 원만히 해결되었다. 대사관의 개입여부가 실제로 동 건의 원만한 해결에 어느 정도 영향을 미쳤는지는 측정하기 어렵다. 대사관의 개입 여부와 관계없이 동 건은 결국 시간이 경과하면 어떤 형태라도 해결되었을 것이다. 다만 '원만한' 해결이 될 것인지, 또 시간이 얼마나 걸릴 것인지에 따라 해결 결과의 효과와 평가는 크게 달라질 수밖에 없다. 그런 의미에서 라트비아 정부가 동 건을 단순히 법리적 시각에서만 접근하지 않도록 하기 위해, 동 건이 갖게 되는 외교적 시사점과 양국의 전반적 관계에 미칠 영향을 라트비아 지도자들에게 시의적절하게 환기시키는 일은 대사 또는 대사관이 아니면 할 수 없는 외교활동이므로 결과적으로 대사관의 외교적 노력은 동 건의 원만한 해결에 어느 정도 유효했다고 생각한다. 더욱이 그간 대사의 외교활동으로 정부 고위인사들과 긴밀한 교류와 신뢰관계를 구축해 놓았기 때문에 결정적인 순간에 면담, 전화협의 등을 통한 지속적인 소통이 가능했으며 총리를 비롯한 내각의 관계장관들의 총의를 확인할 수 있어서 마지막 단계까지 우리의 입장을 관철할 수 있었다. 비상주 대사지만 대사의 역할을 제대로 해 본 보람된 외교활동 중 하나였다.

8.
이임 방문(2011.3.7~8)

10번째 리가 방문(2011.1.24~25): 총리 방한 제의 접수

2011.1.24(월) 라트비아 대통령 주최 신년리셉션 참석을 위해 1.24(월)~25(화) 리가를 방문하였다. 부임 후 10번째 방문이었다. 남은 재임기간 중 라트비아와의 현안 가운데 정리할 수 있는 대로 마무리하고 후임대사에게 넘겨야 할 상황이었다. 1.24(월) 외교부 아태국장(Richard Mucins)은 수교 20주년 계기로 총리(Valdis Dom-brovskis)의 금년 중 방한 계획을 검토하고 있으며 국내 정치 상황을 감안하여 앞으로 방한일정에 관해 협의하겠다고 하였다. 나는 총리 방한을 원칙적으로 환영하나 다만 충실한 준비를 위해 사전에 충분한 시간을 두고 협의해 줄 것을 요청하였다. 라트비아-한국 의원친선협회[188] 의원(7명)과의 간담회에서 회장(Edvards Smiltens)은 라트비아 국회의장(Solvita Aboltina) 명의의 우리 국회의장 방문 초

---

[188] 2010. 9월 총선 이후 신의회가 출범한 후 새로 구성된 의원친선협회는 총 100명의원 중 지난 회기 15명에서 22명으로 확대되었으며 구성원도 전직 보건장관, 교육과학장관, 법무장관, 주미대사 등 유력 정치인이 대거 가입하여 의회 내 한국에 대한 관심이 매우 높아졌음을 알 수 있었다.

청서한을 전달하고 수교 20주년인 금년 중 방문 실현을 강력히 희망하였다. 모든 의원은 한국의 경제위기 극복 경험 및 국제사회에서의 위상에 기초한 양국 간 실질협력 확대에 크게 기대감을 표명하고 양국 간 3개 협정 체결 및 수교 20주년 기념행사를 적극 지원하겠다고 하며, 특히 상주공관 설치를 강력히 희망하였다.

1.24(월) 저녁 7시 Valdis Zatlers 대통령 주최 리셉션에 참석하였다. 대통령의 주변을 살펴보다가 기회를 잡아 대통령, 외교장관(Girts Valdis Kristovskis), 외교부 정무차관보(Andris Razans)와 환담[189]하였다. 먼저 대통령에게 우리 대통령의 새해인사를 전하고 라트비아가 대통령의 리더십하에 경제위기를 극복하고 있음에 경의를 표한 후 최근 양국 관계발전을 평가하고 양국 수교 20주년 계기로 고위인사 교류, 구매사절단 파견 등 실질협력 확대에 노력해 나갈 것이라고 전했다. 대통령은 우리 대통령에게 심심한 안부인사를 전하고 삼성전자, LG전자 등 한국기업의 라트비아 내 투자 확대 등 상사활동이 보다 활발해지기를 기대한다고 하였다. 내가 대통령의 방한을 기대한다고 하니, 대통령은 그렇게 되기를 바란다고 대답하였다.[190] 주변에 대통령과 대화를 하고 싶어하는 인사들이 많아서 빠져나왔다. 외교장관에게는 수교 20주년 계기 우리의 계획을 전하고 운전면허 상호인정협정, 문화협정의 조기 체결 노력

---

189 리셉션에서 주요인사 환담 시에는 짧고 간단한 메시지 전달이 효과적이므로 미리 요점을 잘 정리해 두었다가 상대방의 태도를 보아가면서 대화를 이끄는 것이 중요하다. 장황히 얘기하면 오히려 상대방을 불편하게 만들어 효과가 반감한다.

190 당시 대통령은 5월 대통령 선거를 앞두고 있었다. 대통령은 국회에서 과반수 득표로 선출되는데 Zatlers 대통령과 Dombrovskis 총리 간의 협조관계로 볼 때 재선이 유력시되고 있는 상황이었다.

을 요청하였다. 정무차관보는 총리(Valdis Dombrovskis)의 금년 중 방한을 검토하고 있다고 하면서 좀 더 구체화되면 협의하겠다고 하였다. 아태국장의 언급에 이어 차관보도 제의하는 것으로 보아 총리의 방한 방침은 이미 정해지고 일정안을 검토하고 있는 것은 확실하다고 느꼈다. 차관보에게 남북관계 현황을 설명하고 작년 북한의 도발에 대해 라트비아의 지지에 사의를 전달하였다.

1.25(화) 오전 파브릭스(Artis Pabliks) 국방장관은 별도 면담 시에 수교 20주년을 맞이하여 양국 간 협력확대를 위해 국방장관과 정부의 각료로서 일정한 역할을 적극 수행해 나갈 것이며 방한을 계속 검토해 나가겠다고 하였다. 장관이 2010년 11월 연평도 포격 도발 시에 나에게 직접 전화를 걸어 한국 입장을 전폭적으로 지지해 준 데 대해 재차 사의를 전하고 한반도 문제에 있어서 지속적인 협력을 요청하였다. 1.25(화) 오후 라트비아 대학을 방문하여 아시아학과 학생(25명)을 대상으로 양국 관계 및 우리의 대북한 정책에 대해 강연하였다. 양국 간 역사와 지정학적 유사성, 교류협력의 잠재력 및 한국발전 경험 공유 의지를 강조하고, 유사입장 공유국으로서 공통이익을 위해 라트비아 젊은 세대의 한국에 대한 관심을 촉구하였다. 그들의 한반도에 대한 높은 관심과 한국에 대한 일종의 동경심 같은 것을 느낄 수 있었다. 학과장(Frank Kraushaar)은 우리 대사관의 추천으로 작년 10월 한국국제교류재단의 EU 차세대 지도자 초청사업으로 방한한 데 대해 사의를 전하고, 한국의 발전상에 크게 감명을 받아서 한국학 진흥에 더욱 매진하기로 결심했다고 하면서, 가능한 자금 지원을 요청하였다. 한

인 오찬간담회(1.24) 및 우리기업(LG전자, 삼성전자) 방문(1.25), 포머스 명예영사 면담을 통해 수교 20주년 행사계획 등을 설명하고 한인사회와 기업활동을 격려하였다. 이번 10번째 방문에도 라트비아 정부 고위인사 및 국회의원들은 한국과의 실질적인 교류협력 확대를 강력히 희망하였다. 총리의 방한계획은 2년 전 고드마니스 총리의 최초 방한에 이어 한국과의 협력확대 필요성에 대한 정부 내 인식 확대를 단적으로 보여주는 것이라고 판단하였다. 라트비아는 양자 교류협력에 있어서 우리 하기에 따라 달라지는 신천지의 나라나 다름없다고 생각했다. 우선 2011년 중 국회의장 방문, 제 2차 정책협의회 리가 개최, 구매사절단 파견을 실제로 실현하는 것이 중요하다고 생각했다. 포머스(Pomers) 명예영사를 명예총영사로 승격 임명할 것[191]과 2011년 국제교류재단(KF)의 해외인사 초청사업 대상자에 Dace Liberte 외교부 한국담당관을 건의하였다. 이번 방문을 통해 이임이 공식화됨에 따라 이후 이임절차에 관해 협의하기 시작하였다. 2월 초 라트비아 외교부 한국담당과는 이임하는 비상주 대사에게 훈장을 수여하는 경우는 매우 드문 일이며 상훈특별위원회에서 최종 심사하여 결정한다고 하면서, 대사 재임 중 특별한 공적을 감안하여 훈장 상신을 추진하겠다고 전해왔다.

---

[191] 라트비아는 2003년 3월 권영훈 주한 라트비아 명예영사를 임명한 후 2008년 11월 동인을 명예총영사로 승격하여 재임명하였다.

이임 방문(2011.3.7~8): 11번째 방문

지난 1.24(월)~25(화) 라트비아 10번째 방문 시 라트비아 정부 인사 및 국회와 양국 관계 현황을 평가하고 2011년 수교 20주년을 맞이하여 주요 현안을 점검하였다. 라트비아 정부의 최대 관심사안은 '총리의 방한'이었다. 라트비아 외교부는 2월 초 총리의 방한 일정안으로 6월 또는 9월을 제의하였다. 이에 대해 우리 외교부는 "기본적으로 총리의 방한은 환영하나 구체일정을 제안하여야 검토할 수 있다"는 입장을 알려 왔다. 이러한 우리 입장을 라트비아 외교부에 통보한 상황이었다. 아울러 운전면허 상호인정협정 서명 추진은 순조롭게 진행되었다. 라트비아 외교부와 협의한 결과, 2월 중순 이임방문 일정을 3.7(월)~8(화)로 잡았다.

3.6(일) 오후 5시 10분 리가공항에 도착하였다. 최종욱 서기관이 동행하였다. 외교부 의전관(Ms.Laura Mence)이 영접하였다. 의전차량으로 숙소로 향했다. 의전관이 이임의전 책자를 건네면서, 상주대사 이임 시에도 대통령, 총리, 국회의장 및 친선협회 회장단, 외교, 국방, 법무, 경제, 교통부 장관 등 주요 각료 모두를 면담하는 사례는 거의 없다고 하면서 "비상주 대사로서 매우 이례적인 일정"이라고 하였다. 나는 외교부의 배려에 깊이 감사한다고 하였다. 개인에 대한 예우라기보다는 라트비아 정부의 한국과의 협력관계에 대한 열의와 성의를 보여주는 것이라고 생각했다.

(주요 일정) 3.7(월) 경제부장관(Artis Kampars) 면담, 대통령(Valdis

Zatlers) 면담, 국방부장관(Artis Pabliks) 주최 오찬, 한인만찬간담회, 3.8(화) 총리(Valdis Dombrovskis) 면담, 법무장관(Aigars Stokenbergs) 면담, 의원친선협회회장단(Edvards Smiltens 회장, Ojars Eric Smith 외교위원장, Stanislaves Skesters EU 위원장 등) 면담, 국회의장(Solvita Aboltina) 면담, 교통부장관(Uldis Augulis)과 운전면허 상호인정협정 서명 일정을 가졌다. 3.8(화) 저녁 7시 리가공항을 출발하여 스톡홀름에 귀임하였다.

(대사로서 이임 입장 전달) 라트비아 인사에게 재임 기간 중 양국 관계발전 현황을 다음 요지로 평가하고 그간 지원과 협조에 사의를 전달하고 양국 관계발전을 위한 지속적인 협력을 요청하였다.

- 2008년 10월 신임장 제정 이래 그간 11회 방문 및 대사관 직원 5회 방문을 통해 양국 간 실질적인 교류 협력 확대에 노력하면서 양국 간 폭넓은 공통기반을 확인하였으며 앞으로 양국 관계가 더욱 발전할 것으로 확신한다.

- 재임 중 양국 수교 이후 2009.1 라트비아 총리의 최초 방한, 2010.1 한-라트비아 의원친선협회대표단 방문, 2010.3 외교부 간 제1차 정책협의회 개최 등을 통한 고위인사 교류 확대, 이중과세방지협정, 고위정책협의회 양해각서 체결 및 각종 협정 체결을 위한 협의가 진행되었으며 대사관 주관의 2009년, 2010년 '한국의 날' 행사 리가 개최를 통한 한국 홍보 등 양국 관계 발전을 위해 실질적이며 구체적인

노력이 꾸준히 전개되어 왔다.

- 금년 수교 20주년을 계기로 국회의장의 리가 방문, 제2차 정책협의회 리가 개최, 5월 한국 구매사절단 방문 추진, 문화협정의 연내 체결, '한국의 날' 행사 개최를 추진 중이다.

- 7월 한-EU FTA 발효로 양국 간 경제통상 관계 확대와 한국기업의 라트비아 진출 확대가 예상된다. 작년 삼성전자 분쟁 건이 원만히 해결될 수 있도록 지원해준 데 대해 사의를 전하며 삼성전자는 5월 노르딕 4개국을 관할하는 라트비아 콜센터 개관을 위한 투자 계획을 추진하고 있다.

- 작년 북한의 연이은 도발 시 한국에 대한 라트비아의 전폭적인 지지에 사의를 전하며, 우리의 한반도 정책에 대한 지속적인 지지와 함께 국제무대에서 글로벌 이슈에 대한 공동 대응 및 국제기구 후보의 상호지지 등 양국 간 공조 및 협력 확대를 요청한다.

(라트비아 고위인사 표명 요지)
라트비아 인사들은 공히 재임 기간 중 양국 관계의 실질적 발전을 적극 평가하고 고위인사 교류 확대, 교역과 투자, 문화교류 확대, 상주공관 설치를 기대하고 특히 수교 20주년인 2011년 중 총리 방한, 우리 국회의장의 리가 방문, 한국 구매사절단 방문, 제2차 고위정책협의회 리가 개최가 실현되기를 강하게 희망하였다. 삼성전자의 콜센터 개설을 적극 환영하였다. 국제사회에서의 한국 지지입장을 확인하였다. 고위인사의 개별적 표명 요지는 다음과 같다.

- 대통령(3.7 월, 오후 2시~2시 25분): 대사의 재임 중 11번 리가 방문은 인상적(impressive)이다. 총리의 방한으로 양국 관계의 확대 발전을 기대한다. 삼성전자의 콜센터 개설을 적극 환영한다. 구 소련에서의 라트비아 경험이나 최근 중동사태로 보아 북한은 국제사회로부터 고립되어 지속 생존할 수 없다. 한반도 문제에 있어서 한국을 계속 지지해 나갈 것이다(서명한 자신의 사진을 선물로 주었다).

- 총리(3.8 화, 10시 10분~10시 30분): 최근 양국 간 긍정적인 발전을 높이 평가하며 대사의 기여를 치하한다. 나 자신의 방한이 양국 관계의 실질적인(practical) 발전에 기여할 수 있기를 바란다. 한국이 리가에 상주공관을 조기에 개설하기 바란다. 삼성전자 콜센터 개설 투자를 환영한다. 국제무대에서 한국의 대북한 정책을 계속 지지할 것이다(총리 면담 전 Solveiga Silkalna 외교보좌관은 총리의 6월 방한이 꼭 실현되기를 바란다고 하며 적극 협조를 요청하였다). 총리실은 면담 후 보도자료[192]를 총리실 홈페이지에 올렸다.

---

[192] "During the meeting the Prime minister expressed his gratitude for Cho Hee-Yong's contribution to promoting bilateral cooperation of Latvia and the Republic of Korea, which is being actively realized in the area of politics, economics, education and culture. The Prime Minister expressed his

- 국회의장(3.8 화, 오후 1시~1시 20분): 금년도 라트비아 총리 방한과 한국 국회의장의 방문 실현을 기대한다. 라트비아 상주 한국 공관의 조기 설치를 기대한다.

- 의원친선협회 회장 및 소속의원 3명(3.8 화, 12시 20분~1시): 대사의 활동이 양국 관계발전의 모범적인 사례로서 높이 평가한다. 한국 국회의장의 방문을 기대한다. 국제사회에서의 한국의 위상이 확고해짐에 따라 양국 간 글로벌 이슈와 공동가치에 대한 협력이 확대되기를 기대한다. 한국 자동차, 핸드폰, TV 등 우수한 제품을 사용하고 있는데 아무런 문제가 없다. 한국의 경제발전에 경의를 표하며, 삼성전자 콜센터 개설을 환영하며 한국기업의 진출이 확대되기를 바란다.

- 외교장관(3.8 화, 11시 10분~11시 30분): 대사의 그간 11번 라트비아 방문에 놀랐다. 총리의 방한(2011. 6.9~11)을 공식 제의(구상서 전달)하니 한국이 수락해 주기를 기대한다. 수교 20주년 계기 한국 측의 추진계획을 전폭적으로 지원하겠다. 조기에 상주공관 설치를 기대한다. 삼성전자의 콜센터 개설에 감사하며 삼성전자의 국제경쟁력을 높이 평가한다. 국제사회에서의 한국 지지 입장은 확고하며 변화가 있을 수 없다(장관은 준비된 자료를 보면서 모든 현안을 거론하였다). 외

satisfaction on the decision of company 'Samsung' to develop a regional call center in Latvia, emphasizing that the work on the development of concrete business projects should be continued."

교부는 면담 보도자료¹⁹³를 외교부 홈페이지에 올렸다.

- 경제장관(3.7 월, 11시 30분~12시 5분): 대사가 재임 중 양국 관계발전을 위해 진력해 준 데 대해 높이 평가한다. 지난 3년 간 양국 관계의 기초를 잘 세우고 많은 것을 이루었다. 삼성전자의 콜센터 투자 결정에 크게 만족한다("very happy"를 수차례 언급). 총리의 6월 방문이 꼭 실현되기를 바란다. 한국 기업이 라트비아에 지속적으로 투자하기를 기대한다. 리투아니아 원전사업에 한전(KEPCO)의 참여를 기대한다.

- 국방장관(3.7 월, 오후 2시 30분~3시 40분 오찬): 라트비아-한국 의원친선협회 회장으로서 대사와 함께 양국 관계발전을 위해 노력한 것이 보람 있었다. 특히 대사 주최로 개최된 2009년, 2010년 '한국의 날' 행사에 라트비아를 대표하여 축사를 한 것은 좋은 추억으로 간직하고 있다. 라트비아에 는 한국과의 협력이 매우 중요하다는 인식하에 국제사회 에서 한국의 입장을 변함없이 지지해 나갈 것이다. 적절한

---

193 "The Foreign minister thanked the Ambassador Cho for his significant contribution toward building more active and diverse relations between Latvia and South Korea. The relations between both countries are growing more intense in all fields: politics, economics, education and culture. Minister Kristovskis highly appreciated the Day of Korea organized by the Embassy of South Korea in 2009 and 2010, introducing Latvian public to Korean art and culture. The ambassador indicated that as from July this year a free trade agreement comes into effect between European Union and South Korea, it will definitely promote broader cooperation between Latvian and South Korean entrepreneurs. The decision by Samsung electronics company this spring to set up a call center in Latvia was noted as a positive example."

시점에 방한하겠다. 삼성전자 등 한국 기업의 진출을 가능한 한 지원하겠다(장관은 바쁜 가운데 오찬을 주최했으며 북한과 중국 정세에 특별히 관심을 표명하고 귀임 후 보직을 물어보고 라트비아에 대한 지속적인 관심과 지원을 요망하였다. 라트비아 인사 중 가장 가깝게 교류하였다).

- 법무장관(3.8 월, 10시 30분~11시): 조 대사가 이렇게 라트비아 정부의 주요 각료를 모두 면담하다니 대단하다. 대사의 그간 진지하고 활발한 외교활동의 결과라고 생각한다. 대사가 자신과 파브릭스 장관 등 의원친선협회 의원들과 긴밀히 교류해 온 것을 높이 평가한다. 앞으로도 양국 관계발전을 위해 지원을 아끼지 않겠다. 삼성전자 분쟁이 원만히 해결되고 삼성전자 콜센터 투자가 이루진 것을 기쁘게 생각한다.

(한-라트비아 운전면허 상호인정 협정 서명) 3.8(화) 오후 4시 총리실 조약체결실에서 교통부 장관(Uldis Augulis)과 함께 양국 정부를 대표하여 한-라트비아 운전면허 상호인정협정에 서명하였다. 장관은 협정 서명 후 동 협정을 통해 양국 국민의 편의 증진과 교류확대를 기대하고, 양국 간 교통 및 물류 분야에서의 협력 증진을 희망하였다. 나는 동 협정 체결이 수교 20주년인 올해의 첫 번째 협력 사업으로 그 의의를 강조하고 앞으로 양국 간 인적 교류 확대에 기여할 것이라고 하였다.

(한인 이임 만찬 간담회) 3.7(월) 최일영 한인회장, 삼성전자 조상
호 법인장, LG전자 전홍주 법인장, 상보 주종천 지사장, 유
학생 대표(김상훈), 포머스(Dzintars Pomers) 명예영사, 기업 주
재원 등과 만찬 간담회를 가졌다. 양국 관계 현황 및 수교
20주년의 주요행사 계획을 설명하고 한인사회의 활동을 격
려하고 마지막으로 재임 중 협조와 지원에 사의를 전했다.

참석자 모두 최근의 양국 관계발전을 높이 평가하고, 한인
사회의 숙제였던 운전면허 상호인정문제 해결을 위한 정부
의 그간 노력에 감사하며 대사관의 지속적인 공공외교활동,
순회영사활동 및 기업지원 활동에 대해 각별히 사의를 표명
하였다. 포머스 영사는 한인사회와 긴밀히 협조하여 한국
문화 소개활동 등 한국 알리기에 더욱더 노력해 나가겠다고
하였다.

9.
인상에 남는 라트비아 인사

재임 중 겸임국인 라트비아에 11번 출장을 다녀왔다. 비상주 대사로서 어쩔 수 없이 외교활동의 한계를 느낄 수밖에 없었으나 상술한 바와 같이 출장기간 중 주요인사와의 집중적인 면담을 통해 양국 관계발전 방안을 협의하면서 라트비아 정부의 협력과 지지를 확보할 수 있었다.

그중 가장 자주 접촉한 인사는 전직 외교장관 출신으로 한-라트비아 의원친선협회 회장이었던 파브릭스(Artis Pabliks) 국방장관(1966년생)[194]이었다. 2008년 10월 신임장 제정을 위한 첫 방문 때부터 리가 방문 때마다 그와 지속적으로 교류하였다. 리가에서의 면담, 오찬, 만찬뿐만 아니라 전화통화로 관심사항을 지속 협의하였다. 그는 항상 밝고 적극적이었다. 한국의 발전을 높이 평가하고 한국과의 실질적인 관계 발전에 지대한 관심을 표명하였다. 그는 2009년 11월, 2010년 6월 주최한 리가에서의 'Korea Day(한국의

194　그는 2010년 11월~2014년 1월 국방장관, 2014년 7월~2018년 11월 유럽의회 의원, 2019년 1월~2022년 12월 다시 국방장관 겸 부총리를 역임하였다.

날' 행사 시 라트비아를 대표하여 축사를 해 주었다. 2010년 3월 의원 시절의 천안함 사건 및 11월 국방장관 시절의 연평도 사건 등 북한 도발 사태에 대해 북한을 강력히 비난한다는 입장을 표명 하였다. 내가 라트비아 삼성전자 법인의 분쟁문제를 제기하였을 때에도 그는 바로 경제장관, 법무장관 등 관계각료 등과 협의하여 원만한 해결을 위한 측면 지원을 아끼지 않았다. 이임 방문 시에 송별 오찬을 주최하는 등 끝까지 배려해 주었다. 신생국인 라트비 아의 젊은 지도자와의 친분과 교류를 지속적으로 유지 발전시켜 나가는 것이 매우 중요하다고 느꼈다.

5부

대사라는 직업

1979년 5월 외무부 사무관으로 출발하여 30년 차인 2008년 6월 주 스웨덴 대사 겸 라트비아 대사로 부임하였다. 직업 외교관으로 서 지난 30년간 한국의 국력과 국제적 위상이 일관되게 상승하는 과정을 목격하고 직간접적으로 참여한 것은 영광이자 특권이었 다. 이를 바탕으로 21세기 세계화 시대와 한국의 국제적 위상이 최고에 달한 시기에 직업외교관의 종착지(final destination)인 대사로 임명된 것은 행운이었다. 공적으로는 그간 외교관으로서 쌓아 온 역량과 리더십을 총체적으로 발휘해야 하며, 사적으로는 50대 중 반의 인생으로서 새로운 도전과 과제를 소화하고 나름대로 자아 실현을 위한 황금과 같은 시간이라고 생각했다.

대사가 해야 할 일

부임 전 6개 재외공관에서 모신 10분의 대사 활동을 기억해 보 고, 선배 외교관의 회고록 등을 다시 살펴보면서, 나의 해외에서 의 그간 외교활동과 비교하여 대사가 '해야 할 일'에 대해 생각해 보았다. 외교관은 주재국과의 관계 발전을 위해 매일 읽고 듣고 말하고 쓰는 직업이며 재외공관의 존재 이유는 현지 네트워크의 유지 발전(networking)과 본국 보고(reporting)라고 늘 생각해 왔다. 결국 대사는 '대사로서 해야 할 일을 하는 외교관'이며 그 일에는 3가지 임무가 있다고 생각했다. 주재국에서 국가를 대표하는 최고의 대표(chief representative), 본국의 외교정책 수립 과정에의 참여자(policy maker), 공관과 직원의 관리자(manager)인 것이다. 대사는 항상 이 3가지 임무를 염두에 주고 그간 쌓아온 역량과 임지에 주어진 자원을 효율적으로 배분하여 써야 한다고 다짐하고 부임하였다.

인구 5천만 명의 대한민국을 국제사회에서 대표하는 대사가 100여 명에 불과하니 대사 각자의 임무는 막중하다고 생각했다. 아무나 할 수 있는 자리가 아니며 마치 보이지 않는 올림픽 대회에 국가대표로 나간다는 기분이 들었다. 영광스러운 자리이나 어깨가 매우 무겁게 느껴졌다. 대사의 3가지 임무는 현실적으로는 상호 연계되어 있으며 한 분야의 임무를 제대로 수행하면 그 효과가 다른 임무 수행에 크게 도움이 된다. 편의상 구별하여 기술한다.

1.
국가 대표 임무

<hr>

　부임하자마자 지금까지 직업외교관의 경험과 경력과는 차원이 다른 새로운 세계가 펼쳐졌다. 임지에 도착하니 먼저 스웨덴 사람, 제3국 대사, 한인, 공관 직원 모두가 우리 부부에게 뭐든지 물어왔다. 그간 쌓아 온 역량으로 최선을 다해 대응하였다. 스웨덴과 라트비아에서 한국을 대표할 뿐 아니라 동시에 국제사회에 한국 대표로 데뷔하게 되었다는 사실을 깨닫게 되었다. 자연스럽게 우리 부부의 외모, 행동과 언어로써 G20 국가의 일원이자 5천만 명, 경우에 따라서는 2천 4백만 명의 북한까지 포함한 대한민국을 대표하게 되었다. 특히 시대가 변하여 이제는 해외에서 외교관의 공사구별이 의미가 없어졌으며 더욱이 대사(부부)의 일거수일투족이 항상 주목받고 있다고 느껴졌다. 대사가 일상적으로 상대하는 주재국 인사, 외교단과 한인사회가 모두 대사(부부)의 대표성을 충분히 존중하여 주기 때문에 대사는 자신의 이러한 특별한 신분을 충분히 자각하여 최고자산으로 활용한다는 자세로 무엇이든 적극적으로 시도하고 행동함이 대사 직무수행의 성패의 관건이라고 생각했다.

따라서 부임하자마자 대사(부부)의 존재(presence)를 광범위하게 알리는 것이 중요하다고 생각했다. 특명전권대사로서 주재국에서 당연히 참석해야 하는 자리는 물론이고, 그 외의 다양한 자리와 계기에 대사가 참석해야 하며, 거기에 대사 자신이 스스로 한국을 대표하는 행사와 계기를 꾸준히 만들어야 한다고 생각했다. 월별, 분기별 활동계획을 세워 행동했다. 단기간 내에 스웨덴 각계 인사 및 주요국 대사 면담과 한인사회와의 교류를 실행하였다. 주재국의 대부분 인사와 모든 나라의 대사를 자유롭게 만날 수 있으므로 모든 초청에 가능한 한 응하면서 이들과 적극적으로 교류하였다.

부임하여 3개월이 지나니 한국 대사(부부)의 평판이 들려왔으며 6개월 정도 지나니 자연스럽게 평판이 정착화되는 것 같았다. 어느 나라이든 지도자 그룹이나 외교가는 사실 작은 커뮤니티(community)로서 소문이 몇 번 돌면 일정한 평판이 생기기 시작한다. 대사(부부)의 외부 활동과 함께 관저 행사 및 대사관에서의 공공외교 활동을 적극 전개함으로써 스웨덴 주요인사, 외교단, 한인사회의 한국 대사와 한국 대사관에 대한 긍정적 인식을 높였다. 그러다 보니 "한국 대사 주최 행사에 가면 평소 만나고 싶은 인사를 다 만날 수 있다"는 말도 들을 수 있었다. 대사(부부)가 한국을 대표하여 현지 외교활동에 적극적으로 나서면 대사관의 존재감과 위상은 올라가고 결국 본국의 위상이 주재국과 국제사회에서 올라간다는 사실을 실감했다.

2.
본국과의 관계

흔히 외교관은 상시적으로 2개 전선에서 싸운다고 알려져 있다. 하나는 당연히 주재국과의 전선이며, 다른 하나는 본국 정부와의 전선을 말한다. 대부분의 제3국 외교관들 역시 국적과 관계없이 보통 국내 전선이 외국 전선보다 설득하기가 더 어렵다고 한다. 그러한 배경에는 어느 나라이든지 국가지도자가 외교보다는 국내 정치를 우선하는 경향이 있기 때문에 외교 수행에 있어서 정치 지도자나 다른 국내부처를 설득하기 어렵다는 사정이 있다. 더욱이 외교부는 본질적으로 국내정치에서 그렇게 입지가 크지 않고 기본적으로 국내 이해당사자가 거의 없는 부처이기 때문에 지원세력이 없으며 예산과 인원확보에 상시적인 문제를 안고 있다. 내가 만난 제3국 대사들 대부분이 선진국이든, 개도국이든 본국 외교부의 지원에 대해 일정한 수준의 불만과 좌절감을 표명하였다. 예산이 없어서 관저 수리를 못 한다고 하고 활동비가 떨어져 사비로 관저행사를 한다는 대사도 있었다.

이러한 상황을 고려하여 우선 본국 외교부에 주 스웨덴 대사관의 존재감과 중요성을 제대로 전달하는 것이 매우 중요하며 그래야만 본부가 스웨덴 대사관을 주목하게 되며 이에 따라 지원 건의에 대해서도 적극적으로 검토할 수 있을 것이라고 생각했다. 우리 외교당국 체제가 1948년 정부수립 이래 주요국 몇 나라 중심으로 움직이는 경향에서 크게 벗어나지 못하고, 서울 본부 체제와 인프라가 워낙 취약하여 해외공관의 보고조차 제대로 소화하지 못하고 있는 상황이라는 사실을 충분히 인식하고 있었다. 당시 스웨덴은 담당하는 외교부 유럽국은 약 40명 직원이 55개국과의 양자업무, 49개의 우리 해외공관 및 33개의 주한공관을 상대로 업무를 수행하고 있었다. 스웨덴 담당관은 늘 초임 사무관이었으며 다른 나라 업무도 함께 수행하였다.[195]

우선 공관활동을 상시적으로 본부에 보고하고, 외교활동을 다양하게 전개하면서 보고서의 질을 제고시키는 노력을 지속하였다. 재임 중 2009년 수교 50주년, 대통령의 스웨덴 공식방문, 2010년 한국전 발발 60주년이라는 계기를 적극 활용함으로써 적절한 지원을 받을 수 있었으며 부임 초기부터 지속적인 본부 건의로 공관과 관저의 수리 및 리모델링 사업을 시행할 수 있었다.

대사관이 양국 관계의 중심

이러한 과정에서 나는 양국 간의 일상적인 관계가 현지 대사관

---

[195] G20 국가가 된 지가 15년이 지났는데도 외교부는 여전히 1개 국가를 담당하는 1명 담당관 (desk officer) 지정도 어려운 상황이다.

을 중심으로 돌아가며, 당연한 얘기이나 양국 관계발전을 위해서는 외교현장에서의 활동이 매우 중요하다는 사실을 더욱더 인식하게 되었다. 이러한 인식을 외교부 본부와 공유하기 위해 노력하고 관계발전 방안을 수시로 건의하였다. 이에 따라 스웨덴과 라트비아와의 각각 주요정책과 교류협력방안을 수립하는 과정에 대사관이 실질적으로 참여하였으며 경우에 따라서는 선도할 수도 있었다.

최근에는 세계화 시대를 맞이하여 어느 나라와의 관계이든 자유로운 인적 교류와 함께 거의 모든 분야에서의 교류가 이루어지는 만큼, 외국과 정부 대 정부의 공식관계를 위주로 다루는 외교부 본부가 양국 관계의 전모를 상시적으로 파악하기가 쉽지 않다. 그 대신 현지 대사관은 자연스럽게 양국 관계의 다양한 분야에서의 교류 협력 현황을 접하게 된다. 대사관은 양국 관계에 관여하고 있는 양국의 각계 인사들과 폭넓게 접촉하게 되고 관련 동향 정보를 얻게 되어 특정분야의 현황 파악과 함께 주재국과의 관계 확대 방안 구상에 있어서 많은 아이디어와 영감을 얻게 된다.

따라서 대사가 대사관이 바로 양국 관계의 중심이라는 사실을 충분히 인식함으로써 관내 효율적인 대응체제를 조기에 구축하여 가동시키고, 이에 따라 모든 직원들과 함께 활동하는 것이 매우 중요하다고 판단했다. 나는 이렇게 양국 간 교류협력 현황을 업데이트하면서 다음 단계의 협력방안을 모색해 나가고 이를 점진적으로 실현시키기 위해 노력하였다.

외교현장의 중요성

　보통 '외교'라고 하면 정상이나 외교장관의 활동, 정부 간 회담에 주목하는 경향이 있다. 물론 당연한 일이다. 다만 간과해서는 안 되는 것은 바로 그러한 양국 간 외교행사가 소기의 성과를 거두기 위해서는 우리에게 호의적이며 유리한 기초와 환경이 충분히 마련되고 그러한 특정 행사의 사전 준비가 제대로 이루어져야 한다는 점이다. 바로 이러한 토대 마련을 위해 외교관들이 상대국의 수도에 나가 상시적으로 외교활동을 전개하는 것이며, 나라별로 그러한 외교활동을 총괄하는 외교관이 각국 수도에 나가 있는 특명전권대사인 것이다.

　그간의 외교관 경험에 비추어 볼 때, 어떤 특정국과의 관계나 현안에 있어서 양국의 '공식입장'만 보면 도저히 타협과 합의가 이루어지지 않을 것 같아도 막상 외교현장에서 인간적인 접촉과 교류를 지속하다 보면 거의 예외 없이 상대방의 입장에 무언가 틈새가 보이며 타협의 여지가 있음을 포착할 수 있다. 그러한 외교활동을 통해 항상 대안(alternatives)을 만들어 내는 것이 현장에 나가 있는 외교관의 기본업무인 것이다. 양국이 특정 현안을 두고 단기간이라도 회담을 거듭하면 상대방 입장에 대한 이해가 높아진다. 마찬가지로 상대국 수도에 나가 있는 우리 외교관의 교류활동이 지속적으로 활발하게 전개되면 상대국(주요인사)은 우리 입장에 대한 이해가 높아지게 되고 양국 간 우호적인 분위기를 만들 수 있다. 따라서 상대국이 우리에게 관심을 갖고 우리 쪽으로 천천히 움직여 오도록 만들려면 상대국과 지속적인 교류 접촉 활동이 필요하다. 이러한 분위기가 조성되면 상대국이 명분상 우리 입장과 다른 공식 입장을 유지하더라도 타협의 방안을 모색할 가능성이 높아진다. 따라서 외교부 본부가 남북한 관계는 물론 각종 외교현안에 대한 우리 입장을 재외공관에 정기적으로 업데이트해서 알려 주는 것이 매우 중요하며, 현지 외교관은 이러한 우리 입장을 주재국에 지속적으로 전달함으로써 공통 이해기반을 확대해 나가면서 우호적인 환경을 조성해 나간다. 따라서 외교 현장에서의 상시적인 외교활동은 고위 회담처럼 크게 눈에 띄지 않더라도, 양국 관계를 안정적으로 관리하고 관계 발전의 계기를 마련하는 데 궁극적으로 기여하는 것이며 중장기적으로 양국 관계의 기초가 된다. 바로 대사가 상대국의 수도(capital)라는 가장 중요한 외교현장에서 한국을 대표하여 이러한 상시적인 외교활동을 총괄 지휘해야 하는 업무를 수행하고 있는 것이며 그것이 대사의 존재 이유이다.

외교부 본부와 재외공관의 관계 강화

1979년 외무부 입부 이래 우리 외교 체제의 강화 필요성을 항상 느껴 왔다. 처음 대사직을 수행하면서는 그 필요성을 더욱 느꼈다. 특히 외교부 본부가 제도와 기능면에서 매우 취약하며, 그간 관행에 젖어 150개 이상(2010년 당시)의 재외공관을 제대로 활용하지 못하고 있으며 외교현장에서의 일상적 외교의 중요성을 충분히 인식하고 있지 못하고 있었다. 물론 외교부 본부가 우선 5년마다 바뀌는 정치적 리더십의 관심사항과 몇 나라와의 관계에 중점을 줄 수밖에 없는 현실은 개인적으로 이해할 수 있었다. 국내정치에서 외교부의 위상이 그리 높지 않으며 국가 기관 내에서 외교체제가 정착화되지 못하는 상황하에서 5년제 단임제의 정부는 우선적으로 임기 내 눈에 띄는 단기적 외교성과를 원하는 경향이 있다. 따라서 외교부 지도부는 당장 이에 대응하지 않으면 안 된다고 생각했다.

그럼에도 불구하고 외교부는 주어진 여건하에서 재외공관과 일상적으로 함께 외교를 수행하는 체제를 지속적으로 강화해야 한다고 생각했다. 대통령으로부터 임명장을 받은 '특명전권대사'로서 외교 현장에 나왔으나 솔직히 대통령의 참모(staff)로서 걸맞은 대우를 받고 있다는 느낌을 별로 받지 못했다. 물론 매년 연말 대통령으로부터 연하장은 받았으며 재외공관장 회의 중 대통령 주최 만찬에도 참석하였다. 특별한 대우나 특혜를 기대한 것은 아니었으나 그저 국내외 수많은 고위공무원의 한 명으로 간주되고 있다고 느꼈다. 거기에다 외교부 본부 스스로도 대사를 재외공관원의 일원으로 공사 위에 한 단계 지위 높은 외교관 정도로 인식하여 기능적, 기술적으로 접근하는 것 같았다. 대한민국을 대표하는 100여 명의 최고위 외교관을 선발하여 각국에 파견한 후 국가적 활용도가 매우 낮다고 생각했다.

그간에 외교부가 국내정치에 계속 밀리면서 외교부 리더십이 외교관의 일반공무원화 과정에 순응하고 안주하면서, 정부 전체로서 국제사회에서 특명전권대사의 활용 및 입지 확보를 위한 전략적 접근이 거의 없었다. 주 스웨덴 대사관과 같은 소규모 공관의 외교활동은 평소 일반 국민이나 언론, 국내 기관뿐만 아니라 외교부 본부가 그리 주목하지 않는다. 사실 대사관 보고서도 당장 정부 고위인사가 읽을 만한 것이 그리 많지 않다. 외교부 본부는 재외공관장이 우선 본국 방문단 지원 및 재외국민과 여행자 보호에 큰 문제가 생기지 않도록 관리해 주면 된다고 생각하는 경향이 있다. 특명전권대사의 주재국과의 관계 발전을 위한 협력방안 건의에 대해서는 반응이 늦거나 예산부족 등을 이유로 적극적이지 못했다. 공관장회의에 함께 참석한 주요국 몇 나라의 대사를 제외한 대부분의 대사는 대동소이한 경험을 토로하였다. 물론 재임 중 수교 50주년, 대통령 공식방문, 한국전 발발 60주년 계기 등을 통해 본국으로부터 일정한 관심과 지원을 받았기 때문에 상대적으로 좋은 여건에서 대사직을 수행할 수 있었다.

한편 외교역량의 강화를 위해 빈약한 외교 인프라를 강화하고 확대하는 데에는 상당한 시간과 노력이 필요할지라도, 외교부 본부는 우선 리더십과 공관장 간의 협의채널을 강화하고, 본국 동향 및 주요 정책을 재외공관에 적시에 통보하고, 공관보고에 대한 평가 및 피드백을 일상적으로 시행하는 등 재외공관과의 소통과 대화를 지속적으로 강화할 필요가 있다고 늘 생각했다. 21세기 글로벌 시대에 외교부 본부는 재외공관망 전부를 일상적으로 가동하여 보고를 종합하고 항상 국제정세를 적시에 판단하여 시의적절한 외교활동을 전개해야 한다. 외교부 본부의 주도로 본부와 재외공관의 모든 직원이 동시간 대에 한국 외교를 함께 수행하고 있다

는 태세로, 주재국과 국제사회를 상대로 총체적인 외교활동을 수
행해야 한다.

3.
공관과 직원의 관리자

───   ───

현지에 부임해 보니 솔직히 여러 면에서 공관 인원과 예산 및 기본 인프라가 만족스러운 수준은 아니었다. 거의 대부분의 재외공관 사정이 비슷할 것으로 짐작하였다. 바로 마음을 바로잡고 그래서 30년 차 외교관을 대사로 보낸 것이니 현지에서 제한된 자원으로 자체적으로 알아서 외교활동을 하라는 뜻으로 받아들였다. 불평한다고 달라지는 것은 없으니 주어진 현실(reality)을 객관적으로 냉정하게 인식하는 것이 출발이었다. 내가 바꿀 수 없는 상황을 선입견과 편견 없이 있는 그대로 판단하고 모든 의견에 개방적인 자세로 대응하기로 하였다. 대사(부부)로서 역량과 인간 됨됨이가 그대로 숨김없이 노출된다는 현실을 인식하고 그간 살아온 대로 말하고 행동했다. 나에게 현재 주어진 자원(인원과 예산)을 그간 효율적으로 사용해 왔는지는 점검하고 '건전한 의심'을 통해 나름대로 평가하고 재분배하였다.

대사관은 외국에 소재해도 근무 분위기는 지극히 한국적이다. 여전히 권위주의적 분위기가 있으며 직원은 수직적인 관계에 익숙하다. 직원 모두가 신임 대사(부부)의 언행에 주목하며 모든 일에 대해 대사의 생각과 지시를 기다린다. 직원 전원이 신임대사에 맞추어 적응하겠다는 자세다. 부임 초기부터 대사(부부)는 자신의 의도와 관계없이 대사관 전체에 압도적인 영향을 미칠 수밖에 없는 현실과 마주한다. 이러한 상황하에서 부임 초기에 우선 공관의 '존재이유'와 기본업무에 관해 공관원 전원과 기본인식을 같이 하는 과정이 중요했다. 모든 직원에게 국내외 안팎으로 외교관과 공관의 '존재이유'가 도전 받는 시대에 살고 있음을 강조하였다. 대사관은 주재국 내에서 한국 알리기와 주재국 배우기 업무에 중점을 두면서 이를 바탕으로 양자관계에서의 중심과 교량 역할을 수행해 나가야 하며, 이를 위해 일상적으로 현지 네트워크의 유지 확대 및 본국 보고업무를 수행해야 한다는 인식을 공유하여 실행하는 것이 매우 중요하다고 판단했다.

따라서 공관은 먼저 '해야 할 일'을 하는 것이지 먼저 '하고 싶은 일'을 하는 것이 아니기 때문에 대사가 공관의 기본업무, 즉 '해야 할 일'의 범위를 구체적으로 설정하는 것이 필요하다고 판단했다. 공관의 전체 업무를 조기에 파악하고 직원 전원(외교관, 행정원)의 업무분장과 직원 간의 협업과 분업체제를 통해 모든 직원이 공관 업무의 1/n 이상을 수행할 수 있는 체제를 조기에 구축하였다.

평소 직업외교관 제도가 도제제도와 비슷하다고 생각했다. 외교관은 초임 때부터 실무업무는 물론 몸가짐, 협상, 외국어 배우기 등 다양한 분야에 대해 결국 상사와 선배로부터 배우고 흉내

내면서 외교역량을 키워 나간다. 모든 사람이 다 각자의 인생을 산다. 우연히 인격과 역량을 갖춘 선생이나 멘토(mentor)를 만나면 인생이 바뀐다. 나는 지난 30년간 선배 외교관으로부터 배운 것을 후배 외교관에게 전수하는 것이 대사로서, 리더로서 중요한 업무의 하나라고 생각했다.

그중 가장 중요한 가르침의 하나는 주일본 대사관 2등서기관부터 배운 것으로서 '외교관은 무조건 대사관 밖으로 나가 사람을 만나라'는 것이었다. 외교관이 현지 사람과 다른 나라 외교관을 만나지 않으면 외국에 파견된 외교관의 존재이유가 없어진다. 부임하자마자 대사관 모든 직원에게 식사초청 비용 등 예산에 구애를 받지 말고 외교활동을 적극적으로 수행할 것을 일관되게 촉구하였다. 동시에 30년 외교활동 경험을 직원들과 상시적으로 공유하기 위하여 노력하였다. 물론 받아들이는 측에서 보면, 일방적인 훈시나 교육이 될 수 있다는 점도 유념하였다. 재임 중 나의 진정한 뜻을 이해하고 따라오면서 더욱더 분발하여 외교역량을 키우고 성장하는 몇 명의 후배 외교관들을 만난 것은 대사의 행운이자 기쁨이었다.

나의 외교활동 계획을 사전에 직원과 100% 공유하고, 직원의 활동계획을 정기적으로 보고 받으면서, 충분한 시간을 앞두고 대사관 전체의 활동계획을 미리 수립함으로써 제한된 자원을 효과적으로 활용하고 동시에 활동 성과를 제고할 수 있었다. 외교부 본부와의 소통은 기본적으로 공적 보고서를 통해서 하는 것임을 항상 주지시켜 이를 실행하였고, 본부의 입장을 공식적으로 정확히 파악하여 현지활동을 하며, 양국 관계의 발전과정을 공적 기록으로 남겨서 2~3년 근무 후 떠나더라도 공관과 후임자의 업무수행에 지장이 없도록 하였다. 그러면서 외교관 각자의 외교활동 보고서가 공적 기록으로 남아 궁극적으로 자신의 평판과 직결된다는 사실을 늘 주지시켰다.

현재 우리 외교행정 체제하에서 월급 이외에 특별한 인센티브가 없는 현지 행정원들의 사기를 올리는 것 또한 중요했다. 대사(부부)가 진정으로 그들을 존중하고 그들의 기여를 평가한다는 자세를 견지하면서 그들 스스로가 공관의 공식적인 구성원(formal member)이라는 자긍심과 보람을 느낄 수 있도록 최대한 배려하려고 노력하였다. 행정원 이부임 시에도 반드시 관저나 외부식당에서 오찬, 만찬을 주최하여 대사의 입장을 전했다. 특히 현지 스웨덴 행정원을 친한 인사로 만들지 않으면 안 된다고 생각했다.

그럼에도 불구하고 공관장의 리더십에는 항상 도전과 과제가 있었다. 대사관이라는 같은 생활공간과 3년이라는 제한된 시간 속에서 자신의 인생에서 처음 만나는 직원들과 같이 호흡하면서 팀 워크를 맞추어 나간다는 것은 결코 쉬운 일이 아니었다. 결국 선배 외교관의 교훈과 30년 외교관 생활의 경험에 비추어, '대사는 외교역량과 인격을 갖추면서 모든 면에 솔선수범하며 투명하게 활동해야 한다'고 늘 다짐하고 이에 따라 최선을 다하려고 노력하였다.

대사인 내가 외교업무 경험이 제일 많고, 최연장자로서 인생경험이 더 많으니 내 눈에는 여러 면에서 직원의 업무역량이 다소 부족하게 보이기도 하고 실제로도 그러한 것은 당연하다고 생각했다. 따라서 대사가 자신이 설정한 외교방향에 따라 직원들에게 '해야 할 일'은 명확하게 주고 난 후에 직원의 업무 성과를 객관적으로 평가하고 피드백을 주면서 조금씩 외교역량을 길러 주는 것이 필요하다고 생각했다. 일정한 검증과 역량 평가를 통과한 25년 경력 이상의 외교관을 공관장으로 보내는 이유가 거기에 있었다.

직원과의 업무수행과정에 절대로 개인 감정이 섞이지 않도록 최대한 주의하였다. 대사 혼자 의욕적으로 높은 기대치를 설정하고 결과에 혼자 실망하는 사례와 같은 문제는 대사 자신이 스스로 풀어야 한다고 생각했다. 이 과정에서 나에게 그간 가르침을 주고 격려해 주었던 많은 선배 외교관과의 교류 경험을 회고하고 참고하였다. 부하 직원이 작성한 기본 자료와 본부 보고서가 미흡하면 대사가 그간 쌓아온 역량과 경험을 갖고 재정리하면 되는 것이며, 직원의 외교활동이 부족하면 대사가 좀 더 하면 된다고 마음먹고 그렇게 실행하려고 노력했다. 그렇게 대응하는 것이 대사로서 '밥값'과 '자리 값'을 하는 것이며 그것이 대사의 '존재이유' 중 하나라고 생각했다. 그러한 대사의 행동을 보고 후배 외교관은 나름대로 성장한다고 생각했다.

'콩 심은 데 콩 나고 팥 심은 데 팥 난다'는 속담이 대사직책에 딱 맞는다고 생각한다. 대사가 부임하는 날부터 이임하는 날까지 공사로 모범을 보이고 본업에 최선을 다하면, 주재국의 한국에 대한 인식과 양국 관계는 반드시 좋아질 것으로 확신한다. 주어진 여건과 사람, 특히 부하 직원을 탓하는 대사는 결국 리더로서 역량과 인격 면에서 부족한 것이며 결국 대사로서 '해야 할 일'을 제대로 할 수 없게 된다. 투덜거리는 대사는 '벌거벗은 임금님'이 되어 늘 따돌림을 받게 마련이고 어려운 여건에서 성실히 정진하는 대사는 결국 평가받을 것이라는 믿음을 끝까지 지키려고 노력했다.

대사 근무 소감

이러한 기본 자세와 평소 생각을 갖고 대사로서 부족하나마 2년 10개월 동안 '대사가 아니면 안 되는 일'을 중심으로 다양한 활동을 수행하면서 한-스웨덴 관계 및 한-라트비아 관계 발전을 위해 나름대로 노력하였다. 돌이켜 보면 대사는 우선 자신이 대사라는 특별한 직책을 즐기는 것이 가장 중요하며, 대사의 성공여부는 부임 초기 3월~6개월 활동에 달려 있으며, 대사는 결혼했을 경우 부부가 함께 현지활동을 하면 외교활동의 성과를 두 배 이상 거둘 수 있다고 생각한다.

대사직 즐기기

외교관계도 결국 인간관계에서 출발하여 인간관계로 끝난다. 국가 대표인 대사가 임지에 도착하면 주재국 정부는 대사의 활동을 당분간 관망한다. 그러다 대사가 신나게 활동하면 주목하기 시작하며 조금씩 반응해 온다. 대사가 각계인사를 두루 만나서 양국 관계 발전방향을 설득력 있게 설파하다 보면 조금 지나서 대사의 말(논점)이 주재국 인사의 입을 통해 되돌아온다. 대사가 평소 밥 먹듯이 다양한 외교활동을 꾸준히 전개하여야만 주재국 정부와 국민이 아주 천천히 우리 쪽으로 다가오게 만들 수 있으며 궁극적으로 양국 관계의 수준을 높일 수 있다.

결국 대사의 외교활동의 양과 질이 중장기적으로 양국 관계의 질과 차원을 변화시킨다. 외교관의 일상은 매일 읽고 쓰고 말하고 듣는 일이다. 특히 최고위 외교관인 대사는 일상 중 특히 말을 계속 하지 않으면 안 된다. 대사는 어느 자리에 참석하든지 주변 사람들이 대사의 말을 듣기를 기대한다는 사실을 명심하고 행동해야 한다. 더욱이 특정 행사에 초청을 받았다면 반드시 말할 기회가 주어진다. 따라서 대사는 항상 어느 계기이든 영어(또는 현지어)로 조리 있게 말을 할 수 있어야 한다. 대사에게는 침묵이 절대로 금이 아니다. 다른 나라 대사들이 말하는데 자신이 침묵을 지키면 한국 대표로서 대사직을 포기하는 것이다. 대사 활동 하나하나가 그때마다 눈에 띄는 확실한 성과가 있어 본국 정부에의 보고서가 되는 것이 아니다. 대사의 꾸준한 활동의 결과가 궁극적으로 양국 간의 주요 계기에 반영됨으로써 양국 간 교류협력 과정이 원만하게 진행되는 데 기여하게 된다. 따라서 대사가 상시적으로 사람을 만나고 식사를 같이하고 영어(외국어)로 얘기하는 것을 계속 즐겨야만 대사로서 인정받을 수 있고 대사직을 제대로 수행할 수 있다.

주 스웨덴 외교단의 많은 대사(부부)들과 교류하면서 대사직을 즐기는 외국 대사들을 만나면, 그들의 표정과 몸놀림(body language)이 달랐다. 한결같이 인격자로서 밝고 적극적이었다. 그들은 스웨덴 인사들과 친구처럼 격의없이 대화하였다. 우리 부부도 그들과 대화하다 보면 좋은 기운을 받게 되었다. 50대·60대의 대사 부부가 외국어로 많은 사람(주재국과 세계 각국의 최고위 외교관 부부 등)과 다양한 주제에 대해 끊임없이 대화하려면 정신적으로나 육체적으로 그 직책을 즐기지 않으면 견딜 수 없으며 결국 지속 가능하지 않다. 이렇게 현지 외교현장에서 대사로서 제대로 대사직을 수행하기 위해서는 다양한 외교활동 자체를 즐겨야만 가능하다고 느꼈다. 물론 역량과 인격을 갖추지 못하면 대사의 직책을 즐기려고 해도 즐길 수 없는 것은 자명하다.

부임 후 3개월 내지 6개월이 관건

앞서 수차 강조한 바와 같이 대사는 부임초기 3개월 내지 6개월의 기간에 자신의 존재감과 위상을 확실히 확립하는 것이 재임 중 대사 직책의 성공과 직결되어 있다. 대사가 부임하여 당장 바꿀 수 없는 주어진 자원과 여건(인원과 예산, 국제사회에서 한국의 위상 등)하에서 대사관의 외교역량을 제대로 활용하기 위해서는 시간을 놓쳐서는 안 된다. 첫 3개월, 6개월이 그래서 중요하다. 특히 이 기간 중 '대사가 아니면 할 수 없는 일'을 해야만 이후에 대사 직책을 제대로 수행할 수 있다.

부임하자마자 신임대사의 기본 일정과 양국 관계에 있어서 상징성이 있는 일정을 집중적으로 수행하면서 외교단과의 네트워크를 확립하여 자신의 외교활동 공간을 조금씩 확대해 나가는 것이 중요하다. 바로 공관의 얼굴인 홈페이지 업데이트 및 주재국 안내서 등 기본자료를 정비하고 공관과 관저를 외교의 장으로 즉시 활용하고 공공외교활동 사업을 적극적으로 발굴하여 시행해야 한다. 대사(부부)가 초기부터 기본적인 외교활동에 적극적으로 나서지 않으면, 우선 공관 직원들이 이에 순응하여 본부 지시사항 대응 정도의 최소한 업무에 익숙해지고 안주하게 된다. 또한 주재국 정부나 외교단은 한국 대사의 존재를 모르게 된다. 부임 초기에 현지 적응에 다소 쉽지 않더라도 초기 1개월, 3개월, 6개월 계획을 치밀하게 수립하여 주재국 정부를 비롯한 각계 및 외교단, 한인사회를 광범위하게 휘젓고 다니는 것이 바람직하다. 꾸준히 사람들은 만나 두어야 기본적인 인적 네트워크를 갖출 수 있고 그래야 대사로서 단기간 내에 종합적인 시각을 갖게 되어 이후 제대로 된 활동을 할 수 있다. 그러다 보면 양국 관계와 주재국 정세의 기본 흐름이 보이게 된다. 대사는 이러한 흐름을 염두에 두고 자신의 활동공간 확대 추세를 의식하면서 타이밍을 놓치지 않게 그때 그때의 양국 관계 발전방안을 제기함으로써 점진적으로 무언가 진보를 이루어 내야 한다.

부임 후 3개월이면 주재국 정부, 외교단, 한인사회에서 한국 대사(부부)의 일정한 평판이 떠돌기 시작하고 6개월이 지나면 그 평판이 정착된다.

대사 부부가 외교활동을 같이 하면 성과 배가

직업외교관의 경우에는 일찍부터 외국에서 외교관 생활을 시작하면서 주재국 내에서 외교관 가족 역시 외교관에 준하여 대우를 받고 주목을 받게 된다는 사실에 익숙해 있다. 첫 번째 해외근무인 주일본 대사관부터 6개 재외공관 생활을 아내와 함께 지낸 후 스웨덴에 같이 부임하였다. 아내 역시 나와 마찬가지로 공관 근무 시 공관장 부부의 외교활동, 특히 관저행사를 보고 여러 면에서 많이 배웠다고 하였다. 스웨덴 부임 초기부터 아내는 나와 함께 외교활동에 자연스럽게 직접, 간접적으로 참여하게 되었다. 주재국과 외교단이 부부를 초청하여 주최하는 행사 대부분에 아내와 함께 참석하였다. 아울러 한인사회(한인회, 한국학교, 유학생회, 상사협의회 등) 및 주요 친한 단체(한서협회, 입양한인협회)의 각종 모임에도 역시 부부동반으로 참석하고, 본국 방문단이 부부동반인 경우 아내와 함께 응대하였다. 모든 관저오찬, 만찬 행사 준비는 아내가 주관하고 부부 주최일 경우에는 함께 참석자 부부들을 접대하였다. 문화행사나 강연 등 계기에 연설할 경우에도 아내가 참석하여 나에게 적절한 조언을 해주었다. 관저의 대대적인 수리 과정에서 아내는 관저의 상태를 꼼꼼히 살펴보고 수리계획 수립에 도움을 주었다. 직원 및 행정원의 이부임 시마다 그들과 가족을 격려하는 자리도 아내와 함께했다.

사실 대사는 외국에 나가면 외롭고 고독한 자리이다. 부임하여 공관원의 많은 지원을 받지만 공관원과의 협의에는 사실 한계가 있으며 결정적인 순간에 실질적인 조언을 얻기가 쉽지 않다. 대사는 대사관과 관저 운영부터 대외적인 외교활동에 이르기까지 모든 것을 책임지고 최종적으로 결정하여 시행해야 한다. 그러한 과정에 배우자는 조언자와 지원자로서의 역할을 수행하게 되며 이는 대사에게 실제로 크게 도움이 된다. 현재 우리 외교행정 체제상 관저 관리와 관저행사 운영은 여전히 대사 부부에게 거의 전적인 책임이 맡겨져 있는 상황이기 때문에 대사 부부의 건전한 판단과 상식적인 행동이 필수적이라고 할 수 있다. 재임 중 대사 부부의 모든 언행은 결국 대사관 전체활동에 실제로 상당한 영향을 미치게 된다. 대사의 리더십이 현실적으로 대사 부부의 리더십이기도 한 이유이기도 하다.

또한 대사 부부가 함께 외교활동을 제대로 하려면 배우자도 영어 구사능력은 물론, 양국 관계와 남북관계를 비롯한 우리 외교정책, 한국 역사와 문화 및 세상사에 대해 어느 정도 이해하고 전달할 수 있어야 한다. 왜냐하면 주재국 인사나 외국 대사(부부)가 대사에게만 질문하는 것이 아니라 배우자에게도 수시로 질문하기 때문이다. 그래서 아내가 관저만찬을 비롯한 외교활동 중 가장 많이 질문을 받은 주제가 북한에 관한 문제라고 하였다. 대사 부부 간에 다양한 주제에 대해 충분한 상시적인 대화가 필요하다. 그래야 대사 부부가 외교현장에서 함께 한국을 나름대로 대변할 수 있게 된다.

스웨덴 인사와 외교단은 부부동반 행사를 선호하였기 때문에 부부동반으로 자주 어울리면서 그 효과는 매우 크다는 사실을 항상 확인할 수 있었다. 연례적인 노벨상 시상식 행사(매년 12월)나 비드 왕실의전장 내외 주최 왕궁만찬(2008.11) 등 주요 계기에 부부동반하여 참석하면 아내의 한복이 늘 화제에 올랐다. 특히 스웨덴 왕세녀 결혼식 행사(2010.6), 국왕내외 주최 왕궁만찬(2011.2), 라트비아에서의 '한국의 날' 행사(2009.11, 2010.6) 후 주재국 신문이 우리 부부의 사진을 크게 실은 이유는 바로 아내의 한복 때문이었다. 신문 보도 후 많은 인사로부터 "한복이 아름답다"는 얘기를 들었다. 재임 중 부부동반 활동을 통해 그들과 더욱 우호적이며 친밀하게 교류할 수 있었으며 그들에게 궁극적으로 한국에 대한 긍정적 인식을 심어주었다고 생각한다. 한인사회 및 한서협회, 입양한인협회 등 친한 단체 인사들에게도 항상 있는 그대로 우리 부부를 노출시켜 교류함으로써 더욱더 신뢰를 얻었다고 생각한다.

2011년 3월 스웨덴을 떠난 지 13년이 흘렀다. 스웨덴을 떠나면 무엇이 그리울 것 같느냐는 질문에 대해 사람과 자연일 것 같다고 하였다. 항상 정중하고 솔직하고 예의 바른 스웨덴 사람들과 3년간 잘 지냈으며 스웨덴의 자연 속에서 건강하게 지냈다고 하였다. 겨울이 힘들다고 하지만 스웨덴의 격언에 따라 '세상에는 나쁜 날씨라는 것은 없다. 오직 나쁜 옷만이 있을 뿐'이라는 자세로 나름대로 3번의 겨울도 잘 지냈다고 하였다. 스톡홀름은 사계절 내내 어디를 가서 사진을 찍어도 그림엽서가 되는 아름다운 수도이다. 외교관의 해외 임지는 연령에 따라 현지에 대한 느낌과 평가가 달라지지만 스웨덴은 50대 중반의 외교관(부부)에게는 최고의 해외 포스트 중 하나라고 생각했다. 퇴직 후 외교관 생활을 되돌아보아도 스웨덴에 대한 그때 생각이 크게 변하지 않았다.

직업외교관으로서 첫 번째 대사직에 대해 써보려고 당시 메모와 자료 등을 살펴보다가 재임 중 스웨덴과 라트비아 인사 및 다른 나라 대사들, 한인 등 많은 사람들부터 받은 편지, 카드와 이메일을 다시 접했다. 당시 자료를 다시 접하니 대사직을 무난히 수행할 수 있었던 것은 우선 스웨덴의 모범적인 국민이 모두 영어에 능통하여 그들과의 소통과 대화에 문제가 없었으며, 양국 국민 간의 상호 관심과 호감에 힘입은 바 크다고 느껴졌다.

마침 스웨덴 대사로 근무한 시기에는 양국 수교 50주년을 전후로 하여 양국 관계가 안정적인 발전단계에 진입하고 스웨덴의 한국에 대한 전반적인 인식과 평가가 높아지고 있었다. 나는 "50년 전에 스웨덴 국민이 한국 자동차나 전자제품이 50년 후에 스웨덴에서 인기상품이 될 것이라고 상상해 보았겠느냐"고 반문하면서 한국이 스웨덴의 합당한(relevant) 파트너가 되었으며 양국 관계의 미래는 매우 밝다고 하였다. 우리 국민 또한 전통적으로 스웨덴에 대해 높은 호감을 갖고 있었다. 이러한 양국 국민 상호간의 높은 관심과 호감은 현지에서 대사직을 수행하는 데 크게 도움이 되었다. 대부분의 본국 방문단은 스웨덴 방문에 만족하는 것 같았다. 대사관이 특별히 한 것이 없어도 스웨덴의 자연환경이 좋고 스웨덴 사람들이 친절하게 대하고 배울 것이 많으니, 마치 대사관이 준비를 잘 했다는 느낌을 받는 것 같았다. 어느 재외공관도 누리기 쉽지 않은 프리미엄이라고 생각했다. 라트비아 인사들 또한 한국과의 교류협력에 높은 관심을 보여 비상주 대사의 한계를 나름대로 극복하고 관계 진전을 달성할 수 있었다.

다시 읽어 본 편지, 카드와 이메일을 통해 교류했던 많은 분들이 한국 대사(부부)를 진정성을 갖고 응원했음을 새삼 느낄 수 있었다. 스웨덴과 라트비아에서 이런 많은 분들을 만난 것은 행운이었다. 당시 교류했던 많은 스웨덴 인사와 라트비아 인사들이 여전히 각계에서 활약하고 한국에 대해 관심을 갖고 지원하고 있다는 소식을 듣고 흐뭇하게 생각한다. 또한 대사(부부)를 성심성의껏 지원해 주신 스웨덴 한인사회의 많은 분들도 잊을 수 없다. '젊은 대사'가 왔다고 좋아하고 언제나 정중히 대해 주고 신뢰하며 격려해 주었다. 한인사회의 누구에게도 대화의 문을 열었다. 정중하고 진지한 자세로 그들의 얘기를 청취하였으며 대사의 생각을 전했다. 그들과의 대화는 현지 활동에 항상 도움이 되었다. 그들과의 만남에 감사할 뿐이다.

2008년 6월~2011년 3월 주 스웨덴 대사관에서 함께 근무했던 외교관과 현지 직원 모두에게 심심한 사의를 전한다. 그들의 지원과 격려가 없었다면 대사가 '해야 할 일'을 제대로 할 수 없었을 것이다. 그들이 맡은 바 업무를 성실하게 수행한 데 대해 감사할 뿐이다. 주어진 여건하에서 그렇게 함께 힘을 합쳐 최선을 다했기 때문에 스톡홀름에서 한국 대사관의 위상을 확고히 정립할 수 있었다고 생각한다. 그 과정에서 특히 재임기간을 같이 했던 윤석준 무관, 고 최형석 서기관, 최종욱 서기관, 곽도현 서기관, 황덕수 박사, 박형석 행정원, 허서윤 전문관, 정은미 비서, 장원경 관저요리사 및 카밀라(Ms.Camilla Bauer) 연구원과 테레사(Ms.Therese Karlsson) 비서에게 특별한 감사의 마음을 전한다. 마지막으로 이 책이 나오는 데 수고해 주신 북랩 편집자를 비롯한 여러분께 감사의 마음을 전한다.